suhrkamp taschenbuch
wissenschaft 1083

Handlung, Kommunikation und *Bedeutung* – das sind die zentralen Begriffe in dem Programm einer radikal *pragmatisch fundierten Sprachtheorie* im Sinne von Paul Grice. Die drei Schritte dieses Programms: (I) Zuerst entwickle man mit Hilfe allgemeiner handlungstheoretischer Termini ein noch nicht auf Regeln bzw. Konventionen angewiesenes Konzept des kommunikativen Handelns (*Handlungstheoretische Begründung der Kommunikationstheorie*). (II) Dann bestimme man auf dieser Grundlage Begriffe der regulären, konventionalen und sprachlichen Bedeutung (*Handlungstheoretische Semantik*). (III) Und schließlich erkläre man die diversen Fälle sogenannter *indirekter Kommunikation*, in denen das, was von Seiten des Sprechers zu verstehen gegeben wird, abweicht von dem, was er sagt (*Theorie der Implikaturen*).

Handlung, Kommunikation, Bedeutung

Herausgegeben von
Georg Meggle

Mit einem Anhang
zur Taschenbuchausgabe 1993

Suhrkamp

Die Deutsche Bibliothek – CIP-Einheitsaufnahme
Handlung, Kommunikation, Bedeutung :
mit einem Anhang zur Taschenbuchausgabe 1993 /
hrsg. von Georg Meggle. –
1. Aufl. – Frankfurt am Main :
Suhrkamp, 1993
(Suhrkamp-Taschenbuch Wissenschaft ; 1083)
ISBN 3-518-28683-8
NE: Meggle, Georg [Hrsg.]; GT

suhrkamp taschenbuch wissenschaft 1083
Erste Auflage 1993

Satz und Druck: Wagner GmbH, Nördlingen
Printed in Germany
Umschlag nach Entwürfen von
Willy Fleckhaus und Rolf Staudt

1 2 3 4 5 6 – 98 97 96 95 94 93

Inhalt

III. THEORIE DER KONVERSATIONS-IMPLIKATUREN

Anhang

Georg Meggle
Einleitung zur Taschenbuchausgabe

Daß unsere Sprache primär kommunikativen Zwecken dient, daß Kommunikation, um erfolgreich zu sein, auf die Erfüllung gewisser Interaktionsvoraussetzungen angewiesen ist und daß, was sprachliche Ausdrücke bedeuten, letztlich nur durch Rekurs auf ihren Gebrauch in unterschiedlichen Verwendungszusammenhängen zu eruieren und zu klären ist – all dies sind Binsenweisheiten, die in Linguistik und Sprachphilosophie inzwischen durchaus als solche erkannt und zumindest in Form von forschungsstrategischen Grundprinzipien, insbesondere im Rahmen der sogenannten Pragmatik, auch weitgehend akzeptiert sind. Als Programm einer pragmatischen Fundierung der Sprach- und Bedeutungstheorie verstanden, erwies sich der von diesen Binsenweisheiten ausgehende Ansatz bereits als äußerst fruchtbar. In einer wirklich brauchbaren Weise in pragmatische (d. h. auf unser sprachliches wie nichtsprachliches Handeln rekurrierende) Bedeutungstheorien selbst eingebettet wurden eben diese Grundprinzipien bislang allerdings kaum.
Die bisherigen Versuche einer pragmatischen Grundlegung der Semantik sind unzureichend: Der vor allem von Morris, Skinner und Stevenson vertretene *verhaltenstheoretische Ansatz* formuliert zwar klar, daß beim Aufbau einer Sprachtheorie von dem intersubjektiv ermittelbaren *Sprachverhalten* auszugehen ist; da dieses Sprachverhalten jedoch ausschließlich mit Hilfe rein *behavioristischer Termini* beschrieben wird, geht dieser Ansatz aber an dem spezifischen Handlungscharakter von Kommunikationsakten völlig vorbei. In Wittgensteins *Gebrauchstheorie der Bedeutung* wie auch in der sich daran orientierenden *Sprechakttheorie* von Austin und Searle wird der Bezug auf das Sprachverhalten hingegen zwar von jeglicher Festlegung auf die Methodologie des Behaviorismus befreit – zugleich aber mit einer anderen Einschränkung versehen: Es werden nur diejenigen Aspekte des Sprachverhaltens erfaßt, die sich als durch *Regeln* bzw. durch *Konventionen* geleitet beschreiben lassen. Dieser Ansatz betont

nun zwar mit Recht Merkmale, die für sprachliche Kommunikationsformen wesentlich sind; er erklärt jedoch nicht, wie die zentralen Termini der Regel bzw. der Konvention selbst wiederum handlungstheoretisch zu charakterisieren sind. Eben dies hätte aber ein tatsächlich umfassender handlungstheoretischer Aufbau der Semantik zu leisten.

Der Grundgedanke des hauptsächlich durch Grice initiierten Neuansatzes zu einer *Handlungstheoretischen Semantik* ist demgemäß folgender:

(I) Man expliziere zunächst mit Hilfe handlungstheoretischer Termini einen *allgemeinen Kommunikationsbegriff*, d. h. einen Kommunikationsbegriff, der noch nicht auf Begriffe der konventionellen bzw. der sprachlichen Bedeutung zurückgreift *(Handlungstheoretische Begründung der Kommunikationstheorie);* und

(II) dann zeige man, wie sich eben diese *Bedeutungsbegriffe* mit Hilfe des eingeführten allgemeinen Kommunikationsbegriffs und damit letztlich wiederum handlungstheoretisch bestimmen lassen *(Handlungstheoretische Begründung der Semantik).*

Bereits im Sinne einer Anwendung der in (I) und (II) zu explizierenden Termini ist dann in einem nächsten Schritt

(III) (a) zu bestimmen, was es heißen soll, daß jemand mit einer Handlung, die bereits eine konventionelle Bedeutung besitzt, jemandem etwas zu verstehen zu geben (konversationell zu implizieren) versucht, was von dieser konventionellen Bedeutung nicht gedeckt ist bzw. ihr sogar widerspricht, und es sind (b) diejenigen Prinzipien anzugeben, mit Hilfe derer sich das jeweils konversationell Implizierte erschließen läßt *(Theorie der Konversations-Implikaturen).*

Wie dieses umfassende Programm im einzelnen zu realisieren ist, wird bei Grice nur in sehr groben Zügen angedeutet; und auch diese Andeutungen sind mitunter stark rekonstruktionsbedürftig. Ausführlicher behandelt hat Grice selbst – in den im vorliegenden Band enthaltenen Arbeiten – vor allem die Schritte (I) und (III); der wichtigste und in seiner enormen Bedeutung bislang offenbar noch nicht voll erkannte Beitrag zu (II) ist hingegen der von Lewis – entwickelt in seinem Buch *Konventionen* und verteidigt in *Die Sprachen und die Sprache*, dieser Band.

Für (I), d. h. für den Aufbau einer *Allgemeinen Kommunikationstheorie*, ist zunächst die folgende Frage zu beantworten: Wann stellt ein von einer Person S zu einem bestimmten Zeitpunkt t gezeigtes (und somit: konkretes) Verhalten vom Typ f einen Kommunikationsversuch (eine kommunikative Handlung i. w. S.) dar? Ist diese Frage beantwortet, so läßt sich erfolgreiche Kommunikation (eine kommunikative Handlung i. e. S.) dann als ein Kommunikationsversuch bestimmen, der sein Ziel in der von S intendierten Weise erreicht.

Daß ein von S gezeigtes Verhalten f einen an eine Person H gerichteten *Kommunikationsversuch* des Inhalts darstellt, daß H (S zufolge) die Handlung r tun soll (für den speziellen Fall von Informationshandlungen: daß H glauben soll, daß p), besagt dem Griceschen Grundmodell (dieser Band S. 10 und 20) zufolge soviel wie: S beabsichtigt mit f-Tun zu erreichen, daß

(a) H r tut

(b) H erkennt, daß S (1) beabsichtigt

(c) (b) aufgrund von (a) eintritt.

Dieses Grundmodell liefert, wie Grice in seiner Diskussion einschlägiger Gegenbeispiele (dieser Band S. 20 ff.) zugesteht, noch keine adäquate Explikation. Weitere Bedingungen sind erforderlich. Wie diese genau lauten – um eben diese Frage dreht sich ein Großteil der Diskussion aus dem Bereich (I).

Sinnvoll entscheiden wird sich diese Diskussion nur dann lassen, wenn (i) die logische Struktur der (schon im Griceschen Grundmodell) verwendeten Begriffe (vor allem der Begriff des *mit f-Tun etwas zu erreichen Beabsichtigens* und der darin enthaltenen Begriffe des *Tuns*, des *Glaubens* und des *Wollens*) hinreichend geklärt ist und (ii) wenn wir über anhand von klaren Kommunikationssituationen gewonnene Prinzipien verfügen, die uns auch bei der Diskussion zunehmend komplexerer Situationen ein begründetes Urteil ermöglichen.

Die Erfüllung des Desideratums (i) ist Ziel einer Allgemeinen Kommunikationstheorie im strengen Sinne, d. h. einer *Logik der Kommunikation*, einer Symbolsprache also, die Ausdrücke für die wichtigsten Kommunikationsbegriffe enthält und für die ein Interpretationsbegriff formuliert ist, mit dem sich kommunikationslogisch gültige Schlüsse auszeichnen lassen. Obgleich wir von einer solchen Logik noch weit entfernt sind, zeichnet sich durch

die derzeit forciert betriebene Entwicklung einer *Handlungslogik* doch bereits in den ersten Grundzügen ab, von welchen logischen Strukturen wir Gebrauch machen müssen, wenn wir der Binsenweisheit, wonach kommunizieren eben in einer bestimmten Weise handeln heißt, durch die Entwicklung einer Kommunikationslogik als einer speziellen Form einer Handlungslogik einen präzisen theoretischen Gehalt verleihen wollen.
Hic et nunc läßt sich hingegen das Desideratum (ii) erfüllen, wenn wir (worauf Grice nicht eingeht) der Tatsache Rechnung tragen, daß es, welche Bedingungen für eine *erfolgreiche* Kommunikation wesentlich sind, bereits bei der Bestimmung des Begriffs des Kommunikations*versuchs* mitzuberücksichtigen gilt: Denn jeder Kommunikationsversuch wird auf die Realisierung eben dieser Bedingungen abzielen. Nun ist aber die wichtigste derartige Bedingung gewiß die, daß diejenige Person H, an die der jeweilige Kommunikationsversuch gerichtet ist, eben diesen Kommunikationsversuch auch wirklich versteht. Ganz gleich also, wie der Begriff des Kommunikationsversuchs des näheren bestimmt wird, eine solche Bestimmung ist jedenfalls nur dann *adäquat*, wenn sie der folgenden *Reflexivitätsbedingung* (RB) genügt:

(RB) Ein von S gezeigtes Verhalten f ist nur dann ein an H gerichteter Kommunikationsversuch, wenn S will, daß von seiten Hs sein (Verhalten f als ein) Kommunikationsversuch *verstanden* wird.

Wie sich im Rahmen eines handlungstheoretischen Ansatzes ein (RB) erfüllender Begriff des kommunikativen Handelns und ein einem derartigen Handeln entsprechender Verstehensbegriff gewinnen läßt, habe ich in den *Grundbegriffen der Kommunikation* gezeigt.
Die bei Schritt (I) zu bestimmenden Kommunikationsbegriffe sind höchst allgemein: Sie sollten keine Festlegungen darüber enthalten, welche *Gründe* S für seine – ihm wegen (RB) zu unterstellende – Annahme hat, daß H seinen Kommunikationsversuch verstehen wird, und auch keine Festlegungen darüber, welche *Gründe* H für seine (für eine erfolgreiche Kommunikation notwendige) Annahme hat, daß S sein Verhalten so und so verstanden wissen will. *Speziellere Kommunikationsbegriffe* ergeben sich nun, wenn man auf eben derartige Gründe Bezug nimmt.

Die wichtigsten derartigen Gründe ergeben sich aus dem Bestehen von (für die im betreffenden konkreten Kommunikationsakt realisierte Handlungsweise) einschlägigen Konventionen. *Konventionen* sind Lewis zufolge Verhaltensweisen, für die die folgenden Merkmale als charakteristisch anzusehen sind:

(1) Sie stellen Verhaltensregularitäten von Angehörigen einer bestimmten Gruppe P dar.

(2) Sie sind freie, zielgerichtete Handlungsweisen, die in Situationen eines bestimmten Typs vollzogen werden.

(3) Der mit ihnen verfolgte Zweck ließe sich prinzipiell auch anders erreichen.

Des weiteren nimmt Lewis die folgende Bedingung hinzu, die die *Stabilität* der als konventionell ausgezeichneten Handlungsweise verbürgt:

(3) Der Erfolg der Handlungsweise hängt für jedes Mitglied von P davon ab, daß auch die anderen so handeln.

Diese Bestimmungen hat Lewis in *Konventionen* mit Hilfe entscheidungstheoretischer (und somit spezieller handlungstheoretischer) Begriffe zu präzisieren versucht. Konventionelles Handeln läßt sich nach Lewis stets als eine Lösung von Entscheidungsproblemen einer bestimmten Art (nämlich von sogenannten *Kooperationsproblemen*) begreifen.

Die in *Kommunikationskonventionen* in einer Gruppe P konventionalisierten Handlungsweisen sind Strategien, die beinhalten, wie sich Mitglieder von P verhalten, wenn sie die Sprecher- bzw. die Höhrerrolle einnehmen, wobei die gemeinsame Befolgung einer solchen Strategie (in der Regel) ein Koordinationsproblem löst. Ist erst einmal geklärt, was unter solchen Kommunikationskonventionen zu verstehen ist, so läßt sich davon ausgehend auch bestimmen, was es heißt, daß S H mit einem konkreten Verhalten etwas *auf konventionelle Weise zu kommunizieren versucht* bzw. daß ein derartiger Kommunikationsversuch erfolgreich ist, wie auch, daß H einen derartigen Kommunikationsversuch versteht.

Von kommunikativen Konventionen ausgehend, lassen sich schließlich – und damit wäre dann der für den Aufbau einer Handlungstheoretischen Semantik wesentliche Schritt (II) realisiert – *Sprachkonventionen* bestimmen, durch die sprachlichen Ausdrücken als den Produkten von Handlungsweisen *Bedeutungen* zugeordnet werden, wodurch sich dann wiederum Begriffe

der sprachlichen Kommunikation als Sonderfälle der erwähnten allgemeinen Kommunikationsbegriffe bestimmen lassen.
Eine von S zu einem bestimmten Zeitpunkt vollzogene (konkrete) Handlung vom Typ f kann eine kommunikative Bedeutung besitzen (d. h. ist ein Kommunikationsversuch des-und-des Inhalts), auch wenn die Handlungsweise f keine konventionelle Bedeutung hat; und wenn sie eine solche hat, so braucht diese doch nicht mit der kommunikativen Bedeutung übereinzustimmen. Was der Sprecher tatsächlich sagt, ist eine Sache – was er uns damit zu verstehen geben möchte, oft eine ganze andere. Dennoch ist die Bezeichnung zwischen konventioneller und kommunikativer Bedeutung in solchen Fällen nicht willkürlich. Wir verstehen in der Regel recht gut, was uns ein Sprecher einer bestimmten Äußerung sagen wollte – auch wenn er es nicht (explizit) gesagt hat. Wie läßt sich erklären, daß unsere Verständigung auch ›zwischen den Zeilen‹ in der Regel so gut klappt? Genau diese Frage sucht Grice mit Hilfe seiner *Theorie der Konversationsimplikaturen* – Schritt III – zu beantworten. Klar, daß dieser Schritt eine befriedigende Realisierung von (I) und (II) bereits voraussetzt. Ein entsprechend systematischer Aufbau von (III) steht freilich bisher aus.

*

Seit 1979, dem Jahr, in dem die 1. Auflage dieses Bandes in der Reihe *Theorie* erschienen war, hat sich in allen drei Bereichen I-III viel getan. Die wichtigsten Entwicklungen dürften aber diese sein:
– Das generelle philosophische Forschungsinteresse hat sich von der *Handlungstheorie* mehr und mehr zur *Philosophie des Geistes* hin verlagert; oder vielleicht treffender gesagt: Die handlungstheoretischen Fragestellungen werden mehr und mehr durch kognitionstheoretische ergänzt und zu Fragen einer Philosophie des Geistes radikalisiert.
– In den Bereichen I und II kommen zunehmend auch die *Präzisierungsmittel künstlicher (logischer) Sprachen* zur Anwendung.
– Die ungeheuer weitreichenden Implikationen der Theorie III werden in vielen Bereichen der Philosophie, der Linguistik und anderer mit der menschlichen Kommunikation befaßten Disziplinen immer deutlicher. *Implikaturen-»Theorien« haben Hochkonjunktur* – vergleichbar in etwa mit dem Boom der Sprechakttheo-

rie in den 80er Jahren. Für diesen Trend sind zwei Dinge charakteristisch: Die Rezeption der Theorie der Implikaturen erfolgt bisher eher im Sinne von Anwendungen auf die verschiedensten Phänomene, weniger in Form einer weiteren (nötigen) Klärung der dabei verwendeten Implikatur-Begriffe. Und zweitens belebt auch bei diesem Trend Konkurrenz das Geschäft: Die Theorie der Implikaturen wird zunehmend im Kontext alternativer (vor allem relevanz-theoretischer) Erklärungsmodelle diskutiert.

In all diesen Entwicklungen spielen die in diesem Band zusammengestellten Arbeiten inzwischen so etwas wie die Rolle von Klassikern. Gut also, daß sie durch diese Neuauflage auch weiterhin in der Diskussion direkt präsent sind.

Den erwähnten Entwicklungen und neuen Schwerpunkten trägt die *aktualisierte Auswahlbibliographie* Rechnung. Neu in dieser 2. Auflage ist auch meine Skizze des ganzen Forschungsfeldes im Anhang.

I. Handlungstheoretische Begründung der Kommunikationstheorie

H. Paul Grice
Intendieren, Meinen, Bedeuten*

Betrachten wir die folgenden Sätze:

Diese Flecken bedeuten (bedeuteten) Masern

Diese Flecken bedeuteten nichts für mich, aber für den Arzt bedeuteten sie Masern

Der jüngste Haushaltsplan bedeutet, daß es ein schweres Jahr geben wird

(1) Man kann nicht sagen: »Diese Flecken bedeuteten Masern, aber er hatte gar keine Masern«; und man kann nicht sagen: »Der jüngste Haushaltsplan bedeutet, daß es ein schweres Jahr geben wird, aber es wird keins geben.« Mit anderen Worten: Aus *x bedeutet(e), daß p* folgt in Fällen wie diesen *p*.

(2) Man kann nicht von »Diese Flecken bedeuten (bedeuteten) Masern« zu irgendeiner Schlußfolgerung darüber gelangen, »was mit diesen Flecken gemeint ist (war)«; so ist man z. B. nicht berechtigt zu sagen: »Was mit diesen Flecken gemeint war, war, daß er Masern hatte.« Ebensowenig kann man aus der Feststellung über den jüngsten Haushaltsplan den Schluß ziehen: »Was mit dem jüngsten Haushaltsplan gemeint ist, ist, daß es ein schweres Jahr geben wird.«

(3) Man kann aus »Diese Flecken bedeuteten Masern« nichts schließen, was beinhaltet, daß irgendjemand mit diesen Flecken das und das gemeint hat. Dasselbe gilt, mutatis mutandis, für den Satz über den jüngsten Haushaltsplan.

(4) Für keines der obigen Beispiele läßt sich eine Paraphrasierung angeben, in der auf das Verb »bedeuten« ein Satz bzw. ein Ausdruck in Anführungszeichen folgt. So läßt sich »Diese Flecken bedeuteten Masern« weder durch »Diese Flecken bedeuteten ›Ma-

* Grices Originaltitel *Meaning* ist von ihm, wie der Artikel selbst klarmacht, sowohl im Sinne von *Meinen* als auch im Sinne von *Bedeuten* gemeint. Diese Mehrdeutigkeit kann im Deutschen nicht durch *einen* Terminus nachgemacht werden. *Intendieren* wurde dem Titel hinzugefügt, um die tragende Rolle deutlich zu machen, die Grice bestimmten Intentionen für ein Meinen bzw. Bedeuten zuweist. Vergleiche auch die am Ende nachgetragene Originalstelle. (Anm. d. Übers.)

sern‹« noch durch »Diese Flecken bedeuteten ›Er hat Masern‹« paraphrasieren.

(5) Auf der anderen Seite läßt sich für alle diese Beispiele eine grobe Paraphrasierung finden, die mit der Wendung »Die Tatsache, daß ...« beginnt. Beispiel: »Die Tatsache, daß er diese Flekken hatte, bedeutete, daß er Masern hatte« und »Die Tatsache, daß der jüngste Haushaltsplan so und so ist, bedeutet, daß es ein schweres Jahr geben wird.«

Kontrastieren wir nun die obigen Sätze mit den folgenden:

Dieses dreimalige Läuten der Klingel (im Bus) bedeutet, daß der Bus voll ist

Die Bemerkung ›Schmidt konnte ohne diesen Drachen einfach nicht auskommen‹ bedeutete soviel wie: Schmidt hielt seine Frau für unentbehrlich

(1) Man kann den ersten dieser beiden Sätze gebrauchen und dann fortfahren: »Aber er ist gar nicht voll – der Fahrer hat einen Fehler gemacht«; und man kann den zweiten Satz gebrauchen und fortfahren: »Aber in Wirklichkeit hat sich Schmidt schon vor sieben Jahren von ihr getrennt.« Mit anderen Worten: Aus *x bedeutet(e), daß p* folgt hier nicht, daß *p*.

(2) Man kann von dem ersten Satz zu einer Feststellung darüber gelangen, was mit dem dreimaligen Klingeln »gemeint ist (war)« und von dem zweiten zu einer Feststellung darüber, was mit der zitierten Bemerkung »gemeint ist (war)«.

(3) Man kann aus dem ersten Satz den Schluß ziehen, daß jemand (nämlich der Schaffner) mit dem Klingeln meinte bzw. jedenfalls hätte meinen sollen, daß der Bus voll ist; analog beim zweiten Satz.

(4) Der erste Satz läßt sich so paraphrasieren, daß auf das Verb »bedeuten« ein Ausdruck in Anführungszeichen folgt, also: »Das dreimalige Läuten der Klingel bedeutet ›Der Bus ist voll‹.« Ebenso beim zweiten Satz.

(5) Ein Satz wie »Die Tatsache, daß die Klingel dreimal geläutet wurde, bedeutet, daß der Bus voll ist« ist keine Paraphrasierung der Bedeutung des ersten Satzes. Es kann zwar sein, daß beide wahr sind; sie haben aber nicht einmal annähernd dieselbe Bedeutung.

Wird nun »bedeuten« (engl. *mean*) im Sinne der ersten Klasse von Sätzen verwendet, so werde ich von einem *natürlichen Bedeuten* reden; wird »bedeuten« dagegen im Sinne der zweiten Klasse von Sätzen verwendet, so spreche ich von einem *nicht-natürlichen Bedeuten.* Die erste Verwendungsweise werde ich durch »bedeuten_{n}«, die zweite dagegen durch »bedeuten_{nn}« kennzeichnen. Von einem *Bedeuten*$_{nn}$ will ich i. f. auch dann reden, wenn jemand mit einer Äußerung etwas *meint*: Etwas mit einer Äußerung meinen ist ein Fall von nicht-natürlicher Bedeutung. (In Grice (1969) – dtsch. dieser Band S. 16 ff. – wird dieser Fall auch als ein Fall von *utterer's meaning* (Sprecher-Bedeutung) bezeichnet.)[1]

[...][2] Nun stellt sich die folgende Frage: »Wie läßt sich der Unterschied zwischen Fällen, in denen es um ein Bedeuten_{n} geht, und Fällen, in denen es um ein Bedeuten_{nn} geht, noch weiter charakterisieren?« Daß wir diese Frage stellen, soll uns natürlich nicht daran hindern, *Bedeuten*$_{nn}$ durch Rekurs auf *Bedeuten* in dem einen oder anderen natürlichen Sinne zu erklären versuchen.

Auf diese Frage nach dem Unterschied zwischen natürlicher und nicht-natürlicher Bedeutung dürfte jeder treffen, der sich für eine Unterscheidung zwischen ›natürlichen‹ und ›konventionellen‹ Zeichen interessiert. Ich halte jedoch meine Formulierung für besser. Denn nicht alle Dinge, die etwas bedeuten_{nn}, sind Zeichen (Wörter z. B. sind keine); ebensowenig sind alle Dinge mit Bedeutung_{nn} konventionell – im gewöhnlichen Sinne dieses Wortes (bestimmte Gesten z. B. sind es nicht); wohingegen einige Dinge, die eine natürliche Bedeutung haben, keine Zeichen für das sind, was sie bedeuten (vgl. das Beispiel vom jüngsten Haushaltsplan).

»Was ist Bedeutung_{nn}?« Ich will nun zunächst einen Typ von Antwort auf diese Frage betrachten und zurückweisen, den man als den *kausalen Typ* bezeichnen könnte. Mehr oder weniger C. L. Stevenson folgend könnte man z. B. folgenden Ansatz versuchen: x bedeutet_{nn} nur dann etwas, wenn x die Tendenz hat, bei einem Hörer eine (kognitive oder sonstige) Einstellung hervorzurufen bzw., was den Sprecher betrifft, die Tendenz, durch eben eine solche (kognitive oder sonstige) Einstellung hervorgerufen zu

1 Dieser Abschnitt stellt eine sinngemäße Bearbeitung des engl. Originals dar. Zu beachten ist i. f., daß es, wo im Deutschen *S meint etwas* steht, im Englischen *S means*$_{nn}$ *something* heißt. Da es kein natürliches Meinen gibt, ist bei *meinen* der Index nn überflüssig. (Anm. d. Übers.)

2 Die hier ausgelassene Stelle des Originals ist am Ende dieser Übersetzung aufgeführt.

werden, wobei diese Tendenzen von »einem elaborierten Konditionierungsprozeß« abhängen, der »den Gebrauch des Zeichens in der Kommunikation begleitet«. (*Ethics and Language,* New Haven, 1944, Kp. III.) Es dürfte klar sein, daß dieser Ansatz nicht adäquat ist.

(1) Betrachten wir einen Fall, in dem die betreffende Äußerung, sofern sie überhaupt etwas bedeutet$_{nn}$, vom deskriptiven bzw. informativen Typ ist, die relevante Einstellung demnach kognitiver Art ist, zum Beispiel eine bestimmte Überzeugung. (Ich verwende »Äußerung« als einen neutralen Terminus, der auf einen jeden Kandidaten für Bedeutung$_{nn}$ anwendbar ist; er besitzt eine vorteilhafte Akt-Objekt-Mehrdeutigkeit.) Nun, es ist gewiß so, daß viele Leute eine Tendenz haben, dann, wenn sie glauben, sie würden gleich auf einen Ball gehen, einen Frack anzuziehen; und es stimmt auch sicher, daß viele Leute, wenn sie jemanden einen Frack anziehen sehen, schließen würden, daß der Betreffende gleich auf einen Ball gehen wird. Heißt das für uns, daß das Anziehen eines Fracks deshalb bedeutet$_{nn}$, daß der Betreffende gleich auf einen Ball gehen wird (oder auch nur, daß es überhaupt etwas bedeutet$_{nn}$)? Offensichtlich nicht. Es hilft auch nichts, wenn man sich auf die präzisierende Wendung »von einem elaborierten Konditionierungsprozeß abhängig« bezieht. Denn wenn das nichts anderes heißen soll, als daß die Reaktion, die man zeigt, wenn man sieht, daß jemand einen Frack anzieht, irgendwie erlernt bzw. erworben ist, so ist damit noch nicht ausgeschlossen, daß der vorliegende Fall ein Fall von Bedeutung$_{n}$ ist. Wenn wir aber den zweiten Teil der präzisierenden Wendung (»der den Gebrauch des Zeichens in der Kommunikation begleitet«) wirklich ernstnehmen sollen, dann ist die vorgelegte Explikation von *Bedeutung*$_{nn}$ offensichtlich zirkulär. Wir könnten ebensogut sagen: »x hat Bedeutung$_{nn}$, wenn es in der Kommunikation verwendet wird« – was zwar stimmt, uns aber nicht weiterhilft.

(2) Sollte dies noch nicht genügen, so gibt es noch eine von Stevenson selbst bereits bemerkte Schwierigkeit – eine Schwierigkeit, die mit der obigen m. E. identisch ist: Wie kommen wir darum herum, »Hans ist groß« als einen Teil dessen ansehen zu müssen, was man mit »Hans ist ein Athlet« meint – wo doch mit der Äußerung, daß Hans ein Athlet ist, die Tendenz verbunden ist, den Adressaten glauben zu machen, daß Hans groß ist. Stevenson rekurriert

hier auf Sprachregeln, auf eine Regel nämlich, die die Möglichkeit nicht ausschließt, daß es auch »nicht große Athleten« gibt. Dies besagt soviel wie: Keine Regel hindert uns, auch von »nicht großen Athleten« zu reden. Aber warum hindert uns keine Regel daran? Nicht etwa, weil eine solche Redeweise nicht grammatisch schlecht, nicht unhöflich o. dgl. wäre, sondern vermutlich eben deshalb, weil sie nicht sinnlos ist (bzw., falls dies zu stark ist, weil sie in keiner Weise die für die betreffenden Ausdrücke einschlägigen Bedeutungsregeln verletzt). Aber dies scheint uns in einen weiteren Zirkel zu verwickeln. Zudem wäre hier zu fragen, warum, wenn es hier legitim ist, zur Unterscheidung des Gemeinten gegenüber dem bloß Implizierten auf Regeln zu rekurrieren, ein solcher Rekurs dann nicht schon früher gewählt worden ist, etwa im Fall des Stöhnens, ein Fall, für dessen Behandlung Stevenson die präzisierende Wendung bezüglich der Konditionierungsabhängigkeit ursprünglich eingeführt hatte.

Ein weiteres Manko einer kausalen Theorie des eben erläuterten Typs scheint darin zu bestehen, daß sie uns, selbst für den Fall, daß wir sie in der vorliegenden Form akzeptierten, nur mit einer Analyse von Feststellungen über die *Standard*bedeutung bzw. die allgemeine Bedeutung eines ›Zeichens‹ versieht. Wie man Feststellungen des Inhalts behandeln soll, daß ein bestimmter Sprecher bzw. Schreiber in einer konkreten Situation mit einem Zeichen das und das meint (was von der Standardbedeutung des Zeichens sehr wohl abweichen kann), darüber wird nichts gesagt. Man könnte in der Kritik sogar noch weiter gehen und die These vertreten, daß die kausale Theorie die Tatsache ignoriert, daß die Bedeutung (im allgemeinen) eines Zeichens durch Rekurs auf das zu erklären ist, was die Zeichenbenutzer mit ihm in konkreten Situationen meinen (sollten); womit dann der letztere Begriff, der durch die kausale Theorie nicht weiter erklärt wird, in Wirklichkeit der fundamentale Begriff ist. Ich sympathisiere mit dieser radikaleren Kritik, bin mir jedoch bewußt, daß der Punkt kontrovers ist.

Ich habe nicht vor, hier noch auf weitere Theorien des »Kausal-Tendenz«-Typs einzugehen. Ich vermute, daß sich bei keiner derartigen Theorie Schwierigkeiten, die den eben skizzierten analog sind, vermeiden lassen dürften – es sei denn, die betreffende Theorie verzichtet völlig darauf, weiterhin als eine Theorie dieses Typs zu fungieren.

Ich werde nun einen anderen und, wie ich hoffe, aussichtsreicheren Ansatz versuchen. Können wir die Bedeutung von

x bedeutete_{nn} etwas (in einer konkreten Situation)

und

x bedeutete_{nn}, daß das und das (in einer konkreten Situation)

erhellen sowie auch die Bedeutung von

S meinte mit x etwas (in einer konkreten Situation)

und

S meinte mit x, daß das und das (in einer konkreten Situation)

dann ließe sich vernünftigerweise erwarten, daß uns das auch bei

x bedeutet_{nn} (zeitunabhängig) etwas (bzw., daß das und das)

S meint (zeitunabhängig) mit x etwas (bzw., daß das und das)

und bei der Explikation von *bedeutet dasselbe wie*, *versteht*, *folgt aus* etc. weiterhelfen wird. Nehmen wir für den Augenblick einmal an, wir hätten es nur mit Äußerungen zu tun, die informativ bzw. deskriptiv sind.

Ein erster Versuch wäre: x bedeutete_{nn} nur dann etwas, wenn x von dem Sprecher mit der Absicht geäußert wurde, bei einem ›Hörer‹ eine Überzeugung hervorzurufen, wobei eine Bestimmung dieser Überzeugung zugleich eine Bestimmung dessen ist, was x bedeutete_{nn}. Dies ist jedoch nicht adäquat. Es kann sein, daß ich Ms Taschentuch an einem Ort liegenlasse, wo ein Mord begangen worden war, um den Detektiv so zu der Überzeugung zu bringen, daß M der Mörder ist. Man würde jedoch nicht sagen wollen, daß das Taschentuch (bzw. mein Liegenlassen desselben) irgendetwas bedeutete_{nn} oder daß ich mit dem Liegenlassen des Taschentuchs meinte, daß M der Mörder ist. Es ist klar, daß wir zumindest die weitere Bedingung hinzunehmen müssen, daß x nur dann etwas bedeutete_{nn}, wenn x nicht nur mit der Absicht geäußert wurde, eine gewisse Überzeugung hervorzurufen, der Sprecher vielmehr auch beabsichtigte, daß ein ›Hörer‹ die Absicht hinter seiner Äußerung erkennt.

Auch dies, obschon vielleicht besser, ist nicht gut genug. Betrachten wir die folgenden Fälle:

(1) Herodes überreicht Salome auf einer Schale das Haupt Johannes des Täufers

(2) Ein Kind, das sich unwohl fühlt, läßt seine Mutter sehen, wie blaß es ist (in der Hoffnung, sie möge selbst ihre Schlüsse daraus ziehen und ihm helfen)

(3) Ich lasse das Porzellan, das meine Tochter zerbrochen hat, herumliegen, damit es meine Frau auch ja gleich sieht

Hier scheinen wir Fälle zu haben, in denen die bisher angeführten Bedingungen für Bedeutung$_{nn}$ erfüllt sind. Herodes z. B. beabsichtigte, bei Salome die Überzeugung hervorzurufen, daß Johannes der Täufer tot ist; und er beabsichtigte zweifelsohne auch, daß Salome erkennt, daß er beabsichtigt, sie glauben zu machen, daß Johannes der Täufer tot ist. Ähnliches gilt für die anderen Fälle. Dennoch bin ich mir sicher, daß wir nicht sagen würden, daß es in diesen Fällen um Bedeutung$_{nn}$ geht.

Wir wollen herausfinden, wodurch sich z. B. »jemanden vorsätzlich und offen wissen lassen wollen« und »sagen« bzw. »jemanden glauben machen« und »sagen« unterscheiden.

Vielleicht besteht der Ausweg in folgendem. Vergleichen wir die beiden folgenden Fälle:

(1) Ich zeige Herrn X eine Photographie, die Herrn Y in einer eindeutigen Situation mit Frau X zeigt

(2) Ich zeichne ein Bild von Herrn Y, das diesen in der gleichen Situation darstellen soll, und zeige es Herrn X

Ich für meinen Teil möchte bestreiten, daß in (1) die Photographie (bzw. mein Herzeigen derselben) irgendetwas bedeutete$_{nn}$; ich möchte jedoch behaupten, daß in (2) meine Zeichnung (bzw. mein Zeichnen bzw. Herzeigen der Zeichnung) etwas bedeutete$_{nn}$ (daß Herr Y in einer eindeutigen Situation mit der Frau von X war) oder zumindest, daß ich damit meinte, daß Herr Y mit Frau X in der und der Situation war. Was macht den Unterschied zwischen den beiden Fällen aus? Sicher, daß im Fall (1) das Erkennen meiner Absicht durch Herrn X, meiner Absicht nämlich, ihn davon zu überzeugen, daß zwischen Herrn Y und Frau X etwas ist, für das Hervorbringen dieser Wirkung durch die Photographie (mehr oder weniger) irrelevant ist. Herr X würde selbst dann durch die Photographie veranlaßt werden, Frau X zumindest zu verdächtigen, wenn ich die Photographie, statt sie ihm zu zeigen, per Zufall einfach in seinem Zimmer liegengelassen hätte; und ich (der ihm das betreffende Photo zeigt) wäre mir dessen sehr wohl bewußt. Was nun aber die Wirkung meiner Zeichnung auf Herrn X betrifft, so wird es durchaus einen Unterschied machen, ob er von mir annimmt, ich beabsichtigte, ihn über seine Frau zu informieren (ihn zu einer Überzeugung zu bringen), oder ob er von mir annimmt, ich würde nur so herumkritzeln oder versuchen, ein Stück Kunst zu machen.

Akzeptieren wir diese Antwort, so scheinen wir jedoch mit einer weiteren Schwierigkeit konfrontiert zu sein: Nehmen wir z. B. eine Situation, in der ich gerade meine Stirn runzle. Tue ich das spontan, während alles ganz wie gewöhnlich abläuft, so könnte ein Betrachter mein Stirnrunzeln durchaus als ein natürliches Anzeichen dafür ansehen, daß mir etwas nicht paßt. Runzle ich meine Stirn jedoch bewußt, eben um auszudrücken, daß mir was nicht paßt, so wird ein Beobachter – vorausgesetzt, er erkennt meine Absicht – *nach wie vor* den Schluß ziehen, daß mir etwas nicht paßt. Da man nun nicht erwarten kann, daß es für die Reaktion des Betrachters irgendeinen Unterschied ausmacht, ob er mein Stirnrunzeln bloß als spontan oder als Ausdruck einer Informationsabsicht ansieht – sollten wir da nicht sagen, daß auch mein bewußtes Stirnrunzeln nichts bedeutet$_{nn}$? Mit dieser Schwierigkeit kann man jedoch fertig werden: Denn auch wenn ein bewußtes Stirnrunzeln im allgemeinen die gleiche Wirkung hat (was das Hervorbringen der Überzeugung betrifft, daß mir etwas nicht paßt) wie ein spontanes, so kann man doch nur dann erwarten, daß es die gleiche Wirkung hat, wenn bereits *vorausgesetzt* wird, daß es der Hörer als intendierten Ausdruck dessen versteht, daß dem Sprecher etwas nicht paßt. Das heißt, ziehen wir die Erkenntnis der Absicht ab, lassen aber die übrigen Umstände so wie sie sind (einschließlich der Erkenntnis des Stirnrunzelns als ein bewußtes Stirnrunzeln), so muß die die betreffende Überzeugung hervorrufende Tendenz des Stirnrunzelns als abgeschwächt oder ganz aufgehoben angesehen werden.

Vielleicht können wir, was notwendig dafür ist, daß S mit x etwas meint, wie folgt zusammenfassen: S muß mit x bei einem Hörer eine Überzeugung hervorzurufen beabsichtigen, und er muß auch beabsichtigen, daß seine Äußerung als eine mit dieser Absicht gemachte Äußerung erkannt wird. Diese Absichten sind jedoch nicht unabhängig voneinander: Die Erkenntnis soll der Absicht von S zufolge ihre Rolle beim Hervorbringen der Überzeugung spielen, und wenn sie das nicht tut, so ist bei der Erfüllung der Absichten von S etwas schiefgegangen. Daß S beabsichtigt, daß die Erkenntnis diese Rolle spielt, impliziert zudem, wie ich glaube, daß er annimmt, daß eine gewisse Chance besteht, daß sie diese Rolle tatsächlich spielen wird, daß er es nicht als im voraus feststehend ansieht, daß die betreffende Überzeugung beim Hörer hervorgerufen werden wird, ganz gleich, ob nun die Absicht hinter der Äußerung erkannt wird oder nicht. Wir können daher vielleicht kurz wie folgt formulieren: »S meinte mit x etwas« ist in etwa äquivalent mit »S äußerte x mit der Absicht, eine Überzeugung mittels der Erkenntnis dieser Absicht hervorzurufen.« (Dies scheint ein reflexives Paradox zu beinhalten, was in Wirklichkeit aber nicht der Fall ist.)

Nun ist es vielleicht an der Zeit, die Annahme aufzugeben, wir hätten es nur mit ›informativen‹ Fällen zu tun. Beginnen wir mit einigen Beispielen für Imperative bzw. Quasi-Imperative. Ich habe einen extrem habsüchtigen Menschen bei mir im Zimmer und möchte, daß er geht; ich werfe daher eine Pfundnote aus dem Fenster. Haben wir es hier mit einer Äußerung mit einer Bedeutung$_{nn}$ zu tun? Nein. Ich habe mit meinem Verhalten nicht beabsichtigt, daß seine Erkenntnis meiner Absicht dafür, daß ich ihn tatsächlich zum Gehen bewege, irgendeine Rolle spielt. Insofern ist dieser Fall dem Photographie-Beispiel parallel. Hätte ich dagegen auf die Tür gezeigt oder ihm einen leichten Stoß gegeben, dann könnte mein Verhalten durchaus als eine Äußerung mit einer Bedeutung$_{nn}$ angesehen werden, eben weil ich mit meinem Verhalten beabsichtigt hätte, daß die Erkenntnis meiner Intention zur Beschleunigung seines Aufbruchs beitragen sollte. Ein weiteres Beispielpaar wäre: (1) Ein Polizist, der einen Wagen dadurch anhält, daß er sich ihm in den Weg stellt; und (2) ein Polizist, der einen Wagen dadurch anhält, daß er winkt.

Oder, um kurz auf einen anderen Typ von Fällen einzugehen, wenn ich als Prüfer jemand durchfallen lasse, so kann ich damit bei ihm durchaus Niedergeschlagenheit, Empörung oder ein Gefühl der Erniedrigung hervorrufen. Und wenn ich ein Sadist bin, so werde ich eben diese Wirkung vielleicht sogar beabsichtigen, ja vielleicht sogar beabsichtigen, daß er meine Absicht erkennt. Ich würde aber nicht sagen wollen, daß ich damit, daß ich ihn durchfallen ließ, etwas meinte. Wenn ich andererseits jemanden auf der Straße schneide, so bin ich durchaus bereit, dies den Fällen anzugleichen, in denen Bedeutung$_{nn}$ vorliegt. Dies dürfte damit zusammenhängen, daß ich vernünftigerweise von dem andern nur dann erwarten kann, daß er sich niedergeschlagen (empört, erniedrigt) fühlen wird, wenn er meine Absicht erkennt, ihn auf diese Weise zu treffen. (Zum Vergleich: Würde mir mein College mein ganzes Gehalt streichen, so müßte ich mich mit dem Vorwurf wehren, daß dies meinen Ruin bedeutet; würde mein Gehalt um 1 Pfund gekürzt, so würde ich ihnen Beleidigung vorwerfen; bei einigen dazwischenliegenden Beträgen wüßte ich dagegen vielleicht nicht, was ich darauf genau sagen sollte.)

Vielleicht können wir somit die folgenden Generalisierungen ansetzen:

(1) »S meinte mit x etwas« ist (in etwa) äquivalent mit »S beabsichtigte, daß die Äußerung von x bei einem Hörer eine Wirkung mittels der Erkenntnis dieser Absicht hervorruft«; dabei können wir hinzufügen: Danach fragen, was S meinte, heißt, nach einer Bestimmung der intendierten Wirkung fragen (auch wenn es natürlich sein kann, daß es nicht immer möglich ist, direkt eine Antwort zu finden, die einen »daß-Satz« enthält, etwa »eine Überzeugung, daß ...«).

(2) »x bedeutete$_{nn}$ etwas« ist (in etwa) äquivalent mit »Jemand meinte mit x etwas.« Auch hier wird es Fälle geben, wo dies nicht ganz zutrifft. Ich würde schon sagen wollen, daß (was Verkehrsampeln betrifft) der Wechsel auf Rot bedeutete$_{nn}$, daß der Verkehr anhalten sollte; es wäre jedoch sehr unnatürlich, wenn man sagte: »Jemand (z. B. die städtische Verwaltung) meinte mit dem Wechsel auf Rot, daß der Verkehr anhalten sollte.« Nichtsdestoweniger scheint hier doch *irgendeine* Art von Bezug auf jemands Intentionen gegeben zu sein.

(3) »x bedeutet$_{nn}$ (zeitunabhängig), daß das und das« könnte man in erster Annäherung gleichsetzen mit einer Aussage bzw. einer Disjunktion von Aussagen darüber, was – um es vage auszudrücken – ›man‹ mit x zu bewirken beabsichtigt (wobei das ›Erkennen‹ näher zu bestimmen wäre). Auf diesen Punkt werde ich noch kurz eingehen müssen.

Ist es mit einer jeden Art von intendierter Wirkung getan, oder kann es auch Fälle geben, in denen eine Wirkung zwar intendiert ist (und auch die näheren Bestimmungen erfüllt sind), wir aber doch nicht von Bedeutung$_{nn}$ reden würden? Angenommen, ich entdecke jemand, der so konstituiert ist, daß er, wenn ich ihm sage, daß ich immer dann, wenn ich auf eine bestimmte Weise rülpse, will, daß er rot wird bzw. ein gewisses körperliches Unbehagen verspürt, er daraufhin tatsächlich immer dann, wenn er mein Rülpsen (und damit auch meine Absicht) bemerkt, rot wird oder ein körperliches Unbehagen verspürt. Sollen wir dann sagen, daß das Rülpsen etwas bedeutete$_{nn}$? Ich glaube nicht. Dies verweist auf die Tatsache, daß x nur dann Bedeutung$_{nn}$ hat, wenn die intendierte Wirkung etwas ist, was in einem gewissen Sinne der Kontrolle des Hörers unterliegt, oder daß (in einem gewissen Sinne von »Grund«) das Erkennen der hinter der Äußerung x stehenden Absicht für den Hörer ein Grund ist und nicht bloß eine Ursache. Vielleicht hat es den Anschein, als läge hier lediglich ein Wortspiel vor (»Grund für eine Überzeugung« und »Grund für ein Handeln«), aber ich glaube nicht, daß dies schwer wiegt. Obgleich Fragen nach Gründen für eine Überzeugung von einem bestimmten Standpunkt aus zweifelsohne Fragen danach sind, worauf sich die betreffende Überzeugung stützen kann, und somit von Fragen nach Gründen für ein Handeln durchaus verschieden sind, so gilt doch: Das Erkennen der von einem Sprecher mit dem Äußern von x (einer deskriptiven Äußerung) verfolgten Absicht, das Haben eines Grundes für die Überzeugung, daß so-und-so, ist dem »Haben eines Motivs« dafür, so-und-so zu akzeptieren, zumindest sehr ähnlich. Entscheidungen »daß« scheinen Entscheidungen »zu« zu beinhalten (weshalb wir uns auch »zu glauben weigern« können und »etwas zu glauben gezwungen« sein können). (Der Fall des Einen-anderen-Schneidens bedarf einer etwas anderen Behandlung, da man sich in keinem direkten Sinne dazu ›entscheiden‹ kann, beleidigt zu sein; man kann sich jedoch weigern, sich beleidigen zu lassen.) Es sieht also so aus, als müßte die intendierte Wirkung etwas sein, was der Kontrolle des Hörers unterworfen ist, oder zumindest etwas von der *Art*, was seiner Kontrolle unterliegt.

Noch ein Punkt, bevor ich auf den einen oder anderen Einwand eingehe. Aus dem, was ich über den Zusammenhang zwischen Bedeutung$_{nn}$ und Erkenntnis der Intention gesagt habe, folgt meines Erachtens, daß (falls ich mich nicht irre) für die Bedeutung$_{nn}$ einer Äußerung nur die primäre Intention eines Sprechers relevant ist. Denn wenn ich x äußere und dabei beabsichtige, (mittels der Erkenntnis dieser Intention) eine Wirkung E hervorzubringen, und zudem beabsichtige, daß diese Wirkung E zu einer weiteren Wirkung F führt, so kann F selbst, insofern das Vorkommen von

F als allein von E abhängig angesehen wird, von mir nicht im mindesten als von der Erkenntnis meiner Intention abhängig betrachtet werden. D. h., wenn ich (zum Beispiel) beabsichtige, jemanden dadurch zu einer bestimmten Handlung zu bewegen, daß ich ihm gewisse Informationen gebe, dann kann eine Beschreibung dessen, was er meiner Absicht nach tun soll, für die Bedeutung$_{nn}$ meiner Äußerung nicht als relevant erachtet werden.

Nun könnten einige Fragen bezüglich meines recht freien Gebrauchs solcher Termini wie »Absicht« bzw. »Intention« und »Erkenntnis« auftreten. Ich muß jede Absicht von mir weisen, unseren gesamten Sprachalltag mit ganzen Armeen von komplizierten psychischen Entitäten zu bevölkern. Ich bilde mir nicht ein, daß von mir auch nur irgendein philosophisches Rätsel bezüglich des Intendierens gelöst wird; ich will aber doch kurz zeigen, daß durch meine Verwendung von »Absicht« bzw. »intendieren« im Zusammenhang mit Bedeutung keine speziellen Probleme aufgeworfen werden. Es wird, erstens, Fälle geben, in denen einer Äußerung ein bewußter ›Plan‹ bzw. eine explizite Formulierung der Absicht vorausgeht bzw. die Äußerung begleitet. (Beispiele: Ich erkläre, wie ich im folgenden x verwenden werde; oder ich frage mich selbst, wie ich ›etwas an den Mann bringen kann‹.) Das Vorliegen eines solchen expliziten ›Plans‹ zählt offensichtlich stark zugunsten der Annahme, daß die Sprecher-Intention (was er meint) tatsächlich wie geplant ist – obgleich dies natürlich nicht ganz schlüssig sein dürfte: Es kann ja z. B. sein, daß ein Sprecher, der seine Absicht erklärte, einen gebräuchlichen Ausdruck in einer ungebräuchlichen Weise zu verwenden, einfach wieder in die gebräuchliche Ausdrucksweise zurückfällt. Ähnliches kann auch in nicht-sprachlichen Fällen vorkommen: Fragen wir nach jemands Absicht, so wiegt ein vorausgegangener Ausdruck einer solchen Absicht schwer. Und doch kann es sein, daß wir vorhaben, einen Brief in den Mülleimer zu werfen, ihn in Wirklichkeit aber doch zur Post bringen. Und wenn wir die Hand heben, um ihn in den Briefkasten zu werfen, dann kann es sein, daß wir ›zu uns kommen‹ und dann *entweder* sagen »Ach, das hab ich doch gar nicht beabsichtigt« *oder* »Ach, ich muß wohl schon die ganze Zeit die Absicht gehabt haben, ihn einzuwerfen.«

Explizit formulierte sprachliche (bzw. quasi-sprachliche) Absichten sind zweifelsohne relativ selten. Fehlen sie, so dürften wir auf genau die gleichen Arten von Kriterien rekurrieren, wie wir das im Fall nicht-sprachlicher Absichten tun, wo es eine allgemein übliche Praxis gibt. Man geht davon aus, daß der Betreffende mit seiner Äußerung das zu übermitteln beabsichtigt, was man mit dieser Äußerung normalerweise übermittelt (bzw. normalerweise zu übermitteln beabsichtigt). Es braucht schon gute Gründe, damit wir akzeptieren, daß ein konkreter Gebrauch von der allgemein üblichen Praxis abweicht. (Ein Beispiel für einen solchen Grund wäre: Er hat die allgemein übliche Praxis gar nie gekannt bzw. einfach wieder vergessen.) Ähnlich in nicht-sprachlichen Fällen: Man nimmt an, daß die normalen Folgen unserer Handlungen von uns beabsichtigt sind.

In Fällen wiederum, in denen unsicher ist, was von zwei oder mehr Dingen ein Sprecher zu übermitteln beabsichtigt, rekurrieren wir in der Regel auf den (sprachlichen oder sonstigen) Kontext der Äußerung und fragen uns, welche der Alternativen für andere von ihm gesagte oder getane Dinge relevant wäre oder welche Intention in einer konkreten Situation zu einem von ihm ganz offensichtlich verfolgten Ziel passen würde. (Beispiel: Wer bei einem Brand nach einer Pumpe ruft, wird keine Fahrradpumpe wollen.) Nicht-sprachliche Parallelen liegen auf der Hand: Der Kontext ist ein Kriterium zur Entscheidung der Frage, warum jemand, der sich gerade eine Zigarette in den Mund gesteckt hat, kurz vorher seine Hand in die Tasche gesteckt hatte. Relevanz für ein offensichtlich verfolgtes Ziel ist ein Kriterium, mit dem sich entscheiden läßt, warum jemand vor einem Stier davonrennt.

In gewissen sprachlichen Fällen fragen wir den, der eine Äußerung gemacht hat, nachher nach seiner Intention; und in einigen wenigen derartigen Fällen (in den recht schwierigen, wie wenn z. B. ein Philosoph gebeten wird, die Bedeutung einer unklaren Stelle in einem seiner Werke zu erklären) beruht die gegebene Antwort nicht auf etwas, woran sich der Gefragte erinnert, stellt vielmehr eher so etwas wie eine Entscheidung dar, eine Entscheidung darüber, wie das Gesagte verstanden werden soll. Ich kann hier keine nicht-sprachliche Parallele finden; der Fall ist jedoch derart speziell, daß er keinen wesentlichen Unterschied auszumachen scheint.

All dies ist ganz offenkundig. Hat man erst einmal gezeigt, daß die Kriterien zur Beurteilung sprachlicher Intentionen den Kriterien zur Beurteilung nicht-sprachlicher Intentionen sehr ähnlich sind, so ist damit sicherlich auch gezeigt, daß sprachliche Intentionen nicht-sprachlichen Intentionen sehr ähnlich sind.

Auslassung im deutschen Text:
[I propose, for convenience, also to include under the head of natural senses of »mean« such senses of »mean« as may be exemplified in sentences of the pattern »S means (meant) *to do* so-and-so (by x),« where H is a human agent. By contrast, as the previous examples show, I include under the head of non-natural senses of »mean« any senses of »mean« found in sentences of the patterns »S means (meant) something by x« or »S means (meant) by x that ...« (This is overrigid; but it will serve as an indication.)
I do not want do maintain that *all* our uses of »mean« fall easily, obviously, and tidily into one of the two groups I have distinguished; but I think that in most cases we should be at least fairly strongly inclined to assimilate a use of »mean« to one group rather than to the other.]

H. Paul Grice
Sprecher-Bedeutung und Intentionen*

I. Einleitung

Im Bereich der speziell mit der menschlichen Kommunikation verknüpften Verwendungsweisen des Wortes »bedeuten« (Verwendungsweisen also, bezüglich derer ich von einer »nicht-natürlichen Bedeutung« gesprochen habe) sind einige Unterscheidungen zu treffen. Sehen wir uns den folgenden Satz an:

(X) Trage ich erst mal dazu bei, daß Gras wächst, werde ich keine Zeit mehr zum Lesen haben

(1a) Es wäre annähernd richtig, wenn man sagte, daß X – zumindest unter anderem – soviel bedeutet wie: »Trage ich erst mal dazu bei, daß das Zeug gedeiht, das auf den Wiesen wächst, werde ich keine Zeit mehr zum Lesen haben.« Und vielleicht wäre es auch annähernd richtig, wenn man sagte, daß X – zumindest in einer seiner möglichen Lesarten – zudem soviel bedeutet wie: »Trage ich erst mal dazu bei, daß Marijuana wächst, werde ich keine Zeit mehr zum Lesen haben.« Derartige Bedeutungsbestimmungen werde ich Bestimmungen der *zeitunabhängigen Bedeutung(en) eines ›vollständigen‹ Äußerungstyps* nennen, wobei dieser Äußerungstyp ein Satz oder auch ein ›satzähnlicher‹ nicht-sprachlicher Äußerungstyp, etwa ein mit der Hand gegebenes Signal, sein kann.

(1b) Es wäre richtig, wenn man sagte, daß das Wort »Gras« (in etwa) »Zeug, das auf den Wiesen wächst« bedeutet, ebenso, wenn man sagte, daß »Gras« »Marijuana« bedeutet. Derartige Bedeutungsbestimmungen werde ich als Bestimmungen der *zeitunabhängigen Bedeutung(en) eines ›unvollständigen‹ Äußerungstyps* bezeichnen, wobei diese Äußerung ein (nicht bereits einen Satz

* Kritischen Bemerkungen und Vorschlägen, die mir mein Kollege S. Schiffer längere Zeit hindurch zukommen ließ, verdanke ich mehr, als in der hier vorgelegten Arbeit selbst zum Ausdruck kommt. Dem Text liegt eine von mir während des Philosophischen Kolloquiums am Oberlin College im April 1968 gehaltene Vorlesung zugrunde.

konstituierendes) Wort bzw. ein Teilsatz oder eben ein dazu analoger nicht-sprachlicher Äußerungstyp sein kann.

(2a) Da ein vollständiger Äußerungstyp X mehr als eine zeitunabhängige Bedeutung besitzen kann, müssen wir in der Lage sein, mit einer konkreten Äußerung von x gerade *eine* der zeitunabhängigen Bedeutungen zu verknüpfen und die anderen auszuschließen. Wir müssen bezüglich einer konkreten Äußerung von X sagen können, daß X *hier* (in dieser Situation) bedeutete: »Trage ich erst mal dazu bei, daß das Zeug gedeiht, das auf den Wiesen wächst, werde ich keine Zeit mehr zum Lesen haben«, und daß »Ich trage dazu bei, daß Gras wächst« *hier* bedeutete: »Ich trage dazu bei, daß das Zeug gedeiht, das auf den Wiesen wächst.« Derartige Bedeutungsbestimmungen werde ich Bestimmungen der *angewandten zeitunabhängigen Bedeutung eines vollständigen Äußerungstyps* (in einer konkreten Äußerungssituation) nennen. Solche Bestimmungen zielen darauf ab, die korrekte Lesart eines vollständigen Äußerungstyps in einer konkreten Äußerungssituation anzugeben.

(2b) Entsprechend müssen wir das bestimmen können, was ich die *angewandte zeitunabhängige Bedeutung eines unvollständigen Äußerungstyps* nennen werde; wir müssen bezüglich des Vorkommens des Wortes »Gras« in einer konkreten Äußerungssituation von X sagen können, daß *hier*, in dieser Situation, das Wort »Gras« (in etwa) »Zeug, das auf den Wiesen wächst« und nicht »Marijuana« bedeutet.

(3) Von einem bestimmten Sprecher S von X könnte es richtig sein, wenn man sagte, daß S, als er X äußerte, *mit* X (mit den Worten von X) *meinte*:

(i) Bin ich erst mal tot, werde ich nicht mehr wissen, was los ist in der Welt

sowie möglicherweise auch

(ii) Bin ich erst mal tot, so hat das den einen Vorteil, daß mir dann dieser ganze Horror nichts mehr anhaben kann

Wäre es richtig, wenn man von S sagte, er habe, als er X äußerte, mit X (i) gemeint, so wäre es auch richtig, wenn man von S sagte, daß er *mit den* (in X enthaltenen) *Worten* »Ich trage einmal dazu bei, daß Gras wächst« »Ich werde einmal tot sein« gemeint hat. Unter der Annahme, daß die Wendung »dazu beitragen, daß Gras wächst« im Unterschied zu »ins Gras beißen« *kein* anerkanntes

Idiom darstellt, wäre keine der eben angegebenen Bestimmungen dessen, was S mit X meinte (bzw. mit den Worten »ich trage einmal bei, daß Gras wächst«), eine zulässige Bestimmung einer zeitunabhängigen Bedeutung oder der angewandten zeitunabhängigen Bedeutung von X (bzw. der das Antezedens von X konstituierenden Wörter). »Ich trage einmal dazu bei, daß Gras wächst« bedeutet weder generell noch auch nur *hier* »Ich werde einmal tot sein.«

Eine Bedeutungsbestimmung der eben erwähnten Art werde ich als eine Bestimmung der *Situations-Bedeutung eines Äußerungstyps* bezeichnen.

(4) Die Bedeutungsbestimmungen der bisher betrachteten Spielarten machen alle von Anführungszeichen Gebrauch. Der vierte und letzte zu betrachtende Typ involviert dagegen den Gebrauch der indirekten Rede. Wenn die Behauptung zutreffend wäre, daß S mit X (i) und (ii) meinte, so wäre es auch zutreffend, wenn man von ihm sagte, daß *er*, als er X äußerte (bzw. dadurch, daß er X äußerte), *meinte, daß* er, wenn er erst mal tot sei, nicht mehr wissen werde, was los ist in der Welt, und daß *er*, als er X äußerte, *meinte, daß* (bzw. ein Teil dessen, was er meinte, darin bestand, daß) dann, wenn er erst mal tot sei, dies den einen Vorteil haben werde, daß ihm dieser ganze Horror nichts mehr anhaben könne. Selbst wenn S jedoch, als er X äußerte, mit den Worten »Ich trage einmal dazu bei, daß Gras wächst« »Ich werde einmal tot sein« gemeint haben sollte, so wäre es doch nicht zutreffend, wenn man sagte, daß er mit diesen Worten meinte, *daß* er einmal tot sein werde. Daß er einmal tot sein werde, hätte er nur dann meinen können, wenn er sich darauf festgelegt hätte, daß es der Fall ist, daß er einmal tot sein werde; dies hat S jedoch, als er X äußerte, gerade nicht getan.

Bedeutungsbestimmungen vom Typ (4) werde ich als Bestimmungen einer *Situations-Bedeutung eines Sprechers* bezeichnen.

Wir können somit zwischen vier Hauptformen von Bedeutungsbestimmungen unterscheiden:

(1) x (Äußerungstyp) bedeutet »...«
    Bestimmung der *zeitunabhängigen Bedeutung* für einen Äußerungstyp, der entweder (1a) vollständig oder (1b) unvollständig ist

(2) x (Äußerungstyp) bedeutete hier »...«

Bestimmung der *angewandten zeitunabhängigen Bedeutung* für einen entweder (2a) vollständigen oder (2b) unvollständigen Äußerungstyp

(3) S meinte mit x (Äußerungstyp) »...«

Bestimmung der *Situations-Bedeutung eines Äußerungstyps*

(4) S meinte mit dem Äußern von x, daß ...

Bestimmung der *Situations-Bedeutung eines Sprechers*

In dieser Unterscheidung zwischen den vier angeführten sprachlichen Formen ist natürlich ein legislatives Element enthalten; diese Formen sind nicht ganz so reglementiert wie ich der Einfachheit wegen annehmen werde.

In *Sprecher-Bedeutung, Satz-Bedeutung und Wort-Bedeutung* (dieser Band, S. 85 ff.) habe ich im Detail untersucht, wie sich zeitunabhängige Bedeutung, angewandte zeitunabhängige Bedeutung und was von mir jetzt als *Sprecher-Situations-Bedeutung* bezeichnet wird, zueinander verhalten. Ausgehend von der Annahme, daß der Begriff der Sprecher-Situations-Bedeutung sich in einer gewissen Weise durch Rekurs auf Sprecher-Intentionen explizieren läßt, argumentiere ich dort für die These, daß sich zeitunabhängige Bedeutung und angewandte zeitunabhängige Bedeutung durch Rekurs auf den Begriff der Sprecher-Situations-Bedeutung (in Verbindung mit weiteren Begriffen) explizieren lassen – und somit letztlich durch Rekurs auf den Begriff der Intention. In der genannten Arbeit wird von mir die Situations-Bedeutung eines Äußerungstyps nicht von der Sprecher-Situations-Bedeutung unterschieden; ist dieser Unterschied aber erst einmal gemacht, sollte es sich jedoch nicht als zu schwierig erweisen, die Situations-Bedeutung eines Äußerungstyps durch Rekurs auf die Situations-Bedeutung eines Sprechers zu explizieren. Die folgende vorläufige Definition ist zwar inadäquat, scheint jedoch einen vielversprechenden ersten Schritt in dieser Richtung darzustellen.

»$\sigma(x)$« bezeichne einen vollständigen Äußerungstyp (σ), der einen Äußerungstyp x enthält. x kann vollständig oder unvollständig, ja mit σ selbst sogar identisch sein. »$\sigma(\varphi/x)$« bezeichne das Resultat einer Substituierung von φ für x in σ. Zur Diskussion stelle ich dann die folgende, hier etwas grob gefaßte Definition:

Mit x meinte S φ gdw. Vσ {S äußerte $\sigma(x)$, und S meinte mit dem Äußern von $\sigma(x)$, daß ... [wobei nun »...« durch Verwendung von »$\sigma(\varphi/x)$« zu vervollständigen wäre]}

Zu untersuchen ist des weiteren die in der erwähnten Arbeit gemachte Annahme, wonach sich der Begriff der Sprecher-Situations-Bedeutung in einer gewissen Weise durch Rekurs auf den Begriff der Sprecher-Intention explizieren läßt. In der vorliegenden Arbeit wird es genau um dieses Thema gehen.

2. *Ausgangsdefinition der Sprecher-Situations-Bedeutung*

Als Ausgangspunkt werde ich den von mir in Grice (1957/dtsch. dieser Band) vorgeschlagenen Ansatz wählen, wobei ich diesen Ansatz als einen Versuch einer Definition des Begriffs der Sprecher-Situations-Bedeutung ansehen will. Als mein Definiendum werde ich zunächst nicht die Ausdrucksform ansetzen, die von primärem Interesse ist, nämlich

(A) Mit dem Äußern von x meinte S, daß p

sondern vielmehr die Ausdrucksform, die ich in der genannten Arbeit hauptsächlich diskutiert hatte, nämlich

(B) Mit dem Äußern von x meinte S *etwas*

Mein 1957er Aufsatz enthielt natürlich die Idee, daß ein adäquates Definiens für (B) einen Bezug auf eine intendierte Wirkung der (bzw. einen Bezug auf eine intendierte Reaktion auf die) Äußerung von x involvieren würde, und daß eine Bestimmung dieser intendierten Wirkung oder Reaktion uns die Frage zu beantworten erlaubt, *was* S mit dem Äußern von x gemeint hat. Im weiteren Verlauf der vorliegenden Arbeit werde ich dann zu dem Definiendum (A) zurückkehren und dann versuchen, die angebliche Verbindung zwischen der Natur der intendierten Reaktion und der Bestimmung dessen zu klären, was S mit dem Äußern von x gemeint hat.

Beginnen wir also unsere Untersuchung mit dem folgenden Definitionsvorschlag:

(GGM) »S meinte etwas mit dem Äußern von x« ist wahr gdw. für einen Hörer H gilt: S äußerte x mit der Absicht, daß
(1) H eine bestimmte Reaktion r zeigt
(2) H glaubt (erkennt), daß S (1) beabsichtigt
(3) H (1) aufgrund seiner Erfüllung von (2) erfüllt

Zwei erklärende Bemerkungen werden hier vielleicht nützlich sein: (i) Ich verwende die Termini »äußern« und »Äußerung« in einem künstlich erweiterten Sinne, wonach sie auf einen jeden Akt bzw. auf ein jedes Verhalten anwendbar sind, der bzw. das ein Kandidat für nicht-natürliche Bedeutung ist bzw. sein könnte. (ii) Daß H *»aufgrund«* seines Glaubens, daß S beabsichtigt, daß er die Reaktion r zeigt, tatsächlich r zeigt – das soll soviel heißen wie: Daß H glaubt, daß S beabsichtigt, daß er die Reaktion r zeigt, ist für ihn zumindest zum Teil *Grund* dafür, r zu zeigen, und nicht bloß die *Ursache* dessen, daß er r zeigt. Die dritte Bedingung des Definiens ist in der angegebenen Weise formuliert, um eine Situation auszuschließen, die andernfalls ein Gegenbeispiel wäre. Würde man die Bedingung (3) ersetzen durch

(3a) Hs Erfüllung von (1) aus seiner Erfüllung von (2) resultiert

so müßten wir unserer Intuition zuwider zulassen, daß S mit dem Tun von x bereits dann etwas gemeint hat, wenn er (was ja der Fall sein könnte) x mit der Absicht getan hat, daß

(1) H sich ärgert
(2) H glaubt, daß S beabsichtigt hat, daß H sich ärgert
(3) das sich Ärgern von H (zumindest zum Teil) daraus resultiert, daß er glaubt, daß S beabsichtigt hat, daß H sich ärgert

Nun kann zwar Hs Glaube, daß S beabsichtigt hat, daß H sich ärgert, eine Teil-Ursache dessen sein, daß er sich tatsächlich ärgert; er könnte aber nicht ein Teil seines Grundes dafür sein, sich zu ärgern – wenn man sich ärgert, so nicht deshalb, weil man Gründe dafür hat. Daß wir (3) und nicht (3a) ansetzen, schließt diesen Fall aus.

Ich werde zwei Haupttypen von Einwänden gegen diese Explikation der Situations-Bedeutung eines Sprechers betrachten: Erstens diejenigen Einwände, die zu zeigen vorgeben, daß das Definiens zu schwach ist, d. h. zu wenig ausschließt; und dann, zweitens, diejenigen Einwände, die zu zeigen vorgeben, daß das Definiens zu stark ist, d. h. klare Fälle einer Sprecher-Situations-Bedeutung ausschließt. Um einigen dieser Einwände zu begegnen, werde ich auf verschiedenen Stufen meiner Argumentation den Begriff der Sprecher-Situations-Bedeutung neu definieren. Jede derartige Neudefinition ist durch die jeweils nächste als überholt zu betrachten.

3. Beispiele, die angeblich zeigen, daß das vorgeschlagene Analysans nicht hinreichend ist

(I) (Urmson)[1]

Es gibt eine Art von Beispielen, in denen S (derjenige, der die betreffende Äußerung macht) den H (den Rezipienten bzw. Hörer) nicht nur dazu bringen will, eine bestimmte Handlung zu vollziehen, S die Bereitschaft von H zum Vollzug dieser Handlung vielmehr (wie S glaubt) erst herbeiführt bzw. verstärkt. Ein Beispiel: Ein Kriegsgefangener soll angeblich über gewisse Informationen verfügen, an die seine Wächter rankommen wollen. Er weiß, daß sie von ihm wollen, daß er ihnen diese Informationen preisgibt. Sie unterziehen ihn der Folter, indem sie die Daumenschrauben anwenden. Das entsprechende Analysans für »Mit dem Anwenden der Daumenschrauben meinten sie etwas (nämlich, daß er ihnen die gewünschten Informationen geben solle)« ist erfüllt:

(1) Sie wandten die Daumenschrauben mit der Absicht an, auf Seiten des Opfers eine gewisse Reaktion hervorzurufen
(2) Sie beabsichtigten, daß er erkennen (wissen, glauben, denken) sollte, daß sie die Daumenschrauben mit der Absicht anwandten, diese Reaktion hervorzurufen
(3) Sie beabsichtigten, daß die Erkenntnis (der Glaube) des Gefangenen, daß sie diese (in (2) erwähnte) Absicht haben, für ihn zumindest zum Teil Grund sein sollte, die erwähnte Reaktion zu zeigen

Bestimmt man nun in (1) mit der Art der intendierten Reaktion auch das, was gemeint war, so *sollte* es nicht nur korrekt sein, wenn man sagte, daß die Folterknechte mit dem Anwenden der Daumenschrauben etwas meinten, sondern auch, wenn man sagte, daß sie meinten, daß er ihnen die gewünschten Informationen geben solle. Aber natürlich wird man keines dieser Dinge sagen wollen. Sie wollten von ihm, daß er die Informationen preisgibt – das ist alles, was man hier sagen kann. Ein ähnlich offenkundiges Gegenbeispiel läßt sich aus einem Fall konstruieren, bei dem Bestechung im Spiel ist (Urmsons ursprüngliches Beispiel).

Eine einschränkende Bedingung scheint nötig zu sein, um derartige Gegenbeispiele auszuschalten. Welche Bedingung diesen Zweck

1 J. O. Urmson hat dieses Gegenbeispiel in einer Diskussion vorgebracht.

erfüllt, läßt sich einem Vergleich der beiden folgenden Beispiele entnehmen:

(a) Ich gehe in ein Tabakgeschäft und verlange eine Packung meiner Lieblingszigaretten. Der ungewöhnlich mißtrauische Tabakhändler macht mir deutlich, daß er zuerst überprüfen will, wieviel Geld ich hingelegt habe, ehe er die Ware rausrückt; daraufhin lege ich den entsprechenden Betrag hin. Hier war von mir nichts gemeint worden.

(b) Ich gehe zu dem Tabakhändler, zu dem ich immer gehe (und bei dem ich auch andere Waren kaufe), um mir, wie immer, meine Marke X zu holen, deren Preis recht ausgefallen ist (sagen wir: 2,85 DM). Ich sage nichts, lege nur die 2,85 DM hin. Der Tabakhändler weiß daraufhin schon, was ich will, und gibt mir die Packung. In diesem Fall habe ich mit dem Hinlegen der 2,85 DM etwas gemeint – nämlich, daß ich eine Packung der Marke X will. Gleichzeitig habe ich damit seine Bereitschaft, mir die Packung zu geben, verstärkt.

Das unterscheidende Merkmal des zweiten Beispiels scheint darin zu bestehen, daß in ihm der Tabakhändler an meiner Äußerung (an meinem Hinlegen des Geldbetrags) merkte – und ja auch merken sollte –, was er meiner Absicht zufolge tun soll. Im ersten Beispiel war dies nicht der Fall. Ebensowenig im Folterbeispiel. Man könnte daher vorschlagen, die Analyse der Sprecher-Situations-Bedeutung wie folgt entsprechend zu verbessern:

Neudefinition I

»S meinte etwas mit dem Äußern von x« ist wahr genau dann, wenn:

(1) S beabsichtigte mit dem Äußern von x bei H eine bestimmte Reaktion herbeizuführen
(2) S beabsichtigte, daß H *zumindest zum Teil an* der Äußerung *von x* erkennt, daß S beabsichtigte, diese Reaktion herbeizuführen
(3) S beabsichtigte, daß die Erfüllung der in (2) erwähnten Intention zumindest zum Teil für H Grund für die Erfüllung der in (1) erwähnten Intention ist

Obgleich nun diese Neudefinition vielleicht der eben betrachteten Art von Gegenbeispielen gerecht werden mag, so gibt es doch noch weitere Beispiele, für die die angegebene Verstärkung noch nicht hinreicht.

(II) (Stampe/Strawson/Schiffer)[2]

(a) (Stampe) Ein Angestellter spielt gegen seinen Chef Bridge. Er will sich bei seinem Chef lieb-Kind-machen und will daher, daß sein Chef das Spiel gewinnt. Des weiteren will er, daß sein Chef *weiß*, daß er will, daß er gewinnt (sein Chef sieht eine derartige Kriecherei gar nicht ungern). Er will jedoch nichts tun, was allzu penetrant wäre, wie wenn er's dem Chef etwa direkt sagte oder es ihm letztlich durch eine auf ein Signal hinauslaufende Handlung zu verstehen geben würde – fürchtet er doch, daß dem Chef eine derart krude Kriecherei nun auch wieder nicht so ganz paßte. So macht er sich also an die Verwirklichung des folgenden Plans: Wenn er gute Karten bekommt, lächelt er – und zwar so, daß sein Lächeln einem spontanen Lächeln zwar *sehr* ähnlich sieht, aber eben doch *nicht* so *ganz*. Dieser Unterschied soll von seinem Chef bemerkt werden, woraufhin dieser dann die folgende Überlegung anstellen soll: »Das war kein spontanes Lächeln – er tut nur so, als sei es spontan. Das könnte nun einfach ein Versuch sein, mich reinzulegen (vielleicht hat er in Wirklichkeit ganz schlechte Karten). Wir spielen nun aber nicht Poker, sondern Bridge. Und er würde mich, seinen Chef, wohl nicht durch eine derartige Ungehörigkeit aufs Kreuz legen wollen. Also hat er vermutlich gute Karten; und da er mich gewinnen lassen will, wird er gehofft haben, daß ich dadurch darauf komme, daß er gute Karten hat, daß ich sein Lächeln für spontan halte. Nun, da dem so ist, werde ich also nicht höher reizen.«

In einem derartigen Fall würde man wohl nicht sagen wollen, daß der Angestellte mit seinem Lächeln (bzw. damit, daß er lächelt) *gemeint* hat, daß er gute Karten hat, ja nicht einmal, daß er überhaupt etwas gemeint hat. Und doch sind die bisher aufgeführten Bedingungen erfüllt. Für das betreffende Lächeln gilt:

(1) Der Angestellte beabsichtigte damit, daß der Chef denken soll, der Angestellte habe gute Karten

2 Die Gegenbeispiele von D. W. Stampe und S. Schiffer wurden in einer Diskussion vorgebracht; zu dem von P. F. Strawson vgl. seinen Aufsatz *Intention and Convention in Speech Acts*, The Philosophical Review, 73, 1964, S. 439-460; dtsch. in: P. F. Strawson, *Logik und Linguistik*, München, 1974, S. 56-82.

(2) Der Angestellte beabsichtigte, daß der Chef – zumindest zum Teil aufgrund des Lächelns – denken soll, daß der Angestellte beabsichtigte, daß der Chef denken soll, der Angestellte habe gute Karten

(3) Der Angestellte beabsichtigte, daß der Sachverhalt, daß der Angestellte wollte, daß sein Chef denkt, er habe gute Karten, für den Chef zumindest zum Teil Grund dafür ist, tatsächlich zu denken, daß der Angestellte gute Karten hat

(b) Um mit einem Beispiel, das dem eben erwähnten ähnlich ist, zurechtzukommen, hat Strawson vorgeschlagen, das Analysans durch die Hinzufügung einer weiteren Bedingung einzuschränken, durch die Bedingung nämlich, daß S x nicht nur, wie bisher vorgesehen, mit der Absicht äußern solle, daß H denken soll, daß S beabsichtigt, daß bei H eine gewisse Reaktion r vorkommt, sondern auch mit der Absicht, daß H denken (erkennen) soll, daß S die eben gerade erwähnte Absicht hat. Im obigen Beispiel beabsichtigte der Angestellte zwar, daß sein Chef glaubt, daß der Angestellte will, daß er denkt, der Angestellte habe gute Karten, der Angestellte beabsichtigte aber *nicht*, daß der Chef denkt, daß der Angestellte *beabsichtigt*, daß der Chef denkt, daß der Angestellte von ihm will, daß er denkt, der Angestellte habe gute Karten. Der Chef soll denken, daß die Tatsache, daß er gemerkt hat, daß der Angestellte will, daß er denkt, er habe gute Karten, nur darauf zurückgeht, daß er für den Angestellten zu clever ist: Der Chef soll denken, daß er das Lächeln für spontan halten sollte.

(c) (Schiffer) Man kann ein mehr oder weniger paralleles Beispiel, in dem die intendierte Reaktion eine praktische ist, konstruieren, das die Notwendigkeit der Hinzufügung einer fünften Bedingung zu zeigen scheint. H, ein Mensch, der stets nur aufs Geld aus ist, aber doch auch einen gewissen Stolz besitzt, ist bei S zu Besuch. S will den H loswerden. S wirft daher vor den Augen von H einen 20-Mark-Schein aus dem Fenster. Er will, daß H die folgende Überlegung anstellt: »S will mich loswerden. Er glaubt, ich werde hinter dem 20-Mark-Schein herrennen. Er will auch, daß ich weiß, daß er will, daß ich gehe (eine derartige Verachtung sprach aus seiner Handlung). Ich werde mich aber nicht so erniedrigen, daß ich dem Geldschein nachlaufe. Gut, ich gehe, aber nur, weil er will, daß ich gehe. Wo man mich nicht will, mag ich auch nicht bleiben.« In diesem Beispiel sind alle entsprechenden vier Bedingungen, die in dem Analysans bisher angesetzt wurden, erfüllt. Und doch würden wir auch hier nicht sagen wollen, daß S damit, daß er den Geldschein aus dem Fenster geworfen hat, etwas gemeint hat – etwa, daß H abhauen soll. Die vier erfüllten Bedingungen lassen sich wie folgt formulieren:

S äußerte x (warf den Geldschein aus dem Fenster) mit der Absicht

(1) daß H weggeht
(2) daß H (zumindest zum Teil aufgrund von x) erkennt, daß S (1) beabsichtigte
(3) daß H erkennt, daß S (2) beabsichtigte
(4) daß bei der Erfüllung der Absicht (1) Hs Glaube, daß S (1) beabsichtigte (d. h. die Erfüllung der Absicht (2)), für H zumindest zum Teil Grund dafür ist, wegzugehen

Soll diese Äußerung nicht als ein Fall von Meinen gelten, ist also eine weitere Einschränkung erforderlich. Ein Merkmal dieses Beispiels scheint zu sein, daß S zwar beabsichtigte, daß H aufgrund dessen weggeht, daß er merkt, daß S von ihm will, daß er weggeht, S aber nicht beabsichtigte, daß H erkennt, daß S beabsichtigte, daß H aus diesem Grund weggehen soll. H sollte glauben, daß es die Absicht von S war, H infolge von dessen Hinter-dem-Geld-Herrennens loszuwerden. Die erforderliche Einschränkung wäre demnach so anzusetzen, daß S auch beabsichtigen soll,

(5) daß H glaubt (erkennt), daß S (4) beabsichtigte

Wir können somit die allgemeine Form dieser angesetzten Bedingungen wie folgt formulieren:

Neudefinition II – *Version* A

»S meinte etwas mit dem Äußern von x« ist wahr genau dann, wenn S x mit der Absicht äußerte

(1) daß H die Reaktion r zeigt
(2) daß H zumindest zum Teil aufgrund von x glaubt, daß S (1) beabsichtigte
(3) daß H glaubt, daß S (2) beabsichtigte
(4) daß Hs Reaktion r (zumindest zum Teil) auf Hs Glauben basiert, daß S (1) beabsichtigte (d. h. auf Hs Erfüllung von (2))
(5) daß H glaubt, daß S (4) beabsichtigte

Ein bemerkenswertes Charakteristikum dieses Analysans ist, daß es an mehreren Stellen das folgende Merkmal aufweist: Die n-te ›Teil-Intention‹ von S ist als eine Intention bestimmt, daß H erkennen soll, daß S die (n-1)-te ›Teil-Intention‹ hat. Das Vorliegen dieses Merkmals führte zu der Annahme, daß eine (derartige) Analyse des Begriffs der Bedeutung zu einem infiniten bzw. indefiniten Regreß führe, daß sich weitere Gegenbeispiele stets finden lassen würden, wie komplex das angesetzte Analysans auch immer sein mag, so daß man zu der Hinzunahme weiterer Bedingungen gezwungen sei, die eben dieses Merkmal aufweisen; daß ein solcher Regreß jedoch kein Manko, vielmehr geradezu einen Vorzug darstelle bzw. darstellen könne; er sei (möglicherweise) genauso harmlos wie ein Regreß, der von »a weiß, daß p« zu »a weiß, daß a weiß, daß p« usw. führe.

Ich bin mir nicht sicher, genau wie harmlos ein derartiger Regreß in dem Analysans sein würde. Er würde gewiß nicht die zumindest prima facie zurückzuweisende Art von Zirkularität aufweisen, die involviert wäre, wenn man für »S meinte, daß p« etwa ein Definiens ansetzte, das an irgendeiner Stelle wiederum auf den Ausdruck »S meinte, daß p« rekurrierte bzw. den Ausdruck »S meinte, daß q« einführte. Andererseits wäre er aber auch nicht so offensichtlich harmlos wie es die Annahme wäre, daß man immer dann, wenn man korrekterweise sagen kann »Es ist wahr, daß p«, korrekterweise auch »Es ist wahr, daß es wahr ist, daß p« sagen kann usw.; oder so harmlos wie die Annahme, daß dann, wenn a die Bedingungen für ein Wissen, daß p, erfüllt, a auch die Bedingung für ein Wissen, daß er weiß, daß p, erfüllt. In derartigen Fällen braucht es für die Wahrheit einer Iterierung etwa von »er weiß, daß« keine besonderen Bedingungen, die über die für die Wahrheit des zu iterierenden Satzes erforderlichen Bedingungen hinausgehen. Nun soll jedoch durch den regressiven Charakter des Analysans für »S meinte etwas mit x« auf jeder Stufe möglichen Gegenbeispielen begegnet werden, so daß jede zusätzliche Iterierung eine weitere Beschränkung darstellt, die Erfüllung einer weiteren Bedingung verlangt. Man könnte hier die Frage aufwerfen, ob es z. B. unter der Voraussetzung, daß ein Wissen, daß p, stets auch ohne ein Wissen, daß man weiß, daß p, möglich ist, legitim wäre, wenn man »a hat das Super-Wissen, daß p« durch die folgende offene Menge von Bedingungen definierte:

(1) a weiß, daß p

(2) a weiß, daß (1)
(3) a weiß, daß (2)
usw.

Möglicherweise braucht diese Frage jedoch überhaupt nicht entschieden zu werden, kann es doch sein, daß es zu dem drohenden Regreß gar nicht kommen kann.

Es scheint nicht leicht zu sein, Beispiele zu konstruieren, die die Hinzufügung von weiteren Iterationen von »S beabsichtigte, daß H glaubt, daß ...« involvierenden Bedingungen verlangen. Das folgende ist ein Versuch von Schiffer: S singt mit rauher Stimme den Song »Tipperary«, um so H dazu zu bringen, wegzugehen. H soll erkennen (und auch wissen, daß er erkennen soll), daß S ihn loswerden will. Des weiteren beabsichtigt S, daß H letztendlich deshalb weggeht, weil er Ss Absicht, daß er gehen soll, erkennt. Ss Plan ist, daß H (fälschlicherweise) denken soll, daß S beabsichtigt, daß H *denkt*, daß S beabsichtigt, H mittels dessen loszuwerden, daß H erkennt, daß S die Absicht hat, ihn loszuwerden. M. a. W.: H soll die folgende Überlegung anstellen: »H beabsichtigt, daß ich *denke*, er beabsichtige, mich durch sein rauhes Singen loszuwerden; in Wirklichkeit will er mich aber dadurch loswerden, daß er mir seine Absicht, mich loszuwerden, zu erkennen gibt. Ich soll in Wirklichkeit deshalb gehen, weil (ich merke, daß) er will, daß ich gehe, nicht, weil ich sein Singen nicht ertragen kann.« Die Tatsache, daß H, indem er glaubt, er durchschaue Ss Plan, in Wirklichkeit gerade im Sinne dieses Plans handelt, soll uns nun angeblich daran hindern zu sagen, daß S mit seinem Singen gemeint hat, daß H gehen soll.

Sobald man nun aber diese Beschreibung um entsprechende Details zu ergänzen sucht, bekommt das Beispiel etwas Rätselhaftes. Wie soll H auf die Idee kommen, daß S will, daß er *glaubt*, daß S beabsichtigt, ihn durch sein Singen loszuwerden? Man könnte etwa davon ausgehen, daß S in einer ganz bestimmten nasalen Stimmlage singt, von der er weiß, daß sie dem H nichts ausmacht, obgleich sie den meisten wohl nicht gefallen würde. H weiß, daß S weiß, daß dieser Ton dem H nichts ausmacht, glaubt aber (fälschlicherweise), daß S nicht weiß, daß H dies weiß. Es könnte dann sein, daß H wie folgt überlegen soll: »Er kann mich nicht durch sein Singen loswerden wollen, weiß er doch, daß mir dieses nasale Singen nichts ausmacht. Er weiß freilich nicht, daß ich weiß, daß er das weiß. So könnte es also sein, daß er will, daß ich denke, er beabsichtige, mich durch sein Singen loszuwerden.« An dieser Stelle würde man erwarten, daß sich H die Handlung von S überhaupt nicht mehr erklären kann. Ich sehe somit keinen Grund, weshalb H dann annehmen sollte, daß S ihn in Wirklichkeit auf eine andere Weise loswerden will.

Ob man nun dieses Beispiel hindrehen kann oder nicht, seine Komplexität ist jedenfalls enorm; und jeder Versuch, noch weitere Beschränkungen einzuführen, würde noch größere Komplexitäten involvieren. Es trifft im allgemeinen zu, daß man nur dann bestimmte Sachverhalte herbeizuführen beabsichtigen kann, wenn man zumindest eine gewisse Chance sieht, diese Sachverhalte auch tatsächlich herbeiführen zu können. Nun setzt jedoch ein Erfolg von Intentionen der in kommunikativen Handlungen involvierten Art voraus, daß diejenigen, an die diese kommunikativen bzw. nahezu kommunikativen Handlungen gerichtet sind, in den betreffenden Umständen überhaupt zu gewissen Gedanken und Schlußfolgerungen fähig sind. Bereits auf einer frühen Stufe in dem versuchten Regreß werden die dem S zufolge von H verlangten Überlegungen jedoch zu schwierig, als daß sie sich tatsächlich durchführen ließen. Ich vermute, daß die Grenze in den Beispielen, die zur Hinzunahme einer vierten und fünften Bedingung führten, bereits erreicht (wenn nicht gar überschritten) war. Somit könnte S die Intentionen, die er haben müßte, damit es die Hinzunahme weiterer Beschränkungen bräuchte, schon gar nicht mehr haben. Es ist nicht nur so, daß die Überlegungen, die S von H verlangte, zu schwierig wären, auch für S selbst wäre es ausgeschlossen, Hinweismöglichkeiten ausfindig zu machen, mit denen er dem H anzeigen könnte, daß die und die Überlegungen anzustellen wären, selbst wenn H zu diesen Überlegungen prinzipiell noch imstande wäre. Somit legt sich der Schluß nahe, daß kein Regreß involviert ist.

Aber selbst wenn dieser Schluß korrekt sein sollte, so ist die Situation doch immer noch alles andere als rosig. Denn auch wenn wir wüßten, daß wir keine unendliche Kette von ›rückwärts blickenden‹ Intentionen brauchen, so können wir doch nicht angeben, genau wie viele derartige Teilbedingungen erforderlich sind. Es scheint, als müßte das Definiens von »Mit dem Äußern von x meinte S etwas« von Fall zu Fall variieren, in Abhängigkeit von

solchen Dingen wie der Art der intendierten Reaktion, den Umständen, in denen der Versuch des Herbeiführens dieser Reaktion gemacht wird, sowie der Intelligenz von S und H. Es ist zweifelhaft, ob eine derartige Varianz akzeptabel sein kann.
Diese Schwierigkeit ließe sich vermeiden, wenn wir potentielle Gegenbeispiele dadurch ausschließen könnten, daß wir nicht verlangen, daß S gewisse zusätzliche (›rückwärts blickende‹) Intentionen hat, sondern dadurch, daß wir verlangen, daß S eine gewisse Art von Intention bzw. eine gewisse Art eines Komplexes von Intentionen *nicht* hat. Den potentiellen Gegenbeispielen, um die es hier geht, ist eines gemeinsam: Es wird eine Situation konstruiert, in der S beabsichtigt, daß H im Verlauf des Reflexionsprozesses, durch den H zur intendierten Reaktion kommen soll, *sowohl* auf irgendein ›Folgerungs-Element‹ E (eine Prämisse oder einen Folgerungsschritt) baut, *als auch* denkt, daß S beabsichtigt, daß H *nicht* auf E baut. Warum also solche Gegenbeispiele nicht gleich mit einer einzigen Klausel ausschließen, die es verbietet, daß S eine derartige komplexe Intention hat?
Somit erhalten wir:

Neudefinition II – *Version* B
»S meinte etwas mit dem Äußern von x« ist wahr genau dann, wenn (für einen Hörer H und eine Reaktion r) gilt:
(a) S äußerte x mit der Absicht, daß
  (1) H r zeigt
  (2) H glaubt, daß S (1) beabsichtigt
  (3) Hs Erfüllung von (1) auf Hs Erfüllung von (2) basiert
(b) Es gibt kein Folgerungs-Element E derart, daß S x mit der Absicht äußerte, daß sowohl (1') Hs Bewirken von r auf E baut, als auch (2') H denkt, daß S beabsichtigt, daß (1') falsch ist

(III) (Searle)[3]
Ein amerikanischer Soldat im zweiten Weltkrieg wird durch italienische Truppen gefangengenommen. Er möchte die Italiener glauben machen, er sei ein deutscher Offizier, damit sie ihn wieder freilassen. Er würde ihnen nun gerne auf deutsch oder italienisch

3 J. R. Searle, *What is a Speech Act?*, in: *Philosophy in America*, hrsg. von M. Black, Ithaca, N. Y., 1965, S. 221-239; auch in J. R. Searle (Hrsg.), *The Philosophy of Language*, Oxford, 1971, S. 39-53.

sagen, daß er ein deutscher Offizier sei, kann aber nicht genügend Deutsch oder Italienisch. So versucht er also ihnen vorzuspielen, er würde ihnen sagen, daß er ein deutscher Offizier sei, und zwar dadurch, daß er die einzige Zeile Deutsch hersagt, die er noch von der Schule her behalten hat: »Kennst du das Land, wo die Zitronen blühn?« Er beabsichtigt, bei den Italienern eine gewisse Reaktion hervorzurufen, nämlich, daß sie glauben, daß er ein deutscher Offizier sei, und er beabsichtigt, diese Reaktion mithilfe ihres Erkennens seiner Absicht herbeizuführen, eben diese Reaktion herbeizuführen. Trotzdem, so Searles These, wäre es falsch, wenn man sagte, daß er mit »Kennst du das Land« gemeint hat »Ich bin ein deutscher Offizier« – und zwar deshalb, weil »Kennst du das Land, wo die Zitronen blühn?« eben nicht »Ich bin ein deutscher Offizier« bedeutet. Searle möchte mit diesem Beispiel zeigen, daß in meiner Explikation des Bedeutungsbegriffs etwas fehlt. Diese Explikation wäre (ich nehme an, daß er dies annimmt) dadurch zu verbessern, daß wir sie wie folgt ergänzen (meine Vermutung): »S meinte etwas mit x« bedeutet »S beabsichtigte bei H eine gewisse Wirkung mithilfe dessen herbeizuführen, daß H die Absicht von S erkennt, diese Wirkung herbeizuführen, und (falls die Äußerung von x die Äußerung eines Satzes ist) S beabsichtigt, daß Hs Erkennen von Ss Absicht (die Wirkung herbeizuführen) dadurch zustandekommt, daß H erkennt, daß der geäußerte Satz konventionellerweise zur Herbeiführung einer solchen Wirkung verwendet wird.«

Nun, selbst wenn ich hier mit einem echten Gegenbeispiel konfrontiert sein sollte, so würde ich doch nur sehr ungern den mir anscheinend angebotenen Ausweg wählen wollen. (Ob er mir tatsächlich angeboten wird, das läßt sich schwer sagen, geht es Searle doch primär um die Charakterisierung eines bestimmten Sprechakts (des Versprechens), nicht um eine allgemeine Diskussion dessen, was Bedeutung ist; zudem ging es ihm hauptsächlich darum, meine Explikation dem von ihm verfolgten Zweck anzupassen, und nicht so sehr darum, diese Explikation so zu verbessern, daß sie ihrem erklärten Ziel näherkommt.) Ich würde natürlich nicht leugnen wollen, daß dann, wenn der betreffende Bedeutungsträger ein Satz (bzw. die Äußerung eines Satzes) ist, die jeweiligen Sprecher-Intentionen im Normalfall kraft der Kenntnis der konventionellen Verwendung des Satzes zu erkennen sind. (Meine Theorie der ›nicht-konventionellen Implikatur‹ hängt von dieser Idee ja gerade ab.) Wie jedoch schon früher bemerkt, würde ich, sofern möglich, doch *etwas mit der Äußerung eines Satzes meinen* als Spezialfall von *etwas mit einer Äußerung* (in meinem erweiterten Sinne von »Äußerung«) *meinen* behandeln wollen. Ebenso würde ich eine konventionelle Korrelation zwischen einem Satz und einer bestimmten Reaktion lediglich als eine Möglichkeit ansehen wollen, wie eine Äußerung mit einer Reaktion korreliert sein kann.

Ist Searles Beispiel nun aber ein echtes Gegenbeispiel? Mir scheint, daß die fiktive Situation zu wenig detailliert beschrieben ist, und daß eventuell drei verschiedene Fälle zu betrachten sind.

(1) Die Situation könnte derart sein, daß die einzig echte Chance dafür, daß die italienischen Soldaten dann, wenn sie den Amerikaner seine deutsche Zeile sprechen hören, ihn tatsächlich für einen deutschen Offizier halten werden, eben darin besteht, daß sie etwa folgende Überlegung anstellen: »Er hat eben was in Deutsch gesagt (dazu vielleicht gar in einem autoritären Ton). Wir können überhaupt kein Deutsch. Keine Ahnung, was er uns gerade sagen wollte. Nun spricht er aber offensichtlich deutsch. Am wahrscheinlichsten ist daher die Möglichkeit, daß er ein deutscher Offizier ist – welche Deutschen wären sonst in dieser Gegend!« Sollte die Situation derart sein, daß die Italiener in etwa diese Überlegungen anstellen, und der Amerikaner auch noch weiß, daß das so ist, so wäre es wohl nicht zu umgehen, daß man dem Amerikaner bei seinem Reden die Absicht zuschreibt, daß sie in etwa diese Überlegungen anstellen *sollen*. Wie ich oben schon bemerkte, kann man im allgemeinen nur solche Sachverhalte herbeizuführen beabsichtigen, von denen man weiß, daß zumindest eine gewisse Wahrscheinlichkeit besteht, daß man sie tatsächlich herbeiführen kann. Ist nun die Absicht des Amerikaners so wie eben beschrieben, so würde er, meinem Ansatz zufolge, mit der betreffenden Äußerung gewiß nicht meinen, daß er ein deutscher Offizier ist. Er hätte zwar die Absicht, die Italiener glauben zu machen, daß er ein deutscher Offizier ist, aber er hätte nicht die Absicht, sie dies aufgrund ihres Erkennens seiner Absicht glauben zu machen. Dies scheint mir zwar nicht die von Searle gewünschte Interpretation seines Beispiels zu sein, dürfte jedoch unter den gegebenen Umständen diejenige Situation gewesen sein, die am wahrscheinlichsten vorlag.

(2) Ich glaube, Searle wollte, daß wir das Beispiel so verstehen, daß der Amerikaner hoffte, die Italiener würden dadurch zu dem Glauben kommen, er sei ein deutscher Offizier, daß sie von der Annahme ausgehen, der von ihm geäußerte Satz habe die Bedeutung von »Ich bin ein deutscher Offizier« – obgleich es nicht leicht ist zu sehen, wie der Äußerungskontext so zu konstruieren wäre, daß er für diese Hoffnung irgendeine Grundlage haben könnte. Nun ist es schon zweifelhaft, ob es schließlich nicht doch richtig wäre, wenn man sagte, daß der Amerikaner mit seiner Äußerung tatsächlich »Ich bin ein deutscher Offizier« gemeint hat. Schauen wir uns das folgende Beispiel an: Der Eigentümer eines Souvenirladens in Port Said steht in der Tür zu seinem Geschäft. Er sieht einen englischen Touristen kommen und sagt zu diesem mit dem verbindlichsten Lächeln einen arabischen Satz, dessen Bedeutung durch »Verfluchter Engländer!« wiederzugeben wäre. Ich wäre durchaus bereit zuzugeben, daß er damit gemeint hat, daß der Besucher hereinkommen solle oder dergleichen. Natürlich wäre ich aber nicht im mindesten bereit zuzugeben, daß er *mit dem von ihm geäußerten Satz* gemeint hat, daß der Besucher hereinkommen solle. Der Hinweis, daß die deutsche Gedichtzeile nicht »Ich bin ein deutscher Offizier« bedeutet, ist hier nicht relevant. Kann man von dem Amerikaner sagen, daß er gemeint hat, daß er deutscher Offizier ist, so kann man von ihm auch sagen, daß er dies mit dem Aussprechen der Gedichtzeile bzw. mit dem Aussprechen der Zeile in einem ganz bestimmten Ton etc. gemeint hat – ebenso wie der Port-Said-Händler damit, daß er den betreffenden Satz *ausspricht*, bzw. damit, daß er den Besucher in einer bestimmten Weise anspricht, gemeint hat, der Besucher solle hereinkommen.
(3) Nun wurde jedoch die Behauptung aufgestellt, daß es einen Unterschied ausmache, ob S lediglich beabsichtigt, daß H denkt, ein bestimmter Satz habe eine gewisse Bedeutung, die er in Wirklichkeit nicht hat, oder ob er auch beabsichtigt, daß H denkt, S erwarte von ihm, daß er aufgrund dieses (falschen) Gedankens über die Bedeutung von x zu einem bestimmten Glauben über Ss Intentionen kommt. Von dem Port-Said-Händler wird vielleicht angenommen, daß er nicht beabsichtigt, daß der Besucher denkt, daß von ihm derartiges erwartet werde. Es ist nicht der Fall, daß der Besucher annehmen soll, daß der Händler glaubt, er könne Arabisch. Wenn aber H denken soll, daß S erwartet, daß H den

gesprochenen Satz versteht und ihm eine Bedeutung zuschreiben soll, von der S weiß, daß sie dem Satz nicht zukommt, dann sollte man von S nicht sagen, daß er mit seiner Äußerung etwas meint. Mir ist unklar, was diese Behauptung eigentlich besagt; auch dürfte sich die getroffene Unterscheidung nur schwer anwenden lassen. Sehen wir uns dazu ein Beispiel an. Ich bekomme mit, wie der kleinen Tochter eines Freundes Französisch beigebracht wird. Ich merke, daß sie glaubt, ein gewisser Satz bedeute im Französischen soviel wie »Nimm dir doch ein Stück Kuchen!«, obwohl der Satz in Wirklichkeit etwas ganz anderes bedeutet. Zufällig ist Kuchen da, ich sage zu ihr den betreffenden französischen Satz, und, wie von mir beabsichtigt, nimmt sich das Mädchen ein Stück davon. Ich beabsichtigte, daß sie denkt (und auch denkt, daß ich beabsichtigte, daß sie denkt), daß der von mir geäußerte Satz »Nimm dir doch ein Stück Kuchen« bedeutet. Nun, ich würde sagen, daß die Tatsache, daß *der Satz* etwas ganz anderes *bedeutete* und ich das auch wußte, die Tatsache unberührt läßt, daß *ich* mit meiner Äußerung etwas anderes *meinte* (nämlich, daß sie sich doch ein Stück Kuchen nehmen soll). Allgemeiner ausgedrückt scheint der Punkt der zu sein: Charakteristischerweise beabsichtigt S, daß H irgendein ›wesentliches‹ Merkmal F erkennt (und auch denkt, daß beabsichtigt ist, daß er es erkennt) und denkt (und wiederum denkt, daß beabsichtigt ist, daß er dies denkt), daß F in einer gewissen Weise mit einer Reaktion korreliert ist, die von H der Absicht von S zufolge gezeigt werden soll. Insofern es um die Zuschreibung einer Sprecher-Bedeutung geht, spielt es keine Rolle, ob S selbst glaubt, daß F mit der betreffenden Reaktion *tatsächlich* in der entsprechenden Weise korreliert ist oder nicht; wenngleich S natürlich im Normalfall denken wird, daß F mit der betreffenden Reaktion so korreliert ist.

Nehmen wir nun aber an, das Amerikaner-Beispiel werde durch weitere Details so ergänzt, daß der Amerikaner die Äußerung von »Kennst du das Land, wo die Zitronen blühn?« mit Gesten, einem überheblichen Auftreten etc. begleitet, dann kann er durchaus hoffen, daß er die Italiener tatsächlich glauben machen kann, daß er beabsichtigt, daß sie den deutschen Satz verstehen, daß sie anhand des betreffenden deutschen Satzes merken sollen, daß er beabsichtigt, daß sie denken, er sei ein deutscher Offizier (während er in Wirklichkeit natürlich nicht erwartet, daß sie das auf diese

Weise merken, sondern dadurch, daß sie aufgrund der Situation und der Art, wie sich der Amerikaner verhält, annehmen, daß er ihnen gewiß zu sagen versucht, daß er ein deutscher Offizier ist). In diesem Fall wären wir vielleicht nicht geneigt zu sagen, daß er mit seiner Äußerung meinte, daß er ein deutscher Offizier ist, sondern nur bereit zu sagen, daß er sie glauben machen wollte, daß er ein deutscher Offizier sei.

Wie läßt sich dieses Beispiel von dem obigen Kleinen-Mädchen-Beispiel unterscheiden? Ich möchte hier eine revidierte Menge von Bedingungen für »S meinte etwas mit x« vorschlagen:

Neudefinition III – *Version* A

Bereiche der Variablen:

H: Hörer

F: Äußerungsmerkmale

r: Reaktionen

c: Korrelationsmodi (z. B.: ikonisch, assoziativ, konventionell)

VHVFVrVc: S äußerte x mit der Absicht, daß

(1) H denkt, x besitze F

(2) H denkt, daß S (1) beabsichtigt

(3) H denkt, daß F mit dem Typ von r in der Weise c korreliert ist

(4) H denkt, daß S (3) beabsichtigt

(5) H aufgrund der Erfüllung von (1) und (3) denkt, daß S beabsichtigt, daß H r zeigt

(6) H aufgrund der Erfüllung von (5) r zeigt

(7) H denkt, daß S (6) beabsichtigt

Im Fall des kleinen Mädchens gibt es ein Merkmal F (nämlich: eine Äußerung eines bestimmten französischen Satzes sein), bezüglich dessen S alle ersten vier Intentionen hat. (Das einzig Verkehrte ist, daß dieses Merkmal mit der intendierten Reaktion nicht *wirklich* konventionell korreliert ist, was jedoch nicht heißt, daß S mit der Äußerung deshalb nichts gemeint hat.)

Im Amerikaner-Beispiel gibt es kein derartiges Merkmal F. Die Italiener sollen zwar nebenbei (1) ein Merkmal F_1 (das Merkmal nämlich, daß x ein Brocken Deutsch ist, mit gewissen Gesten geäußert wird etc.) erkennen, des weiteren aber (2) denken, daß sie erkennen sollen, daß x das Merkmal F_2 hat (ein *bestimmter* deutscher Satz ist).

Die revidierte Menge von Bedingungen trägt auch dem früheren Bridge-Beispiel Rechnung. Der Angestellte beabsichtigt, daß der Chef erkennt, daß x das Merkmal F hat (ein gespieltes Lächeln ist), beabsichtigt aber nicht, daß der Chef erkennt, daß der Angestellte diese Absicht (daß H erkennt, daß x F hat) hat. Somit brauchen wir die früher zur Eliminierung dieses Beispiels hinzugefügte Bedingung nicht. Ich bin jedoch der Ansicht, daß wir die Bedingung (7) – die alte Bedingung (5) – immer noch brauchen, um das 20-Markstück-Beispiel zu eliminieren, es sei denn, wir ersetzen diese Bedingung durch eine generelle ›Anti-Täuschungs‹-Klausel. Kann sein, daß eine solche Ersetzung möglich ist. Die ›rückwärts blickenden‹ Teilklauseln (2), (4) und (7) können möglicherweise weggelassen und durch die in Neudefinition II, Version B figurierende Verbotsklausel ersetzt werden. Wir haben dann die Vorteile der folgenden Neudefinition zu betrachten, deren Definiens wie folgt lautet:

Neudefinition III – *Version* B

VHVFVrVc: (a) S äußerte x mit der Absicht, daß

(1) H denkt, x besitze F

(2) H denkt, daß F mit dem Typ von r in der Weise c korreliert ist

(3) H aufgrund der Erfüllung von (1) und (2) denkt, daß S beabsichtigt, daß H r zeigt

(4) H aufgrund der Erfüllung von (3) r zeigt

und es gilt:

(b) Es gibt kein Folgerungs-Element E derart, daß S mit x sowohl beabsichtigte, daß

(1') H bei seinem Bewirken von r auf E baut

als auch, daß

(2') H denkt, daß S beabsichtigt, daß (1') falsch ist

4. Beispiele, die zeigen sollen, daß das ursprüngliche Analysans zu stark ist

Kehren wir der Einfachheit wegen zu dem ursprünglichen Analysans von »S meint etwas mit dem Äußern von x« zurück und kürzen wir

»S äußert x mit der Absicht, daß
(1) H r zeigt
(2) H denkt, daß S beabsichtigt, daß H r zeigt
(3) H (1) aufgrund seiner Erfüllung von (2) erfüllt«
durch »S äußert x mit der M-Absicht, daß H r zeigt« ab.

In meinem 1957er Aufsatz (dieser Band S. 2 ff.) hatte ich angenommen, daß es bei der Bestimmung dessen, *was* S mit x gemeint hat, um die Bestimmung der M-intendierten Reaktion bzw. Wirkung geht. Insbesondere hatte ich angenommen, daß generische Unterschiede zwischen den jeweiligen Reaktionstypen mit generischen Unterschieden in dem, was jeweils gemeint ist, zusammenhängen. Ich hatte, um zwei zentrale Beispiele herauszugreifen, angenommen, daß (a) »S meinte mit x, daß das-und-das der Fall ist« durch (grob ausgedrückt) »S äußerte x mit der M-Absicht, bei H den Glauben hervorzurufen, daß das-und-das der Fall ist« zu explizieren ist, sowie, daß (b) »S meinte mit x, daß H das-und-das tun soll« durch »S äußerte x mit der M-Absicht, bei H zu erreichen, daß er das-und-das tut«. Indikativische bzw. quasi-indikativische Äußerungen hängen mit der Herbeiführung von Annahmen, imperativische bzw. quasi-imperativische Äußerungen mit der Herbeiführung von Handlungen zusammen.

Ich möchte nun zum Zwecke der weiteren Diskussion auf die folgende Verbesserung dieser Idee aufmerksam machen: Man setze in der Explikation imperativischer bzw. quasi-imperativischer Äußerungen als die direkte, M-intendierte Reaktion ein: »daß H beabsichtigt, das-und-das zu tun« (anstelle von »daß H das-und-das tut«). Dies hat die folgenden Vorteile: (1) Es wird insofern eine Symmetrie hergestellt, als die M-intendierte Reaktion nun in beiden (indikativischen wie imperativischen) Fällen in einer propositionalen Einstellung besteht; und (2) es wird der Tatsache Rechnung getragen, daß Zustimmung (»ja« bzw. »o. k.«) im Fall von »Die Maschine ist abgeschaltet« einen Glauben ausdrückt, im Fall von »Schalte die Maschine ab!« dagegen eine *Absicht*. Natürlich ist das Ziel des Sprechers auch weiterhin *letztlich* eine Handlung. Fälle, in denen die unmittelbare Reaktion in einer Handlung besteht, lassen sich jedoch als spezielle Fälle des Zustandekommens einer Absicht behandeln – der Absicht nämlich, mit der der Hörer handelt. Imperative verlangen stets nach einer *intentionalen* Handlung.

Angebliche Gegenbeispiele faßt man am besten als Versuche auf, bestimmte Schwierigkeiten nun eben gerade nicht der vorgeschlagenen Analyse von »S meint *etwas* mit dem Äußern von x« herauszustellen, sondern der bereits im oben erwähnten Sinne revidierten Analyse, die den Ansatz zu einer Explikation von »Mit dem Äußern von x meint (meinte) S, daß ...« darstellt. Der Einwand lautet nun insbesondere, daß eine Explikation von »Mit dem Äußern von x meinte S, daß das-und-das der Fall ist« durch »S äußerte x mit der M-Absicht, bei H die Überzeugung hervorzurufen, daß das-und-das der Fall ist« auf eine Bedingung rekurriert, die zu stark ist. Wir müssen gelegentlich auch sagen können, daß S meinte, daß das-und-das, ohne uns auf die Aussage festzulegen, daß S M-intendierte, eine Überzeugung hervorzurufen, daß das-und-das.
Die folgenden Beispiele scheinen zu Schwierigkeiten zu führen.

Antwort in einer Prüfung
H: »Wann war die Schlacht von Waterloo?«
S: »1815« (»1816«)
Der Prüfling meinte hier zwar, daß die Schlacht von Waterloo im Jahre 1815 (1816) stattfand, aber er wird kaum die M-Absicht gehabt haben, bei seinem Prüfer eine entsprechende Überzeugung hervorzurufen. Der Prüfling wird natürlicherweise annehmen, daß die Überzeugungen des Prüfers (welche das auch immer sein mögen) von den von ihm gegebenen Antworten unabhängig sind. Die M-intendierte Wirkung besteht (vielleicht) darin, daß der Prüfer weiß bzw. glaubt, daß der Prüfling glaubt, die Schlacht von Waterloo habe im Jahre 1815 (1816) stattgefunden; *oder* (vielleicht) darin, daß der Prüfer weiß, ob der Prüfling die richtige Antwort auf die Frage weiß oder nicht weiß. (Vielleicht ist ersteres die direkte, letzteres die indirekte intendierte Wirkung.)

Etwas zugeben bzw. eingestehen (in bestimmten Fällen)
Die Mutter (H): »Du brauchst es gar nicht erst lange abstreiten – du hast das Fenster kaputt gemacht, nicht wahr?«
Das Kind (S): »Ja, ich war's«
Das Kind weiß hier, daß seine Mutter bereits denkt, daß das Fenster von ihm kaputt gemacht worden ist. Die Mutter will lediglich,

daß das Kind auch sagt, daß das so ist. Vielleicht ist die M-intendierte Wirkung hier also, daß die Mutter denkt, daß das Kind willens ist zu sagen, daß das Fenster von ihm kaputtgemacht wurde (welche Bedeutung hat hier »sagen« – wie wäre es zu explizieren?); oder, daß die Mutter denkt, daß das Kind willens ist, nicht erst lange so zu tun, als habe es das Fenster nicht kaputtgemacht (d. h. nicht etwas zu sagen oder zu tun, womit bei der Mutter die Überzeugung hervorgerufen werden soll, daß das Fenster *nicht* von ihm kaputtgemacht worden ist). (Vielleicht hat man es bei Eingeständnissen mit recht komplizierten und gewissen Ritualen nicht unähnlichen Fällen zu tun.)

Jemanden an etwas erinnern

H: (während eines Spaziergangs mit S) »Ach, wie war doch nochmal der Name von diesem Mädchen?«

S: »Erika« (oder: S pflückt ein Erikazweiglein und hält ihn dem H vor die Nase)

Es ist anzunehmen, daß H hier bereits (zumindest in einem dispositionellen Sinne) glaubt, daß das Mädchen »Erika« hieß. Es ist nur so, daß ihm der Name gerade nicht einfällt. Die intendierte Wirkung scheint zu sein, daß sich H wieder daran erinnert, daß sie »Erika« hieß.

Rekapitulieren eines Tatbestands: Sprecher wie Hörer glauben bereits, daß p (q usw.). Die intendierte Wirkung scheint auch hier darin zu bestehen, daß H (und vielleicht auch S selbst) sich den (ganzen) Tatbestand nochmals vergegenwärtigt.

Schlußfolgerung: p und q, daher – aufgrund der angegebenen Prämissen – auch r.

S beabsichtigt zwar, daß H denken soll, daß r, erwartet jedoch nicht (und beabsichtigt daher auch nicht), daß H zu dem Glauben, daß r, aufgrund dessen kommen wird, daß er erkennt, daß S beabsichtigt, daß er zu diesem Glauben kommt. Die Prämissen, nicht aber das Vertrauen auf die Wahrhaftigkeit von S, sollen hier den Ausschlag geben.

Fall, in dem jemand gerade das Gegenteil annehmen wird: H betrachtet S als jemanden, dessen Ansichten auf bestimmten Gebieten fast durch die Bank falsch sind, bzw. als jemanden, mit dem er auf bestimmten Gebieten partout nicht der gleichen Meinung sein will. S weiß das. S sagt nun: »Meine Mutter hält große Stücke von dir« – und zwar mit der Absicht, daß H (vermittels des von S Gesagten) denken soll, daß seine (Ss) Mutter von H recht wenig hält. Obwohl S beabsichtigt, daß H denken soll, Ss Mutter halte recht wenig von H, scheint es in diesem Fall doch irgendwie naheliegend zu sagen, daß S mit seiner Äußerung *gemeint* hat, daß Ss Mutter viel von H hält.

Bei diesen Beispielen ergeben sich zwei miteinander zusammenhängende Schwierigkeiten.

(1) Die eine Schwierigkeit ergibt sich aus der Annahme, daß die *Indikativ*form *konventionellerweise* als Indiz dafür aufzufassen ist, daß der Sprecher M-intendiert, daß bei seinem Hörer eine gewisse Überzeugung herbeigeführt wird, wo es doch ganz normale Vorkommnisse des Indikativmodus gibt, bei denen der Sprecher andere Intentionen hat, d. h. bei denen er eben nicht M-intendiert (und auch nicht so verstanden würde, daß er M-intendiert), daß eine Überzeugung herbeigeführt wird (zum Beispiel im Fall des jemanden an etwas Erinnerns). Andererseits scheint man aber auch schwerlich annehmen zu können, daß die Funktion des Indikativmodus mit dem Herbeiführen von Überzeugungen *nichts* zu tun hat. Es ist jedenfalls plausibel, wenn nicht gar unvermeidlich, die Funktion des Imperativmodus so aufzufassen, daß dieser Modus kraft Konvention ein Indiz dafür ist, daß der Sprecher die Absicht hat, daß der betreffende Hörer etwas bestimmtes tut (bzw. es beim Hörer zu einer entsprechenden Handlungsabsicht kommt); und die Funktion des Indikativs sollte sicherlich analog sein. Was ist die Alternative zu der angenommenen Verknüpfung mit einer Absicht, eine Überzeugung hervorzurufen?

Dieser Schwierigkeit könnte man dadurch beikommen, daß man unterscheidet zwischen dem, was ein Indikativ*satz bedeutet*, und dem, was ein *Sprecher meint*. Man könnte die Auffassung vertreten, daß eine vollständige Bestimmung der Satzbedeutung (für Indikativsätze) den Bezug auf die Tatsache involviert, daß durch die Indikativform konventionellerweise eine Sprecherintention anzeigt, beim Hörer eine Überzeugung hervorzurufen; daß es aber durchaus sein kann, daß das, was der Sprecher meint, nicht mit dem zusammenfällt, was der geäußerte Satz bedeutet. Es

könnte sein, daß klar ist, daß die vom Sprecher verwendete Form zwar konventionellerweise anzeigt, daß er beabsichtigt, eine Überzeugung hervorzurufen, der Sprecher *in diesem Fall* aber nicht diese, sondern eine andere Absicht hat. Für diese Auffassung ließe sich vielleicht des weiteren anführen, daß *jede* Form, deren primäre (Standard-)Funktion darin besteht anzuzeigen, daß der Sprecher die Absicht hat, eine Überzeugung herbeizuführen, in den entsprechenden Umständen ohne weiteres (und auch durchaus so verstehbar) zu damit zusammenhängenden Zwecken verwendet werden *könnte*, zum Beispiel (wie im Fall der Prüfungsantwort) als Anzeichen dafür, daß der *Sprecher* glaubt, daß p. Das Problem bestände dann darin, die angeblichen Gegenbeispiele als natürliche Adaptionen einer Form auszuweisen, die primär mit dem Anzeigen einer Absicht, eine Überzeugung hervorzurufen, verknüpft ist.
Sofern möglich wird man jedoch diesen Ausweg, der die Gegenbeispiele als erweiterte Gebrauchsweisen der Indikativform behandelt, vermeiden und dieser Form eine Funktion zuweisen wollen, deren Anwendbarkeit genereller ist. Wie dem auch sei – die zweite Schwierigkeit stellt uns jedenfalls vor ein schwerwiegenderes Problem.

(2) Selbst wenn sich die Idee, wonach die Indikativform per Konvention mit dem Anzeigen einer Sprecherabsicht, eine Überzeugung herbeizuführen, verbunden ist, beibehalten ließe, selbst dann müßten wir zulassen, daß die Sprecher-Bedeutung (was der Sprecher meint) bei verschiedenen Vorkommnissen ein und desselben Indikativsatzes verschieden ist. (Dies wird bereits durch die Problemlösung (1) verlangt.) Dies ist zuzulassen, falls Unterschiede in der intendierten Reaktion Unterschiede in der Sprecher-Bedeutung involvieren. Nun wäre es jedoch nicht sehr plausibel, wenn man sagte, daß S mit der Äußerung »Die Schlacht bei Waterloo fand 1815 statt«, je nachdem, ob er diese Äußerung als

(i) Lehrer in einer Schulklasse (mit der Absicht, eine Überzeugung hervorzurufen)
(ii) Prüfling
(iii) Lehrer in einem Examenskurs, in dem der Stoff nur nochmals wiederholt wird

macht, in jeder dieser drei Situationen jeweils etwas anderes meint. Selbst wenn der Prüfling die M-Absicht hat, die Überzeugung hervorzurufen, daß er (der Prüfling) glaubt, daß die

Schlacht bei Waterloo 1815 stattfand, so wird man deshalb doch nicht gleich sagen wollen, daß der Prüfling mit der Äußerung »Waterloo war 1815« meinte, daß *er glaubt*, daß die Schlacht bei Waterloo 1815 stattfand (im Unterschied zu dem Lehrer, der diesen Zeitraum in seiner Klasse zum ersten Mal behandelt).

Man könnte nun einigen der erwähnten Beispiele (z. B. dem Jemanden-an-etwas-Erinnern und dem Rekapitulieren eines Tatbestands) dadurch beizukommen versuchen, daß man als die Standard-M-intendierte Wirkung eben nicht nur einen bloßen Glauben, sondern einen ›aktivierten Glauben‹ (daß H in einem Zustand ist derart, daß H glaubt, daß p, und er gerade daran denkt, daß p) ansetzt. Was das Fehlen eines ›aktivierten Glaubens‹ angeht, so sind drei Fälle zu unterscheiden:

(a) Weder glaubt man, daß p, noch denkt man gerade daran, daß p

(b) Man glaubt zwar, daß p, es ist aber nicht der Fall, daß man gerade daran denkt, daß p

(c) Man glaubt nicht, daß p, denkt aber gerade p

Wer jemanden an etwas erinnert, beabsichtigt letztlich also das gleiche wie der, der jemanden über etwas informiert, beabsichtigt jedoch die Beseitigung eines verschiedenen von ihm als defizient erachteten Zustands.

Damit sind wir jedoch (selbst bei den Beispielen, für die der eben skizzierte Ansatz eine Lösung zu bieten scheint) bereits in einer neuen Schwierigkeit. Angenommen, S sagt (den Schüler an das betreffende Datum *erinnernd*) »Die Schlacht bei Waterloo war 1815«, so sind zwei meiner Bedingungen erfüllt:

(1) S beabsichtigt, bei H den *aktivierten* Glauben hervorzurufen, daß Waterloo 1815 war

(2) S beabsichtigt, daß H erkennt, daß (1)

Wenn nun aber, was ja sein kann, der Fall gegeben ist, daß dem H das Datum von Waterloo schon selbst ›auf der Zunge‹ liegt, dann kann S nicht erwarten (und daher auch nicht beabsichtigen), daß der aktivierte Glaube von H vermittels dessen Erkenntnis herbeigeführt wird, daß S beabsichtigt, diesen Glauben herbeizuführen. Wenn H ohnehin schon glaubt (und im Moment eben nur vergessen hat), daß Waterloo 1815 war, dann wird die Erwähnung dieses Datums den aktivierten Glauben ganz unabhängig davon herbeiführen, daß S auch die Absicht hat, ihn herbeizuführen.

Dies legt nahe, die Forderung (für die Sprecher-Bedeutung) einfach fallenzulassen, wonach S beabsichtigen soll, daß Hs Zeigen der Reaktion r auf Hs Erkenntnis basieren soll, daß S beabsichtigt, daß H diese Reaktion zeigt. Dies hieße, lediglich die Bedingungen (1) und (2) des ursprünglichen Ansatzes beizubehalten. Das haut aber nicht hin. Es gibt Beispiele, die die Beibehaltung der fraglichen Forderung notwendig machen:

(a) Man kann von Herodes, der Salome das Haupt Johannes des Täufers zeigt, nicht sagen, daß er damit gemeint hat, daß Johannes der Täufer tot ist

(b) Jemand lädt mich zum Squash-Spielen ein, woraufhin ich lediglich mein bandagiertes Bein hochhalte

In (b) könnte ich mit meiner Handlung meinen, daß

(b.1) ich nicht Squash spielen kann

oder (schon etwas zweifelhaft)

(b.2) ich ein verletztes Bein habe (es könnte sein, daß ich die Bandagen nur so drangemacht habe)

aber nicht, daß

(b.3) mein Bein bandagiert ist

Die dritte Bedingung scheint notwendig zu sein, um uns in derartigen Fällen vor kontra-intuitiven Ergebnissen zu bewahren.

Mögliche Lösungen

1. Wir könnten an der Idee festhalten, daß die intendierte Wirkung bzw. Reaktion (für Fälle, in denen der Sprecher meint, daß es der Fall ist, daß p – Indikativtyp) in einem aktivierten Glauben besteht, und dabei weiterhin die Unterscheidung zwischen den Fällen im Auge behalten, in denen diesem Zustand (1) ein Zustand mangelnder Gewißheit bzw. (2) ein Zustand mangelnder Aufmerksamkeit vorausgeht; des weiteren könnten wir dann festlegen, daß die dritte Bedingung (daß S beabsichtigt, daß die Reaktion aufgrund der Erkenntnis herbeigeführt wird, daß er diese Reaktion herbeizuführen beabsichtigt) *nur dann* gelten soll, wenn S die Absicht hat, einen aktivierten Glauben durch Eliminieren eines *Zustands mangelnder Gewißheit, nicht* aber wenn S die Absicht hat, einen derartigen Glauben durch Eliminieren eines Zustands mangelnder Aufmerksamkeit herbeizuführen. Diese Idee ließe sich dann vielleicht so erweitern, daß sie auch für Fälle vom Imperativtyp verwertbar ist, vorausgesetzt, es lassen sich

Fälle finden, in denen S den H daran erinnert, daß er etwas tun soll (Fälle, in denen S bei H wieder eine *aktivierte* Absicht herbeiführt), und in denen die Absicht von S, daß H den betreffenden Zustand erreicht, gleichermaßen überflüssig ist, Fälle also, in denen nicht zu erwarten ist, daß Hs Erreichen des Zustands einer aktivierten Absicht nicht von seinem Erkennen dessen abhängt, daß S die Absicht hat, daß H diesen Zustand erreicht. Somit erhielten wir in etwa die folgende Definition: ($*\psi$ sei ein Modusindikator, der mit der propositionalen Einstellung ψ aus einem gegebenen Bereich propositionaler Einstellungen korreliert ist)

S meint mit dem Äußern von x, daß $*\psi p$: = S äußert x mit der Absicht,

(1) daß H aktiv ψ-t, daß p

(2) daß H erkennt, daß S (1) beabsichtigt

und (es sei denn, S beabsichtigt, daß die Äußerung von x lediglich einen Zustand mangelnder Aufmerksamkeit eliminiert)

(3) daß die Erfüllung von (1) auf der Erfüllung von (2) basiert

Diese Lösung wird jedoch nicht (a) dem Fall der Prüfungs-Antwort, (b) den Eingeständnis-Fällen, und auch nicht (c) dem Fall gerecht, in denen jemand das Gegenteil des Gesagten annehmen wird.

2. Da S im Standardfall nur dann mit dem Äußern von x bei H den Glauben, daß p, herbeizuführen beabsichtigen kann, wenn H (der Absicht von S zufolge) glaubt, daß S selbst davon überzeugt ist, daß p (andernfalls H nicht zu dem Glauben kommen wird, daß p), warum dann als die *direkt* intendierte Wirkung nicht gleich den Zustand, daß H *glaubt, daß* S *glaubt, daß* p, ansetzen – statt, wie bisher, den Zustand, daß H *glaubt, daß* p? In vielen, wenn auch nicht in allen Fällen wird S die Absicht haben, daß H dadurch zu dem Glauben kommt, daß p, daß er glaubt, daß S selbst glaubt, daß p (›informierende‹ Fälle). Eine derartige Wirkung ist aber als eine indirekte Wirkung anzusehen (selbst wenn sie oft von primärem Interesse ist).

Wir können jetzt die dritte Bedingung beibehalten, da man von H selbst in den Fällen, in denen S ihn an etwas zu erinnern versucht, erwarten kann, daß er die Absicht von S, daß H glauben soll, daß S glaubt, daß p, als relevant dafür ansehen wird, ob er selbst glauben soll, daß S glaubt, daß p, oder nicht. Diese Lösungsmöglichkeit trägt zudem nicht nur dem Fall des Jemanden-an-etwas-Erinnerns Rechnung, sondern auch dem Fall der Prüfungs-Antwort und dem Fall, in denen jemand gerade das Gegenteil des Gesagten glauben wird (wobei dieser der Absicht von S zufolge glauben soll, daß S glaubt, daß p, S aber nicht beabsichtigt, daß H selbst glaubt, daß p). Für das Beispiel des Rekapitulierens eines Tatbestands sind zwar bislang keine Vorkehrungen getroffen (es kann ja sein, daß von H angenommen wird, daß er bereits weiß, daß S glaubt, daß p); aber wenn wir »S glaubt, daß p« im Sinne von »S hat den aktivierten Glauben, daß p« verstehen, so läßt sich auch dieses Beispiel entsprechend behandeln. Auch wenn von H anzunehmen ist, daß er bereits weiß, daß S glaubt, daß p, so wird er, daß S nicht nur glaubt, sondern auch gerade daran denkt, daß p, doch erst dann wissen, wenn S die entsprechende Äußerung ihm gegenüber macht.

Nun ist eine derartige Lösung zwar vielleicht für Fälle vom Indikativtyp akzeptierbar; sie läßt sich jedoch nicht für alle nichtindikativischen Fälle generalisieren. Man vergleiche:

(a) »Du sollst nicht über die Grenze gehen!«
(b) »Geh nicht über die Grenze!«

Mit dem Äußern von (a) würde S charakteristischerweise die Absicht verfolgen, daß H glaubt, daß S beabsichtigt, daß H nicht über die Grenze gehen soll. Es hat jedoch den Anschein, als sei eine Bestimmung dessen, was S mit einer Äußerung von (b) im Normalfall meinen würde, nur dann vollständig, wenn in ihr auch enthalten ist, daß S beabsichtigt, daß H nicht nur glauben soll, daß S beabsichtigt, daß H nicht über die Grenze gehen soll, sondern daß H schließlich selbst die Absicht hat, nicht über die Grenze zu gehen.

Unterscheiden wir nun also zwischen solchen Äußerungen, die ich »rein exhibitive Äußerungen« nennen möchte (Äußerungen, mit denen der Sprecher S die Überzeugung übermitteln will, daß er eine gewisse propositionale Einstellung besitzt), und solchen Äußerungen, die nicht nur exhibitiv sind, sondern auch die Eigenschaft besitzen, derentwegen ich sie als »protreptische Äußerungen« bezeichnen möchte (als Äußerungen also, mit denen S gerade dadurch, daß er die Überzeugung übermittelt, daß er eine gewisse

propositionale Einstellung besitzt, eine entsprechende Einstellung auch beim Hörer hervorzurufen beabsichtigt).
Wir erhalten somit:

Neudefinition IV – *Version* A
»Mit dem Äußern von x meinte S, daß ☆ψp« ist wahr genau dann, wenn gilt:
VHVFVc: S äußerte x mit der Absicht

(1)
(2)
(3)
(4)
(5)
(6)
(7)

} [wie in III-A, jedoch mit »H ψ-t, daß p« anstelle von »H zeigt die Reaktion r«]

und (in gewissen Fällen)
(8) daß H aufgrund der Erfüllung von (6) selbst ψ-t, daß p

Ob in einer Explikation einer Aussage von der durch das Definiendum von IV-A repräsentierten Form die Erfüllung der Bedingung (8) einschlägig ist oder nicht, hängt davon ab, wofür »☆ψ« in der betreffenden Aussageform steht.
Neudefinition IV – Version B erhalten wir schließlich, indem wir die obige Bedingung (8) als Bedingung (a) (5) dem Definiens von III-B hinzufügen und die Bedingung (b) von III-B so ändern, daß zum Ausdruck kommt, daß wir die intendierte Reaktion r jetzt durch Rekurs auf die Idee des ψ-ens, daß p, bestimmen.
Ob die Neudefinition IV, sei es in der Version A oder der Version B, in der vorliegenden Form korrekt ist, hängt wesentlich davon ab, welche Auffassung man bezüglich einer imperativischen Variante des Falles vertritt, in dem jemand gerade das Gegenteil des Gesagten glaubt. Herr X will, daß seine Frau mal kurz weggeht, und da er davon ausgeht, daß sie, zumindest was ihn selbst betrifft, immer gerade das genaue Gegenteil des zu ihr Gesagten annehmen wird, sagt er zu ihr: »Liebste, bleib doch noch ein bißchen da!« Wäre es nun richtig, wenn man sagte, daß Herr X, der doch ganz klar nicht gewollt hat, daß seine Frau noch ein bißchen dableibt, mit seiner Bemerkung gemeint hat, daß sie noch ein bißchen dableiben soll? Ist die Antwort bejahend, so ist Neudefinition IV

inadäquat, da Herr X ihr zufolge nur dann gemeint haben könnte, daß seine Frau noch etwas dableiben solle, wenn er beabsichtigt hat, daß sie selbst schließlich die Absicht hat, noch ein bißchen bei ihm zu bleiben – was er selbst sicherlich gerade nicht beabsichtigt hat. Eine Verbesserung wäre freilich nicht allzu schwierig: Wir ersetzen die Bedingung (8) von IV-A durch »daß H aufgrund der Erfüllung von (6) glaubt, daß S beabsichtigt, daß H ψ-t, daß p«. Ist die Antwort hingegen ein Nein, dann ist Neudefinition IV bereits in der vorliegenden Form in Ordnung.

5. Situations-Bedeutung eines Sprechers in Abwesenheit eines Hörers

Es gibt eine Reihe von Beispielen für Äußerungen, bezüglich derer man zwar korrekterweise sagen könnte, daß der Sprecher mit ihnen etwas gemeint hat (gemeint hat, daß das-und-das), bei denen es aber keine tatsächlich existierende Person bzw. eine Menge von Personen gibt, an die sich der Sprecher richtet und bei denen er eine Reaktion hervorzurufen beabsichtigt. Zu derartigen Beispielen dürften vermutlich solche Fälle zu rechnen sein wie: Ein Schild mit der Aufschrift »Kein Durchgang« oder »Benutzung der Brücke auf eigene Gefahr« aufstellen; einen Eintrag in sein Tagebuch machen; sich bei dem Versuch, ein Problem zu lösen, gewisse Notizen machen; Selbstgespräche führen; sich gleichsam probeweise Teile eines geplanten Gesprächs vorsagen; still überlegen. Zumindest einigen dieser Beispiele wird in den bisher vorgelegten Definitionen nicht Rechnung getragen.
Die Beispiele, die von meiner Explikation erfaßt werden sollten, lassen sich den folgenden drei Gruppen zuordnen:
(a) Äußerungen, bei denen der Sprecher glaubt, daß es möglicherweise (jetzt oder später) einen Adressaten gibt. S kann zum Beispiel glauben, daß eine ganz bestimmte Person, im Fall des Tagebucheintrags vielleicht sogar er selbst zu einem späteren Zeitpunkt, auf die von ihm gemachte Äußerung stößt – oder eben nicht; oder S glaubt, daß es offen ist, ob seine Äußerung von der einen oder anderen Person wahrgenommen wird bzw. werden wird.
(b) Äußerungen, von denen der Sprecher weiß, daß sie an keinen

tatsächlich existierenden Adressaten gerichtet sind, bei denen er aber doch so tut, als seien sie an eine bestimmte Person bzw. an einen bestimmten Personentyp gerichtet, oder Äußerungen, die vom Sprecher selbst als an irgendeinen fiktiven Adressaten bzw. Typ von Adressaten gerichtet verstanden werden (wie in dem Fall, wo man eine Rede einstudiert oder sich seine Rolle in einem geplanten Gespräch vorsagt).

(c) Äußerungen (›innere‹ Äußerungen eingeschlossen), bezüglich derer es der Sprecher weder für möglich hält, daß sie einen tatsächlich existierenden Adressaten haben, noch er sich auch nur vorstellt, daß seine Äußerung an einen Adressaten gerichtet sei, er aber doch die Absicht hat, daß seine Äußerung derart ist, daß sie eine Reaktion einer gewissen Art bei einem Adressaten einer gewissen vielleicht recht unbestimmten Art hervorbringen würde, falls ein derartiger Adressat anwesend wäre. Im Fall des stillen Überlegens ist die Idee des Vorhandenseins eines Adressaten natürlich in einem ganz weiten Sinne zu verstehen, etwa so, daß es einen Adressaten einer hörbaren Fassung der vom Sprecher lediglich still gehaltenen Rede gibt. In diesem Zusammenhang ist es vielleicht bemerkenswert, daß es einige Fälle verbalen Denkens gibt, die von meiner Explikation nicht erfaßt werden. Wenn mir gewisse Sätze (verbale Gedanken) nur so durch den Kopf gehen, ich diese Sätze (Gedanken) aber nicht erst eigens ›bilde‹, dann wäre es unangemessen, wenn man sagte, daß ich mit ihnen etwas gemeint habe; vielleicht bin ich in derartigen Fällen eher wie ein Hörer als ein Sprecher.

Ich werde nun eine letzte Neudefinition vorschlagen, die, wie ich hoffe, den von einer Explikation zu erfassenden Beispielen Rechnung tragen und diejenigen Beispiele als Spezialfälle umfassen wird, in denen tatsächlich ein Adressat existiert und dies auch dem Sprecher bekannt ist. Diese Neudefinition ist relativ nicht-formal; ich könnte eine formalere Version vorlegen, deren größere Präzision jedoch auf Kosten einer leichteren Verständlichkeit ginge.

»φ« und »φ'« seien Variable, die über Eigenschaften von Personen (mögliche Adressaten) laufen; passende Einsetzungen für »φ« bzw.»φ'« könnten so verschiedene Ausdrücke einschließen wie »ist ein vorbeikommender Passant«, »ist ein vorbeikommender Passant, der das Schild sieht«, »ist jemand, der Deutsch als Muttersprache hat«, »ist identisch mit Fritz«. Wie sich zeigen wird, kann

S nur dann etwas meinen, wenn eine (eventuell ziemlich unbestimmte) Identifizierung des von S gedachten Wertes von »φ« möglich ist; *wir* brauchen jedoch den Bereich, aus dem S seine Auswahl trifft, nicht zu bestimmen.

Neudefinition V
»S meinte mit dem Äußern von x, daß ✫ψp« ist wahr genau dann, wenn gilt:

VφVFVc: (a) S äußerte x mit der Absicht, daß x *derart ist, daß* jeder mit der Eigenschaft φ denken würde, daß

(1) x die Eigenschaft F hat

(2) F in der Weise c mit ψ-en, daß p, korreliert ist

(3) Vφ': S beabsichtigt, daß x derart ist, daß jeder mit der Eigenschaft φ' aufgrund des Glaubens, daß (1) und (2), denken würde, daß S ψ-t, daß p

(4) in Anbetracht von (3) S ψ-t, daß p

und

(b) (nur für gewisse Einsetzungen für »✫ψ« einschlägig) S äußerte x mit der Absicht, daß, *sollte es tatsächlich jemanden* mit der Eigenschaft φ *geben*, dieser aufgrund des Glaubens, daß (4), selbst ψ-t, daß p

und

(c) Es ist nicht der Fall, daß es ein Folgerungs-Element E gibt derart, daß S beabsichtigt, daß x derart ist, daß jeder mit der Eigenschaft φ sowohl

(1') beim Zustandekommen dessen, daß er ψ^+-t, daß p, auf E baut

als auch

(2') glaubt, daß Vφ': S beabsichtigt, daß x derart ist, daß jeder mit der Eigenschaft φ' schließlich ψ^+-t, *ohne* auf E zu bauen

Anmerkung: (i) »ψ^+« ist zu lesen als »ψ«, falls Bedingung (b) einschlägig ist, und als »glaubt, daß S ψ-t« falls Bedingung (b) nicht einschlägig ist

(ii) Wir benötigen sowohl »φ« als auch »φ'«, da wir nicht fordern wollen, daß S beabsichtigt, daß sein möglicher Adressat glaubt, daß auf den möglichen Adressaten von S tatsächlich die Kennzeichnung zutrifft, von der S glaubt, daß sie auf ihn zutrifft

Erläuterungen

1. Es ist wesentlich, daß die in Bedingung (b) formulierte Absicht als die Absicht von S formuliert ist »daß, sollte es jemanden mit der Eigenschaft geben, dieser ...« und nicht – in Analogie zu den Bedingungen (a) und (c) – als die Absicht von S »daß x *derart ist, daß*, sollte es irgendjemand mit der Eigenschaft φ geben, dieser ...«. Wählen wir die letztere Formulierung, so sind wir einem von Schiffer vorgebrachten Einwand ausgesetzt, was sich mithilfe eines Beispiels von der gleichen Art wie das von ihm selbst vorgebrachte zeigen läßt. Angenommen, ein Nachmittag mit meiner Schwiegermutter hat mich schier zur Raserei gebracht. Nun ist sie endlich wieder weg – und ich, ich kann meinen Gefühlen wieder freien Lauf lassen und sage laut und noch voller Wut im Bauch: »Komm du mir ja nicht mehr unter die Augen!« Nun ist es zwar für mein momentanes Wohlbefinden zweifellos wesentlich, daß ich diese Äußerung mit der Absicht mache, daß meine Bemerkung derart ist, daß, sollte meine Schwiegermutter noch da sein, sie sich wirklich vornehmen würde, mir nicht mehr unter die Augen zu kommen; es wäre jedoch inakzeptabel, wenn man eine Explikation von »S meint etwas« so ansetzen würde, daß aus der Tatsache, daß ich diese Absicht habe, folgen würde, daß *ich gemeint habe*, sie solle mir ja nie mehr unter die Augen kommen. Es stimmt nämlich nicht, daß ich dies in den gegebenen Umständen mit meiner Bemerkung gemeint habe. Eben diese Schwierigkeit wird jedoch durch die angegebene Formulierung der obigen Neudefinition vermieden.

2. Angenommen, in Übereinstimmung mit dem Definiens der letzten Neudefinition gilt: Vφ: S beabsichtigt, daß x derart ist, daß jeder mit der Eigenschaft φ denken wird ...; und angenommen, der von S gedachte Wert von »φ« sei die Eigenschaft, mit einer bestimmten Person X identisch zu sein. Dann folgt, daß S beabsichtigt, daß X denkt ...; und gegeben die weitere, und in jedem Normalfall erfüllte, Bedingung, daß S beabsichtigt, daß X denkt, daß er (X) der intendierte Adressat ist, dann können wir uns dessen sicher sein, daß es eine wahre Aussage gibt, aus der das Defi-

niens von IV-B mithilfe der Regel der Existenzgeneralisierung ableitbar ist (vorausgesetzt, diese Anwendung der Regel der Existenzgeneralisierung auf eine Aussage, deren Formulierung solche *intensionalen* Ausdrücke wie »beabsichtigen«/»intendieren« und »glauben«/»denken« enthält, ist hier überhaupt legitim). Des weiteren wird sich meines Erachtens zeigen lassen, daß für einen jeden Fall, in dem es einen tatsächlich existierenden Adressaten gibt, der auch weiß, daß er der intendierte Adressat ist, dann, wenn das Definiens IV-B erfüllt ist, auch das Definiens von V erfüllt ist. Wenn dem so ist, so gilt, vorausgesetzt, die Neudefinition V ist korrekt, für einen jeden Normalfall, in dem es einen tatsächlich existierenden Adressaten gibt: Die Erfüllung des Definiens von IV-B stellt eine notwendige und hinreichende Bedingung dafür dar, daß S mit seiner Äußerung gemeint hat, daß $\star\psi p$.

6. *Schluß*

Durch eine eingehende Untersuchung des Verhältnisses von nichtnatürlicher und natürlicher Bedeutung wird sich, wie ich hoffe, nicht nur die Möglichkeit einer vereinfachten Explikation der Situations-Bedeutung eines Sprechers ergeben – man wird auch zeigen können, daß eine jede menschliche Institution, deren Funktion darin besteht, daß sie uns mit künstlichen Substituten für natürliche Zeichen versieht, als ihren Schlüsselbegriff letztlich einen Begriff enthalten muß, der annähernd die gleichen Eigenschaften besitzt, wie sie von mir dem Begriff der Situations-Bedeutung eines Sprechers zugeschrieben wurden. Ein derartiges Unternehmen geht jedoch über das im Rahmen der vorliegenden Arbeit Mögliche weit hinaus.

Max Black
Bedeutung und Intention

> Wenn du meinst, zwischen dem etwas Sagen und dem Zwitschern junger Spatzen gebe es einen Unterschied, kannst du einen solchen Unterschied beweisen oder gibt es etwa gar keinen?
>
> Chuang Tzu

H. P. Grice hat in einer einflußreichen Arbeit den Versuch unternommen, Chuang Tzus Frage durch Rekurs auf bestimmte Sprecher-Intentionen zu beantworten.[1] Diese Antwort möchte ich im folgenden einer kritischen Prüfung unterziehen. Grices 1957er Aufsatz und seine nachfolgende Erwiderung auf die ersten Kritiken werfen fundamentale bedeutungstheoretische Fragen auf, die bis heute nicht befriedigend gelöst werden konnten.

Grice zielt, wie andere Sprachphilosophen auch, letztlich auf eine Klärung des Begriffs der Bedeutung in all seinen Verzweigungen ab. Indem er mit einer Analyse dessen beginnt, was ein bestimmter Sprecher in einer bestimmten Situation meint, hofft er in der Folge davon erklären zu können, was Wörter in einer gegebenen Sprache

1 H. P. Grice, *Meaning*, 1957; dtsch. *Intendieren, Meinen, Bedeuten*, dieser Band; *Utterer's Meaning and Intentions*, 1969; dtsch. *Sprecher-Bedeutung und Intentionen*, dieser Band; sowie der eher etwas technische Aufsatz *Utterer's-Meaning, Sentence-Meaning and Word-Meaning;* dtsch. *Sprecher-Bedeutung, Satz-Bedeutung und Wort-Bedeutung*, dieser Band.
Zur Diskussion um die Gricesche Position haben erhellend u. a. beigetragen: P. F. Strawson, *Intention and Convention in Speech Acts*, The Philosophical Review, 73, 1964, S. 439-460; dtsch. in: P. F. Strawson, *Logik und Linguistik*, München, 1974; J. R. Searle, *What is a Speech Act?*, in: M. Black (Hrsg.), *Philosophy in America*, London, 1965; auch in: J. R. Searle (Hrsg.), *The Philosophy of Language*, Oxford, 1971; P. Ziff, *On H. P. Grice's Account of Meaning*, Analysis, 28, 1967, S. 1-8; T. E. Patton / D. W. Stampe, *The Rudiments of Meaning: On Ziff on Grice*, Foundations of Language, 5, 1969, S. 2-16; N. L. Wilson, *Grice on Meaning: The Ultimate Counter-example*, Nous, 4, 1970, S. 295-302; A. F. MacKay, *Professor Grice's Theory of Meaning*, Mind, 71, 1972, S. 57-66.
Zahlreiche Kommentatoren betrachten den Griceschen Ansatz als im Grund zwar korrekt, schlagen aber mehr oder weniger drastische Modifikationen vor. Siehe z. B. Armstrong, *Meaning and Communication*, 1971, dtsch. dieser Band.

bzw. in einem Idiolekt ›allgemein‹ bedeuten. Zur Debatte steht daher nicht irgendein Detailproblem bezüglich eines Begriffs von relativ begrenzter Anwendung; es geht vielmehr um die Fundierung eines umfassenden Programms, das auf die Klärung gewisser fundamentaler Merkmale jener diversen komplexen Phänomene abzielt, die wir, nur allzu summarisch, mit den Termini *Sprache* und *Diskurs* kategorisieren.[2]

Daß in diesem Theorietyp dem Intentionsbegriff ein so großer Erklärungswert beigemessen wird, entspricht bestimmten weitverbreiteten Tendenzen in der neueren angelsächsischen Philosophie, die als Versuche verstanden werden können, die Einsichten des Idealismus wieder ans Licht zu holen und zu präzisieren: Zwischen menschlichem *Handeln* und einem bloßen *Verhalten* wird scharf unterschieden. Zwischen den Geisteswissenschaften und den Naturwissenschaften wird dementsprechend ein grundlegender methodologischer Gegensatz gesehen.[3] Die Hauptgegner einer intentionalistischen Bedeutungstheorie, wie man sie treffend nennen könnte, sind *kausale* Theorien, etwa die von Ch. Morris oder Ch. Stevenson, die eine ›naturalistische‹ oder behavioristische Theorie der Bedeutung anbieten.[4] Es ist mir im Rahmen dieser Arbeit nicht möglich, auf alle hinter der Kontroverse um Grices Diskussionen der ›Sprecher-Bedeutung‹ stehenden umfassenderen Fragen einzugehen. Es geht mir mit der folgenden, weitgehend destruktiven Kritik nicht primär darum, Grice einige Irrtümer nachzuweisen. In Anbetracht der Komplexität und der Schwierigkeiten dieses Themas wäre dies nicht weiter schwer. Ich will vielmehr einige allgemeine Überlegungen vortragen, weshalb eine jede Bedeutungstheorie vom intentionalistischen Typ mit schwerwiegenden und möglicherweise unaufhebbaren Hindernissen zu rechnen hat.

2 Für eine Formulierung des allgemeinen Griceschen Programms siehe seine 1957er Arbeit, dieser Band S. 7. Eine ausführlichere Darlegung findet sich in den Prolegomena seiner 1968er Arbeit, dtsch. dieser Band, S. 185.

3 Vgl. in diesem Zusammenhang G. H. v. Wright, *Explanation and Understanding*, Ithaca, N. Y., 1971; dtsch. *Erklären und Verstehen*, Frankfurt, 1974. Die erwähnte Rückkehr zu den *geisteswissenschaftlichen* Betrachtungsweisen findet dort detaillierten Ausdruck.

4 Ch. Morris, *Signs, Language, and Behavior*, Englewood Cliffs, 1946; und Ch. Stevenson, *Ethics and Language*, New Haven, 1944; siehe auch Grices kurze Zurückweisung von Stevensons Theorie im 1957er Aufsatz; hier S. 5.

1. Natürliche Bedeutung und Sprecherbedeutung

Beginnen wir in Anlehnung an Grice mit einem Versuch, die Interpretation von Zeichen von dem Erfassen dessen zu unterscheiden, was jemand meint, wenn er etwas *sagt*. (Ich finde es mit Grice passend, den Ausdruck »sagen« durchwegs zur Bezeichnung der Äußerung von Gesten oder anderen nicht-verbalen Symbolen wie auch von Worten zu verwenden.) Man vergleiche zum Beispiel:

(1) Das Zwitschern der jungen Spatzen *bedeutete*, daß sie hungrig waren

(2) Als ich sagte »Die jungen Spatzen sind hungrig«, *meinte* ich, daß die jungen Spatzen hungrig waren

In (1) kann »bedeutete« (engl. »meant«) durch »zeigte« bzw. »war ein Anzeichen dafür, daß« ersetzt werden. Für »meinte« in (2) gilt dies nicht. (1) behauptet des weiteren, daß das Zwitschern der jungen Spatzen einen gewissen Sachverhalt anzeigte, nämlich daß sie hungrig waren. Die entsprechende Behauptung ist somit, falls die jungen Spatzen nicht hungrig waren, einfach falsch. Die durch (2) ausgedrückte Behauptung könnte hingegen wahr sein, ganz gleich, ob die Spatzen tatsächlich hungrig waren oder nicht.
Um diesen Unterschied zwischen (1) und (2) terminologisch zu fixieren, wollen wir sagen, daß sich (1) auf einen Fall von *natürlicher Bedeutung* bezieht. Das Zwitschern der jungen Spatzen könnte ein *natürliches Zeichen* und die von diesem Zeichen bezeichnete Tatsache, wenn es eine solche gibt, das von diesem Zeichen (auf natürliche Weise) *Angezeigte* (bzw. seine *natürliche Bedeutung*) genannt werden. Des weiteren schlage ich vor, von (2) zu sagen, daß es sich auf einen Fall einer *Sprecher-Bedeutung* bezieht.[5] Sofern keine Mehrdeutigkeit zu befürchten ist, werde ich i. f. statt von ›Sprecher-Bedeutung‹ einfach von ›Bedeutung‹ reden. Die (Sprecher-)Bedeutung einer gewissen Äußerung besteht in dem, was der Sprecher mit den von ihm in einer bestimmten Situation verwendeten Wörtern oder Gesten meinte – und ist, wie

5 In seiner 1957er Arbeit bezeichnet Grice diesen Unterschied als einen Unterschied zwischen *natürlicher* versus *nicht-natürlicher Bedeutung*. Dies könnte insofern etwas irreführend sein, als es auch künstliche Zeichen geben kann, die sich in einem üblichen Sinne ebenfalls als nicht-natürlich ansehen lassen. Andererseits können auch spontane Gesten, die keiner Konvention folgen, ein ›natürlicher‹ Ausdruck dafür sein, was ein Sprecher sagen will.

ich diesen Typ von Bedeutung nennen möchte, von der *lexikalischen Bedeutung*, die diese Wörter in der betreffenden Sprache haben, sorgfältig zu unterscheiden.[6] Im folgenden werde ich auf die ›lexikalische Bedeutung‹ nicht näher eingehen.

2. *Die relevanten Fragestellungen*

Diesen zunächst nur grob charakterisierten Unterschied zwischen natürlicher und nicht-natürlicher Bedeutung vorausgesetzt, stellt Grice des weiteren die folgende Frage: »Wie läßt sich der Unterschied zwischen Fällen, in denen es um ein [natürliches] Bedeuten geht, und Fällen, in denen es um ein [nicht-natürliches] Bedeuten geht, noch weiter charakterisieren?«[7]

Was meint nun Grice aber mit »noch weiter«? Er hat bereits eine Reihe von Kriterien zur Unterscheidung zwischen natürlicher Bedeutung und Sprecher-Bedeutung vorgelegt, die sich leicht durch weitere syntaktische oder semantische Unterschiede ergänzen ließen. Zweifelsohne ist er auf etwas Interessanteres aus, auf so etwas wie den ›wesentlichen Unterschied‹ zwischen den zwei Bedeutungstypen.

Es ist zu vermuten, daß Grice, wie viele andere Autoren, die über bedeutungstheoretische Fragen gearbeitet haben, durch ein philosophisches Problem angeregt wurde, das sich in etwa wie folgt ausdrücken läßt: »Wie sollen wir Sprecher-Bedeutung gegenüber natürlicher Bedeutung abgrenzen?« oder einfacher »Was ist ›Sprecher-Bedeutung‹?« So betrachtet, haben wir es mit dem Versuch einer erhellenden Skizze der ›logischen Grammatik‹ dieser zwei Bedeutungstermini zu tun, mit Hinweisen, die uns verstehen helfen, in welcher philosophisch interessanten Weise sich die Verwendungen dieser Termini unterscheiden lassen. Daraus folgt, daß eine akzeptable Antwort Termini verwenden muß, die weniger problematisch sind als es z. B. der Terminus ›Sprecher-Bedeutung‹ selbst ist. So wäre es etwa nicht hilfreich, wenn man – auch wenn es zweifellos stimmen würde – gesagt bekäme, daß die Sprecher-Bedeutung das ist, was ein entsprechender Hörer *verstehen* würde.

6 Für weitere relevante Unterscheidungen siehe Grices 1969er Arbeit, dtsch. dieser Band.

7 Grice, 1957; hier S. 4.

»Verstehen«, in diesem Sinne verwendet, ist nämlich ebensosehr explikationsbedürftig wie das ursprüngliche Explanandum selbst. Wir werden daher zu untersuchen haben, ob »Intention«, ein Schlüsselterminus in der Griceschen Analyse, diesen Test der relativen Durchsichtigkeit besteht.

Eine zweite Aufgabe, die sich aus der ersten in natürlicher Weise ergibt, besteht in dem, was Grice als die »Klärung der Bedeutung von ›*x* bedeutete etwas in einer konkreten Situation‹« bezeichnet.[8] Dieser Aufgabe ist ein Großteil seiner Arbeit gewidmet. Es bleibt zudem die interessante Frage, *was* ein bestimmter Sprecher mit einer bestimmten Äußerung meint. Alle drei Fragen sind den Griceschen Prinzipien zufolge durch Rekurs auf Intentionen zu beantworten. Daß ein Sprecher *etwas* sagt, ist dadurch zu erklären, daß er eine gewisse komplexe Intention hat. *Was* er sagt, wird durch ein spezielles Merkmal des Inhalts der Intention zu erklären sein. Auf die dritte Frage hat Grice bisher lediglich eine Skizze einer möglichen Antwort vorgelegt.[9]

Wir wollen diese drei Fragen kurz als die *Unterscheidungs-Frage*, die *Bedeutungs-Frage* und die *Frage des Bedeutungs-Gehalts* bezeichnen. Sie lassen sich grob wie folgt formulieren:

1) Was unterscheidet die Sprecher-Bedeutung von der natürlichen Bedeutung?
2) Was ist notwendig und hinreichend dafür, daß ein von einem Sprecher geäußerter Laut bzw. eine Geste ausdrückt, was er meint?
3) Wenn ein Sprecher etwas in einer bestimmten Situation *meint*, wie läßt sich dann bestimmen, was er meint?

Der Griceschen Vorgehensweise folgend, werde ich hier nur auf die zweite Frage – d. h. die Bedeutungs-Frage – näher eingehen.

3. Grices Theorie der Sprecher-Bedeutung

Die Grundidee des Griceschen Ansatzes besagt, daß S (ein gewisser Sprecher) mit f (einer gewissen Äußerung) in einer konkreten Situation nur dann etwas meint, wenn er mithilfe von f bei

8 Dieser Band, S. 7.

9 Siehe seinen »ersten Versuch« einer Antwort, dieser Band, S. 7, sowie die von ihm daraufhin vorgenommenen weiteren Klärungsversuche.

einem bestimmten Hörer H eine gewisse komplexe Wirkung hervorzubringen beabsichtigt. Ein distinktives und stimulierendes Merkmal seiner Theorie besteht darin, daß mit ihr das Ziel verfolgt wird, *alle* Verwendungsweisen von Sprache unter eine einzige analytische Formel zu subsumieren, einschließlich der Äußerung von Imperativen, Interrogativen, Optativen usw., deren unterschiedliche Bedeutungen in den verschiedenen Arten von ›Wirkungen‹ manifestiert würden, deren Hervorbringung bei dem jeweiligen Hörer beabsichtigt wird. In seiner ersten Fassung, in welcher Grice den zentral wichtigen Fall betrachtet, in dem die Sprecheräußerung einen Wahrheitswert besitzt, ist die primär intendierte Wirkung somit eine Glaubensannahme. Die erste Annäherung an eine Analyse lautet dementsprechend:

(3) S meint mit f nur dann etwas, wenn er mit dem Tun von f zu erreichen beabsichtigt, daß H denkt, daß etwas der Fall ist.[10]

Wenn ich also zu dir sage »Es hat zu schneien angefangen«, so hat dieser Theorie zufolge meine Äußerung deshalb eine Bedeutung, weil ich beabsichtige, daß du das Gehörte als einen Grund ansehen sollst, etwas zu denken, nämlich daß es tatsächlich zu schneien angefangen hat.

Daß in (3) nur von »nur dann« und nicht von »genau dann, wenn« die Rede ist, ist, wie einfache Gegenbeispiele zeigen werden, unvermeidbar. Angenommen, ich stelle meine nassen Galoschen an einen Platz, wo du sie später sehen kannst, und hoffe dabei, daß du den Anblick meiner Galoschen als Grund betrachten wirst zu denken, daß es wieder zu schneien angefangen hat. Man muß Grice darin recht geben, daß ich damit, daß ich meine Galoschen an den betreffenden Platz hinstellte, dir nicht notwendigerweise etwas ›gesagt‹ habe, mit dir nicht zu kommunizieren versucht habe – insbesondere falls ich wollte, daß du *meine Ab-*

10 In seiner 1957er Arbeit spricht Grice davon, daß vom Sprecher etwas »mit der Absicht geäußert wurde, bei einem ›Hörer‹ eine *Überzeugung* hervorzurufen« (dieser Band, S. 7; Hervorhebung von mir). In der 1969er Arbeit spricht Grice davon, daß der Hörer etwas *denken* (zu einem bestimmten Gedanken kommen) soll, ein Sprachgebrauch, dem ich mich mitunter eher anschließen möchte. Grice macht in beiden Fällen klar, daß das betreffende Äußerungsvorkommnis vom Hörer als ein *Grund* für den induzierten Gedanken anzusehen ist; Fälle, in denen das Äußerungsvorkommnis einen Gedanken lediglich verursacht, ohne dabei als Grund zu fungieren, sind auszuschließen.

sicht nicht erkennen sollst.[11] Im allgemeinen gilt somit: Es kann sein, daß ich eine Zeichen-Situation herbeiführe, die du als einen Grund für eine Glaubensannahme ansehen wirst, und ich auch beabsichtige, daß du diese Glaubensannahme machst, ich aber doch nicht möchte, daß du erkennst, worauf ich aus bin.
Diese Schwierigkeit läßt sich offensichtlich ausschließen, wenn wir das Modell (3) dadurch modifizieren, daß wir des weiteren festlegen, daß der Hörer nicht nur die primäre Sprecherabsicht erkennen soll, sondern diese Erkenntnis auch als einen Grund ansehen soll, eben das zu denken, was er denken soll. Wir erhalten somit die folgende modifizierte Analyse:

(4) S meint mit f etwas gdw. S beabsichtigt, (i) daß H etwas denken soll, (ii) daß H diese erste Intention erkennen soll, und (iii) daß H eine solche Erkenntnis als einen Grund ansehen soll, die erste Intention zu erfüllen.

Wir wollen diese Analyse, um uns leichter auf sie beziehen zu können, *das Gricesche Grundmodell* nennen.
Im folgenden ist zudem zu beachten, daß das, *was* H nach Absicht von S denken soll, mit der Sprecher-Bedeutung identifiziert wird.
Diese ingeniöse Theorie liefert eine plausible Analyse für einige vertraute Beispiele für Kommunikation. Ich werde nun jedoch zeigen, daß die in dem Grundmodell ausgedrückten Bedingungen weder hinreichend noch notwendig sind, damit eine ›Sprecher-Bedeutung‹ vorliegt. Schließlich werde ich auch zeigen, daß diese Schwächen nicht durch ad hoc-Korrekturen aus der Welt geschafft werden können: Die zahlreichen Gegenbeispiele sind ein Symptom einer tiefer liegenden Crux.
Ich werde so vorgehen, daß ich zunächst (i) Beispiele für Situationen vorlege, in denen es nicht stimmt, daß jemand ›etwas sagt‹, obwohl von ihm die Griceschen Bedingungen erfüllt werden (Nachweis, daß diese Bedingungen nicht hinreichend sind); dann werde ich (ii) Beispiele für Situationen vorlegen, in denen ein Sprecher etwas sagt, die Griceschen Bedingungen jedoch nicht erfüllt sind (Nachweis, daß diese Bedingungen nicht notwendig sind).

11 Treffendere Beispiele finden sich bei Grice in seiner 1957er Arbeit selbst.

Das Händeschütteln.[12] Angenommen, ich werde jemandem vorgestellt und strecke ihm die Hand hin. Es scheint, daß in diesem Fall alle drei Bedingungen des Grundmodells, sofern wir diese nicht zu pedantisch interpretieren, erfüllt sind. Normalerweise (i) ›beabsichtige‹ ich dabei, zumindest in einem schwachen Sinne des Wortes, daß der andere glauben soll, daß ich ihm nicht übelgesonnen bin, könnte (ii) diese Absicht wohl auch kaum verbergen oder sogar wollen, daß sie nicht erkannt wird, und natürlich (iii) genügt es mir auch, wenn der andere ›die (erkannte) Absicht als einen Grund ansieht zu glauben, daß ich ihm nicht übelgesonnen bin‹. Aber muß ich deshalb jedesmal, wenn ich einem anderen ganz normal (ohne besonderen Händedruck bzw. ohne ihm dabei einen ›besonderen Blick‹ zuzuwerfen) die Hand schüttle, *meinen*, daß ich ihm nicht übelgesonnen bin? Das scheint mir doch etwas weit hergeholt zu sein – wenngleich anscheinend durchaus nicht alle dieser Ansicht sind. Eine alternative und vielleicht plausiblere Darstellung wäre jedenfalls, daß die mit dem Händeschütteln verknüpften Konventionen einen prima facie-*Schluß* darauf zulassen, daß ich meinem Gegenüber wahrscheinlich nicht übelgesinnt bin. (Man vergleiche demgegenüber die Schlüsse, die daraus zu ziehen sind, daß jemand diese Begrüßungsgeste bewußt unterläßt.) Ein Händeschütteln liefert, wie ein Großteil unseres sonstigen (konventionellen wie nicht-konventionellen) Verhaltens, Informationen über den, der dieses Verhalten zeigt, aber eben nicht notwendigerweise in Form einer ›Botschaft‹.

Sollte dieser Fall noch nicht überzeugend genug sein, so betrachte man den Fall, daß ich jemandem ein Geschenk überreiche, etwa um ihm meine Wertschätzung auszudrücken. Auch in diesem Fall sind alle drei Bedingungen des Grundmodells erfüllt; es hieße jedoch, die Tatsachen der Theorie anzupassen, würde man in diesem Fall behaupten, daß ich damit mit dem Empfänger des Geschenkes kommunizieren, ihm etwas ›sagen‹ muß.[13] Oder man sehe sich

12 Ein derartiges Beispiel ist, soweit ich dies beurteilen kann, in der Literatur bislang noch nicht diskutiert worden, obschon sich sonst Gegenbeispiele genug finden.

13 Sozialpsychologen und Soziologen dürften sich meiner Erfahrung nach diesem Urteil widersetzen, haben sie sich doch schon immer stärker von den ›symboli-

eine beliebige Situation an, die eine Kooperation zwischen zwei oder mehr Personen involviert. Brauche ich die Hilfe eines anderen, um einen Baumstamm hochzuheben, so dürfte ich, wenn ich das eine Ende ohne etwas zu sagen und ohne den anderen auch nur anzusehen hochhebe, damit wohl beabsichtigen, daß der andere denkt, daß er das andere Ende hochheben soll, und beabsichtigen, daß er meine erste Absicht erkennt usw. Aber auch hier scheint es mir weit hergeholt zu sein, würde man behaupten, daß mein Anheben des Baumstamms einen Fall von *Kommunikation* darstellt.

Der mithörende Dritte.[14] A unterhält sich auf einer Party mit B und weiß dabei, daß C seine Unterhaltung mithören kann, wobei er Gründe für die Annahme hat, daß sich C nicht bewußt ist, daß A bereits entdeckt hat, daß sein mit B geführtes Gespräch von C mitgehört wird. A sagt also zu B: »Ich würde C ja gerne wissen lassen, daß ihn seine Studenten nicht leiden können, hätte ich nur den Mut, es ihm auch wirklich zu sagen.« A will[15] also, daß (i) C glaubt, daß ihn seine Studenten nicht leiden können, (ii) er (C) diese erste Absicht erkennt, und (iii) diese Erkenntnis als Grund ansieht zu glauben, daß ihn seine Studenten tatsächlich nicht leiden können. Somit sind alle Griceschen Bedingungen erfüllt. Es dürfte jedoch klar sein, daß A *nicht zu* C *spricht – mit ihm* also nicht (im Griceschen Sinne) kommuniziert.

Um mit diesem Typ von Fällen zurechtzukommen, schlägt Strawson vor, eine weitere Absicht vonseiten des Sprechers zu postulieren. Denn das von mir beschriebene Manöver basiert offensichtlich darauf, daß C, der wahre Adressat von A's Äuße-

schen‹ Aspekten sozialer Interaktion beeindrucken lassen. Ich will keineswegs abstreiten, daß ein Händeschütteln bzw. ein Geschenk-Machen etwas *bedeutet:* Worauf es hier ankommt, ist jedoch, ob solche Handlungen als Fälle anzusehen sind, in denen etwas ›gesagt‹ wird. Den Terminus »Kommunikation«, wie in den Sozialwissenschaften heute üblich, auf jeden beliebigen Fall anzuwenden, in dem Handlungen etwas bedeuten, scheint mir eine wichtige Unterscheidung zu verwischen. Gewiß, ›Handlungen sprechen mitunter eine deutlichere Sprache als Worte‹ – aber man kann doch nicht sagen, daß sie wirklich *sprechen.*

14 Dieses Beispiel ist in Anlehnung an ein bei Strawson a.a.O. zu findendes Beispiel formuliert; vgl. dazu Grices Replik auf diesen Beispielstyp in seinem 1969er Aufsatz, hier S. 24 ff.

15 Statt von *beabsichtigen* rede ich hier lieber von *wollen.* Inhaltlich ändert sich dadurch an dem Griceschen Ansatz nichts; es lassen sich damit aber gewisse Fälle erfassen, die sonst unter den Tisch fallen würden.

rung, nicht weiß, worauf A wirklich hinaus wollte: C kann nur getäuscht werden, solange ihm A's letzte Absicht verborgen bleibt. Indem wir eine weitere ›Absicht‹ postulieren, nämlich daß A beabsichtigen soll, daß C, grob gesagt, *alle* in Grices Analyse vorher aufgeführten Sprecherabsichten erkennen soll, können wir vermeiden zu implizieren, daß der Sprecher wirklich mit dem hinters Licht geführten Lauscher kommuniziert.

Grice akzeptiert, wie Strawson, diese Modifikation, ist aber, wie er, durch die Möglichkeit beunruhigt, daß noch kompliziertere Fälle die Postulierung von noch komplexeren Absichten von seiten des Sprechers erforderlich machen könnten.[16] Ich werde zeigen (siehe *Anhang*), daß Grices Befürchtungen durchaus begründet sind, denn es läßt sich ein rekursives Verfahren zur Hervorbringung von Situationen angeben, die der Griceschen Analyse zufolge die Übertragung einer unbegrenzt großen Anzahl von zusätzlichen Intentionen verlangen. Man nehme eine beliebig große Zahl *n*: Es läßt sich dann, wenn ich nicht irre, eine Situation beschreiben, in der der Griceschen Theorie zufolge S *n* Intentionen bilden und sein Hörer H *n* Intentionen aufnehmen müßte. (Für Einzelheiten siehe *Anhang*.) Wenn eine Theorie derartige Komplikationen in sich birgt, wird sie suspekt.

5. Grices Bedingungen nicht notwendig

Selbstgespräche.[17] Jemand entwirft einen Vortrag, macht sich eine Notiz, um sich an eine Verabredung zu erinnern oder äußert ein-

16 »Es scheint, als müßte das Definiens von ›Mit dem Äußern von x meinte S etwas‹ von Fall zu Fall variieren, in Abhängigkeit von solchen Dingen wie der Art der intendierten Reaktion, den Umständen, in denen der Versuch des Herbeiführens dieser Reaktion gemacht wird, sowie der Intelligenz von S und H. Es ist zweifelhaft, ob eine derartige Varianz akzeptabel sein kann.« Grice, 1969; hier S. 29 f. Es wäre in der Tat sonderbar, wenn eine korrekte Analyse dessen, was ein Sprecher meint, je nach besonderen Umständen so stark variieren müßte. Eine rekursive Definition der Bedeutung müßte diesen Varianzbereich in einer einzigen Formel erfassen, aber es ist schwer zu sehen, wie das gelingen könnte. (Wie Grice diese Schwierigkeit angeht, siehe weiter unten.)

17 Grices Bemerkungen zu diesem Typ von Gegenbeispielen finden sich in seiner 1969er Arbeit; hier insbesondere auf den S. 47-49. Grices Idee ist, daß der Sprecher in Abwesenheit eines Hörers solche Wirkungen beabsichtigen soll, die herbeigeführt würden, falls ein entsprechender Hörer anwesend *wäre*.

fach in Abwesenheit eines Hörers bestimmte Wörter, wie etwa »Was für ein herrlicher Tag heute!«. In solchen Fällen trifft es sicherlich zu, daß der Sprecher oder Schreiber mit seiner Äußerung etwas meint; das Fehlen eines ganz bestimmten Hörers bringt die Gricesche Position jedoch in Schwierigkeiten. Ich nehme an, ein Verfechter der intentionalistischen Theorie könnte das zweite dieser Beispiele entkräften, indem er behauptet, der Schreiber hätte mit seiner Notiz versucht, mit seinem späteren Selbst zu kommunizieren. Doch dieses Manöver, plausibel oder nicht, wird in Fällen eines reinen Selbstgesprächs nicht weiterhelfen. Es wäre z. B. nicht plausibel zu behaupten, daß jemand, wenn er sagt »Ich muß zu diesem Treffen gehen«, beabsichtigt, sich selbst einen Grund zu liefern, die Verabredung einzuhalten.

Das in solch einfachen Gegenbeispielen zutage tretende Problem ist in den vielfältigen Verwendungsweisen von Sprache begründet.[18] Wenn man unbedingt *alle* derartigen Verwendungsweisen auf der Grundlage eines Modells der Sprecher-Hörer-Kommunikation erklären will, ist es wohl unausweichlich, Selbstgespräche als abgeleitete Verwendungsweisen aufzufassen, die den Bezug auf einen potentiellen, hypothetischen oder fiktiven ›Hörer‹ involvieren. Einer, der zu sich selbst spricht, um vielleicht einen Gedanken auszudrücken oder zu präzisieren, würde sich demnach so verhalten, *als ob* er zu einem anderen sprechen würde. Eine derartige Erklärung könnte passen, wo jemand mit sich selbst Schach spielt, *als ob* er einen fiktiven Gegner besiegen wollte; sie könnte gut Anwendung finden auf einen mit einem imaginären

18 Diesen Punkt hat N. Chomsky treffend wie folgt herausgearbeitet: »Obgleich die Betrachtung beabsichtigter Wirkungen einige Probleme vermeidet, scheint es mir, daß sie, wie weit sie auch ausgearbeitet sein mag, bestenfalls eine Analyse erfolgreicher Kommunikation liefern wird, jedoch keine Analyse der Bedeutung oder der Sprachverwendung, welche die Kommunikation oder auch nur den Versuch zu kommunizieren nicht einschließen muß. Wenn ich die Sprache gebrauche, um meine Gedanken auszudrücken oder zu klären, in der Absicht zu täuschen, um ein peinliches Schweigen zu vermeiden oder auf ein Dutzend andere Arten, so haben meine Wörter eine strikte Bedeutung, und ich kann sehr wohl meinen, was ich sage; doch auch das vollkommenste Verstehen dessen, was meine Zuhörer (wenn es überhaupt welche gibt) meiner Intention nach glauben oder tun sollen, gäbe nur wenige oder gar keine Hinweise auf die Bedeutung meiner Rede.« N. Chomsky, *Über Erkenntnis und Freiheit*, Frankfurt, 1973, S. 27.

Partner geführten ›Dialog‹, sei es um einen Text zu proben oder sei es um eine Idee zu entwickeln. Doch den von mir erwähnten Fällen wird sie nicht allen gerecht.

Der zum Schweigen verurteilte Kandidat. Ein Kandidat erwidert, als er im Rigorosum nach dem Datum der Schlacht von Hastings gefragt wird, daß er nicht in der Lage sei zu antworten. »Um es Ihnen zu sagen, müßte ich wollen, daß Sie glauben, daß die Schlacht 1066 stattfand. Nun muß ich annehmen, daß Sie die Antwort bereits kennen. Es wäre absurd, wenn ich Sie *dazu bringen* wollte zu glauben, was Sie bereits wissen; und folglich ist es mir, als gutem Griceianer, nicht möglich zu meinen, was ich Ihrer Erwartung nach mit meiner Antwort meinen sollte.«

Ein Ausweg aus dieser Schwierigkeit könnte das Argument sein, daß die Prüfer das Datum der Schlacht nicht *wissen* wollen, sondern vielmehr wollen, daß der Kandidat sein eigenes Wissen *demonstriert,* so daß ihre ›Frage‹ in Wirklichkeit nur eine höfliche Formulierung der Aufforderung »*Sagen* Sie uns das Datum« ist.[19] Doch um der Aufforderung nachzukommen, müßte der Kandidat trotzdem etwas meinen, nämlich genau, daß die Schlacht 1066 stattfand. Und wie kann er das, den Griceschen Prinzipien zufolge, tun?

Der wahrheitsliebende Lügner. Einem Mann, der im Ruf steht, ein gewohnheitsmäßiger und unverbesserlicher Lügner zu sein, wird von einem Ausschuß des Kongresses z. B. die Frage gestellt: »Sind Sie Kommunist?« Wenn er seiner Gewohnheit und seinem Bedürfnis folgend lügt und »Ja« sagt, weiß er im voraus, daß die Hörer seine Antwort als einen Grund für die Annahme ansehen werden, daß er *kein* Kommunist ist, was auch zutrifft. Da er dies weiß, ist die einzige Wirkung, die er bei den Hörern beabsichtigen kann, das Gegenteil dessen, was er beabsichtigt – und daher wird er, ob er will oder nicht, die Wahrheit sagen![20] Man könnte die Situation

19 Zur Griceschen Diskussion dieses Problems siehe seine 1969er Arbeit; in diesem Band insbes. S. 38-39 und 41-43.

20 Dabei kommt einem der alte jüdische Witz in den Sinn, wo jemand gefragt wird, wohin er gehe, und darauf antwortet, er sei auf dem Weg nach Minsk. »Was? Du sagst, du gehst nach Minsk, weil du weißt, daß ich, der ich doch weiß, was du für ein Lügner bist, glauben werde, daß du nach Pinsk gehst, während du in Wirklichkeit doch nach Minsk gehst. Was bist du doch für ein Lügner!«

auch so sehen, daß der Lügner mit seinem »Ja« den Griceschen Prinzipien zufolge »Nein« meinen mußte, denn das ist der unausweichliche und voraussagbare Inhalt der Glaubensannahme, die in den Hörern herbeigeführt werden kann.[21]

6. Grices Ausweg

Grices Methode, mit solchen Gegenbeispielen und den vielen anderen, die von seinen Kritikern vorgebracht wurden, fertigzuwerden, ist so merkwürdig wie instruktiv. Die Strategie ist folgende: Grice ist auf die These festgelegt, daß S mit der Äußerung f genau dann etwas meint, wenn S *beabsichtigt*, in seinem Hörer H eine bestimmte komplexe Wirkung, sagen wir E_1, herbeizuführen. Nun legt ein einfallsreicher Kritiker einen imaginären Fall vor, in dem entweder (i) ein prima facie-Akt einer geglückten Kommunikation stattfindet, obgleich die Wirkung bei H nicht E_1 ist, sondern eine andere Wirkung E_2; oder (ii) die Wirkung E_1 tritt ein, ohne daß prima facie ein Fall von geglückter *Kommunikation* zwischen S und H vorliegt. (Solche Beispiele sind jeweils gegen den Anspruch gerichtet, die Griceschen Bedingungen seien notwendig und hinreichend.) Bei seiner Erwiderung geht Grice auf drei verschiedene Weisen vor. Er spricht dem vermeintlichen Fall von Kommunikation oder Nicht-Kommunikation seine Relevanz ab; das angebliche Gegenbeispiel stellt folglich keine wirkliche Ausnahme vom Grundmodell dar. Oder er modifiziert, wie im Fall (i), wo Kommunikation stattfindet, obwohl die vorgesehene Wirkung E_1 fehlt, die ursprüngliche Analyse und fügt als ein weiteres Disjunktionsglied die neu gefundene Wirkung E_2 an. Somit nimmt die Analyse die Form an: »beabsichtigt in H entweder E_1 oder E_2 herbeizuführen, je nach den Umständen«. Schließlich, im Fall (ii), sucht Grice nach einer weiteren Wirkung, etwa F_1, die den betreffenden Fall als einen Fall echter Kommunikation ausschließt. Die Analyse nimmt somit die Form an: »beabsichtigt in H E_1 aber nicht F_1 herbeizuführen oder E_2 aber nicht F_2 (usw.), je nach den Umständen«.

Derartige Modifikationen werden mit vorgeschlagenen Ausnah-

21 Vgl. hierzu das von Searle stammende und bei Grice, 1969, in diesem Band also auf S. 30 f., diskutierte Gegenbeispiel.

men von der Analyse immer fertigwerden, indem sie entsprechende negative Konjunktionen oder entsprechende positive Disjunktionen hinzufügen, wodurch das Grundmodell allerdings fortwährend an Komplexität zunimmt.[22]

Diese defensive Strategie ist auf der einen Seite unbegrenzt anpassungsfähig, auf der anderen Seite unverbesserlich starr: Unbeweglich, insofern sie zäh an der Absicht-im-Hörer-bestimmte-Wirkungen-hervorzurufen festhält; flexibel, insofern sie fähig ist, jede beliebige Folge eines Kommunikationsaktes so zu behandeln, als habe der Sprecher genau *diese* Wirkung herbeizuführen beabsichtigt. »Intention« bzw. »Absicht« als zentralen Terminus der Explikation zu wählen, ist dieser Strategie überaus dienlich. Denn »beabsichtigen« läßt sich plausibel zu »beabsichtigen herbeizuführen, daß p« ergänzen, wobei p ein Platzhalter für einen intendierten Sachverhalt ist. Nun hat ein Sprechakt, wie jede soziale Interaktion, *einige* Folgen, die sich immer unter die Rubrik eines bestimmten intendierten Sachverhaltes p einordnen lassen. Daher ist es immer möglich, den Intentions-Operator an das betreffende p festzumachen und damit dem Handelnden eine entsprechende Intention zuzuschreiben. Sobald man aber sieht, wie automatisch die Zuordnung ist, beginnt man sich zu fragen, ob mehr dabei herauskommt, als die Berufung auf eine fiktive Intention, um mit den widerspenstigen Ausnahmen fertigzuwerden.

Betrachten wir folgenden analogen Fall. Ein Philosoph will ›explizieren‹, was einen Schachzug zu einem echten *Zug* macht, was z. B. den Unterschied ausmacht zwischen dem Ziehen eines Bauern und dem Verschieben eines Holzstückes durch jemanden, der Schach nicht kann. Als erstes wird er vorschlagen, daß die Handlung genau dann als ein *Zug* zählt, wenn sie mit der Absicht ausgeführt wurde, den gegnerischen König daran zu hindern, ein bestimmtes Feld einzunehmen, d. h. mit der Absicht, eine be-

22 Das Grundmodell bestand in seiner ursprünglichen Fassung aus einem einzigen Satz. Grices letzte »Neudefinition« in seiner 1969er Arbeit, s. dieser Band, S. 45, füllt eine ganze Seite, verwendet eine ganze Menge logischer Maschinerie und solche Hilfsbegriffe wie »Einsetzung«, »Korrelation« und »Folgerungs-Element«. Es ist schwer einsehbar, daß ein so geläufiger Begriff wie »Sprecher-Bedeutung« eine derartige Aufschlüsselung verlangen soll. Wie Einstein doch gesagt haben soll: »Raffiniert ist der Herrgott wohl, aber böse ist er nicht.« (Ich finde aber, daß sich einige andere Philosophen von einer derartigen Überlegung nicht beeindrucken lassen.)

stimmte, genau definierte Wirkung E_1 herbeizuführen. Wird er darauf hingewiesen, daß die angegebene Wirkung weder notwendig noch hinreichend ist, antwortet der Analytiker durch Hinzufügen von Disjunktions- oder Konjunktionsgliedern in der oben bereits erklärten Manier, um mit den unbegrenzt vielen Folgen, die ein Bauernzug in einem wirklichen Spiel haben kann, zu Rande zu kommen. Bei diesem Versuch, »*wirklich* ziehen« durch Rekurs auf die *Folgen* eines Schachzuges zu erklären, kommt nicht mehr heraus als eine rituelle Berufung auf die ›Absicht‹ des Spielers. In einer bestimmten Spielsituation kann der Spieler, der am Zug ist, die Absicht haben, ein ganz bestimmtes und kein anderes Ergebnis zu erreichen, und dabei Erfolg haben oder nicht. In solchen Fällen hat die Zuschreibung einer spezifischen Absicht einen empirischen Gehalt, wie schwierig es auch sein mag, den Nachweis dafür zu erbringen. Aber allgemein zu sagen, ein Spieler müsse alle möglichen, sich aus den Regeln des Spiels und aus der gegebenen Situation ergebenden Folgen beabsichtigen, heißt nicht viel mehr, als zu sagen, daß er *mit Absicht* zieht, d. h. als bewußter *Spieler* und nicht in Unkenntnis dessen, was er tut. Die Spezifizierung seiner Absicht jedoch ist nicht unabhängig möglich, ohne Bezugnahme auf die Spielregeln und die Begleitumstände des Kontexts, die seine Handlung als *Zug* konstituieren. »Er beabsichtigte die Folgen des Schachs« ist grob äquivalent mit »Er *zog*« und hat keinerlei Erklärungswert.

Hervorzuheben ist, daß sich in diesem analogen Fall die Spezifizierung der angeblich definierenden Wirkungen notwendig auf die Sprache des Schachs stützt (»der König«, »das Feld« usw.). Der eigentliche Zweck der Analyse, Ausdrücke des Schachs mit Hilfe psychologischer Termini zu explizieren, ist also nicht erreicht. Um zu erklären, daß die Wirkungen des fraglichen Zuges einen *König* betreffen oder die *Züge* des Gegners, müßten wir entweder die Schachsprache verwenden oder eine weitergehende psychologische Reduktion versuchen. Denn wie sonst sollen wir eine solche Wendung wie »den schwarzen König am *Zug* hindern« erklären? Wir haben es hier mit einer Explikation zu tun, die ihrerseits einer Explikation bedarf. Nun ist interessant zu beobachten, daß Grice genau in diese Art von Schwierigkeit gerät. Um Gegenbeispiele abzuwenden, hält er es für unumgänglich, von der von mir oben so genannten ›Bedeutungs-Frage‹ zur ›Frage des Bedeutungs-

Gehalts‹ überzugehen und die letztere dann durch Rekurs auf ›Korrelationsmodi‹ zu beantworten.[23]

Die von Grice schließlich vorgelegten, nahezu unhandlichen Versionen des ursprünglichen Grundmodells erinnern mich an die Geschichte, wo ein Mann behauptet, er sei tot, und als ihm seine Freunde demonstrieren, daß er nach einer kleinen Verletzung blutet, erwidert: »Das zeigt nur, daß Tote bluten können.« Die erweiterte Fassung des Grundmodells nimmt in ihrer unendlichen Anpassungsfähigkeit das Aussehen eines Systems von Epizyklen an; sie sagt aber weniger über den vorgeblichen Gegenstand der Analyse aus als über den Einfallsreichtum ihres Autors.[24] (Hier ist mehr als bewunderungswürdige Hartnäckigkeit am Werk – man könnte fast von einem »philosophischen Komplex« reden.)

Ein Verteidiger von Grice könnte erwidern, daß solche allgemeinen Einwände nicht schlüssig sind, da die Technik der fortschreitenden Modifizierung, um mit offensichtlichen Ausnahmen zu Rande zu kommen, ernstzunehmende Analoga in den Naturwissenschaften hat und daß der Begriff der Sprecherbedeutung – wieviel auch dafür sprechen mag, auf keinen Fall mehr Absichten einzuführen als unbedingt nötig – sich tatsächlich als derart komplex herausstellen kann, daß ihm nichts Einfacheres gerecht wird als der Gricesche Apparat. Es muß also versucht werden zu zeigen, auf welchen Irrtümern die Gricesche oder allgemeiner die intentionalistische Theorie schon im Grundansatz basiert.

Ich werde also in den nächsten beiden Abschnitten die Unzulänglichkeiten der beiden besonderen Merkmale der Griceschen Theorie betrachten: seine Berufung auf die Standard-Wirkungen, die in einem Hörer herbeigeführt werden und sein Vertrauen darauf, daß die Sprecherabsicht solche Wirkungen herbeiführt.

23 Vgl. hierzu Grice, 1969; dieser Band, insbesondere S. 30-35.

24 Es gibt ein interessantes Analogon im Schicksal des »Prinzips der Verifizierbarkeit«, das seinerzeit große Hoffnungen weckte, ein akzeptables und einfaches Kriterium für empirische Bedeutung auszudrücken. Die überwältigende Anzahl der Präzisierungen und Einschränkungen, die schließlich durch Gegenbeispiele notwendig wurden, hat das Prinzip für die meisten Philosophen uninteressant gemacht. Wenn das Prinzip nicht formal widerlegt worden ist, was bei der Findigkeit seiner Verteidiger hinsichtlich ständiger Revidierungen kaum gelingen dürfte, so hat es sich doch zumindest gleichsam ›verflüchtigt‹.

Damit eine intentionalistische Analyse der Sprecherbedeutung einen definitiven Inhalt hat, kommt es darauf an, daß die beim Hörer intendierte Wirkung spezifiziert wird. Da jede konkrete Äußerung normalerweise bei einem Hörer zahlreiche verschiedene Wirkungen herbeiführen wird – von Verständnis bzw. Mißverständnis, Erfassen von Annahmen und Implikationen bis zu emotionalen oder kognitiven Reaktionen auf Haltung und Ton des Sprechers usw. – ist es wesentlich, das, was ich die ›semantisch relevante Wirkung‹ nennen möchte, davon zu trennen, die Wirkung nämlich, die den intentionalistischen Prinzipien zufolge notwendig und auch hinreichend ist, damit die betreffende Botschaft (das, was der Sprecher primär *›sagt‹*) erfolgreich kommuniziert wird.

In der ursprünglichen Fassung des Grundmodells legte Grice fest, daß die beim Hörer beabsichtigte Reaktion im Fall einer informativen Äußerung in einer entsprechenden Glaubensannahme bestehen soll. Wenn der Sprecher also sagt und meint »Es schneit«, soll der Hörer in erster Linie *glauben,* daß es schneit. Darüberhinaus soll der Hörer, wie an diesem Punkt erinnert sei, auch diese erste Absicht erkennen, soll diese Erkenntnis als einen Grund dafür ansehen, die primäre Absicht zu erfüllen usw. Aber diese zusätzlichen Komplizierungen können für das, worauf es mir hier ankommt, außer acht gelassen werden. Meine Zweifel an der Korrektheit einer Analyse von diesem Typ entstehen bereits hinsichtlich der postulierten Hörerreaktion auf die grundlegende oder primäre Intention.

In der revidierten Fassung wurde »glauben« durch »denken« ersetzt, in manchen Fällen auch durch »parat haben« usw. Darum sagen wir besser, die primäre Intention ist, daß der Hörer dazu gebracht werden soll, diese oder jene *propositionale Einstellung* zu haben; d. h. er soll »glauben, daß« das und das der Fall ist, oder »denken, daß«, »parat haben, daß« oder »sich dazu bringen lassen, zu erkennen, daß« das und das der Fall ist. In der Analyse muß natürlich im einzelnen eine bestimmte propositionale Einstellung ausgewählt werden. Die folgenden kritischen Einwände hängen jedoch nicht davon ab, um welche bestimmte propositionale Einstellung es geht.

Wenn es sich bei der Äußerung nicht um einen Indikativ, sondern um einen Imperativ handelt, wenn z. B. der Sprecher sagt »Schließe das Fenster«, ist als entsprechende Reaktion des Hörers ursprünglich angenommen worden, daß er die fragliche Handlung vollzieht, in der späteren Version, daß er die *Absicht* hat, sie zu vollziehen. Die primäre Intention bei der Äußerung »Schließe das Fenster« wäre demnach also, daß der Hörer *beabsichtigen* soll, das Fenster zu schließen.

Bei der Beurteilung dieser Vorschläge wird uns eine von J. Austin eingeführte Unterscheidung hilfreich sein, die Unterscheidung zwischen der ›illokutionären‹ und der ›perlokutionären‹ Rolle eines Sprechaktes.[25] *Indem* der Sprecher z. B. sagt »Ich werde kommen« kann er ein Versprechen machen, während er *dadurch, daß* er dieses Versprechen gemacht hat, im Adressaten des Versprechens Dankbarkeit hervorrufen kann. Die illokutionäre Rolle der Äußerung ist das, was sie zu einem Versprechen macht und zu keinem anderen Sprechakt; die darauffolgende Wirkung auf den Adressaten oder einen Dritten kann dagegen zwar der praktische Grund für das Versprechen sein, zählt aber lediglich als ›perlokutionäre Rolle‹ und ist nicht Bestandteil dessen, was derjenige, der das Versprechen gibt, *primär* tut.

Dementsprechend wollen wir, auf die Griceschen Prinzipien angewandt, von der (intendierten) illokutionären Wirkung einer Äußerung sprechen und sie von deren (irrelevanter) perlokutionärer Wirkung unterscheiden. Nach Grice führt ein Sprecher, wenn die Kommunikation geglückt ist, im jeweiligen Hörer eine illokutionäre Wirkung herbei: Wenn die Äußerung ein Indikativ ist, eine bestimmte propositionale Einstellung; wenn die Äußerung ein Imperativ ist, die Absicht, eine angegebene Handlung zu vollziehen. Tritt eine solche illokutionäre Wirkung nicht ein, ist der betreffende Kommunikationsversuch eben nicht geglückt; ob jedoch zusätzliche ›perlokutionäre‹ Wirkungen auftreten, ist für die Analyse unwesentlich, wie wichtig sie in einer konkreten Sprechsituation praktisch auch sein mögen. (Die darauffolgenden ›perlokutionären‹ Wirkungen sind, in meiner Terminologie, semantisch irrelevant.)

25 Zu den Termini *illokutionäre* bzw. *perlokutionäre Rolle* siehe den Index von J. L. Austin, *How to Do Things with Words*, Cambridge, Mass., 1962; dtsch. *Zur Theorie der Sprechakte*, Stuttgart, 1972.

Nun ist es, um zum Indikativfall zurückzukommen, im Falle einer erfolgreichen Kommunikation des durch »Es schneit jetzt« ausgedrückten Gedankens tatsächlich eine illokutionäre Wirkung, daß, wie Grice vorschlägt, der Hörer *denken* soll, daß es jetzt schneit? Um uns darüber klar zu werden, brauchen wir uns nur zu überlegen, ob die Absicht, daß der Hörer dies denken soll (bzw. irgendeine andere propositionale Einstellung bezüglich der Proposition, daß es jetzt schneit, haben soll), realisiert sein kann, ohne daß eine logisch vorrangige Absicht realisiert ist. Die Antwort ist klar: Der Hörer kann nicht denken, daß es schneit, wenn er nicht *versteht*, daß der Sprecher diese Tatsache behauptet. Richtiges Verstehen (eine illokutionäre Wirkung der geglückten Kommunikation) hat logische Priorität: Fehlt es, kann eine entsprechende propositionale Einstellung »aufgrund der Äußerung« nicht entstehen. Nur über das Verstehen kann die intendierte Überzeugung bewirkt werden. Nehmen wir aber an, der Hörer versteht und bringt die fragliche Glaubensannahme nicht hervor, weil er dem Sprecher nicht traut oder denkt, daß es ihm nicht ernst ist oder aus einem anderen Grund. Müssen wir dann sagen, daß das, was der Sprecher gemeint hat, nicht kommuniziert worden ist? Sicherlich nicht. Wenn verstanden worden ist, was der Sprecher meint, hat Kommunikation stattgefunden, was auch immer mittels einer propositionalen Einstellung im Hörer erreicht wird oder nicht. Ein Lügner oder ein unzuverlässiger Informant werden nicht weniger verstanden als ein Sprecher, dessen Worten der Hörer traut. Eine Glaubensannahme des Hörers oder eine im Hörer herbeigeführte wie auch immer geartete propositionale Einstellung sind also offenbar ›perlokutionär‹; sie sind von praktischer Bedeutung, aber für eine philosophische Analyse des Begriffs der Kommunikation oder des abgeleiteten Begriffs der Sprecherbedeutung gegenstandslos.

Mutatis mutandis läßt sich dasselbe über den Imperativ-Fall sagen. Wenn ich eine Aufforderung, die Türe zu schließen, verstehe, habe ich alles getan, was von mir als kompetentem Partner im betreffenden Sprechakt nun einmal verlangt werden kann. Ob ich dann so gefällig bin, die verlangte Handlung auszuführen bzw. auch nur die Absicht dazu hervorzubringen, ist semantisch irrelevant. Wenn ich die Aufforderung verstanden habe, ist meine Rolle als Hörer und Interpret zu Ende. Aus diesem Grund kann auch ein Dritter, von dem nicht verlangt ist, daß er etwas tut oder auch nur zu tun beabsichtigt, die imperative Äußerung, die Aufforderung, genauso gut verstehen wie der Adressat selbst.

Diese Überlegungen legen eine Verbesserung des Grundmodells nahe, so daß die primäre Sprecherabsicht als die Absicht spezifiziert wird, beim Hörer das entsprechende *Verstehen* herbeizuführen. Doch für eine philosophische Analyse hilft das nicht weiter. Denn »Verstehen«, das sich als »Erfassen der Sprecherbedeutung« paraphrasieren läßt, ist genauso explikationsbedürftig wie die Sprecherbedeutung selbst. Hörer-Verstehen und Sprecher-Bedeutung sind zwei Seiten eines einzigen sprachlichen Vorganges: Eines durch Rekurs auf das andere zu erklären, wäre so zwecklos wie »Gattin« durch »Frau« zu definieren.

Dieser Einwand richtet sich, wenn ich nicht irre, gegen jede intentionalistische Theorie, die Sprecherbedeutung durch Rekurs auf eine abtrennbare und unabhängig charakterisierbare Reaktion des Hörers bzw. die Absicht eine solche Reaktion zu zeigen, erklären will. Denn es gibt keine entsprechende Standard-Reaktion, keine reguläre und semantisch relevante Wirkung einer Äußerung – außer daß sie verstanden wird. Das ist allerdings nicht gerade eine Reaktion im Sinne eines spezifizierbaren Ereignisses oder Zustandes: Es gibt kein besonderes und alleiniges Kriterium für das Verstehen eines Kommunikationsversuchs.

8. *Das Problem der Sprecherabsichten*

Eine philosophische Analyse oder ›Explikation‹ der Bedeutung verfolgt letztlich das Ziel, die anfangs mit dem Explikandum verbundenen Unklarheiten zu beseitigen. Dies kann nur erreicht werden, wenn die Schlüsseltermini der Analyse von vornherein klarer sind als der problematische Ausgangspunkt. Im Falle der Griceschen Analyse, mit ihrem problematischen Bezug auf die Sprecher-›Absicht‹, lassen sich mit Recht die folgenden drei Forderungen aufstellen: (1) Die postulierten Intentionen sollen in den Situationen, in denen auf sie rekurriert wird, wirklich unterscheidbar sein; (2) der Begriff der »Intention« soll weniger als das Explikandum, »Bedeutung«, selbst einer philosophischen Klärung bedürfen; (3) um Zirkularität zu vermeiden, darf der relevante Sinn von »Intention« in der Explikation nicht von »Bedeutung« abhängig sein. Ich werde nun diese Tests auf die Gricesche Position anwenden.

Können wir wirklich und ohne uns auf Fiktionen zu stützen, erkennen, daß in Standardfällen geglückter Kommunikation die ›primäre Intention‹ des Sprechers vorhanden ist und außerdem auch noch die Intentionen zweiter und höherer Stufe, die Grice benötigt? Können wir Grice darin zustimmen, daß ein Sprecher S, wenn er z. B. zu einem Hörer H sagt »Es schneit jetzt« (= f), *beabsichtigt,* daß H denkt, daß es schneit und ebenfalls beabsichtigt, daß H erkennt, daß S will, daß er das denkt und so fort durch die gesamte Kette der weiteren Intentionen?

Ein voreiliger Leser könnte annehmen, Grice postuliere bei S das Vorliegen eines vorausgehenden und unterscheidbaren Aktes des Beabsichtigens, daß H so und so reagiert. Doch Grice ist darauf bedacht, dieser unplausiblen Behauptung aus dem Weg zu gehen, er sagt explizit: »ich muß jede Absicht von mir weisen, unseren gesamten Sprachalltag mit ganzen Armeen von komplizierten psychischen Entitäten zu bevölkern«.[26] Es stimmt natürlich, daß »explizit formulierte sprachliche (bzw. quasi-sprachliche) Absichten zweifelsohne relativ selten sind«.[27] Im Normalfall kann also nicht davon die Rede sein, daß der Sprecher selbst, oder irgend jemand sonst, durch Introspektion oder auf eine andere weniger direkte Weise das Vorliegen eines unabhängigen Aktes entdeckt, der sich als »Ss Beabsichtigen, daß H denkt, daß es schneit usw.« beschreiben läßt. Wie erfahren wir also, ob eine derartige Absicht tatsächlich vorliegt? Grice gibt zur Antwort: »Man geht davon aus, daß der Betreffende mit seiner Äußerung das zu übermitteln beabsichtigt, was man mit dieser Äußerung normalerweise übermittelt (bzw. normalerweise zu übermitteln beabsichtigt).«[28] Das klingt verdächtig zirkulär, da es darauf hinausläuft zu sagen: Man nimmt von S an, daß er zu meinen beabsichtigt, was die von ihm verwendeten Wörter normalerweise bedeuten – was in einer Theorie, die letztlich Standard- bzw. ›zeitunabhängige‹ Bedeutung durch Rekurs auf Sprecherbedeutung in konkreten Sprechakten zu explizieren hofft, völlig fehl am Platz ist. Darüberhinaus ist Grices Antwort unbrauchbar für Fälle, in denen der Sprecher eine idiosynkratische Äußerung mit einer nur ihm geläufigen

26 Grices 1957er Arbeit; dieser Band, S. 13.
27 Ebda., S. 13. 28 Ebda., S. 14.

Bedeutung verwendet, oder eine Standardform von Wörtern in einem speziellen Sinn gebraucht. Wir wollen darum versuchen, die Gricesche Formulierung wie folgt zu verbessern:
Wenn S f äußert, weiß er oder hat guten Grund zu glauben, daß H dadurch, daß er f hört, dazu gebracht wird zu glauben, daß etwas der Fall ist (und zu glauben, daß S wollte, daß er das glaubt, weil S f äußerte usw.). Da man nun ›davon auszugehen hat, daß die normalen Folgen unserer Handlungen von uns auch beabsichtigt sind‹,[29] beabsichtigt S eben auch die erwartete Reaktion von H.
Weniger komplex kann unsere Formulierung nicht ausfallen, sobald wir Grice darin zustimmen, daß der Bezug auf die Absichten eines Sprechers nicht generell ein Bezug auf irgendein distinktives psychologisches Ereignis sein kann, das der konkreten Äußerung voraus- oder mit ihr einhergeht. Zweifelsohne wird ein gewöhnlicher Sprecher, der weiß, welches die erwarteten Folgen seiner Äußerung wahrscheinlich sein werden, für diese Folgen die Verantwortung übernehmen; aber dann ist diese Übernahme der Verantwortung eben das, was den Gehalt der Zuschreibung einer entsprechenden Intention ausmacht. (Ein Versuch, Hs Reaktion als eine *Schlußfolgerung* auf die beste Erklärung für Ss Äußerung zu behandeln, wird scheitern, da er von der Annahme ausgehen muß, daß H in der Lage ist, eine derartige Absicht ohne vorherigen Rekurs auf die Bedeutung zu *entdecken.*) In der oben vorgeschlagenen revidierten Fassung haben wir die bei H »erwartete Folge« so charakterisiert, daß ein Rekurs auf die Absicht von S involviert wird. Die erwartete Reaktion ist: H wird glauben, daß S wollte oder beabsichtigte, daß er glaubt, daß es schneit. Der Rekurs auf die Sprecherabsicht ist bis jetzt nicht eliminiert worden, und es ist auch nicht klar, wie das geschehen könnte. Man kommt kaum um den Schluß herum, daß die Analyse in einen Zirkel gerät, indem sie die Sprecherbedeutung mithilfe der Sprecherabsicht zu explizieren sucht und diese wiederum, wie wir gesehen haben, vermittels der erwarteten Entdeckung eben der Absicht durch den Hörer. (Fast so, wie wenn wir ein Spiegelbild durch Reflektierung in einem anderen Spiegel lokalisieren möchten.)
Der Grund für diese mißliche Lage ist nicht schwer einzusehen. Ein jeweiliger kompetenter Hörer entdeckt dadurch, was S mit f

29 Ebda., S. 14.

meinte, daß er f versteht; nur dann hält er im Normalfall seine Deutung von f für eine hinreichende Bedingung, um S die zugehörige Absicht zuzuschreiben. Es gibt Fälle, in denen die Interpretation in der umgekehrten Richtung abläuft, so etwa wenn wir in einem fremden Land auf jemanden treffen, der offensichtlich bedeutsame aber für uns unverständliche Gesten macht und wir uns fragen, was er für eine Absicht hat; nur dann werden wir von der Antwort auf diese Frage darauf schließen, was er meint. Doch solche Fälle sind allzu untypisch, als daß sie als Grundlage für eine allgemeine Theorie der Bedeutung dienen könnten.
Ich komme darum zum Schluß, daß die Gricesche Theorie die von mir zu Beginn dieses Abschnittes formulierten Tests nicht besteht. Der relevante Sinn von »beabsichtigen« ist nicht viel einsichtiger als der Begriff der Sprecherbedeutung, den er erhellen soll, denn er impliziert den problematischen Begriff der Bedeutung. Wegen dieser Zirkularität ist das Vorhandensein einer Absicht in Kommunikationsakten in der Tat gesichert, aber nur tautologisch, da es aus der Definition der Sprecherabsichten mittels der Sprecherbedeutung folgt, und nicht umgekehrt.

9. Die versteckte Zirkularität des Griceschen Ansatzes

Ich werde nun zu zeigen versuchen, daß Grices Methode, Fälle geglückter Kommunikation zu analysieren, durch ihren Rekurs auf Intention entweder einen Zirkel oder einen infiniten Regreß involviert. Insbesondere werde ich hier einen Punkt behandeln, den Grice nicht diskutiert, nämlich wie den Prinzipien des Grundmodells zufolge vom Hörer erwartet werden kann, daß er die Sprecherbedeutung *entdeckt*.
Beginnen wir mit einem primitiven Fall, in dem sich Grices Theorie darüber, was sich in einer geglückten Kommunikation abspielt, als adäquat erweist. Ich befinde mich in Indien und ein Bettler kommt auf mich zu, zeigt auf seinen Mund, macht diesen ein paarmal auf und zu und schaut mich dabei flehentlich an. Ich würde hier korrekt schließen, (i) daß der Bettler will, daß ich glaube, daß er hungrig ist und (ii) will, daß ich etwas dagegen tue, zweifellos dadurch, daß ich ihm ein Almosen gebe. (Die pedantische Frage, ob der Bettler nun eine indikative oder eine imperative Äußerung macht, werde ich ignorieren.) Man könnte hier durchaus sagen,

daß in der aus der (als Zeichen oder Anzeichen für eine auf seiten des ›Sprechers‹ vorhandene Absicht angesehenen) ›Äußerung‹ gezogenen Schlußfolgerung die Proposition »Er würde, was er tut, nicht tun, wenn er nicht wollte, daß ich glaube, daß er hungrig ist« als eine wahre Prämisse verwendet wird, wobei die beobachtbaren Gesten als hinreichende Basis für die Konklusion angesehen werden. Als Hörer komme ich von dieser Basis aus zu zwei miteinander in Beziehung stehenden Schlußfolgerungen: Daß der Sprecher beabsichtigt, daß ich glaube, daß er hungrig ist, und – was in diesem Fall beinahe auf dasselbe hinausläuft – daß er mit seiner Geste meint, daß er hungrig ist. Es besteht keinerlei Notwendigkeit und, im allgemeinen, auch keine Möglichkeit, daß ich *zuerst* die ›Botschaft‹ der Gesten entziffere und erst danach meine Interpretation als weitere Basis für die Zuschreibung der zugehörigen Sprecherabsicht behandle. Der Grund ist selbstverständlich der, daß die verwendeten Gesten relativ ›natürlich‹ sind und nicht auf expliziten Konventionen basieren. Wenn aber ein fremdsprachiges Gegenüber eine konventionelle Geste macht, ein Italiener etwa die Hand vielsagend an die Kehle führt, hat das Verstehen der Geste vermutlich logische Priorität vor dem Entdecken der Absicht, für die sie der Ausdruck ist.

Vergleichen wir nun beides mit einem Fall, in dem der Sprecher Wörter in einer konventionellen Form verwendet. S sagt z. B. zu H: »It is snowing now« und beabsichtigt damit, den Griceschen Prinzipien zufolge, daß H erkennen soll, daß S will, daß er glauben soll, daß es jetzt schneit. H soll außerdem, so wollen wir annehmen, so wenig Englisch können, daß er scharf überlegen muß, um den von S verwendeten englischen Satz zu verstehen. H könnte nun das Verhalten von S als Zeichen betrachten und daher als Basis für die Schlußfolgerung, daß S *irgend etwas* gemeint hat. Denn um das zu folgern, braucht er sich nur auf sein Wissen von den relativ ›natürlichen‹ Zeichen verlassen, die zeigen, daß jemand zu kommunizieren versucht. Der Fall liegt anders, wenn wir das Grundmodell anwenden wollen, um den *Inhalt* der Kommunikation zu bestimmen.

Damit unser Hörer die primäre Absicht von S ›erkennt‹, muß er die Botschaft *S will, daß ich glaube, daß es jetzt schneit* irgendwie erhalten. Wir wollen diese komplexe Botschaft vom Standpunkt von S aus so formulieren: »Ich will, daß du denkst, daß es jetzt schneit.« Wir bezeichnen »Es schneit jetzt« als den *Kern*, den Rest »Ich will, daß du denkst, daß...« als das *Gehäuse* dieser Botschaft. Diese gesamte Botschaft muß nun H irgendwie übermittelt werden, und zwar nicht mit Hilfe einer nicht benennbaren Intuition, sondern über die Interpretation von Zeichen oder Wörtern. Das Erfassen der Bedeutung des ›Gehäuses‹ bildet, wie schon erwähnt, für Grice kein Problem: Es beruht eventuell auf Schlüssen aus dem Verhalten des Sprechers. Wie aber kann der Kern, dessen Bedeutung für einen korrekten Empfang der Botschaft erforderlich ist, verstanden werden? Damit H ihn versteht, muß er genau die Wörter »It is snowing now« verstehen, die die eigentliche Botschaft ausmachen. Ein Rekurs auf die primäre Intention des Sprechers kann H demnach nicht die Information liefern, die er braucht, um jene Intention zu ›lesen‹. Der einzige Weg, wie die gesamte Intention kommuniziert werden kann, ist vermittels einer erweiterten Botschaft, die die ursprüngliche Botschaft als Kern enthält; wenn die Bedeutung des Kerns selbst fraglich ist, führt die Prozedur somit zu nichts.[30]

Wir könnten also sagen: Den Griceschen Prinzipien zufolge muß dem Hörer, damit er die Sprecherbedeutung entdeckt, eine erweiterte Mitteilung (oder ›Botschaft‹) übermittelt werden, deren Bestandteil (ihr ›Kern‹) die ursprüngliche Botschaft ist. Damit nun die erweiterte Mitteilung verstanden wird, ist entweder, als eine erste Voraussetzung, erforderlich, daß die ursprüngliche Botschaft verstanden wird – wodurch der Sprecher in einen hoffnungslosen Zirkel gerät; oder dasselbe Manöver wird wiederholt, um die Erweiterung zu erweitern, und führt zu einer noch komplexeren Botschaft, die den Kern in einem anderen Kern enthält – und somit zu einem infiniten Regreß.

30 Leser wie Literaturkritiker können daraus eine wichtige Lehre ziehen. Wie nützlich die Suche nach einer hinter einem literarischen Text stehenden Intention auch sein mag, ihr einziges Ergebnis kann nichts anderes sein als ein weiterer *Text*, da die einzigen dabei überhaupt auch nur in Betracht kommenden Intentionen eben verbal realisierte sind. Natürlich können Bemerkungen des Autors selbst oder weitere vom Kritiker ausfindig gemachte Parallelstellen zur Erhellung dunkler Stellen durchaus Wesentliches beitragen. Es ist jedoch klar, daß ein Rekurs auf die Autorintention nicht generell als die Methode zur Bestimmung der Bedeutung eines Textes fungieren kann. Wollen wir uns nicht hoffnungslos in eine Zirkularität oder einen infiniten Regreß verstricken, so muß sich die Bedeutung irgendwie anders als durch Rekurs auf zugrundeliegende Intentionen eruieren lassen.

Die Bemerkungen, die ich in diesem Abschnitt gemacht habe, hängen offensichtlich mit meiner früheren Behauptung zusammen, daß die relevante ›illokutionäre Wirkung‹ oder der unmittelbare Zweck einer Mitteilung der ist, daß sie vom betreffenden Hörer *verstanden* wird. Im vorliegenden Abschnitt habe ich die These vertreten, daß zumindest in Situationen, die hinreichend komplex sind, um die Verwendung von Wörtern zu verlangen, der implizierte und nicht-explizite Hintergrund der Sprecherabsichten, solange die explizite Botschaft nicht verstanden ist, ebenfalls nicht erfaßt werden kann. Die Gricesche Theorie geht das Bedeutungsproblem generell verkehrt herum an: Nicht das Erfassen der Sprecherabsicht, bestimmte angestrebte Wirkungen im Hörer hervorzurufen, erlaubt es einem Hörer, die Bedeutung des Gesagten zu bestimmen, sondern umgekehrt: Die Entdeckung der Sprecherbedeutung ermöglicht es einem entsprechend kompetenten Hörer, mithilfe früherer Erfahrungen und durch Interpretation des in dieser Redesituation produzierten Zeichens auf die Sprecherabsicht zu schließen. In unproblematischen Standardfällen, in denen wir es nicht mit übertragenen Formen der Rede, wie der Ironie oder mit einem Täuschungsfall zu tun haben, wird die relevante Sprecherabsicht durch die Bedeutung dessen, was der Sprecher sagt, *konstituiert*. Wie jeder Schreiber bestätigen kann, ist die Geschichte mit »Wie weiß ich, was ich meine, bevor ich nicht höre, was ich sage« viel zutreffender, als man von diesem Gemeinplatz annehmen würde.

10. Der unbeabsichtigte Gegenstand der Griceschen Analyse

Sind die in dieser Arbeit vorgebrachten Einwände stichhaltig, so heißt dies nicht nur, daß die von Grice vorgeschlagene Analyse der Sprecherbedeutung gewisse Mängel aufweist, sondern auch, daß sich dieses Manko seiner Analyse, insofern sie sich auf die Sprecherabsicht als den zentralen Terminus verläßt, voraussichtlich auch nicht beheben lassen wird. Der Rekurs auf die Sprecherabsicht führt nämlich, wie ich zeigen konnte, entweder zu einem Zirkel oder zu einem infiniten Regreß. Dies läßt sich zwar durch die Methode, auf Gegenbeispiele mit weiteren Modifikationen der Analyse zu reagieren, übertünchen, letztlich aber nicht beheben.

Die Mängel des intentionalistischen Ansatzes liegen zu tief, als daß sie durch stückweise Verbesserungen, und seien diese auch noch so erfinderisch und spitzfindig, behoben werden könnten.
Nun muß aber Grice, wenn er schon nicht, wie er annahm, die Sprecherbedeutung explizierte, doch *irgend etwas* expliziert haben. Was ist es denn nun wirklich? Die Antwort auf diese Frage wird vielleicht dazu beitragen, meine Einwände in einen umfassenderen Rahmen zu stellen.
Für den speziellen Fall einer indikativischen Äußerung, d. h. einer Äußerung einer Proposition mit einem Wahrheitswert, könnte man sagen, daß Grice eine mehr oder weniger befriedigende Explikation der geglückten Übermittlung von Information geliefert hat, von Situationen also, in denen der Sprecher wirklich will, daß der Hörer von einem vermeintlichen Sachverhalt erfährt und dann *auch glaubt*, daß er realisiert ist. Man könnte dies als einen Fall von *Überredung* in dem in der aristotelischen Rhetorik üblichen verallgemeinerten Sinne bezeichnen.
Für die verbleibenden nicht-indikativischen Typen – Fälle, in denen der Sprecher z. B. eine Bitte äußert oder eine Frage stellt usw. – kann man sagen, daß Grices Modell in Annäherung eine Erklärung dafür gibt, was kooperatives Verhalten (einer gewissen Art) ist. Ich stimme Grice darin zu, daß ich, wenn ich will, daß jemand ein Fenster öffnet und diesen Wunsch durch eine klare Aufforderung mitteile, versuche, den Betreffenden dazu zu bringen, meinen Wunsch zu begreifen und ihn als Grund anzusehen, ihn auch zu erfüllen. Dieses Herbeiführen eines Zustands, in dem jemand einen ihm mitgeteilten Wunsch freiwillig erfüllt, gehört offensichtlich wesentlich zu jener Art von koordiniertem Verhalten, das wir als *Kooperation* bezeichnen. Damit eine solche Kooperation möglich ist, muß zwischen den beiden Partnern eine Information weitergegeben werden: Ich kann nicht jemandem aus freien Stücken dabei behilflich sein, ein Ziel zu erreichen, wenn ich noch nicht weiß, welches. Und um dies zu erfahren, muß ich das betreffende Ziel entweder aus dem betreffenden Verhalten erschließen, oder, um nur an die einfachsten Fälle zu denken, es muß mir *gesagt* werden, was das Ziel ist. Angenommen, Kooperation in dem von mir verwendeten Sinne dieses Ausdrucks erfordert eine erfolgreiche Übermittlung von Intentionen; so ist es nicht verwunderlich, wenn das Ganze für den Teil genommen wird und

wenn eine mehr oder weniger adäquate Explikation von *Kooperation* fälschlicherweise für eine Explikation von *Bedeutung* gehalten wird. Das ist aber genauso falsch, wie wenn man eine Analyse dessen, was es heißt, ein Teilnehmer an einem Bridgespiel zu sein, als Analyse dessen betrachten würde, was es heißt, etwas mit einem Bridgesignal zu meinen.

Habe ich mit diesen Beobachtungen recht, so läßt sich dem Griceschen Ansatz doch auch ein gewisses Verdienst zuerkennen, auf das ich in meinen kritischen Betrachtungen noch nicht eingegangen bin. Welche Mängel seine Analyse der Struktur bestimmter Redesituationen auch haben mag, seinem Grundkonzept, wonach zwischen Intention und Bedeutung eine Verknüpfung und daher zwischen »Kooperation« und der Übermittlung von Information eine logische Beziehung besteht, diesem Grundkonzept kommt doch das Verdienst zu, uns einen Einblick in die Natur der Institution der Sprache zu vermitteln, eine Institution, die unser Verhalten als Sprecher bzw. Hörer zum Teil konstituiert. Es ist undenkbar, daß es die als *Sprechen* und *Verstehen* bezeichnete Art von Verhalten überhaupt geben könnte, wenn es nicht primitive Situationen gäbe, in denen erkannt wird, daß der Sprecher die Absicht hat, seinen Hörer zu bestimmten Überzeugungen zu bringen. Wer diese Beobachtung aber als einen Beweis für die Richtigkeit der intentionalistischen Analyse ansieht, begeht den gleichen Fehler, wie wenn man den Regel-Utilitarismus mit dem Akt-Utilitarismus verwechselt. Es kann durchaus sein, daß moralische Praktiken und Institutionen dem Zweck des größten Glücks der größten Zahl dienen; aber daraus folgt nicht, daß auch die moralische Rechtfertigung einzelner Handlungen davon abhängt, ob sie direkt zur Maximierung des Glücks beitragen. Dasselbe gilt für einzelne Sprechakte, die im Rahmen und letztlich auch mit Hilfe allgemeiner Institutionen vollzogen werden, die die individuellen Akte strukturieren und konstituieren, so daß sie vermittels solcher Systeme korrekt beschreibbar sind. Selbst wenn ein konstitutiver Zweck von Sprache im allgemeinen darin besteht, bestimmte gewünschte Akte der gesellschaftlichen Kooperation zu fördern oder gar erst möglich zu machen, so ist dieses Modell auf absolut gewöhnliche und zentrale Fälle der Übermittlung von Bedeutung in konkreten Situationen doch weder anwendbar noch auch nur sonderlich erhellend.

Ich will nun versuchen, eine Folge von zunehmend komplexeren Situationen zu beschreiben, in denen ich es schaffe, einem ›Hörer‹ eine gewisse Information zu übermitteln. Ich werde zu zeigen suchen, daß es den Griceschen Prinzipien zufolge für die Anzahl der dazu erforderlichen Intentionen keine obere Grenze gibt.

Fall 1: Es ist Zeit für die nächste Gehaltserhöhung. Ich möchte daher meinen Chef (H) wissen lassen, daß ich Geld brauche – aber ohne ihm das zu sagen. Ich lasse daher meinen letzten Bankauszug (f_1), der ein von mir noch eigens unterstrichenes beunruhigendes Minus aufweist, an einer Stelle liegen, wo er ihn sehen muß. Meine primäre Intention (kurz i_1) ist dabei, daß H meine ›Äußerung‹, d. h. den Bankauszug, als einen Grund ansehen soll zu glauben, daß ich Geld brauche. Natürlich ist dies ein Fall des Typs, der Grice veranlaßt hat, für das Vorliegen einer echten Kommunikation zwischen mir und H eine zusätzliche Intention als notwendig zu postulieren.

Fall 2: Ich schreibe eine Notiz (und verwende dabei z. B. einen Briefkopf mit meinem Namen), wie um mich selbst daran zu erinnern, daß ich das in Fall 1 beschriebene Vorgehen beabsichtige. Ich lasse den Zettel (f_2) wie zufällig an einer Stelle liegen, wo H ihn sehen muß. Ich beabsichtige dann mit f_2, daß H erkennen soll, daß ich mit f_1 den Glauben herbeizuführen beabsichtige, daß ich Geld brauche. Wir haben somit in Fall 2 eine komplexere Intention (i_2), die sich als die Intention spezifizieren läßt, daß H aufgrund von f_2 meine Intention i_1 bemerken, und natürlich beide Intentionen als einen Grund dafür ansehen soll, zu glauben, was er meiner Absicht nach glauben soll. (Ob es meinem Zweck dienlich ist, wenn ich diesen Umweg einschlage, werde ich nicht diskutieren. Es geht hier nicht um die Wirksamkeit dieser umständlichen Art der Informations-Übermittlung.) Dieser Fall hat eine gewisse Ähnlichkeit mit dem vorhin diskutierten Fall des mithörenden Dritten.

Fall 3: Er liegt wie Fall 2, nur daß meine vorgebliche ›Notiz‹ die in Fall 2 ausgeführte Prozedur beschreibt. f_3 wird somit in der Absicht i_3 hervorgebracht, daß es H als Basis dienen soll, i_2 und folglich auch i_1 zu entdecken. In diesem Fall »verrate ich das Geheimnis« der in Fall 2 beschriebenen Prozedur, indem ich die versteckte Motivation des beschriebenen Vorgehens enthülle, aber mein letztes Motiv beim Äußern von f_3, nämlich daß H es finden und zu der bereits beschriebenen Überlegung kommen soll, verberge.

Fall n: Ich lasse folgende ›Notiz‹ liegen, damit H sie findet: »Zur Beachtung: Ich beabsichtige, f_{n-1} liegen zu lassen und so die Bedingungen für den Fall n-1 zu schaffen.« Das Symbol f_{n-1} ist hier durch eine vollständige Beschreibung der Äußerung und des im vorhergehenden Fall n erforderlichen Vorgehens zu ersetzen. Aufgrund paralleler Überlegungen enthüllt dieser Fall H die komplexere Intention i_n, die bezüglich i_{n-1} »das Geheimnis verrät« und dadurch H Schritt für Schritt durch die Kette der Intentionen bis zu i_1 führt.

Verfolgt man dieses rekursive Verfahren weiter, erhält man bereits nach kurzem eine so komplexe ›Botschaft‹, daß sie ohne logischen Kalkül nicht mehr verstanden werden kann. Gerade ihre Komplexität könnte dann Verdacht erregen und den eigentlichen Zweck vereiteln. Doch diese ›pragmatische‹ Überlegung ist irrelevant – es sei denn, wir wollen das Gricesche Grundmodell durch Hinzufügen einer weiteren Bedingung verbessern, die besagt, daß die postulierte Struktur fortlaufend komplexerer Intentionen eine Entdeckung durch den intendierten Hörer zumindest zulassen soll. Eine solche Forderung hätte, fürchte ich, so plausibel sie auch sein mag, für die von Grice letztlich vorgeschlagene Analyse verheerende Konsequenzen.[31]

31 Für hilfreiche Kritik an einer früheren Fassung dieser Arbeit danke ich D. Armstrong, L. Cannan, Ch. Crittenden, P. Facione, C. Ginet, J. Kaminsky, R. Matthews, S. Siskin, R. Stalnaker, K. Stern, J. Twiggs und P. Ziff.

II. Handlungstheoretische Begründung der Semantik

H. Paul Grice

Sprecher-Bedeutung, Satz-Bedeutung und Wort-Bedeutung

Prolegomena

In der vorliegenden Arbeit soll etwas Licht in die Verknüpfung zwischen (a) einem Bedeutungsbegriff, den ich als grundlegend betrachten möchte, dem Begriff nämlich, der involviert ist, wenn man von jemandem sagt, daß er *mit* dem Tun von dem-und-dem (bzw. *als* er das und das getan hat) das-und-das gemeint hat (wobei ich ein Meinen als einen Fall von ›nicht-natürlicher Bedeutung‹ bezeichne), und (b) den Bedeutungsbegriffen gebracht werden, die involviert sind, wenn man sagt, (i) daß ein gegebener Satz ›das-und-das‹ bedeutet, bzw., (ii) daß ein gegebenes Wort bzw. eine gegebene Wendung ›das-und-das‹ bedeutet. Was ich zu diesen Themen zu sagen habe, sollte als Versuch betrachtet werden, eine Skizze dessen vorzulegen, was sich, wie ich hoffe, vielleicht einmal als eine brauchbare Theorie herausstellen wird, nicht aber als ein Versuch, bereits jetzt auch nur irgendeinen Teil einer letztlich akzeptierbaren Theorie vorzulegen. Die von mir hier vorgeschlagene Explikation des (für mich) grundlegenden Bedeutungsbegriffs werde ich an dieser Stelle nicht zu verteidigen suchen; ich sähe es gerne, wenn ihre annähernde Korrektheit vorausgesetzt würde, so daß wir uns darauf beschränken können, was diese Explikation, sollte sie korrekt sein, für die Explikation anderer und (wie ich hoffe) davon abgeleiteter Bedeutungsbegriffe hergibt. Dieses Unternehmen stellt einen Teil eines umfassenderen Programms dar, das ich gleich noch skizzieren werde, obgleich die späteren Stufen dieses Programms außerhalb der Grenzen liegen, die ich mir für diese Arbeit gesetzt habe.

Das eben erwähnte umfassendere Programm resultiert aus einer Unterscheidung, die ich, für Zwecke, die ich hier nicht zu spezifizieren brauche, innerhalb der Gesamtbedeutung einer Äußerung machen möchte: Aus der Unterscheidung zwischen dem, was der Sprecher *gesagt* hat (in einem gewissen favorisierten, in einem gewissen Maße meinetwegen auch künstlichen Sinne von »sagen«), und dem, was er *impliziert* (angezeigt, nahegelegt, zu verstehen gegeben) hat, wobei die Tatsache berücksichtigt werden soll, daß das, was er impliziert hat, entweder *konventionell* (kraft der Bedeutung eines von ihm verwendeten Wortes bzw. einer von ihm gebrauchten Wendung) oder *nicht-konventionell* impliziert wird (in welchem Falle dann die Bestimmung der Implikatur nicht mehr unter die Bestimmung der konventionellen Bedeutung der verwendeten Wörter fällt). Das Programm zielt auf eine Explikation des favorisierten Sinns von »sagen« und auf eine Klärung der zwischen diesem »sagen« und dem Begriff der konventionellen Bedeutung bestehenden Beziehung ab.

Die Stufen des Programms sind wie folgt:

(I) Unterscheidung zwischen Bestimmungen von der Form »S (Sprecher) meinte, *daß* ...« (Bestimmungen dessen, was man als »Situations-Bedeutung« bezeichnen könnte) und Bestimmungen von der Form »X (Äußerungs-Typ) bedeutet ›...‹«. Bei Bestimmungen des ersten Typs wird Bedeutung ohne den Gebrauch von Anführungszeichen bestimmt, bei Bestimmungen des zweiten Typs wird die Bedeutung eines Satzes, eines Wortes oder einer Wendung dagegen mithilfe von Anführungszeichen bestimmt. Dieser Unterschied ist semantisch wichtig.

(II) Versuch der Formulierung eines Definiens für *Situations-Bedeutung*; genauer, Versuch der Formulierung eines Definiens für »Mit dem Äußern von x (bzw. Als er x äußerte) meinte S, daß ✲p«. Hier bedarf es einiger Erläuterungen.

(a) Ich verwende den Terminus »äußern« (dasselbe gilt für »Äußerung«) in einem künstlich erweiterten Sinne, der jeden Fall umfaßt, in dem S x tut bzw. x hervorbringt und damit meint, daß so-und-so. Die fragliche Handlung braucht keine sprachliche, ja nicht einmal eine konventionalisierte Handlung zu sein. Eine spezifizierende Ersetzung des Platzhaltersymbols »x« wird in einigen Fällen eine Charakterisierung eines Handlungsvollzugs, in anderen eine Charakterisierung eines Handlungsresultats (z. B. eines Lautes) sein.

(b) »✲« ist ein *Platzhaltersymbol* für einen Modus-Indikator, im Unterschied zu spezifischen Modus-Indikatoren wie »⊢ « (indikativisch bzw. assertorisch) oder »!« (imperativisch). Genauer gesagt: Man möge davon ausgehen, daß sich aus dem Schema »Hans meinte, daß ☆p« nach zwei Transformationsschritten ein vollständiger deutscher Satz ergibt:

(i) Ersetzung von »☆« durch einen spezifischen Modus-Indikator und Ersetzung von »p« durch einen Indikativsatz. Man erhält somit etwa

Hans meinte, daß ⊢ Maria wird heimgehen

oder

Hans meinte, daß ! Maria wird heimgehen

(ii) Ersetzung der auf das Wort »daß« folgenden Wortfolge durch einen in indirekter Rede stehenden Teilsatz (in Übereinstimmung mit in einer linguistischen Theorie spezifizierten Regeln). Somit erhält man etwa

Hans meinte, daß Maria heimgehen wird
Hans meinte, daß Maria heimgehen soll

(III) Versuch einer Klärung des Begriffs der konventionellen Bedeutung eines Äußerungs-Typs; genauer, einer Klärung von Sätzen, mit denen Behauptungen der Form »X (Äußerungs-Typ) bedeutet ›☆p‹ »aufgestellt werden, oder, falls der Äußerungs-Typ X kein Satz ist, Behauptungen von der Form »X bedeutet ›...‹ «, wobei diese Form durch einen Ausdruck, der keinen Satz darstellt, zu ersetzen ist. Auch hier sind einige Erläuterungen erforderlich.

(a) Es dürfte nützlich sein zu beachten, daß die von mir so genannten Bestimmungen der *zeitunabhängigen Bedeutung* (Bestimmungen des Typs »X bedeutet ›...‹ «, bei denen von Anführungszeichen Gebrauch gemacht wird) sich unterteilen lassen in (i) Bestimmungen der *zeitunabhängigen ›Ideolekt-Bedeutung‹* (z. B.: »Für S (in dem Ideolekt von S) bedeutet X ›...‹ «) und in (ii) Bestimmungen der *zeitunabhängigen ›sprachlichen Bedeutung‹* (z. B.: »In (der Sprache) L bedeutet X ›...‹ «). Es empfiehlt sich, diese beiden Bedeutungen getrennt zu behandeln – und zwar in der eben angegebenen Reihenfolge.

(b) Die Wahrheit einer Feststellung des Inhalts, daß X »...« bedeutet, ist natürlich nicht unverträglich mit der Wahrheit einer anderen Feststellung des Inhalts, daß X »---« bedeutet, wobei für »...« bzw. »---« ganz unterschiedliche Einsetzungen vorgenommen werden. Ein Äußerungs-Typ kann mehr als eine konventionelle Bedeutung haben, und ein jedes von uns vorgeschlagene Definiens muß dieser Tatsache Rechnung tragen. »X bedeutet ›...‹ «

sollte im Sinne von »Eine der Bedeutungen von X ist ›...‹« verstanden werden.

(IV) Angesichts der Möglichkeit, daß ein Äußerungs-Typ mehrere zeitunabhängige Bedeutungen hat, müssen wir das beachten (und auch explizieren können), was ich die *angewandte zeitunabhängige Bedeutung* eines Äußerungs-Typs nennen werde. D. h., wir brauchen ein Definiens für das Schema »X (Äußerungs-Typ) bedeutet *hier* ›...‹«, ein Schema, dessen Spezifizierungen die korrekte Lesart von X für ein gegebenes Äußerungsvorkommnis angibt.

Bemerkungen zu (IV): (a) Die angewandte zeitunabhängige Bedeutung von X (Typ) bezüglich eines bestimmten Vorkommnisses x (vom Typ X) ist von der Situations-Bedeutung von Ss Äußerung von x unbedingt zu unterscheiden. Die beiden folgenden Aussagen sind nicht äquivalent:

(i) Der Satz »Hertha BSC lieferte dem FC Bayern ein großes Spiel« bedeutete, von S geäußert, soviel wie »Die Hertha BSC war in dem Spiel gegen den FC Bayern in Super-Form«

(ii) Als S den Satz »Hertha BSC lieferte dem FC Bayern ein großes Spiel« äußerte, meinte er damit, daß die Hertha BSC in dem Spiel gegen den FC Bayern in Super-Form war.

Es kann sein, daß S seine Äußerung ironisch gemeint hat, in welchem Fall er sehr wahrscheinlich gemeint hat, daß die Hertha derart schlecht spielte, daß die Bayern voll auftrumpfen konnten, in Wirklichkeit also der FC Bayern der Hertha BSC ein großes Spiel geliefert hat. In diesem Fall wäre (ii) klar falsch, (i) aber dennoch weiterhin wahr.

(b) Es scheint naheliegend, die Auffassung zu vertreten, daß uns die Konjunktion von

(i) Mit dem Äußern von X meinte S, daß ✲p

und

(ii) X bedeutete, von S geäußert, soviel wie »✲p«

mit einem Definiens für »Indem S X äußerte, sagte er, daß ✲p« versieht. Nun, wenn wir lediglich solche Äußerungs-Typen in Betracht ziehen, deren zeitunabhängige Bedeutung sich durch Feststellungen der exemplarischen Form »X bedeutete ›✲p‹« (bzw., im Fall der angewandten zeitunabhängigen Bedeutung, durch die Form »X bedeutete *hier* ›✲p‹«) adäquat bestimmen läßt, so mag es vielleicht sogar möglich sein, die These aufrechtzuerhalten, daß eine derartige Koinzidenz von Situations-Bedeutung und angewandter zeitunabhängiger Bedeutung eine notwendige und hinreichende Bedingung dafür darstellt, daß S sagt, daß ✲p. Bei weiterem Nachdenken dürfte sich aber gleich zeigen, daß wir auch noch die Existenz von Bestimmungen der zeitunabhängigen Bedeutung in Rechnung zu stellen haben, die nicht von der erwähnten exemplarischen Form sind; es gibt meines Erachtens zumindest einige Sätze, deren zeitunabhängige Bedeutung sich nicht durch eine Charakterisierung von der exemplarischen Form bestimmen läßt. Betrachten wir den Satz

(s1) Peter ist Philosoph und hat folglich Mut

Es wäre nun m. E. angemessen, wenn man eine partielle Spezifizierung der zeitunabhängigen Bedeutung von (s1) dadurch geben würde, daß man sagt »Eine der möglichen Bedeutungen von (s1) beinhaltet u. a. ›Peter treibt gelegentlich philosophische Studien‹«. Eine vollständige Bestimmung einer zeitunabhängigen Bedeutung von (s1) ließe sich eventuell wie folgt angeben: »Eine der möglichen Bedeutungen von (s1) beinhaltet ›Peter treibt gelegentlich philosophische Studien‹, ›Peter hat Mut‹ und ›Daß Peter Mut hat, folgt daraus, daß er gelegentlich philosophische Studien treibt‹ – und nichts weiter ist in dieser Bedeutung enthalten.« [Man könnte dies wiederum so ausdrücken, daß man sagte »Eine Bedeutung von (s1) *umfaßt* ›Peter treibt gelegentlich (etc.)‹, ›Peter hat Mut‹ und ›Daß Peter Mut hat, folgt (etc.)‹«.] Es ist besser, die zeitunabhängige Bedeutung von (s1) in dieser Weise zu spezifizieren als wie folgt: »Eine der möglichen Bedeutungen von (s1) ist ›Peter treibt gelegentlich philosophische Studien, und Peter hat Mut und daß Peter Mut hat, folgt (etc.)‹«; denn diese letztere Formulierung legt zumindest nahe, daß (s1) mit der in der Formulierung erwähnten Konjunktion synonym ist, was aber nicht der Fall zu sein scheint.

Da eine *andere* Bedeutung von (s1) nun auch »Peter stellt gerne allgemeine Betrachtungen über das Leben an« (statt »Peter treibt gelegentlich philosophische Studien«) enthält, könnte es sein, daß man bei bestimmten Gelegenheiten bezüglich einer gegebenen Äußerung von (s1) durch S durchaus (zutreffend) sagen kann: »Die Bedeutung von (s1) umfaßt *hier* ›Peter treibt gelegentlich (etc.)‹, ›Peter hat Mut‹ und ›Daß Peter Mut hat, folgt (etc.)‹« – oder »Die Bedeutung von (s1) schließt *hier* ›Daß Peter Mut hat, folgt (etc.)‹ ein. Ebenso könnte die Behauptung zutreffend sein, daß S, als er (s1) äußerte, gemeint hat (bzw. daß ein Teil dessen, was S mit der Äußerung von (s1) gemeint hat, darin bestand), *daß* die Tatsache, daß Peter Mut hat, daraus folgt, daß (etc.).

Nun will ich aber nicht zulassen, daß in dem von mir favorisierten Sinne von »sagen« derjenige, der (s1) äußert, damit *gesagt* hat, daß die Tatsache, daß Peter Mut hat, daraus folgt, daß er Philosoph ist, auch wenn er durchaus gesagt haben mag, daß Peter Philosoph ist und daß Peter Mut hat. Ich möchte die These vertreten, daß die semantische Funktion des Wortes »folglich« darin besteht, daß der betreffende Sprecher *anzeigen* [indicate] (wenngleich auch nicht *sagen*) kann, daß eine gewisse Folgebeziehung vorliegt. Mutatis mutandis möchte ich die gleiche Position bezüglich solcher Ausdrücke wie »aber« und »des weiteren« vertreten. Mein primärer Grund, daß ich für diese spezielle Verwendung von »sagen« optiere, ist der, daß ich mir von ihr eine größere theoretische Nützlichkeit erwarte als von gewissen anderen Verwendungsweisen von »sagen«. Ich lege mich somit also darauf fest, daß angewandte zeitunabhängige Bedeutung und Situations-Bedeutung koinzidieren können, d. h. daß sowohl zutreffen kann, daß (i) X, von S geäußert, u. a. »✲p« bedeutet, als auch, daß (ii) S mit der Äußerung von X u. a. gemeint hat, daß ✲p, daß es aber trotzdem falsch sein kann, daß S u. a. gesagt hat, daß ✲p. Ich möchte den Ausdruck »auf konventionelle Weise meinen, daß« so verwenden, daß die Erfüllung der zwei eben erwähnten Bedingungen für die Wahrheit von »S meinte auf konventionelle Weise, daß ✲p« hinreichend (und notwendig) ist – auch wenn sie für die Wahrheit von »S sagte, daß ✲p« nicht hinreicht.

(V) Diese Unterscheidung zwischen dem Gesagten und dem konventionell Gemeinten führt zu dem Problem einer Bestimmung der Bedingungen, unter denen das von S mit einer Äußerung konventionell Gemeinte auch Teil des von S Gesagten ist. Ich hoffe, daß sich dieses Problem erledigt, wenn wir wie folgt vorgehen:

(1) Es sind Bedingungen anzugeben, die nur durch einen begrenzten Bereich von Sprechakten erfüllt werden, wodurch diese Sprechakte als besonders zentral bzw. fundamental ausgezeichnet werden.

(2) Wir setzen fest, daß S mit dem Äußern von X gesagt hat, daß ✲p, wenn (i) S ge-Y-t hat, daß ✲p, wo Y-en ein zentraler Sprech-

akt ist, und (ii) X eine konventionelle Form enthält, deren Bedeutung derart ist, daß ihr Vorliegen in X anzeigt, daß der betreffende Sprecher Y-t, daß ✲p.

(3) Für jedes Element Y der Klasse der zentralen Sprechakte definieren wir »S hat ge-Y-t, daß ✲p« mithilfe der Situations-Bedeutung (meinen, daß...) bzw. mithilfe gewisser, in der für *Situations-Bedeutung* bereits vorgelegten Definition enthaltenen wichtigen Elemente.

(VI) Die Erfüllung der eben skizzierten Aufgabe ist durch eine Explikation der Elemente in der konventionellen Bedeutung einer Äußerung zu ergänzen, die *nicht* Teil des Gesagten sind. Diese Explikation könnte, zumindest für eine wichtige Teilklasse solcher Elemente, wie folgt aussehen:

(1) Die problematischen Elemente werden mit gewissen Sprechakten verknüpft, die als gewissen Elementen bzw. einer Disjunktion von Elementen aus der Menge der zentralen Sprechakte nachgeordnet bzw. in ihrem Vollzug von diesen Elementen abhängig erwiesen werden. So würde z. B. die Bedeutung von »des weiteren« mit dem Sprechakt des Hinzufügens verknüpft, dessen Vollzug den Vollzug des einen oder anderen zentralen Sprechakts erforderte.

(2) Ist Z-en ein solcher nicht-zentraler Sprechakt, so wäre zu zeigen, daß die Abhängigkeit des Z-ens von dem Vollzug eines zentralen Sprechakts derart ist, daß dadurch unsere Abneigung gerechtfertigt wird, Z-en, daß ✲p, nicht nur als einen Fall von Sagen, daß ✲p, zu behandeln, sondern auch als einen Fall von Sagen, daß =p, bzw. von Sagen, daß =✲p (wobei »=p« bzw. »=✲p eine Repräsentation einer bzw. mehrerer Satzformen darstellt, die speziell mit Z-en verbunden sind; etwa wie »des weiteren« speziell mit dem Sprechakt des Hinzufügens verbunden ist).

(3) Der Begriff des Z-ens, daß ✲p (wo Z-en ein nicht-zentraler Sprechakt ist) wäre mithilfe des Begriffs des *Meinens, daß* (bzw. mithilfe gewisser wichtiger Elemente in der Definition dieses Begriffs) zu explizieren.

Behandlung einiger der aufgeworfenen Probleme

Die von mir im weiteren Verlauf dieser Arbeit betrachteten Probleme sind den Stufen II–IV des eben skizzierten Programms zuzuordnen.

Stufe II: Ich werde ohne weitere Begründung eine etwas übervereinfachte Explikation des Begriffs der Situations-Bedeutung angeben, die ich (wie schon zu Beginn gesagt) hier als korrekt betrachtet wissen möchte.

In meiner 1957er Arbeit (dieser Band S. 2 ff.) hatte ich für das Schema »S meinte etwas mit dem Äußern von x« ein aus drei Bedingungen bestehendes Definiens angesetzt, das sich zusammenfassend wie folgt formulieren läßt: Es gibt einen Adressaten H derart, daß S mit seiner Äußerung beabsichtigte, bei H eine Wirkung (Reaktion) r vermittels Hs Erkenntnis dieser Absicht herbeizuführen. Da ich von der zentralen Idee dieser Definition auch weiterhin Gebrauch machen möchte, werde ich eine Abkürzung einführen. Für »S beabsichtigt bei H die Reaktion r vermittels Hs Erkenntnis dieser Absicht herbeizuführen« schreibe ich im folgenden kurz »S M-intendiert, bei H die Reaktion r herbeizuführen«. (»M« soll an »meinen« erinnern.)

In Abweichung von meiner 1957er Explikation soll die M-intendierte Wirkung (Reaktion) nun anders charakterisiert werden. Ich hatte früher die Auffassung vertreten, daß die M-intendierte Wirkung im Fall von Äußerungen vom Indikativtyp darin besteht, daß der Hörer etwas *glauben* soll, im Fall von Äußerungen vom Imperativtyp dagegen, daß der Hörer etwas *tun* soll. Für die hier verfolgten Zwecke möchte ich an diesem Ansatz zwei Änderungen vornehmen.

(1) Die M-intendierte Wirkung bei Äußerungen vom Imperativtyp soll nun darin bestehen, daß der Hörer *beabsichtigt*, etwas zu tun (wobei der Sprecher natürlich die darüber hinausgehende Absicht hat, daß H die betreffende Handlung des weiteren auch tatsächlich tut).

(2) Die den Äußerungen vom Indikativtyp gemeinsame M-intendierte Wirkung möchte ich nun nicht darin sehen, daß der Hörer etwas glaubt (obgleich bei S oft die darüber hinausgehende entsprechende Absicht vorliegen wird), sondern darin, daß der Hörer *glaubt, daß der Sprecher etwas glaubt.*

Die erste Änderung hat den Effekt, daß nun der Weg für eine vereinfachte Behandlung der M-intendierten Wirkung offensteht, wonach diese Wirkung stets in der Herbeiführung einer propositionalen Einstellung besteht. Der Effekt der zweiten Änderung (die die Behandlung von Äußerungen vom Indikativtyp vereinheitlichen soll, von denen eben nicht alle als ein *Informieren* angesehen werden können) besteht darin, daß sich nun eine Unterscheidung zwischen solchen Äußerungen einführen läßt, die ich als *exhibitive* Äußerungen bezeichnen möchte (Äußerungen, mit denen der Sprecher S M-intendiert, daß eine Überzeugung übermittelt wird, daß er (S) eine gewisse propositionale Einstellung hat), und Äußerungen, die nicht nur *exhibitiv* sind, vielmehr auch die Eigenschaft besitzen, die ich den sogenannten *protreptischen* Äußerungen zuschreiben möchte (Äußerungen, mit denen S M-intendiert, daß beim Hörer eben dadurch, daß ihm eine Überzeugung übermittelt wird, daß er (S) eine gewisse propositionale Einstellung hat, schließlich eine entsprechende Einstellung herbeigeführt wird).

Ich will jetzt meine Explikation in einer verallgemeinerten Form zu reformulieren versuchen. Stehe »H« für einen Adressaten bzw. Hörer. Der Ausdruck »$\star\psi$« sei ein Platzhaltersymbol, das einen speziellen Modus-Indikator repräsentiert, der der propositionalen Einstellung des ψ-ens (welche Einstellung das auch immer sein mag) korrespondiert, wie etwa »T « dem Glauben (Denken) und »!« dem Beabsichtigen korrespondiert. Von diesem Ausdruck Gebrauch machend läßt sich nun die folgende grobe Definition ansetzen:

D1: Mit dem Äußern von x (bzw.: als er x äußerte) meinte S, daß $\star\psi$p :=
VH: S äußerte x mit der M-Absicht, daß
(i) H denkt, daß S ψ-t, daß p
und (nur in einigen Fällen, je nachdem, wie »$\star\psi$p« bestimmt wird)
(ii) H aufgrund der Erfüllung von (i) selbst ψ-t, daß p

Es wird sich als vorteilhaft erweisen, wenn wir über eine abgekürzte Version dieses Definiens verfügen: Sei »ψ^+« ein Platzhaltersymbol, wobei die Wendung »daß H ψ^+-t, daß p« in einigen Fällen im Sinne von »daß H denkt, daß S ψ-t, daß p« zu lesen ist, in anderen Fällen im Sinne von »daß H ψ-t, daß p (aufgrund des Glaubens, daß S ψ-t, daß p)«. Welche Interpretation zu wählen ist, wird durch die Spezifizierung von »$\star\psi$p« bestimmt. Wir können somit D1 wie folgt neu formulieren:

D1': Mit dem Äußern von x meinte S, daß $\star\psi$p :=
VH: S äußerte x mit der M-Absicht, daß H ψ^+-t, daß p

Um allen Schwierigkeiten gerechtzuwerden, denen meine 1957-er Explikation (die nur als ein Modell intendiert war) ausgesetzt ist, bedürfte es einer weitaus komplizierteren Definition. Da die Beispiele, die derartige Komplizierungen notwendig machen, jedoch relativ spitzfindige Arten von Kommunikation bzw. Sprachgebrauch involvieren, hoffe ich, daß die vorgelegte Definition zumindest als Arbeitshypothese brauchbar sein wird.

Stufe III – *Schritt* (1): *Zeitunabhängige Bedeutung für unstrukturierte Äußerungs-Typen:* Ich halte es für äußerst wichtig, daß zwischen den beiden folgenden Problemen unterschieden wird.

(1) Welche Beziehung besteht zwischen zeitunabhängiger Bedeutung (für vollständige Äußerungs-Typen) und Situations-Bedeutung?

(2) Welche Beziehung besteht im Fall von syntaktisch strukturierten (sprachlichen) Äußerungs-Typen zwischen der zeitunabhängigen Bedeutung eines vollständigen Äußerungs-Typs (eines Satzes) und den zeitunabhängigen Bedeutungen von dessen nicht-vollständigen strukturierten und unstrukturierten Elementen (grob ausgedrückt, von Wendungen und Wörtern), und wie ist die zeitunabhängige Bedeutung nicht-vollständiger Äußerungs-Typen zu explizieren?

Hält man diese Probleme nicht auseinander, so ist man an den daraus resultierenden Konfusionen selbst schuld. Ich werde mich also zunächst auf eine Untersuchung des Begriffs der zeitunabhängigen Bedeutung in Anwendung auf unstrukturierte Äußerungs-Typen beschränken. Als Hauptbeispiel werde ich eine Geste (ein Signal) wählen, wobei es sich empfiehlt, zunächst die Idee der zeitunabhängigen Bedeutung eines derartigen Äußerungs-Typs für ein Individuum (innerhalb eines Signalisierungs-Ideolekts sozusagen) zu untersuchen, und erst dann die Erweiterung dieser Idee für Gruppen von Individuen zu betrachten. Wir halten uns damit fürs erste die Möglichkeit offen, zwischen einer *etablierten* Bedeutung und einer *konventionellen* Bedeutung zu unterscheiden.

Angenommen, eine bestimmte Geste (i. f. kurz *G*) bedeute für ein bestimmtes Individuum S (im Ideolekt von S) soviel wie »Ich kenne den Weg«. Wie sieht eine Explikation für den Satz aus: »Für S bedeutet *G* ›Ich kenne den Weg‹« – und zwar eine Explikation, die die zeitunabhängige Bedeutung mit der Situations-Bedeutung in Verbindung bringt? Als einen ersten Versuch könnte man etwa folgenden Ansatz wählen: S hat die Gewohnheit, *G* dann zu äußern, wenn er meint, daß S den Weg kennt (wobei »meint, daß« in Übereinstimmung mit D1 zu analysieren ist); bzw. durchsichtiger: Es ist Ss Gewohnheit, *G* genau dann zu äußern, wenn S eine Äußerung macht, mit der S *meint, daß* S den Weg kennt.

Wenden wir D1 auf dieses angegebene Definiens an, so erhalten wir das folgende erweiterte Definiens: Es ist Ss Gewohnheit, *G* genau dann zu äußern, wenn S eine Äußerung macht, mit der S M-intendiert, daß H glaubt, daß S glaubt, daß S den Weg kennt. Nun möchte ich, ganz gleich, ob dieses Definiens anderweitig akzeptabel ist oder nicht, die These vertreten, daß der Begriff des M-*Intendierens* hier überflüssig ist: Man braucht hier nur auf den Begriff der einfachen Intention zu rekurrieren. Ist die Gewohnheit (Praxis) von S derart, daß seine Verwendung von *G* mit dem Vorliegen einer *einfachen* Intention des Inhalts, daß ein Hörer in der angegebenen Weise reagieren soll, verknüpft, so folgt, daß S dann, wenn er in einer gegebenen Situation *G* äußert, er in dieser Situation auch die M-Intention haben wird, daß sein Hörer in der angegebenen Weise reagiert.

Angenommen, die Praxis von S wird von uns ausschließlich unter Verwendung des Begriffs der einfachen Intention wie folgt bestimmt: Ich (d. h. Sprecher S) werde *G* dann und nur dann äußern, wenn ich beabsichtige (will), daß ein Adressat H denkt, daß ich denke, ich kenne den Weg. Damit nun S die bei einer jeden Realisierung dieser Praxis involvierten bestimmten Intentionen haben kann, muß er (aus logischen Gründen) dann, wenn er *G* äußert, zumindest annehmen können, daß diese Intentionen zumindest eine gewisse Realisierungschance besitzen. Nun ist aber, wie S wohl weiß, eine derartige Annahme nur dann gerechtfertigt, wenn ein gegebener Adressat H sich der Gewohnheit von S bewußt ist und auch unterstellt, daß sie für die von S ihm gegenüber gemachte Äußerung *G* einschlägig ist. S muß also, wenn er *G* in einer bestimmten Situation äußert, erwarten, daß H die folgende Überlegung anstellt (bzw. dazu zumindest in der Lage ist): »Ss Praxis bezüglich der Verwendung von *G* ist derart, daß er *G* jetzt mit der Absicht äußert, daß ich denken soll, er glaube den Weg zu kennen. Da dem so ist, nehme ich an, daß er glaubt, daß er den Weg kennt.« *G* mit der Erwartung äußern, daß H so reagiert, heißt nun aber nichts anderes, als *G* mit der M-Absicht äußern, daß H denkt, daß S glaubt, daß S den Weg kennt. Wird Ss Praxis bezüglich der Verwendung von *G* mithilfe des Begriffs der einfachen Intention formuliert, so ist damit also bereits sichergestellt, daß S mit einer bestimmten Äußerung von *G* *meinen* wird, *daß* er den Weg kennt.

Wir können somit die folgende vereinfachte Definition ansetzen:

> Für S bedeutet *G* »Ich kenne den Weg« := S hat die Gewohnheit (bzw.: Es ist Ss Praxis bezüglich der Verwendung von *G*), *G* dann und nur dann zu äußern, wenn es einen H gibt derart, daß S beabsichtigt (will), daß H denkt, daß S glaubt, daß S den Weg kennt

Diese Definition ist jedoch aus zwei Gründen inakzeptabel: (1) Es kann sein, daß *G* für S auch noch eine andere Bedeutung hat; *G* könnte für ihn auch noch die Bedeutung von »Ich werde jetzt weggehn« haben. Ist dem so, dann kann es nicht Ss Praxis (Gewohnheit) sein, *G nur dann* zu äußern, wenn S will, daß ein Adressat H denkt, daß S glaubt, daß S den Weg kennt; manchmal wird S auch dann bereit sein, *G* zu äußern, wenn er will, daß ein Adressat H denkt, daß S glaubt, daß S gleich weggehen wird. (2) Es kann sein, daß S auch noch über andere Mittel verfügt, H dazu zu bringen, zu denken, daß S glaubt, daß S den Weg kennt (etwa: einfach zu sagen »Ich kenne den Weg«), und S auch bereit ist, von diesen Mitteln gelegentlich Gebrauch zu machen. Ist dem so, dann kann es nicht Ss Praxis (Gewohnheit) sein, *G dann* zu äußern, wenn (d. h. immer dann, wenn) S will, daß ein Adressat H denkt, daß S glaubt, daß S den Weg kennt.

Um mit diesen Schwierigkeiten fertigzuwerden, benötige ich meines Erachtens so etwas wie einen Begriff dessen, daß »S in seinem Repertoire ein bestimmtes Verfahren hat«. Dieser Begriff scheint mir intuitiv ziemlich einleuchtend zu sein und auch außerhalb des Bereichs sprachlicher oder sonstwie kommunikativer Handlungen eine Verwendung zu besitzen, obschon man kaum bestreiten kann, daß er der weiteren Explikation bedarf. Nehmen wir den Fall, daß ein leicht exzentrischer Dozent in seinem Repertoire das folgende Verfahren hat: Wenn er unter seinen Zuhörern eine attraktive Frau entdeckt, unterbricht er seine Vorlesung für eine halbe Minute und nimmt dann ein Beruhigungsmittel. Daß er in seinem Repertoire dieses Verfahren hat, wäre nicht unverträglich damit, daß er auch über die beiden folgenden Verfahren verfügt: (a) Wenn er eine attraktive Frau sieht, setzt er sich eine dunkle Sonnenbrille auf (statt zu unterbrechen und ein Beruhigungsmittel zu nehmen); (b) Er unterbricht und nimmt ein Beruhigungsmittel, wenn er unter seinen Zuhörern nicht eine attraktive Frau, sondern einen berühmten Kollegen entdeckt. Ebenso wäre es, wenn S in seinem Repertoire das Verfahren hat, *G* zu äußern, wenn er will, daß ein Adressat H denkt, daß S glaubt, daß S den Weg kennt, nicht unverträglich damit, daß er auch noch über die beiden folgenden Verfahren verfügt: (a) Wenn er will, daß ein H denkt, daß S glaubt, daß S den Weg kennt, sagt S »Ich kenne den Weg«; und (b) S äußert *G*, wenn er will, daß ein Adressat H denkt, daß S glaubt, daß S gleich weggehen wird. Ich schlage also die folgende Definition vor:

D2: Für S bedeutet der Äußerungs-Typ X (u. a.) »☆ψp« := S hat in seinem Repertoire das folgende Verfahren: S äußert ein Vorkommnis von X, wenn S beabsichtigt (will), daß H ψ^+-t, daß p

Vom Begriff der zeitunabhängigen Bedeutung in einem ›Ideolekt‹ können wir jetzt zu dem Begriff der zeitunabhängigen Bedeutung für eine Gruppe bzw. Klasse von Individuen übergehen. Für wie groß S die Erfolgschancen für eine Realisierung der von ihm mit dem Äußern von *G* verfolgten Intentionen hält, hängt offensichtlich (wie schon bemerkt) davon ab, ob H das Verfahren von S kennt, und im allgemeinen, falls das Signal nicht für jeden H eigens erklärt werden soll, davon, ob das Repertoire von H das gleiche Verfahren enthält. Somit wird jedes Mitglied einer Gruppe bzw. Population P (innerhalb welcher *G* ein Kommunikationsmittel sein soll) wollen, daß sein Verfahren bezüglich *G* mit der allgemeinen Praxis der Gruppe übereinstimmt. Ich setze somit die folgende grobe Definition an:

D3: In der Gruppe P bedeutet der Äußerungs-Typ X »☆ψp« := Zumindest einige (? so-und-so viele) Mitglieder von P haben in ihrem Repertoire das Verfahren, ein Vorkommnis von X dann zu äußern, wenn für einen Adressaten H gilt, daß sie wollen, daß H ψ^+-t, daß p

Dabei soll die Beibehaltung dieses Verfahrens bei ihnen von der Annahme abhängen, daß zumindest einige (andere) Mitglieder von P dieses Verfahren ebenfalls in ihrem Repertoire haben bzw.

hatten. D3 nimmt die Vorstellung von einem Streben nach Konformität auf – und somit (indirekt) auch die Verstellung von einem *korrekten* bzw. *inkorrekten* Gebrauch von X im Unterschied zu einem lediglich gewöhnlichen bzw. ungewöhnlichen Gebrauch von X.

Die Explikation des Begriffs »in seinem Repertoire ein Verfahren haben« ist meines Erachtens eine Aufgabe, die alles andere als leicht ist. Ich möchte jedoch, gleichsam versuchsweise, den folgenden Definitionsvorschlag vorlegen:

S hat in seinem Repertoire das Verfahren, ... zu tun, wenn --- := S hat (in einem gewissen Maße) die Disposition, ... zu tun, wenn ---

wobei eine Disposition, etwas zu tun, zu der gleichen Familie gehören soll wie der Fall, daß man die Absicht hat, die betreffende Handlung zu tun. Diese Definition wäre jedoch, so wie sie dasteht, klar inadäquat: Es kann durchaus sein, daß der Ausdruck »Er ist ein Knilch« für meine auf eine gehobene Ausdrucksweise extrem großen Wert legende Tante Matilda die Bedeutung von »Er ist jemand, dem eine gewisse Verschlagenheit nicht abzusprechen ist« hat, sie aber auch nicht im mindesten die Disposition besitzt, diesen Ausdruck irgendwann einmal selbst zu verwenden. Was wir des weiteren zu benötigen scheinen, ist also ein Begriff, der dem Sachverhalt entspräche, daß sie *darauf eingestellt* ist, den betreffenden Ausdruck auch tatsächlich selbst zu verwenden, ein Begriff, dessen Analyse wiederum problematisch ist.

Ich werde an dieser Stelle keinen weiteren Definitionsversuch unternehmen, mich vielmehr mit ein paar informellen Bemerkungen begnügen. Es dürfte meines Erachtens drei zentrale Fälle geben, in denen man legitimerweise von einem etablierten Verfahren bezüglich eines Äußerungs-Typs X sprechen kann.

(1) X ist ein in einer Gruppe P geläufiger Äußerungs-Typ; d. h., X unter den und den Umständen zu äußern ist Teil der Praxis vieler Mitglieder von P. In diesem Fall kann man von meiner Tante Matilda (einem Mitglied von P) sagen, daß sie ein Verfahren für X hat, obwohl sie selbst lieber sterben würde, als X selbst zu äußern. Es genügt, daß sie weiß, daß einige andere Mitglieder die Disposition besitzen, X unter den-und-den Umständen zu äußern.

(2) X ist nur dem S selbst geläufig. Es gehört nur zu Ss Praxis, X

dann und dann zu äußern. In diesem Fall besitzt S die Disposition, X dann und dann zu äußern.

(3) X ist überhaupt nicht geläufig; Die Äußerung von X unter den und den Umständen ist jedoch Teil eines Kommunikationssystems, das sich S ausgedacht hat, das aber nie in die Praxis umgesetzt worden ist (etwa wie die neue Straßenverkehrsordnung, die ich mir ausdenke, während ich in der Badewanne liege). In diesem Fall besitzt S ein Verfahren für X in dem erweiterten Sinne, daß er sich ein mögliches System von Praktiken ausgedacht hat, welches die Disposition involvieren *würde*, X unter den und den Umständen zu äußern.

Stufe IV – *Schritt* (1): *Angewandte zeitunabhängige Bedeutung für unstrukturierte Äußerungs-Typen:* Wir können jetzt einen Begriff der angewandten zeitunabhängigen Bedeutung definieren, der sich auf *G* anwenden läßt.

D4: Als S X (Typ) äußerte, bedeutete X »✲p« := VH: S beabsichtigte, daß H aufgrund seines Wissens (Glaubens), daß X für S (u. a.) »✲p« bedeutet [wie in D2 definiert], erkennt (? und erkennt, daß S beabsichtigt, daß H erkennt), was S mit seiner Äußerung von X gemeint hat [Situations-Bedeutung]

Bzw. expliziter – wobei »✲« und »✲'« Platzhaltersymbole für Modus-Indikatoren sein sollen:

D4': Als S X äußerte, bedeutete X »✲ψp«: =
VHVq: S meinte mit dem Äußern von X, daß ✲'q; und S beabsichtigte, daß H aufgrund seines Wissens (Glaubens), daß S in seinem Repertoire das Verfahren hat, X dann zu äußern, wenn er von einem Adressaten H' will, daß H' ψ^+-t, daß p, erkennen soll (? und erkennen soll, daß S beabsichtigt, daß H erkennt), daß S mit dem Äußern von X meinte, daß ✲'q [»p« *kann* denjenigen propositionalen Gehalt repräsentieren, auf den in der Existenzquantifikation über »q« in nicht-definiter Weise Bezug genommen wird – braucht es aber nicht.]

D4 und natürlich auch D4' tragen sowohl dem Fall Rechnung, in dem S mit *G* meinte, *daß* er den Weg kennt (Koinzidenz von zeitunabhängiger Bedeutung und Situations-Bedeutung), als auch dem Fall, in dem S (ein Krimineller) sein Opfer in sein Auto gelockt hat und seinem Kollegen (sozusagen nicht-wörtlich) signalisiert, daß er weiß, wie's mit dem Opfer weitergehen soll. In beiden Fällen erwartet S, daß Hs Verstehen der Äußerung von *G* auf dem Wissen von H basiert, daß S über ein gewisses Verfahren verfügt (*G* zu äußern, wenn S von einem Adressaten will, daß er denkt, daß S glaubt, daß er den Weg kennt).

Stufen III *und* IV – *Schritt* (2): *Zeitunabhängige und angewandte zeitunabhängige Bedeutung für strukturierte vollständige und nicht-vollständige Äußerungs-Typen*: Für eine Behandlung strukturierter Äußerungs-Typen und ihrer Elemente dürfte ich den folgenden Apparat benötigen.

(1) Bezeichne »Σ_1 (Σ_2)« einen Satz, der Σ_2 als einen Teilsatz enthält. Dabei sei zugelassen, daß ein Satz ein Teilsatz seiner selbst ist, sodaß Σ_2=Σ_1 gelten kann.

(2) Sei v[Σ_1(Σ_2)] eine bestimmte von S gemachte Äußerung (Vorkommnis) von Σ_1(Σ_2). Dabei sei v[Σ_1(Σ_2)] eine *vollständige* Äußerung, d. h. kein Teil von v[Σ_3(Σ_1(Σ_2))] – z. B. nicht die Äußerung eines Disjunktionsglieds.

(3) Ein Charakteristikum von Sätzen (wie auch von komplexen Wendungen) ist, daß sich ihre Bedeutung aus der Bedeutung der in den Sätzen enthaltenen Elemente (Wörtern, lexikalischen Einheiten) ergibt. Dies macht den Begriff eines *resultierenden Verfahrens* unumgänglich. In erster Näherung könnte man sagen, daß ein Verfahren für einen Äußerungs-Typ X ein resultierendes Verfahren darstellt, wenn es bestimmt wird durch (bzw. wenn sich seine Existenz erschließen läßt aus) die (bzw. der) Kenntnis von Verfahren (a) für einzelne Äußerungs-Typen, die Elemente in X sind, und (b) für eine jede Folge von Äußerungs-Typen, die eine bestimmte Anordnung syntaktischer Kategorien (eine bestimmte syntaktische Form) darstellt.

Wir wollen jetzt auf den Begriff der zeitunabhängigen Bedeutung in dem Ideolekt von S eingehen.

D5: Für S bedeutet Σ»☆ψp«: = S hat ein resultierendes Verfahren für Σ, nämlich: S äußert Σ, wenn er von einem Hörer H will, daß er ψ^+-t, daß p
[D5 ist parallel zu D2]

Eine Explikation der zeitunabhängigen Bedeutung in einer Sprache läßt sich vielleicht durch eine entsprechende Modifikation von D3 gewinnen. Ich werde diese Aufgabe jetzt nicht in Angriff nehmen.

Für die angewandte zeitunabhängige Bedeutung schlage ich vor:

D6: Σ_2 hatte in v[$\Sigma_1(\Sigma_2)$] die Bedeutung von »✫ψp«: = VHVq: S meinte mit v[$\Sigma_1(\Sigma_2)$], daß ✫'q; und S beabsichtigte, daß H zumindest zum Teil aufgrund der Annahme, daß S ein resultierendes Verfahren für Σ_2 hat, nämlich (für entsprechendes H'), Σ_2 zu äußern, wenn S will, daß H' ψ^+-t, daß p, erkennen soll, daß S mit v[$\Sigma_1(\Sigma_2)$] meinte, daß ✫'q
[D6 ist parallel zu D4]

So weit, so gut (vielleicht). Nun ist der Begriff des resultierenden Verfahrens jedoch bislang noch recht wenig geklärt. Wenn wir uns über den Begriff der Wort-Bedeutung und dessen Zusammenhang mit dem ›meinen, daß‹ auch nur irgendwie klar werden wollen, sollten wir uns jedoch die Natur der fundamentaleren Verfahren näher ansehen, aus denen sich ein resultierendes Verfahren ableitet. Es wäre schön, wenn man ein allgemeines Schema angeben könnte, mit dem sich zeigen ließe, welche Rolle (in Verbindung mit anderen Faktoren) Wort-Bedeutungen (für alle Wort-Typen) bei der Bestimmung der Satz-Bedeutungen (für Sätze beliebiger syntaktischer Struktur) spielen. Bei unserem derzeitigen Wissensstand dürfte dies aber eine wahre Herkulesarbeit sein. Optimal wäre schon, wenn sich für einen stark eingegrenzten (jedoch zentralen) Bereich von Wort-Typen und syntaktischen Formen eine Skizze eines Fragments einer Theorie der von uns gegebenenfalls benötigten Art angeben ließe. Wir wollen als unseren Bereich alle bzw. einen Teil des Bereichs der affirmativen kategorischen (nicht notwendigerweise indikativischen) Sätze mit einem Nomen (bzw. einer Kennzeichnung) und einem Adjektiv (einer Adjektiv-Phrase) wählen.

Der (für einen solchen Versuch) benötigte Apparat wäre:

(1) Sei σ ein Indikativsatz. Dann müssen wir über Begriffe einer Indikativversion von σ (σ selbst), einer Imperativversion von σ, einer Optativversion von σ etc. (Modusvarianten) verfügen. Die Bereitstellung derartiger Charakterisierungen wäre die Aufgabe einer linguistischen Theorie. (Als Sprachphilosophen können wir daher eine derartige Theorie als gegeben betrachten.)

(2) Wir müssen irgendwie ausdrücken können, daß β (eine Adjektiv-Phrase) von α (Nominal-Phrase) prädiziert wird. »Florian ist anständig«, »Florian, sei anständig«, »Wäre Florian doch anständig« – bezüglich all dieser Sätze sollte man sagen können,

daß »anständig« von »Florian« prädiziert wird. Wiederum wäre es Aufgabe einer linguistischen Theorie, uns mit einer derartigen Satzcharakterisierung zu versehen.

(3) Angenommen, wir sehen für den Augenblick zwei Arten von Korrelation als gegeben an – die R-Korrelation (referentielle Korrelation) und die D-Korrelation (Denotations-Korrelation). Wir wollen sagen können, daß ein bestimmtes Objekt ein R-Korrelat von α (Nominal-Phrase) bzw. jedes Element einer Klasse ein D-Korrelat von β (Adjektiv-Phrase) ist.

Nehmen wir nun an, S habe die folgenden Verfahren:

P1: S äußert die Indikativversion von σ, wenn (es eine Person H gibt, derart, daß) S will/beabsichtigt, daß H glaubt, daß S glaubt, daß ... (wobei »...« durch die entsprechend umgestellte Indikativversion von σ zu ersetzen ist, z. B. durch »Florian anständig ist«.)

Ebenso erhält man für die Imperativversion von σ P1', falls man in P1 »Indikativ« durch »Imperativ« und »glaubt, daß S glaubt« durch »beabsichtigt« ersetzt. (Derartige Verfahren legen Korrelationen zwischen Modi und Spezifizierungen von »ψ^+« fest.)

P2: S äußert eine ψ^+-korrelierte [vgl. P1 und P1' etc.] Prädikation der Adjektiv-Phrase β von α, wenn (es H gibt derart, daß) S will, daß H ψ'-t, daß ein bestimmtes R-Korrelat von α ein Element einer bestimmten Menge von D-Korrelaten von β ist

Nehmen wir des weiteren an, daß für S die folgenden Korrelationen gelten:

C1: Peters Hund ist ein R-Korrelat von »Fido«

C2: Jedes Ding mit einem langhaarigen Fell ist ein D-Korrelat von »zottig«

Hat S nun die Ausgangsverfahren P1 und P2, so können wir daraus schließen, daß S das folgende (durch P1 und P2 bestimmte) resultierende Verfahren (*r*esultant *p*rocedure) RP1 hat:

RP1: S äußert die Indikativversion einer Prädikation von σ, wenn S von H will, daß er glaubt, daß S glaubt, daß ein bestimmtes R-Korrelat von α ein Element einer bestimmten Menge von D-Korrelaten von β ist

Aus RP1 und C1 können wir dann schließen, daß S RP2 hat:

RP2: S äußert die Indikativversion einer β-Prädikation von »Fido«, wenn S von H will, daß er glaubt, daß S glaubt, daß Peters Hund ein Element einer bestimmten Menge von D-Korrelaten von β ist

Aus RP2 und C2 können wir schließen, daß S RP3 hat:

RP3: S äußert die Indikativversion einer Prädikation von »zottig« von »Fido«, wenn S von H will, daß er glaubt, daß S glaubt, daß Peters Hund ein Element der Menge der Dinge mit einem langhaarigen Fell ist

Mit der uns vom Linguisten gelieferten Information, daß »Fido ist zottig« die Indikativversion einer Prädikation von »zottig« von »Fido« ist, können wir dann schließen, daß S auch RP4 hat:

RP4: S äußert »Fido ist zottig«, wenn S von H will, daß er glaubt, daß S glaubt, daß Peters Hund ein langhaariges Fell hat.

RP4 spezifiziert die Bedeutung von »Für S bedeutet ›Fido ist zottig‹ dasselbe wie ›Peters Hund hat ein langes Fell‹ «.

Bisher habe ich keine Explikation der zeitunabhängigen Bedeutung für nicht-vollständige Äußerungs-Typen vorgelegt. Ich bin nicht imstande, ein Definiens für »X (nicht-vollständiger Äußerungs-Typ) bedeutet ›...‹« anzugeben. Ich bin mir nicht einmal sicher, ob für dieses Schema überhaupt eine allgemeine Definitionsform angegeben werden *kann*. Möglicherweise läßt sich ein Definiens erst dann angeben, wenn die syntaktische Kategorie von X bereits bestimmt ist. Ich kann jedoch ein Definiens vorlegen, das für eine *Adjektiv*-Phrase X (z. B. »zottig«) adäquat sein dürfte.

D7: Für S bedeutet (die Adjektiv-Phrase) X »...«: = S hat das folgende Verfahren: Er äußert eine ψ^+-korrelierte Prädikation von X von α, wenn (es eine Person H gibt, derart, daß) S will, daß H ψ^+-t, daß ein bestimmtes R-Korrelat von α ... ist [wobei »...« beidemal durch dieselbe Adjektiv-Phrase zu ersetzen ist]

Von einem jeden spezifischen Verfahren der im Definiens von D7 erwähnten Form läßt sich zeigen, daß es ein *resultierendes* Verfahren ist. Hat S z. B. P2 und auch C2, so läßt sich daraus schließen, daß er das Verfahren hat, eine ψ^+-korrelierte Prädikation von »zottig« von α dann zu äußern, wenn (es eine Person H gibt derart, daß) S will, daß H ψ^+-t, daß ein bestimmtes R-Korrelat von α ein Element der Menge der Dinge mit einem langhaarigen Fell ist, d. h., daß für S »zottig« dasselbe bedeutet wie »Ding mit einem langhaarigen Fell«.

Jetzt kann ich eine Definition des bislang einfach vorausgesetzten Begriffs eines *vollständigen* Äußerungs-Typs angeben.

D8: X ist vollständig: = Ein völlig explizit gemachtes Definiens für »X bedeutet ›...‹« enthält keinen expliziten Bezug auf eine Korrelation – es sei denn auf die, die dann involviert ist, wenn man von einem R-Korrelat eines in X vorkommenden referierenden Ausdrucks spricht

(Das explizit gemachte Definiens für den vollständigen Äußerungs-Typ »Er ist zottig« dürfte die Wendung »ein bestimmtes R-Korrelat von ›er‹« enthalten.)

Korrelation. Der Begriff der Korrelation soll nun nicht mehr einfach als gegeben angesehen werden. Was soll es heißen, wenn man z. B. sagt, daß Peters Hund das/ein R-Korrelat von »Fido« ist? Eine mögliche Antwort (falls wir in den Korrelationsbegriff möglichst wenig hineinstecken wollen) wäre, daß man »Fido« und Peters Hund als geordnete Paare ansieht – in irgendeinem System, in dem Namen und Dinge geordnete Paare bilden. Nun gibt es jedoch stets *eine* Bedeutung von »Paar«, wonach ein jeder Name und ein jedes Ding ein Paar bilden (ein geordnetes Paar, wobei das erste Glied dieses Paares der Name, das zweite das Ding ist). Wir brauchen eine Bedeutung von »Paar«, wonach »Fido« mit Peters Hund ein Paar bildet, aber nicht mit Florians Katze. »Ein ausgewähltes Paar«? Aber welche Bedeutung soll hier »ausgewählt« haben? Gewiß nicht »ausgewählt« in dem Sinne, in dem ein Apfel und eine Orange aus einem größeren Angebot ausgewählt wird. Vielleicht in dem Sinne, in dem man sagen kann, daß ein bestimmter Hund ausgewählt wird – als etwas, *womit* der, der ihn ausgewählt hat, noch *etwas vorhat*. Aber *was* könnte dieses *etwas* im Fall des Wort-Ding-Paares sein? Und worin bestünde der Prozeß des Auswählens?

Ich denke, wir sehen uns zunächst den speziellen Fall an, in dem sprachliche und nicht-sprachliche Entitäten *explizit* korreliert werden. Nehmen wir an, dies bestehe im Vollzug einer Handlung, die dazu führt, daß eine sprachliche oder nichtsprachliche Entität schließlich in einer Relation stehen, in der sie vorher nicht gestanden sind, und in der keine dieser Entitäten gegenüber den Nicht-Korrelaten in dem jeweils anderen Bereich steht. Da der Akt des Korrelierens ein verbaler Akt sein *kann*, wie kann damit eine Relation zwischen Entitäten hergestellt werden?

Angenommen, S macht eine bestimmte Äußerung (Vorkommnis) V, die zu dem Äußerungs-Typ »zottig: Ding mit einem langhaarigen Fell« gehört. Wir werden erst dann sagen könne, daß S mit V »zottig« mit einem jeden Element der Menge der Dinge mit einem langhaarigen Fell korreliert hat, wenn wir sagen können, daß es eine Relation R gibt derart, daß gilt:

(a) Mit dem Äußern von V bewirkte S, daß »zottig« in der Relation R zu einem jeden Ding mit einem langhaarigen und nur zu solchen Dingen steht.

(b) S äußerte V, *damit* er mit dem Äußern von V eben dies bewirkt.

Es ist klar, daß die Bedingung (b), die von einigen gewiß schon deshalb scheel angesehen werden wird, weil in ihr ein Bezug auf die von S beim Vollzug seines Korrelierungs-Aktes verfolgte *Absicht* enthalten ist, tatsächlich notwendig ist, und daß die Bedingung (a) alleine inadäquat wäre. Nun stimmt es sicher, daß S, auch ganz unabhängig von seinen Absichten, eine Situation herbeigeführt hat, in der eine Relation R ausschließlich zwischen »zottig« und jedem Ding Z mit einem langhaarigen Fell besteht, die Relation nämlich, die darin besteht, daß ein von S in einer Situation O geäußerter Ausdruck zusammen mit dem Namen einer Klasse vorkommt, zu der Z gehört. Durch ein und dieselbe Handlung hat S jedoch auch noch eine Situation herbeigeführt, in der eine andere Relation R' ausschließlich zwischen »zottig« und einem jeden nicht-einen-langhaarigen-Fell-besitzenden Ding Z' besteht, die Relation nämlich, die darin besteht, daß ein von S in einer Situation O geäußerter Ausdruck mit dem Namen des *Komplements* einer Klasse vorkommt, zu der Z' gehört. Wir wollen nun aber nicht sagen, daß S »zottig« mit einem jeden nicht-einen-langhaarigen-Fell-besitzenden Ding korreliert hat. R' läßt sich jedoch nur dadurch eliminieren, daß wir die Bedingung (b) hinzunehmen, die unser Augenmerk auf eine Relation beschränkt, die S herzustellen *beabsichtigte.* Intentionalität scheint somit bereits in den Grundlagen einer Theorie der Sprache wesentlich enthalten zu sein.

Drücken wir die vorgeschlagene Explikation der Korrelation nun etwas formaler aus. Sei V = Äußerungs-Vorkommnis des Typs »›zottig‹: Ding mit einem langhaarigen Fell« (in schriftlich fixierter Form). Mit dem Äußern von V hat S dann »zottig« korreliert mit (und nur mit) einem jeden Ding mit einem langhaarigen Fell gdw. VR ((S bewirkte mit V, daß $\bigwedge$y(R »zottig« y $\equiv$ y ist ein Ding mit einem langhaarigen Fell)) $\wedge$ (S äußerte V, damit S mit V bewirkt, daß $\bigwedge$y ...)). Vgl. hierzu das Postskriptum auf S. 110 unten.

So verstanden, wird S »zottig« mit Dingen mit einem langhaarigen Fell nur dann korreliert haben, wenn es eine bestimmbare Relation R' gibt, für die die im Definiens angegebene Bedingung erfüllt ist. Was ist ein solches R'? Ich nehme an, R'xy $\equiv$ x ist ein (Wort) Typ derart, daß V eine Folge ist, die aus einem Vorkommnis von x besteht, gefolgt von einem Doppelpunkt, gefolgt von einem Ausdruck »Ding mit einem langhaarigen Fell«, dessen R-Korrelat eine Menge ist, von der y ein Element ist. R'xy gilt, Ss Äußerung von V vorausgesetzt, zwischen »zottig« und einem jeden Ding mit einem langhaarigen Fell. Jede Äußerung V' der durch V exemplifizierten Form könnte geäußert werden, damit R"xy (mit V' statt V) zwischen einem Ausdruck und jedem Element einer beliebten Menge nichtsprachlicher Entitäten hergestellt wird.

Derselbe Effekt ließe sich auch anders erreichen. Der Zweck der Äußerung kann in der Äußerung selbst spezifiziert werden: V= Äußerung von »Um zu erreichen, daß, für ein R, ›zottig‹ nur zu einem jeden Ding mit langhaarigem Fell in R steht, gelte: ›zottig‹: Ding mit langhaarigem Fell«. (Der Ausdruck des spezifizierten R wird jetzt »V ist eine Folge, die ... *enthält*« anstelle von »V ist eine Folge, *bestehend aus*« enthalten.) Oder S kann von der performativen Form Gebrauch machen: »Ich korreliere ›zottig‹ mit jedem Ding mit einem langhaarigen Fell«. Äußerungen dieser Form stellen die erforderliche Relation her und kennzeichnen sie gleichzeitig als Äußerungen, die mit der Absicht gemacht werden, eine solche Relation herzustellen.

In welcher Form ein Akt des expliziten Korrelierens auch immer vor sich geht, wenn man sagt, daß es sich bei ihm um einen Akt des Korrelierens handelt (bzw. daß es sich der Absicht von S zufolge um einen solchen Akt handeln sollte), so nimmt man damit stets irgendwie auf eine Relation Bezug, die von dem Akt hergestellt werden soll, und auch bei der Bestimmung dieser Relation wird stets wiederum auf den Begriff der Korrelation zurückgegriffen (wie z. B. oben, als wir von einer Menge gesprochen haben, die das

Korrelat (R-Korrelat) eines bestimmten Ausdrucks (z. B. »Ding mit einem langhaarigen Fell«) darstellt). Dies scheint einen durchaus nicht unproblematischen Regreß zu beinhalten. »Korrelation« wird zwar nicht selbst in der Definition des Korrelationsbegriffs verwendet, aber doch dann, wenn es um die Bestimmung eines in der Definition des Korrelationsbegriffs enthaltenen unbestimmten Bezugs geht. Es könnte wünschenswert (ja sogar notwendig) erscheinen, eine Möglichkeit zu finden, wie sich dieser Regreß auf irgendeiner Stufe anhalten läßt. (Ist dies eine charakteristisch *empiristische* Forderung?) Wenn wir diesen Regreß nicht abblokken können, können dann Korrelationen überhaupt zustandekommen (wo doch jede Korrelation eine andere Korrelation voraussetzt)? Versuchen wir es mit *Korrelation durch Hinweis* (ostensiven Korrelationen).

(Akte 1,2,3, etc.) S weist auf die Gegenstände $\left\{ \begin{matrix} a_1 & a^1 \\ a_2 & a^2 \\ a_3 & a^3 \end{matrix} \right\}$ hin

und äußert bei jedem Hinweis »zottig« (wobei er die Absicht hat, nur auf solche Gegenstände hinzuweisen, die ein langhaariges Fell haben). Damit die Kombination dieser Akte einen Fall des Korrelierens von »zottig« mit einem jeden Ding mit einem langhaarigen Fell ausmacht, muß gelten:

VR(S bewirkte mit den Akten 1,2,3 etc. – und wollte auch bewirken –, daß $\bigwedge$y (»zottig« steht in R zu y gdw. y ein Ding mit einem langhaarigen Fell ist)).

Wie ist die entsprechende Relation zu spezifizieren? Wie folgt:

R'xy (für irgendein F) [nämlich: ein Ding mit einem langhaarigen Fell sein] (S wies nur auf Dinge mit der Eigenschaft F hin und wollte auch nur auf solche Dinge hinweisen; und bei jedem Akt 1,2,3 etc. äußerte er ein Vorkommnis von x; und y ist F)

Die hinweisenden Gesten vorausgesetzt, gilt R'xy zwischen »zottig« und jedem Ding mit einem langhaarigen Fell; und die Spezifizierung von R'xy *scheint* zumindest keinen weiteren Bezug auf eine Korrelation zu beinhalten.

Nun sind wir bislang stets davon ausgegangen, daß es sich bei den Korrelationen, die in Verbindung mit Ausgangsverfahren zu weiteren Verfahren führen, um *explizite* Korrelationen handelt, d. h. um Korrelationen, die durch einen identifizierbaren wie auch datierbaren Korrelationsakt hergestellt werden. Diese Voraussetzung ist jedoch ganz klar unnatürlich. Es hat den Anschein, als würden viele Korrelationen, referentielle genauso wie denotative, erst allmählich entstehen und nicht einfach nur hergestellt werden. Die Situation scheint folgende zu sein:

(1) Wir müssen ein resultierendes Verfahren wie das folgende ansetzen können:

RP12: S prädiziert β von »Fido«, wenn S will, daß H ψ^+-t, daß Peters Hund ein D-Korrelat von β ist

Zudem werden wir in der Lage sein wollen auszudrücken, daß ein solches resultierendes Verfahren zumindest manchmal u. a. aus einer *nicht-expliziten* R-Korrelation von »Fido« und Peters Hund resultiert.

(2) Es liegt nahe anzunehmen, daß eine nicht-explizite R-Korrelation von »Fido« und Peters Hund in der Tatsache besteht, daß S »Fido« explizit mit Peters Hund korrelieren *würde*.

(3) Daß S »Fido« explizit mit Peters Hund korrelieren würde, ist nun aber als eine ellipitische Ausdrucksweise dafür zu verstehen, was expliziter in etwa durch »S würde »Fido« explizit mit Peters Hund korrelieren, *falls* p« wiederzugeben wäre. Wie ist »p« zu spezifizieren?

(4) Vielleicht durch: Wenn von S verlangt würde, für »Fido« eine explizite Korrelation anzugeben. Würde S jedoch tatsächlich mit einer solchen Forderung konfrontiert, so könnte es durchaus sein, daß er sie als eine Aufforderung versteht, eine Festsetzung vorzunehmen, bei der er völlig freie Hand hätte. Wird von ihm keine Festsetzung verlangt, so ist ihm zu verstehen zu geben, daß seine explizite Korrelation eine gewisse nicht-willkürliche Bedingung zu erfüllen hat. Aber welche Bedingung könnte das sein? Wiederum ist man versucht anzunehmen, daß er seine explizite Korrelation so zu machen hat, daß sie mit bereits existierenden Verfahren übereinstimmt.

(5) Angewandt auf RP12 scheint dies darauf hinauszulaufen, daß man von S fordert, daß er seine explizite Korrelation so macht, daß sich RP12 ergibt.

(6) In diesem Fall resultiert RP12 aus einer nichtexpliziten Korrelation, die in der Tatsache besteht, daß S »Fido« explizit mit Peters Hund korrelieren *würde*, falls er eine explizite Korrelation machen wollte, die relevante existierende Verfahren, nämlich RP12 selbst, generiert. Hier ist offenbar etwas zirkulär. Kann man dies akzeptieren?

(7) Es könnte insofern akzeptierbar sein, als es sich dabei um einen speziellen Fall eines allgemeinen Phänomens handelt, das sich in Verbindung mit der Erklärung einer sprachlichen Praxis ergibt. Wir können, wenn wir Glück haben, sogenannte ›Sprachregeln‹ formulieren, die derart sind, daß unsere Sprachpraxis sich so beschreiben läßt, als *würden* wir diese Regeln akzeptieren und ihnen bewußt folgen. Dies wird man aber nicht bloß als ein interessantes Merkmal unserer *Sprachpraxis*, sondern bereits als eine *Erklärung dieser Praxis* bezeichnen wollen; dies führt uns dann des weiteren zu der Annahme, daß wir ›in irgendeinem Sinne‹ diese Regeln tatsächlich ›implizit‹ akzeptieren. Die korrekte Interpretation der Idee, daß wir diese Regeln tatsächlich akzeptieren, wird nun aber leicht zu etwas Rätselhaftem, wenn man das ›Akzeptieren‹ dieser Regeln von der Existenz der entsprechenden Praktiken zu trennen hat; es scheint aber wie ein Rätsel zu sein, das wir, im Augenblick zumindest, einfach hinnehmen müssen, wobei wir jedoch zugestehen müssen, daß es uns in ein bislang ungelöstes Problem verstrickt.

Schlußbemerkung

Es wird dem Leser kaum entgangen sein, daß meine Explikation des mit dem Terminus »Bedeutung« verknüpften Bündels von Begriffen mit Ausdrücken für solche intensionalen Begriffe wie »beabsichtigen« und »glauben« gespickt ist. Daß ich hin und wieder auf eine symbolische Darstellungsweise zurückgegriffen habe, sollte zum Teil auch deutlich machen, daß meine Explikationen die Legitimität einer Quantifizierung über solche Entitäten wie Propositionen voraussetzt. Was diesen Aspekt meines Vorgehens angeht, möchte ich noch zwei höchst allgemeine Bemerkungen machen.

(1) Ich kann einer methodologischen Politik nicht viel abgewinnen, die uns gleich zu Beginn darauf einschränkt, eine Bedeutungstheorie nur in extensionalen Termini zu formulieren versuchen. Mir scheint, daß man zumindest am Anfang durchaus die Freiheit haben sollte, von allen intensionalen Begriffen Gebrauch zu machen, die für eine Lösung unserer begrifflichen Probleme erforderlich zu sein scheinen, zumindest auf einer gewissen Stufe und in

einer Form, die uns die Vernunft (von metaphysischen Vorurteilen einmal abgesehen) wie auch unsere Intuition geraten erscheinen lassen. Benimmt man sich selbst dieser Freiheit, so ist die Gefahr sehr groß, daß man den Reichtum und die Komplexität des untersuchten Begriffsfeldes bei weitem unterschätzt.

(2) Ich habe oben schon gesagt, daß Intensionalität bereits in den Grundlagen einer Theorie der Sprache wesentlich enthalten zu sein scheint. Selbst wenn dieser Anschein der Realität entsprechen sollte, so schließt das meines Erachtens doch nicht aus, daß man trotzdem – in zumindest einer möglichen Bedeutung dieses Wortes – Extensionalist ist. Es kann sein, daß die psychologischen Begriffe, die meiner Auffassung zufolge für die Formulierung einer adäquaten Theorie der Sprache erforderlich sind, nicht zu den primitivsten und fundamentalsten psychologischen Begriffen gehören (wozu die gehörten, die nicht nur auf den Menschen, sondern auch bereits auf sehr niedrige Lebewesen zutreffen); und vielleicht lassen sich die von mir verwendeten intensionalen Begriffe aus primitiveren extensionalen Begriffen ableiten – in *irgendeinem* relevanten Sinne von »ableiten«. Jeder Extensionalist hat sich mit dem Problem eines zulässigen Übergangs von einer extensionalen zu einer nicht-extensionalen Sprache auseinanderzusetzen. Es scheint mir alles andere als offensichtlich zu sein, daß sich Intensionalität nur vermittels der Idee eines versteckten Bezugs auf die Sprache erklären läßt und somit die Begriffe bereits voraussetzt, mit deren Hilfe der Gebrauch von Sprache erst zu verstehen ist.

Postskriptum: Das auf S. 105 f. oben für das Vorliegen einer expliziten Korrelation vorgeschlagene Definiens ist in der dort angegebenen Formulierung meines Erachtens nicht hinreichend. Ich würde z. B. nicht sagen wollen, daß sich A, wenn er B absichtlich von einer Party loseist, dadurch selbst mit B korreliert hat, und auch nicht, daß ein Dozent, der dafür sorgt, daß genau eine Tafel von einem jeden der anwesenden Hörer (und auch nur von diesen) gesehen werden kann, eben dadurch die Tafel mit einem jeden seiner Hörer explizit korreliert hat – obwohl doch in beiden Fällen das Analogon des vorgeschlagenen Definiens erfüllt ist. Um X mit einem jeden Element einer Menge K explizit zu korrelieren, muß nicht nur gelten, daß ich absichtlich bewirke, daß *eine ganz bestimmte Relation* R zwischen X und allen zu K gehörenden Entitäten (und auch nur diesen) besteht; es muß auch gelten, daß ich bei der Erstellung dieser Relation das Ziel bzw. den Zweck verfolge, eine Handlung zu vollziehen, die darin resultiert, daß es *die eine oder andere Relation* gibt, die zwischen X und allen zu K gehörenden (und auch nur solchen) Dingen besteht.

Wir sollten also das auf S. 105 f. aufgeführte Definiens so ergänzen, daß im Bereich des ersten Quantors die folgende Bedingung steht: »$\wedge$S verfolgt mit dem Bewirken, daß $\wedge$x(...), das Ziel, daß $\vee$R′$\wedge$z (R′ »zottig« z $\equiv$ zεy(y ist ein Ding mit einem langhaarigen Fell))«.

D. M. Armstrong
Bedeutung und Kommunikation

Kommunikation ist eine der wichtigsten Verwendungsweisen von Sprache. In dieser Verwendungsweise haben einige Philosophen, insbesondere John Locke, geradezu *den* Schlüssel für eine Analyse des Begriffs der sprachlichen Bedeutung gesehen. Lockes Analyse reicht nun zwar nicht sehr weit und sie enthält auch einige ganz eindeutige Fehler – ich denke aber doch, daß sich ihr zentraler Gehalt als korrekt erweisen dürfte. Ich will versuchen, Lockes Theorie in der vorliegenden Arbeit weiterzuführen.

In seinem *Essay*, Buch III, Kp. 1 und 2, entwirft Locke in etwa folgendes Bild: Ich habe gewisse Ansichten, Meinungen, Wünsche, Absichten usw. Ich will, daß du weißt, daß ich diese Ansichten, Meinungen, Wünsche usw. habe – aber unglücklicherweise gibt es keine direkte Möglichkeit, wie ich dich dazu bringen kann, meine Ansichten, Meinungen etc. direkt wahrzunehmen. Ich wähle daher einen indireken Weg. Ich äußere Laute oder schreibe etwas nieder. Diese Laute oder Schriftzeichen fungieren als *Zeichen* für meine intendierten Adressaten, aufgrund derer sie den Inhalt meiner Ansichten etc. *erschließen* können – und zwar eben der Ansichten etc., deren Inhalt ich erschlossen haben wollte. Und somit ist mein Ziel erreicht. Dies ist per se eine Analyse sprachlicher Kommunikation. Des weiteren ist Locke der Ansicht, daß zwischen dem, was meine Laute und Schriftzeichen für einen anderen (bzw. für mich selbst zu einem anderen Zeitpunkt) in der Kommunikationssituation *bezeichnen*, und dem, was diese Laute oder Schriftzeichen *bedeuten*, die engsten Beziehungen bestehen – vielleicht hielt er beides sogar für identisch.

Bezüglich der Lockeschen Theorie ist zunächst zu beachten, daß sie eine klare ontologische Unterscheidung zwischen geistigen Zuständen auf der einen Seite und deren sprachlicher Manifestation auf der anderen Seite erfordert. Locke sah diesen Unterschied als gegeben an; Behavioristen würden ihn bestreiten. Die Blütezeit des Behaviorismus ist jedoch vorbei – und so will ich hier Locke folgen und diese Unterscheidung ebenfalls als gegeben ansehen. Zwischen Denken und Sprechen scheint ein positiver feedback-Prozeß am Werk zu sein, so daß dann, wenn unsere Gedanken erst einmal sprachlich ausgedrückt sind, die entsprechenden Ausdrücke wahrgenommen werden können und auf unser Denken zurückwirken, wodurch eventuell wiederum komplexere und elaboriertere Gedanken erzeugt werden, die sich wiederum sprachlich ausdrücken lassen. Sprechen generiert somit Denken. Es scheint des weiteren zumindest eine Naturtatsache – vielleicht sogar eine logische Notwendigkeit – zu sein, daß sich gewisse Gedanken nur in einem *sprachlichen* Verhalten manifestieren können. Beide Aussagen sind jedoch damit verträglich, daß geistige Zustände und das sprachliche Verhalten, in dem sich diese Zustände manifestieren, in einem jeden einzelnen Fall jeweils ›getrennt existieren‹.

Wir müssen nun auf Lockes Hauptfehler eingehen. Locke gibt dem Buch III seines *Essay*, dem Buch, in dem seine Auffassungen über die Sprache entwickelt sind, den Titel *Über Wörter*. Er entwickelt seine Sprachtheorie unter Bezug auf Wörter, nicht für Sätze. Wörter werden als Zeichen für die ›Ideen‹ im Geist des Sprechers des betreffenden Wortes bezeichnet. Wenn wir nun aber eine auf die Kommunikation rekurrierende Bedeutungstheorie entwickeln wollen, müssen wir uns dann nicht eher auf die Bedeutungen von *Sätzen* anstatt auf die von Wörtern konzentrieren? Wenn jemand bloß einen Teil eines Satzes, als welcher ein Wort gewöhnlich zu gelten hat, äußert, welche kommunikative Funktion hat dies? Im allgemeinen wohl so gut wie keine. Angenommen, ich sage einfach »Pferd«. Ist damit irgendetwas kommuniziert worden? Es bedarf im allgemeinen eines ganzen Satzes, damit etwas übermittelt wird. Die kleinste *Kommunikationseinheit* ist ein Satz. Und somit muß eine Bedeutungstheorie, die auf der kommunikativen Funktion der Sprache beruht, Sätze irgendwie als semantisch fundamental behandeln. Eine Erklärung der Wortbedeutung wird darauf zu rekurrieren haben, was Wörter zur Bedeutung von Sätzen beitragen. Diese Arbeit wird über die Bedeutung von Sätzen nicht weit hinausgehen.

Man beachte, daß es eine Sprache, oder zumindest ein Kommunikationssystem, geben könnte, in der (bzw. in dem) zwar Sätze, aber keine Wörter oder andere semantische Untereinheiten vorkommen. Die Sprache enthielte eine finite Anzahl von Symbolen, deren jedes eine vollständige Information als seine Bedeutung besitzen würde. Derartiges liegt z. B. in den von Schiffen verwendeten Flaggensprachen vor. (Eine gelbe Flagge: Gelbfieber an Bord; blaue Flagge: Ich laufe in 24 Stunden aus; usw.) Im Unterschied zu den Flaggensprachen von Schiffen könnte es jedoch sein, daß sich die Sätze dieser Sprache nicht in analysierte Sätze übersetzen lassen. (Wer Bedenken hat, wie eine solche Sprache *eingeführt* werden könnte, postuliere einfach einen angeborenen Mechanismus.) Eine solche Sprache, so wir sie überhaupt eine Sprache nennen wollen, würde eine Semantik besitzen, aber keine Syntax. Sie verdeutlicht somit *semantische* Probleme in einer zwar primitiven, dafür aber besonders reinen Form.

Wir kommunizieren also, indem wir Sätze äußern, die Zeichen für das sind, was in unserem Geist vorgeht. Was ist hier mit dem Wort »Zeichen« gemeint? Locke gibt hierauf keine explizite Antwort, obgleich sich seinem allgemeinen Ansatz einige Hinweise entnehmen lassen. An dieser Stelle treffen wir auf eine Barriere, die viele Philosophen davor zurückgehalten hat, eine Theorie der sprachlichen Bedeutung zu entwickeln. Wir bezeichnen auch Naturphänomene – z. B. die traditionellen schwarzen Wolken – als Zeichen. Können aber Äußerungen Zeichen in dem Sinne sein, in dem schwarze Wolken Zeichen sind? Eine natürliche erste Reaktion wäre: »Sicherlich nicht; Äußerungen sind *sprachliche* Zeichen. Das spezielle Merkmal eines sprachlichen Zeichens besteht darin, daß es kraft seiner Bedeutung etwas bezeichnet. Es ist somit unmöglich, Bedeutung durch Rekurs auf die Rolle der Äußerung als ein Zeichen zu erklären.«

Meine Hypothese ist, daß Äußerungen von Sätzen in der Kommunikationssituation Zeichen in genau derselben Bedeutung von »Zeichen« sind, wie schwarze Wolken ein Zeichen für Regen sind.[1] Ich werde jedoch nicht die These vertreten, daß das, was eine Äußerung in diesem Sinne bezeichnet, mit der sprachlichen Bedeutung der Äußerung identifiziert werden kann. Eine derartige Auffassung wäre zu undifferenziert. Ich werde jedoch eine Analyse der sprachlichen Bedeutung durch Rekurs auf diese grundlegende, in dem Fall von schwarzen Wolken involvierte, Bedeutung von

1 Ich stimme hierin mit dem theoretischen Linguisten P. Seuren überein. Obgleich Seuren bezüglich der von mir zwischen Bedeutung und Kommunikation postulierten Verbindung Zweifel hegt, hat diese Arbeit den Diskussionen mit ihm doch sehr viel zu verdanken.

»Zeichen« vornehmen. Ich glaube, daß eine solche Analyse zumindest der Intention nach der Lockeschen Analyse entspricht.
Was meinen wir, wenn wir sagen, daß schwarze Wolken ein *Zeichen* für Regen sind? Man ist versucht, die hinreichende und notwendige Bedingung einfach wie folgt anzusetzen: Es muß eine wahre induktive Generalisierung geben, die das Vorkommen schwarzer Wolken mit der hohen Wahrscheinlichkeit des Vorkommens von Regen relativ auf die Wolken in Verbindung bringt.
Ein Zeichen kann als ein Zeichen fungieren. Angenommen, jemand sieht – bzw. erhält sonstwie Kenntnis davon –, daß sich zu einem bestimmten Zeitpunkt schwarze Wolken zusammenballen. Wenn er daraus schließt, daß es mit aller Wahrscheinlichkeit Regen geben wird, dann hat er das Zeichen korrekt gelesen. Es hat als ein Zeichen für ihn fungiert. Es ist jedoch nicht notwendig, daß ein Zeichen als ein Zeichen fungiert. Es gibt Zeichen, die niemand liest, und es gibt Zeichen, die niemand lesen kann. (»Wir halten es für ein Zeichen, wissen aber nicht, wofür es ein Zeichen ist.«)
Wie das Zeichen selbst, ist auch das bezeichnete Ding stets ein *partikulärer* Sachverhalt. Es ist semantisch falsch zu sagen: »Dieses Phänomen ist ein Zeichen dafür, daß das Gravitationsgesetz gilt.« Man kann korrekt nur sagen: »Dieses Phänomen ist ein *Indiz* dafür, daß das Gravitationsgesetz gilt.«
Gegen diese einfache Definition von »Zeichen« gibt es jedoch leider Gegenbeispiele. Angenommen, eine gewisse Krankheit führe so gut wie immer zum Tod. Ein Arzt, der eine solche Krankheit feststellt, könnte daraus auf die Wahrscheinlichkeit eines baldigen Todes schließen. Wir würden jedoch nicht sagen wollen, daß die Krankheit ein Zeichen für den baldigen Tod darstellt. Man vergleiche damit den Fall, wo eine gewisse Art von Gesichtsblässe nur kurz vor dem Tod vorkommt. In diesem Fall würden wir durchaus sagen, daß die Blässe ein Zeichen des nahenden Todes ist.
Worin liegt der Unterschied zwischen der Krankheit und der Gesichtsblässe? Wir haben festgelegt, daß jene Krankheit den Tod verursacht; es ist jedoch natürlich anzunehmen, daß Gesichtsblässe, welcher Art auch immer, keine Todesursache ist. Sollten wir daher sagen, daß ein Zeichen nie eine Ursache des bezeichneten Dinges ist? Dies ist nicht ganz korrekt, da man die schwarzen Wolken durchaus als die Ursache des Regens bezeichnen könnte. Die Tatsache, daß die Wolken *schwarz* sind, hat nach unserer Ansicht je-

doch überhaupt nichts mit dem Herbeiführen von Regen zu tun. Wir müssen somit unsere ursprüngliche Definition eines Zeichens wie folgt modifizieren: Diejenigen Merkmale eines Zeichens, aufgrund derer es ein Zeichen ist, können für diejenigen Merkmale des bezeichneten Dinges, aufgrund derer das betreffende Ding von dem Zeichen bezeichnet wird, nicht kausal verantwortlich sein. Ich möchte hier gleich hinzufügen, daß diese Bestimmung für die folgende Argumentation nicht weiter wichtig ist. Es ist aber wichtig, daß man beachtet, daß das bezeichnete Ding selbst sehr wohl die *Ursache* des Zeichens sein kann, und zwar die Ursache bezüglich derjenigen Merkmale, aufgrund derer das bezeichnete Ding das bezeichnete Ding bezeichnet und das Zeichen eben das Zeichen ist. Daß die Leiche gerade diese Messerwunde aufweist, ist ein Zeichen dafür, wie übel der betreffenden Person mitgespielt wurde.

Äußerungen sollen also Zeichen in dem gleichen Sinne sein, wonach schwarze Wolken ein Zeichen für Regen sind. Nun sollen aber Locke zufolge Äußerungen Zeichen für gewisse geistige Zustände des Sprechers sein. An dieser Stelle treffen wir nun aber auf eine weitere Barriere. Die *Bedeutungen* von Äußerungen können keine geistigen Zustände des Sprechers sein – zumindest nicht im allgemeinen. Wenn ich in einem normalen sozialen und sprachlichen Kontext den Satz »Hans wird nicht kommen« äußere, dann ist die entsprechende Bedeutung, *daß Hans nicht kommen wird.* Dies ist aber sicher kein geistiger Zustand dessen, der die Äußerung gemacht hat.

Wenn also eine Analyse à la Locke funktionieren soll, dann muß akzeptiert werden, daß das, was eine gewisse Äußerung in dem oben festgelegten Sinne *bezeichnet,* und das, was sie *bedeutet,* zwei verschiedene Dinge sind. (Nebenbei bemerkt: Es gibt Indizien dafür, daß Locke diesen Punkt selbst gesehen bzw. fast gesehen hat, wenngleich seine Sprache entsetzlich mehrdeutig bleibt.) Es ist an dieser Stelle nur allzu leicht, den Versuch, eine Theorie der Bedeutung von Äußerungen zu entwickeln, die auf die von diesen Äußerungen bezeichneten geistigen Zustände rekurriert, gänzlich aufzugeben. Eine solche Resignation wäre jedoch ganz verfrüht. Könnte nicht die Äußerungsbedeutung eine *Funktion* dessen sein, was die Äußerung bezeichnet – und zwar in genau dem Sinne, in dem $\sqrt{x}$ eine Funktion von x bzw. x eine Funktion von $\sqrt{x}$ ist? Angenommen, das bezeichnete Ding sei so und so;

könnte es dann nicht eine auf der das bezeichnete Ding spezifizierenden Proposition ausgeführte Operation geben, so daß ›die Bedeutung‹ sich aus dieser Proposition in einer festgelegten Form ableiten läßt?

Sehen wir uns ein Beispiel an. (Ich werde gleich darauf eingehen, daß der entsprechende Vorschlag zu einfach ist.) Angenommen, meine Äußerung »Hans wird nicht kommen« ist ein mehr oder weniger zuverlässiges Zeichen dafür, daß *ich glaube, daß Hans nicht kommen wird.* Die Bedeutung ließe sich dann aus dem Bezeichneten dadurch ableiten, daß wir uns auf das beschränken, *was* ich glaube, auf das intentionale Objekt meines Glaubens – nämlich, daß Hans nicht kommen wird. Dies liefert genau das gewünschte Resultat. ›Bedeutungen‹ von Äußerungen sind dann bloße Abstraktionen aus den von der jeweiligen Äußerung bezeichneten Dingen; und sie werden durch Rekurs auf das bezeichnete Ding definiert.

So ermutigt, wollen wir uns fragen, genau für welche geistigen Zustände des Sprechers die jeweiligen Äußerungen Zeichen sind. Wenn wir eine *Behauptung* wie »Hans wird nicht kommen« nehmen, dann gibt es, wie in der Philosophie wohl bekannt ist, zwischen der Behauptung und dem Glauben des betreffenden Sprechers bezüglich der Wahrheit des Behaupteten einen gewissen Zusammenhang. Es ist bekannt, daß »p, aber ich glaube nicht p« eine paradoxe Äußerungsform ist (ein Thema, auf das wir gleich noch zurückkommen werden). Es ist somit eine zu untersuchende natürliche erste Vermutung, daß eine Äußerung, die eine Behauptung ist, daß p, ein Zeichen dafür ist, daß der Sprecher glaubt, daß p.

Ähnliche Vorschläge können für andere Äußerungstypen gemacht werden. Wenn ich die Bitte »Das Salz, bitte« an jemanden richte, dann dürfte die Bedeutung meiner Äußerung vermutlich sein: *Der Adressat soll mir das Salz reichen.* Die Äußerung ist aber ein Zeichen dafür, daß der Sprecher das Ziel hat, daß der Adressat das Salz reicht. Die Bedeutung ist darauf beschränkt, *was* das Ziel des Sprechers ist. Ähnliche Analysen lassen sich vielleicht auch für andere Arten von Äußerungen vornehmen.

Es spricht offensichtlich einiges für die Vermutung, wonach Behauptungen, daß p, Zeichen dafür sind (auch wenn sie dies nicht *bedeuten*), daß der Sprecher glaubt, daß p. Solche Äußerungen werden von der entsprechenden Annahme sehr oft begleitet. Zweifel ergeben sich jedoch, wenn man folgendes berücksichtigt: Der Sprecher kann unaufrichtig sein. Es kann sein, daß er *contra mentem* spricht. Eine derartige Unaufrichtigkeit ist nicht auf Behauptungen (Lügen) beschränkt, kann vielmehr in nahezu jeder Art von Sprechakt involviert sein. (Als ein Beispiel für einen unaufrichtigen Befehl betrachte man den folgenden Fall. Ich habe selbst den Befehl erhalten, zu dir »Hinaus!« zu sagen; ich wage es nicht, dem Befehl nicht Folge zu leisten, und so äußere ich den Befehl. Nichtsdestoweniger *hoffe* ich aber, daß du nicht gehorchen wirst. Mein Befehl an dich ist unaufrichtig.) Es gibt eine kleine Klasse von Sprechakten, zu denen der Akt des Benennens von Personen und Dingen und vielleicht auch bestimmte formale Grußformen gehören, bei denen Unaufrichtigkeit nicht möglich ist. Ich halte sie für relativ periphere Verwendungsweisen von Sprache. Die hier vertretene These wird jedenfalls auf derartige Sprechakte nicht zutreffen. (Es gibt eine weitere Klasse von sprachlichen Akten, wie z. B. das Erzählen von Märchen, bei denen Unaufrichtigkeit ebenfalls nicht möglich ist. Gegen Ende dieser Arbeit werde ich aber die These vertreten, daß es sich dabei um pseudo-kommunikative Fälle handelt.)

Kehren wir zu Äußerungen zurück, bei denen Unaufrichtigkeit möglich ist, so stellt sich heraus, daß es geistige Zustände des Sprechers gibt, die von der Äußerung mit höherer Zuverlässigkeit bezeichnet werden als die bislang betrachteten geistigen Zustände. Wir wollen nicht mehr sagen, daß die Äußerung »Hans wird nicht kommen« ein Zeichen dafür ist, daß der Sprecher glaubt, daß Hans nicht kommen wird; wir wollen stattdessen sagen, daß sie ein Zeichen dafür ist, daß

(der Sprecher das Ziel[2] hat, daß ein Hörer Grund hat zu glau-

2 Ich verwende hier den Terminus »Ziel« und nicht, wie man bei einer sich an Grice orientierenden Untersuchung vielleicht erwarten dürfte, den Terminus »Absicht«. Der Begriff dessen, daß jemand eine Absicht hat, ist ein engerer Begriff als der Begriff dessen, daß jemand ein Ziel hat – und zudem ein für eine Analyse des Begriffs der sprachlichen Bedeutung zu enger Begriff. Insbesondere bin ich der Ansicht, daß der Ausdruck einer Absicht logisch impliziert, daß der Sprecher glaubt, daß die Realisierung des beabsichtigten Zustands in seinen Kräften steht. Aus der Behauptung, daß jemand ein bestimmtes Ziel verfolgt, folgt dies nicht. Nun ist aber offensichtlich, daß nicht alle Versuche einer sprachlichen Kommunikation Versuche sind, von deren Gelingen der Sprecher voll überzeugt ist.

ben, {daß der Sprecher glaubt, [daß Hans nicht kommen wird]}).

Entsprechend ist die Äußerung »Das Salz bitte« ein Zeichen dafür, daß

(der Sprecher das Ziel hat, daß ein Hörer Grund hat zu glauben, {daß der Sprecher das Ziel hat, [daß der Adressat das Salz reicht]}).

Unter Voraussetzung einer kausalen Willenstheorie – von einer solchen gehe ich hier aus, obgleich ich an dieser Stelle keine entsprechenden Argumente vorlegen kann – ist der entsprechende Schluß ein Schluß von einem Phänomen auf seine Ursache.

Der Einfluß von H. P. Grice dürfte hier evident sein, auch wenn es gegenüber den Griceschen Formulierungen wichtige Unterschiede gibt. Man beachte, daß der erste Teil meiner Charakterisierungen für Behauptungen wie für Bitten genau gleich ist. Ich bin der Ansicht, daß diese genaue Ähnlichkeit für Sprechakte einer jeden Art gilt, bei denen Unaufrichtigkeit möglich ist. Akzeptiert man nun diese verbesserte Darstellung dessen, was von einer Äußerung bezeichnet wird, dann gibt es eine sehr zuverlässige induktive Schlußmöglichkeit von der partikulären Äußerung auf einen derart komplexen geistigen Zustand des Sprechers. (Auf Ausnahmen werde ich später eingehen.)

Eine Analyse der sprachlichen Kommunikation dürfte selbst dann einen Wert haben, wenn mein Postulat einer speziellen Verknüpfung zwischen Kommunikation und Bedeutung falsch sein sollte. Ehe wir das Thema der sprachlichen Bedeutung weiterverfolgen, wollen wir daher nochmals das von uns bislang erhaltene Bild von der sprachlichen Kommunikation nachzeichnen. Nehmen wir an, S äußert die Phoneme, die dem Satz »Es ist Gelbfieber an Bord« entsprechen. H. hört die Phoneme. H *schließt darauf* (gerade wie man aus einem jeden Zeichen etwas erschließen kann), daß S diese Äußerung mit dem Ziel machte, daß ein Hörer Grund haben soll zu glauben, {daß S glaubt, (daß Gelbfieber an Bord ist)}. Glaubt H nun, daß S keinen bewußten Täuschungsversuch unternommen oder die Äußerung etwa nur zum Scherz gemacht hat, dann wird er des weiteren darauf schließen, daß S glaubt, daß Gelbfieber an Bord ist. Glaubt H nun des weiteren, daß man sich in den einschlägigen Angelegenheiten auf die Annahmen von S verlassen kann, so wird er darauf schließen, daß in der Tat Gelbfieber an Bord ist. Und ist er erst einmal soweit, so wird er vermutlich auch eine entsprechende Handlung vollziehen. Die Situation ist noch komplizierter für S selbst, dessen Plan ja (wie wir annehmen können) darin besteht, daß H diesen Schlußprozeß durchläuft und dann, als ein Ergebnis davon, eine entsprechende Handlung vollzieht.

Wenn all dies zu kompliziert sein sollte, so beachte man, daß dies nicht auf einer expliziten und bewußten geistigen Ebene vor sich zu gehen braucht – und gewöhnlich auch nicht wird. Es kann sogar sein, daß einige dieser Schritte in Entsprechung zu dem folgenden Modell übersprungen werden. Angenommen, ich glaube, daß alle As auch Bs sind – mit Ausnahme eines ziemlich kleinen Bruchteils von As, die Cs sind. Ich glaube, daß As, die Cs sind, keine Bs sind. Nun sehe ich ein A. Im allgemeinen schließe ich dann daraufhin einfach, daß es auch ein B ist. Ich gehe dabei nicht so vor, daß ich zuerst bemerke, daß es ein A *und* nicht auch ein C ist, und dann darauf schließe, daß es auch ein B ist. Ich gehe von dem Anblick von A unmittelbar zu der Annahme über, daß es ein B ist. Sollte ich jedoch *sowohl* bemerken, daß es ein A, als auch, daß es ein C ist, dann ist mein gewohnheitsmäßiger Schluß unterbrochen. Wenden wir dieses Modell auf die Kommunikationssituation an, so ergibt sich: Ein Hörer dürfte jemandem durchaus unterstellen, daß er selbst glaubt, was er sagt, sowie auch, daß er bezüglich dieser Annahmen verläßlich ist – *es sei denn*, es liegen spezielle Bedingungen vor, aufgrund derer der Hörer glaubt, daß der Sprecher unaufrichtig oder unzuverlässig ist. Es kann somit sein, daß unser kompliziertes Schlußschema für den Hörer in einigen Fällen eine rationale Rekonstruktion und keine psychologische Realität ist.

v. Thun hat mich darauf aufmerksam gemacht, daß diese Analyse der Kommunikation, sollte sie korrekt sein, ein interessantes Licht auf die paradoxe Äußerung »p, aber ich glaube nicht p« wirft.

Man beachte zunächst, daß »p, aber ich glaube nicht p« mehrdeutig ist. Schreiben wir, wie oben, *S* für den Sprecher und verwenden wir *G* als den Glaubensoperator, so erhalten wir *entweder* »$p \wedge \neg G(S,p)$« *oder* »$p \wedge G(S, \neg p)$«.

Betrachten wir zunächst den Fall »$p \wedge \neg G(S,p)$«. Stellen wir uns einen Hörer H vor, der einen Satz von dieser Form hört. H glaubt, (daß der Sprecher das Ziel hat, daß ein Hörer glaubt, {daß der

Sprecher glaubt, daß $[p \land \neg G(S,p)]\})$. Nennen wir die in runden Klammern stehende Proposition »Hörer-Proposition 1«. Wenn H dem Sprecher Aufrichtigkeit unterstellt, dann geht H zu dem Glauben über, {daß der Sprecher glaubt, daß $[p \land \neg G(S,p)]\}$. Nennen wir dies »Hörer-Proposition 2«. Sie kann symbolisch durch »$G(S,p \land \neg G(S,p))$« wiedergegeben werden. Wenn nun jemand die Konjunktion von zwei Propositionen glaubt, so folgt logisch, daß er auch ein jedes Konjunktionsglied glaubt. (Die Umkehrung gilt jedoch nicht, da es möglich ist, daß man zwei Propositionen simultan glaubt, sie aber nicht ›zusammenbringen‹ kann.) Aus der Hörer-Proposition 2 folgt somit logisch $G(S,p) \land G(S, \neg G(S,p))$. Nennen wir diese Konjunktionsglieder »Hörer-Proposition $2a \land 2b$«. Kehren wir zur Hörer-Proposition 2 zurück: $G(S,p \land \neg G(S,p))$. Angenommen, der Hörer unterstellt dem Sprecher Verläßlichkeit, so geht der Hörer über zur »Hörer-Proposition 3«, die in der Konjunktion $p \land \neg G(S,p)$ besteht. Bezeichnen wir diese Konjunktionsglieder durch 3a und 3b. Nun zeigt sich jedoch die Schwierigkeit ganz klar: 3b widerspricht 2a. Ein rationaler Hörer kann somit dem Sprecher nicht Verläßlichkeit unterstellen. Noch kann ein rationaler Hörer erwarten, daß ihm vom Hörer Verläßlichkeit unterstellt wird. Die Äußerung wird somit Sprechern wie Hörern als paradox erscheinen.

Die Situation ist ähnlich, wenngleich auch nicht völlig gleich, wenn die von S gemachte Äußerung von der Form »$p \land G(S, \neg p)$« ist. Die gewöhnlichen Schlußfolgerungen auf seiten Hs vorausgesetzt, wird 3b′ von der Form »$G(S, \neg p)$«, 2a′ dagegen von der Form »$G(S,p)$« sein. Ein rationaler Hörer kann somit dem Sprecher Aufrichtigkeit und Verläßlichkeit nur unter der Bedingung unterstellen, daß der Sprecher simultan Widersprüchliches glaubt. Und ein rationaler Sprecher wird eben dies erkennen. Die Äußerung wird daher Sprechern und Hörern als paradox erscheinen.

Zurück zum Thema der Bedeutung: Interessant an der obigen Analyse ist, daß dann, wenn H *den allerersten Schlußschritt* – nämlich den sehr komplexen – macht, zumindest *sprachliche* Kommunikation erreicht ist. Das Verstehen ist gesichert, wie J. L. Austin sagen würde. Ein illokutionärer Akt wurde vollzogen. H hat verstanden, was S gesagt hat. Es kann sein, daß H S für einen Lügner hält oder, wenn nicht für einen Lügner, so doch für derart idiotisch, daß er einfach nicht ernst zu nehmen ist. Aber H hat doch verstanden, was S gesagt hat – was die These nahelegt, daß sich Bedeutung plausiblerweise als eine *Funktion* dessen ansehen läßt, was auf dieser ersten Stufe erschlossen wird.

Wir können jetzt zwischen drei Ebenen unterscheiden: Wofür die Äußerung ein ›Zeichen‹ ist; was die Äußerung ›ausdrückt‹; und was die Äußerung bedeutet. Man hat oft gesagt, daß die Behauptung »p« den Glauben des Sprechers ausdrückt, daß p, und bedeutet, daß p. Oder daß »Das Salz, bitte« den Wunsch des Sprechers ausdrückt, daß der Adressat das Salz reicht, und bedeutet, daß der Adressat das Salz reichen soll.

(Der Sprecher hat das Ziel, daß ein Hörer Grund hat zu glauben[3]

{daß der Sprecher glaubt, [daß Hans nicht kommen wird]}

oder

{daß der Sprecher das Ziel hat, [daß der Adressat das Salz reicht]}.)

(1) Die Äußerung ist ein Zeichen dafür, daß eine derart komplexe Situation vorliegt. Die Situation ist daher das *Bezeichnete*.

(2) Man kann sagen, daß die Äußerung *ausdrückt*, wovon auch immer der Sprecher will, daß der Hörer einen Grund hat, es zu glauben. (Die in geschweiften Klammern stehenden Sätze bedeuten, was die Äußerung ausdrückt.) Was ausgedrückt wird, ist stets ein geistiger Zustand des Sprechers; ein solcher geistiger Zustand existiert aber nur dann, wenn der Sprecher aufrichtig ist. Was ausgedrückt wird, ist daher ein intentionales Objekt.

(3) Was ausgedrückt wird, hat stets selbst ein intentionales Objekt. Dieses intentionale Objekt ist die *Bedeutung* der Äußerung. (Die in eckigen Klammern stehenden Sätze bedeuten, was die Äußerung bedeutet.)

Bedeutung ist somit mit dem Bezeichneten zwar nicht identisch,

3 Es ist nicht notwendig, daß es wirklich einen Hörer gibt, ja nicht einmal, daß der Sprecher davon überzeugt ist, daß es einen gibt. Es kann sein, daß es dem Sprecher gleichgültig ist, ob es einen Hörer gibt oder nicht, obschon er natürlich nicht davon überzeugt sein darf, daß mit Sicherheit keiner da ist. Des weiteren gilt: Auch wenn die Äußerung einem Hörer, so ein solcher vorhanden ist, »Grund gibt zu glauben, daß . . .«, so ist es doch möglich, daß der Hörer bereits ohnehin glaubt, was zu glauben ihm ein Grund gegeben wird, und auch der Sprecher glaubt, daß der Hörer dies schon glaubt. Es ist möglich, daß wir einen Grund geliefert bekommen, etwas zu glauben, was wir ohnehin schon glauben, und zwar selbst dann, wenn der, der uns den Grund gibt, selbst schon glaubt, daß wir den entsprechenden Glauben bereits haben.

wird jedoch durch Rekurs auf das Bezeichnete analysiert. Unser gewöhnliches Denken und Reden konzentriert sich eher auf die Bedeutung als auf das Bezeichnete, und zwar ganz offensichtlich deshalb, weil ›Bedeutung‹ das völlig veränderbare Element in dem Bezeichneten ist – und somit auch gerade das Interessanteste.

Damit wäre nun meine These formuliert. Ich gehe jetzt auf eine Reihe von Einwänden ein. Einige dieser Einwände werden geringfügige Änderungen und Modifikationen notwendig machen.

Als erstes könnte die Frage aufgeworfen werden, *wie* ein Hörer die ursprüngliche Schlußfolgerung aus der Äußerung zieht. Er schließt von einem bloßen Durcheinander von Lauten auf einen sehr komplexen geistigen Zustand des Sprechers. Wie macht er das? Gewiß, so wird eingewandt werden, kann er dies nur deshalb, weil er die *konventionellen Bedeutungsregeln* für diese Sprache kennt. Welches Licht wir also auch immer auf die sprachliche *Kommunikation* geworfen haben mögen – unser ganzes Reden von Schlußfolgerungen setzt bereits den Begriff der Bedeutung einer Äußerung voraus und kann daher bei der Analyse dieses Begriffs keine Hilfe sein.

Meine Antwort auf diesen (grundsätzlichen) Einwand ist, daß der Schluß seine Gültigkeit nicht aus den Bedeutungsregeln ableitet, sich in diesen ›Bedeutungsregeln‹ vielmehr gerade die Tatsache widerspiegelt, daß in der betreffenden Sprachgemeinschaft aus den und den Zeichen eben gerade dieser Schluß zu ziehen ist. Man muß hier sehen, daß der Begriff der Konvention für die logische Analyse des Begriffs der sprachlichen Bedeutung irrelevant ist. Der Begriff einer (expliziten bzw. impliziten) Konvention ist, wie D. Lewis vor kurzem zeigen konnte, äußerst komplex.[4] Aber ist es nicht eine bloße kontingente Tatsache, daß sprachliche Bedeutungen konventionell sind? Chomsky vertritt als eine zwar recht abstrakte, aber doch empirische Hypothese die Auffassung, daß die fundamentalen grammatischen Prinzipien angeboren und nicht konventionell sind. Aber ist es nicht auch vorstellbar, daß Syntax und Semantik insgesamt angeboren sein könnten, so daß die ganze Menschheit von Natur aus nur die eine, nichtkonventionelle, von Natur aus bereits in uns eingebaute Sprache sprechen würde?

Wichtig ist, daß man sieht, welche *Wirkung* die Etablierung einer Konvention hat. Die bei der Etablierung einer Konvention typi-

4 D. Lewis, *Convention*, Mass., 1969; dtsch. *Konventionen*, Berlin, 1975.

scherweise intendierte Wirkung besteht darin, daß etwas hervorgebracht wird, was durchaus auch mit anderen Mitteln hätte hervorgebracht werden können: eine gewisse Regularität im Verhalten der Menschen. (Es könnte eine *empirische* Tatsache sein, daß sich die Regularität nur durch Etablierung einer Konvention hervorbringen läßt.) Nehmen wir den Fall, daß wir alle auf einer ganz bestimmten Seite der Straße fahren. Es ist eine willkürliche Sache, etwas, was zu Beginn ganz beliebig entschieden werden kann, ob wir auf der einen oder der anderen Seite fahren wollen. Ist die Entscheidung aber einmal getroffen und allgemein bekannt, so wird damit *eine neue Regularität in das menschliche Verhalten* (natürlich keine absolute Regularität) *eingeführt.* Die Regularität wird zum Teil durch sozialen Druck aufrechterhalten; aber allein die Tatsache, daß sie existiert, berechtigt zu gewissen Schlußfolgerungen und praktischen Entscheidungen – die Autos auf der einen Straßenseite fahren nahezu immer nur in der einen Richtung. Ebenso kann auch eine Bedeutungsregel etabliert und durch eine (explizite oder implizite) Konvention aufrechterhalten werden. Was etabliert und aufrechterhalten wird, ist jedoch lediglich eine gewisse Regularität (wenngleich keine absolute) im menschlichen Verhalten: Die Regularität nämlich, daß der Sprecher nur dann »p« sagt, wenn diese Äußerung als Resultat eines gewissen komplexen geistigen Zustands des Sprechers realisiert wird.[5] Und so kann der Hörer aufgrund der Äußerung von »p« einen mehr oder weniger verläßlichen Schluß auf eben diesen Zustand ziehen.

Ein zweiter Einwand gegen die hier vorgelegte Analyse könnte beinhalten, daß diese Analyse nur in solchen Fällen funktioniert, in denen ein orthodoxer Sprachgebrauch vorliegt. Angenommen aber, jemand verwendet Wörter in einem unüblichen Sinne: Er sagt z. B. »Es ist heiß hier« und meint damit, was wir mithilfe von »Es ist kalt hier« zu verstehen geben würden. (Ironie wollen wir

5 Hier ist natürlich zu beachten, worauf bei Chomsky hingewiesen wird: Ein Großteil der geäußerten Sätze ist weder vorher geäußert worden noch wird er später nochmals geäußert werden. Die wirklichen Regularitäten sind die syntaktischen und semantischen Regeln, aus denen »das Bezeichnete« und somit die Bedeutung der Äußerung *folgt.* Diese Regeln beziehen sich auf semantische Aspekte von Äußerungen. Ich glaube jedoch nicht, daß dies der Behauptung widerspricht, wonach die Bedeutungen von vollständigen Äußerungen die kleinsten Bedeutungseinheiten sind. Von den Regeln wird nämlich jener besondere Beitrag bestimmt, den solche semantische Aspekte für vollständige Sätze leisten.

hier beiseite lassen. Ein ironischer Ton in der Stimme oder Kontextindikatoren für Ironie sind mit einer die Bedeutung eines Satzes in einer systematischen Weise ändernden Operation äquivalent. In unserem Satz etwa ist ein ironischer Ton damit äquivalent, daß man »gerade das Gegenteil von« vor »heiß« voranstellt. Diese Analyse der Ironie könnte, nebenbei bemerkt, als ein Ausgangspunkt für die weitaus komplexere Aufgabe einer Analyse der metaphorischen Bedeutung angesehen werden.) Der einfachste Fall ist, daß sich der Sprecher bezüglich der Bedeutung irrt; wir könnten es aber auch mit dem Fall zu tun haben, daß sich jemand einfach aus reiner Willkür entschließt, seinen Wortgebrauch (*pace* Wittgenstein) zu ändern. Wo liegt dann die Regularität? Und wenn hier keine Regularität vorliegt, wie kann man dann sagen, daß seine Äußerung ein Zeichen für seine Gedanken ist?

Dennoch bin ich der Ansicht, daß sich die These vertreten läßt, daß seine Äußerung auch dann noch ein Zeichen ist. Als erstes ist zu beachten, daß ein und dieselbe Art von Zeichen in verschiedenen Kontexten Unterschiedliches bezeichnen kann. Es ist nicht unverständlich, wenn man sagt: »Schwarze Wolken sind ein Zeichen für Regen – aber nicht, wenn sie in einer meteorologischen Situation einer ganz bestimmten Art vorkommen.« Man könnte natürlich darauf insistieren, daß in solchen Fällen in Wirklichkeit nicht die ›schwarzen Wolken‹ als Zeichen fungieren, sondern eben ›die schwarzen Wolken in dieser Art von meteorologischer Situation‹, womit man es dann vermieden hätte, zugestehen zu müssen, daß man es hier mit dem gleichen Zeichentyp zu tun hat. Dem gewöhnlichen Sprachgebrauch zufolge kann man hier jedoch durchaus von ›demselben Zeichen‹ reden. Die zweite und entscheidende Feststellung, die hier zu treffen ist, besagt, daß es dort, wo eine Ursache eine Wirkung hat, Merkmale der Wirkung geben wird (wobei vielleicht zu diesen Merkmalen auch der Kontext dieser Wirkung gehört), aus denen wir, wenn wir genügend Kenntnisse über die gesetzesartigen Verknüpfungen in der Natur verfügen, induktiv auf die Natur der Ursache schließen können. Die Tatsache, daß vielleicht niemand ein solches Zeichen lesen kann, heißt nicht, daß es kein Zeichen ist.

Nehmen wir also an, jemand mache eine bestimmte Äußerung. Wenn nun der Sprecher das Ziel hat, daß ein Hörer Grund hat zu glauben, daß der Sprecher (z. B.) glaubt, daß Hans nicht kommen wird, dann ist die Äußerung eine *Wirkung* – d. h. ihre Realisierung ist eine Folge – dieses geistigen komplexen Zustands des Sprechers.[6] Sie ist daher ein *Zeichen* für diesen geistigen Zustand, auch wenn sie vielleicht ein Zeichen ist, das niemand zu ›lesen‹ imstande ist. Selbst in Fällen eines äußerst exzentrischen Sprachgebrauchs also – oder, wie wir hinzufügen wollen, bei bloßen Versprechern, die zu den häufigsten und in der Regel völlig unbemerkten Fehlern gehören – können wir immer noch davon reden, daß die Äußerung des Sprechers etwas bezeichnet, ausdrückt und bedeutet. Das Resultat war eine Wirkung, und somit ein Zeichen, selbst wenn es ein in der Praxis unlesbares Zeichen sein sollte – und zwar ein Zeichen für einen komplexen geistigen Zustand des Sprechers.

Es wurde der Einwand erhoben, daß aus dem bisher Dargelegten folgt, daß dann, wenn eine Äußerung eines Sprechers eine völlig überzeugende und somit erfolgreiche Lüge darstellen sollte, diese Äußerung ein Zeichen für den Wunsch des Sprechers sein wird, seinen Hörer zu täuschen. Die Äußerung ist nämlich eine Wirkung dieses Wunsches. Dies ist jedoch nicht etwas, was die Äußerung der hier vertretenen Analyse zufolge wirklich ›bezeichnet‹. Doch selbst von der hier vorgetragenen Argumentation einmal abgesehen – es ließe sich einwenden, daß es seltsam klingt, wenn man die Äußerung als ein Zeichen für den Wunsch zu täuschen erklärt.

Ich glaube nicht, daß wir es hier mit einer echten Schwierigkeit zu tun haben. Wichtig ist, daß ein Zeichen viele, ja sogar unendlich viele Dinge bezeichnen kann, und sie eben doch aufgrund ein und derselben Menge von Merkmalen des Zeichens bezeichnen kann (auch wenn für unterschiedliche ›Lesarten‹ vielleicht unterschiedlich viel Information bezüglich der Naturgesetze und der Umgebung des Zeichens erforderlich sein könnte). Die von uns zu Untersuchungszwecken ausgewählten Arten von komplexen geistigen Zuständen sind nur *eines* der Dinge, die von sprachlichen Äuße-

6 Man beachte wiederum, daß ich hier eine kausale Theorie des Willens voraussetze. Das Wirken des Willens wird durch gewisse epistemische Bedingungen regiert, die, vorausgesetzt, daß der Sprecher ein bestimmtes Ziel verfolgt, durchaus den Bereich dessen, was er bei dem Versuch einer Realisierung dieses Ziels tun kann, begrenzen. Insbesondere kann der Sprecher nicht X tun und damit das Ziel verfolgten, Y herbeizuführen, wenn er glaubt, daß es *unmöglich* ist, daß X zu Y führt. Dies ist ganz klar auch für Kommunikationsversuche relevant.

rungen von der Form ganzer Sätze bezeichnet werden. Ich habe daher nichts dagegen, wenn man sagt, daß im Fall des erfolgreichen Lügners seine Äußerung ein Zeichen für seinen Wunsch ist, den Hörer zu täuschen. Sein Hörer kann nach Voraussetzung gar nicht entdecken, daß die Äußerung ein Zeichen für *diese* Absicht ist. Wir können uns aber leicht vorstellen, daß ein hinreichend sorgfältiger und hinreichend informierter Beobachter diese Absicht des Sprechers durchaus von der Äußerung ablesen kann. Ein solcher Beobachter dürfte es meines Erachtens nicht seltsam finden, wenn man von der Äußerung u. a. als von einem Zeichen für diese Absicht spricht.

Kehren wir zum wichtigsten Punkt zurück. Meine These war, daß selbst in den Fällen, in denen jemand Sprache zwar zum Zwecke eines Kommunikationsversuchs verwendet, dabei aber sein Sprachgebrauch sehr exzentrisch ist, seine Äußerung nichtsdestoweniger ein Zeichen für einen komplexen geistigen Zustand der erwähnten Art darstellt. Die *Bedeutung seiner Äußerung* wird durch diesen geistigen Zustand logisch determiniert, obgleich sie mit diesem Zustand nicht identisch ist.

Diese These impliziert nun einen klaren Unterschied zwischen »der (bzw. einer) Bedeutung« einer Äußerung und »der Bedeutung, die einer Äußerung von einem Sprecher in einer bestimmten Situation verliehen wird«. Es hat des weiteren den Anschein, daß es sich bei dem von uns bisher explizierten Bedeutungsbegriff eben um den *letzteren* Begriff handelt. Unserem Schema zufolge ist der Begriff »der Bedeutung« bzw. »einer Bedeutung« durch Rekurs auf diesen fundamentalen Begriff zu analysieren: als die (bzw. als eine) Bedeutung, die dieser Äußerung von Sprechern in einer bestimmten Gruppe gewöhnlich verliehen wird. Um es unter Bezug auf eine derzeitige Kontroverse auszudrücken: Ich vertrete gegenüber Searle die gleiche Position wie Grice.

Ehe wir fortfahren, sollten wir daher auf einen Fall eingehen, von dem Searle annimmt, er stelle für Grice ein Problem dar. Es ist der inzwischen bereits zur Genüge bekannte Fall eines im 2. Weltkrieg von den Italienern gefangengenommenen amerikanischen Soldaten, der die Italiener glauben machen will, er sei ein deutscher Soldat, der sich aber nur an einen einzigen deutschen Satz – eine Zeile aus einem Gedicht – erinnern kann, und der eben diesen Satz in der Hoffnung äußert, daß die Italiener annehmen werden, er bedeute soviel wie »Ich bin ein deutscher Soldat«. Mithilfe meiner Terminologie ausgedrückt: Der Plan des amerikanischen Soldaten ist, daß seine Hörer darauf schließen sollen, daß der Sprecher das Ziel hat, daß seine Hörer Grund haben zu glauben, daß er, der Sprecher, ein deutscher Soldat ist, und daß die Hörer daraufhin auch tatsächlich *glauben*, er sei ein deutscher Soldat. Searle betont, daß die geäußerten Wörter nicht »Ich bin ein deutscher Soldat« bedeuten, sondern »Kennst du das Land, wo die Zitronen blühen?«. Und dies ist dem Sprecher bekannt.[7]

Searle sagt, er sei nicht bereit zuzugeben, daß, was der Amerikaner mit seiner Äußerung meint, soviel besagt wie »Ich bin ein deutscher Soldat«. Als einzigen Grund für eine Stützung dieser Intuition fügt er die Tatsache an, daß, *was der geäußerte Ausdruck bedeutet* (und was er nach der Erinnerung des Amerikaners bedeutet), etwas ganz anderes ist. Diese angeführte Begründung stellt jedoch gegenüber dem, der »die Bedeutung« von »die Bedeutung, die einer Äußerung von einem Sprecher in einer bestimmten Situation verliehen wird« unterscheidet, eine *petitio principii* dar. Ist aber diese Unterscheidung erst einmal gemacht, so scheint es mir einigermaßen plausibel zu sein, wenn man sagt, daß der Amerikaner der Äußerung in der betreffenden Situation eine exzentrische Bedeutung verliehen hat. Der Eindruck der Überzogenheit, der durch dieses Beispiel zweifelsohne erzeugt wird, rührt woanders her. Es wäre ganz natürlich, wenn der Amerikaner in dieser Situation annehmen würde, daß es unglaublich unwahrscheinlich ist, daß die Italiener seinen Satz in der von ihm gewünschten Weise verstehen werden. Und somit ist es fraglich, ob dieser Fall nicht bereits eine epistemische Bedingung für das Eingreifen des Willens verletzt, die Bedingung nämlich, daß der Handelnde glauben muß, daß sich das, was er zu tun versucht, auch erreichen läßt. (Vgl. wiederum Anm. 6)

Es ist ermutigend, unsere Zweifel an dem von Searle vorgebrachten Beispiel auch von Grice selbst geteilt zu sehen.[8] Er führt einen Fall an, in dem er weiß, daß ein kleines Mädchen glaubt, daß ein gewisser französischer Satz soviel bedeutet wie »Nimm dir ein Stück Kuchen«, obwohl dieser Satz, wie er selbst wohl weiß, keine

7 J. R. Searle, *Speech Acts*, Cambridge, 1969, S. 44-45; dtsch. *Sprechakte*, Frankfurt, 1971.

8 Vgl. H. P. Grice, dieser Band, S. 34.

derartige Bedeutung hat. Er verwendet dann den Satz als ein Mittel, sie dazu zu bringen, sich ein Stück Kuchen zu nehmen. Nun scheint es, wie Grice bemerkt, plausibel zu sein, wenn man sagt, daß er mit der Äußerung in dieser Situation soviel meint wie »Nimm dir ein Stück Kuchen«. Worin liegt nun aber der Unterschied zwischen diesem Fall und dem Beispiel von Searle? Der einzig relevante Unterschied, den ich hier sehen kann, ist, daß Grice – im Gegensatz zu Searles Amerikaner – gute Gründe hat anzunehmen, daß sein Kommunikationsversuch erfolgreich sein wird.

Ehe wir den zweiten Einwand verlassen, dürfte es am Platz sein, auf eine weitere Unterscheidung aufmerksam zu machen, die zwischen »Äußerungs-Bedeutung« und »Satz-Bedeutung« getroffen werden kann. Diese Unterscheidung ist notwendig, weil in der Sprache Indexausdrücke vorkommen. Wenn A sagt »Ich bin 1.80 m groß« und B sagt »Ich bin 1.80 m groß«, dann gibt es eine Bedeutung, wonach das, was beide sagen, etwas Verschiedenes bedeutet; es gibt aber auch eine Bedeutung, wonach das, was sie sagen, ein und dasselbe bedeutet. Wir könnten sagen, daß die zwei Äußerungen unterschiedliche Äußerungs-Bedeutungen haben, daß die zwei Sätze, die die Äußerung konstituieren, aber ein und dieselbe Satz-Bedeutung haben. Es ist klar, daß dic vorliegende Arbeit eine Analyse der Äußerungs-Bedeutung ist. Und ebenso klar scheint zu sein – auch wenn die detaillierte Ausarbeitung sich recht komplex gestalten würde –, daß die Satz-Bedeutung durch Rekurs auf die Äußerungs-Bedeutungen analysiert werden kann. Satz-Bedeutungen sind eine gewisse Klasse von phonetisch bzw. schriftlich äquivalenten Äußerungen, deren Äußerungs-Bedeutungen in einer gewissen systematischen Form miteinander übereinstimmen bzw. voneinander abweichen. Im Fall von ›zeitlosen Sätzen‹ läßt sich zwischen Äußerungs-Bedeutungen und Satz-Bedeutungen nicht unterscheiden.

Nun könnte, drittens, eingewandt werden, daß unsere Analyse der Bedeutung von Äußerungen viele Dinge einschließt, die bloße Implikationen des jeweiligen Gesagten sind, und zwar Implikationen, die von der speziellen Situation abhängig sind.

Angenommen, ich sage zu dir »Fritz wird kommen«, und angenommen, ich weiß, (daß du glaubst, {daß ich glaube, [daß dann, wenn Fritz kommt, Hans nicht kommen wird]}). Es kann sein, daß ich das Ziel hatte, daß du Grund haben sollst zu glauben, daß {ich glaube, [daß Hans nicht kommen wird]}. Was ich sage, *bedeutet* jedoch nicht »Hans wird nicht kommen«.

In diesem Fall erreiche ich jedoch mein Ziel nur dadurch, daß ich dir *zuerst* Grund gebe zu glauben, {daß ich glaube, [*daß* Fritz kommen wird]}. Nur wenn dieses Ziel erreicht ist, kann ich mein weiteres Ziel erreichen. Somit können wir sagen, daß die Bedeutung einer Äußerung eine Funktion der *ersten* Proposition von der entsprechenden Form ist, die der Hörer nach dem Willen des Sprechers aus seiner Äußerung erschließen soll. Man beachte aber auf jeden Fall, daß man mit Recht sagen kann, daß (zumindest ein Teil dessen), was ich mit »Fritz wird kommen« *meine*, durch »Hans wird nicht kommen« wiedergegeben werden kann. Man könnte aber auch (stattdessen) sagen, daß ich dies mit dem, was ich sage, *impliziere*.

Nun gibt es jedoch, viertens, Fälle, die zwar unsere Charakterisierung erfüllen, aber überhaupt keine Fälle von sprachlicher Kommunikation sind. Erinnern wir uns an einen von Grice erwähnten Fall.[9] Ich lege in dem Geschäft, in dem ich gewöhnlich meine Zigaretten kaufe, genau 2.80 DM auf den Kassentisch, den Preis der von mir bevorzugten Zigarettenmarke. Hier verfolgt meine Handlung das Ziel, daß der Tabakhändler Grund haben soll zu glauben, {daß ich das Ziel habe, [daß mir der Tabakhändler für mein Geld eine Packung der Marke X geben soll]}. Auch hier kann ich unaufrichtig sein – z. B., wenn ich beabsichtige, das Geld in dem Augenblick wieder an mich zu nehmen, in dem er die Ware auf den Tisch legt. Meine Handlung ist jedoch wohl kaum eine Äußerung.

Man vergleiche diesen Fall aber mit einem Fall, wo ein Polizist einen Motorradfahrer mit der Winkerkelle zum Anhalten bringt. Die Geste des Polizisten ist ein Akt, der ein kommunikatives Ziel verfolgt und von dem man sagen kann, daß er *bedeutet*, daß der Motorradfahrer anhalten soll – und von dem man sagen kann, daß er, aufrichtig oder nicht, eine Absicht von seiten des Polizisten *ausdrückt*, daß der Motorradfahrer anhalten soll. Diese Geste könnte eine Äußerung i.w.S. genannt werden. Worin besteht nun der Unterschied zwischen dem Fall des Tabakhändlers und dem des Polizisten?

Der Unterschied dürfte meines Erachtens darin liegen, daß in dem

9 Vgl. H. P. Grice, dieser Band, S. 23.

ersten Fall meine Handlung kein *bloßes* Zeichen ist. Sie ist nicht einfach nur ein Teil des Prozesses, in welchem ich mit dem Tabakhändler kommuniziere: Sie ist auch ein Akt des Im-Austausch-gegen-eine-Ware-Geld-Anbietens. Sie spielt in dem Prozeß, der dazu führen soll, daß ich meine Zigarettenmarke bekomme, eine Doppelrolle. Somit sehen wir den Akt nicht als eine Äußerung an. Wir reservieren den Terminus »Äußerung« für *bloße* Zeichen.

Ein fünfter und letzter Einwand: »Hans wird nicht kommen« bedeutet gewöhnlich: Hans wird nicht kommen. Einen nicht-exzentrischen Sprachgebrauch vorausgesetzt, hat dieser Satz aber diese Bedeutung, ganz gleich, ob er nun tatsächlich ein Zeichen dafür ist, daß der Sprecher das Ziel hat, daß ein Hörer Grund haben soll zu glauben, daß der Sprecher glaubt, daß Hans kommen wird. Er fungierte z. B. an den in dieser Arbeit vorkommenden Stellen als kein derartiges Zeichen. Noch ist er ein derartiges Zeichen, wenn er in einem Theaterstück oder als Teil eines Romans geäußert wird. Seine *Bedeutung* braucht sich dadurch aber nicht zu verändern.

Die Schwierigkeit besteht hier nicht darin, daß die Beziehung zwischen gewissen Äußerungen und gewissen komplexen geistigen Zuständen des Sprechers geschwächt wird. Wir verfügen über Kontext- und andere Indikatoren, die dem Hörer mehr oder weniger erfolgreich zu verstehen geben, daß diese Äußerungen *keine* Zeichen dafür sind, daß der Sprecher sich in einem gewissen geistigen Zustand befindet. Die Schwierigkeit liegt vielmehr darin, daß derartige Beispiele *genau die gleiche Bedeutung* besitzen wie die Äußerungen, die Zeichen *sind*, und daß sie dennoch nicht Zeichen von der erforderlichen Art sind.

Derartige Äußerungen, die keine Zeichen sind, sollte man meines Erachtens *Pseudo*-Zeichen nennen: Sie leiten ihre Bedeutung aus den von ihnen imitierten *echten* Zeichen ab. Man denke zum Beispiel an Äußerungen, die in einem Bühnenstück gemacht werden. Der den Macbeth darstellende Schauspieler wie auch der den Macduff darstellende Schauspieler reden im Beisein eines Hörers wechselseitig aufeinander ein. Keiner der beiden Schauspieler äußert Zeichen für das, was er denkt; und auch der Hörer nimmt nicht an, daß sie derartiges tun. Wir haben es hier mit einer Pseudo-Kommunikation zu tun. Die Schauspieler durchlaufen die einzelnen Züge des Kommunizierens; sie realisieren die äußeren und hörbaren Aspekte einer Kommunikationssituation. Auch der Hörer ist lediglich in einer Pseudo-Zuhörersituation, so als würde er zwei Kommunizierenden zuhören. Nun ist es sicherlich so, daß die von den Schauspielern geäußerten Sätze Bedeutung haben. Aber warum sollen wir nicht sagen, daß sich diese Bedeutung aus der Bedeutung ihrer Äußerungen ableitet, die diese in der Situation tatsächlich hätten, die sie jetzt lediglich darstellen? Das gleiche ließe sich dann von dem Erzählen eines Märchens, von dem Zitieren einer Äußerung zum Zwecke eines Beispiels und von dem Reden mit sich selbst sagen. Wenn jemand ein Märchen erzählt, so imitiert er jemanden, der etwas wiedergibt, was er für eine wirkliche Geschichte hält bzw. für eine solche Geschichte gehalten haben will. Wer eine Äußerung als ein Beispiel anführt, imitiert damit einfach das echte Hervorbringen eines Zeichens. Wer mit sich selbst spricht, sei es laut oder nur ›im Geiste‹, durchläuft die einzelnen Züge des Kommunizierens mit sich selbst bzw. stellt sich einfach vor, er würde diese Züge durchlaufen. Er handelt, als wäre er zwei Personen. In all diesen Fällen kann man sagen, daß die Sprache – auch wenn sie nicht ihre Bedeutung verliert und sicherlich auch weiterhin ihre Funktion besitzt – in einem gewichtigen Sinne ›feiert‹.[10]

Ich habe zu zeigen versucht, daß die Bedeutung von Äußerungen eine Funktion dessen ist, was sie bezeichnen (bzw. zu bezeichnen imitieren), und daß das, was sie bezeichnen, ein komplexer geistiger Zustand des Sprechers ist. Aber selbst wenn meine Ausführungen korrekt sein sollten, so ist damit doch nur ein erster Schritt zu einer Explikation der Bedeutungsprobleme getan. Die wirklich schwierigen Probleme werden, wie ich vermute, dann auftauchen, wenn wir uns fragen, wie es vor sich gehen soll, daß die semantischen Einheiten von semantisch komplexen Äußerungen zu der Bedeutung der ganzen Äußerung beitragen. Dies sind die echt schwierigen semantischen Probleme, und ich neige zu der Annahme, daß für die Lösung dieser Probleme die empirische Semantik – die, nachdem sie Jahrhunderte hindurch nur auf den Busch geklopft hat, nun erstmals die Form einer Wissenschaft anzunehmen beginnt – wohl weitaus relevanter sein dürfte als dies von philosophischen Spekulationen zu erwarten ist. Ohne Zweifel werden

10 G. Harman scheint in *Sellar's Semantics*, Philosophical Review, 79, 1970, S. 404-419, insbes. Teil 1, auf die gleiche Auffassung hinzuweisen.

aber auch gewisse in der Philosophie erzielte Resultate, insbesondere solche Unterscheidungen wie z. B. zwischen Bedeutung und Bezug, zur Entwicklung dieser empirischen Semantik beitragen können.
Der Wert meiner Bemerkungen – vorausgesetzt, diese gehen überhaupt in die richtige Richtung – dürfte meines Erachtens woanders liegen. Notwendig ist vor allem, daß das mysteriöse Dunkel, das bisher den Begriff der sprachlichen Bedeutung umgeben hat, zum Verschwinden gebracht wird. Ist dies erst einmal gelungen, dann kann sich die empirische Semantik ohne all die nagenden Zweifel weiterentwickeln, die die notorische Unklarheit ihres Grundbegriffs bislang unvermeidbar zur Folge hatte.

Anhang

Es gibt viele Arten von Sprechakten. Nur zwei relativ einfache Arten – *behaupten* und *bitten* – wurden in dieser Arbeit näher erörtert. Läßt sich die hier vorgeschlagene allgemeine Analyse auch auf komplexere Sprechakte anwenden? Ich möchte diesem Bedenken dadurch begegnen, daß ich eine Analyse des *Versprechens* vorlege.
Angenommen, S verspricht einem Hörer, daß er morgen vorbeikommen wird. Der Sprecher hat das Ziel, daß ein Hörer Grund haben soll zu glauben – nun was? Etwas ziemlich Komplexes.
Erstens: Der Sprecher drückt (aufrichtig oder nicht) die *feste Absicht* aus, morgen vorbeizuschauen.
Ich spreche von Absichten und nicht einfach nur von Zielen, da »Absicht« stärker ist als »Ziel«. Eine Absicht impliziert, daß ein Ziel verfolgt wird, impliziert aber auch, daß der Sprecher glaubt, daß er das angestrebte Ziel erreichen kann (*deo volente*). Bei einem aufrichtigen Versprechen muß nur der Sprecher glauben, daß das, was er verspricht, in seinen Kräften liegt. Wir müssen daher den Terminus »Absicht« verwenden.
Aber selbst das Wort »Absicht« reicht für sich genommen nicht hin. Es ist sprachlich korrekt, wenn man sagt: »Ich beabsichtige, X zu tun, *aber es kann sein, daß ich meine Meinung noch ändere.*« Absichten schließen spätere Sinnesänderungen nicht aus, und für

eine derartige Sinnesänderung braucht es keinen Grund zu geben. Die Möglichkeit einer solchen zukünftigen Sinnesänderung wird jedoch durch eine *feste* Absicht ausgeschlossen. Bei einem aufrichtigen Versprechen darf nun der betreffende Sprecher nicht glauben, daß er zu einem späteren Zeitpunkt seine Meinung vielleicht willkürlich ändern wird. Das Versprechen muß daher (aufrichtig oder nicht) die *feste* Absicht ausdrücken, morgen vorbeizukommen.

Zweitens gilt jedoch, daß ein Versprechen weit mehr ist als eine Absichtserklärung. Bei einem aufrichtigen Versprechen, bei dem tatsächlich eine feste Absicht vorliegt, gibt es für den Sprecher zumindest *einen* Grund für seine feste Absicht. Er glaubt, daß ein konventionelles[11] Resultat seiner Äußerung darin besteht, daß er moralisch verpflichtet ist, morgen vorbeizukommen: S kann aufrichtig nur dann versprechen, X zu tun, wenn er sich selbst moralisch dazu verpflichtet, X zu tun. (Es kann natürlich sein, daß S glaubt, daß er andere Verpflichtungen hat, die die Erfüllung gerade dieser Pflicht zu einem unmoralischen Akt machen. Oder er glaubt vielleicht, daß der Akt selbst, von seinem Versprechen einmal ganz abgesehen, bereits unmoralisch ist.)

Zwei Punkte sind hier zu beachten: (a) Der Glaube von S, daß er moralisch verpflichtet ist, morgen vorbeizuschauen, macht die Bedingung der festen Absicht nicht redundant. Es ist durchaus möglich, daß jemand sagt – und auch glaubt –, daß er moralisch verpflichtet ist, X zu tun, dann aber, ohne sich damit zu widersprechen, hinzufügt, daß er nicht die Absicht hat, X zu tun. (b) Die feste Absicht könnte bereits vor dem Abgeben des Versprechens existieren. Der Glaube an eine moralische Verpflichtung ist nur *ein* hinreichender Grund dafür, daß der Sprecher die feste Absicht hat. Ich würde die Situation durch Rekurs auf eine zwischen dem Glaubens-Zustand und der festen Absicht bestehende kausale Relation des *Aufrechterhaltens* analysieren – aber eine solche Analyse steht hier nicht zur Diskussion.

Man könnte die Frage aufwerfen, ob man nicht nur dann von einem (aufrichtigen) Versprechen reden sollte, wenn der Sprecher glaubt, daß er infolge seiner Äußerung moralisch verpflichtet ist, das zu tun, was er versprochen hat. Würde es nicht genügen, wenn

11 Natürlich würde eine detaillierte Analyse hier eine eingehendere Erläuterung von »konventionell« erfordern.

man einfach sagte, daß er sich selbst unter diese Verpflichtung gestellt *hat*? Ich bin jedoch der Ansicht, daß diese Vereinfachung zu inakzeptablen Schwierigkeiten führt. Angenommen zum Beispiel, ich würde einer Statue, die ich für einen Menschen halte, etwas versprechen. Ist mein Versprechen aufrichtig, so müßte ich notwendigerweise glauben, daß ich in einem bestimmten Maße verpflichtet bin, das Versprochene auch zu tun. In Wirklichkeit bin ich jedoch überhaupt nicht verpflichtet.

Die bisher festgelegten Bedingungen reichen nun aber, *drittens*, nur hin, den Sprechakt zu einer einem Hörer gegebenen *Zusicherung* des Inhalts zu machen, daß der Sprecher morgen vorbeikommen wird. Versprechen sind bloß eine Spezies von Zusicherungen. Wie schon oft bemerkt wurde, involviert nämlich ein aufrichtiges Versprechen, daß der Sprecher auch glaubt, daß sein Hörer die Erfüllung des Versprechens dessen Nicht-Erfüllung vorzieht. Wir müssen somit festlegen, daß bei einem aufrichtigen Versprechen der Glaube des Sprechers, er sei moralisch verpflichtet, das Versprochene zu tun, von seinem Glauben *abhängt*, daß der Adressat die Erfüllung des Versprechens der Nicht-Erfüllung vorziehen würde. Der Sprecher hätte den ersteren Glauben nicht, wenn er nicht auch den letzteren hätte. Der Glaube bezüglich der Hörer-Präferenz ist für den Sprecher eine *notwendige Präsupposition* für seinen Glauben, daß er moralisch verpflichtet ist.

Daß S zu einem Hörer sagt »Ich verspreche dir, daß ich morgen vorbeikommen werde« ist somit ein Zeichen dafür, daß

(der Sprecher das Ziel hat, daß ein Hörer Grund haben soll zu glauben, daß

{[i] der Sprecher die feste Absicht hat, [daß der Sprecher morgen vorbeikommen wird];

[ii] der Sprecher glaubt, [daß ein konventionelles Resultat seiner Äußerung darin besteht, daß er moralisch verpflichtet ist, morgen vorbeizukommen];

[iii] [was in (ii) geglaubt wird, für den Sprecher ein hinreichender Grund für seine feste Absicht ist];

[iv] der Sprecher glaubt, [daß sein Hörer sein morgiges Vorbeikommen seinem Nicht-Vorbeikommen vorziehen würde];

[v] [was in (iv) geglaubt wird, für den Sprecher eine notwendige Präsupposition dessen ist, was in (ii) geglaubt wird]}).

Was S mit seiner Äußerung (aufrichtig oder nicht) *ausdrückt*, entspricht dem, was die Sätze innerhalb der geschweiften Klammern bedeuten.

Was S schließlich damit *meint,* daß er verspricht, morgen vorbeizukommen, läßt sich wie folgt wiedergeben:

> Er wird morgen deshalb vorbeikommen, weil es ein konventionelles Resultat seiner Äußerung ist, daß er moralisch verpflichtet ist, morgen vorbeizukommen, eine moralische Verpflichtung, die präsupponiert, daß seine Hörer sein morgiges Vorbeikommen seinem Nicht-Vorbeikommen vorziehen würde.

Diese Charakterisierung, in der zusammengefaßt ist, was mit den in den eckigen Klammern der ursprünglichen Charakterisierung enthaltenen Sätzen gemeint ist, scheint mir intuitiv vernünftig zu sein.

David D. Welker
Sprach-Nominalismus

Die Bedeutungstheorie, die ich untersuchen möchte, hat am explizitesten H. P. Grice formuliert: »Die Bedeutung (im allgemeinen) eines Zeichens [ist] durch Rekurs auf das zu erklären ..., was die Zeichenbenutzer mit ihm in konkreten Situationen meinen (sollten), womit dann der letztere Begriff ... in Wirklichkeit der fundamentale Begriff ist«.[1] Allgemeiner ausgedrückt besagt die These von Grice, daß Bedeutung (im allgemeinen oder in einem zeitunabhängigen Sinn) durch Rekurs darauf zu erklären ist, was Sprecher in konkreten Situationen tun. Einem Vorschlag W. P. Alstons folgend werde ich diese theoretische Position *Sprach-Nominalismus* nennen. Ich muß gleich eingangs darauf hinweisen, daß man sich unter dem Nominalismus, den ich hier diskutieren werde, eine Theorie über die Analyse von bedeutungsspezifizierenden Feststellungen (d. h. Feststellungen von der Form ››x‹ bedeutet *y*‹) vorzustellen hat, sowie ein Kriterium für das Vorliegen von Bedeutung, d. h. eine Antwort auf die Frage »Was heißt es, daß eine Äußerung Bedeutung hat?« Er steht also, soweit ich sehe, nicht im Widerspruch zu Theorien, die zur Beantwortung der Frage »Was berechtigt uns, dasselbe Prädikat auf viele, wahrnehmbar voneinander verschiedene Dinge anzuwenden?« solche Entitäten wie Universalien, Platonische Formen oder Eigenschaften postulieren. Der Sprach-Nominalismus muß schon deshalb diskutiert werden, weil er der weitverbreiteten Ansicht zugrundeliegt, daß der Ausgangspunkt einer jeden Bedeutungstheorie die konventionelle oder regelgeleitete Handlung zu sein hat; Handlungen sind (ganz offensichtlich) etwas, das in konkreten Situationen vollzogen wird. Dem möglichen Einwand, man könne eine Theorie des sprachlichen Handelns vertreten, ohne den Sprach-Nominalismus vorauszusetzen – eine solche Theorie könne nämlich auch durch Rekurs auf einen konventionellen Handlungs*typ* erklären, was es heißt, daß ein Äußerungs*typ* (nicht ein Vorkommnis) Bedeutung hat – ist entgegenzuhalten, daß wir, um den

1 H. P. Grice, *Meaning*, 1957; dtsch. *Intendieren, Meinen, Beabsichtigen*, dieser Band.

Äußerungstyp, der eine bestimmte Bedeutung hat, zu charakterisieren, darauf Bezug nehmen müssen, daß Vorkommnisse dieses Typs von Sprechern konkreter Sprachen in konkreten Situationen verwendet werden. Dazu könnten wir uns als Beispiel das Morphem »ja« ansehen, das im Deutschen *ja* und im Polnischen *ich* bedeutet. Wir können nicht von der Bedeutung dieses Äußerungstyps im allgemeinen sprechen, wir müssen von der Bedeutung des deutschen und des polnischen Äußerungstyps »ja« sprechen. Da die beiden Äußerungstypen äußerlich nicht voneinander unterscheidbar sind, kann ich mir keine andere Möglichkeit zu ihrer Unterscheidung vorstellen als den Rekurs darauf, daß ein polnischer Sprecher, wenn er ein Vorkommnis des polnischen Äußerungstyps in einer konkreten Situation äußert, damit *ich* meint; und mutatis mutandis gilt dasselbe für den deutschen Äußerungstyp. Wer eine Theorie des sprachlichen Handelns vertritt, wird also offenbar auf den Sprach-Nominalismus festgelegt. Auch andere Typen von Theorien dürften diese Position voraussetzen. Ob sie jemals wirklich widerlegt worden ist, berührt mich hier nicht weiter; vielmehr möchte ich die meiner Ansicht nach stärksten Gründe anführen, die für ihre Ablehnung sprechen und dann zeigen, daß sie in Wirklichkeit gegenstandslos sind. Wie sich herausstellen wird, liegt die drohendste Gefahr für den Sprach-Nominalismus darin, daß Bedeutung (im allgemeinen) zwar durch Rekurs darauf erklärt werden kann, was Sprecher in konkreten Situationen tun, wir aber das, was sie tun, ebenfalls durch Rekurs auf Bedeutung (im allgemeinen) beschreiben müssen.

Für den Sprach-Nominalismus spricht, nach Grice, daß er, wenn er im übrigen als Theorie befriedigend ist, den Weg ebnet zu einer *allgemeinen* Theorie der Bedeutung; diese Theorie erklärt beide Fälle: Wann eine Äußerung eine Standard-Bedeutung hat und wann eine Äußerung eine Nicht-Standard-Bedeutung hat bzw. eine Bedeutung in nur einer einzigen Situation, wie im Fall eines vorher vereinbarten Signals. Abgesehen von diesem Argument sehe ich nicht, wie man die fragliche theoretische Position anders beurteilen könnte als dadurch, daß man die verschiedenen Richtungen untersucht, in die sie entwickelt werden könnte.

Der Weg, den Grice einschlägt, erscheint mir unbefriedigend. Seine Theorie läßt sich kurz und ihm doch, wie ich hoffe, gerechtwerdend, wie folgt zusammenfassen: ›»x‹ bedeutet (zeitunabhängig) p‹ wird dadurch expliziert, daß Leute mit ›x‹ in konkreten Situationen p meinen. Und dies wiederum ist dadurch zu explizieren, daß Sprecher in konkreten Situationen beabsichtigen, in einem Hörer vermittels der Erkenntnis dieser Absicht eine Wirkung hervorzurufen, etwa den Glauben, daß p. Damit diese Theorie befriedigend wird, brauchen wir eine Erklärung dafür, wie wir in konkreten Situationen die Sprecherabsichten erkennen und wie folglich in uns, nach Vollzug des Aktes, die gewünschte Wirkung herbeigeführt wird. Natürlich ist es möglich, daß Grices Analyse auch dann korrekt ist, wenn seine Erklärung dafür, wie wir sprachliche Absichten erkennen, nicht korrekt ist; aber *irgendeine* Erklärung dafür muß gegeben werden. Doch genau das kann im Rahmen der Griceschen Theorie nicht geleistet werden.

Nehmen wir einmal an, jemand äußert in einer bestimmten Situation in meiner Gegenwart die Wörter »Es regnet« und hat die Absicht, in mir den Glauben herbeizuführen, daß es regnet. Wie erkenne ich seine Absicht? Grice führt an, daß man davon ausgehen kann, daß der Sprecher zu übermitteln beabsichtigt, was normalerweise mit einer Äußerung übermittelt wird, genau wie man in nicht-sprachlichen Fällen davon ausgehen kann, daß wir die normalen Folgen unserer Handlungen beabsichtigen. Erkenne ich also seine Absicht, weil ich seine Äußerung anhand einer induktiven Generalisierung interpretiere, wonach Sprecher, wenn sie sagen »Es regnet«, den Glauben herbeizuführen beabsichtigen, daß es regnet?

Diese Annahme scheitert; denn sie setzt eine Antwort auf die Frage »Wie erkennen wir in einer konkreten Situation eine sprachliche Absicht?« voraus, und diese Frage kann Grice nicht zufriedenstellend beantworten. Wenn wir nämlich sagen, daß wir eine sprachliche Absicht dadurch erkennen, daß wir sie anhand einer induktiven Generalisierung interpretieren, bringt uns das nicht weiter, solange wir nicht angeben können, wie wir zu dieser Generalisierung gekommen sind. Grice macht dazu mehrere Vorschläge (s. oben S. 13-15), doch keiner davon hält in meinen Augen einer genaueren Prüfung stand. Daß wir die sprachliche Absicht eines Sprechers nicht immer aufgrund dessen erkennen können, daß er sie uns vorher angekündigt hat, wie im Falle eines vorher vereinbarten Signals, dürfte klar sein; denn dann müßten wir auf irgendeine Weise die hinter dieser Absichtsankündigung steckende Absicht erkennen, und das würde uns zu einem infiniten Regreß führen. Grice schlägt des weiteren vor, daß der sprachliche und außersprachliche Kontext einer Äußerung uns dabei hilft bzw. uns in die Lage versetzt zu entscheiden, welche Wirkung ein Sprecher in seinen Hörern herbeizuführen beabsichtigte. Wir müssen uns fragen, was für das, was der Sprecher sagt oder tut, relevant ist oder welches Ziel er (offensichtlich) zu erreichen beabsichtigt; so wissen wir z. B. wenn es brennt, daß ein Mann, der nach einer Pumpe ruft, keine Fahrradpumpe haben möchte. Dieser Vorschlag ist jedoch als Antwort auf unsere Frage nicht brauchbar: Erstens taugt er lediglich als Erklärung dafür, wie wir die Mehrdeutigkeit einer Äußerung auflösen, nicht aber dafür, wie wir erkennen, daß ein Sprecher entweder das eine oder das andere gemeint haben muß oder dafür, wie wir eine sprachliche Absicht hinter einer nicht mehrdeutigen Äußerung erkennen; zweitens läßt der außersprachliche Kontext bei den meisten Äußerungen *nicht* erkennen, welches Ziel der Sprecher mit ihnen verfolgt. Was z. B. würde der Äußerungs-Kontext für den Hörer hergeben, um die sprachliche Absicht zu erkennen, die ich habe, wenn ich einfach ins Zimmer komme und ihn frage, ob er einen Drink will?

Grices eigene Andeutungen dazu, wie sprachliche Absichten mittels einer induktiven Generalisierung erkannt werden können, lassen sich allem Anschein nach nicht befriedigend explizieren. Daher werde ich folgendes vorschlagen: Wenn man einfach einen Sprecher eine Kette von Wörtern äußern hört, kann das kein adäquater Grund für die Annahme sein, daß er eine bestimmte sprachliche Absicht hat. Wenn man aber weiß, daß der Sprecher eine bestimmte sprachliche Handlung vollzieht, z. B. feststellt oder berichtet, daß es regnet, dann folgt notwendig, daß er eine bestimmte sprachliche Absicht hat, z. B. die Absicht, in seinen Hörern mittels der Erkenntnis dieser Absicht den Glauben herbeizuführen, daß es regnet.

Man könnte, genauer gesagt – wenn man eine solche Theorie des sprachlichen Handelns vertritt, wie ich sie jetzt vertreten werde – die These vertreten, daß Sprecher, wenn sie etwas mit einer Äußerung meinen, notwendig die *Verantwortung* dafür *übernehmen*, daß sie die Absicht haben, bestimmte Wirkungen in ihren Hörern herbeizuführen, und zu diesem Zweck wie folgt argumentieren: Eine gegebene sprachliche Handlung ist durch diejenigen Bedin-

gungen zu charakterisieren, für deren Erfülltsein die Verantwortung übernommen werden muß, wenn die fragliche Handlung erfolgreich vollzogen sein soll. Nun muß von der einzelnen sprachlichen Handlung irgendwie die ganz andere Handlung unterschieden werden können, die darin besteht festzustellen, daß die Bedingungen erfüllt sind, die die jeweilige sprachliche Handlung charakterisieren. Dies geschieht meines Erachtens plausiblerweise am besten dadurch, daß man in die Liste der Bedingungen eine Bedingung aufnimmt, die die Wirkung spezifiziert, die der Sprecher durch seine Äußerung herbeizuführen beabsichtigt.
Ist das richtig, dann ist zwar der Zusammenhang zwischen dem Vollzug einer bestimmten sprachlichen Handlung und dem Vorliegen einer bestimmten sprachlichen Absicht nicht-kontingent, aber der Zusammenhang zwischen dem Äußern bestimmter Wörter und dem Vollziehen bestimmter sprachlicher Handlungen *ist* kontingent, und wir könnten folglich auf induktivem Wege diesen Zusammenhang herausbekommen.
Somit haben wir, wie es scheint, einen Weg gefunden, um zu erklären, wie Hörer mittels induktiver Generalisierungen sprachliche Absichten erkennen können, allerdings nur wenn wir zulassen, daß die Hörer das, was sie beobachten, dadurch ergänzen, daß sie wissen, was es heißt, bestimmte sprachliche Handlungen zu vollziehen. Berücksichtigen wir jedoch, daß es sprachliche Regeln gibt, die bestimmen, in welchem Kontext eine bestimmte Äußerung angemessen ist, dann ist dieser Weg nicht mehr gangbar. Ein Sprecher einer bestimmten Sprache kann nicht, wann immer es ihm paßt, Sätze in dieser Sprache äußern, ohne dafür zur Verantwortung gezogen zu werden. Man wird ihn darauf festlegen und er wird sich nicht damit herausreden können, er habe mit der Äußerung überhaupt nichts gemeint oder er habe sie in einer Weise verwendet, die dem Standard gar nicht entspricht. Denn wenn man die betreffende Sprache beherrscht, weiß man auch, daß man bestimmte Sätze nur in bestimmten Kontexten äußert; daraus folgt, daß wir dann, wenn ein Satz im angemessenen Kontext geäußert wird, auch berechtigt sind, darauf zu schließen, daß der Sprecher beabsichtigt hat, eine bestimmte Wirkung in seinen Hörern herbeizuführen – und zwar nicht aufgrund einer induktiven Generalisierung, sondern aufgrund unseres Wissens, daß der Sprecher ein Sprecher der betreffenden Sprache ist. Ein Beispiel für einen

›angemessenen‹ Kontext wäre etwa, wenn ein Chirurg nach dem Skalpell verlangt. In einem bestimmten Tonfall »Skalpell« zu rufen, ist nur im Operationssaal oder in offensichtlich ähnlichen Situationen angemessen, und wenn der Chirurg dort danach ruft, wird er es kaum zurückweisen und sich darauf herausreden können, er habe nur eben mal seine Stimme ausprobiert. Damit würde er nicht unseren Glauben an die Induktion erschüttern, sondern viel eher sich selbst eine harte Lektion darüber einhandeln, welch ernste Angelegenheit es sein kann, von Kontextregeln der üblichen sprachlichen Praxis abzuweichen. Es ist also sowohl der Zusammenhang zwischen dem Äußern eines Satzes in einem bestimmten Kontext und dem Vollziehen einer bestimmten sprachlichen Handlung nichtkontingent, als auch der Zusammenhang zwischen dem Vollziehen einer bestimmten sprachlichen Handlung und dem Vorliegen einer bestimmten sprachlichen Absicht. Erklären zu wollen, wie wir die Absicht aufgrund des Kontextes der Äußerung erkennen, ohne dabei, wie vorhin, auf den Begriff einer regelgeleiteten sprachlichen Handlung zurückzugreifen, wird nicht gelingen. Sobald wir aber andererseits auf den Begriff einer regelgeleiteten sprachlichen Handlung rekurrieren, ist für induktive Verfahren, wie wir dazu gelangen, die sprachlichen Absichten eines Sprechers zu erkennen, kein Platz mehr. Dagegen könnte angeführt werden, daß wir, wenn wir lernen, was es heißt, verschiedene sprachliche Handlungen zu vollziehen, Verfahren anwenden, die ganz wie induktive Verfahren aussehen: Wir beobachten, wie sich die Sprecher vor und nach der Äußerung verhalten, welche Dinge sich zur Zeit der Äußerung in der Umgebung befinden und bilden dann aufgrund von induktiven Generalisierungen über solche Sachen die Begriffe von verschiedenen sprachlichen Handlungen. Diese These beruht jedoch auf einer Theorie des Spracherwerbs, die den Tatsachen einfach nicht entspricht. Vertreter dieser Theorie haben wohl ständig solche Fälle vor Augen wie den, daß ich einem Kind beibringe, was Milch ist, indem ich eine Menge über Milch sage, wenn Milch dasteht, oder daß ich sage »Ich gehe weg« und daraufhin weggehe. Doch wissen, was Milch und was Weggehen ist und ähnliches, heißt nicht, eine Sprache beherrschen. Man muß dieses Wissen beim Vollziehen sprachlicher Handlungen, wie berichten, bitten, vorschlagen, versprechen usw. anwenden können. Und für diese Handlungen ist es wesentlich, daß sie regelgeleitet sind oder, anders ausgedrückt, daß sie Einwänden ganz bestimmter Art ausgesetzt sind. Die Antwort auf die Frage: »Wie lernt ein Kind, wie diese verschiedenen sprachlichen Handlungen vollzogen werden?« dürfte jetzt die sein, daß wir es gegenwärtig einfach nicht wissen. Unwahrscheinlich ist jedoch, daß es aufgrund irgendeines induktionsähnlichen Verfahrens geschieht. Im Verlauf des Spracherwerbs wiederholen Kinder häufig Fragen, die an sie gerichtet sind, bis ihnen plötzlich klar wird, was Fragen sind, und sie darauf antworten. Daß dabei so etwas wie Induktion im Spiel ist, ist keineswegs ersichtlich. Und so können wir ohne großes Bedauern zumindest für den Augenblick die These aufgeben, daß sprachliche Absichten erkannt werden, indem eine Äußerung mit Hilfe induktiver Generalisierungen interpretiert wird.

Die These, daß wir die Absicht eines Sprechers dadurch erkennen, daß wir seine Äußerung allein vor dem Hintergrund von sprachlichen Regeln statt vor dem Hintergrund irgendeiner induktiven Generalisierung interpretieren, ist wahrscheinlich zutreffender. Demnach können wir seine Absicht, einen bestimmten Glauben in uns herbeizuführen, deshalb erkennen, weil wir wissen, daß er ein Sprecher einer bestimmten Sprache ist und daher weiß, daß seine Äußerung keine Chance hat, irgendeinen Glauben herbeizuführen, wenn er nicht bereit ist, bestimmte Einwendungen gegen seine Äußerung zu akzeptieren. Wenn z. B. ein Sprecher äußert »Es regnet«, wird seine Äußerung in uns kaum den Glauben herbeiführen, daß es regnet, solange wir nicht ebenfalls glauben, daß er solche Einwendungen wie »Es regnet *nicht*« und »Woher weißt du das? Du bist den ganzen Tag nicht aus deinem Büro hinausgekommen« akzeptieren wird. Damit die Äußerung die Eigenschaft hat, einen Glauben herbeizuführen, ist es eine notwendige Bedingung, daß wir wissen, daß der Sprecher die Verantwortung dafür übernimmt, daß die entsprechenden Bedingungen erfüllt sind, d. h. solche Bedingungen wie die, daß es tatsächlich regnet und daß er in der Position ist, das festzustellen. Und folglich ist unser Wissen, daß seine Äußerung durch Regeln geleitet wird, die spezifizieren, für das Erfülltsein *welcher* Bedingungen man die Verantwortung übernehmen muß, wenn man erfolgreich eine Feststellung machen will, eine hinreichende Bedingung dafür, daß die Äußerung die Tendenz hat, einen Glauben herbeizuführen. Auf diese Weise erkennen wir die sprachliche Absicht.

Wenn man Grice so interpretiert, gerät der Sprach-Nominalismus in offensichtliche Schwierigkeiten. Denn wenn wir sagen, daß das Erkennen der Sprecherabsichten in einer konkreten Situation involviert, daß man erkennt, daß die Äußerung mit sprachlichen Regeln übereinstimmt, sagen wir zweifellos, daß die Tatsache, daß die Wörter in einem zeitunabhängigen Sinn etwas bedeuten, ihnen in einer konkreten Situation erst Bedeutung verleiht. Auf diese Schwierigkeit werde ich gleich noch zurückkommen. Doch jetzt ist am wichtigsten, daß wir einsehen, daß diese Explikation der Griceschen Theorie dazu führt, sie aufzugeben. Wenn wir die sprachlichen Absichten aufgrund dessen erkennen müssen, daß sie uns in einem Kontext regelgeleiteten Verhaltens enthüllt werden, dann werden die Absichten selbst weitgehend irrelevant für die Frage, ob mit einer Äußerung etwas gemeint wird. Zu wissen, daß der Sprecher mit der Äußerung eines Satzes die Verantwortung dafür übernimmt, daß bestimmte Bedingungen erfüllt sind, ist selbst schon hinreichend dafür, daß er mit seiner Äußerung etwas gemeint hat. Ich stelle nicht in Abrede, daß Sprecher, wenn sie etwas mit einer Äußerung meinen, beabsichtigen, bestimmte Wirkungen in Hörern herbeizuführen, auch nicht, daß das notwendigerweise so ist.[2] Aber damit diese sprachlichen Absichten erkannt werden, müssen sie in einen umfassenderen Kontext von Regeln eingefügt sein, die sprachliche Handlungen leiten und die dann hinreichen, um der Äußerung Bedeutung zu geben. Es hat also den Anschein, daß Grices Theorie nicht befriedigend weitergeführt werden kann, ohne daß ihre grundlegende Orientierung aufgegeben wird zugunsten einer Theorie des sprachlichen Handelns, wie sie ursprünglich von Austin vorgelegt und von Alston weiterentwickelt wurde.[3] Vielleicht weist diese Theorie einen adäquateren Weg auf, wie die Grundthese des Sprach-Nominalismus ausgeführt werden kann.

Die Theorie des sprachlichen Handelns von Austin und Alston könnte eine Basis liefern für den allgemeineren Ansatz des Sprach-

2 Siehe unten S. 146.

3 J. L. Austin, *How to Do Things with Words*, London, 1962; dtsch. *Zur Theorie der Sprechakte*, Stuttgart, 1972; relevant sind hier die Vorlesungen 8-12; W. P. Alston, *Meaning und Use*, The Philosophical Quarterly, 13/51, 1963; ebenso *Linguistic Acts*, American Philosophical Quarterly, 1/2, 1964, S. 138-146.

Nominalismus: Daß ein Satz(-Typ) etwas im zeitunabhängigen Sinn bedeutet, heißt, daß Vorkommnisse dieses Satzes in konkreten Situationen verwendet werden können, um illokutionäre Akte zu vollziehen. Daß ein Wort etwas bedeutet, heißt, daß es in Sätzen zum Vollzug von illokutionären Akten verwendet werden kann. Wir sagen also von Wörtern und von Sätzen, daß sie eine Bedeutung und eine Verwendungsweise haben. Eine Zeitlang haben manche Philosophen nicht zu Unrecht darauf bestanden, daß wir, wenn wir überhaupt davon reden wollen, daß Sätze Bedeutung haben, dies in einem anderen Sinn tun müssen, als wenn wir davon reden, daß Wörter Bedeutung haben.[4] Genauso sollte ich jetzt darauf bestehen, daß wir von der Verwendung eines Wortes und von der Verwendung eines Satzes nur in sehr verschiedenem Sinn reden können. Von der Verwendung eines Wortes können wir insofern reden, als es als Bestandteil in Sätzen verwendet wird. Die so gebildeten Sätze selbst haben aber in diesem Sinn keine Verwendung, wie man daraus ersehen kann, daß wir kaum jemals denselben Satz zweimal antreffen. Darum ist es irreführend, von *einer* oder von *der* Verwendung eines Satzes zu sprechen. Sätze werden in dem ganz anderen, vielleicht eher technisch zu nennenden Sinne verwendet, daß sie während des Vollzuges von illokutionären Akten geäußert werden.[5] Da wir kaum jemals denselben illokutionären Akt zweimal vollziehen, sollte man den Begriff der Verwendung im Falle von Sätzen so verstehen, daß er uns zeigt, wie wir zur Konstruktion von *Schemata* kommen, mit Hilfe derer wir erklären können, wie wir einen illokutionären Akt durch Äußern irgendeines neuen, von uns konstruierten Satzes vollziehen können.

Das Problem, zu bestimmen, was ein Wort oder ein Satz bedeutet, ist bis jetzt von den Vertretern unserer Theorie nicht gänzlich gelöst worden. Gibt es in der Sprache ein synonymes Wort bzw. einen synonymen Satz, kann man die Bedeutung durch Angabe des Synonyms spezifizieren. In diesem Fall liefert die Theorie des sprachlichen Handelns eine Erklärung dafür, was es heißt, daß

4 Siehe G. Ryle, *Ordinary Language*, The Philosophical Review, 62, 1953.

5 »Verwendung« in diesem Sinn begegnet uns in alltäglichen Situationen am ehesten in solchen Sätzen wie: »Welche Ausdrücke hat er genau verwendet, als er dir diesen Vorwurf gemacht hat?«.

zwei Ausdrücke synonym sind. Wenn zwei Sätze synonym sind, heißt das, daß sie dasselbe illokutionäre Akt-Potential besitzen, daß sie zum Vollzug derselben illokutionären Akte verwendet werden können. Zwei Wörter oder Wendungen sind synonym, wenn sie in einer Vielzahl von Kontexten gegeneinander ausgetauscht werden können, ohne daß sich das illokutionäre Akt-Potential der entstehenden Sätze verändert. Ist kein synonymer Ausdruck vorhanden, ist es natürlich unmöglich, eine Bestimmung der Bedeutung durch die Form »›x‹ bedeutet *y*« zu geben. Im Fall von Sätzen kann man wenigstens einige Beispiele illokutionärer Akte anführen, für deren Vollzug sie verwendet werden könnten; und wir haben dann bestimmt, was ein Satz in einem zeitunabhängigen Sinn bedeutet, wenn wir angeben, welche illokutionären Akte mit ihm in konkreten Situationen vollzogen werden können – vorausgesetzt, wir verfügen über eine befriedigende Methode, illokutionäre Akte zu charakterisieren. Die Bedeutung eines Wortes, für das es kein Synonym gibt, kann allerdings nicht auf ähnliche Weise bestimmt werden. Bis jetzt hat nämlich noch niemand eine Methode entwickelt, um aus den jeweiligen Bedingungen, die erfüllt sein müssen, wenn man verschiedene illokutionäre Akte vollzieht und dabei ein Wort in verschiedenen Sätzen verwendet, so etwas wie eine Bestimmung der Wort-Bedeutung herauszufiltern. In dieser Hinsicht ist die Theorie also bis jetzt noch unvollständig. Immerhin liefert die Theorie des sprachlichen Handelns eine Erklärung dafür, was es heißt, daß ein Satz – die kleinste Äußerungseinheit – in einem zeitunabhängigen Sinn Bedeutung hat: Sie bezieht die Sätze auf das, was Sprecher mit ihnen in konkreten Situationen tun, und zwar so, daß wir für konkrete Situationen erklären können, was es heißt, daß der Satz Bedeutung hat und angeben können, welche Bedeutung er hat. Es wäre meiner Ansicht nach unklug, sich in diesem Stadium der philosophischen Theorienbildung auf eine besondere Form der Theorie des sprachlichen Handelns festzulegen. Ich diskutiere Alstons Version ausführlich, weil sie die am weitesten entwickelte Theorie ist, die mir bekannt ist. Ich nehme jedoch an, daß jede in dieser Richtung zu entwickelnde Theorie ein wesentliches Merkmal aufweisen wird, nämlich daß sprachliche Handlungen Korrekturen oder Einwänden ausgesetzt sind. Die folgende Diskussion wird daher für alle derartigen Theorien relevant sein.

Nun erhebt sich aber die Frage: Können wir wirklich erklären was es heißt, einen illokutionären Akt in einer konkreten Situation zu vollziehen, ohne dabei den Begriff der Bedeutung im zeitunabhängigen Sinn zu verwenden? Wenn uns das gelingt, ist der Sprach-Nominalismus gerechtfertigt; denn wir haben gezeigt, wie der Begriff der (zeitunabhängigen) Bedeutung durch Rekurs darauf erklärt werden kann, daß die Äußerung mit ihrer Bedeutung zum Vollzug einzelner sprachlicher Handlungen verwendet werden kann. Gelingt uns das jedoch nicht, haben wir bestenfalls gezeigt, daß eine Art wechselseitiger Abhängigkeit zwischen der einzelnen sprachlichen Handlung und der (zeitunabhängigen) Bedeutung besteht. Schlimmer noch – die Explikation könnte dann dem Vorwurf der Zirkularität ausgesetzt sein.
Wie also soll der Vollzug eines konkreten illokutionären Aktes erklärt werden? Ein wesentlicher Teil der Theorie Alstons ist: Der Sprecher äußert nicht nur einen Satz in Gegenwart des Hörers; es ist auch zu erkennen, daß die Handlung des Sprechers von Regeln geleitet ist, die besagten, daß der Satz nur dann geäußert werden darf, wenn bestimmte Bedingungen erfüllt sind. Als Alternative zu dieser ›Regel‹-Formulierung können wir auch sagen, daß der Sprecher beim Vollzug eines illokutionären Aktes die Verantwortung dafür übernimmt, daß bestimmte Bedingungen erfüllt sind. Anhand dieser Regeln oder – in der alternativen Formulierung – anhand dieser Bedingungen wird der illokutionäre Akt charakterisiert: Welcher illokutionäre Akt durch die Äußerung eines Satzes vollzogen worden ist, hängt davon ab, für das Erfülltsein welcher Bedingungen der Sprecher die Verantwortung übernimmt. Wie sollen wir aber diese Regeln oder Bedingungen, die in die Analyse des illokutionären Aktes involviert sind, charakterisieren?
An diesem Punkt kommen wir offenbar in unserer Analyse nicht voran, ohne so etwas wie (zeitunabhängige) Bedeutung einzuführen. Denn, so könnte man sagen, der Begriff einer Regel beinhaltet ja gerade, daß der Geltungsbereich der Regel notwendig über eine einzelne sprachliche Handlung hinausreicht. Eine Regel der von uns betrachteten Art sagt uns, welche Bedingungen wir erfüllen müssen, damit wir eine bestimmte sprachliche Handlung vollzogen haben, und zwar in jeder beliebigen von einer unendlichen Anzahl von Situationen; was nichts anderes zu besagen scheint, als daß die Wörter, die wir beim Vollzug eines illokutionären Aktes äußern,

in einem zeitunabhängigen Sinn Bedeutung haben, und dies, insofern unsere Handlung von Regeln geleitet ist, *notwendig* so sein muß.

Ich halte diesen Einwand für nicht so schwerwiegend, wie es den Anschein hat. Denn es ist einfach falsch, daß der Geltungsbereich einer Regel mehr als einen einzigen Akt umfassen muß. Als Paul Revere seinen berühmten Ritt unternahm, wurde seine Handlung von einer sprachlichen Regel geleitet: Eine Lampe in den Turm hängen, wenn sie vom Land her kommen, zwei, wenn von der See. Seine Handlung war nicht deshalb regelgeleitet, weil die zeitunabhängige Möglichkeit einer britischen Invasion bestand, sondern weil in dieser Situation der Vollzug seiner Handlung semantisch relevanter Kritik unterworfen war. Wenn wir weiterhin von der Annahme ausgehen, daß ein Satz eine Standard-Bedeutung hat, dann würde dies einem Vertreter der Theorie des sprachlichen Handelns zufolge nur bedeuten, daß dieser Satz, wann immer er in irgendeiner konkreten Situation geäußert wird, dazu verwendet wird, eine bestimmte sprachliche Handlung zu vollziehen bzw. daß ein Sprecher erkennt, daß der Vollzug seiner Handlung durch bestimmte Regeln geleitet wird. Diese Analyse, so die These, erwähnt einzig und allein konkrete sprachliche Handlungen. Doch angenommen, der strittige Punkt würde nun so formuliert: Warum erkennen die Sprecher, daß ihre Äußerungen in jeder dieser Situationen von Regeln geleitet werden? – worauf die Antwort zu lauten scheint: Weil sie die betreffende Sprache beherrschen und weil die von ihnen verwendeten Wörter das bedeuten, was sie bedeuten. Es sieht somit ganz so aus, als müßten wir zur Beantwortung dieser Frage auf (zeitunabhängige) Bedeutung rekurrieren.

Doch auch dies halte ich nicht für einen ernsthaften Einwand, läuft er doch nur darauf hinaus, daß wir einräumen müssen, daß natürliche Sprachen genetisch gesehen vor allen Sprachbenützern kommen, mit denen wir es je zu tun haben. Wir *erlernen* offensichtlich die Sprache, die wir sprechen, d. h. das Vokabular und die Syntax dieser Sprache, wir *erfinden* sie nicht. Doch daraus folgt nicht, daß man, was es *heißt*, eine bestimmte Sprache zu beherrschen, nicht auch dadurch *erklären* kann, daß man auf die Fähigkeit des Sprechers Bezug nimmt, in konkreten Situationen Sätze zu äußern und dabei zu erkennen, daß er die Verantwortung dafür übernehmen muß, daß bestimmte Bedingungen erfüllt sind.

Kurz, dieser Einwand bringt die Reihenfolge der Explikation mit der genetischen Ordnung durcheinander.

Doch auch wenn es möglich ist, den allgemeinen Begriff einer sprachlichen Regel vom nicht explizierten Begriff der (zeitunabhängigen) Bedeutung zu trennen, kann sich bei genauerem Hinsehen noch herausstellen, daß die in sprachlichen Regeln involvierten Entitäten eine gewisse zeitunabhängige semantische Natur haben. Die Regeln und folglich die illokutionären Akte sind durch die *Bedingungen* charakterisiert, für deren Erfülltsein der Sprecher die Verantwortung übernehmen muß. Es ist aber dann keineswegs klar, was eine Bedingung ist, und wie *diese* Dinge zu identifizieren sind.

Ich möchte darauf hinweisen, daß man Bedingungen auf zwei verschiedene Weisen auffassen kann, und daß Alston selbst keinerlei Gründe dafür angibt, für welche man sich entscheiden soll. Eine dieser Interpretationen wirft für den Sprach-Nominalismus kein Problem auf, die andere wohl. Erstens also könnte man Bedingungen als zur selben Kategorie gehörig wie Tatsachen bzw. Sachverhalte auffassen. Bei dieser Interpretation, so könnte behauptet werden, entsteht für den Sprach-Nominalismus deshalb kein Problem, weil Tatsachen und Sachverhalte in keiner Hinsicht zeitunabhängige Entitäten sind. Dieser Punkt kann durchaus strittig sein; doch ich werde hier nicht weiter darauf eingehen, weil ich »Bedingungen« in einer anderen Interpretation diskutieren möchte. In *Linguistic Acts* (S. 139) spricht Alston zum einen davon, daß die Erfüllung der Bedingungen mißlingen kann, zum anderen bestreitet er, daß es sich um für den Vollzug eines illokutionären Aktes notwendige Bedingungen handelt. Diese Redeweisen legen meines Erachtens nahe, daß wir unter »Bedingungen« *Forderungen* zu verstehen haben, für deren Erfüllung der Sprecher Verantwortung übernimmt, und nicht etwas derartiges wie eine Tatsache oder einen Sachverhalt. Somit scheint sich der Gebrauch des Ausdrucks »Bedingung« hier also von dem Gebrauch dieses Wortes abzuleiten, dem wir dann folgen, wenn wir von Bedingungssätzen sprechen. Statt zu sagen, daß der Sprecher Verantwortung für die Erfüllung gewisser Bedingungen übernimmt, könnte man sogar sagen, daß er sich auf die Wahrheit gewisser Sätze festgelegt hat. Bedingungen scheinen dann einen zeitlosen, abstrakten sprachlichen Anstrich zu bekommen. Und es sieht wieder ganz so aus, als

habe sich der Begriff der (zeitunabhängigen) Bedeutung bereits in die Explikation dessen, was es heißt, einen konkreten illokutionären Akt zu vollziehen, eingeschlichen.
Wollen wir mit dieser Schwierigkeit irgendwie fertigwerden, so ist zu beachten: Wenn wir davon reden, daß der Sprecher für die Erfüllung von Bedingungen Verantwortung übernimmt, so hypostasieren wir damit die Tatsache, daß die Handlung des Sprechers gewissen Einwänden gegenüber offen sein muß, daß er bestimmte Einwände als für den Erfolg seiner Handlung relevant akzeptieren muß. Vielleicht lassen sich also die scheinbar abstrakten und zeitunabhängigen Entitäten, die von uns »Bedingungen« genannt werden, letztlich durch Rekurs auf die Möglichkeit konkreter illokutionärer Akte des Einwendens und des Kritisierens erklären. Ist also davon die Rede, daß ich Verantwortung für die Bedingung übernehme, daß Käse im Kühlschrank ist, so heißt dies nichts anderes als: Sollte jemand einwenden »Aber es ist ja gar kein Käse im Kühlschrank«, so hätte ich diesen Einwand als relevant für den erfolgreichen Vollzug meines Tuns zu erachten. Natürlich, gegen jede derartige Analyse ließe sich einwenden: Die bloße *Möglichkeit* einer konkreten Entität ist nicht selbst eine solche. Dieser Einwand erscheint mir aber nicht als schwerwiegend. Denn aus der Tatsache, daß es möglich ist, daß jemand einen semantisch relevanten Einwand gegen unsere Äußerung vorbringt, folgt noch lange nicht, daß wir dadurch auf die Existenz einer Entität, genannt »die Möglichkeit eines Einwandes«, festgelegt sind. Wer eine solche nicht-konkrete Entität herbeizitiert, hat einfach einen Satz grammatikalisch verkehrt analysiert; ein solcher Fehler wäre etwa, wenn man aus der Tatsache, daß ich eine Zigarettenschachtel zu sehen scheine, auf die Existenz scheinbarer Zigarettenschachteln schließt; oder wenn man aus der Tatsache daß es notwendig sein kann, daß etwas existiert, auf die Existenz eines Prädikates, genannt »notwendige Existenz« schließt. In jedem dieser Fälle besteht der Fehler darin, auf ein Objekt einen Modalausdruck anwenden zu wollen, der korrekt nur auf Aussagen angewandt werden kann.
Allerdings gibt es einen Einwand gegen die Auffassung, daß Bedingungen durch Rekurs auf einzelne Akte des Einwände-Machens oder Kritisierens zu erklären sind, den ich ernst nehmen möchte. Er besagt, daß uns ein solches Vorgehen unausweichlich in

einen infiniten Regreß führen wird. Wir sagen in Anlehnung an Alston, daß illokutionäre Akte durch jene Bedingungen zu charakterisieren sind, für deren Erfülltsein man, wenn man den einzelnen Akt vollzieht, die Verantwortung übernehmen muß, und erklären dann diesen letzteren Begriff mithilfe der gegen den Vollzug des Aktes gerichteten Einwände bzw. Kritik, die der Sprecher als relevant akzeptieren muß, wenn er den betreffenden illokutionären Akt vollzogen haben soll. So vermeiden wir einen Rekurs auf ›Bedingungen‹ als abstrakte zeitunabhängige Entitäten. Doch dann muß daran erinnert werden, daß Kritik und Einwände selbst Resultate bzw. Produkte illokutionärer Akte sind. Wie ist es möglich, *diese* Entitäten anders als mittels der Kritik und der Einwände zu charakterisieren, die ihrerseits relevant sind für die Akte des Einwände-Machens und Kritisierens? Sind wir damit nicht auf dem Weg in einen infiniten Regreß? Allerdings – doch glaube ich, daß dies nicht so sehr ein Paradox ist, das wir akzeptieren müssen, als vielmehr ein Umstand, der bei der Charakterisierung von sprachlichen Entitäten auftritt und den wir hinnehmen müssen. Wenn sprachliche Handlungen durch Rekurs auf andere sprachliche Handlungen erklärt werden müssen – nämlich, wie unsere Diskussion offenbar zeigt, auf das Vorbringen von Einwänden und Kritik – und wenn unsere Sprache die Mittel zum Vollzug einer unendlichen Anzahl illokutionärer Akte vorsieht, dann dürfen wir uns nicht darüber wundern, daß wir bei der Charakterisierung einer sprachlichen Handlung in einen infiniten Regreß geraten können. Die Frage, ob wir mit dem Ergebnis, daß sprachliche Handlungen mithilfe ihrer Beziehungen zu Entitäten derselben Art charakterisiert werden müssen, nicht zufrieden sein dürfen, kann im Rahmen dieses Aufsatzes nicht vollständig beantwortet werden. Es sei nur kurz darauf hingewiesen, daß es derartig viele Entitäten gibt, die insofern von systematischer Natur sind, als sie nur durch Bezug auf Entitäten derselben Art einigermaßen theoretisch adäquat charakterisiert werden können, daß wir uns eine aus diesem Phänomen resultierende Verwirrung schon gar nicht leisten können. Beispiele dafür wären: Die Charakterisierung von Zahlen durch ihre Relation zu anderen Zahlen, die Charakterisierung solcher sprachlicher Entitäten wie Morpheme durch Substitutionsverfahren und vielleicht die Charakterisierung Raum-zeitlicher Punkte durch ihre Raum-zeitlichen Relationen zu anderen Entitäten dieser Art. Natürlich muß man, wenn man Entitäten dadurch charakterisiert, daß man sie zu Entitäten derselben Art in Relation setzt, in der Praxis irgendwo anfangen. D. h., es kann praktisch unumgänglich sein, daß wir den Bezug auf *einige* derartige Entitäten in einer in theoretischer Hinsicht durchaus nicht adäquaten Weise herstellen, wie zum Beispiel dann, wenn wir Kindern dadurch den Begriff einer Zahl vermitteln, daß wir einen Haufen Dinge vor ihren Augen abzählen.

Jonathan Bennett
Die Strategie des Bedeutungs-Nominalismus

1. Einleitung

Was meinte der englische König Charles bei jener berühmten Begebenheit mit »Remember!«? Was bedeutet »Remember!« im Englischen? Bei der einen Frage geht es um das, was wir als *Situations-Bedeutung* (was der Sprecher mit seiner Äußerung in der betreffenden Situation meinte) bezeichnen wollen; bei der anderen Frage geht es um *konventionelle Bedeutung*. Der Zusammenhang zwischen diesen beiden Begriffen ist problematisch. Der Terminus *Bedeutungs-Nominalismus* könnte für das folgende, eben diesen Zusammenhang charakterisierende Thesenpaar stehen: (1) Der Begriff der konventionellen Bedeutung läßt sich mithilfe des Begriffs der Situations-Bedeutung erklären – und diese Erklärungsreihenfolge läßt sich in einer befriedigenden Weise nicht umkehren. (2) Man kann auch dann von *Bedeutung* reden, wenn keine konventionelle Bedeutung im Spiel ist. Wer etwas äußert und seiner Äußerung eine bestimmte Bedeutung verleiht, braucht keinerlei Konvention für Äußerungen dieser Art zu befolgen; und es ist auch nicht notwendig, daß er eine Konvention mißachtet, eine solche erweitert oder initiiert oder mit einer solchen in Einklang zu stehen versucht.

Jede Sprache, die zu Recht als eine solche bezeichnet wird, involviert notwendigerweise Konventionen. Der Begriff der Konvention ist bereits im Begriff der Sprache enthalten. Aus der These (1) folgt somit, daß sich ein gewisser Bedeutungsbegriff auch ohne Rekurs auf den Begriff der Sprache erklären läßt; und aus (2) folgt, daß nicht eine jede Bedeutung eine sprachliche Bedeutung ist. Aus diesem Grund ist »Bedeutungs-Nominalismus« eine bessere Bezeichnung für das obige Thesenpaar als der alternative Terminus »Sprach-Nominalismus«.[1]

Der Bedeutungs-Nominalismus verweist auf eine bestimmte Strategie. Er gibt an, wie wir uns über den Begriff der Sprache bzw.

1 Siehe D. D. Welker, *Linguistic Nominalism*, Mind, 1970; dtsch. *Sprach-Nominalismus*, dieser Band.

den Begriff der konventionellen Bedeutung Klarheit verschaffen können. Man beginne mit dem Genus *Bedeutung* und gehe dann durch Bestimmung der differentia specifica zur Spezies der *konventionellen Bedeutung* über. Ich bin mir nicht sicher, wie weit der Bedeutungs-Nominalismus als eine *Theorie* akzeptiert ist; sicher ist jedoch, daß er zumindest als eine *Strategie* nicht allgemein akzeptiert wird: Nicht alle Bedeutungstheoretiker fangen bei der *Bedeutung* an und gehen dann zur *konventionellen Bedeutung* über. Dies liegt vielleicht daran, daß uns bislang anscheinend keine wirklich brauchbare Theorie des Genus *Bedeutung* zur Verfügung stand. Meine Behauptung ist nun, daß sich durch eine Arbeit von Grice all dies geändert hat.[2]

Probleme wirft aber auch die differentia specifica selbst auf. Ich sagte, daß diese in dem Begriff der *Konvention* liege; die uns hier interessierende Spezies ist die *konventionelle Bedeutung*. Darauf will ich aber erst später eingehen. Am besten betrachtet man den Bedeutungs-Nominalismus als eine Auffassung, wonach die Situations-Bedeutung eines Äußerungs*vorkommnisses* gegenüber einer *jeden* Art von Bedeutung-im-allgemeinen eines Äußerungs*typs* einen gewissen Primat besitzt – wobei die letztere Bedeutung diejenige Bedeutung ist, die Vorkommnisse des entsprechenden Äußerungstyps gewöhnlich bzw. allgemein bzw. kraft einer Regel bzw. per Konvention oder aufgrund von was sonst auch immer besitzen. Eine weitere Frage ist dann, welcher dieser Begriffe, d. h. welche Art von Bedeutung-im-allgemeinen, für eine Erklärung dessen, was Sprache ist, benötigt wird. Es herrscht allgemeine Übereinstimmung darüber, daß bloß *übliche* Bedeutung für diesen Zweck nicht hinreicht.[3] Man vergleiche die beiden folgenden Arten von Feststellungen:

(i) X hat in der Sprache *L* die Bedeutung B

(ii) Wenn *L*-Sprecher X äußern, so meinen sie damit üblicherweise B

Obgleich (i) und (ii) irgendwie zusammenhängen, sind sie doch bei weitem nicht äquivalent. Hierzu nur eine Bemerkung: Wenn X in *L* (nur) die Bedeutung B hat, dann ist es zwar gewöhnlich falsch,

2 H. P. Grice, *Meaning*, 1957; dtsch. *Intendieren, Meinen, Beabsichtigen*, dieser Band.

3 Es gibt von dieser allgemeinen Übereinstimmung aber auch Ausnahmen – vgl. P. Ziff, *Semantic Analysis*, Ithaca, 1960, § 34.

X zu äußern, wenn sie C meinen; aus der Tatsache, daß *L*-Sprecher X üblicherweise äußern, wenn sie B meinen, folgt aber nur, daß Abweichungen von dieser Praxis eben unüblich sind – nicht, daß sie falsch sind.[4]
Es könnte ferner ein bloßer Zufall sein, daß *L*-Sprecher mit X üblicherweise B meinen; es kann aber nicht auf einem bloßen Zufall beruhen, daß X in *L* die Bedeutung B hat. Somit brauchen wir etwas Stärkeres als lediglich übliche bzw. allgemeine Bedeutungen. Es müssen Regularitäten involviert sein. Was wir brauchen, muß zu stark sein, als daß es aus der Existenz bloß zufälliger Regularitäten folgen würde; es muß aber auch stark genug sein, so daß aus ihm folgt, daß bestimmte Verwendungen von Sprache nicht einfach nur irregulär, sondern eben auch falsch sind.
Diesen Forderungen könnte durch eine Idee von aus *Regeln* oder *Konventionen* resultierenden Regularitäten Genüge getan werden – und jeder dieser beiden Begriffe hat denn auch in der Sprachphilosophie seine Anhänger gefunden. Der Begriff der Regel wirft nun aber mehr Probleme auf als er wirklich löst. Und was Konventionen betrifft, so wurde dieser Begriff sogar für noch obskurer gehalten – es sei denn, man konstruiert ihn gleich so, daß sich aus ihm ergibt, daß Sprache schließlich doch nicht durch Konventionen geregelt ist.[5] Bedeutungstheoretiker haben den Terminus »Konvention« zwar trotzdem verwendet, versuchten dabei aber gar nicht erst lange, ihm eine präzise Bedeutung zu verleihen.[6] Dieses Bild hat sich jedoch vor kurzem völlig geändert. D. Lewis legte eine spieltheoretische Analyse des Konventionsbegriffs vor, mithilfe derer sich jetzt Probleme lösen lassen, deren Nichtlösbarkeit diesen Begriff jahrelang in ein schiefes Licht gesetzt hatte.[7] Der ausschlaggebende Punkt ist jedoch, daß von Lewis gezeigt werden

4 Siehe G. Iseminger, *Uses, Regularities, and Rules*, Proceedings of the Aristotelian Society, 67, 1966-1967, S. 73-86.

5 W. V. O. Quine, *Truth by Convention*, in: *The Ways of Paradox*, New York, 1966, insbes. S. 98-99; W. P. Alston, *Philosophy of Language*, Englewood Cliffs, N. J., 1964, S. 56-58.

6 P. F. Strawson, *Intention and Convention in Speech Acts*, The Philosophical Review, 73, 1964, S. 439-460; dtsch. in: *Logik und Linguistik*, München, 1974, S. 56-82; J. R. Searles Einleitung zu J. R. Searle (Hrsg.), *The Philosophy of Language*, Oxford, 1971, S. 1-12.

7 D. K. Lewis, *Convention*, Cambridge, Mass., 1969; dtsch. *Konventionen*, Berlin–New York, 1975. Bei den folgenden Zitaten bezieht sich die erste Seitenangabe auf die amerikanische, die zweite auf die deutsche Fassung.

konnte, wie eine Konvention mehr sein kann als eine bloße Verhaltensregularität, ohne daß diese Regularität aber daraus zu resultieren bräuchte, daß eine Gruppe eine Übereinkunft trifft. Lewis verwendet keine derartigen Metaphern wie »stillschweigende Übereinkunft« oder »sich so verhalten, als würde eine Übereinkunft bestehen«. Schon dies allein würde dem Begriff der Konvention das Anrecht auf eine Gnadenfrist verleihen. Lewis' Analyse besitzt jedoch noch weitere Vorzüge, die dem Konventionsbegriff eine bislang nicht vermutete Klärungs-, Vereinheitlichungs- ,Vertiefungs- und Erklärungskraft verleihen.
Dank der Arbeiten von Grice und Lewis ist der praktizierende Bedeutungs-Nominalist heute also bei weitem besser dran, als dies noch vor einigen Jahren der Fall war. Ich werde i. f. diese Behauptung dadurch stützen, daß ich in den §§ 2 und 3 von der Griceschen Analyse einen expliziten Bedeutungs-nominalistischen Gebrauch machen und dann in den §§ 4 und 5 um eine Variante der Lewisschen differentia specifica ergänzen werde.
§ 6 enthält einige Bemerkungen über das Entstehen von Konventionen und leitet zu der in 7 und 8 geführten Diskussion der Frage über, wie sich konventionelle Bedeutungen eruieren lassen. Obgleich es sich dabei um eine alte und bereits recht oft aufgeworfene Frage handelt, glaube ich doch, daß mich der von mir gewählte und durch die Arbeiten von Lewis und Grice nicht unwesentlich erleichterte, durchgängig Bedeutungs-nominalistische Ansatz in die Lage versetzt, diese Frage klarer und entscheidender zu formulieren und zu beantworten, als dies bisher möglich war.
Von einigen Autoren wird zwar der Wert der Griceschen Arbeiten durchaus erkannt – sie ignorieren aber den Bedeutungs-nominalistischen Akzent dieser Arbeiten. Nicht, daß sie den Bedeutungs-Nominalismus als falsch ansehen würden; es ist vielmehr so, daß sie einfach bereits mit der Spezies statt mit dem Genus beginnen. Dies gilt z. B., wie Strawson in seiner Rezension bemerkte, für Shwayder.[8] Auch bei Searle findet sich eine auf Grice rekurrierende Analyse von einem der konventionellen Bedeutung entsprechenden Begriff, ohne daß dieser Analyse eine Charakterisierung des generischen Begriffs der Bedeutung vorausgeht. Nun läßt jedoch Searle diesen Schritt nicht einfach nur aus, was sein Vorgehen

8 D. S. Shwayder, *The Stratification of Behaviour*, London, 1965, S. 287-297; Strawsons Rezension in: Philosophical Quarterly, 1966, S. 389-391.

schließlich immer noch zu einem Bedeutungs-nominalistischen Ansatz machen würde – er verteidigt sein Vorgehen vielmehr gerade in Form einer Kritik an Grice. Ich werde diese Kritik in den §§ 9 und 10 diskutieren. Obgleich sich die von Searle vorgebrachte Kritik eigentlich nicht gegen den Bedeutungs-Nominalismus selbst richtet, wobei es keine Rolle spielt, ob man diesen als eine Strategie oder als eine Theorie betrachtet, so wirft diese Kritik doch zumindest *eine* Frage auf, die für den Bedeutungs-Nominalismus relevant ist. Auf diese Frage werde ich in § 11 eingehen.

2. Ein Gricesches Programm

In den folgenden beiden §§ werde ich skizzieren, wie man eine durchgängige Analyse des auf dem Griceschen Ansatz beruhenden Begriffs der Bedeutung zu entwickeln versuchen könnte. Dabei werde ich die jeweiligen Punkte nur kurz anreißen, und auf einige Aspekte – z. B. auf den Begriff der Wort-Bedeutung – werde ich überhaupt nicht eingehen.[9] Ich möchte hier nur auf einen bestimmten Ansatz zu einer Analyse des Bedeutungsbegriffs hinweisen und den Leser zumindest davon überzeugen, daß dieser Ansatz einen Versuch wert ist.

Ich übernehme von Grice exakt die folgende Bedingung: Wenn S etwas äußert, mit dieser Äußerung die Absicht verfolgt, H zu dem Glauben zu bringen, daß p, und sich bezüglich des Erfolgs dieser Absicht auf den Griceschen Mechanismus verläßt, dann meint S mit seiner Äußerung, daß p. Grice selbst spricht zwar davon, daß S ›beabsichtigt‹, daß der Mechanismus in Tätigkeit sein soll; ich halte jedoch die Ausdrucksweise »sich auf ihn verlassen« für besser.

Daß der Gricesche Mechanismus in Tätigkeit ist, besagt zumindest soviel wie, daß H die Absicht von S erkennt, H glauben zu machen, daß p, und H durch diese Erkenntnis – vermittels seines

9 Ich stimme völlig mit der folgenden Bemerkung überein: »Sätze haben die Bedeutung, die sie haben, aufgrund der Bedeutung, die die in ihnen vorkommenden Wörter haben. Und umgekehrt gilt: Wissen, was ein Wort bedeutet, heißt wissen, welchen Unterschied es für die Bedeutung von das betreffende Wort enthaltenden Sätzen ausmacht, daß gerade dieses Wort verwendet wird und keine anderen.« R. M. Hare, *Practical Inferences*, London, 1971, S. 95.

Vertrauens in S – tatsächlich zu dem Glauben gebracht wird, daß p. Um bestimmte unerwünschte Fälle auszuschließen, in denen eine spezielle Art von *versteckten Täuschungsabsichten* involviert ist, müssen wir eine weitere Bedingung hinzufügen, die besagt, daß H keinerlei Annahmen von der folgenden Form macht: »S verläßt sich auf den Mechanismus M, beabsichtigt jedoch bzw. erwartet von mir, daß ich glaube, daß er sich stattdessen auf den Mechanismus M′ verläßt.« Was die Details der Fälle betrifft, die diese zusätzliche Bedingung notwendig machen, sei der Leser auf die Erfinder derartiger Fälle, d. h. auf Strawson und Schiffer, verwiesen.[10] Die obige Bedingung, die derartige Fälle blockieren soll, stammt von Grice.[11]

Ich behaupte lediglich den vom Beabsichtigen auf das Meinen (die Situations-Bedeutung) schließenden Wenn-Dann-Satz, der hinreichende Bedingungen für das Vorliegen einer Situations-Bedeutung formuliert. Natürlich ist gelegentlich auch auf Fälle einzugehen, die den umgekehrten Wenn-Dann-Satz falsifizieren würden – aber nicht schon gleich zu Beginn. Es ist besser, wenn man so vorgeht, daß man auf der Grundlage des von der Absicht zur Situations-Bedeutung übergehenden Wenn-Dann-Satzes zunächst eine Analyse für eine ganz bestimmte Art von Bedeutung und, davon ausgehend, für eine ganz bestimmte Art von Sprache entwickelt und dann erst die Allgemeinheit des Ansatzes dadurch herstellt, daß man weitere Arten von Bedeutung bzw. von Sprache als Varianten der ursprünglichen Analyse einführt. Die Alternative bestände darin, daß man auf einer jeden Stufe größtmögliche Allgemeinheit zu erreichen sucht und dazu nicht nur auf Implikationen (Wenn-Dann-Sätze), sondern auf Äquivalenzen insistiert. Nun zielen zwar auch wir letztlich auf Allgemeinheit ab; aber man kommt doch nicht um die Feststellung herum, daß ein auf völlige Allgemeinheit abzielender Ansatz bei dem vorliegenden Problem angesichts dessen, wie wenig wir in diesem Gebiet bislang wissen, für uns Menschen so gut wie undurchführbar ist. Indem wir den von der Absicht zur Situations-Bedeutung führenden Wenn-Dann-Satz als Speerspitze verwenden, können wir zu dem Zentrum des Begriffsgebiets durchstoßen, das wir besetzen wollen.

10 Strawson, a. a. O.; S. Schiffer, *Meaning*, Oxford, 1972.

11 H. P. Grice, *Utterer's Meaning and Intentions*, 1969; dtsch. dieser Band, siehe S. 16-51.

Sind wir erst einmal dort angelangt, können wir eine Basis errichten, von der ausgehend wir auch den Rest des Territoriums in Besitz nehmen können. (Ich setze voraus, daß Gricesche Bedingungen für eine zentrale und grundlegende Art von Bedeutung in der Tat hinreichend sind.) Vielleicht würde man lieber auf breiter Front vorrücken wollen, für Attacken von den Flanken her unverwundbar und nicht erst noch zu Aufräumarbeiten genötigt, wenn der Hauptfeldzug bereits vorbei ist. Wie man aus Feldmarschall Montgomerys Karriere lernen kann, ist jedoch ein »aufgeräumtes Schlachtfeld« gewöhnlich mit einem entsetzlich langsamen Vorrücken verbunden.

Stellen wir uns einen Stamm anthropoider Lebewesen vor, über den wir mit der Zeit mehr und mehr Informationen in Erfahrung bringen, und fragen wir uns, ob wir schließlich – dabei auf die Gricesche Bedingung rekurrierend – nicht auch zu Behauptungen von der folgenden Form berechtigt sein können: »Dieser Stammesangehörige hat X getan und damit gemeint, daß p«. Dazu müssen wir nun zuerst in der Lage sein, ihnen komplexe *Absichten* (Intentionen) von der im Griceschen Antecedens erwähnten Art zuschreiben zu können. Und da es dabei um *Absichten* geht, bestimmte *Glaubensannahmen* herbeizuführen, müssen wir auch in der Lage sein, ihnen *Glaubensannahmen* unterstellen zu können. Dabei wird unsere Basis für all dies hauptsächlich in ihrem (nichtsprachlichen) Verhalten bestehen müssen.

Ich arbeite zur Zeit an einer detaillierten Theorie darüber, wie ein nicht-sprachliches Verhalten brauchbare Glaubens- und Intentionsbegriffe stützen kann.[11a] Darauf kann ich aber an dieser Stelle nicht weiter eingehen. Ich werde hier lediglich annehmen, daß dieses Problem gelöst werden kann – d. h., daß ein nicht-sprachliches Verhalten genügend von der entsprechenden Komplexität aufweisen kann, um alle benötigten Unterscheidungen abstützen zu können. Möglicher Einwand: »Es geht hier nicht einfach darum, welche Unterscheidungen getroffen werden können. Tatsache ist, daß wir Lebewesen ohne Sprache allerhöchstens unterstellen können, daß sie sich so verhalten, *als ob* sie glaubten, daß p, bzw. beabsichtigten, z herbeizuführen. Ein nicht-sprachliches Verhalten kann keine

11a Inzwischen ist diese Arbeit erschienen: J. Bennett, *Linguistic Behaviour*, Cambridge, 1976; die deutsche Übersetzung erscheint 1980 bei Suhrkamp. (Anm. d. Hrsg.)

Glaubens- und Intentionsbegriffe stützen, höchstens einige schwache Abarten derartiger Begriffe.« Nun gut, wenn man will, so betrachte man meine Verwendung von »Glaubensannahmen« und »Intentionen« eben als entsprechend abgeschwächt. Damit wäre dem Einwand Genüge getan, und ich bräuchte an keiner meiner Bemerkungen etwas zu ändern. Daß dem Einwand mit einer derart mechanischen Korrektur Genüge getan werden kann, zeigt nur, wie trivial er im Grunde ist.

Nun müssen wir jedoch an betreffenden Stammesangehörigen Glaubensannahmen bezüglich von Intentionen und auch Intentionen, Glaubensannahmen herbeizuführen, unterstellen. Dies sieht nun wie eine recht umfangreiche Aufgabe aus – selbst für den, der zugibt, daß nicht-sprachliches Verhalten die Zuschreibung von Intentionen und Annahmen einfacherer Arten rechtfertigen kann. Meine These ist hier, daß sich dann, wenn die kleinere Aufgabe gelöst werden kann, auch die größere lösen läßt. In der nachfolgenden Argumentation verwende ich »nicht-sprachliche Intention (Annahme)« in der Bedeutung von »Intention (Annahme), die allein auf der Basis eines nicht-sprachlichen Verhaltens zugeschrieben wird«.

Die Argumentation hat zwei Prämissen, die meines Erachtens von einem jeden akzeptiert werden dürften, der glaubt, daß es nicht-sprachliche Intentionen und Annahmen überhaupt geben kann. (1) Nicht-sprachliche Intentionen und Annahmen sind Verhaltensdispositionen einer gewissen Art; oder die Existenz von Verhaltensdispositionen kann für die Existenz von Annahmen und Intentionen zumindest hinreichend sein. (2) Es kann eine nicht-sprachliche Intention geben, in etwas eine gewisse Disposition herbeizuführen (z. B. es flexibel oder freundlich zu machen); und es kann eine nicht-sprachliche Annahme geben, daß etwas eine gewisse Disposition hat (z. B. daß es zerbrechlich oder ängstlich ist).

Wenn diese Prämissen richtig sind, dann sind in nicht-sprachlichen Intentionen, Annahmen herbeizuführen, und in nicht-sprachlichen Annahmen über Intentionen keine prinzipiellen Schwierigkeiten involviert. Es handelt sich lediglich um Annahmen über Dispositionen bzw. um Intentionen, Dispositionen herbeizuführen, die eben nur komplexer sind als die Dispositionen der Flexibilität und der Furcht.

In diesem ganzen Begriffsbereich muß eine begriffliche Charakterisierung höherer Stufe stets einer solchen niedriger Stufe weichen. Ein Verhalten z. B., das sich recht gut mit Hilfe von so etwas wie der Form »Wann immer dieses Lebewesen s empfängt, zeigt es r«, wobei s ein sensorischer Stimulus und r eine motorische Response ist, erklären läßt, sollte nicht als ein Verhalten diagnostiziert werden, das mit einer auf einer Annahme beruhenden Intention vollzogen wird. Eine ähnliche Regel gilt dafür, *welche* Annahmen und Intentionen wir korrekterweise zuschreiben können: Die zugeschriebene Annahme oder Intention muß so einfach, auf einer so niedrigen begrifflichen Ebene plaziert, so *inhaltsleer* sein, wie es die Daten nur eben gerade zulassen – so daß wir zum Beispiel nicht sagen sollten »Er beabsichtigte, mir Angst einzujagen«, wenn sich das Verhalten ebensogut auch mit »Er beabsichtigte, mich zu verjagen« erklären läßt.

Eine jede Zuschreibung einer nicht-sprachlichen Intention, eine Glaubensannahme hervorzurufen, bzw. einer Annahme bezüglich einer Intention, ist also prima facie einer ›Konkurrenz von unten‹ ausgesetzt. Ob eine solche Konkurrenz in einem gegebenen Fall zum Zug kommt, hängt jedoch von den jeweiligen empirischen Fakten ab. Beabsichtigte das Lebewesen, mir Angst einzujagen oder wollte es mich nur verscheuchen? Dies hängt von solchen Dingen ab, wie es sich verhalten hätte, wenn ich ganz offensichtlich gar nicht in der Lage gewesen wäre wegzurennen. Dies herauszufinden mag schwer sein; wir wissen aber, wie wir solche Antworten im Prinzip beantwortet bekommen, und somit wissen wir auch im Prinzip, wie sich zwischen einer höher-stufigen psychologischen Diagnose und einer niedriger-stufigen oder sonstwie einfacheren konkurrierenden Alternative entscheiden läßt.

Es mag manchmal unwahrscheinlich scheinen, daß eine gegebene höher-stufige Diagnose D eine adäquate Verhaltens-Basis haben soll. Um herauszufinden, ob sie eine solche Basis haben kann, entwickle man zuerst eine Verhaltens-Geschichte, die auf D hinzudeuten scheint, sich in Wirklichkeit aber bereits mithilfe einer niedrigerstufigen Diagnose handhaben läßt: Das Lebewesen denkt nicht, daß ich ihm feindlich gesinnt bin, sondern, daß ich es gleich schlagen werde. Es beabsichtigt nicht, daß ich denke, es sei verletzt, sondern nur, daß ich es allein lassen soll. Dann variiere man die Verhaltens-Geschichte so, daß D beibehalten wird, die niedrigerstufige Konkurrenz dafür aber eliminiert wird. Vielleicht wird nun eine weitere Konkurrenz relevant. Ist dem so, so entwickle man weitere Varianten, die auch diese Konkurrenz eliminieren usw. – bis man über eine Verhaltens-Geschichte verfügt, für die D die beste, einfachste, niedrigst-stufige Erklärung ist, die sich denken läßt. Kann D von niedriger-stufigen Konkurrenten nicht befreit werden, dann ist diese Diagnose etwas, zu dessen Behauptung wir nicht bereits auf der Basis nicht-sprachlichen Verhaltens berechtigt sind. Ich will nun nicht abstreiten, daß es Zuschreibungen gibt, die man korrekterweise nur bei Lebewesen mit einer Sprache machen kann. Meine Behauptung ist nur, daß Zuschreibungen von Intentionen, Glaubensannahmen hervorzurufen, und Zuschreibungen von Annahmen über Intentionen nicht von dieser Art sind. Natürlich habe ich hier keinen Versuch unternommen, diese Behauptung zu beweisen. Ich suchte in einer allgemeinen Form nur die Hypothese plausibel zu machen, daß es Verhaltensmuster geben könnte, die diese Zuschreibungen rechtfertigen würden.

3. *Ein erster Fall von Situations-Bedeutung*

Angenommen, wir haben schon eine Menge darüber herausbekommen, was die Mitglieder des von uns erforschten Anthropoiden-Stamms brauchen, wollen, wahrnehmen, glauben und beabsichtigen, sowie auch darüber, welche Ansichten sie über Absichten haben usw., wobei wir aber immer noch nicht so weit sind, daß wir ihnen schon eine Sprache zuschreiben könnten, oder auch nur so weit, daß wir sagen könnten, daß sie mit dem, was sie tun, je etwas meinen. Soviel vorausgesetzt, will ich nun einen ersten Fall einer Griceschen Situations-Bedeutung beschreiben – eine Situation, bezüglich der wir angesichts dessen, was wir über den Stamm wissen, zum ersten Mal mit Recht sagen können, daß ein Stammesmitglied etwas mit der Absicht getan hat, einen Hörer dazu zu bringen, etwas zu glauben, und sich dabei auf den Griceschen Mechanismus verläßt. Angenommen, wir machen die folgende Beobachtung: S (Sprecher) tut so, als würde er von einem schweren herunterfallenden Gegenstand auf den Kopf getroffen; H (Hörer) sieht das und geht daraufhin von seinem Platz unter einer Palme weg – gerade noch rechtzeitig, ehe genau auf den Platz, wo er gestanden hatte, eine Kokosnuß herunterfällt. Nun erwarte ich vom Leser nicht, daß er mir schon allein aufgrund dieser doch noch leicht impressionistisch gehaltenen Schilderung bereits zugibt, daß dieser Fall zumindest eine gewisse Gricesche Färbung hat. Die Situation, wie auch unser Wissen von dem betreffenden Anthropoiden-Stamm, soll vielmehr derart sein, daß die optimalste Diagnose dieser Situation eine Diagnose à la Grice ist – d. h. die Diagnose, die wir bei einer ethnologischen Beschreibung des Verhaltens des betreffenden Anthropoiden-Stammes zu wählen hätten, und zwar ganz unabhängig von jeglichem Interesse an Bedeutung oder an Griceschen Fällen als solchen. Diese Forderung ist sehr stark. Ich bin jedoch der Ansicht, daß sie erfüllt werden kann.

Ich möchte behaupten, daß wir aufgrund dessen, was wir über die Wahrnehmungen, Annahmen, Präferenzen und Absichten der Stammesmitglieder wissen, wie auch aufgrund dessen, was wir über ihr gegenseitiges Wissen bezüglich dieser Aspekte wissen, unter Umständen berechtigt sind, H die Überzeugung zuzuschreiben, daß S mit seinem Verhalten beabsichtigte,

(a) etwas zu erreichen;
(b) in seiner Umgebung eine Veränderung herbeizuführen;
(c) eine Veränderung bei H herbeizuführen;
(d) eine Veränderung bei H auf visuellem Wege bzw. in einer aus der visuellen Veränderung resultierenden Weise herbeizuführen;
(e) bei H eine gewisse Überzeugung herbeizuführen;
(f) bei H eine Überzeugung des Inhalts, daß jemandem etwas auf den Kopf fällt, herbeizuführen;
(g) bei H die Überzeugung herbeizuführen, daß er in der Gefahr schwebt, daß ihm gleich eine Kokosnuß auf den Kopf fällt

Worauf es ankommt, ist, daß H denkt, daß S (g) beabsichtigt. Hs Überlegungen brauchen nicht die ganze Folge (a) bis (g) zu durchlaufen; aber für unsere Überlegungen kann das gelten, wenn wir uns fragen, was S beabsichtigte bzw. was S den Überzeugungen von H zufolge beabsichtigte. Mit der stufenweisen Hinführung zu (g) möchte ich deutlich machen, wie uns gewisse Verhaltensdaten berechtigen könnten, dem H die Überzeugung zuzuschreiben, daß S die komplexe Intention (g) hat. Ohne eine derartige Zergliederung in sieben Schritte könnte es vielleicht als unmöglich erscheinen, daß die uns verfügbaren Daten gerade auf (g) statt auf irgendeine andere Erklärung dessen hinweisen, was S der Überzeugung von H zufolge beabsichtigt. Durch die Zergliederung dürfte sich nun aber dieses Bild ändern. So ist zum Beispiel nicht schwer zu sehen, was den Übergang von (b) zu (c) rechtfertigen könnte: Für H ist deutlich erkennbar, daß auch S selbst sieht, daß sich mit dem von ihm gezeigten Verhalten keine Bäume fällen, keine Feuerstellen anmachen und keine Fische fangen lassen, und daß sich – in einer den Interessen von S entsprechenden Weise – durch das gezeigte Verhalten in der Umgebung von S gewiß keinerlei Veränderung wird bewerkstelligen lassen, es sei denn, eine Veränderung eben bei H. Ähnliche Überlegungen liegen (a) zugrunde, ebenso einem jeden Schritt von (a) bis zu (d). Auch beim Übergang von (d) zu (e) gibt es kein besonderes Problem, höchstens für die, die *prinzipiell* etwas gegen nicht-sprachliche Überzeugungen des Inhalts haben, daß jemand Überzeugungen herbeizuführen beabsichtigt. Der Übergang von (e) zu (f) hängt offenbar von der Tatsache ab, daß S ein Verhalten gezeigt hat, das (für H) als etwas fungieren könnte, was H natürlicherweise daran erinnert bzw. H vor Augen führt, wie jemandem etwas auf den Kopf fällt. Der letzte Übergang von (f) zu (g) beruht auf dem Wissen von H, daß S damit, daß er ihn in der vorliegenden Situation zu der Überzeugung bringen wollte, daß jemandem etwas auf den Kopf fällt, S damit eigentlich nur die Absicht verfolgen konnte, H zu der Überzeugung zu bringen, daß H selbst in der Gefahr schwebt, daß ihm etwas auf den Kopf fällt. Weshalb sonst sollte es S unter den gegebenen Umständen überhaupt für wert erachten, daß H zu der Überzeugung kommen soll, daß jemandem etwas auf den Kopf fällt, wenn nicht deshalb, daß H zu der Überzeugung kommen soll, daß ihm selbst gleich etwas auf den Kopf fallen wird? Nun, dies funktioniert aber nur, weil wir schon bis zu (f) gekommen sind – d. h., weil der spezielle Charakter des von S gezeigten Verhaltens unsere Auswahlmöglichkeiten bereits auf eine gewisse relativ kleine Gattung von Propositionen eingegrenzt hat. Der Übergang von (e) zu (f) ist somit absolut wesentlich. Ich werde auf diesen Übergang später nochmals zurückkommen.

Können wir nun aber H die Überzeugung zuschreiben, daß S beabsichtigt, daß H glaubt, daß p, so können wir auch davon ausgehen, daß H auf diese Weise tatsächlich zu der Überzeugung geführt wird, daß p. Alles, was wir brauchen, ist ein allgemeiner Hintergrund des Vertrauens – was sich auch ohne Rekurs auf Bedeutungen bewerkstelligen läßt: S kann zeigen, daß er im allgemeinen die Disposition hat, H nur zu wahren und nützlichen Überzeugungen zu verhelfen, und zwar dadurch, daß er Sorge trägt, daß H auf Daten aufmerksam wird, die er sonst übersehen würde.

Wie steht es nun mit *versteckten Täuschungsabsichten* der bereits in §2 erwähnten Art? Können wir H irgendwelche Überzeugungen von der folgenden Form zuschreiben: »S erwartet, sein Ziel in *dieser* Weise zu erreichen, er erwartet jedoch, daß ich denke, er erwarte, es in *jener* Weise zu erreichen«? Um die Geschichte in dieser Richtung weiterentwickeln zu können, müßten wir über eine Kondition verfügen, die uns auch in abstrakteren Höhen nicht schwindlig werden läßt, und auch mit subtilen und komplexen Verhaltensdetails ganz cool umgehen können. Es besteht jedoch kein Zweifel, daß es sich irgendwie machen ließe. Eine solche Diagnose zu vermeiden, stellt jedoch kein Problem dar. Es wäre noch milde ausgedrückt, wenn man sagte, daß wir die Geschichte auch in einer anderen Richtung weiterentwickeln *könnten* – d. h. so, daß wir es umgehen können, H die Überzeugung zuzuschreiben, daß S versteckte Täuschungsabsichten hat.

Wir sind somit zu der Behauptung berechtigt, daß bei H (wie in § 2 definiert) der ›Gricesche Mechanismus‹ in Tätigkeit war. H dachte, daß S beabsichtigt, daß H glaubt, daß p. H glaubte nicht, daß S erwartete, daß dies dadurch zustandekommt, daß sich H bezüglich irgendeines Aspekts des von S mit seinem Verhalten verfolgten Ziels irrt. Und Hs Erkenntnis der von S verfolgten Absicht führte ihn – vermittels seines Vertrauens in S – tatsächlich zu der Überzeugung, daß p.

Nun besteht jedoch unsere ganze Basis für all diese den H betreffenden Zuschreibungen in Verhaltensdaten, die auch dem S selbst zugänglich gewesen sind. Man kann somit ohne prinzipielle Schwierigkeiten sagen, daß in der obigen Anthropoiden-Situation nicht nur galt, daß bei H der Gricesche Mechanismus getickt hat, sondern daß in ihr S auch beabsichtigt hatte, daß er bei H tickt. D. h.: *S beabsichtigte, daß H glaubt, daß p, und S verließ sich dabei, was die Realisierung seiner Absicht betraf, auf den Griceschen Mechanismus.* Wir haben es also mit unserem ersten Fall einer

Griceschen Situations-Bedeutung zu tun – unserem ersten Fall, wenn Grice auch nur zur Hälfte recht hat, in dem ein Angehöriger unseres Anthropoiden-Stammes etwas tut und damit meint, daß p. Wir mußten dazu auf allgemeine Kenntnisse über Verhaltensmuster, über den Augenblick hinausgehende Präferenzen, Glaubensdispositionen etc. des betreffenden Stammesangehörigen Bezug nehmen, aber eben nicht auf irgendwelche anderen Bedeutungsfälle. A fortiori brauchten wir den gegebenen Fall nicht unter irgendeine allgemeine Bedeutungskonvention zu subsumieren. All dies ist, wie ich behaupten möchte, eine prinzipielle Rechtfertigung dafür, daß der Bedeutungs-Nominalismus nicht bloß eine fromme Hoffnung, vielmehr ein praktikables analytisches Programm darstellt.
Man beachte: In diesem § wurde die These vertreten, daß es Verhaltensdaten geben *kann*, die uns zu der Behauptung berechtigten, daß eine von dem betreffenden Stammesangehörigen vollzogene Handlung das besitzt, was der Griceschen Analyse zufolge als *Situations-Bedeutung* gilt. Ich versuchte, diese These durch Hinweis auf die Arten von Verhaltensdaten plausibel zu machen, die für verschiedene Teile einer Griceschen Gesamtdiagnose einer Handlung sprechen würden. Ich habe jedoch nicht den Versuch gemacht, eine derartige mögliche Datenmenge auch tatsächlich im Detail vorzulegen.

4. *Konventionen*

Lewis' Analyse besagt im wesentlichen folgendes:[12] Wir nehmen an, eine Gruppe stehe vor der Notwendigkeit, ihre Handlungen irgendwie zu koordinieren, so daß, welche Handlung für jeden die beste ist, davon abhängt, was die andern tun. Wenn sie sich treffen wollen, wird jeder dorthin gehen, wohin die andern gehen. Wenn sie eine unterbrochene Telephonverbindung wiederaufnehmen wollen, wird jeder dann und nur dann selbst die Nummer des anderen wählen, wenn der andere aufgelegt hat und wartet. Koordination kann durch eine vorangegangene Absprache erreicht werden, entweder bezüglich des konkreten Falles oder bezüglich aller Fälle einer gewissen Art. Es gibt aber auch noch andere Mög-

12 Lewis, a. a. O., S. 58/57.

lichkeiten, auf die sich die Annahmen eines jeden Mitglieds der Gruppe darüber, was die anderen tun werden, stützen können. Insbesondere kann es sein, daß ein gewisses Koordination gewährleistendes Verfahren C bisher regelmäßig durch die Gruppe in Situationen der Art K befolgt *wurde*, und daß es in der Gruppe *gemeinsames Wissen* ist, daß dem so ist – was heißen soll, daß jedes Mitglied der Gruppe weiß, daß in K-Situationen C befolgt wurde, weiß, daß das auch die anderen wissen, weiß, daß die anderen auch wissen, daß dies von ihm selbst gewußt wird usw. In einer neuen K-Situation, wenn die Mitglieder der Gruppe nicht zusammenkommen und erneut darüber beraten können, was sie tun sollen, werden sie nahezu mit Sicherheit wiederum C folgen. Dies deshalb, weil C das einzige Verfahren ist, von dem jeder vernünftigerweise erwarten kann, daß auch die anderen auf dieses Verfahren bauen werden, und somit das einzige Verfahren, auf das auch jeder selbst bauen kann – es sei denn, irgendein außerordentliches Ereignis hat dazu geführt, daß es unter ihnen *gemeinsamer Glaube* ist, daß jetzt irgendein anderes Verfahren bei jedem von ihnen Priorität hat. Ist derartiges aber nicht der Fall, d. h. ist C weiterhin das einzige Verfahren, das etc., so wird es für jeden vernünftig sein, die Handlung zu vollziehen, die seinen Teil von C ausmacht, und so wird es dann vernünftig sein zu erwarten, daß C als ganzes von der Gruppe befolgt wird.

Hier hat man es mit einer Situation zu tun, in der eine Verhaltensregularität – *in* K-*Situationen wird* C *befolgt* – deshalb aufrechterhalten wird, weil es gemeinsames Wissen ist, daß diese Regularität bereits früher galt, und so die Gruppe mit ihrer besten bzw. einzigen Chance versieht, auch in neuen K-Situationen Koordination zu erreichen. Eine aus einem derartigen Grund aufrechterhaltene derartige Regularität ist eine Konvention.

Die Termini »gemeinsames Wissen«, »gemeinsamer Glaube« und damit verwandte Termini entlehne ich Schiffer.[13] Gemeinsames Wissen, in dem von ihm verwendeten technischen Sinne, läßt sich leicht durch eine Erweiterung des Zwei-Personen-Falls gewinnen, wobei wir lediglich diesen speziellen Fall zu diskutieren brauchen. Daß es *zwischen* X *und* Y *gemeinsames Wissen* ist, *daß* p, heißt nichts anderes, als daß in der Folge der Propositionen

X weiß, daß p

13 Schiffer, a. a. O.

Y weiß, daß X weiß, daß p
X weiß, daß Y weiß, daß X weiß, daß p
usw.
und in der Folge
Y weiß, daß p
X weiß, daß Y weiß, daß p
Y weiß, daß X weiß, daß Y weiß, daß p
usw.
kein Element enthalten ist, das falsch ist. Vielleicht kann jedes Element einer jeden der beiden Folgen wahr sein. Es spricht jedoch einiges dafür, daß eine jede Folge in eine Art von Bedeutungslosigkeit degeneriert, wobei die späteren Elemente weder wahr noch falsch sind, sondern nur noch leere Wortspielereien darstellen. Cargile hat starke Argumente dafür angeführt, daß man etwa nach dem jeweils vierten Element der Folgen die Frage, ob die weiteren Elemente wahr oder falsch sind, gar nicht mehr ernsthaft stellen kann.[14] Ich brauche jedoch auf diesen Punkt hier nicht weiter eingehen. Die negative Formulierung, die ich durch eine Modifikation der Griceschen Behandlung der in § 2 erwähnten versteckten Täuschungsabsichten gewonnen habe, sagt alles, was ich brauche, und hält mich zudem aus dieser Kontroverse heraus.[15]

Versucht man, Lewis' Theorie der Konventionen auf den Begriff der Bedeutung anzuwenden, so stößt man sofort auf ein Problem, auf das Problem nämlich: Was wird, wenn es um Bedeutung geht, womit koordiniert? Lewis' ganzer Theorie zufolge werden stets nur *Handlungen* koordiniert. In kommunikativen Fällen ist es jedoch nicht klar, um welche Handlungen des Sprechers und (erst recht) des Hörers es dabei gehen soll. »Jeder ›verleiht‹ der Äußerung ›eine Bedeutung‹, und Koordination ist erreicht, wenn beide die gleiche Bedeutung verleihen« – nun ja, vielleicht, aber diese Formulierung deckt die Risse einfach zu: Einer Äußerung eine Bedeutung verleihen ist keine Art von Handlung.

Lewis wendet seinen Konventionsbegriff geschickt auf eine bestimmte Art von Kommunikation – von ihm als »Signalisieren« bezeichnet – an, auf eine Situation, bezüglich der man mit Recht

14 J. T. Cargile, *A Note on Iterated Knowledge*, Analysis, 30, 1969-1970, S. 151-155; sie auch C. Radford, *Knowing and Telling*, The Philosophical Review, 78, 1969, S. 326-336.

15 Grice, dieser Band, S. 30.

sagen kann, daß in ihr Handlungen von Sprecher und Hörer koordiniert werden. Er weist aber auch darauf hin, daß Signalisieren ein ganz eingegrenzter und spezieller Fall ist: Es erfordert, daß es eine Handlungsweise gibt, die sowohl vom Sprecher wie vom Hörer als diejenige Handlungsweise angesehen wird, deren Vollzug durch den Hörer für diesen die beste Alternative ist, wenn die ihm mitgeteilte Information zutrifft. Darüber hinaus gelten im Fall des Signalisierens eine Reihe weiterer strenger Beschränkungen.[16]

Dies führt Lewis dazu, auf eine ganz andere Anwendung des Konventionsbegriffs Gewicht zu legen, wonach Konventionen zur Sprecher–Sprecher-Koordination dienen. Es geht bei ihm im wesentlichen um den Zusammenhang zwischen dem Sprechen von S_1 und dem Sprechen von S_1, nicht um den Zusammenhang zwischen dem Sprechen von S und dem Verstehen durch H. Lewis (1969/1975), S. 180/183: »Doch führt es zu größerer Allgemeinheit, wenn man von der einseitigen Koordination zwischen den Sendern ausgeht, die in jeder konventionellen Kommunikation vorhanden ist, und nicht von der gelegentlichen zweiseitigen Koordination zwischen einem Sender und seinen Empfängern.«

Zweifelsohne ist Koordination unter Sprechern für alle tatsächlich vorkommenden sprachlichen Situationen enorm wichtig: Tatsächlich verwendete Sprachen sind soziale Gebilde, insofern sie von vielen Sprechern verwendet werden, und die Frage, ob wir miteinander kommunizieren können, ist oft praktisch mit der Frage äquivalent, ob wir die gleiche Sprache sprechen. Und dennoch: Eine gewisse wichtige Art von Allgemeinheit geht verloren, wenn wir uns nur auf Sprachen als derartige soziale Gebilde konzentrieren. In begrifflicher (wenngleich vielleicht nicht in psychologischer) Hinsicht ist an der Idee nichts Problematisches, daß es eine Gesellschaft geben kann, in der der Ideolekt eines jeden keine signifikante Ähnlichkeit zu dem irgendeines anderen aufweist, obgleich jeder Ideolekt von allen Mitgliedern der Gesellschaft verstanden wird. Diese Möglichkeit, wie unwahrscheinlich sie in unserer Welt auch immer sein mag, macht schlagartig deutlich, daß Kommunikation wesentlich eine Interaktion zwischen Sprecher und Hörer ist. Und es scheint plausibel anzunehmen, daß Konventionen für zahlreiche Fälle von Kommunikation irgendwie rele-

16 Lewis, a. a. O., S. 160 ff./163 ff.

vant sind, lassen sie sich doch selbst als Sprecher-Hörer Interaktionen und von einer jeden sozialen Sprache (im obigen Sinne), in die sie eingebettet sein können, unabhängig auffassen. Ich will also, sofern mir das möglich ist, Lewis' Theorie der Konventionen so modifizieren, daß sie auf eine Kommunikation zwischen zwei Personen anwendbar ist, ohne daß wir die ungebührlich strengen Beschränkungen zu übernehmen brauchen, die durch das ›Signalisieren‹ im Lewisschen Sinne auferlegt werden.

Das Problem, vor dem wir dabei stehen, dürfte offenkundig sein. Indem ich an Kommunikation von dem Griceschen Ansatz her herangehe, stelle ich die wesentliche Rolle des Hörers so dar, daß er gewisse Überzeugungen erwirbt. Nun ist jedoch, wie Lewis bemerkt, das Erwerben einer Überzeugung »normalerweise keine willentliche Handlung und folglich auch keine Handlung in Befolgung einer Konvention« (a. a. O.). Dem stimme ich zu, bin aber der Ansicht, daß sich Lewis' Konventionstheorie so erweitern läßt, daß sie nicht nur auf die Spezies *Handlung* anwendbar ist, sondern auch auf eine Gattung von Entitäten, die nicht nur Handlungen, sondern auch das Erwerben von Überzeugungen und vielleicht noch weitere Entitäten enthält.

Diese Verallgemeinerung des Lewisschen Ansatzes ist eine ziemlich langwierige Sache, die ich daher auf den nächsten § verschieben möchte. Ich glaube, daß die dort gegebene Darstellung instruktiv genug ist, um den ganzen Aufwand zu rechtfertigen. Lewis teilte mir im übrigen mit, daß er diese Auffassung teilt. Was die hier verfolgten Zwecke angeht, so könnten wir uns die ganze Mühe freilich sparen, indem wir einfach eine von Schiffer entlehnte Formulierung akzeptieren.[17] Wir wollen sagen, daß es eine Konvention gibt, der zufolge im Ideolekt eines bestimmten Stammesangehörigen der Äußerungs-Typ A bedeutet, daß p, wenn gilt: (a) Er hat bisher A nur dann geäußert, wenn er meinte, daß p; (b) diese Tatsache ist zwischen ihm und seinen Hörern gemeinsames Wissen; und (c) aufgrund des in (b) erwähnten gemeinsamen Wissens ist es auch weiterhin der Fall, daß er dann, wenn er A äußert, meint, daß p, und von den anderen auch so verstanden wird. In dieser Formulierung ist, wie auch schon in der Formulierung von Lewis, die wesentliche Idee enthalten, daß konventionelle Bedeutungen mehr sind als lediglich übliche Bedeutungen, wobei das

17 Schiffer, a. a. O.

zusätzliche Element darin besteht, daß die betreffende Regularität *deshalb* beibehalten wird, *weil* es gemeinsames Wissen ist, daß sie auch schon früher bestanden hat – wobei dieses »weil« eher einen Grund ausdrücken soll als eine Ursache. Ein Großteil der von Lewis im Rahmen des von ihm gewählten Ansatzes vorgenommenen detaillierten Untersuchungen – einschließlich seiner Diskussion des Zusammenhangs zwischen Konventionen einerseits und Abmachungen, Normen und Regeln andererseits – würde sich relativ leicht mithilfe der von Schiffer gewählten Formulierung rekonstruieren lassen.

5. Verallgemeinerung der Lewisschen Analyse

So befriedigend diese abkürzende Darstellungsweise auch ist, so dürfte es doch nützlich und zudem nicht uninteressant sein, sich klarzumachen, wie die Lewissche Analyse so verallgemeinert werden kann, daß sie direkt auf eine Koordination zwischen Sprecher und Hörer angewandt werden kann. Der Kern des im folgenden gewählten Verallgemeinerungsverfahrens besteht in einem Übergang von der Spezies *Handlung* zu einem umfassenderen Genus dessen, was ich als ein *Tun* (doing) bezeichnen möchte. Verwende ich i. f. den Ausdruck *tun* als Bezeichnung dieses Genus, so werde ich durch Kursivsetzung dieses Ausdrucks darauf aufmerksam machen, daß wir es dabei mit einem Kunstausdruck zu tun haben. Wenn ich sage, daß eine Person etwas zu einem bestimmten Zeitpunkt t *tut*, so meine ich damit, daß es für φ einen Wert gibt derart, daß (1) die betreffende Person zu t φ-t, und (2) jemands Überzeugungen zumindest partielle Gründe für sein φ-en sein können. Dieser Explikation zufolge sind alle unsere Handlungen auch ein *Tun*. Dasselbe gilt auch für unser Erwerben von Überzeugungen: (1) Man kann darüber mit Sätzen von der Form »X φ-t zu t« berichten; und (2) die Gründe dafür, daß jemand zu der Überzeugung kommt, daß p, können weitere Überzeugungen der betreffenden Person enthalten. Zudem kann man überlegen, abwägen, sich fragen, was man glauben soll (bzw. ob man p glauben soll), genau wie man überlegen, abwägen und sich fragen kann, welche Handlung man vollziehen soll (bzw. ob man f vollziehen soll). In beiden Fällen kann man Gründe gegeneinander abwägen, und zu diesen Gründen werden auch – zumindest unter anderem

– Überzeugungen gehören. Unser *Tun* beinhaltet, daß wir unterschiedliche Zustände durchmachen, die eine Glaubens-Komponente haben, z. B. Furcht; und vielleicht auch noch andere Komponenten. Wir brauchen hier auf diese Komponenten aber nicht weiter eingehen. Und ich brauche auch nicht der Tatsache nachzugehen, daß es meinen Erklärungen zufolge zulässig ist, daß wir auch solche Entitäten als ein *Tun* klassifizieren, die überhaupt keine Geschehnisse sind, wie z. B. Überzeugungen. Bei dem *Tun*, das mich hier zentral interessiert, geht es stets um Handlungen bzw. um den Erwerb von Überzeugungen – und das sind ganz klar Geschehnisse.

Ich bin der Auffassung, daß die Klasse der ein *Tun* darstellenden Fälle, so wie ich diese Klasse eben charakterisiert habe, eine natürliche Begriffsart darstellt und nicht nur das Produkt eines Wortspiels. Diese These verteidige ich nicht durch ein Herunterspielen von Unterschieden, sondern durch ein Akzentuieren von Ähnlichkeiten. Gründe für Handlungen enthalten im Unterschied zu Gründen für Überzeugungen typischerweise nicht nur Überzeugungen, sondern auch Präferenzen, Wünsche, Neigungen, Aversionen etc. (Ein Wunsch mag zwar der Vater eines Gedankens sein, er ist für den Gedanken aber kein Grund.) Ich will diesen Unterschied nicht bestreiten. Und schon gar nicht möchte ich den Erwerb einer Überzeugung als eine Art Handlung darstellen. Es kann sein, daß jemand absichtlich gewisse Handlungen vollzieht, um sich so selbst zu der Überzeugung zu verhelfen, daß p – vielleicht weil ihm das Haben dieser Überzeugung dabei helfen würde, sich endlich so zu verhalten, daß er zu Geld kommt oder in einer Gott wohlgefälligen Weise lebt. In diesem Fall *würden* zu seinen Gründen für den Vollzug der betreffenden Handlung auch Präferenzen u. dgl. gehören; die ebenfalls in diesen Gründen enthaltenen Überzeugungen würden freilich wohl nicht für p selbst sprechen, ihm vielmehr nur dabei behilflich sein, es zu bewerkstelligen, daß er zu der Überzeugung kommt, daß p. Ich gehe auf diesen ganz speziellen Fall hier nur deshalb ein, um ihn gleich wieder ad acta legen zu können. Es geht mir hier nur um den Standardfall, in dem ›seine Gründe für den Erwerb der Überzeugung, daß p‹ nichts anderes sind als ›seine Gründe dafür, zu glauben, daß p‹ bzw. ›die Überzeugungen von ihm, die für p sprechen, bzw. die eher die Annahme bestätigen, daß p‹. In diesem Standardfall ist ein Sich-Fragen, ob man glauben soll, daß p, nichts anderes als ein Sich-Fragen, ob p der Fall ist.

Gründe dafür, eine bestimmte Handlung zu vollziehen, und Gründe dafür, etwas Bestimmtes zu glauben, haben, trotz mancher Unterschiede, für die hier verfolgten Zwecke genügend gemeinsam. Der wesentliche Punkt ist der: Ob jemand zu bestimmten Überzeugungen kommen wird oder nicht, oder ob jemand eine bestimmte Handlung vollziehen wird oder nicht, beides kann von den Überzeugungen abhängen, die er jetzt hat, und beides läßt sich aufgrund dieser Überzeugungen vorhersagen. Die Relevanz dieser Bemerkung wird sich gleich noch zeigen.

Die Lewissche Koordinations- und Konventionentheorie läßt sich so umformulieren, daß »Handlung« durch das allgemeinere »Tun« – mutatis mutandis – ersetzt wird. Sie wird dann nicht nur auf die bereits von Lewis' ursprünglicher Analyse abgedeckten Fälle anwendbar sein, sondern auch noch u. a. auf Fälle wie den folgenden:

In einer aus zwei Leuten bestehenden Gesellschaft will S so handeln, daß dadurch H zu der Überzeugung gebracht wird, daß p, wobei sich S auf einen Mechanismus verläßt, der Hs Erkennen der von S verfolgten Absicht involviert; und H, mit der Handlung von S konfrontiert, will wissen, mit welcher Absicht diese Handlung vollzogen worden war. Wir haben es mit einer Situation zu tun, in der die »Interessen vorwiegend übereinstimmen« (Lewis, a. a. O., S. 14/14); Koordination ist erreicht, wenn S mit der eben angegebenen Absicht handelt und H diese Absicht erkennt, d. h. zu einer zutreffenden Überzeugung darüber kommt, warum S so gehandelt hat. Wenn es nun zwischen S und H gemeinsamer Glaube ist, daß S immer dann, wenn er bisher eine Handlung f vollzogen hat, er damit gemeint hat, daß p, und er auch immer so verstanden worden ist (all dies wäre à la Grice weiter zu explizieren), dann liefert dieser gemeinsame Glaube *sowohl* S einen starken Grund, zur Realisierung dieser Absicht wiederum eine Handlung f zu vollziehen, *als auch* einen starken Grund für H, dann, wenn S wiederum f tut, erneut zu glauben, daß S f mit der Absicht getan hat, H zu der Überzeugung zu bringen, daß p. Somit ist in ihrem *Tun* eine gewisse Koordination erreicht. Ihr gemeinsamer Glaube bzw. ihr gemeinsames Wissen bezüglich einer bisher bestehenden Regularität hat sie dazu geführt, die Regularität auch in weiteren Fällen aufrechtzuerhalten, sehen sie dies doch als ihre beste Möglichkeit an, auch weiterhin Koordination zu erreichen. Der wesentliche Punkt ist hier der: Ihr beiderseitiges *Tun* in dieser Situation ist, obschon nicht bei beiden eine Handlung oder etwas ›Willentliches‹, doch insofern der Kontrolle von Überzeugungen unterworfen, als sich dieses *Tun* als aus der Existenz eines gewissen gemeinsamen Glaubens entstanden erklären und auch dementsprechend prognostizieren läßt.

Kommunikationssituationen unterscheiden sich von den Lewisschen Beispielen in vier Aspekten, die nicht einfach darin bestehen – wenngleich sie auch daraus resultieren mögen –, daß Kommunikation ein *Tun* involviert, das keine Handlung ist. So auffallend diese Unterschiede nun auch sein mögen, sie lassen mein Vorgehen jedenfalls nicht defizient erscheinen.

(1) Der Sprecher steht vor der Frage: Was kann ich tun, um den Hörer zu der Überzeugung zu bringen, daß p? Der Sprecher hat eine gewisse Absicht, und sein Problem betrifft die Frage, welcher Handlung er diese Absicht sozusagen aufhängen soll. Dies kann man so sehen, daß es hier nicht um ein praktisches Problem geht, wie man handeln soll, sondern um ein rein theoretisches Problem, das Problem nämlich, welche Handlung mit der größten Wahrscheinlichkeit zur Realisierung der vorliegenden Absicht führt. Ein Vorteil meines Begriffs des *Tuns* besteht nun darin, daß er es uns erspart, uns auf diese Materie zu weit einlassen zu müssen. Das Sprecher-Problem – sei es nun von der Form »Wie soll ich handeln?« oder von der Form »Was soll ich glauben?« oder gar ein Konglomerat aus beidem – hat gewiß die Form »Was soll ich *tun*?« in meinem technischen Sinne von *tun*; und mehr braucht es nicht.

(2) Das *Tun* des Hörers hängt logisch von dem des Sprechers ab, denn das *Tun* des Hörers besteht darin, daß er eine Überzeugung *über* die Äußerung des Sprechers erwirbt. Dies scheint mit dem nächsten Punkt zusammenzuhängen.

(3) Der Sprecher hat ein Koordinationsproblem, weil er eine gewisse Absicht realisieren will; und erst wenn er das Problem schon hinter sich gebracht hat – d. h. seine Äußerung gemacht hat –, erst dann stellt sich auch für den Hörer ein Koordinationsproblem.

Die Merkmale (2) und (3) liegen vielleicht nur deshalb vor, weil wir von Handlungen verallgemeinernd zu einem *Tun* übergegangen sind. Sicher bin ich mir hier nicht. Wie dem auch sei, die verallgemeinerte Lewissche Analyse wird mit ihnen jedenfalls spielend fertig. Es ist auch weiterhin der Fall, daß Sprecher und Hörer einen Sachverhalt herbeiführen wollen, in dem ihr beiderseitiges *Tun* in einer gewissen Weise verknüpft ist; und auch weiterhin gilt, daß ihnen ihr gemeinsamer Glaube, daß bisher eine gewisse Regularität vorgelegen hat, bei dem Zustandebringen dieses Sachverhalts eine Hilfe sein kann.

(4) Wenn es zwischen S und H gemeinsamer Glaube ist, daß, wann immer S bisher eine Handlung f vollzogen hat, er (kurz gesagt) gemeint hat, daß p, so wird dies genügen, sie dazu zu bringen, das zu *tun,* was für eine Koordination in dieser neuen Situation erforderlich ist. D. h., es genügt, wenn sie über einen gemeinsamen Glauben bezüglich einer bisher gegebenen Regularität verfügen, bei der nur einer von ihnen involviert ist. Dies ist jedoch keine Konsequenz unseres Übergangs von *Handlung* zu *Tun*, ergibt sich vielmehr einfach daraus, daß wir es hier nur mit einer Koordination zwischen genau zwei Leuten zu tun haben. Um einen Fall zu nehmen, in dem beide gemeinsam handeln müssen: Wenn es zwischen X und Y gemeinsamer Glaube ist, daß immer dann, wenn bisher die Telephonverbindung unterbrochen war, X aufgelegt und gewartet hat, dann genügt das, um beide mit Gründen für ein bestimmtes Handeln für den Fall, daß die Telephonleitung wieder unterbrochen ist, zu versehen – den X mit Gründen dafür, wiederum aufzulegen und zu warten, den Y mit Gründen dafür, wiederum zurückzurufen.

In Kommunikationssituationen ›handelt‹ der Hörer ›nicht in Übereinstimmung mit einer Konvention‹, da er in diesen Situationen eben überhaupt nicht ›handelt‹. Solche Situationen sind jedoch von Konventionen geleitet: Das Verstehen auf Seiten des Hörers wird durch seine Kenntnis einer Konvention erklärt, d. h. durch seine Beteiligung an einem gemeinsamen Wissen bezüglich einer gewisse Bedingungen erfüllenden bisher bestehenden Regularität.

Ehe wir nun Lewis verlassen, sollte ich doch auf einen bisher ignorierten Punkt aufmerksam machen: Eine Aussage von der Form »Indem S f tut, befolgt er die Regularität R als eine Konvention« kann zur logischen Folge haben, daß S mit f-Tun selbst dann etwas meint, wenn R selbst keinen Bezug auf ein Sich-auf-den-

Griceschen-Mechanismus-Verlassen, ja nicht einmal auf irgendjemands Absichten involviert. Der entsprechende Beweis von Lewis basiert natürlich auf seiner Analyse von *Konvention* (a. a. O., S. 154-156/157-159); die wesentlichen Punkte dieses Beweises werden durch meine Verallgemeinerung dieser Analyse jedoch nicht berührt, sie soll vielmehr lediglich dazu dienen, noch weitere Regularitäten unter sie zu subsumieren. Der wesentliche Punkt ist der, daß die Aussage »Indem S f tat, befolgte er die Regularität R als eine Konvention« tatsächlich eine komplexe Aussage über die Überzeugungen und Absichten von S ist, die sein Tun von f erklären. Des weiteren involviert diese Aussage, daß dem S gerade das zugeschrieben wird, was für den Griceschen Ansatz so charakteristisch ist, nämlich Überzeugungen zweiter Stufe bezüglich Überzeugungen und Absichten bezüglich S. Für Details siehe Lewis.

Lewis gibt zu, daß eine Gricesche Situations-Bedeutung vorliegen kann, ohne daß irgendwelche Konventionen involviert sind (a. a. O., S. 158-159/161-162); ich selbst habe mit der Situations-Bedeutung angefangen und Konventionen erst auf einer späteren Stufe eingeführt. Zu beachten ist noch, daß dann, wenn »Bedeutung« im Sinne der Griceschen Bedingungen und »Konvention« im Sinne der Lewisschen Analyse verwendet werden, der Ausdruck »konventionelle Bedeutung« pleonastisch ist.

6. Entstehung von Bedeutungs-Konventionen

Wenn eine Konvention, kurz gesagt, eine Regularität ist, die in einer Gruppe deshalb aufrechterhalten wird, weil die Gruppenmitglieder wissen, daß diese Regularität bisher gegeben war, dann können ihre ersten Anwendungsfälle nicht *als* Anwendungsfälle einer Konvention vorgekommen sein. Warum ist es dann überhaupt zu ihnen gekommen? Wie Lewis in einer erhellenden Diskussion zeigt, könnte es auf diese Frage zahlreiche Antworten geben (a. a. O., S. 83-88/83-88). Eine Konvention könnte aus einer Abmachung resultieren: Die betreffenden Parteien haben sich auf eine gewisse Regularität geeinigt, hielten sich dann (für eine Weile) deshalb an diese Regularität, weil sie sich darauf geeinigt hatten und (daraufhin) weil sich die Regularität etabliert hatte und zum gemeinsamen Wissen gehörte und die beste verfügbare Lösung für eine gewisse Art von Koordinationsproblem darstellte. Dies ist jedoch eine unwahrscheinliche Theorie über das Entstehen von Bedeutungs-Konventionen, selbst wenn Lewis mit der Annahme recht hat, daß eine Abmachung noch keinen Sprachgebrauch zu involvieren braucht (a. a. O., S. 87 f./88).

Eine plausiblere Hypothese ist, daß sich Bedeutungs-Konventionen aus Situationen entwickelt haben, die dem von mir in § 3 diskutierten primitiven Fall einer Griceschen Situations-Bedeutung ähnlich sind, wobei die betreffenden Bedeutung-tragenden Äußerungen in dem Maße eine konventionellere Basis erhalten, als sie immer weniger auf eigenen Füßen stehen können. Um ein einfaches Beispiel zu geben: Will S den H das zweite Mal auf eine gleich herunterfallende Kokosnuß aufmerksam machen, dann sind seine Bewegungen, mit denen er jemanden nachahmt, dem gerade etwas auf den Kopf gefallen ist, schon weniger detailliert wie beim ersten Mal, so daß H vielleicht gar nicht daraufgekommen wäre, daß S mit seinen Bewegungen den Gedanken, daß jemandem etwas auf den Kopf fällt, hervorrufen möchte, wenn sich H nicht an die frühere Warnung vor einer herunterfallenden Kokosnuß erinnert hätte – was von S genau so beabsichtigt war. Das ist zwar noch keine Konvention, ist aber auf dem besten Wege zu einer solchen.

Mein Bedeutungs-nominalistisches Programm verlangt von mir nicht, daß ich mich auf eine bestimmte Theorie darüber festlege, wie es zu Bedeutungs-Konventionen kommt, soweit sie nur eben zuläßt, daß es irgendwie zu derartigen Konventionen kommen kann.

7. Kenntnis der Bedeutungs-Konventionen

Wenn jemand mit einer Äußerung meint, daß p, ohne daß dabei irgendwelche Bedeutungs-Konventionen involviert sind, dann muß er seine Äußerung als mit p irgendwie natürlich verknüpft betrachten – zum Beispiel durch eine starke Ähnlichkeit zu etwas, was ein auffallendes Charakteristikum eines jeden Sachverhalts wäre, in dem p gilt, oder durch eine Ähnlichkeit zu etwas, was den Hörer an einen ganz bestimmten Sachverhalt erinnert, wo p galt, oder dergleichen. In dem von mir diskutierten ersten Fall einer Griceschen Situations-Bedeutung z. B. war es so, daß S *so tat, als* würde er gerade von einer herunterfallenden Kokosnuß getroffen.

Dies bedeutet offenbar eine enorm starke Beschränkung, und ein ganz großer Vorteil von Konventionen besteht denn auch gerade darin, daß sie diese Beschränkungen aufheben. In einem jeden Fall von Situations-Bedeutung muß man vom Hörer vernünftigerweise erwarten können, daß er die Äußerung gerade mit p und nicht mit irgendeiner anderen Proposition in Verbindung bringt. Im Fall der konventionellen Bedeutung dagegen muß die Äußerung nur von einer erkennbaren Form sein, die regulär »p« bedeutet; dadurch werden keinerlei Beschränkungen darüber auferlegt, welche äußeren Merkmale die Äußerung haben kann. Jede Art von Äußerung könnte konventionellerweise »p« bedeuten. Gibt es eine derartige Konvention und ist sie den Mitgliedern der betreffenden Gruppe erst einmal bekannt, so können die einzelnen Mitglieder dann, wenn sie die betreffende Äußerung machen, vernünftigerweise erwarten, daß diese Äußerungen von ihren Hörern auch verstanden werden. (Dies trifft selbst dann zu, wenn es der Fall sein sollte, daß nur ein Mitglied der Gruppe jemals überhaupt etwas äußert: Es betrifft primär Sprecher–Hörer-Konventionen, und nur in abgeleiteter Form dann Sprecher–Sprecher-Konventionen. Dies ist ein Grund, weshalb ich möchte, daß der Konventionsbegriff auch mit Ideolekten und nicht nur mit von mehreren Sprechern gesprochenen gemeinsamen Sprache fertig wird: Die Beseitigung der Fesseln der Bedingung der ›natürlichen Erinnerungsfunktion‹ führt nicht notwendig dazu, daß mehr als ein Sprecher involviert ist.)

Wir lassen die Frage, wie es zu Konventionen kommt, beiseite und fragen uns stattdessen: Angenommen, bei einem gewissen Stamm ist eine Bedeutungs-Konvention in Kraft, wie kann dann irgendjemand – sei es ein junges Stammesmitglied oder wir als Beobachter – Kenntnis von dieser Konvention erlangen? Um herauszufinden, daß A konventionell »p« bedeutet, müssen wir herausfinden, daß dann, wenn ein A-Vorkommnis geäußert wird, der betreffende Sprecher gewöhnlich damit meint, daß p. Wir müssen somit in der Lage sein, in gewissen Situationen herauszufinden, daß bestimmte einzelne Äußerungen von A-Vorkommnissen die Bedeutung von »p« hatten. Aber wie können wir einzelne Anwendungsfälle der Konvention verstehen, ohne die Konvention selbst zu kennen? Dies ist ein echtes Problem, da es unwahrscheinlich ist, daß es von einem Äußerungs-Typ, der konventionell »p« bedeutet, Vorkommnisse gibt, die p ähnlich sind bzw. uns in natürlicher Weise an (etwas mit) p (Assoziiertes) erinnern. Kurz, es ist unwahrscheinlich, daß zwischen einer Äußerung und ihrer Bedeutung *sowohl* eine konventionelle *als auch* eine sonstige Beziehung besteht. Und doch muß der, der von einer Konvention Kenntnis gewinnen soll, eine Verbindung zwischen der Äußerung und deren Bedeutung herstellen. Wie klappt dieser Trick? Einige Konventionen lassen sich sprachlich erklären, aber das kann offensichtlich nicht die ganze Antwort sein. Einige Bedeutungen müssen wir einfach dadurch herausbekommen, daß wir uns das gewöhnliche kommunikative Verhalten des betreffenden Stammes ansehen.

Es spielt keine Rolle, daß »der außersprachliche Kontext bei den meisten Äußerungen *nicht* erkennen [läßt], welches Ziel der Sprecher mit ihnen verfolgt«[18], solange es genügend Äußerungen gibt, bezüglich derer man von der Sprecherabsicht Kenntnis haben kann, auch ohne dabei auf eine Kenntnis von Bedeutungs-Konventionen zu rekurrieren. Ja nicht einmal das ist nötig, da kein einziger Fall vollständig diagnostiziert bzw. völlig für sich genommen verstanden zu werden braucht. Angenommen, wir wollen die Hypothese überprüfen, daß der Äußerungs-Typ A konventionell »p« bedeutet. Selbst wenn wir nie von irgendeinem A-Vorkommnis sagen können, daß es, alle relevanten Umstände vorausgesetzt, die Bedeutung von »p« gehabt haben muß, so können wir immer noch herausbekommen, daß das eine A-Vorkommnis eine Bedeutung hatte, die in dem und dem Bereich angesiedelt ist, ein anderes A-Vorkommnis eine Bedeutung hatte, die in einem anderen, sich mit dem Bedeutungsbereich des ersteren A-Vorkommnisses jedoch überschneidenden Bereich liegt, usw. – bis schließlich nur noch »p« als der Bereich übrigbleibt, der allen anderen untersuchten Bereichen gemeinsam ist. (Hier ist die im Begriff der Identität von Propositionen enthaltene Unschärfe relevant. Und wenn Quines These der Übersetzungsunbestimmtheit richtig ist, dann läßt sich gegen die Behauptung der Eindeutigkeit der Bestimmung von p

18 Welker, dieser Band, S. 137 ff.

19 W. V. O. Quine, *Word and Object*, New York, 1960, Kp. 2.

auch noch ein weiteres Argument vorbringen.[19] Dies sind jedoch Komplikationen, keine prinzipiellen Einwände. Im folgenden werde ich nicht weiter auf sie eingehen.) Gibt es keine Konvention, die A-Vorkommnisse als solche reguliert, dann wird jede Hypothese über die Bedeutung von A daneben gehen. Ich sage hier bewußt »Hypothese«: Wer Bedeutungs-Konventionen kennenlernen soll bzw. will (der junge Stammesangehörige bzw. wir als Beobachter), kann sich durchaus schon dessen bewußt sein, *daß* bei dem Stamm Bedeutungs-Konventionen in Kraft sind. Es kann sein, daß er ein recht zuverlässiges Indiz dafür kennt, wann eine Äußerung eine konventionelle Bedeutung besitzt – vorausgesetzt, der betreffende Stamm verfügt über gewisse äußerlich wahrnehmbare Verhaltensweisen, z. B. lautliches Verhalten, das bei ihnen als ihr wichtigster Bedeutungsträger fungiert, und nur selten zu irgendeinem anderen Zweck hergenommen wird.
Es ist plausibel anzunehmen, daß sich durch diese Art Eliminierung auch über individuelle Konventionen etwas herausbekommen läßt. Nun will ich jedoch nicht nur Plausibilität, sondern ein Verfahren für die Beischaffung von Daten für das Vorliegen von Konventionen. Das heißt, ich will *Arten* von Fakten, die, erstens, oft verfügbar sind und uns, zweitens, bei dem Versuch, etwas über Konventionen herauszubekommen, bei der Identifizierung oder zumindest bei der Umschreibung einer Situations-Bedeutung eines Sprechers auch dann weiterhelfen, wenn wir nicht wissen, welche Konvention von ihm dabei angewandt wird. Eine mögliche Gefahr ist jedoch zu vermeiden, nämlich daß diese Arten von Fakten – falls wir sie überhaupt herausfinden – nur in solchen Fällen verfügbar sein werden, in denen die Konvention irgendwie überflüssig ist. Je sicherer und eng umgrenzter wir die Situations-Bedeutung eines Sprechers umschreiben können, ohne zu wissen, was die relevante Konvention ist, desto geringer ist die von der Konvention in dieser Situation zu verrichtende Arbeit – so wird man zumindest annehmen können. Denn wenn wir die Äußerung verstehen können, ohne die Konvention zu kennen, warum sollte das nicht auch für den primären bzw. intendierten Hörer gelten? Es wäre deprimierend, wenn man Bedeutungs-Konventionen dadurch herauszubekommen hätte, daß man auf die schwächsten Beispiele konventioneller Bedeutung achtet, in denen Bedeutungs-Konventionen für einen Kommunikationserfolg ohnehin nicht un-

bedingt notwendig sind. Das Problem wäre gelöst, wenn es genügend Fälle gäbe, in denen wir über ein relevantes Wissen verfügten, das der primäre Hörer nicht besitzt, etwa weil er taub ist, in die falsche Richtung schaut oder dergleichen. Eine derartige Lösung droht jedoch, das Erwerben von Sprachkenntnissen zu stark von zufälligen Umständen abhängig zu machen. Ist es so, daß wir einfach nur hoffen, auf genügend Situationen zu stoßen, in denen wir über ein nützliches Wissen verfügen, das der primäre Hörer selbst nicht hat? Meine eigene Lösung, die im nächsten § entwikkelt werden soll, enthält so etwas wie die oben skizzierte Lösung, kann sich jedoch zudem auf eine vollständige Antwort auf diese zuletzt genannte Schwierigkeit stützen. Insbesondere werde ich zeigen, daß es eher die Regel als die Ausnahme sein muß, daß der primäre Hörer etwas Relevantes nicht weiß, was jedoch für den, der eine Sprache erlernt, verfügbar sein könnte; so daß es nicht nur so ist, daß uns nichts anderes übrig bleibt als zu hoffen, daß es genügend derartige Fälle geben wird, wir uns vielmehr ganz und gar darauf verlassen können, daß es so ist.

Jeder Bedeutungstheoretiker sollte sich mit diesem Problem, wie man etwas über Bedeutungs-Konventionen herausbekommen kann, auseinandersetzen, kann es doch kaum strittig sein, daß wir einen Zugang zu Situations-Bedeutungen benötigen, der nicht auf Konventionen rekurriert. Gelegentlich wird behauptet, wir verfügten über einen solchen Zugang vermittels unserer Beobachtungen der Umstände, in denen die unterschiedlichen Äußerungen gemacht werden. Dies trifft zweifelsohne zu, sagt aber nicht mehr, als daß die Lösung des Problems, so es eine gibt, in dem öffentlich zugänglichen Bereich liegt. Ich ziele dagegen schon auf etwas Spezifischeres ab, aber, so es sich irgendwie vermeiden läßt, eben nicht auf ein Inventar von Dutzenden von Bedeutungsindizien, nicht einmal auf solche, die durch eine ›Familienähnlichkeit‹ miteinander verbunden sind.

Es gibt, wie ich glaube, aber auch noch eine beachtenswerte dazwischenliegende Allgemeinheitsstufe. Ich werde zwei mögliche Quellen unseres Wissens über Bedeutungen beschreiben. Obgleich erheblich spezifischer als ›Beobachtungen von Umständen‹, sind sie doch noch sehr allgemein. Sie sind zudem zentral und leicht zu fassen: Zahlreiche unserer Quellen eines Wissens über Bedeutungen sind spezielle Fälle davon.

Dem Griceschen Paradigma zufolge hat der Sprecher in einer jeden Sprecher-Hörer Situation eine gewisse Erwartung, daß ihm der Hörer vertraut. Zusammen mit einer schwachen weiteren Annahme, wonach die betreffenden Gruppenmitglieder (in unserem Beispiel von § 3: Stammesmitglieder) sowohl über ein gewisses Wahrnehmungs- als auch über ein gewisses Erinnerungsvermögen verfügen, folgt daraus, erstens, daß der Hörer dem Sprecher im allgemeinen tatsächlich vertraut, als auch, zweitens, daß dem Sprecher im allgemeinen auch tatsächlich zu vertrauen ist – d. h. er dem Hörer nur Tatsachen zu übermitteln sucht. Das beinhaltet, daß er den Hörer nicht täuschen will und selber in relevanter Hinsicht nicht falsch informiert ist. (Ich sehe hier von dem Fall ab, in dem sich Täuschung und falsche Information gegenseitig aufheben, eine zutreffende Mitteilung ergeben.) Damit scheint nun aber viel wieder zurückgenommen zu werden. Die Annahme bezüglich des Fehlens einer Täuschungsabsicht kann sich jedoch auf die allgemeine Überlegung stützen, daß eine öffentliche Sprache ein kooperatives Unternehmen ist, das nur dann funktionieren kann, wenn ein gewisser guter Wille vorhanden ist. Die Lewissche Analyse weist auf eine tieferliegende Begründung des gleichen Punktes hin: Eine Konvention ist dieser Analyse zufolge wesentlich mit Situationen verknüpft, in denen die »Interessen vorwiegend übereinstimmen«. Die Annahme bezüglich dessen, daß der Sprecher in relevanter Hinsicht nicht falsch informiert ist, läßt sich des weiteren auch durch andere Gründe rechtfertigen als durch den, daß wir diese Annahme für das Gricesche Paradigma brauchen. Wenn wir wirklich ernstgenommen werden wollen, müssen wir zulassen, daß die Behauptung »Es kann sein, daß sich der Sprecher in den Annahmen, die er mithilfe des Griceschen Mechanismus zu übermitteln sucht, gewöhnlich irrt« mit der Behauptung »Es kann sein, daß sich der Sprecher in seinen Annahmen gewöhnlich irrt« steht oder fällt. Und ich denke, daß allgemeine Übereinstimmung darin herrscht, daß die letztere Behauptung nicht zu halten ist – und daher auch nicht die erstere. Es bleibt die Frage, was an der Idee, daß sich jemand in seinen Annahmen meistens irrt, falsch ist.[20] Ich

20 Siehe A. M. MacIver, *Knowledge*, Proceedings of the Aristotelian Society, Ergänzungsband 32, S. 1-24, insbes. S. 23-24.

vermute, daß die Antwort etwas mit der Verhaltensbasis für die Zuschreibung nicht-sprachlicher Annahmen bzw. Überzeugungen zu tun hat. Eine vollständige Erklärung dieser Basis würde meines Erachtens ein wohlbegründetes Theorem enthalten, wonach die Falschheit der zugeschriebenen Annahmen eher die Ausnahme als die Regel ist.

Ich nehme daher an, daß wir über eine große Bandbreite von paradigmatischen Griceschen Sprecher-Hörer-Situationen verfügen, d. h. Situationen, in denen der Hörer dem Sprecher *mit Recht* vertraut. Ich komme jetzt zu den angekündigten zwei Quellen unseres Wissens darüber, was Sprecher meinen.

Bei der einen dieser beiden Quellen geht es um eine Entität, über die der Hörer noch gar nicht so frühzeitig verfügen kann, als daß er sie bereits als ein Substitut für eine Kenntnis der relevanten Bedeutungs-Konvention einsetzen könnte. Ich meine die Überzeugung, die der Hörer erst erwirbt, wenn er bereits gehört hat, was der Sprecher sagt. Obgleich der Hörer natürlich dann, wenn die Sache gelaufen ist, ebenfalls wissen kann, welche Überzeugung er erworben hat, so ist doch offensichtlich, daß eben deshalb, weil er dieses Wissen erst *durch* das Verstehen der Äußerung erworben hat, dieses Wissen nicht ein *Mittel* für sein Verstehen der Äußerung sein kann, und somit auch nicht die Gefahr drohen kann, daß dieses Wissen die Konvention in dieser Situation eigentlich überflüssig macht.

Die Hörer-Annahmen-Basis für das Verstehen von Äußerungen steht uns nur dann zur Verfügung, wenn der Hörer (1) die Äußerung versteht, (2) glaubt, daß sie wahr ist, und (3) sich dieser Glaube auch in seinem Handeln manifestiert. (1) wirft keine Probleme auf. Daß Hörer Sprecher oft verstehen, ergibt sich bereits aus der von uns gestellten Frage selbst, aus der Frage nämlich, wie man etwas über den Inhalt der geltenden Bedeutungs-Konventionen herausbekommen kann. Die Annahme (2) ist eine strukturelle Komponente des oben dargestellten Griceschen Paradigmas. Was (3) betrifft, so setzt unser ganzes Programm – all das eingeschlossen, was dazu führt, daß wir die hier untersuchte Fragestellung überhaupt aufwerfen – bereits voraus, daß sich ein Gutteil der von den Stammesangehörigen gemachten Annahmen in ihrem Verhalten manifestiert.

Die zweite Quelle für eine Kenntnis der Bedeutung kann zwar

von uns, aber *normalerweise* nicht auch von dem primären bzw. intendierten Hörer benutzt werden. Sie betrifft das Wissen darüber, von welchen Sachverhalten der Sprecher überhaupt wollen könnte, daß sie vom Hörer zum gegebenen Zeitpunkt und unter den gegebenen Umständen als bestehend erkannt werden. Obgleich wir oft nichts darüber wissen, wird es doch auch viele Fälle geben, in denen wir die Situations-Bedeutung des Sprechers (was der Sprecher mit seiner Äußerung meinte) in dieser Weise umschreiben können, eventuell diese Bedeutung auch auf einen einzigen Kandidaten eingrenzen können (der nur der unvermeidbaren Unschärfe unterliegt und, wenn Quine recht hat, nur solche Rivalen besitzt, die sich ohnehin nicht ausschalten lassen und daher meinem Ansatz auch nichts anhaben können). Um ein Beispiel von extremer Einfachheit zu nehmen: Schwebt der Hörer in der Gefahr, daß ihm gleich eine Kokosnuß auf den Kopf fällt, was zwar nicht ihm selbst, aber dem Sprecher klar ist, und schwebt er in keiner anderen Gefahr und ist er nicht in einer Situation, in der er selbst einen anderen auf die entsprechende Gefahr aufmerksam zu machen hätte, so ist dies Grund genug für die Annahme, daß der Sprecher mit seiner Äußerung meint, daß der Hörer in der Gefahr schwebt, gleich eine herunterfallende Kokosnuß auf den Kopf zu bekommen.

Natürlich könnte es sein, daß der Hörer nach oben schaut und die Kokosnuß sieht. In anderen Fällen wird es für ihn schwerer sein, unabhängig herauszufinden, wovon der Sprecher will, daß er es bemerkt – z. B. weil Situationsmerkmale involviert sind, zu deren Entdeckung er zu wenig kann oder weiß (oder die Gelegenheit einfach nicht entsprechend ist: Bei dem relevanten Aspekt könnte es um etwas gehen, was schon vorher, in Abwesenheit des Hörers, passiert ist). Entdeckt der Hörer jedoch, daß der Sprecher wahrscheinlich von ihm will, daß er glaubt, daß p, und kommt sein Verstehen der vom Sprecher gemachten Äußerung auf dieser Grundlage und nicht vermittels seiner Kenntnis der relevanten Konvention zustande, dann ist die Äußerung nicht nur insofern schiefgegangen, als der Sprecher nicht auf konventionelle Weise etwas gemeint hat – er hat überhaupt nichts gemeint. Ich will das zu erklären suchen.

Dem von mir zu Beginn dieses § verteidigten Paradigma zufolge gilt: Herausfinden, wovon der Sprecher will, daß es der Hörer glaubt, heißt herausfinden, was der Hörer glauben sollte bzw. was zu glauben für ihn nützlich wäre. Herausfinden, *daß man glauben sollte, daß* p, involviert mit einigen Ausnahmen, die vernachlässigt werden können: herausfinden, *daß* p. Findet der Hörer, daß er die Überzeugung haben sollte, daß p, so normalerweise deshalb, weil er ohnehin schon dabei ist, zu der Überzeugung zu kommen, daß p. Ist das aber die Basis für sein Verstehen der Äußerung, dann kann er nicht durch dieses Verstehen erst dazu geführt werden, zu glauben, daß p – denn ex hypothesi hat er diesen Glauben bereits. In einem derartigen Fall ist der intendierte Gricesche Mechanismus daher kurzgeschlossen, und zwar so radikal, daß die Äußerung des Sprechers damit, daß der Hörer zu der Überzeugung kommt, daß p, überhaupt nichts zu tun hat (es sei denn trivialerweise, z. B. dadurch, daß ein Geräusch erzeugt wird, das den Hörer nach oben zu schauen veranlaßt und er daraufhin die gleich herunterfallende Kokosnuß sieht). In manchen Fällen könnte es leicht zu einem derartigen Kurzschluß kommen, in anderen nicht. Insofern jedoch ein bestimmter Sprecher in einer gegebenen Situation vernünftigerweise *meinen* kann, daß p, und somit bezüglich des Bewirkens der Überzeugung, daß p, bei seinem Hörer sich auf den Griceschen Mechanismus verläßt, insofern ist in der betreffenden Situation ein Kurzschluß ausgeschlossen.

Wenn ich sage, daß, was der Hörer glauben sollte, in einem Fall mit einer Situations-Bedeutung dem primären Hörer selbst nicht verfügbar ist, so heißt das also nicht, daß ich damit lediglich eine mehr oder weniger begründete statistische Vermutung ausspreche. Ich sage damit vielmehr etwas, was aus dem Phänomen der Bedeutung als solchem folgt. Wenn in einem gegebenen Fall das, was der Hörer glauben sollte, dem Hörer selbst bereits bekannt ist, dann braucht sich der Sprecher nicht zur Gänze auf den Griceschen Mechanismus verlassen. Er verläßt sich in einem solchen Fall also entweder fälschlicherweise auf ihn oder gar nicht. In beiden Fällen hat man es nicht mit einem Paradigmafall für eine Situations-Bedeutung zu tun.

Einwand: »Wenn es dem *Hörer* nicht ohne weiteres möglich ist, unabhängig von der Äußerung des Sprechers herauszufinden, daß p, warum sollen es dann *wir* können?« Nun, wenn es dem Hörer nicht ohne weiteres möglich ist, unabhängig von der Äußerung des Sprechers herauszufinden, daß p, warum sollte es dann *der Spre-*

cher können? Die Antwort besteht einfach darin, daß es in vielen Fällen zwischen dem Sprecher und dem Hörer relevante Unterschiede in ihren Fähigkeiten, ihrem Wissen und ihren jeweiligen Möglichkeiten gibt, etwas Neues in Erfahrung zu bringen. Und es gibt keinen Grund, warum zahlreiche derartige Dinge nicht auch bezüglich dem primären Hörer und uns, wenn wir die Äußerung des Sprechers als Unbeteiligte mitbekommen, geben sollte. Ich habe keine einheitliche umfassende Theorie darüber, worin diese Unterschiede bestehen; mein obiges Argument zeigt jedoch, daß für den Fall, daß derartige Unterschiede nur selten zwischen Sprecher und Hörer gegeben sind, es eben nur selten angemessen wäre, etwas zu äußern und damit etwas zu meinen.
Resümee: Was der Hörer (dem Sprecher zufolge) glauben muß, um herauszufinden, was die Äußerungen bedeuten, ist zwar sehr oft *uns*, normalerweise aber nicht *dem Hörer* bereits bekannt, obgleich der Hörer normalerweise nicht anders ist als wir selbst. Eben dies stellt jedoch eine gute Quelle für unser Wissen über Bedeutungs-Konventionen dar: Es versetzt uns in die Lage herauszufinden, was eine gegebene Äußerung bedeutet, ohne daß wir dazu bereits wissen müßten, welche Konventionen für die betreffende Äußerung einschlägig sind. Und doch ist es nicht so, daß man signifikant damit rechnen müßte, daß die Konvention in der betreffenden Situation einfach überflüssig wäre. Zudem verfügen wir über eine grundsätzliche Erklärung dafür, warum diese beiden wünschenswerten Merkmale erfüllt sind.

9. Verstehen und Konvention

Von Searle wurden gewisse Inadäquatheiten des Griceschen Ansatzes moniert,[21] derentwegen von ihm dann »Grices Analyse der nicht-natürlichen Bedeutung« durch seine »korrigierende Analyse des Sachverhalts, daß jemand etwas sagt und es meint« ersetzt wird – ein Analysandum, das von Searle auch so ausgedrückt

21 J. R. Searle, *What is a Speech Act?*, in: M. Black (Hrsg.), *Philosophy in America*, Ithaca, 1965; auch in: J. R. Searle (Hrsg.), *The Philosophy of Language*, Oxford, 1971; J. R. Searle, *Speech-Acts*, Cambridge, 1970; dtsch. *Sprechakte*, Frankfurt, 1971; sofern nicht anders vermerkt, stammen die folgenden Zitate aus dem zuletzt genannten Werk.

wird: »einen Satz äußern und ihn meinen« bzw. »mittels der wörtlichen Äußerung eines Satzes einen illokutionären Akt vollziehen«. Bei diesem Analysandum geht es in der Tat um den Begriff des Etwas-Äußerns-und-damit-des-Meinens, was-man-für-die-konventionelle-Bedeutung-der-Äußerung-hält.

Um die von Searle gegen Grice vorgebrachten Einwände zu entwirren, gehen wir zunächst von der folgenden Searleschen Bemerkung aus (a. a. O., S. 45/71):

Nach Grices Darstellung sieht es so aus, als ob jeder geäußerte Satz jede beliebige Bedeutung haben könnte, vorausgesetzt, daß die Umstände die geeigneten Intentionen erlauben. Die Konsequenz wäre jedoch, daß die konventionelle Bedeutung des Satzes in eine Ebene mit den Umständen gestellt würde.

Prima facie betrachtet scheint die Behauptung zuzutreffen, wonach dem von mir hier vorgestellten Griceschen Ansatz zufolge die konventionelle Bedeutung einer Äußerung lediglich ein spezieller ›Umstand‹ ist, der für das, was ein Sprecher mit seiner Äußerung beabsichtigen kann, relevant ist. Searle dagegen will anscheinend einen Ansatz, in dem Konventionen für die Sprecherabsicht nicht bloß relevant sind, vielmehr zum *Inhalt* dieser Absicht gehören – d. h., er will, daß der Sprecher beabsichtigen kann, *daß* die seine Äußerung regulierenden Konventionen von seinen Hörern erkannt werden.

Nun, im Griceschen Ansatz lassen sich gewisse derartige Intentionen durchaus erfassen, Intentionen nämlich, denen zufolge der Sprecher beabsichtigt, daß der Hörer dadurch zu einer gewissen Überzeugung kommt, daß er die konventionelle Bedeutung der Äußerung erkennt. Dies involviert so etwas von der Form: »Er beabsichtigt, daß ein gewisser Mechanismus (der die Erkenntnis von Konventionen involviert) bei der Realisierung seiner primären Absicht eine Rolle spielt«. Ich bin der Auffassung, daß es keinen signifikanten Unterschied gibt zwischen dem *Beabsichtigen, daß* der Mechanismus M eine Rolle spielt, und dem *Sich* bezüglich der Realisierung seiner primären Absicht *auf* den Mechanismus *Verlassen.* Und natürlich ist es auch dem Griceschen Ansatz zufolge durchaus möglich, daß sich der Sprecher manchmal darauf verläßt, daß der Hörer die konventionelle Bedeutung der Äußerung kennt.

Nun stellt jedoch Searle nicht nur die allgemeine Behauptung auf, daß Konventionen zum Inhalt von Sprecherabsichten gehören können, er vertritt auch eine viel speziellere These, die in der Tat als eine Herausforderung für den Griceschen Ansatz aufzufassen ist:

Wenn ich etwas äußere und damit meine, daß p, so muß ich Grice zufolge auch beabsichtigen, daß mein Hörer glaubt, daß p – bzw. in einer späteren Fassung, daß mein Hörer glaubt, daß ich selbst glaube, daß p.[22] Gegen diese Bedingung bringt nun Searle den Einwand vor, daß es die primäre Absicht des Sprechers ist, verstanden zu werden, und daß es dem Sprecher ›egal sein‹ kann, ob der Hörer die gegebene Information für wahr bzw. den Sprecher für aufrichtig hält.[23] Nun, auch nach Grice ist ein Verstehen möglich, ohne daß der Hörer tatsächlich zu dem entsprechenden Glauben kommt – der Hörer versteht die Äußerung, weil er erkennt, zu welcher Überzeugung ihn der Sprecher mit dieser Äußerung bringen möchte. Diesem Ansatz zufolge gilt aber immer noch, daß der Sprecher die primäre *Absicht* hat, eine Überzeugung hervorzurufen. Die Frage ist: Wie können wir das *Verstehen einer Äußerung* so explizieren, daß diese Explikation mit der Behauptung konsistent ist, daß die primäre Absicht von Sprechern im allgemeinen darin besteht, bei ihren Hörern ein Verstehen herbeizuführen? Genau zur Beantwortung dieser Frage wird bei Searle den auf Konventionen Bezug nehmenden Intentionen eine besondere Rolle zugewiesen, und zwar dadurch, daß er »Ich beabsichtige, daß H meine Äußerung versteht« gleichsetzt mit »Ich beabsichtige, daß H die konventionelle Bedeutung meiner Äußerung erkennt«. Dies setzt offensichtlich nicht voraus, daß ich irgendwelche Intentionen bezüglich dessen habe, daß H gewisse Überzeugungen erwirbt (außer der, die die konventionelle Bedeutung betrifft). Somit ist dem Searleschen Einwand Rechnung getragen – vielleicht.

Es gibt hier zwei Schwierigkeiten. (1) Der Begriff der konventionellen Bedeutung ist irgendwie so zu erklären, daß dabei nicht wiederum auf die Auffassung zurückgegriffen wird, wonach eine Absicht, eine Überzeugung hervorzurufen, für die Bestimmung des

22 H. P. Grice, *Utterer's Meaning, Sentence-Meaning, and Word-Meaning*, 1968; dtsch. dieser Band.

23 Siehe Searles Einleitung zu J. R. Searle (Hrsg.), *The Philosophy of Language*, Oxford, 1971; ebenso *Sprechakte*, S. 74-75.

Bedeutungsbegriffs zentral ist. In Searles eigener Analyse kommt zwar der Ausdruck »konventionelle Bedeutung« nicht vor; dessen Aufgabe wird bei ihm von dem Ausdruck »Regeln, die für die betreffende Äußerung gelten« übernommen. Das Problem bleibt dabei jedoch das gleiche. (2) Würde Searle sagen, daß zumindest in Kommunikationssituationen, in denen keinerlei Konventionen oder Regeln involviert sind, die primäre Sprecherabsicht die ist, eine Überzeugung hervorzurufen? Falls ein Verstehen das Erfassen von Regeln oder Konventionen involviert, kann in solchen Fällen die primäre Sprecherabsicht jedenfalls nicht die sein, verstanden zu werden. Eine Möglichkeit, in Fällen, in denen keine Konvention im Spiel ist, wäre die, daß der Sprecher die primäre Absicht hat, daß der Hörer durch den Griceschen Mechanismus dazu geführt wird, daß ihm *ein gewisser Gedanke durch den Kopf geht* – vielleicht nicht, daß er glaubt, daß er in der Gefahr schwebt, von einer Kokosnuß getroffen zu werden, ihm aber doch ein Gedanke durch den Kopf geht, der die Gefahr, von einer Kokosnuß getroffen zu werden, zum Inhalt hat, und er erkennt, daß der Sprecher die Absicht hat, daß ihm dieser Gedanke kommt. Dann könnte dieser Ansatz aber auch den Fällen gerecht werden, in denen Konventionen im Spiel sind. Kurz: Selbst wenn wir Searle darin recht geben, daß die primäre Sprecherabsicht die ist, verstanden zu werden, und daß ein ›Verstehen‹ irgendwie anders als mithilfe von »erkennen, zu welcher Überzeugung der Sprecher den Hörer bringen möchte« zu erklären ist, selbst dann ließe sich immer noch so argumentieren, daß dieses Ergebnis ganz allgemein auch ohne Rekurs auf Regeln bzw. Konventionen erzielt werden kann.

Hat nun Searle mit seiner These bezüglich der primären Sprecherabsicht recht oder nicht? Nun, ehe ich ihm zustimme, möchte ich doch einige Argumente vorgelegt bekommen, die nicht auf die im Grunde doch recht engstirnige und letztlich gar eine petitio principii beinhaltende Redeweise von ›illokutionär‹ und ›perlokutionär‹ zurückgreifen. All dies aber nur nebenbei. Ich selbst habe eine gewisse Bedingung von der Form [beabsichtigen] → [meinen] akzeptiert, habe jedoch von der Umkehrung dieser Bedingung keinen Gebrauch gemacht. Bezüglich der Frage, ob ein Meinen (eine Situations-Bedeutung) im Standardfall nun eine Absicht, eine Überzeugung hervorzurufen, involviert oder nicht, bezüglich dieser Frage brauche ich also hier gar nicht Position zu beziehen. Im letzten § werde ich zwei Bedingungen von der Form [meinen] → [beabsichtigen] akzeptieren, die jedoch beide schwächer sind als die, gegen die Searles Einwände gerichtet sind – und tatsächlich betrifft keine dieser Bedingungen einen Glauben.

10. Mißachtung von Bedeutungs-Konventionen

Searle greift die Gricesche Explikation, wonach das Vorliegen einer komplexen Absicht einer gewissen Art für ein Meinen hinreichend ist, auch noch in anderer Form an. Geben wir das entsprechende Konditional durch [beabsichtigen p] → [meinen p] wieder, so läßt sich dieser Angriff wie folgt darstellen: Searle legt eine Geschichte vor, in der ihm zufolge [beabsichtigen p] ∧ ¬ [meinen p] gilt. Ich behaupte, daß diese Geschichte nicht hinhaut.[24] Von ihrem Protagonisten wird gesagt, daß er beabsichtige, daß seine Hörer annehmen sollen, daß ein gewisser deutscher Satz soviel bedeutet wie, daß der Sprecher ein deutscher Soldat ist; aber wie er überhaupt vernünftig erwarten kann, daß sie diese Annahme machen, und wie er somit überhaupt beabsichtigen kann, daß sie das tun, eben dies wird nicht erklärt. Um den Fall »plausibler zu gestalten«, schlägt Searle vor, daß der Sprecher von seinen Hörern erwartet, daß sich ihre entsprechende Annahme über den Satz auf ihre davon unabhängige Überzeugung gründet, daß der Sprecher ein deutscher Soldat ist;[25] nun ist jedoch die Geschichte für Grice nur dann relevant, wenn der Sprecher beabsichtigt, daß die Hörer genau in der umgekehrten Richtung vorgehen, d. h. ihre Überzeugung, daß der Sprecher ein deutscher Soldat ist, aus ihrer Annahme darüber gewinnen, was der von ihm geäußerte Satz bedeutet. Ich sehe nicht, wie sich die Geschichte sowohl plausibel als auch für das Gricesche Antezedens relevant machen ließe.

Searle hat also das Gricesche Konditional [beabsichtigen p] → [meinen p] nicht widerlegt: Er hat keine Geschichte vorgelegt, in der das Antecedens erfüllt ist. Searles Behandlung seiner Ge-

24 Vgl. hierzu auch Grice und Armstrong, dieser Band, S. 30 f. und 127 f.
25 Searle, *Speech Acts/Sprechakte*, S. 44 f./70 f.

schichte enthält jedoch einen Aspekt, den wir jetzt erst noch diskutieren müssen.

Sehen wir uns, um diesen Aspekt zu verdeutlichen, zunächst Searles Bemerkung darüber an, welchen Zweck seine Geschichte erfüllen sollte: »Der Zweck dieses Gegenbeispiels ist, die Beziehung zu veranschaulichen, die zwischen dem besteht, was ein Sprecher meint, und dem, was die von ihm geäußerten Wörter bedeuten.« (44/70) Unklar ist, worin diese ›Beziehung‹ bestehen soll bzw. wie diese Beziehung durch das Beispiel veranschaulicht werden soll. Sie hat jedenfalls nichts mit den von mir in § 9 erwähnten Searleschen Themen zu tun. Und es kann sich auch nicht um eine in Searles »korrigierender Analyse« involvierte ›Beziehung‹ handeln; in dieser ist ja das Analysandum »S äußert Satz T und ... meint wörtlich, was er sagt«, während der wesentliche Punkt an der angeblich den Griceschen Ansatz widerlegenden Geschichte gerade der ist, daß S eben *nicht* wörtlich meint, was er sagt.

Der ›Witz‹ der Searleschen Geschichte muß also darin liegen, daß ein neues Thema eingeführt wird, und bei diesem scheint es um Searles Gründe für seine Behauptung zu gehen, daß der Protagonist seiner Geschichte nicht meint, daß er ein deutscher Soldat ist (kurz: nicht meint, daß p).

In der ersten Fassung der Geschichte wird von dem Sprecher behauptet, daß er deshalb nicht meint, daß p, weil »die von ihm geäußerten Wörter etwas anderes bedeuten« als p.[26] Ebenso sagt Searle zu der Wittgensteinschen Aufforderung »*Sag* ›Hier ist es kalt‹ und *meine* ›Hier ist es warm‹«: »Der Grund dafür, daß wir das nicht können, besteht darin, daß, was wir meinen können, eine Funktion dessen ist, was wir sagen. Die [Situations-] Bedeutung übersteigt die Intention, sie ist auch eine Sache der Konvention.« Sein Einwand besagt des weiteren, daß Grices Analyse deshalb defizient ist, weil »in ihr nicht bestimmt [wird], in welchem Ausmaß die Bedeutung von Regeln oder Konventionen abhängt«, und in ihr nicht klargemacht wird, daß »was jemand mit dem von ihm Gesagten meint«, nicht bloß in einem zufälligen Zusammenhang mit dem steht, »was das von ihm Gesagte innerhalb der betreffenden Sprache bedeutet.«

Diese Bemerkungen legen sehr stark die These nahe, daß ein Sprecher seiner Äußerung nur deren konventionelle Bedeutung verlei-

26 Alle Zitate in diesem Abschnitt aus *What is a Speech Act?*

hen kann, so sie überhaupt eine hat. In der späteren Fassung seiner Geschichte werden jedoch all diese Bemerkungen bewußt heruntergespielt.[27] Der Protagonist meint nun deshalb nicht, daß p, weil gilt: »was die Wörter bedeuten und *was sie auch [seiner] Erinnerung nach bedeuten*« etwas anderes ist als »p«. Was Wittgensteins Aufforderung betrifft, so erklärt Searle, warum wir »das *ohne einen entsprechenden Bühnenhintergrund* nicht können«, wie folgt: »*Zumindest manchmal* [ist] das, was wir meinen können, eine Funktion dessen, was wir sagen. Die Bedeutung übersteigt die Intention, sie ist *zumindest manchmal* auch eine Sache der Konvention.« Schließlich wird von der Griceschen Analyse gesagt, daß sie unerklärt läßt, »in welchem Ausmaß die Bedeutung von Regeln oder Konventionen abhängen *kann*« und die Tatsache nicht weiter erklärt, daß, was ein Sprecher meint, mit dem, was sein Satz bedeutet, »mehr als bloß *zufällig* zusammenhängt«.

Diese modifizierten Fassungen sind zwar sicherer, dafür aber weniger klar. Ohne mir in diesem Punkt ganz sicher zu sein, vermute ich doch, daß Searle die Tatsache hervorheben und erklären möchte, daß ein Sprecher oft bzw. gewöhnlich gar keine andere Wahl hat, als mit seiner Äußerung eben gerade das zu meinen, was seine Äußerung konventionellerweise bedeutet. Es kann sein, daß die von mir oben zitierte Bemerkung, der zufolge die konventionelle Bedeutung einer Äußerung eben nicht lediglich ein spezieller ›Umstand‹ ist, der bei der Bestimmung dessen, was der Sprecher damit beabsichtigt (und somit damit meint), in die gleiche Richtung gehen sollte – nämlich, daß die konventionelle Bedeutung einer Äußerung eben nicht lediglich ein anderer, sondern ein *unvergleichbar wirkungsvoller* Umstand ist, der in den meisten Fällen das, was der Sprecher mit der Äußerung meinen kann, vollständig dominiert und determiniert.

Sollte diese Interpretation der Searleschen Bemerkungen falsch sein, so verstehe ich die eben zitierten Stellen nicht mehr. Sollte sie richtig sein, dann wäre fairerweise zu bemerken, daß Searle die Tatsachen, die er erklärt haben möchte, selbst nicht erklärt. Eine Analyse von »etwas sagen und es meinen« kann nichts zu einer Klärung irgendwelcher Schwierigkeiten beitragen, die dann auftreten können, wenn man etwas sagt, aber nicht das Gesagte meint – d. h. dann, wenn man mit seiner Äußerung etwas anderes meint,

27 Zitate wieder nach *Sprechakte*.

als was das Gesagte (wie man glaubt) konventionellerweise bedeutet.

Dennoch ist in diesem Bereich durchaus noch etwas zu klären. Wittgensteins Bemerkung »*Sag* ›Hier ist es kalt‹ und *meine* ›Hier ist es warm‹« weist auf das Problem einer bewußten Mißachtung bekannter Bedeutungs-Konventionen hin. Meine letzte Aufgabe in der vorliegenden Arbeit wird darin bestehen zu zeigen, daß sich dieses Phänomen auf einer Griceschen Basis durchwegs zwingend erklären läßt.

11. Eine Gricesche Erklärung

Wittgensteins Bemerkung kommt in einem Zusammenhang vor, wo er zeigen möchte (1) daß Meinen keine Tätigkeit ist, die man vollzieht, während man eine gewisse Äußerung macht, keine Tätigkeit, die man beliebig aufnehmen und unterbrechen könnte.[28] Eingebettet darin ist die These (2) daß man nicht wählen kann, was man mit einer gegebenen Äußerung meint, wie man es dann könnte, wenn Meinen eine zu dem Äußern nebenherlaufende Tätigkeit wäre. Verknüpft damit ist wiederum die These (3) daß man seiner Äußerung gewöhnlich nur die Bedeutung geben kann, die sie schon konventionellerweise hat, wenn sie überhaupt eine hat. Ich werde (3) zu erklären suchen – was man am besten dadurch tut, daß man sich zunächst (1) und (2) ansieht.

Man nehme die ziemlich unumstrittene Prämisse, wonach das Beabsichtigen keine Tätigkeit ist, die man vollzieht, wenn man etwas tut, und ergänze sie um die Gricesche Doktrin, wonach das Etwas-mit-dem-Geäußerten-Meinen ein spezieller Fall des Etwas-mit-einer-Handlung-Beabsichtigen ist. Beides zusammen impliziert die Wittgensteinsche These (1) daß Meinen keine Tätigkeit ist, die man vollzieht, während man eine gewisse Äußerung macht. Indem Grice die Idee wieder zum Leben erweckt, daß Meinen eine Art des Beabsichtigens ist, bekräftigt und vertieft Grice Wittgensteins wichtige Erkenntnis, daß Meinen kein Vorgang bzw. keine Tätigkeit ist.

Um die Tatsache (2), wonach man nicht wählen kann, was man mit einer gegebenen Äußerung meint, erklären zu können, benötige ich von Grice ein vom Meinen zum Beabsichtigen führendes

28 L. Wittgenstein, *Philosophische Untersuchungen*, Frankfurt, 1960.

Konditional. Es ist nicht die starke, falsche Umkehrung des von mir in § 2 akzeptierten vom Beabsichtigen zum Meinen führenden Konditionals. Ich benötige nur das extrem schwache Konditional »Wenn jemand mit dem, was er äußert, einem Hörer gegenüber etwas meint, dann beabsichtigt er, daß seine Äußerung beim Hörer etwas Bestimmtes bewirkt« sowie die ergänzende Bemerkung, wonach, *was* er meint, davon abhängt, *was* er beabsichtigt.

Nun, um mit einer gegebenen Handlung beabsichtigen zu können, Z zu erreichen, muß man glauben, daß die Handlung mit einer hinreichend großen Wahrscheinlichkeit zu Z führen wird – wobei die Vagheit von »hinreichend groß« genau der unklaren Abgrenzung von »beabsichtigen, Z zu erreichen« und »etwas tun in der Hoffnung, daß sich Z ergeben wird« entspricht. Für eine gegebene Handlung f gibt es zahlreiche Konsequenzen Z derart, daß man f *nicht* mit der Absicht vollziehen kann, damit Z zu erreichen, da die Überzeugungen, die man zum betreffenden Zeitpunkt hat, ausschließen, daß man diese Absicht haben kann. Es könnte vielleicht jemanden geben, der f mit der Absicht, Z zu erreichen, tun könnte, und vielleicht könnte man selbst in die Lage kommen können, f mit der Absicht, Z herbeizuführen, zu tun. Zum gegebenen Zeitpunkt steht jedoch der Möglichkeit, daß man diese Handlung mit dieser Absicht tut, etwas im Wege. Des weiteren kann man ein derartiges Hindernis nicht einfach aufheben wollen, etwa einfach dadurch, daß man sich dazu entscheidet, es beiseitezuräumen. Das Hindernis besteht ja darin, daß man eine gewisse Überzeugung nicht hat, und man kann sich nicht einfach dazu entscheiden, gewisse Überzeugungen zu haben oder nicht zu haben. Somit kann man, das ergibt sich mit der Transitivität, nicht einfach frei wählen, was man mit einer gegebenen Äußerung meint. Kurz: Freie Wahl des Meinens erfordert freie Wahl des Beabsichtigens, was wiederum freie Wahl der Überzeugungen erfordert. Letzteres aber ist unmöglich.

(Wie Pascal bemerkte, können wir uns zu Handlungen entscheiden, die in uns vermutlich gewisse Überzeugungen bewirken werden; und vielleicht können wir uns auch vorstellen, daß wir es bei dieser Manipulation unserer eigenen Überzeugungen sogar zu einer gewissen Fertigkeit bringen. Ich glaube nicht, daß dies dazu führen könnte, daß wir unsere Überzeugungen frei wählen können, brauche auf diesen Punkt hier aber nicht weiter eingehen.

Könnte man es irgendwie dazu bringen, daß man seine Überzeugungen frei wählen kann, so könnte man es auf diese Weise auch dazu bringen, daß man frei wählen kann, was man mit einer Äußerung meint. Ich wollte nur die These vertreten haben, daß Beschränkungen für das, was wir meinen können, genauso stark sind wie Beschränkungen dafür, welche Überzeugungen wir haben können.)

Die vorangegangene Erklärung dafür, warum man nicht einfach wählen kann, was man meint, stammt von Donnellan.[29] Diese Erklärung zeigt in einer befriedigenden Weise, warum man nicht einfach wählen kann, daß man mit f jetzt p meint, impliziert jedoch nicht, daß es irgendein f und irgendein p gibt derart, daß man in gewissen Umständen nicht doch mit f meinen könnte, daß p. Daß ein jeder Satz eine jede beliebige Bedeutung haben *könnte,* wenn nur die richtigen Bedingungen erfüllt sind, dies ist für den Zweck, den Konventionen zu erfüllen haben, wesentlich. Eine Bedeutungs-Konvention macht nichts anderes, als daß sie die richtigen Bedingungen dafür erstellt, daß f die Bedeutung von »p« hat. Allgemein ließe sich sagen: Es wäre für jedes gegebene f und p bei einem entsprechenden ›Bühnenhintergrund‹ möglich, f zu äußern und damit zu meinen, daß p. Ich will damit nicht die Vermutung nahelegen, Searle habe seine Bemerkungen über den entsprechenden ›Bühnenhintergrund‹ auf Donnellans Überlegungen gestützt. Mein Einwand ist vielmehr gerade der, daß er das nicht gemacht hat.

Nun können wir die Tatsache (3) erklären, daß die konventionelle Bedeutung einer Äußerung dem Sprecher gewöhnlich aufgezwungen wird, der Sprecher mit seiner Äußerung in einer gegebenen Situation also nur das meinen kann, was seine Äußerung konventionellerweise bedeutet. Für diese Erklärung übernehme ich von Grice ein stärkeres Konditional als das von mir bei der Erklärung von (2) benutzte. Was ich jetzt brauche, ist: »Wenn jemand mit dem, was er äußert, einem Hörer gegenüber meint, daß p, dann beabsichtigt er, daß der Hörer seine Äußerung irgendwie mit p in Verbindung bringt.« Auch dies ist erheblich schwächer als die Umkehrung des von mir in § 2 akzeptierten, vom Beabsichtigen zum Meinen führenden Konditionals, da das eben formulierte Kondi-

29 K. Donnellan, *Putting Humpty Dumpty Together Again,* The Philosophical Review, 77, 1968, S. 203-215; insbes. S. 212.

tional sowohl ein stärkeres Antecedens als auch ein schwächeres Konsequens hat. Ich denke, es ist schwach genug, um vor echten Gegenbeispielen gefeit zu sein. Des weiteren brauche ich nun nur noch auf das grundlegende explanatorische Faktum zu verweisen, daß in den meisten Sprecher-Hörer-Situationen, in denen jemand einen Satz X äußert, gilt:

(a) Sowohl Sprecher als auch Hörer kennen die konventionelle Bedeutung von X
(b) Weder Sprecher noch Hörer haben einen speziellen Grund, X mit irgendeiner anderen Proposition in Verbindung zu bringen als mit der, die die konventionelle Bedeutung von X ist
(c) Die Tatsachen (a) und (b) sind zwischen Sprecher und Hörer gemeinsames Wissen.

Mithilfe der Lewisschen Theorie der Konventionen können wir erklären, warum (a), (b) und (c) gewöhnlich wahr sind; diese Theorie impliziert nämlich, daß es für Konventionen wesentlich ist, daß sie dort, wo sie in Kraft sind, zum gemeinsamen Wissen gehören und in gewisser Weise ohne ernsthafte Konkurrenten sind. Hier genügte es freilich, daß (a), (b) und (c) gewöhnlich einfach wahr sind, ganz gleich warum. In einer Situation, in der sie wahr sind, hat der Sprecher eine Menge von *Überzeugungen,* mit denen es nicht verträglich ist, daß er die *Absicht* hat, daß der Hörer die Äußerung mit irgendetwas anderem als mit ihrer konventionellen Bedeutung in Verbindung bringt, und somit – das ergibt sich mithilfe des zuletzt erwähnten Meinen-Beabsichtigen-Konditionals – kann der Sprecher mit seiner Äußerung auch nichts außer dem, was seine Äußerung konventionellerweise bedeutet, *meinen.* Wie schon zuvor, bedeutet auch hier »kann nicht« aber nicht »könnte unter keinen Umständen«. Der Sprecher ist an die konventionelle Bedeutung genau in dem folgenden Maße gebunden: Sind (a), (b) und (c) wahr, so kann er mit X nur das meinen, was X konventionellerweise bedeutet. Und wenn die Bedingungen (a) bis (c) wahr sind, dann kann der Sprecher auch nicht irgendeine dieser Bedingungen einfach dadurch falsch machen, daß er sich eben dazu entscheidet.[30]

30 Bei der Abfassung dieser Arbeit profitierte ich viel von der Kritik und den Vorschlägen von M. Beebe, D. G. Brown, S. C. Coval, K. Donnellan, D. Lewis, H. Jackson, E. Levy und T. E. Patton.

David Lewis
Die Sprachen und die Sprache

These

Was ist eine Sprache? Etwas, das gewissen Ketten von Laut- bzw. Zeichentypen Bedeutungen zuweist. Sie könnte daher eine Funktion sein, eine Menge von geordneten Paaren von Ketten und Bedeutungen. Die Entitäten im Bereich der Funktion sind gewisse finite Folgen akustischer Lauttypen oder schriftlich fixierbarer Zeichentypen. Wenn σ im Bereich einer Sprache L ist, wollen wir σ einen *Satz von L* nennen. Was könnte eine Bedeutung eines Satzes sein? Etwas, das dann, wenn es mit faktischer Information über die Welt – bzw. mit faktischer Information über *jede* mögliche Welt – kombiniert wird, einen Wahrheitswert ergibt. Sie könnte daher eine Funktion von Welten in Wahrheitswerte sein – oder einfacher, eine Menge von Welten. Wir können sagen, daß ein Satz σ in einer Sprache *L in* einer Welt w *wahr* ist gdw. w zu der Menge der Welten $L(\sigma)$ gehört. Wir können sagen, daß σ in L (ohne eine Welt zu erwähnen) *wahr* ist, gdw. unsere wirkliche Welt zu $L(\sigma)$ gehört. Wir können sagen, daß σ in L *analytisch* ist gdw. jede mögliche Welt zu $L(\sigma)$ gehört. Usw. –

Antithese

Was ist Sprache? Ein soziales Phänomen, ein Teil der Naturgeschichte des Menschen; ein Bereich des menschlichen Handelns, in dem Ketten akustischer Laute geäußert und Ketten von Zeichen niedergeschrieben werden; ein Bereich, in dem wir mit Gedanken bzw. Handlungen auf die von den andern in dieser Weise produzierten Laute bzw. Zeichen reagieren.

Diese verbale Tätigkeit ist größtenteils rational. Wer gewisse Laute oder Zeichen produziert, tut dies aus einem bestimmten Grund. Er weiß, daß ein anderer, der seine Laute hört bzw. seine Zeichen sieht, in der Lage ist, gewisse Annahmen zu machen bzw. auf eine gewisse Art und Weise zu handeln. Aus irgendeinem

Grund will er eben diese Annahmen bzw. eben diese Handlungen herbeiführen. Somit geben ihm seine Erwartungen und Wünsche einen Grund, die betreffenden Laute bzw. Zeichen zu produzieren – und er tut dies auch. Der andere, der auf die Laute bzw. Zeichen in einer gewissen Weise reagiert, tut dies ebenfalls aus einem bestimmten Grund. Er weiß, wie die Produktion der Laute bzw. Zeichen von dem geistigen Zustand dessen abhängt, der sie produziert. Wenn er die Laute bzw. Zeichen wahrnimmt, ist er daher in der Lage, etwas über den geistigen Zustand dessen zu erschließen, der diese Laute bzw. Zeichen äußert. Wahrscheinlich kann er auch etwas über die Bedingungen erschließen, die diesen geistigen Zustand verursachten.

Nun ist es aber nicht nur so, daß beide für ihre jeweiligen Annahmen bzw. für ihr jeweiliges Handeln Gründe haben; sie wissen auch einiges voneinander. Somit ist jeder von ihnen in der Lage, die Gründe des anderen zu replizieren. Die Replikation der Gründe des anderen stellt für jeden einen Teil der Gründe dar, die er für seine eigenen Annahmen und Handlungen hat; und jeder ist in der Lage, die Replikation seiner eigenen Gründe durch den anderen selbst wiederum zu replizieren. Folglich ist der Gricesche Mechanismus in Kraft: X beabsichtigt, eine Reaktion von seiten des Y dadurch herbeizuführen, daß er Y erkennen läßt, daß X beabsichtigt, diese Reaktion herbeizuführen; Y erkennt die Absicht von X und erhält somit einen Grund, eben so zu reagieren, wie es X beabsichtigte.

In dieser rationalen verbalen Tätigkeit lassen sich bei jeder entsprechenden Population verschiedene Regularitäten feststellen. Es gibt Regularitäten, die die Abhängigkeit der Produktion von Lauten und Zeichen von den unterschiedlichen Aspekten des geistigen Zustands der diese Laute bzw. Zeichen produzierenden Person betreffen; sowie Regularitäten bezüglich der Abhängigkeit der verschiedenen Aspekte unserer Reaktionen auf Laute und Zeichen von diesen Lauten und Zeichen selbst. Einige dieser Regularitäten sind zufällig. Andere können erklärt werden, wobei sich für verschiedene Regularitäten mitunter ganz verschiedene Erklärungsmöglichkeiten finden lassen.

Einige dieser Regularitäten können als Konventionen der Population, in der sie vorherrschen, erklärt werden. Konventionen sind Regularitäten in unserem Verhalten, bzw. in unserem Verhalten und in unseren Annahmen (kurz: Verhaltens- und Glaubensregularitäten), Regularitäten, die zwar arbiträr sind, sich aber doch selbst perpetuieren, weil sie irgendeinem gemeinsamen Interesse dienen. Konformität in der Vergangenheit erzeugt Konformität in der Zukunft, weil sie die Mitglieder der betreffenden Population mit einem Grund versieht, sich auch weiterhin konform zu verhalten. Es gibt jedoch eine alternative Regularität, die dieselbe Funktion hätte erfüllen und sich auf dieselbe Weise hätte perpetuieren können, wenn der ganze Prozeß nur anders begonnen hätte.

Präziser: Eine Regularität R – sei es nun eine Verhaltensregularität oder eine Verhaltens- und Glaubensregularität – ist eine *Konvention* in einer Population P dann und nur dann, wenn in P die folgenden sechs Bedingungen gelten. (Oder zumindest meistens gelten. Ein paar Ausnahmen von den folgenden Allsätzen kann man tolerieren.)

(1) Jeder hält sich an R.

(2) Jeder glaubt, daß sich auch die anderen an R halten.

(3) Der Glaube, daß die anderen sich an R halten, gibt jedem einen guten und entscheidenden Grund, sich selbst an R zu halten. Im einzelnen kann dieser Grund darin bestehen, daß sich diejenigen von den anderen, mit denen man es gerade zu tun hat, selbst an R halten; oder daß eine solche Konformität allgemein üblich oder doch weit verbreitet ist bzw. war bzw. sein wird. Dieser Grund kann ein praktischer Grund sein, wenn es bei der Konformität mit R darum geht, wie wir uns verhalten sollen; oder es kann ein epistemischer Grund sein, wenn es bei der Konformität mit R darum geht, was wir glauben sollen. Erster Fall: Wir wollen ein bestimmtes Ziel erreichen und glauben, daß wir es mithilfe einer sich an R haltenden Handlung erreichen können, vorausgesetzt, daß sich die anderen (alle oder einige von ihnen) ebenfalls an R halten. Daher wollen wir uns an R halten, falls es auch die anderen tun. Zweiter Fall: Unsere Annahmen und die Prämisse, daß sich andere an R halten, implizieren logisch eine bestimmte Schlußfolgerung bzw. stützen diese zumindest induktiv. Wenn wir die betreffende Schlußfolgerung akzeptieren, stimmen wir daher selbst mit R überein. Gründe, sich dadurch an eine Konvention zu halten, daß man etwas glaubt, sind daher – wie Glaubensgründe im allgemeinen – von uns als wahr akzeptierte Prämissen, die in

der Regel für die Wahrheit des fraglichen Glaubens sprechen. Man beachte, daß ich hier von praktischen Gründen für ein Verhalten nicht so spreche, als würden wir in uns selbst irgendwie eine gewisse angestrebte Annahme hervorrufen.

(4) Jeder zieht einen Zustand, in dem sich alle an R halten, einem Zustand vor, in dem sich nur fast alle an R halten, insbesondere also einem Zustand, in dem sich alle an R halten – nur ein einziger nicht. (Das schließt jedoch nicht die Möglichkeit aus, daß ein Zustand *weitverbreiteter* Nichtkonformität bezüglich R sogar noch stärker bevorzugt wird.) Wer also glaubt, daß sich zumindest fast jeder an R hält, der wird auch wollen, daß sich die anderen, einschließlich seiner selbst, an R halten. Mithilfe dieser Bedingung lassen sich Konventionen, Fälle also, in denen eine Koinzidenz der Interessen vorliegt, von solchen Fällen unterscheiden, in denen es zu einem ausweglosen Konflikt kommt. In Fällen der letzteren Art kann es nämlich sein, daß zwar jeder dadurch, daß er sich an R hält, optimal handelt, falls sich auch die anderen an R halten; aber jeder hätte es doch lieber, die anderen würden sich nicht an R halten, da er dann auf deren Kosten einen Gewinn erzielen könnte.

(5) R ist nicht die einzige mögliche Regularität, die die zuletzt genannten zwei Bedingungen erfüllt. Es gibt zumindest eine weitere Alternative R′, so daß die Annahme, daß die anderen sich an R′ halten, jedem einen guten und entscheidenden praktischen oder epistemischen Grund geben würde, sich ebenfalls an R′ zu halten; so daß ein Zustand, in dem sich alle an R′ halten, einem Zustand, in dem sich nur fast alle an R′ halten, allgemein vorgezogen würde; und so daß es normalerweise keinen Weg gibt, sich an R und R′ zugleich zu halten. Somit hätte sich auch die Alternative R′ anstelle von R als eine Konvention perpetuiert haben können. Diese Bedingung wird dem arbiträren Charakter von Konventionen gerecht.

(6) Schließlich sind die in den Bedingungen (1) bis (5) aufgeführten unterschiedlichen Tatsachen Gegenstand *gemeinsamen* (oder *wechselseitigen*) *Wissens:* Sie sind jedem bekannt, jeder weiß, daß sie jedem bekannt sind, usw. Das hier erwähnte Wissen braucht nur potentieller Art zu sein: Wissen, das verfügbar wäre, wenn man sich nur die Mühe machte, fest genug darüber nachzudenken. Jeder muß potentiell wissen, daß (1) bis (5) gelten, potentiell wis-

sen, daß es die anderen potentiell wissen, usw. Diese Bedingung gewährleistet Stabilität. Wenn jemand versucht, die Überlegungen eines andern zu replizieren, vielleicht einschließlich der Replikation seiner eigenen Überlegungen durch diesen anderen, . . ., das Resultat wird seine Erwartung der Konformität mit R eher verstärken als entkräften. Vielleicht würde auch eine negative Version von (6) dasselbe leisten: niemand bezweifelt, daß (1) bis (5) gelten, niemand glaubt, daß andere dies bezweifeln, usw.

Diese Definition läßt sich nun anhand all der Regularitätsformen testen, die wir als *Konventionen* bezeichnen würden. Rechtsfahren ist eine Konvention. Gift enthaltende Behälter mithilfe eines Totenkopfes und gekreuzter Knochen zu kennzeichnen ist eine Konvention. Zugtiere so auszubilden, daß sie bei »Hü« zu laufen anfangen und auf »Hott« hin stehenbleiben, ist eine Konvention. Ebenso ist es eine Konvention, im Austausch gegen gewisse Papier- oder Metallstücke Güter und Dienstleistungen anzubieten; usw.

Die unsere Konventionen aufrechterhaltenden gemeinsamen Interessen sind so verschieden wie die jeweiligen Konventionen selbst. Unsere Konvention, rechts zu fahren, wird durch unser Interesse aufrechterhalten, Zusammenstöße zu vermeiden. Unsere Konvention, Gift in der angegebenen Weise zu kennzeichnen, wird durch unser Interesse aufrechterhalten, jedem das Erkennen von Gift möglichst leicht zu machen. Unsere Konventionen, sich so und so anzuziehen, könnten durch eine gemeinsame ästhetische Präferenz für ein relativ uniformes Aussehen aufrechterhalten werden, durch die niederen Kosten der in Massenfabrikation hergestellten Konfektionskleidung, durch unsere Angst, ein von der Norm abweichendes Äußeres könnte als Ausdruck eines ebenso abweichenden Charakters verstanden werden, durch den Wunsch, nicht allzu sehr aufzufallen, oder – was am wahrscheinlichsten ist – durch ein ganzes Konglomerat dieser und vieler anderer Interessen.

Es ist eine Platitüde – etwas, dessen Wahrheit zu bestreiten höchstens einem Philosophen einfallen könnte –, daß es so etwas wie Sprachkonventionen gibt, obwohl es keine leichte Sache ist, auch anzugeben, was diese Konventionen sind. Wenn wir nach dem fundamentalen Unterschied im verbalen Verhalten zwischen Angehörigen zweier Sprachgemeinschaften suchen, dann werden wir mit Sicherheit auf etwas stoßen, was arbiträr ist, sich selbst jedoch aufgrund eines gemeinsamen Koordinationsinteresses perpetuiert. Im Fall von Sprachkonventionen leitet sich dieses gemeinsame Interesse aus unserem gemeinsamen Interesse ab, aus unserer Fähigkeit, mithilfe von Lauten und Zeichen die Annahmen und Handlungen anderer bis zu einem gewissen Maße kontrollieren zu können, Nutzen zu ziehen und uns diese Fähigkeit auch weiterhin zu erhalten.

Synthese

Was haben Sprachen mit der Sprache zu tun? Worin besteht die Verbindung zwischen den von mir so genannten *Sprachen* (Funktionen von Laut- bzw. Zeichenketten auf Mengen von möglichen Welten, unter völliger Abstraktion von der menschlichen Praxis diskutierten semantischen Systemen) und dem, was von mir als *Sprache* (eine Form einer rationalen, konventionsgeleiteten sozialen Tätigkeit des Menschen) bezeichnet wurde? Wir wissen, wie diese gesuchte Verbindung zu *benennen* wäre: Wir könnten sagen, daß eine gegebene Sprache *L* von einer gegebenen Population P *verwendet* (gebraucht) *wird* bzw. daß *L* eine (oder die) Sprache *von* P ist. Wir wissen auch, daß diese Verbindung aufgrund der in P vorherrschenden Sprachkonvention gilt. Wären die Konventionen anders, würde in P eben eine andere Sprache benutzt. Es ist eine Art Konvention, daß in P gerade *L* verwendet wird – aber was ist das für eine Konvention? Es hilft nichts, sie als eine »Konvention, *L* zu verwenden« zu bezeichnen, obgleich diese Kennzeichnung korrekt ist; wir wollen ja gerade wissen, was es heißt, *L* zu verwenden.
Meinem Vorschlag zufolge handelt es sich bei der Konvention, derzufolge eine Population eine Sprache *L* verwendet, um eine Konvention der *Wahrhaftigkeit* und des *Vertrauens* in *L*. In *L* wahrhaftig zu sein, heißt, in einer gewissen Art und Weise zu handeln: Niemals zu versuchen, irgendwelche Sätze von *L* zu äußern, die nicht wahr in *L* sind. Irgendwelche Sätze von *L* also nur dann zu äußern, wenn man glaubt, daß sie wahr in *L* sind. In *L* Vertrauen zu haben, heißt, seine Annahmen auf eine gewisse Art und Weise zu bilden: Den andern Wahrhaftigkeit in *L* zuzuschreiben und somit auf eine durch andere gemachte Äußerung

eines Satzes von *L* hin in der Regel anzunehmen, daß der geäußerte Satz wahr in *L* ist.

Angenommen, eine bestimmte Sprache *L* werde von einer bestimmten Population P verwendet. Wir wollen annehmen, daß es sich dabei um einen in jeder Hinsicht normalen Sprachgebrauch handelt. Man stelle sich vor, was dabei passieren würde; und man sehe sich, um verifizieren zu können, daß in P tatsächlich eine Konvention der Wahrhaftigkeit und des Vertrauens in *L* vorliegt, nochmals die Definition von Konventionen an.

(1) In P finden wir zumindest eine Regularität der Wahrhaftigkeit und des Vertrauens in *L*. Die Mitglieder von P äußern andern gegenüber in mündlicher oder schriftlicher Form häufig Sätze von *L*. Dabei äußert der Sprecher (bzw. Schreiber) gewöhnlich einen von den Sätzen, von denen er glaubt, sie seien in *L* wahr; und der Hörer (bzw. Leser) reagiert darauf, indem er schließlich diesen Glauben des Sprechers teilt (es sei denn, er hat diesen Glauben schon vorher gehabt) und seine anderen Annahmen entsprechend modifiziert.

(2) Die Mitglieder von P glauben, daß diese Regularität der Wahrhaftigkeit und des Vertrauens in *L* unter ihnen tatsächlich vorliegt. Jeder von ihnen glaubt dies aufgrund seiner Erfahrung, daß die anderen auch bisher in *L* wahrhaftig und vertrauensvoll waren.

(3) Die Erwartung von Konformität gibt gewöhnlich jedem einen guten Grund, sich selbst konform zu verhalten. Ist er in der Rolle eines Sprechers, so erwartet er, daß sein Hörer in *L* vertrauensvoll sein wird; er hat daher Grund zu der Erwartung, daß er dadurch, daß er gewisse Sätze äußert, die seinen Annahmen zufolge wahr in *L* sind – dadurch, daß er in gewisser Weise selbst in *L* vertrauensvoll ist –, gewisse Annahmen übermitteln kann, die er für richtig hält. Will ein Sprecher gewisse Annahmen übermitteln, so hat er dafür gewöhnlich gewisse Gründe. Seine Annahmen und seine Wünsche konstituieren daher einen praktischen Grund, so zu handeln, wie er es tut: einen Satz äußern und dabei wahrhaftig in *L* sein.

Ebenso der Hörer: Er erwartet, daß der Sprecher wahrhaftig in *L* ist und hat daher einen guten Grund für den Schluß, daß der vom Sprecher geäußerte Satz den Annahmen des Sprechers zufolge wahr in *L* ist. Glaubt ein Hörer, daß die Annahmen des

Sprechers korrekt sind, so hat er dafür gewöhnlich ebenfalls gewisse Gründe (im Großen und Ganzen, und vielleicht mit Ausnahmen in bestimmten Gebieten). Somit ist für ihn der Schluß vernünftig, daß der von ihm gehörte Satz wahrscheinlich wahr in *L* ist. Seine Annahmen über den Sprecher geben ihm daher einen epistemischen Grund, in *L* vertrauensvoll zu reagieren.

Zwischen dem wahrhaftigen Sprecher und dem vertrauensvollen Hörer liegt Koordination vor. Jeder hält sich an die vorliegende Regularität der Wahrhaftigkeit und des Vertrauens in *L*, weil er die entsprechende Konformität auch vom anderen erwartet.

Es gibt jedoch noch eine etwas diffusere und indirekte Art von Koordination. Indem er sich koordinativ gegenüber seinem derzeitigen Partner verhält, verhält sich ein Sprecher oder Hörer auch koordinativ gegenüber all denen, deren frühere Wahrhaftigkeit und deren früheres Vertrauen in *L* zu den derzeitigen Erwartungen seines Partners beigetragen haben. Diese indirekte Koordination läuft auf vier Ebenen ab: Zwischen derzeitigen Sprechern und früheren Sprechern, derzeitigen Sprechern und früheren Hörern, derzeitigen Hörern und früheren Sprechern, und derzeitigen Hörern und früheren Hörern. Während die direkte Koordination zwischen einem Sprecher und seinem Hörer eine Koordination von Wahrhaftigkeit und Vertrauen bezüglich eines jeweils ganz bestimmten Satzes in *L* ist, können bei der indirekten Koordination mit den früheren Partnern des derzeitigen Partners (und mit den früheren Partnern jener früheren Partner etc.) auch verschiedene Sätze von *L* involviert sein. Es kann z. B. vorkommen, daß ein Hörer dem Satz, der jetzt an ihn gerichtet wird, noch nie zuvor begegnet war; trotzdem bildet er, wenn er ihn hört, die entsprechende Annahme – eine Annahme also derart, daß er in *L* vertrauensvoll reagiert. Seine frühere Erfahrung mit der Wahrhaftigkeit in *L* involvierte nämlich zahlreiche mit dem betreffenden Satz grammatisch zusammenhängende Sätze.

(4) Es gibt in P eine allgemeine Präferenz für eine allgemeine Konformität mit der Regularität der Wahrhaftigkeit und des Vertrauens in *L*. Unter der Voraussetzung, daß sich die meisten an die Regularität halten, wollen die Mitglieder von P, daß sich alle daran halten. Sie wollen, daß die anderen wie auch sie selbst wahrhaftig und vertrauensvoll in *L* sind. Diese allgemeine Präferenz wird durch ein gemeinsames Interesse an Kommunikation

aufrechterhalten. Jeder will gelegentlich mithilfe von Lauten und Schriftzeichen korrekte Annahmen übermitteln und bei anderen bestimmte Handlungen herbeiführen. Jeder will sich die Fähigkeit bewahren, dies nach Belieben tun zu können. Jeder will imstande sein, Informationen über die Teile der Welt, die er nicht selbst untersuchen kann, dadurch in Erfahrung zu bringen, daß er stattdessen auf die Laute und Schriftzeichen seiner Mitmenschen achtet, die dort gewesen sind.

(5) Zu der Regularität der Wahrhaftigkeit und des Vertrauens in *L* gibt es Alternativen. Sei *L'* eine Sprache, die sich mit *L* nicht so überschneidet, daß es möglich ist, in *L* und *L'* simultan wahrhaftig und vertrauensvoll zu sein, und die zudem reich und zugänglich genug ist, um den Kommunikationsbedürfnissen von P zu genügen. Dann ist die Regularität der Wahrhaftigkeit und des Vertrauens in *L'* eine Alternative zu der tatsächlich vorliegenden Regularität der Wahrhaftigkeit und des Vertrauens in *L*. Für die alternative Regularität würde gelten, was auch für die von uns befolgte gilt: Allgemeines Befolgtwerden durch die anderen würde einen Grund angeben, sie auch selbst zu befolgen; und jeder würde einen Zustand, in dem sich alle an die Regularität halten, einem Zustand vorziehen, in dem sich nur fast alle daran halten.

(6) Schließlich sind alle diese Tatsachen gemeinsames Wissen in P. Sie sind jedem bekannt, jeder weiß, daß sie jedem bekannt sind, usw. Oder zumindest glaubt niemand, daß sie ein anderer bezweifelt, keiner glaubt, daß ein anderer glaubt, daß sie ein anderer bezweifelt, usw.

In allen Fällen also, in denen man ganz klar davon reden kann, daß eine Sprache *L* von einer Population P verwendet wird, scheint also in P eine Konvention der Wahrhaftigkeit und des Vertrauens in *L* zu existieren, eine Konvention, die durch ein Interesse an Kommunikation getragen wird. Daß auch die Umkehrung gilt, dafür spricht die Tatsache, daß sich bislang keine Gegenbeispiele finden ließen: Ich bin bisher nicht in der Lage gewesen, mir einen Fall auszudenken, in dem es zwar eine derartige Konvention gibt, die betreffende Sprache aber dennoch ganz klar nicht von der Population P verwendet wird. Ich akzeptiere daher die folgende Definition und behaupte, daß sie in den Fällen, in denen der normale Sprachgebrauch völlig bestimmt ist, mit eben diesem übereinstimmt:

Eine Sprache *L wird von* einer Population P *verwendet* gdw. es in P eine Konvention der Wahrhaftigkeit und des Vertrauens in *L* gibt, die durch ein Interesse an Kommunikation aufrechterhalten wird.

Solche Konventionen liefern uns, dies ist meine These, die gewünschte Verbindung von Sprachen einerseits und Sprache verwendenden Populationen andererseits.

Haben wir erst einmal verstanden, wie Sprachen mit Populationen zusammenhängen, sei es nun durch Konventionen der Wahrhaftigkeit und des Vertrauens zum Zwecke der Kommunikation oder irgendwie sonst, dann können wir als nächstes all diejenigen semantischen Begriffe, die wir bisher relativ auf eine Sprache definierten, nun relativ auf eine Population neu definieren. Eine Kette von Lauten oder Schriftzeichen ist ein *Satz von P* gdw. sie ein Satz einer Sprache *L* ist, die in P verwendet wird. Ein Satz hat eine gewisse *Bedeutung in P* gdw. er diese Bedeutung in einer in P verwendeten Sprache *L* hat. Er ist *wahr in* P *in einer Welt* w gdw. er in einer in P verwendeten Sprache *L* in w wahr ist. Er ist *wahr in* P gdw. er in einer in P verwendeten Sprache *L* wahr ist.

Zwischen der eben dargelegten Theorie der Konventionen im allgemeinen wie der Sprachkonventionen im besonderen und der von mir in *Konventionen* vorgelegten Theorie gibt es den folgenden wichtigen Unterschied:

In *Konventionen* war die wesentliche Bedingung in der Definition von Konventionen in Form einer bedingten Präferenz für Konformität formuliert worden: Jeder zieht es vor, sich konform zu verhalten, falls es auch die anderen tun; und dasselbe würde auch für die Alternativen zu der tatsächlich existierenden Konvention gelten. (In einigen Versionen der Definition war diese Bedingung unter eine umfassendere Forderung der allgemeinen Präferenz für allgemeine Konformität subsumiert worden.) Auf diese Weise sollte erklärt werden, warum die Annahme, daß andere sich konform verhalten, jedem einen Grund geben würde, sich ebenfalls konform zu verhalten; und dadurch wiederum sollte die rationale Selbst-Perpetuierung von Konventionen erklärt werden. Nun muß jedoch ein Grund, der in der dargelegten Weise eine Präferenz involviert, ein praktischer Grund für ein Handeln sein, nicht ein epistemischer Grund, etwas zu glauben. Daher vertrat ich die These, Konventionen seien Regularitäten ausschließlich von

Handlungen. Es ergab keinen Sinn, davon zu reden, daß man etwas in Übereinstimmung mit einer Konvention glaubt. (Den Spezialfall ausgenommen, in dem die von anderen gezeigte Konformität mit der Konvention einen praktischen Grund dafür liefert, sich eben dadurch konform zu verhalten, daß man sich selbst *dazu bringt*, etwas Bestimmtes zu glauben; mir war jedoch bewußt, daß dieser Fall für den gewöhnlichen Sprachgebrauch irrelevant ist.) Somit konnte ich gerade diejenige Art von konventioneller Koordination im Sprachgebrauch, die ich jetzt als primär ansehe, gar nicht ausdrücken: die Koordination zwischen der Handlung des sich wahrhaftig verhaltenden Sprechers und dem sich in der Reaktion darauf bildenden Glauben seines vertrauensvollen Hörers. Ich hatte stattdessen auf zwei verschiedene Substitute zurückgegriffen.

Manchmal ist es gemeinsames Wissen, wie der Hörer handeln wollen wird, wenn er zu gewissen Annahmen kommt; und so kann man sich vorstellen, daß der Sprecher nicht nur versucht, Annahmen bzw. Überzeugungen zu übermitteln, sondern auch versucht, den Hörer durch Übermittlung von Überzeugungen zu einem Handeln zu bewegen, das unter den nach Ansicht des Sprechers gerade vorliegenden Umständen Sprecher wie Hörer gleichermaßen adäquat vorkommt. Damit liegt eine Sprecher-Hörer-Koordination von Handlungen vor. Beide halten sich an eine Konvention der Wahrhaftigkeit für den Sprecher verbunden mit einer entsprechenden Handlungsreaktion von Seiten des Hörers. Daß der Hörer vertrauensvoll die entsprechenden Annahmen macht, braucht nicht zum Gehalt der Konvention zu gehören, obgleich dies nicht unerwähnt bleiben darf, wenn erklärt werden soll, warum sich auch der Hörer an die Konvention hält. Auf diese Weise gelangt man zu der in *Konventionen*, Kp. IV, vorgelegten Theorie des *»Signalisierens«*.

Signalhandlungen waren jedoch allzu offensichtlich nur ein spezieller Fall. Es kann sein, daß es für den Hörer, wenn ihm vom Sprecher eine bestimmte Überzeugung vermittelt wird, gar keine angemessene Reaktionshandlung gibt. Oder Sprecher und Hörer sind geteilter Meinung darüber, wie der Hörer unter den angeblich vorliegenden Umständen handeln sollte. Oder der Sprecher weiß gar nicht, zu welcher Handlung sich der Hörer entscheiden wird; oder der Hörer selbst weiß nicht, daß er es weiß; usw. Bei der einzigen hier zu berücksichtigenden Reaktion des Hörers geht es ausschließlich darum, daß er etwas Bestimmtes *glaubt*; etwas glauben ist nun aber gewöhnlich keine Handlung. Bei den in *Konventionen*, Kp. V, angestellten Überlegungen zum Sprachgebrauch im allgemeinen war ich daher gezwungen, die Sprecher-Hörer-Koordination aufzugeben. Stattdessen griff ich auf die diffuse Koordination zwischen dem gegenwärtigen Sprecher und den früheren Sprechern, von denen der gegenwärtige Hörer gelernt hat, zurück. Dementsprechend hatte ich die These vertreten, daß die Konvention, derzufolge eine Population P eine Sprache *L* verwendet, einfach eine Konvention der Wahrhaftigkeit in *L* ist. Sprecher halten sich an die Konvention; Hörer tun es nur dann, wenn sie selbst die Sprecherrolle übernehmen.

Heute bin ich der Überzeugung, daß ich bei diesem Schritt über den Spezialfall des Signalisierens hinaus einen Fehler gemacht habe. Ich hätte meine ursprüngliche Akzentuierung der Sprecher-Hörer-Koordination nicht aufgeben und statt dessen die Definition von Konventionen entsprechend erweitern sollen. Wie eine derartige Erweiterung vorzunehmen wäre, wurde mir durch Bennett klargemacht: Eben dadurch, daß man die wesentliche definierende Bedingung nicht durch Bezug auf eine Präferenz für Konformität formuliert, sondern vielmehr durch Bezug auf Gründe für Konformität – praktische oder epistemische Gründe. Die ursprüngliche Forderung einer bedingten Präferenz wird jetzt also durch die Bedingung (3) ersetzt, wonach die Annahme, daß sich andere an die Regularität halten, jedem einen Grund gibt, sich selbst daran zu halten, und wonach dasselbe auch für die Alternativen gegenüber der tatsächlich befolgten Konvention gelten würde. Hat man diese Änderung erst einmal gemacht, so hindert uns nichts mehr, auch das Vertrauen des Hörers in den Gehalt der Konvention aufzunehmen.

(Die alte bedingte Präferenzforderung wird jedoch als eine Folge der weniger wichtigen Bedingung (4) auch weiterhin beibehalten. Bedingung (3) kann in ihrer Anwendung auf praktische Gründe, nicht jedoch in ihrer Anwendung auf epistemische Gründe, unter (4) subsumiert werden.)

Auf den folgenden Vorteil dieser Änderung wurde bereits von Bennett hingewiesen: Angenommen, es gibt nur einen einzigen Sprecher eines bestimmten Ideolekts, aber mehrere Hörer, die ihn verstehen können. Sollten nicht er und seine Hörer als eine Population aufgefaßt werden können, in der sein Ideolekt verwendet wird? Allgemeiner: Worin besteht der Unterschied zwischen (a) einer Person, von der Sätze einer Sprache deshalb nicht geäußert werden, weil sie zu keiner Population gehört, in der die betreffende Sprache verwendet wird, und (b) einer Person, von der Sätze einer Sprache deshalb nicht geäußert werden, weil sie, obwohl sie zu einer entsprechenden Population gehört, im Augenblick, oder vielleicht auch ständig – eben nichts zu sagen hat? Insofern es um ein Handeln in Übereinstimmung mit einer Konvention der Wahrhaftigkeit geht, sind beide Fälle gleich. In beiden Fällen verhält sich die betreffende Person, da sie nichts sagt, trivialerweise wahrhaftig. In *Konventionen* forderte ich als eine Bedingung für Wahrhaftigkeit in *L*, daß man zumindest manchmal Sätze von *L* äußert, nicht jedoch, daß man zu einer ganz bestimmten Gelegenheit etwas sagt. Dies ist jedoch unbefriedigend: Welches Maß an wahrhaftiger Redetätigkeit ist erforderlich, um auch weiterhin zu einer Sprache verwendenden Population aktiv dazuzugehören? Was wäre, wenn jemand eben nie der Überzeugung wäre, daß es etwas gibt, was überhaupt der Rede wert ist?

(Es gibt zwischen diesen beiden Versionen meiner Theorie einen weiteren, weniger wichtigen Unterschied. In beiden Versionen insistiere ich darauf, daß Fälle von Konventionen Fälle sind, in denen Koinzidenz der Interessen vorherrscht. Früher wurde ich dem durch eine definierende Bedingung gerecht, die jetzt ungebührlich stark zu sein scheint: In einer jeden Situation, auf die die Konvention Anwendung findet, hat jeder in etwa die gleichen Präferenzen bezüglich aller möglichen Handlungskombinationen. Warum *aller*? Es dürfte reichen, wenn sie in ihren Präferenzen in dem durch meine derzeitige Bedingung (4) spezifizierten Ausmaß übereinstimmen. Somit habe ich jetzt eine Bedingung, die weitere Übereinstimmung der Präferenzen fordert, beiseitegelassen.)

Einwände und Erwiderungen

Einwand 1: Viele Dinge, die die in der *These* gegebene Definition einer Sprache erfüllen – viele Funktionen von Ketten von Lauten

oder Schriftzeichen auf Mengen von möglichen Welten – sind keine wirklich möglichen Sprachen. Sie könnten unmöglich von irgendeiner menschlichen Population angenommen werden. Vielleicht gibt es zu wenige Sätze bzw. zu wenige Bedeutungen, als daß sich die vielen Unterschiede machen ließen, die man als Benützer einer Sprache zum Kommunizieren braucht. Es kann sein, daß die Bedeutungen selbst etwas sind, worüber die betreffenden Benützer einer Sprache überhaupt nicht zu kommunizieren wünschen. Die Sätze können sehr lang sein, sich unmöglich aussprechen lassen, oder sonstwie völlig unpraktikabel sein. Es kann sein, daß die Sprache für einen Menschen überhaupt nicht erlernbar ist, etwa wenn sie keine Grammatik hat, oder eben eine Grammatik von der falschen Art.
Erwiderung: Zugegeben. Die sogenannten Sprachen der *These* stellen lediglich eine grob charakterisierte Obermenge der Sprachen dar, an denen wir wirklich interessiert sind. Eine Sprache in einem engeren und natürlicheren Sinne ist eine jede dieser Entitäten, deren Gebrauch einer menschlichen Population möglich ist – wobei ›möglich‹ in einem entsprechend engen Sinne zu verstehen ist.

Einwand 2: Die in der *These* diskutierten sogenannten Sprachen stellen extreme Vereinfachungen dar. Nicht vorgesehen sind z. B. Index-Sätze, Sätze also, die von Merkmalen des jeweiligen Äußerungskontextes abhängen. Beispiele: Sätze mit Personalpronomina oder Demonstrativa, zeitabhängige Sätze oder anaphorische Sätze. Nicht vorgesehen sind mehrdeutige Sätze. Ebensowenig vorgesehen sind nicht-indikativische Sätze: Imperative, Fragen, Versprechen und Drohungen, Erlaubnisse etc.
Erwiderung: Zugegeben. Zu meiner Entschuldigung kann ich jedoch vorbringen: Das Phänomen Sprache wäre nicht allzu sehr anders, wenn es diese Komplikationen nicht gäbe. Ignoriert man sie, dürfte also der Fehler nicht allzu groß sein. Wir wollen jedoch trotzdem kurz skizzieren, was man tun könnte, um auch die Indexikalität, die Ambiguität, oder die Nicht-Indikative zu erfassen. Um uns nicht in diesen Komplikationen zu verheddern, wollen wir jeweils nur eine von ihnen behandeln.
Wir können eine *Index-Sprache L* als eine Funktion definieren, die Mengen von möglichen Welten nicht den Sätzen selbst zuweist,

sondern geordneten Paaren von Sätzen und möglichen Äußerungssituationen dieser Sätze. Man kann sagen, daß σ in *L* in einer Welt w in einer möglichen Äußerungssituation o von σ wahr ist gdw. w zu $L(\sigma, o)$ gehört. Man kann sagen, daß σ in *L* in o wahr ist (ohne eine Welt zu erwähnen) gdw. die Welt, in der o liegt – unsere reale Welt, wenn o eine reale Äußerungssituation von σ ist, oder irgendeine andere Welt, wenn dem nicht so ist –, zu $L(\sigma, o)$ gehört. Man kann sagen, daß ein Sprecher in *L* wahrhaftig ist, wenn er versucht, einen Satz σ von *L* nur dann zu äußern, wenn σ in *L* in der von ihm gewählten Äußerungssituation von σ wahr ist. Man kann sagen, daß sich ein Hörer in *L* vertrauensvoll verhält, wenn er einen geäußerten Satz von *L* als wahr in der betreffenden Äußerungssituation ansieht.

Wir können eine *ambige Sprache L* als eine Funktion definieren, die ihren Sätzen nicht jeweils nur eine Bedeutung, sondern finite Mengen alternativer Bedeutungen zuweist. (Wir können festsetzen, daß diese Mengen nicht leer sind, brauchen es aber nicht.) Man kann sagen, daß ein Satz σ in *L* in w bei einer seiner Bedeutungen wahr ist gdw. w zu irgendeinem Element von $L(\sigma)$ gehört. Man kann sagen, daß σ in *L* bei einer seiner Bedeutungen wahr ist gdw. unsere Welt zu irgendeinem Element von $L(\sigma)$ gehört. Man kann sagen, daß jemand in *L* (minimal) wahrhaftig ist, wenn er einen Satz σ von *L* nur dann zu äußern versucht, wenn σ in *L* bei einer Bedeutung wahr ist. Er verhält sich vertrauensvoll, wenn er einen geäußerten Satz von *L* für wahr in *L* bei einer seiner Bedeutungen hält.

Wir können eine *polymodale* Sprache *L* als eine Funktion definieren, die ihren Sätzen Bedeutungen zuweist, die zwei Komponenten enthalten: eine Menge von Welten, wie bisher; und etwas, das wir als *Modus* bezeichnen können: Indikativ, Imperativ, etc. (Es spielt hier keine Rolle, was für Dinge diese Modi sind – wir könnten sie z. B. einfach als Kodezahlen betrachten.) Man kann sagen, daß ein Satz σ in *L* im Indikativ, Imperativ, etc. steht gdw. die Modus-Komponente der Bedeutung $L(\sigma)$ der Indikativ, Imperativ etc. ist. Man kann sagen, daß ein Satz σ in *L* wahr ist, ganz gleich, in welchem Modus er steht, gdw. unsere wirkliche Welt zu der Menge-von-Welten-Komponente der Bedeutung $L(\sigma)$ gehört. Man kann sagen, daß jemand wahrhaftig in *L* relativ auf Indikative ist, wenn er nur solche Indikativsätze von *L* zu äußern versucht, die in *L* wahr sind; wahrhaftig in *L* relativ auf Imperative, wenn er so zu handeln versucht, daß er jeden Imperativsatz von *L* wahr zu machen versucht, der ihm gegenüber von einer Person geäußert wird, die ihm gegenüber gewisse Autoritätsbefugnisse hat; usw. für die anderen Modi. Er ist vertrauensvoll in *L* relativ auf Indikative, wenn er geäußerte Indikativsätze von *L* als wahr in *L* ansieht; vertrauensvoll in *L* relativ auf Imperative, wenn er erwartet, daß seine Äußerung eines Imperativsatzes von *L* dazu führt, daß der Adressat so handelt, daß er diesen Satz in *L* wahr macht, vorausgesetzt, er steht zu dem Adressaten in einem Autoritätsverhältnis; usw. Wir können einfach sagen, daß er in *L* wahrhaftig und vertrauensvoll ist, wenn er es relativ auf alle in *L* vorkommenden Modi ist. Die verschiedenen Modi gehen in die Definition der Wahrhaftigkeit und des Vertrauens auf verschiedene Art und Weise ein; eben deshalb ist es nötig, die geläufigen Termini zu verwenden. (Indem ich die Termini »wahr«, »wahrhaftig« und »vertrauensvoll« auch auf Nicht-Indikative anwende, nehme ich gegenüber dem normalen Sprachgebrauch bewußt eine Bedeutungserweiterung vor. Wahrhaftigkeit relativ auf Imperative entspricht zum Beispiel in etwa dem, was wir als *Gehorsam* in *L* bezeichnen könnten.)

Einwand 3: Wir können die Bedeutung eines Satzes in einer Population nicht immer dadurch herausfinden, daß wir uns einfach die geistigen Zustände der Mitglieder der Population ansehen, ganz gleich, wonach wir dabei suchen. Es kann durchaus sein, daß wir dazu auch einige Informationen über den kausalen Ursprung dieser geistigen Zustände benötigen. Insbesondere können wir somit die Bedeutung eines Satzes in einer Population nicht immer einfach dadurch herausfinden, daß wir uns die in dieser Population bestehenden Konventionen ansehen. Ein Beispiel: Was ist die Bedeutung des Satzes »Mik Karthee war weise« in der Sprache unserer im 137. Jahrhundert lebenden Nachkommen, wenn sich durch eine Betrachtung ihrer geistigen Zustände lediglich der folgende inadäquate Lexikoneintrag ausfindig machen läßt: »Mik Karthee: umstrittener amerikanischer Politiker des frühen Atomzeitalters«? Die Antwort hängt, so scheint es, doch davon ab, welcher Mensch am Beginn jener langen kausalen Kette steht, die schließlich bis zu diesem inadäquaten Lexikoneintrag führt.

Erwiderung: Wenn diese Auffassung richtig ist, läßt sie sich als eine subtile Sonderform der Indexikalität behandeln. Es kann sein, daß die Menge von Welten, in denen ein Satz σ in einer Sprache L wahr ist, von Merkmalen möglicher Äußerungssituationen von σ abhängt. Eines der Merkmale einer möglichen Äußerungssituation – zugegebenermaßen ein etwas versteckteres Merkmal als Zeit, Ort, oder Sprecher – ist die kausale Geschichte des Lexikoneintrags in den geistigen Zuständen des Sprechers.
Wie bei anderen Arten der Indexikalität stoßen wir auch hier auf ein terminologisches Problem. Sei *Bedeutung*$_1$, diejenige Bedeutung, die eine Index-Sprache L einem Satz σ in einer möglichen Äußerungssituation o zuweist: $L(\sigma, o)$, unserer Theorie zufolge eine Menge von Welten. Sei *Bedeutung*$_2$ jene bestimmte Funktion, wonach die Bedeutung$_1$ in o eines Satzes σ mit ihren Äußerungssituationen variiert. Welche ist nun eine Bedeutung? Dies ist unklar – und ebenso unklar ist, welche ein Sinn, eine Intension, Interpretation, Wahrheitsbedingung oder Proposition ist.
Der Einwand besagt, daß wir die Bedeutung$_1$ von σ in o in P manchmal nicht dadurch herausbekommen können, daß wir uns die geistigen Zustände der Mitglieder von P ansehen. Dies zugegeben. Schuld daran ist aber nur, daß die geistigen Zustände eben nicht genug Information über die Äußerungssituation o enthalten; insbesondere nicht genug Information über deren kausale Vergangenheit. Es wurde jedoch kein Argument vorgebracht, das uns bezweifeln ließe, daß wir die Bedeutung$_2$ von σ in P durch Betrachtung geistiger Zustände herausbekommen können; und mehr braucht es für eine Identifizierung der in P verwendeten Index-Sprache auch gar nicht.
Eine genau ähnliche Situation ergibt sich bei den vertrauteren Arten der Indexikalität. Es kann sein, daß wir die Zeit eines zeitabhängigen Satzes nicht durch eine Betrachtung geistiger Zustände herausfinden können, wir somit die Bedeutung$_2$ des vom Sprecher in seiner Index-Sprache geäußerten Satzes also kennen, ohne seine Bedeutung$_1$ in der fraglichen Situation zu kennen.

Einwand 4: Es ist Unsinn, wenn man eine bloße Kette von Lauten oder Schriftzeichen als einen möglichen Träger einer Bedeutung oder eines Wahrheitswertes ansieht. Träger von Bedeutung bzw.

von Wahrheitswerten sind im eigentlichen Sinne nur einzelne Sprechakte.

Erwiderung: Meine Behauptung ist nicht, daß eine Kette von Lauten oder Schriftzeichen für sich genommen Träger einer Bedeutung oder eines Wahrheitswertes sein kann. Meine Behauptung ist vielmehr, daß sie Bedeutung und Wahrheitswerte relativ auf eine Sprache bzw. relativ auf eine Population trägt. Ein einzelner Sprechakt hingegen kann für sich genommen Träger einer Bedeutung und eines Wahrheitswertes sein, da er in den meisten Fällen die in seiner jeweiligen Vollzugssituation verwendete Sprache eindeutig bestimmt. Dasselbe gilt für die einzelnen geäußerten Ketten vokaler Laute bzw. für die einzelnen niedergeschriebenen Ketten von Schriftzeichen, da durch sie in den meisten Fällen die jeweiligen Sprechakte, bei deren Vollzug diese Ketten hervorgebracht wurden, und dadurch wiederum die betreffende Sprache eindeutig bestimmt werden.

Einwand 5: Eine auf mögliche Welten rekurrierende Bedeutungstheorie ist zirkulär. Der Begriff einer möglichen Welt ist selbst durch Rekurs auf semantische Termini zu erklären. Mögliche Welten sind Modelle der analytischen Sätze einer Sprache bzw. Diagramme oder Theorien solcher Modelle.

Erwiderung: Ich bin nicht der Ansicht, daß der Begriff einer möglichen Welt durch Rekurs auf semantische Termini erklärt werden sollte. Ebensowenig stimme ich der Ansicht zu, daß mögliche Welten aus unserer Ontologie eliminiert und durch ihre sprachlichen Repräsentationen (Modelle oder was auch immer) ersetzt werden sollten.

Zum einen funktioniert eine derartige Ersetzung nicht richtig. Zwei in der repräsentierenden Sprache ununterscheidbare Welten erhalten ein und dieselbe Repräsentation zugeordnet.

Zudem ist eine solche Ersetzung, und dieser Einwand ist viel wichtiger, völlig unnötig. Der Begriff einer möglichen Welt ist auch für sich genommen verständlich, philosophisch fruchtbar und hinlänglich klar. Als mysteriös und bedenklich erscheinen mögliche Welten nur deshalb, weil sie Fragen aufwerfen, die wir vielleicht nie zu beantworten wissen werden: Ist jede mögliche Welt fünfdimensional? Wir scheinen zu glauben, daß wir mögliche Welten nur dann überhaupt verstehen, wenn wir bezüglich dieser Welten potentiell allwissend sind – doch warum sollten wir das überhaupt glauben? Auch Mengen werfen unbeantwortbare Fragen auf, und doch werden die meisten deshalb nicht auf sie verzichten wollen.

Besteht man jedoch darauf, daß von möglichen Welten kein Gebrauch gemacht werden darf, so kann der größte Teil meiner Theorie entsprechend modifiziert werden. Man muß dann davon ausgehen, daß Wahrheit und Analytizität bereits in einer Grundsprache definiert sind – dies ist der Preis, den ein Verzicht auf mögliche Welten kostet –; und dann sind diese Begriffe allgemein zu definieren, d. h. für die Sprache einer beliebigen Population P. Man wähle irgendeine Sprache, die die unseren Vorstellungen entsprechenden speziellen Merkmale besitzt, als Grundsprache, etwa Latein, Esperanto, die Begriffsschrift, Semantisch Markeresisch, etc. Angenommen, es werde das Latein gewählt. Dann läßt sich eine Sprache auch als eine Funktion definieren, die gewissen Ketten von Lauten oder Schriftzeichen auf Sätze des Lateinischen abbildet. Ein Satz σ einer Sprache L (in diesem Sinne) ist wahr, analytisch etc. gdw. $L(\sigma)$ wahr, analytisch etc. im Lateinischen ist.

Wer Einwand 5 vorbringt, kann nicht an Sprachen in meinem Sinne glauben, da sie mögliche Welten involvieren. Ich hingegen kann sehr wohl an Sprachen in seinem Sinne glauben. Zudem lassen sich seine Sprachen auf die meinigen mithilfe einer bestimmten Funktion von Sätzen des Lateinischen auf Mengen von Welten abbilden. Diese Funktion ist eben die (in meinem Sinne aufgefaßte) Sprache Latein. Meine Sprache L ist eine Verbindung von zwei Funktionen: der im Sinne des Einwands 5 aufgefaßten Sprache L und meiner Sprache Latein. Somit kann ich den in Einwand 5 nahegelegten Ansatz durchaus akzeptieren: Er ist bereits in meinem eigenen Ansatz enthalten.

Einwand 6: Wozu diese ganze unnötige und altmodische Hypostasierung von Bedeutungen? Unser gewöhnliches Reden über Bedeutung legt uns nicht darauf fest, irgendwelche derartigen Entitäten wie Bedeutungen zu akzeptieren, genausowenig wie uns unser gewöhnliches Reden über ein Handeln zu bestimmten Zwecken darauf festlegt, irgendwelche derartigen Entitäten wie Zwecke zu akzeptieren.

Erwiderung: Es kann durchaus sein, daß es Leute gibt, von denen geradezu zwangshaft Bedeutungen hypostasiert werden, etwa aus der Vorstellung heraus, unserem gewöhnlichen Reden über Bedeutung ließe sich sonst unmöglich ein Sinn verleihen. Ich selbst gehöre jedoch nicht zu ihnen. Ich hypostasiere Bedeutungen, weil ich es eben für nützlich halte und ich keinen Grund kenne, es nicht zu tun. Eine Art Teil-Zeit-Nominalismus wäre witzlos. Ich bin aus unabhängigen Gründen zu der Überzeugung gekommen, daß mögliche Welten und in ihnen existierende mögliche Individuen akzeptiert werden sollten; ebenso, daß man, wenn bestimmte Dinge als existent akzeptiert werden, auch Mengen dieser Dinge akzeptieren sollte. Damit sind aber bereits alle Entitäten gegeben, die ich mir nur wünschen kann.

Einwand 7: Eine Sprache besteht nicht nur aus Sätzen mit ihren Bedeutungen, sondern auch aus Konstituenten von Sätzen – Dingen, aus denen Sätze gemacht sind – mit ihren zugehörigen Bedeutungen. Und wenn eine Sprache erlernbar sein soll, ohne finit zu sein, so muß sie irgendwie durch endlich viele Konstituenten und endlich viele Operationen auf Konstituenten bestimmt sein.
Erwiderung: Wir können eine Klasse von Objekten, sogenannte Grammatiken definieren. Eine Grammatik Γ ist ein Tripel, bestehend aus (1) einem umfassenden, finiten *Lexikon von elementaren Konstituenten* und den jeweils zugehörigen Bedeutungen; (2) einer finiten Menge von *Verknüpfungsoperationen,* die durch Verknüpfung kleinerer Konstituenten größere Konstituenten bilden und aus den Bedeutungen der alten Konstituenten jeweils eine Bedeutung für die neuen Konstituenten ableiten; und (3) einer *Repräsentationsoperation,* die schließlich gewisse Konstituenten auf Ketten von Lauten oder Schriftzeichen abbildet. Eine Grammatik Γ generiert eine Funktion, die gewissen Konstituenten, den sogenannten *Konstituenten* in Γ, Bedeutungen zuordnet. Sie generiert eine weitere Funktion, die gewissen Ketten von Lauten oder Schriftzeichen Bedeutungen zuordnet. Was wir bisher eine Sprache genannt haben, ist Teil dieser letzteren Funktion. Eine Grammatik bestimmt die von ihr generierte Sprache eindeutig. Umgekehrt wird jedoch durch eine Sprache die sie generierende Grammatik nicht eindeutig bestimmt, nicht einmal, wenn von den oberflächlichen Unterschieden zwischen Grammatiken abstrahiert wird.

Ich habe von Bedeutungen für Konstituenten in einer Grammatik gesprochen. Von welcher Art von Dingen sind diese Bedeutungen? Die Referenzsemantik war ein Versuch, eben diese Frage zu beantworten. Dieser Versuch schlug fehl: Kontingente Tatsachen wurden mit Bedeutungen durcheinandergebracht. Die von Carnap entdeckte Lösung: Die Referenzsemantik ist nicht nur unter Bezug auf unsere reale Welt, sondern unter Bezug auf jede mögliche Welt zu betreiben. Die Bedeutung eines Eigennamens kann eine Funktion von Welten auf mögliche Individuen sein; die Bedeutung eines Gattungsnamens eine Funktion von Welten auf Mengen; die Bedeutung eines Satzes eine Funktion von Welten auf Wahrheitswerte (oder einfacher, auf die Menge von Welten, in denen diese Funktion den Wert wahr ergibt). Andere abgeleitete Kategorien lassen sich durch die für sie charakteristischen Verknüpfungsmodi definieren. Zum Beispiel ergibt ein Adjektiv, verknüpft mit einem Gattungsnamen, einen komplexen Gattungsnamen; seine Bedeutung kann daher als eine Funktion von Bedeutungen von Gattungsnamen auf Bedeutungen von Gattungsnamen aufgefaßt werden, so daß die Bedeutung einer [Adjektiv + Gattungsnamen]-Konstituente der Wert dieser Funktion ist, wenn die Bedeutung des durch das Adjektiv modifizierten Gattungsnamen gegeben ist. Ebenso ergibt eine Verbal-Phrase, verknüpft mit einem Namen, einen Satz; ihre Bedeutung läßt sich somit als eine Funktion auffassen, die die Bedeutung des Namens als Argument und die Bedeutung des Satzes als Wert hat. Ein Adverb (einer bestimmten Art) ergibt, verknüpft mit einer Verbal-Phrase, wiederum eine Verbal-Phrase; seine Bedeutung kann daher als eine Funktion von Bedeutungen einer Verbal-Phrase auf Bedeutungen einer Verbal-Phrase angesehen werden. Usw. bis zu immer komplexeren abgeleiteten Kategorien, so viele man eben braucht.

Lehnt man mögliche Welten ab, ist ein alternativer Ansatz möglich: Die Bedeutungen der Konstituenten in einer Grammatik seien bestimmte Konstituenten des Lateinischen bzw. einer anderen Sprache, die man als Grundsprache favorisiert.

Eine Grammatik ist für uns eine semantisch interpretierte Grammatik – genauso wie für uns eine Sprache eine semantisch interpretierte Sprache ist. Wir werden uns nicht für das interessieren, was man Grammatiken oder Sprachen in einem rein syntaktischen Sinne nennen könnte. Meine Definition einer Grammatik dürfte allgemein genug sein, um transformationelle oder Phrasen-Struktur-Grammatiken für natürliche Sprachen (sofern sie mit semantischen Interpretationen versehen werden) genauso zu umfassen wie Formationssysteme und Bewertungsregeln für formalisierte Sprachen. Wie meine obige Definition einer Sprache ist auch meine Definition einer Grammatik zu allgemein: Sie liefert eine umfassende Obermenge der interessierenden Grammatiken.

Wie eine Sprache ist auch eine Grammatik eine mengentheoretische Entität, die in völliger Abstraktion von der menschlichen Praxis diskutiert werden kann. Da eine Grammatik eine Sprache eindeutig generiert, hätten alle von uns früher relativ auf eine Sprache L definierten semantischen Begriffe – Satz, Wahrheit, Analytizität etc. – ebensogut auch relativ auf eine Grammatik Γ definiert werden können. Weitere sich auf Konstituenten bzw. auf die Konstituentenstruktur von Sätzen beziehende semantische Begriffe lassen sich in diesem Rahmen ebenfalls behandeln.

Wir können die Bedeutung in Γ, die Denotation in Γ etc. einer unterhalb der Satzebene liegenden Konstituente in Γ definieren. Wir können die Bedeutung in Γ, die Denotation in Γ etc. einer *Phrase* definieren: Eine Kette von Lauten oder Schriftzeichen, die vermittels der Repräsentationsoperation von Γ eine unterhalb der Satzebene liegende Konstituente in Γ repräsentiert. Wir können so etwas wie die *Feinstruktur der Bedeutung in* Γ eines Satzes oder einer Phrase definieren: Die Art und Weise, in der die Bedeutung des Satzes oder der Phrase aus den Bedeutungen der Konstituenten abgeleitet ist und sich aus ihnen zusammensetzt. Somit können wir auch der Redeweise Rechnung tragen, wonach z. B. auch verschiedene analytische Sätze bedeutungsverschieden sind.

Nun läßt sich der obige Einwand wie folgt neu formulieren: Was als eine Sprache bezeichnet werden sollte, ist das, was ich bisher eine *Grammatik* genannt habe, nicht, was von mir bisher als eine *Sprache* bezeichnet wurde. Eine andere Grammatik, eine andere Sprache – zumindest, wenn wir oberflächliche Unterschiede zwischen Grammatiken ignorieren. Von terminologischen Meinungsverschiedenheiten einmal abgesehen, gilt: Die Rolle, die ich meinen sogenannten Sprachen zugewiesen habe, hätte stattdessen meinen sogenannten Grammatiken zugewiesen werden sollen. Warum nicht gleich damit anfangen, daß man festlegt, was es heißen soll, daß eine Grammatik Γ von einer Population P verwendet wird?

Dann ließe sich der Satzbegriff, Wahrheit, Analytizität etc. in P definieren als Satz, Wahrheit, Analytizität in der jeweils in P verwendeten Grammatik. Dieser Ansatz hätte den Vorteil, daß sich die Semantik der Konstituenten in einer Population in genau der gleichen Weise behandeln ließe. Wir könnten sagen, daß eine Konstituente oder Phrase eine gewisse Bedeutung, Denotation etc. in P hat gdw. sie diese Bedeutung, Denotation etc. in der von P verwendeten Grammatik hat. Wir könnten sagen, daß ein Satz oder eine Phrase eine gewisse Feinstruktur der Bedeutung in P hat gdw. sie diese in der von P verwendeten Grammatik hat.
Leider ist mir jedoch nicht bekannt, wie sich der Behauptung ein objektiver Sinn verleihen ließe, wonach von einer Population zwar eine Grammatik Γ verwendet wird, eine andere Grammatik Γ', die dieselbe Sprache wie Γ generiert, jedoch nicht. Ich versuchte aufzuzeigen, wie sich mithilfe gewisser P betreffenden Fakten die in P verwendeten Sprachen objektiv auswählen lassen. Ich bin mir jedoch nicht sicher, ob es auch Fakten über P gibt, die privilegierte Grammatiken für diese Sprachen objektiv auswählen. Es ist leicht genug, Wahrhaftigkeit und Vertrauen in einer Grammatik zu definieren, aber das hilft nicht weiter: Eine Konvention der Wahrhaftigkeit und des Vertrauens in Γ wird auch eine Konvention der Wahrhaftigkeit und des Vertrauens in Γ' sein, wenn Γ und Γ' dieselbe Sprache generieren.
Mein Vorschlag besagt nicht, daß der Begriff der Bedeutung in P einer Konstituente bzw. Phrase oder auch der Feinstruktur der Bedeutung in P eines Satzes aufzugeben ist. Ein derartiger Vorschlag wäre absurd. Ich vertrete jedoch die These, daß diese Begriffe von unseren Bewertungsmethoden von Grammatiken abhängen und daher nicht klarer und nicht objektiver sind als unser Begriff einer *besten* Grammatik für eine gegebene Sprache. Ich würde nämlich sagen, daß eine Grammatik Γ in P verwendet wird gdw. Γ eine beste Grammatik für eine Sprache L ist, die in P kraft einer in P geltenden Konvention der Wahrhaftigkeit und des Vertrauens in L verwendet wird. Und entsprechend würde ich die Bedeutung in P einer Konstituente bzw. Phrase und die Feinstruktur der Bedeutung in P eines Satzes definieren.
Die Begriffe einer in P verwendeten Sprache, der Bedeutung eines Satzes in P usw. sind dagegen von unserer Bewertung von Grammatiken unabhängig. Ich sehe diese Begriffe daher als primär an.

Wichtig ist nicht, daß man auf keinen Fall etwas sagt, was von der Bewertung von Grammatiken abhängt; wichtig ist vielmehr, daß man so etwas nur dann tut, wenn man es muß. Eben deshalb konzentrierte ich mich auf Sprachen, nicht auf Grammatiken.

Möglicherweise sind jedoch die praktischen Schwierigkeiten mit der Semantik von Konstituenten in Populationen nicht allzu groß, auch wenn die Grundlagen einer solchen Semantik bisher tatsächlich so schwach sein sollten wie ich fürchte. Es kann oft vorkommen, daß alle Grammatiken, die jemand für eine gegebene Sprache als die besten ansieht, bezüglich der Bedeutung einer gegebenen Konstituenten übereinstimmen. Dennoch wird es hier zu Schwierigkeiten kommen: Quines Beispiele für die Unbestimmtheit der Referenz scheinen in der Konstituentensemantik auftretende Unterschiede zwischen alternativen guten Grammatiken für ein und dieselbe Sprache zu betreffen. Wir sollten jede Methode mit Argwohn betrachten, die so tut, als ließe sich objektiv entscheiden, ob sich in einem bestimmten Stamm »Gavagai« auf (sich für eine bestimmte Zeit nicht verändernde) Kaninchen oder nur auf bestimmte zeitliche Schnitte von ihnen bezieht. Man kann für die Sprache des fraglichen Stammes beidemal eine gute Grammatik angeben – und das ist es ja eben.

Es dürfte nützlich sein, die angebliche Unbestimmtheit der Konstituentensemantik in drei getrennte Unbestimmtheiten aufzuteilen. Beginnen wir mit einer nicht bezweifelten Tatsache, d. h. mit der Abhängigkeit des Verhaltensoutputs eines Subjekts von seinem Input an sensorischen Stimuli – wobei wir neben den wirklichen auch die möglichen Stimuli betrachten wollen in Verbindung mit allen physikalischen Gesetzen und anatomischen Fakten, die diese Abhängigkeit erklären. (a) Durch diese Information ist das System der propositionalen Einstellungen des betreffenden Subjekts entweder bestimmt oder unterbestimmt; insbesondere gilt dies für seine Annahmen und Wünsche. (b) Durch diese propositionalen Einstellungen sind die Wahrheitsbedingungen ganzer Sätze entweder bestimmt oder unterbestimmt – was ich hier als die *Sprache* des Subjekts bezeichnet habe. (c) Durch die Wahrheitsbedingungen ganzer Sätze werden die Bedeutungen der unterhalb der Satzebene liegenden Konstituenten bestimmt – was ich hier seine *Grammatik* genannt habe.

Die hier entwickelte Diskussion betrifft den mittleren Schritt, den Schritt von Annahmen und Wünschen zu Wahrheitsbedingungen für ganze Sätze. Ich sagte, daß die ersteren die letzteren bestimmen – vorausgesetzt (was jedoch nicht notwendigerweise so zu sein braucht), die Annahmen und Wünsche des jeweiligen Subjekts und seiner Partner sind so, daß sie eine völlig bestimmte Konvention der Wahrhaftigkeit und des Vertrauens in irgendeiner definiten Sprache umfassen. Über die Bestimmtheit des ersten Schrittes habe ich hier nichts gesagt; und bezüglich der Bestimmtheit des dritten Schrittes neige ich zu den gleichen Zweifeln wie Quine.

Einwand 8: Nehmen wir einmal an, daß, wann immer jemand an einer Konvention der Wahrhaftigkeit und des Vertrauens in irgendeiner Sprache teilnimmt, seine Kompetenz, an dieser Konvention teilzunehmen – sich an sie zu halten, zu erwarten, daß das auch die anderen tun, etc. – darauf zurückgeht, daß er irgendeine Art von unbewußter interner Repräsentation einer Grammatik von *L* besitzt. Dies ist eine wahrscheinliche Hypothese, da sie unser Wissen über sprachliche Kompetenz am besten erklärt. Insbesondere erklärt sie, warum die Wahrnehmung von nur einigen Sätzen spontan zu auch andere Sätze involvierenden Erwartungen führt. Von dieser Hypothese ausgehend, können wir dann aber die Konventionen einer Sprache genauso gut auch beiseitelassen und sagen, daß *L* in P verwendet wird gdw. jeder in P eine interne Repräsentation einer Grammatik von *L* besitzt.
Erwiderung: Zunächst einmal ist zu sagen: Die Hypothese von intern repräsentierten Grammatiken ist überhaupt keine Erklärung, weder die beste noch sonst irgendeine. Vielleicht ist sie *Teil* einer Theorie, die unser Wissen über sprachliche Kompetenz am besten erklärt; beurteilen können wir sie aber erst dann, wenn wir etwas darüber hören, was es mit dem Rest der Theorie auf sich hat.
Nichtsdestoweniger glaube ich nur allzu gerne an intern repräsentierte Grammatiken. Ich bin mir jedoch weitaus weniger sicher, daß es intern repräsentierte Grammatiken gibt, als daß es von Populationen verwendete Sprachen gibt. Zudem könnte man m. E. selbst dann sinnvoll behaupten, daß Sprachen von Populationen verwendet werden können, wenn es keine intern repräsentierte Grammatiken gibt. Tentativ kann ich der Auffassung

zustimmen, daß L von P verwendet wird gdw. jeder in P eine interne Repräsentation einer Grammatik von L besitzt, falls dies als Vorschlag einer wissenschaftlichen Hypothese gedacht ist. Hingegen kann ich diesen Vorschlag nicht als eine Art Analyse von »L wird in P verwendet« akzeptieren, da das Analysandum ganz klar auch dann wahr sein könnte, wenn das Analysans falsch ist.

Einwand 9: Der Begriff einer Konvention der Wahrhaftigkeit und des Vertrauens in L ist eine nutzlose Komplikation. Warum nicht gleich die These vertreten, daß L in P verwendet wird gdw. in P eine Konvention vorliegt, jedem Satz von L die Bedeutung zu verleihen, die ihm in L zugewiesen wird? Bzw. daß eben eine Grammatik Γ von L in P verwendet wird gdw. in P eine Konvention vorliegt, jedem Konstituenten in Γ die Bedeutung zu verleihen, die ihm in Γ zugewiesen wird?

Erwiderung: Eine Konvention in dem hier definierten Sinne ist eine Regularität des Handelns, bzw. eine Regularität des Handelns und des Glaubens. Wird dieses Merkmal der Definition aufgegeben, so sehe ich nicht, wie sich auch nur irgendein Teil meiner Theorie der Konventionen retten ließe. Es ist wesentlich, daß eine Konvention eine Regularität ist, derart, daß Konformität von Seiten anderer Grund dafür ist, sich selbst konform zu verhalten; und ein derartiger Grund muß entweder ein praktischer Grund für ein Handeln oder ein epistemischer Grund für einen Glauben sein. Welche Art von Grund gibt es denn sonst?

So etwas wie eine Handlung des Verleihens einer Bedeutung gibt es jedoch gar nicht. (Von jener irrelevanten Art von Handlung, die nicht beim Gebrauch, sondern bei der Einführung einer Sprache vollzogen wird, wollen wir hier absehen.) Somit kann man auch nicht annehmen, daß Populationen, die eine Sprache verwenden, über Konventionen für den Vollzug solcher Handlungen verfügen. Das Verleihen von Bedeutung besteht aber auch nicht darin, daß man bestimmte Annahmen macht. Zugegeben, das Verleihen von Bedeutung ist insofern konventionell, als es von Konventionen abhängt: Die Bedeutungen wären andere, wenn die Konventionen der Wahrhaftigkeit und des Vertrauens andere wären. Eine Bedeutung verleihen ist jedoch keine in Übereinstimmung mit einer Konvention vollzogene Handlung. Es ist überhaupt keine Handlung. Und es ist auch kein in Übereinstimmung mit einer Konvention vor sich gehendes Machen von Annahmen. Es besteht gar nicht darin, daß man Annahmen macht.

Einwand 10: Die Annahmen und Wünsche, die eine Konvention ausmachen, sind unzugängliche mentale Entitäten, genau wie die hypothetischen internen Repräsentationen von Grammatiken. Es wäre am besten, wenn wir allein mithilfe behavioristischer Termini ausdrücken könnten, was es heißt, daß eine Sprache *L* von einer Population P verwendet wird. Dies ließe sich vielleicht durch Rekurs darauf erreichen, wie Mitglieder von P kontrafaktisch formulierte Fragebögen beantworten würden; oder durch Rekurs darauf, wie sie auf bestimmte Sätze zustimmend oder ablehnend reagieren, nachdem man sie Bedingungen ausgesetzt hat, die bei ihnen Sinnestäuschungen hervorrufen; oder durch Rekurs darauf, wie sie Sätze intuitiv in Ähnlichkeitsklassen gruppieren würden; oder auf irgendeine andere Weise.
Erwiderung: Angenommen, wir hätten mit dem Versuch einer behavioristischen operationalen Definition von »*L* wird in P verwendet« Erfolg. Für ein Verständnis dessen, was es heißt, daß *L* in P verwendet wird, wäre damit noch nichts gewonnen. Denn was dies heißt, müßten wir schon wissen, um, hinreichende Kenntnisse in der Common Sense Psychologie bereits vorausgesetzt, überhaupt überprüfen zu können, ob die operationale Definition auch wirklich das definiert, was sie definieren soll. Wüßten wir nicht, was es heißt, daß *L* in P verwendet wird, so wüßten wir auch nicht, welche Art von Verhalten von Seiten der Mitglieder von P ein Indiz dafür wäre, daß *L* in P verwendet wird.

Einwand 11: Sprachkonventionen sind um nichts besser als unsere berühmt-berüchtigten obskuren alten Freunde, die Sprachregeln. Sie haben sich nur einen neuen Namen zugelegt.
Erwiderung: Eine Konvention der Wahrhaftigkeit und des Vertrauens in *L* könnte man durchaus als eine Regel bezeichnen, obschon ihr viele Merkmale fehlen, die man gelegentlich als wesentlich für Regeln angesehen hat. Eine Konvention wird durch keinerlei Autorität öffentlich bekanntgemacht. Sie wird nicht durch Sanktionen durchgesetzt, abgesehen davon, daß schon allein deswegen, weil man irgendeine Art Grund hat, sich an die Konvention zu halten, etwas schlechtes eintreten könnte, wenn man sich

nicht an sie hält. Sie ist nirgends kodifiziert und wird daher weder im Verlauf des Sprachunterrichts angegeben, noch wird sie bei der Kritik an jemands sprachlichem Handeln als Berufungsinstanz verwendet. Und doch ist sie mehr als eine bloße Regularität, die in der Regel gilt; sie ist eine Regularität, die von einem speziellen System von Annahmen und Wünschen begleitet und aufrechterhalten wird.

Eine Konvention der Wahrhaftigkeit und des Vertrauens in *L* könnte andere Regularitäten als Konsequenzen nach sich ziehen, die selbst wiederum als eigenständige Sprachkonventionen anzusehen wären: Spezialisierungen der Konvention für gewisse spezielle Situationen. (Zum Beispiel eine Konvention der Wahrhaftigkeit in *L* an Wochentagen.) Auch solche abgeleiteten Sprachkonventionen könnte man als Regeln bezeichnen; bei einigen von ihnen dürfte die Wahrscheinlichkeit einer Kodifizierung größer sein als bei der umfassenden Konvention, unter die sie subsumiert sind.

Nun gibt es jedoch auch noch andere sogenannte Sprachregeln, die keine Sprachkonventionen sind und solchen Konventionen auch nicht im mindesten ähnlich sind. Regeln der Syntax und der Semantik zum Beispiel. Sie sind nicht einmal Regularitäten und können auch nicht als Imperative formuliert werden. Man bezeichnet sie besser gar nicht als Regeln, sondern als Bedingungen in den Definitionen von Entitäten, die in Regeln erwähnt werden müssen: Bedingungen in der Definition einer Sprache *L*, Bedingungen in der Definition des Aktes, wahrhaftig in *L* zu sein, Bedingungen in der Definition des Aktes, zu behaupten, daß der Mond blau ist, etc.

Sprachkonventionen könnte man daher zwar durchaus korrekt auch als Regeln bezeichnen, informativer und weniger verwirrender ist es jedoch, wenn man sie Konventionen nennt.

Einwand 12: Sprache ist nicht konventionell. Wir haben herausgefunden, daß die menschlichen Fähigkeiten zum Spracherwerb sehr spezifisch sind und die Form einer jeden für den Menschen erlern- und verwendbaren Sprache diktieren.

Erwiderung: Mag sein, daß es weniger Konventionalität gibt, als wir gewöhnlich dachten: Weniger Merkmale der Sprache, die von Konventionen abhängen, dagegen mehr, die durch unsere angeborenen Fähigkeiten bestimmt werden und daher allen Sprachen, die echte Alternativen zu unserer tatsächlichen Sprache darstellen, gemeinsam sind. Trotzdem gibt es Konventionen der Sprache; und es gibt konventions-abhängige Merkmale der Sprache, Merkmale, durch die sich die alternativen möglichen Sprachkonventionen voneinander unterscheiden. Die Verschiedenheit der tatsächlich verwendeten Sprachen zeigt dies. Es gibt Sprachkonventionen, solange die Regularität der Wahrhaftigkeit in einer gegebenen Sprache auch nur eine einzige Alternative hat.

Einwand 13: Nur wer als Mitglied einer Sprachgemeinschaft zugleich Mengentheoretiker ist, kann erwarten, daß sich die anderen an die Regularität der Wahrhaftigkeit und des Vertrauens in einer gegebenen Sprache *L* halten. Sich an diese Regularität halten, heißt nämlich, in einer Relation zu einer gewissen esoterischen Entität stehen: einer Menge von geordneten Paaren von Folgen von Laut- oder Zeichentypen und Mengen von möglichen Welten (oder etwas noch Komplizierterem, wenn *L* eine natürliche Sprache mit Indexikalität, Ambiguität und Nicht-Indikativen ist). Ein gewöhnlicher Mensch verfügt jedoch nicht über einen Begriff irgendeiner derartigen Entität. Folglich kann er auch keine Erwartungen bezüglich einer solchen Entität haben.
Erwiderung: Ein gewöhnlicher Mensch braucht keinen Begriff von *L* zu besitzen, um erwarten zu können, daß die anderen wahrhaftig und vertrauensvoll in *L* sind. Er braucht nur entsprechende konkrete Erwartungen darüber zu haben, wie sie in verschiedenen Situationen handeln und zu welchen Annahmen sie kommen dürften. Er kann angeben, ob irgendeine tatsächlich vollzogene oder nur vorgestellte einzelne Handlung – Entsprechendes gilt für das Akzeptieren einer Annahme – mit seinen Erwartungen übereinstimmt oder nicht. Er erwartet, daß sie sich an eine Regularität der Wahrhaftigkeit und des Vertrauens in *L* halten werden, wenn jede einzelne Tätigkeit bzw. jede Annahme, die seinen Erwartungen entsprechen würde, unter das fallen würde, was *wir* – nicht *er* – als Konformität mit dieser Regularität beschreiben könnten.
Es kann durchaus sein, daß sein elaboriertes, infinites System von potentiellen einzelnen Erwartungen nur mithilfe der Hypothese erklärt werden kann, daß ihm irgendeine unbewußte mentale

Entität zukommt, die einem allgemeinen Begriff von *L* in etwa analog ist – eine intern repräsentierte Grammatik etwa. Ob dem nun so ist oder nicht, spielt hier aber keine Rolle. Es geht uns hier nur darum, welches System von Erwartungen ein normales Mitglied einer Sprache-verwendenden Population besitzen muß. Wir brauchen uns nicht auf psychologische Spekulationen darüber einzulassen, wie diese Erwartungen erzeugt werden.

Einwand 14: Wenn es Sprachkonventionen gibt, so sollten die, die sich an diese Konventionen halten, wissen, was sie tun. Niemand kann jedoch die Sprachkonventionen, an die er sich angeblich hält, vollständig beschreiben.
Erwiderung: Trotzdem kann er wissen, was diese Konventionen sind. Es reicht, wenn er in der Lage ist, Konformität und Nicht-Konformität mit seiner Konvention zu erkennen und versuchen kann, sich an die Konvention zu halten. Wir wissen so viele Dinge, die wir nicht in Worten ausdrücken können.

Einwand 15: Verwendung von Sprache ist nahezu nie eine rationale Tätigkeit. Wir produzieren und reagieren auf Äußerungen aus Gewohnheit, nicht infolge irgend einer Art Überlegung oder Argumentation.
Erwiderung: Eine Handlung kann selbst dann rational und mithilfe der entsprechenden Annahmen und Präferenzen des handelnden Subjekts erklärbar sein, wenn sie aus Gewohnheit getan worden war und der Handelnde selbst keinen Gedanken auf die Annahmen und Präferenzen verwendet hatte, die sein Grund für die Handlung waren. Eine Gewohnheit kann im folgenden Sinne der rationalen Kontrolle des Handelnden unterliegen: Würde diese Gewohnheit plötzlich nicht mehr in Entsprechung zu den Annahmen des Handelnden dessen Präferenzen dienlich sein, so würde sie sofort durch bewußte Überlegungen ersetzt und korrigiert. Handlungen, die in diesem Sinne aus Gewohnheit getan werden, sind, auch wenn sie aus Gewohnheit getan werden, nichtsdestoweniger rational. Entsprechendes gilt für unsere Glaubensgewohnheiten. Unser normaler Sprachgebrauch ist rational, da er unserer rationalen Kontrolle unterliegt.
Vielleicht ist der Sprachgebrauch von Kleinkindern keine rationale Tätigkeit. Vielleicht resultiert er aus Gewohnheiten, die nicht

ersetzt würden, wenn sie den Präferenzen des Handelnden in Entsprechung zu dessen Annahmen plötzlich nicht mehr dienlich wären. Wenn dem so ist, so würde ich bestreiten, daß diese Kinder bereits Sprachkonventionen befolgen. Ebenso würde ich bestreiten, daß sie bereits normale Mitglieder einer Sprache-verwendenden Population geworden sind. Vielleicht wird Sprache zuerst erworben und erst dann konventionell. Dies würde keiner meiner Thesen widersprechen. Es geht mir hier aber nicht darum, wie Sprache erworben wird; es geht mir vielmehr ausschließlich darum, wie die Situation eines normalen Mitglieds einer Sprache-verwendenden Population aussieht, wenn Sprache bereits erworben ist.

Einwand 16: Sprache kann unmöglich auf Konventionen zurückgehen. Man kann sich unmöglich darauf geeinigt haben, sich ab sofort wahrhaftig und vertrauensvoll in einer gewissen ausgewählten Sprache zu verhalten – es sei denn, bei dieser Einigung stand bereits irgendeine Sprache zur Verfügung.
Erwiderung: Es stimmt, die erste Sprache kann aus dem angeführten Grund unmöglich auf eine Übereinkunft zurückgehen. Aber das heißt nicht, daß Sprache nicht konventionell sein kann. Das Konventionelle an Konventionen ist die Art ihres Fortbestehens, nicht das Wie ihres Entstehens. Eine Konvention braucht nicht auf eine Übereinkunft zurückzugehen, obwohl dies bei vielen Konventionen der Fall ist; andererseits könnten gewisse Konventionen auf eine Übereinkunft zurückgehen, obwohl sie in Wirklichkeit anders entstanden sind. Wenn man sagt, Sprache sei konventions-geleitet, so sagt man damit überhaupt nichts über den Ursprung der Sprache.

Einwand 17: Ein zeit seines Lebens von anderen isolierter Mensch könnte eines Tages – aufgrund seiner genialen Begabung oder einfach durch ein Wunder – anfangen, Sprache zu verwenden, z. B. ein Tagebuch zu führen. (Dies wäre eine Sprache, die per Zufall privat ist, nicht die mit Notwendigkeit private Sprache, deren Unmöglichkeit Wittgenstein bewiesen haben soll.) In diesem Fall zumindest wäre keine Konvention involviert.
Erwiderung: Nimmt man die Definition wörtlich, läge hier tatsächlich keine Konvention vor. Man hätte es jedoch mit etwas sehr ähnlichem zu tun. Auch der isoliert lebende Mensch hält sich

immer wieder an eine gewisse Regularität. Er weiß dabei jedesmal, daß er sich auch in der Vergangenheit an diese Regularität gehalten hat, und hat ein Interesse daran, sich die ganze Zeit über gleich zu verhalten; und so hält er sich eben auch weiterhin an jene Regularität und nicht an irgendeine der verschiedenen alternativen Regularitäten, die es genauso gut getan hätten, wenn er sich gleich von Anfang an auf sie gestützt hätte. Er weiß jedesmal, daß dem so ist, weiß, daß er jedesmal weiß, daß dem so ist, usw. Wir können uns die Situation so vorstellen, als würde eine Konvention in der Population der verschiedenen Zeit-Abschnitte ein und desselben Menschen bestehen.

Einwand 18: Es ist zirkulär, die Bedeutung in P von Sätzen mithilfe der von den Mitgliedern von P gemachten Annahmen zu definieren. Vermutlich wird das Denken der Mitglieder von P auf ihre jeweilige Sprache rekurrieren. Wenn sie bestimmte Annahmen machen, werden sie z. B. bestimmte entsprechende Sätze ihrer Sprache akzeptieren. Nur wer schon weiß, welche Bedeutung in P ein bestimmter Satz hat, wird auch wissen können, welche Annahme ein Mitglied von P macht, wenn er den betreffenden Satz akzeptiert.

Erwiderung: Es kann schon sein, daß unser Denken auf unsere Sprache rekurriert, und daß, wer eine Annahme macht, einen entsprechenden Satz seiner Sprache akzeptiert. Aber daraus folgt nicht, daß das Machen einer Annahme als das Akzeptieren von Sätzen analysiert werden sollte. Eben dies sollte es gerade nicht. Selbst wenn unser Denken auf Sprache rekurriert – es muß nicht so sein. Es ist zumindest möglich, daß der Mensch – so ähnlich wie die Tiere – bestimmte Dinge glaubt, ohne deshalb gewisse Sätze zu akzeptieren. (Ich werde hier nichts darüber sagen, wie der Glaubensbegriff meiner Meinung nach analysiert werden *sollte.*) Aus der kontingenten Tatsache, daß ein Mitglied von P gewisse Annahmen macht, indem er gewisse Sätze akzeptiert, ergibt sich kein Zirkel, solange wir seine Annahmen auch ohne Rekurs auf die von ihm akzeptierten Sätze näher bestimmen können. Und dies ist beim Menschen genauso gut möglich wie bei den Tieren.

Einwand 19: Angenommen, eine Sprache *L* wird in einer Population notorischer Lügner verwendet, die in *L* öfters unwahrhaftig

als wahrhaftig sind. In diesem Fall gäbe es nicht einmal eine Regularität der Wahrhaftigkeit und des Vertrauens in *L*, geschweige denn eine Konvention, die eine solche Regularität impliziert.
Erwiderung: Ich bestreite, daß *L* in dieser Population von Lügnern verwendet wird. Dem normalen Sprachgebrauch bin ich nur dort gefolgt, wo dieser bestimmt ist; sieht man aber erst einmal, wie ungewöhnlich die angenommene Situation zu sein hätte, so dürfte meines Erachtens deutlich werden, daß der normale Sprachgebrauch in diesem Falle alles andere als bestimmt ist. Es gibt zwar viele Ähnlichkeiten zu klaren Fällen, in denen eine Sprache von einer Population verwendet wird, und es ist verständlich, daß wir eine gewisse Neigung verspüren, den angenommenen Fall zu eben diesen klaren Fällen zu rechnen. Es gibt aber ebensogut eine Reihe wichtiger Unterschiede.
Nun bestreite ich zwar, daß die Population von Lügnern *kollektiv* die Sprache *L* verwendet; ich bin aber doch willens zuzugestehen, daß *jeder* Lügner *für sich* *L* verwenden kann, vorausgesetzt, er glaubt fälschlicherweise, daß er ein Mitglied – wenngleich auch eines, das sich im Gegensatz zu den anderen nicht wahrhaftig verhält – einer Population ist, in der eine Konvention der Wahrhaftigkeit und des Vertrauens in *L* vorliegt. Er ist in einer Position, die der eines Verrückten gleicht, der glaubt, er gehöre zu einer Population, die *L* verwendet, und der sich entsprechend verhält, so daß man tatsächlich von ihm sagen kann, er verwende *L*, obwohl alle anderen Mitglieder dieser *L*-verwendenden Population in Wirklichkeit nur in seiner Phantasie existieren.

Einwand 20: Angenommen, die Mitglieder einer Population sind in ihrer Sprache *L* öfters unwahrhaftig als wahrhaftig, nicht etwa, weil sie Lügner wären, sondern weil sie eine ausgesprochene Vorliebe für Ironie, Metaphern, hyperbolisches Reden etc. haben. Es wird sich schwer leugnen lassen, daß von einer solchen Population *L* verwendet wird.
Erwiderung: Ich möchte die These vertreten, daß diese Leute tatsächlich wahrhaftig in ihrer Sprache *L* sind, sie jedoch nicht *im wörtlichen Sinne wahrhaftig* in *L* sind. Nicht im wörtlichen Sinne wahrhaftig in *L* sein, heißt, wahrhaftig in einer anderen, mit *L* verknüpften Sprache sein, einer Sprache, die wir als »wörtlich-*L*« bezeichnen können. Die zwischen *L* und wörtlich-*L* bestehende

Relation ist folgende: Eine gute Methode, *L* zu beschreiben, besteht darin, daß man zunächst wörtlich-*L* bestimmt und dann *L* selbst als eine aus gewissen systematischen Abweichungen von wörtlich-*L* resultierende Sprache beschreibt. Diese auf wörtlich-*L* rekurrierende zweistufige Bestimmung von *L* ist möglicherweise viel einfacher als eine jede direkte Bestimmung von *L*.

Einwand 21: Angenommen, sie sind in *L* oft deshalb unwahrhaftig, weil sie überhaupt nicht kommunizieren. Sie machen Witze, erzählen Märchen, oder erzählen sich im Rahmen eines gesellschaftlichen Rituals offensichtliche Lügen. In diesen Situationen liegt weder Wahrhaftigkeit noch Vertrauen in *L* vor. Es ist sogar gemeinsames Wissen, daß Derartiges nicht vorliegt.
Erwiderung: Über diesen nicht-ernsten Sprachgebrauch läßt sich vielleicht dasselbe sagen wie über den nicht-wörtlichen Sprachgebrauch. D. h. ihre scheinbare Unwahrhaftigkeit in nicht-ernsten Situationen ist Unwahrhaftigkeit nicht in der von ihnen tatsächlich verwendeten Sprache *L*, sondern nur in einer vereinfachten Approximation an *L*. Wir können *L* dadurch bestimmen, daß wir zuerst die Approximations-Sprache angeben, dann die Indizien und Kontextmerkmale aufführen, an denen ein nicht-ernster Sprachgebrauch zu erkennen ist, und dann festlegen, daß bei einem Vorliegen dieser Indizien oder Merkmale die Sätze, die in der Approximations-Sprache als Unwahrheiten gelten würden, in *L* selbst nicht als solche gelten sollen. Vielleicht sind diese Sätze einfach automatisch wahr in *L*, ganz gleich, was der Fall ist und was nicht; vielleicht zählen sie nicht mehr als Indikative.
Beispiele: Was sonst eine Unwahrheit wäre, ist eventuell keine, wenn es von einem Kind gesagt wird, das dabei zwei Finger in Kreuzform übereinander spreizt. Leider sind jedoch die Indizien und Kontextmerkmale, aufgrund derer wir einen nicht-ernsten Sprachgebrauch erkennen, selten so einfach, standardisiert und konventionell. Obgleich sie in einer umfassenden Theorie des Phänomens Sprache irgendwo erwähnt werden müssen, dürfte es doch recht unvorteilhaft sein, die Bestimmung von *L* selbst mit ihnen zu belasten.
Vielleicht genügt es zu bemerken, daß diese Situationen eines nicht-ernsten Sprachgebrauchs zumindest einen gewissen Ausnahmecharakter besitzen müssen, wenn es überhaupt so etwas wie

klare Fälle einer Verwendung von *L* geben soll; und daran zu erinnern, daß die Definition von Konventionen weit genug gehalten war, um einige Ausnahmen zu tolerieren. Wir könnten die nicht-ernsten Fälle einfach als (explizierbare und harmlose) Verletzungen der Sprachkonventionen ansehen.

Es gibt eine dritte Alternative. Sie würde eine Modifizierung meiner Theorie erfordern. Wir könnten sagen, daß eine *ernsthafte Kommunikations-Situation* bezüglich eines Satzes σ von *L* vorliegt, wenn es wahr und gemeinsames Wissen von Sprecher und Hörer ist, daß (a) zwar der Sprecher, aber nicht der Hörer, weiß, ob σ wahr in *L* ist; (b) der Hörer wissen will, ob σ wahr in *L* ist; (c) der Sprecher will, daß es der Hörer weiß; und (d) weder der Sprecher noch der Hörer bezüglich der Frage, ob der Sprecher σ äußert oder nicht, irgendwelche anderen (vergleichbar starken) Präferenzen haben. (Man beachte, daß dann, wenn eine ernsthafte Kommunikations-Situation bezüglich σ vorliegt, eine solche auch bezüglich solcher Sätze von *L* vorliegt, die mit σ synonym sind oder σ widersprechen, und vermutlich auch bezüglich anderer Sätze in *L*, die mit σ logisch zusammenhängen.) Somit könnten wir sagen, daß die Konvention, derzufolge P *L* verwendet, eine Konvention der Wahrhaftigkeit und des Vertrauens in *L* in ernsthaften Kommunikations-Situationen ist. D. h.: Wenn eine ernsthafte Kommunikations-Situation bezüglich σ vorliegt, dann versucht der Sprecher nur dann σ zu äußern, wenn σ wahr in *L* ist, und der Hörer reagiert auf die Äußerung von σ hin damit, daß er annimmt, daß σ wahr in *L* ist. Wenn eben dies eine Konvention in P ist, dann spielt es keine Rolle, was in anderen Situationen passiert: Die Mitglieder von P verwenden *L*.

Die hier angegebene Definition einer ernsthaften Kommunikations-Situation hat Ähnlichkeit mit der in *Konventionen*, Kp. IV, vorgelegten Definition eines Signalisierungsproblems. Der Unterschied besteht darin, daß der Hörer jetzt allein dadurch reagieren kann, daß er eine bestimmte Annahme macht, und nicht mehr wie früher eine vom Sprecher wie vom Hörer gleichermaßen als angemessen angesehene Handlung vollziehen muß. Würde diese Modifikation akzeptiert, so würde dies eine weitere Annäherung meiner allgemeinen Sprachtheorie an die von mir in *Konventionen* vorgelegte Theorie des speziellen Falles des Signalisierens bedeuten.

Einwand 22: Wahrhaftigkeit und Vertrauen können keine Konvention sein. Welche Alternative könnte es denn zu einer allgemeinen Wahrhaftigkeit geben – allgemeine *Un*wahrhaftigkeit vielleicht? Wenn nun aber eine solche Unwahrhaftigkeit nicht zum Zweck der Täuschung intendiert wäre und wenn dieser Zweck nicht tatsächlich erreicht würde, dann, so scheint es, wäre doch auch eine solche Unwahrhaftigkeit selbst wiederum Wahrhaftigkeit.

Erwiderung: Die Konvention ist nicht die Regularität der Wahrhaftigkeit und des Vertrauens *schlechthin.* Sie ist die Regularität der Wahrhaftigkeit und des Vertrauens in einer bestimmten Sprache *L.* Ihre Alternativen sind mögliche Regularitäten der Wahrhaftigkeit und des Vertrauens in anderen Sprachen. Eine Regularität der allgemeinen Unwahrhaftigkeit und des Mißtrauens in einer Sprache *L* kann man auch als eine Regularität der Wahrhaftigkeit und des Vertrauens in einer anderen, zu *L* komplementären Sprache Anti-*L* beschreiben. Anti-*L* enthält die gleichen Sätze wie *L,* jedoch mit entgegengesetzten Wahrheitsbedingungen. Daher sind die wahren Sätze von Anti-*L* genau die unwahren Sätze von *L.*

Es gibt eine andere Regularität, die wir eine Regularität der Wahrhaftigkeit und des Vertrauens *schlechthin* nennen könnten. Es ist die Regularität, sich wahrhaftig und vertrauensvoll in jedweder Sprache zu verhalten, die von den anderen verwendet wird. Diese Regularität ist keine Konvention und hängt auch nicht von einer solchen ab. Wenn von einer Population P alle überhaupt existierenden Sprachen verwendet werden, dann liegt in P eine Regularität (vielleicht mit gewissen Ausnahmen) der Wahrhaftigkeit und des Vertrauens schlechthin vor.

Einwand 23: Selbst Wahrhaftigkeit und Vertrauen in *L* können keine Konvention sein. Nach der hier vorgelegten Theorie hält man sich deshalb an eine Konvention, weil ein solches Verhalten im Sinne gewisser Interessen ist. Wer moralisch handelt, ist jedoch wahrhaftig in *L,* wenn es die anderen sind, ganz gleich, ob dies nun im Sinne seiner eigenen Interessen ist oder nicht. Er wird nämlich erkennen, daß er unter einer moralischen Verpflichtung steht, wahrhaftig in *L* zu sein: Einer Verpflichtung, die Vorzüge, die er aus der Wahrhaftigkeit in *L* der anderen empfangen hat, auch den anderen zukommen zu lassen, oder dergleichen. Es kann sein, daß Wahrhaftigkeit in L einen moralischen Menschen auch gegen seine eigenen Interessen verpflichtet. Wahrhaftigkeit gleicht eher einem Gesellschaftsvertrag als einer Konvention.

Erwiderung: Dieser Einwand macht sich eine enge Interpretation von »Interesse« zunutze, wonach lediglich egoistische Interessen als Interessen zählen. Wir verwenden diesen Terminus jedoch im allgemeinen in einem umfassenderen Sinne. Wir sprechen auch von altruistischen Interessen und von Interessen, die aus unserer Anerkenntnis gewisser Verpflichtungen resultieren. In diesem umfassenderen Sinne sollte der Terminus in unserer Definition von Konventionen verstanden werden. In diesem weiteren Sinne verstanden ist es jedoch Unsinn zu glauben, eine Verpflichtung könnte jemands Interessen irrelevant werden lassen. Es ist vielmehr so, daß die Verpflichtung selbst wiederum ein Interesse ist, das die anderen Interessen möglicherweise aufwiegt.

Eine Konvention der Wahrhaftigkeit und des Vertrauens in L wird durch ein Konglomerat aus egoistischen Interessen, altruistischen Interessen und aus Verpflichtungen abgeleiteten Interessen aufrechterhalten. Gewöhnlich sind all diese Interessen voll wirksam; jede dieser Interessentypen würde vielleicht ausreichen, um die Konvention aufrechtzuerhalten. Gelegentlich kommt es aber auch vor, daß Wahrhaftigkeit in L nur die aus einer Verpflichtung abgeleiteten Interessen befriedigt und unseren egoistischen, möglicherweise sogar unseren altruistischen Interessen zuwiderläuft. In einem solchen Fall wird nur ein moralisch Handelnder ein Interesse daran haben, sich auch jetzt wahrhaftig in L zu verhalten. Ich möchte jedoch die Behauptung wagen, daß derartige Fälle nicht so häufig sind, wie sich Moralisten vielleicht vorstellen. Auch in einer Population, in der keiner auf den anderen auch nur irgendwie Rücksicht nimmt, könnte eine Konvention der Wahrhaftigkeit und des Vertrauens in L – von gelegentlichen Ausrutschern abgesehen – aufrechterhalten bleiben, und zwar allein aufgrund egoistischer Interessen.

Eine Konvention besteht deshalb weiter, weil jeder Grund hat, sich an sie zu halten, falls dies auch andere tun. Ist die Konvention eine Regularität im Handeln, so kann man sagen, daß sie deshalb weiterbesteht, weil jeder den Zustand, in dem sich jeder an sie hält, dem Zustand vorzieht, in dem sich fast jeder an sie hält, nur er selbst nicht. Ein (entmythologisierter) Gesellschaftsvertrag kann ebenfalls als eine Regularität beschrieben werden, die durch eine allgemeine Präferenz einer allgemeinen Konformität aufrechterhalten wird, wobei jedoch der zweite Term der Präferenz ein anderer ist. Jeder zieht allgemeine Konformität einem gewissen Zustand der allgemeinen Nicht-Konformität (*Naturzustand* genannt) vor. Diese allgemeine Konformität führt zu einer Verpflichtung, die aus der Konformität anderer gewonnenen Vorzüge auch ihnen selbst zukommen zu lassen, und diese Verpflichtung erzeugt ein Interesse an Konformität, das den Gesellschaftsvertrag aufrechterhält. Die Verpflichtung legt nahe, daß unter moralisch Handelnden Wahrhaftigkeit in *L* ein Gesellschaftsvertrag ist. Dem stimme ich zu; es gibt aber keinen Grund, weshalb Wahrhaftigkeit in *L* nicht ein Gesellschaftsvertrag und eine Konvention zugleich sein kann, was meiner Meinung nach ja auch tatsächlich der Fall ist.

Einwand 24: Kommunikation kann nicht allein mit Hilfe von Konventionen der Wahrhaftigkeit erklärt werden. Wenn ich einen Satz σ unserer Sprache *L* äußere, so wirst du – in der Erwartung, daß ich mich wahrhaftig in *L* verhalte – daraus schließen, daß ich σ als wahr in *L* ansehe. Wenn du annimmst, daß ich wohlinformiert bin, wirst du des weiteren daraus schließen, daß σ wahrscheinlich wahr in *L* ist. Du wirst jedoch genausogut auch noch andere Schlußfolgerungen ziehen, die auf deiner legitimen Annahme beruhen, daß es gute Gründe dafür geben wird, daß ich es vorgezogen habe, σ zu äußern, und nicht stattdessen still geblieben bin oder irgendeinen anderen Satz von *L* geäußert habe, den ich ebenfalls für wahr in *L* halte. Ich kann alle Arten von Fehlinformationen kommunizieren, indem ich deine Annahmen über meine kommunikativen Absichten ausbeute, ohne dabei jemals unwahrhaftig in *L* zu sein. Kommunikation hängt nicht nur von Wahrhaftigkeit, sondern auch von Nützlichkeits- und Relevanzprinzipien ab.
Erwiderung: All dies ist mit meiner Theorie durchaus verträglich. Es stimmt, daß wir uns tatsächlich an konversationelle Regularitäten der Nützlichkeit und der Relevanz halten. Diese Regularitäten sind jedoch keine unabhängigen Sprachkonventionen; sie resultieren aus unserer Konvention der Wahrhaftigkeit und des

Vertrauens in *L*, wenn man gewisse allgemeine Tatsachen – die von keinerlei Konvention abhängen – mit in Rechnung stellt, Tatsachen, die unsere Konversationsabsichten und unsere wechselseitigen Annahmen betreffen. Da es sich bei diesen Regularitäten um Nebenprodukte einer Konvention der Wahrhaftigkeit und des Vertrauens handelt, ist es nicht notwendig, sie bei der Bestimmung der Bedingungen, unter denen eine Sprache in einer Population verwendet wird, gesondert aufzuführen.

Einwand 25: Sei *L* die in P verwendete Sprache und sei L^- ein relativ reiches Fragment von *L*. Das heißt, die Sätze von L^- umfassen viele, aber eben nicht alle Sätze von *L* (in einem entsprechend speziellen Sinne, falls *L* infinit ist); und jeder Satz von beiden Sprachen hat in beiden dieselbe Bedeutung. Dann ist auch L^- eine in P verwendete Sprache; der angegebenen Definition zufolge liegt nämlich in P eine Konvention der Wahrhaftigkeit und des Vertrauens in L^- vor, die durch ein Interesse an Kommunikation aufrechterhalten wird. In P wird also nicht nur *eine* Sprache verwendet, es werden *viele* – vielleicht unendlich viele – Sprachen verwendet.

Erwiderung: Dem ist tatsächlich so. Darin liegt jedoch kein Problem. Warum sollte nicht jedes reiche Fragment einer in P verwendeten Sprache selbst als eine Sprache verwendet werden können?

Derartiges werden wir sogar sagen müssen, wenn P sprachlich inhomogen ist. Angenommen z. B., P zerfällt in zwei Klassen: die Gebildeten und die Ungebildeten. Unter den Gebildeten liegt eine Konvention der Wahrhaftigkeit und des Vertrauens in einer Sprache *L* vor; in der Population P als ganzer liegt eine solche Konvention nicht vor, lediglich eine Konvention der Wahrhaftigkeit und des Vertrauens in einem reichen Fragment L^- von *L*. Wir werden sagen wollen, daß die Gebildeten und die Ungebildeten eine Sprache gemeinsam haben, daß dem aber nur so ist, falls nicht nur *L*, sondern auch L^- als eine von den Gebildeten verwendete Sprache zählt.

Ein anderer Fall: Die Gebildeten verwenden L_1, die Ungebildeten L_2. Keine Sprache ist in der anderen enthalten; sie überschneiden sich jedoch in weiten Bereichen. L_1 und L_2 sind hier als die jeweils umfassendsten von den betreffenden Klassen verwendeten Sprachen anzusehen. Auch hier werden wir sagen wollen, daß die

Gebildeten und die Ungebildeten eine Sprache gemeinsam haben. Das kann man aber nur dann sagen, wenn dieses größte gemeinsame Fragment als eine Sprache zählt, die von den Ungebildeten, von den Gebildeten, und von der ganzen Population verwendet wird.

Es sei zugegeben, daß wir die Fragmente oft nicht als eigene Sprachen zählen: Wir können von *der* Sprache von P reden, womit dann nicht jede beliebige in P verwendete Sprache gemeint ist, sondern eben die umfassendste Sprache, die in P verwendet wird. Oder es könnte damit etwas anderes gemeint sein: Die Vereinigung all der Sprachen, die von wesentlichen Teil-Populationen von P verwendet werden, vorausgesetzt, irgendein recht großes Fragment dieser Vereinigung wird von (mehr oder weniger) allen in P verwendet. Man beachte, daß die Vereinigung als ganze überhaupt nicht (in dem von mir erklärten primären Sinne) verwendet zu werden braucht, weder von P noch von irgendeiner Teil-Population von P. In meinem Beispiel des letzten Absatzes könnte daher entweder das größte gemeinsame Fragment von L_1 und L_2 oder die Vereinigung von L_1 und L_2 als *die* Sprache von P angesehen werden.

Es ergeben sich jedoch noch weitere Schwierigkeiten. Angenommen, die Hälfte der Population einer gewissen Stadt verwendet das Englische und das Basis-Walisische, die andere Hälfte dagegen das Walisische und das Basis-Englisch. Die umfassendste von der gesamten Population verwendete Sprache ist die Vereinigung des Basis-Walisischen und des Basis-Englischen. Die Vereinigung von durch wesentliche Teil-Populationen verwendeten Sprachen ist die Vereinigung des Englischen und Walisischen, wobei auch die Bedingung erfüllt ist, daß ein ziemlich großes Fragment dieser Vereinigung von der ganzen Population verwendet wird. Und doch würden wir von keiner dieser Vereinigungen so ohne weiteres sagen wollen, sie sei die Sprache der Population der betreffenden Stadt. Dagegen könnte man sagen, daß das Walisische und das Englische die zwei Sprachen dieser Stadt seien, oder daß es das Basis-Englische und das Basis-Walisische sind. Es wäre jedoch seltsam, eine der beiden Sprach-Vereinigungen als eine Sprache zu bezeichnen; bezeichnet man sie aber trotzdem so, so wäre es des weiteren auch nicht mehr seltsam, wenn man sagte, die eine oder die andere dieser Vereinigungen sei die Sprache der betreffenden

Stadt. Hier sind zwei Überlegungen relevant. Erstens: Für das Englische, das Walisische, das Basis-Walisische und das Basis-Englische läßt sich jeweils eine befriedigende einheitliche Grammatik angeben; für die Sprach-Vereinigungen ist dies dagegen nicht möglich. Zweitens: Das Englische, das Walisische, das Basis-Englische und das Basis-Walisische ist jeweils (in beiden von mir erklärten Bedeutungen) die Sprache einer großen Population außerhalb der Stadt; für die Sprachvereinigungen dagegen gilt dies nicht. Ich bin mir nicht sicher, auf welche dieser beiden Überlegungen mehr Wert gelegt werden sollte, wenn es darum geht anzugeben, wann eine Sprache die Sprache einer bestimmten Population ist.

Einwand 26: Sei L die Sprache von P, d. h. die Sprache, die als die umfassendste von P verwendete Sprache anzusehen ist. (Wir nehmen an, P sei sprachlich homogen.) Sei L^+ die Sprache, die man dadurch erhält, daß zu L unnötiges Beiwerk hinzugefügt wird: irgendwelche weiteren Sätze, die sehr lang und nur sehr schwer auszusprechen sind und daher in P nie geäußert werden, Sätze, die irgendeine willkürlich gewählte Bedeutung in L^+ haben. Dann scheint auch L^+ eine in P verwendete Sprache zu sein. Dies ist absurd.
Ein überhaupt nie geäußerter Satz wird a fortiori auch nie unwahrhaftig geäußert. Die übliche Wahrhaftigkeit in L plus der durch Schweigen garantierten Wahrhaftigkeit bezüglich der Beiwerksätze ergibt somit eine Art Wahrhaftigkeit in L^+; und die Erwartung dieser Wahrhaftigkeit ergibt Vertrauen in L^+. Somit liegt eine Regularität der Wahrhaftigkeit und des Vertrauens in L^+ vor. Diese Regularität zählt als eine Konvention in P, die durch ein Interesse an Kommunikation aufrechterhalten wird.
Erwiderung: Durch Schweigen garantierte Wahrhaftigkeit ist Wahrhaftigkeit, und die Erwartung einer solchen ist eine Erwartung von Wahrhaftigkeit; Erwartung einer durch Schweigen zustandekommenden Wahrhaftigkeit ist jedoch noch kein Vertrauen. Erwartung von (erfolgreicher) Wahrhaftigkeit – die Erwartung, daß ein gegebener Satz nicht geäußert werden wird, wenn er falsch sein sollte – ist eine notwendige, aber keine hinreichende Bedingung für Vertrauen. Es gibt keine Regularität des Vertrauens in L^+, insofern es um die Beiwerksätze geht. Es gibt

daher auch keine Konvention der Wahrhaftigkeit und des Vertrauens in L^+, und folglich wird L^+ auch nicht in P verwendet.

Um von Vertrauen reden zu können, müssen wir eine Äußerung eines Satzes als Indiz dafür ansehen können, daß der Satz wahr ist. Das können wir aber nur dann, wenn der Grad unseres Glaubens, daß der Satz auch dann, wenn er falsch ist, geäußert werden wird, sehr niedrig ist, und zwar nicht nur absolut gesehen, sondern relativ auf den Grad unseres Glaubens – der vielleicht selbst bereits sehr niedrig ist –, daß der Satz überhaupt geäußert werden wird. Dies muß des weiteren nicht nur deshalb gelten, weil wir im vorhinein glauben, daß der Satz wahrscheinlich wahr ist. Der Grad unseres Glaubens, daß der Satz auch dann, wenn er falsch ist, geäußert wird, muß erheblich niedriger sein als das Produkt aus dem Grad unseres Glaubens, daß der Satz überhaupt geäußert wird, und dem Grad unseres bisherigen Glaubens, daß er falsch ist. Ein Beiwerksatz von L^+ wird diese letzte Forderung nicht erfüllen, und zwar nicht einmal dann, wenn wir es für sehr wahrscheinlich halten, daß der Satz wahr in L^+ ist und nie geäußert werden wird.

Der obige Einwand wurde ursprünglich von Schiffer gegen meine frühere Auffassung von Sprachkonventionen als Konventionen der Wahrhaftigkeit vorgebracht. Als ein Gegenbeispiel gegen diese frühere Auffassung dürfte dieser Einwand in der Tat erfolgreich sein. Ich gebe zu, daß L^+ in keinem vernünftigen Sinne in P verwendet wird; ich sehe jedoch nicht, wie man die These bestreiten könnte, daß L^+ eine mögliche Sprache ist, eine Sprache, die *wirklich* verwendet werden könnte, und daß in P eine Konvention der Wahrhaftigkeit in L^+ vorliegt, die durch ein Interesse an Kommunikation aufrechterhalten wird. Wir haben es hier also mit einem weiteren Vorzug der in dieser Arbeit vorgelegten Theorie gegenüber meiner ursprünglichen Auffassung zu tun.

Einwand 27: Ein Satz ist in einer gegebenen Sprache entweder analytisch oder er ist es nicht, und eine Sprache wird durch eine gegebene Population entweder konventionell angenommen oder sie wird es nicht. Es gibt daher keine Möglichkeit, wie die analytisch-synthetisch-Distinktion unscharf werden könnte. Nun *kann* sie aber nicht nur unscharf sein; sie *ist* es gewöhnlich auch, zumindest in den Fällen, die für den Philosophen interessant sind. Eine scharfe analytisch-synthetisch-Distinktion ist nur relativ auf spezielle rationale Rekonstruktionen der natürlichen Sprache verfügbar.

Erwiderung: Man könnte versuchen, unscharfe Analytizität mit Hilfe einer Theorie der graduell abgestuften Konventionalität zu erklären. Konventionen lassen tatsächlich in vielerlei Hinsicht graduelle Abstufungen zu. So z. B. bezüglich der Stärke der involvierten Annahmen und Wünsche oder bezüglich der Häufigkeit der Ausnahmen von den zahlreichen nahezu-universellen Quantifikationen in der Definition von Konventionen. Aber dies würde nicht viel helfen. Man kann sich unscharfe Analytizität selbst in einer Population vorstellen, deren Konventionen in jederlei Hinsicht Konventionen des höchstmöglichen Grades sind.

Des weiteren könnte man versuchen, unscharfe Analytizität dadurch zu erklären, daß man daran erinnert, daß wir nicht wissen, ob gewisse Welten tatsächlich möglich sind. Wenn ein Satz in unserer Sprache wahr in allen Welten ist, nur nicht in den Welten, deren Möglichkeit zweifelhaft ist, dann wird eben auch die Analytizität dieses Satzes zweifelhaft sein. Aber auch dies hilft nicht weiter. Unscharfe Analytizität scheint gewöhnlich deshalb aufzutreten, weil wir nicht entscheiden können, ob ein Satz in irgendeiner bizarren, aber doch ganz klar möglichen Welt wahr wäre.

Eine bessere Erklärung würde darin bestehen, daß unsere Sprachkonvention eben nicht, wie bisher hier vorausgesetzt worden war, exakt eine Konvention der Wahrhaftigkeit und des Vertrauens in einer einzigen Sprache ist. Sie ist vielmehr eine Konvention der Wahrhaftigkeit und des Vertrauens in einer von uns beliebig auswählbaren Sprache aus einem ganzen Bündel ähnlicher Sprachen, Sprachen, die mehr oder weniger dieselben Sätze enthalten, und in denen die Sätze in den Welten, die unserer wirklichen Welt nahestehen, mehr oder weniger dieselben Wahrheitswerte haben, in zunehmend entfernteren und bizarren Welten hingegen auch zunehmend unterschiedliche Wahrheitswerte erhalten. Die Konvention legt uns auf das Sprachenbündel fest, läßt aber Unbestimmtheiten dort zu, wo die Sprachen dieses Bündels nicht übereinstimmen. Diese Unbestimmtheiten können wir beseitigen, wie wir wollen. Eine gewöhnliche, kontextabhängige, unpräzise Sprache ist daher so etwas wie ein Ineinanderübergehen von präzisen Sprachen – ein ganzer Bereich, und nicht nur ein Punkt im Raum der Sprachen. Analytizität ist in jeder einzelnen Sprache unseres Bündels scharf. Wenn jedoch verschiedene Sprachen unseres Bündels bezüglich der Analytizität eines Satzes nicht übereinstimmen, dann ist dieser Satz für uns eben unscharf analytisch.

Rationale Rekonstruktionen sind, so wurde behauptet, für in der gewöhnlichen, nicht-rekonstruierten Sprache auftretende philosophische Probleme irrelevant. Meine Hypothese von Konventionen der Wahrhaftigkeit und des Vertrauens in Sprach-Bündeln versieht uns mit der Möglichkeit, uns gegenüber diesem Vorwurf zu verteidigen. Rekonstruktion ist keineswegs – bzw. eben nicht immer – eine Abweichung von der gewöhnlichen Sprache. Sie ist vielmehr eine Auswahl aus der gewöhnlichen Sprache: aus dem Sprach-Bündel, in welchem eine Konvention der Wahrhaftigkeit und des Vertrauens vorliegt, wird eine ganz bestimmte präzise Sprache bzw. ein Teilbündel herausisoliert.

Einwand 28: These und Antithese beziehen sich auf verschiedene Gegenstände. Die These, derzufolge Sprachen als semantische Systeme betrachtet werden, gehört zur Philosophie künstlicher Sprachen. Die Antithese, derzufolge Sprache als Teil der Naturgeschichte des Menschen betrachtet wird, gehört zur Philosophie der natürlichen Sprache.

Erwiderung: Nein. *Beide* Theorien – gerade wie nahezu jede Theorie über nahezu jeden Gegenstand – können äußerst leicht auf einfache, künstliche, vorgestellte Beispielfälle angewandt werden. Sprachspiele sind genauso künstlich wie formalisierte Kalküle.

Der von mir vorgelegten Theorie zufolge gibt es nur *eine* Sprachphilosophie. These wie Antithese sind zwar Charakteristika rivalisierender Schulen; in Wirklichkeit handelt es sich jedoch um komplementäre wesentliche Bestandteile einer jeden adäquaten Theorie, sei es der Sprachen oder der Sprache.

III. Theorie der Konversations-Implikaturen

H. Paul Grice
Logik und Konversation

Es ist ein Gemeinplatz der philosophischen Logik, daß es, anscheinend, Bedeutungsunterschiede zwischen den von mir im folgenden so genannten *formalen* Mitteln – $\neg$, $\wedge$, $\vee$, $\supset$, $\bigwedge$, $\bigvee$, ιx (in ihrer üblichen zweiwertigen Interpretation) – einerseits und ihren mutmaßlichen Entsprechungen oder Gegenstücken in der natürlichen Sprache andererseits gibt: solchen Ausdrücken wie »nicht«, »und«, »oder«, »falls«, »alle«, »einige« (oder »wenigstens ein«) und »der«. Mancher Logiker war vielleicht gelegentlich gewillt, die Ansicht zu vertreten, in Wahrheit gebe es solche Unterschiede nicht; aber wo diese Ansicht überhaupt einmal vertreten wurde, geschah das ein bißchen vorlaut, und wer im Geruch stand, dies zu tun, sah sich einer recht ruppigen Behandlung unterworfen.

Wer das Bestehen solcher Unterschiede einräumt, hängt im wesentlichen der einen oder der andern zweier rivalisierender Gruppen an, die ich für die Zwecke dieses Artikels als die formalistische bzw. die informalistische Gruppe bezeichnen werde. Eine nicht uncharakteristische formalistische Position läßt sich so umreißen: Insofern Logiker es mit der Formulierung sehr allgemeiner Muster gültigen Schließens zu tun haben, besitzen die formalen Mittel einen entscheidenden Vorzug vor ihren natürlichen Gegenstücken. Denn mit den formalen Mitteln läßt sich ein System sehr allgemeiner Formeln entwickeln, von denen sich beträchtlich viele als Schlußschemata auffassen lassen (oder mit ihnen eng zusammenhängen), deren Ausdruck einige oder alle Mittel umfaßt. Solch ein System mag aus einer gewissen Menge einfacher Formeln – die akzeptabel sein müssen, wenn die Mittel die ihnen zugeordnete Bedeutung haben – und aus unbestimmt vielen weiteren Formeln bestehen, von denen viele weniger offensichtlich akzeptabel sind. Jede dieser letzteren Formeln läßt sich allerdings unter der Voraussetzung als akzeptabel erweisen, daß die Elemente der ursprünglichen Menge es sind. Somit können wir mit Schlußschemata zu Rande kommen, die – was ihre Akzeptabilität angeht – fragwürdig sind. Manchmal können wir ein Entscheidungsverfahren anwenden, dann ist das ganze sogar noch besser. Weiterhin ist es von einem philosophischen Standpunkt aus als Unvollkommenheit natürlicher Sprachen zu betrachten, daß deren Gegenstücke Bedeutungsbestandteile enthalten, die sich bei den entsprechenden formalen Mitteln nicht finden; solche Bestandteile sind unerwünschte Auswüchse. Denn dieser Bestandteile wegen können die Begriffe, in denen sie vorkommen, nicht präzis/klar definiert werden, und zumindest einigen Feststellungen mit ihnen kann unter gewissen Umständen kein Wahrheitswert mit Bestimmtheit zugeordnet werden. Nicht nur an der Unbestimmtheit dieser Begriffe selbst ist Anstoß zu nehmen, sondern auch daran, daß durch sie der Metaphysik Tür und Tor geöffnet wird – wir können nicht sicher sein, daß keiner dieser Begriffe der natürlichen Sprache metaphysisch ›belastet‹ ist. Aus diesen Gründen kann man die Ausdrücke – so, wie sie in der natürlichen Rede verwandt werden – nicht als endgültig akzeptabel betrachten; am Ende könnten sie sich sogar als nicht vollkommen verständlich herausstellen. Das angemessene Vorgehen besteht darin, mit den formalen Mitteln eine ideale Sprache zu konzipieren, deren Sätze klar, mit eindeutigem Wahrheitswert und garantierbar frei von metaphysischen Implikationen sind – und mit ihrer Konstruktion zu beginnen. Die Grundlagen der Wissenschaft werden dann philosophisch sicher sein, weil die Aussagen des Wissenschaftlers sich in dieser idealen Sprache ausdrücken lassen, auch wenn sie de facto nicht unbedingt in ihr ausgedrückt werden. (Ich will nicht behaupten, alle Formalisten würden alles akzeptieren, was ich hier skizzenhaft ausgeführt habe, aber alle würden wohl zumindest einen Teil davon akzeptieren.)

Darauf könnte ein Informalist folgendermaßen antworten. Die philosophische Forderung nach einer idealen Sprache beruht auf gewissen Annahmen, die man nicht hinnehmen sollte. Es sind dies: Die Elle, nach der die Adäquatheit einer Sprache vornehmlich zu messen ist, ist ihre Eignung, den Bedürfnissen der Wissenschaft zu dienen; solange für einen Ausdruck keine Explikation oder Bedeutungsanalyse vorliegt, ist nicht gewährleistet, daß er vollkommen verständlich ist; und jede Explikation bzw. Analyse muß die Form einer präzisen Definition haben, mit der eine logische Äquivalenz ausgedrückt/behauptet wird. – Sprache dient vielen wichtigen Zwecken neben denen der wissenschaftlichen Untersuchung; wir können sehr wohl wissen, welche Bedeutung ein Ausdruck hat (und somit a fortiori, daß er verständlich ist), ohne seine Analyse zu kennen, und eine Analyse mag (und wird gewöhnlich) in Form von möglichst weitgehend verallgemeinerten Bedingungen angegeben werden, die für oder gegen die Anwendbarkeit des analysierten Begriffs sprechen. Darüber hinaus: obwohl es zweifelsohne wahr ist, daß die formalen Mittel der systematischen Behandlung durch den Logiker besonders zugänglich sind, ändert das doch nichts daran, daß es sehr viele in natürlicher Sprache – und nicht mit diesen Mitteln – ausgedrückte Schlüsse und Argumentationen gibt, die nichtsdestoweniger erkennbar gültig sind. Demnach muß für eine unvereinfachte – und mithin mehr oder weniger unsystematische – Logik der natürlichen Gegenstücke dieser Mittel ein Platz da sein; diese Logik mag von der vereinfachten Logik der formalen Mittel unterstützt und geleitet werden, aber sie kann nicht durch diese ersetzt werden. Ja, diese beiden Logiken unterscheiden sich nicht nur voneinander, sondern geraten auch manchmal miteinander in Konflikt; Regeln, die für ein formales Mittel gelten, gelten möglicherweise nicht für sein natürliches Gegenstück.

Was nun die allgemeine Frage nach dem Platz der Erneuerung natürlicher Sprache in der Philosophie angeht, so werde ich, in diesem Artikel, nichts dazu zu sagen haben. Ich werde mich auf das am Disput beschränken, was mit den vermeintlichen Unterschieden zu tun hat, die eingangs erwähnt worden sind. Zudem habe ich nicht vor, mich zugunsten der einen oder andern Seite in den Streit einzumischen. Vielmehr möchte ich die Ansicht vertreten, daß die den beiden Seiten gemeinsame Annahme, es gebe diese Unterschiede tatsächlich, (grob gesprochen) ein gemeinsamer Fehler ist, der daher rührt, daß dem Wesen und der Wichtigkeit derjenigen Bedingungen nicht hinreichend Beachtung geschenkt wird, die Konversation regeln. Ich werde daher sofort mit einer Untersuchung der allgemeinen Bedingungen fortfahren, die – in der einen oder anderen Weise – auf Konversation als solche, unabhängig von ihrem Gegenstand, zutreffen.

Implikatur

Angenommen, A und B unterhalten sich über einen gemeinsamen Freund, C, der jetzt in einer Bank arbeitet. A fragt B, wie es C bei seinem Job so geht, und B antwortet »Oh, ganz gut, nehme ich an; er mag seine Kollegen und ist bislang noch nicht ins Gefängnis gekommen«. Hier mag A nun wohl wissen wollen, was B damit zu verstehen geben wollte, was er damit angedeutet hat oder auch, was er damit gemeint hat, daß er sagte, C sei bislang noch nicht ins Gefängnis gekommen. Als Antwort könnten lauter solche Sachen kommen wie: C ist der Typ, der nicht gut der Verlockung widerstehen kann, die seine Beschäftigung mit sich bringt; Cs Kollegen sind wirklich sehr unangenehme und heimtückische Leute; und so weiter. Es könnte natürlich für A völlig unnötig sein, dies von B wissen zu wollen – wenn die Antwort darauf in diesem Zusammenhang im voraus klar ist. Es ist wohl klar, daß das, was B in diesem Beispiel zu verstehen gegeben, angedeutet, gemeint hat usw., etwas anderes ist als das, was er gesagt hat – das war ja einfach, daß C bislang noch nicht ins Gefängnis gekommen ist. Ich möchte, als Kunstbegriffe, das Verbum »implizieren« und die damit verwandten Nomina »Implikatur« (vgl. »imply« [andeuten]) und »Implikat« (vgl. »what is implied« [das Angedeutete]) einführen.* Der Witz dieses Manövers ist es zu umgehen, daß jedesmal zwischen diesem oder jenem Mitglied der Familie von Verben gewählt werden muß, für die »implizieren« allgemeine Zuständigkeit übernehmen soll. Zumindest fürs erste werde ich in beträchtlichem Maß ein intuitives Verständnis der Bedeutung von »sagen« in solchen Kontexten voraussetzen und auch, daß einzelne Verben sich als Mitglieder der Familie erkennen lassen, mit der »implizieren« in Zusammenhang gebracht wurde. Allerdings kann ich ein oder zwei Bemerkungen machen, die vielleicht zur Klärung der problematischeren dieser beiden Annahmen – und zwar der, die mit der Bedeutung des Wortes »sagen« zusammenhängt – beiträgt.

Wie ich das Wort »sagen« hier benutze, soll das, was jemand gesagt hat, in enger Beziehung zur konventionalen Bedeutung der von ihm geäußerten Worte (des geäußerten Satzes) stehen. Angenommen, jemand hat den Satz »Er kommt von dem Laster nicht los« geäußert. Mit Kenntnis des Deutschen, aber ohne Kenntnis der Äußerungsumstände wüßte man – unter der Annahme, daß er gewöhnliches Deutsch und wörtlich gesprochen hat – etwas dar-

* Vgl. hierzu die im Vorwort enthaltenen Bemerkungen zur Terminologie (Anm. d. Hrsg.).

über, was der Sprecher gesagt hat. Man wüßte, daß er über eine bestimmte Person oder ein bestimmtes Tier männlichen Geschlechts x gesagt hat, daß zum Zeitpunkt der Äußerung (gleichgültig, wann das war) entweder (1) x unfähig war, sich selbst von einem schlechten Charakterzug zu befreien, oder (2) an einem Beförderungsmittel einer gewissen Art festhing (natürlich nur so in etwa dargestellt).[1] Um jedoch ganz und gar zu bestimmen, was der Sprecher gesagt hat, müßte man (a) die Identität von x, (b) den Zeitpunkt der Äußerung und (c) die bei dieser bestimmten Äußerungsgelegenheit vorliegende Bedeutung der Wendung »von dem Laster nicht loskommen« [eine Entscheidung zwischen (1) und (2)] kennen. Diese kurze Andeutung über meine Verwendung von »sagen« läßt offen, ob jemand, der (heute) sagt »Harold Wilson ist ein großer Mann«, dasselbe gesagt hat wie einer, der (ebenfalls heute) sagt »Der britische Premierminister ist ein großer Mann« – vorausgesetzt, beide wüßten, daß die beiden singulären Terme dieselbe Referenz haben. Wie die Entscheidung in dieser Frage aber auch immer ausfallen mag, der von mir sogleich bereitgestellte Apparat wird beliebigen Implikaturen gerecht werden können, für die es etwas ausmachen könnte, ob der eine – und nicht der andere – singuläre Term im geäußerten Satz vorkommt. Solche Implikaturen würden bloß zu verschiedenen Maximen in Beziehung stehen.

In manchen Fällen wird die konventionale Bedeutung der verwandten Worte bestimmen, was impliziert ist, und nicht nur helfen zu bestimmen, was gesagt worden ist. Wenn ich (selbstgefällig) sage »Er ist ein Engländer; er ist mithin tapfer«, so habe ich mich – kraft der Bedeutung meiner Worte – darauf festgelegt, daß seine Tapferkeit eine Konsequenz dessen ist (daraus folgt), daß er

1 Der Klammerzusatz gilt erst recht für die Übersetzung hier. Der geneigte Leser möge über diese Passage mit einem Augenzwinkern hinweggehen. Zum einen läßt sich dem hier als Übersetzung gewählten Beispielsatz nicht entnehmen, daß es in ihm um ein Lebewesen männlichen Geschlechts geht. (Anders als mit dem englischen »he« läßt sich ja mit dem deutschen »er« über Gott und die Welt reden – solange nur ein entsprechendes Maskulinum vorausging.) Und außerdem hat der Satz noch mehr Lesarten als die beiden hier angedeuteten. – Der Kompromiß zwischen einer Übersetzung, die möglichst eng an den mehrfachen Wortsinn des Originals sich hält, und einer, die auch in den Einzelheiten dessen Wahrheit bewahrt, scheint mir in Fällen wie diesem auch mit Fleiß nicht vermeidbar. (Anm. d. Übers.)

ein Engländer ist. Aber während ich gesagt habe, er sei ein Engländer, und gesagt habe, er sei tapfer, möchte ich nicht sagen, ich hätte (im bevorzugten Sinn) *gesagt*, seine Tapferkeit folge daraus, daß er Engländer ist – obwohl ich dies sicherlich angedeutet und somit impliziert habe. Ich möchte nicht sagen, meine Äußerung dieses Satzes wäre, *strenggenommen*, falsch, falls die fragliche Folgerung nicht gelten sollte. Mithin sind *einige* Implikaturen konventional, anders als diejenige, mit der ich diese Erörterung über Implikaturen begonnen habe.

Eine gewisse Teilklasse der nicht-konventionalen Implikaturen, die ich *konversationale* Implikaturen nennen werde, möchte ich als mit gewissen allgemeinen Diskursmerkmalen wesentlich verknüpft darstellen; somit werde ich als nächstes versuchen zu sagen, was für Merkmale das sind.

Das Folgende mag eine erste Annäherung an ein allgemeines Prinzip abgeben. Unsere Gespräche[2] bestehen normalerweise nicht aus einer Abfolge unzusammenhängender Bemerkungen, und wären so auch nicht rational. Sie sind kennzeichnenderweise, wenigstens bis zu einem gewissen Maß, kooperative Bemühungen; und jeder Teilnehmer erkennt bis zu einem gewissen Grad in ihnen einen gemeinsamen Zweck (bzw. mehrere davon) oder zumindest eine wechselseitig akzeptierte Richtung an. Zweck oder Richtung können von Beginn an festgelegt sein (z. B. durch einen Vorschlag einer zu erörternden Frage) oder sich während des Gesprächs herausbilden; sie können ziemlich bestimmt sein oder so unbestimmt, daß sie den Teilnehmern ganz beträchtlichen Spielraum lassen (wie bei zwangloser Konversation). Aber an jedem Punkt wären *einige* Züge im Gespräch als konversational unpassend ausgeschlossen. Wir könnten demnach ganz grob ein allgemeines Prinzip formulieren, dessen Beachtung (ceteris paribus) von allen Teilnehmern erwartet wird, und zwar: Mache deinen Gesprächsbeitrag jeweils so, wie es von dem akzeptierten Zweck oder der akzeptierten Richtung des Gesprächs, an dem du teilnimmst, gerade verlangt wird. Dies könnte man mit dem Etikett *Kooperationsprinzip* versehen.

2 »Gespräch« ist hier und im folgenden öfters auch als Übersetzung von Grices Wendung »talk exchange« genommen worden. Entsprechend möge der Leser berücksichtigen, daß unter einem Gespräch hier jede Form von Interaktion mit Sprachverwendung zu verstehen ist. (Anm. d. Übers.)

Unter der Annahme, daß irgend ein allgemeines Prinzip wie dies akzeptabel ist, kann man vielleicht vier Kategorien unterscheiden, unter deren eine oder andere gewisse speziellere Maximen und Untermaximen fallen. Die folgenden darunter werden, im allgemeinen, zu Ergebnissen führen, die im Einklang mit dem Kooperationsprinzip stehen. In Anlehnung an Kant nenne ich diese Kategorien Quantität, Qualität, Relation und Modalität. Die Kategorie der *Quantität* steht in Beziehung zur Quantität der zu gebenden Information, und unter sie fallen die folgenden Maximen:

1. Mache deinen Beitrag so informativ wie (für die gegebenen Gesprächszwecke) nötig.
2. Mache deinen Beitrag nicht informativer als nötig.

(Über die zweite Maxime läßt sich streiten; es könnte gesagt werden, Überinformativität sei keine Überschreitung des KP, sondern bloß Zeitvergeudung. Darauf ließe sich allerdings entgegnen, daß solcherlei Überinformativität insofern verwirrend sein kann, als sie gerne dazu führt, daß Nebenthemen aufgeworfen werden; und es kann auch den indirekten Effekt geben, daß die Hörer dadurch in die Irre geführt werden können, daß sie denken, mit der Übermittlung der überschüssigen Information *habe es irgendetwas* Bestimmtes *auf sich*. Wie dem auch sei, vielleicht gibt es einen anderen Grund, die Hinzunahme dieser zweiten Maxime in Zweifel zu ziehen – eine spätere Maxime, die mit Relevanz zu tun hat, erreicht nämlich dasselbe.)

Unter die Kategorie der *Qualität* fällt eine Obermaxime – »Versuche deinen Beitrag so zu machen, daß er wahr ist« – und zwei speziellere Maximen:

1. Sage nichts, was du für falsch hältst.
2. Sage nichts, wofür dir angemessene Gründe fehlen.

Unter die Kategorie der *Relation* setze ich eine einzige Maxime, und zwar: »Sei relevant«. Die Maxime selbst ist zwar kurz und prägnant, aber ihre Formulierung verdeckt eine Menge von Problemen, die mich ganz schön plagen: Was für verschiedene Arten und Brennpunkte der Relevanz es geben kann; wie sie sich im Verlauf eines Gesprächs verschieben; wie dem Umstand Rechnung zu tragen ist, daß der Gesprächsgegenstand zu Recht geändert wird; und so weiter. Die Behandlung solcher Fragen finde ich überaus schwierig, und ich hoffe, in einer späteren Arbeit auf sie zurückzukommen.

Die Kategorie der *Modalität* schließlich bezieht sich nach meinem Verständnis nicht (wie die vorausgegangenen Kategorien) darauf, was gesagt wird, sondern darauf, *wie* das, was gesagt wird, zu sagen ist. Unter sie nehme ich die Obermaxime – »Sei klar« – und verschiedene Maximen wie:

1. Vermeide Dunkelheit des Ausdrucks.
2. Vermeide Mehrdeutigkeit.
3. Sei kurz (vermeide unnötige Weitschweifigkeit).
4. Der Reihe nach!

Und möglicherweise braucht man noch andere.

Offensichtlich ist die Beachtung einiger dieser Maximen weniger dringend als die Beachtung anderer; wer sich übermäßig weitschweifig ausdrückt, wird im allgemeinen milderer Kritik ausgesetzt sein als jemand, der etwas sagt, das er für falsch hält. Ja, man könnte den Eindruck haben, zumindest die erste Maxime der Qualität sei von solcher Wichtigkeit, daß sie gar nicht in so ein System gehört, wie ich es gerade entwickele; andere Maximen kommen ja nur unter der Annahme zur Anwendung, daß dieser Maxime der Qualität genügt wird. Das ist zwar richtig, aber soweit es um die Entstehung von Implikaturen geht, spielt sie anscheinend keine völlig andere Rolle als die anderen Maximen, und zumindest für den Augenblick ist es wohl passend, sie als zur Liste der Maximen gehörig zu betrachten.

Natürlich gibt es alle möglichen anderen Maximen (ästhetischer, gesellschaftlicher oder moralischer Natur), wie etwa »Sei höflich«, die von den Gesprächsteilnehmern normalerweise ebenfalls beachtet werden, und auch die können nicht-konventionale Implikaturen erzeugen. Gleichwohl stehen die Konversationsmaximen und die mit ihnen zusammenhängenden Implikaturen (wie ich hoffe) in besonderer Beziehung zu den besonderen Zwecken, für welche Rede (und mithin, Gespräch) geeignet ist und deretwegen sie vornehmlich statthat. Ich habe meine Maximen hier so formuliert, als bestünde dieser Zweck in maximal effektivem Informationsaustausch; diese Kennzeichnung ist natürlich zu eng, und das System gehört verallgemeinert, um so allgemeinen Zwecken wie der Beeinflussung oder Steuerung des Handelns anderer Rechnung zu tragen.

Wo es eines meiner erklärten Ziele ist, Rede als einen Spezialfall oder eine Spielart zweckhaften, ja rationalen Verhaltens zu sehen, mag es des Bemerkens wert sein, daß die spezifischen Erwartungen oder Annahmen im Zusammenhang mit zumindest einigen der obigen Maximen ihre Entsprechungen auch in der Sphäre solcher Interaktionen haben, die keine Gespräche sind. Ich führe ganz kurz für jede Konversationskategorie jeweils eine solche Entsprechung an.

1. *Quantität.* Wenn du mir dabei hilfst, einen Wagen zu reparieren, dann erwarte ich, daß du weder mehr noch weniger beiträgst, als erforderlich ist; wenn ich beispielsweise an einem bestimmten Punkt vier Schrauben brauche, dann erwarte ich von dir, daß du mir vier gibst, und nicht zwei oder sechs.

2. *Qualität.* Ich erwarte, daß du wirklich etwas beiträgst, und nicht bloß so tust. Wenn ich Zucker für den Kuchen brauche, bei dessen Zubereitung du mir hilfst, erwarte ich nicht, daß du mir Salz gibst; wenn ich einen Löffel brauche, erwarte ich keinen Tricklöffel aus Gummi.

3. *Relation.* Ich erwarte vom Beitrag des Partners, daß er dazu paßt, was an dem jeweiligen Punkt der Interaktion gerade vonnöten ist; wenn ich gerade die Zutaten für einen Kuchen verrühre, möchte ich kein gutes Buch und nicht einmal einen Topflappen gereicht bekommen (obwohl das zu einem späteren Zeitpunkt passend sein mag).

4. *Modalität.* Ich erwarte vom Partner, daß er klarmacht, was er beiträgt, und daß er es einigermaßen zügig tut.

Diese Analogien sind relevant für eine meines Erachtens fundamentale Frage bezüglich des KP und seiner Begleitmaximen: und zwar, welches die Grundlage der von uns offenbar gemachten Annahme ist – von der (wie ich hoffe, daß sich ergeben wird) ein großer Teil von Implikaturen abhängt –, daß Sprecher im allgemeinen (ceteris paribus und in Abwesenheit von Hinweisen aufs Gegenteil) in der von diesen Prinzipien vorgeschriebenen Weise vorgehen. Eine lahme, aber auf einer gewissen Ebene zweifellos adäquate, Antwort lautet: Es sei einfach ein wohlbekannter empirischer Sachverhalt, daß Menschen sich nun einmal so verhalten; das haben sie als Kinder so gelernt und diese Gewohnheit ist geblieben; und es würde ja auch ein gerüttelt Maß Anstrengung erfordern, von dieser Gewohnheit radikal abzugehen. Es ist beispielsweise viel einfacher, die Wahrheit zu sagen, als Lügen zu erfinden.

Ich bin allerdings Rationalist genug, um eine Basis finden zu wollen, die alldem unterliegt – und seien dies auch noch so unbestreitbare Tatsachen. Ich würde die normale Konversationspraxis gerne nicht nur als etwas auffassen können, woran sich die meisten oder alle *de facto* halten, sondern als etwas, woran wir uns *vernünftigerweise* halten, was wir nicht aufgeben *sollten*. Eine Zeitlang war ich von der Idee angetan, die Beachtung des KP und der Maximen beim Gespräch lasse sich als eine quasi-vertragliche Sache auffassen, mit Parallelen außerhalb des Bereichs der Konversation. Wenn ich mich mit meinem Wagen herumplage, mit dem ich steckengeblieben bin, und du kommst vorbei, dann habe ich zweifelsohne eine gewisse Erwartung, daß du mir Hilfe anbietest, aber sobald du mit unter der Haube herumfummelst, werden meine Erwartungen stärker und nehmen spezifischere Formen an (vorausgesetzt, nichts deutet darauf hin, daß du von so etwas nichts verstehst und nur deine Nase mal hereinstecken willst). Und Gespräche schienen mir charakteristischerweise gewisse Merkmale aufzuweisen, die zusammengenommen kooperative Interaktion kennzeichnen:

1. Die Beteiligten haben irgendein gemeinsames unmittelbares Ziel, etwa einen Wagen zu reparieren; ihre weiterreichenden Ziele können natürlich voneinander unabhängig und sogar miteinander im Konflikt sein – es kann sein, daß jeder den Wagen nur deshalb repariert haben will, um wegzufahren und den andern aufgeschmissen zurückzulassen. Im typischen Gespräch gibt es ein gemeinsames Ziel sogar dann, wenn – wie bei einem Plausch am Gartenzaun – es eines zweiter Stufe ist, und zwar, daß beide Seiten sich für den Moment mit den gerade gegebenen konversationalen Interessen der jeweils anderen Seite identifizieren mögen.

2. Die Beiträge der Beteiligten sollen zueinander passen, sollen wechselseitig voneinander abhängen.

3. Es besteht so eine Art Einvernehmen (möglicherweise explizit, oft aber stillschweigend) darüber, daß – ceteris paribus – die Interaktion in angemessenem Stil fortgesetzt wird, bis beide Seiten damit einverstanden sind, daß sie beendet werden soll. Man haut nicht einfach ab oder fängt mit etwas anderem an.

Aber während irgendsoeine quasi-vertragliche Grundlage auf

einige Fälle zutreffen mag, gibt es doch allzu viele Gesprächsformen – wie Streiten und Briefeschreiben – auf die das nicht so recht paßt. Allemal hat man den Eindruck, daß Irrelevanz und Dunkelheit nicht vornehmlich zum Schaden der Zuhörerschaft, sondern zum Schaden des Sprechers selbst sind. Daher würde ich gern zeigen können, daß Beachtung des KP und der Maximen gemäß dem Folgenden vernünftig (rational) ist: Wem es um die für Konversation/Kommunikation zentralen Ziele geht (beispielsweise Information geben und empfangen, beeinflussen und von andern beeinflußt werden), dem muß – passende Umstände vorausgesetzt – ein Interesse daran unterstellt werden, an einem Gespräch teilzunehmen, das nur von Gewinn sein wird, falls es in allgemeiner Übereinstimmung mit dem KP und den Maximen verläuft. Ob man zu irgendsoeinem Ergebnis gelangen kann, ist mir unklar; jedenfalls bin ich ziemlich sicher, daß ich nicht dazu gelangen kann, solange ich mir nicht entschieden klarer darüber bin, was es mit der Relevanz und den Umständen, in denen sie erfordert ist, auf sich hat.

Es ist jetzt an der Zeit, die Verbindung zwischen dem KP und den Maximen auf der einen Seite und konversationaler Implikatur auf der andern zu zeigen.

Es kann auf verschiedene Weisen geschehen, daß ein an einem Gespräch Beteiligter eine Maxime nicht erfüllt; zu diesen Weisen gehören:

1. Er mag ganz still und undemonstrativ eine Maxime *verletzen*; er wird dann in manchen Fällen sehr leicht irreführen.

2. Er kann *aussteigen*, die Geltung sowohl der Maxime als auch des KP außer Kraft setzen; er kann sagen, darauf hinweisen oder es klar werden lassen, daß er nicht willens ist, in der von der Maxime erforderten Weise zu kooperieren. Er kann beispielsweise sagen »Mehr kann ich nicht sagen; meine Lippen sind versiegelt«.

3. Er mag vor einer *Kollision* stehen: Er mag beispielsweise nicht in der Lage sein, die erste Maxime der Quantität (Sei so informativ wie nötig) zu erfüllen, ohne die zweite Maxime der Qualität (Habe angemessene Belege für das, was du sagst) zu verletzen.

4. Er mag gegen eine Maxime *verstoßen*; d. h. es kann sein, daß er eine Maxime *flagrant* nicht erfüllt. Unter der Annahme, daß der Sprecher die Maxime erfüllen kann und dies auch, ohne (wegen

einer Kollision) eine andere Maxime zu verletzen, daß er zudem nicht aussteigt und – angesichts der Offensichtlichkeit seines Tuns – nicht irrezuführen versucht, steht der Hörer vor keinem allzu großen Problem: Wie kann der Umstand, daß er das sagt, was er sagt, mit der Annahme in Einklang gebracht werden, daß er das umfassende KP beachtet? Diese Situation läßt charakteristischerweise eine konversationale Implikatur zustande kommen; und wenn eine konversationale Implikatur in dieser Weise zustande kommt, werde ich sagen, eine Maxime sei *ausgebeutet* worden.

Ich bin nun in der Lage, den Begriff der konversationalen Implikatur zu charakterisieren. Angenommen, jemand hat dadurch, daß er (indem er, wenn er) p sagt (oder so tut, als sagte er es), impliziert, daß q. Unter folgenden *Voraussetzungen* kann man dann von ihm sagen, er habe konversational impliziert, daß q: (1) von ihm ist anzunehmen, daß er die Konversationsmaximen oder zumindest das Kooperationsprinzip beachtet; (2) die Annahme, daß er sich bewußt ist oder glaubt, daß q, ist nötig, um den Umstand, daß er sagt oder so tut, als sagte er, daß p (bzw. daß er es *auf genau diese Weise* – anscheinend – tut), mit der in (1) erwähnten Annahme in Übereinstimmung zu bringen; (3) der Sprecher glaubt (und würde vom Hörer erwarten, daß er glaubt, daß er – der Sprecher – glaubt), daß der Hörer in der Lage ist dahinterzukommen oder intuitiv zu erfassen, daß die in (2) erwähnte Annahme wirklich nötig ist. Man wende dies auf mein ursprüngliches Beispiel an, auf Bs Bemerkung, C sei bislang noch nicht ins Gefängnis gekommen. In einem geeigneten Rahmen könnte A sich folgende Gedanken machen: »(1) B hat offensichtlich die Maxime »Sei relevant« verletzt, mithin hat er wohl gegen eine der Maximen verstoßen, die zur Klarheit gehören; dennoch habe ich keinen Grund anzunehmen, daß er die Geltung des KP außer Kraft setzt; (2) angesichts der Umstände kann ich die Irrelevanz seines Beitrags dann, und nur dann, als bloß scheinbar auffassen, wenn ich annehme, daß er C für potentiell unredlich hält; (3) B weiß, daß ich es schaffen kann, durch Überlegung auf Schritt (2) zu kommen. Somit impliziert B, daß C potentiell unredlich ist.«

Es muß möglich sein, durch Überlegung dahinterzukommen, daß eine konversationale Implikatur vorliegt; denn auch wenn sie de facto intuitiv erfaßt werden kann, gilt sie (falls sie überhaupt vorliegt) nicht als *konversationale* Implikatur, solange die Intuition nicht durch eine Argumentation ersetzt werden kann; sie wäre sonst eine *konventionale* Implikatur. Um durch Überlegung dahinterzukommen, daß eine bestimmte konversationale Implikatur vorliegt, wird der Hörer auf die folgenden Daten zurückgreifen: (1) die konventionale Bedeutung der verwendeten Worte samt ihrem jeweiligen Bezug; (2) das KP und seine Maximen; (3) den sprachlichen und sonstigen Kontext der Äußerung; (4) anderes Hintergrundwissen; und (5) die Tatsache (oder vermeintliche Tatsache), daß alles, was vom bisher Aufgeführten relevant ist, beiden Beteiligten verfügbar ist, und daß beide Beteiligte wissen oder annehmen, daß dem so ist. Ein allgemeines Schema für den Gedankengang, mit dem man hinter eine konversationale Implikatur kommt, könnte folgendermaßen angegeben werden: »Er hat gesagt, daß p; es gibt keinen Grund anzunehmen, daß er die Maximen oder zumindest das KP nicht beachtet; er könnte sie nicht beachten, falls er nicht dächte, daß q; er weiß (und weiß, daß ich weiß, daß er weiß), daß ich feststellen kann, daß die Annahme, daß er glaubt, daß q, nötig ist; er hat nichts getan, um mich von der Annahme, daß q, abzuhalten; er will – oder hat zumindest nichts dagegen –, daß ich denke, daß q; und somit hat er impliziert, daß q.«

Beispiele

Ich werde nun ein paar Beispiele geben, die ich in drei Gruppen unterteile.

Gruppe A: Beispiele, bei denen keine Maxime verletzt ist, oder es jedenfalls nicht klar ist, daß eine verletzt ist.

(1) A steht vor einem Auto, das sich offensichtlich nicht mehr von der Stelle rührt; B kommt hinzu, und es kommt zu folgendem Dialog:

A: »Ich habe kein Benzin mehr.«

B: »Um die Ecke ist eine Werkstatt.«

(Anmerkung: B würde der Maxime »Sei relevant« zuwiderhandeln, wenn er nicht dächte oder es für ausgeschlossen hielte, daß die Werkstatt aufhat und Benzin verkauft; mithin impliziert er, daß die Werkstatt zumindest möglicherweise aufhat, und so weiter.)

Anders als im Fall der Bemerkung »Er ist bislang noch nicht ins Gefängnis gekommen« ist die unausgesprochene Verbindung zwischen Bs Bemerkung und As Bemerkung derart offensichtlich, daß man in diesem Beispiel wohl auch dann kaum eine Zuwiderhandlung gegen die Obermaxime der Modalität, »Sei klar«, sehen kann, wenn man diese Obermaxime so deutet, daß sie sich nicht nur darauf bezieht, wie das Gesagte gesagt wird, sondern auch darauf, in welcher Verbindung das Gesagte zu unmittelbar vorausgegangenen Bemerkungen steht. Was diesen Punkt betrifft, ist das nächste Beispiel vielleicht ein bißchen weniger klar:

(2) A: »Smith scheint derzeit keine Freundin zu haben.«
B: »Er war in der letzten Zeit oft in New York.«

B impliziert, daß Smith – möglicherweise – eine Freundin in New York hat (angesichts der für das obige Beispiel gegebenen Anmerkung ist hier keine nötig).

In beiden Beispielen impliziert der Sprecher gerade das, was man ihm als Überzeugung unterstellen muß, um die Annahme aufrechtzuerhalten, daß er die Maxime der Relation beachtet.

Gruppe B: Ein Beispiel, in dem eine Maxime verletzt wird, wo die Verletzung aber durch die Annahme einer Kollision mit einer anderen Maxime zu erklären ist.

A und B sind bei der gemeinsamen Planung einer Reiseroute für einen Urlaub in Frankreich. Beide wissen, daß A seinen Freund C treffen möchte, falls dies keine allzu große Verlängerung der Reise bedeuten würde:

A: »Wo wohnt C?«
B: »Irgendwo in Südfrankreich.«

(Anmerkung: Es gibt keinen Grund für die Annahme, daß B aussteigt; seine Antwort ist, wie er selbst genau weiß, für As Zwecke nicht informativ genug. Diese Zuwiderhandlung gegen die erste Maxime der Quantität läßt sich nur durch die Annahme erklären, daß es B klar ist, daß er der Maxime der Qualität, »Sage nichts, wofür dir angemessene Belege fehlen«, zuwiderhandeln müßte, um etwas Informativeres zu sagen. Mithin impliziert B, daß er nicht weiß, in welcher Stadt C wohnt.)

Gruppe C: Beispiele mit Ausbeutung, d. h. mit einem Verfahren, mit dem gegen eine Maxime verstoßen wird, um durch so etwas wie eine Redefigur zu einer konversationalen Implikatur zu gelangen.

Obwohl in diesen Beispielen auf der Ebene des Gesagten eine Maxime verletzt ist, darf der Hörer annehmen, daß diese Maxime oder zumindest das umfassende Kooperationsprinzip auf der Ebene des Implizierten beachtet ist.

(1a) *Ein Verstoß gegen die erste Maxime der Quantität.*

A schreibt ein Gutachten über einen Schüler, der sich für eine Stelle als Philosoph beworben hat, und sein Brief lautet folgendermaßen: »Sehr geehrter Herr So-und-so, Herr X spricht ein ausgezeichnetes Deutsch, und sein Besuch der Übungen war regelmäßig. Mit freundlichem Gruß, usw.«.

(Anmerkung: A steigt ganz gewiß nicht aus, denn wenn er nicht kooperativ sein wollte, warum überhaupt schreiben? Er ist auch ganz bestimmt nicht auf Grund mangelnden Wissens außerstande, mehr zu sagen, denn der Betreffende ist ja sein Schüler; überdies weiß er, daß mehr Information erwünscht ist. Demnach muß ihm daran gelegen sein klarzumachen, daß er nicht willens ist, X schlechtzumachen. Diese Annahme läßt sich nur unter der Voraussetzung aufrechterhalten, daß er Herrn X für keinen guten Philosophen hält. Gerade das impliziert er demnach.)

Extremfälle eines Verstoßes gegen die erste Maxime der Quantität sind mit Äußerungen offenkundiger Tautologien gegeben, wie etwa »Frauen sind Frauen« und »Krieg ist Krieg«. Meines Erachtens sind solche Bemerkungen auf der Ebene des – in dem von mir bevorzugten Sinn – Gesagten vollkommen uninformativ und müssen mithin auf dieser Ebene der ersten Maxime der Quantität in jedem Konversationskontext unweigerlich zuwiderlaufen. Auf der Ebene des Implizierten sind sie natürlich informativ; ob der Hörer hinter ihren Informationsgehalt auf dieser Ebene kommt, hängt von seiner Fähigkeit ab zu erklären, warum der Sprecher gerade diese *besondere* offenkundige Tautologie ausgesucht hat.

(1b) *Eine Zuwiderhandlung gegen die zweite Maxime der Quantität, »Gib nicht mehr Information als nötig«, unter der Voraussetzung, daß man so eine Maxime überhaupt zulassen sollte.*

A möchte wissen, ob p, und B gibt nun aus freien Stücken nicht nur die Information, daß p, sondern auch die Information, es sei sicher, daß p, und es gebe die-und-die und solche-und-solche Belege dafür, daß p der Fall ist.

B mag ganz unbeabsichtigt so redselig sein, und wenn A dieser Ansicht ist, weckt dies vielleicht in ihm den Zweifel, ob B tatsächlich so sicher ist, wie er sagt (»Die Dame, wie mich dünkt, gelobt zu viel«[3]). Aber wenn wir einmal annehmen, daß eine Absicht dahintersteckt, dann wäre das eine sehr verblümte Art, durchblicken zu lassen, daß es bis zu einem gewissen Grad strittig ist, ob p oder nicht. Man kann sich allerdings darüber streiten, ob so eine Implikatur nicht auch mit Rückgriff auf die Maxime der Relation erklärt werden kann, ohne eine vermeintliche zweite Maxime der Quantität in Anspruch zu nehmen.

(2a) *Beispiele, in denen gegen die erste Maxime der Qualität verstoßen wird.*

1. *Ironie.* X, mit dem A bislang sehr eng stand, hat ein Geheimnis As an einen Geschäftsrivalen weiterverraten. Dies ist A und seinem Zuhörer bekannt. A sagt »X ist ein feiner Freund«. (Anmerkung: Es ist A und seinem Zuhörer vollkommen klar, daß A nicht glaubt, was er damit – vorgeblich – gesagt hat; und der Zuhörer weiß, daß A weiß, daß dies dem Zuhörer vollkommen klar ist. Demnach muß A – damit seine Äußerung nicht vollkommen witzlos ist – irgendeine andere Proposition zu übermitteln versucht haben als die, die er anscheinend ausgedrückt hat. Es muß sich dabei um eine offensichtlich damit im Zusammenhang stehende Proposition handeln; die am offensichtlichsten damit im Zusammenhang stehende Proposition ist das Gegenteil dessen, was er vorgeblich ausgedrückt hat.)

2. *Metapher.* Beispiele wie »Du bist die Sahne in meinem Kaffee« enthalten kennzeichnenderweise einen Kategorienfehler; das Gegenteil dessen, was der Sprecher vorgeblich gesagt hat, ist demnach – streng genommen – eine Binsenwahrheit. *Das* kann es also nicht sein, was er ausdrücken will. Die wahrscheinlichste Vermutung ist, daß der Sprecher seiner Zuhörerin eine Eigenschaft, oder mehrere Eigenschaften, zuschreibt, in denen die Zuhörerin der erwähnten Substanz (bei mehr oder weniger strapazierter Phantasie) ähnlich ist. Metapher und Ironie lassen sich kombinieren, indem man den Hörer durch zwei Stadien der Interpretation schickt. Ich sage »Du bist die Sahne in meinem Kaffee« in der Absicht, daß die Hörerin zunächst zur Metapher-Interpretation »Du bist meine Zierde und Wonne« und dann zur Ironie-Interpretation »Du bist mein Verderben« gelangt.

3 Shakespeare, Hamlet, 3. Akt, 2. Szene; nach der Übersetzung von Schlegel und Tieck. (Anm. d. Übers.)

3. *Litotes.* Jemand hat das gesamte Mobiliar zertrümmert, ein anderer, der dies weiß, sagt »Er war nicht ganz nüchtern«.
4. *Hyperbel.* Jedes nette Mädchen liebt einen Seemann.
(2b) *Beispiele, in denen gegen die zweite Maxime der Qualität, »Sage nichts, wofür Dir angemessene Gründe fehlen«, verstoßen wird,* sind möglicherweise nicht leicht zu finden, aber das folgende scheint so ein Fall zu sein. Ich sage über Xs Frau »Vermutlich ist sie heute abend gerade dabei, ihn zu betrügen«. In geeignetem Kontext, oder mit geeigneter Geste und Tonlage, mag es klar sein, daß ich keinen passenden Grund habe, dies anzunehmen. Mein Gegenüber nimmt – um die Annahme, daß das Konversationsspiel immer noch gespielt wird, aufrechtzuerhalten – an, daß es mir um irgendeine verwandte Proposition geht, für die ich tatsächlich vernünftige Gründe habe. Die verwandte Proposition könnte ganz gut sein, daß sie für einen Seitensprung immer mal zu haben ist, oder möglicherweise, daß sie der Typ Mensch ist, der vor so etwas nicht zurückschrecken würde.
(3) *Beispiele, in denen eine Implikatur durch wirkliche – im Gegensatz zu scheinbarer – Verletzung der Maxime der Relation erreicht wird,* sind vielleicht selten, aber das folgende gibt wohl einen guten Kandidaten ab. A sagt auf einem distinguierten Kaffeekränzchen »Frau X ist eine alte Schachtel«. Nach einem Moment entsetzten Schweigens sagt B »Das Wetter war diesen Sommer ganz entzückend, finden Sie nicht auch?«. B lehnt es ganz unverblümt ab, mit dem, was *sie* sagt, auf As vorausgegangene Bemerkung einzugehen. Damit impliziert sie, daß As Bemerkung nicht erörtert werden soll und, vielleicht auch noch spezieller, daß A sich danebenbenommen hat.
(4) *Beispiele, in denen gegen verschiedene Maximen verstoßen wird, die unter die Obermaxime »Sei klar« fallen.*
(a) *Mehrdeutigkeit.* Wir dürfen nicht vergessen, daß es hier nur um beabsichtigte Mehrdeutigkeit geht, von welcher der Sprecher will oder erwartet, daß der Hörer sie bemerkt. Der Hörer steht vor folgendem Problem: Was veranlaßt den Sprecher – der das Konversationsspiel doch noch mitspielt – auf den Umweg einer mehrdeutigen Äußerung zu verfallen? Es gibt Fälle von zweierlei Art:
(α) Beispiele, wo es, was die Direktheit angeht, zumindest keinen augenfälligen Unterschied zwischen mehreren Äußerungsdeutun-

gen gibt; keine Deutung ist deutlich subtiler, abweichender, abstruser oder weiterhergeholt als eine andere. Wir könnten Blakes Zeilen nehmen: »Never seek to tell thy love / Love that never told can be«.[4] Um die durch den Imperativ hervorgerufenen Komplikationen zu vermeiden, werde ich mich an den verwandten Satz »Von meiner Liebe wollt ich reden / Liebe die niemals gesagt kann sein«. Hier kann es sich um eine doppelte Mehrdeutigkeit handeln. »Meiner Liebe« kann sich sowohl auf einen Gefühlszustand als auch auf einen Gegenstand des Gefühls beziehen, und »Liebe, die niemals gesagt kann sein« kann entweder bedeuten »Liebe, die niemals gesagt werden kann« oder »Liebe, einmal gesagt, kann nicht weiterbestehen«. Teils wegen der Subtilität des Dichters, teils wegen immanenter Belege (die Mehrdeutigkeit wird aufrechterhalten), scheint nur die Annahme übrig zu bleiben, daß die Mehrdeutigkeiten beabsichtigt sind, und daß der Dichter beides übermittelt. Nichtsdestotrotz sagt er keines davon explizit, sondern drückt beides nur aus bzw. legt beides nur nahe (vgl. »Since she [die Natur] pricked thee out for women's pleasure / mine be thy love, and thy love's use their treasure«).[5]

(*β*) Beispiele, in denen eine Deutung deutlich indirekter ist als eine andere. Nehmen wir das vielschichtige Beispiel des britischen Generals, der die Stadt Sind eingenommen hatte und die Botschaft »Peccavi« zurückschickte. Die Mehrdeutigkeit (»I have Sind« [Ich habe Sind] / »I have sinned« [Ich habe gesündigt]), die hier im Spiel ist, ist phonematisch und nicht morphematisch; der verwandte Ausdruck selbst ist unzweideutig, aber weil er aus einer dem Sprecher und Hörer fremden Sprache kommt, ist Übersetzung vonnöten, und die Mehrdeutigkeit ist in der Standardübersetzung ins Englische angesiedelt.

Ob die direkte Interpretation (»I have sinned« [Ich habe gesündigt]) nun ausgedrückt wird oder nicht, die indirekte scheint

4 *Poetry and Prose of William Blake, Complete in One Volume,* hrsg. von G. Keynes, London [4]1967, S. 86/87. Dieses Gedicht hat keinen Titel und ist von einem Manuskript, das auf 1793 datiert wird; Paul Grice hat es übrigens für Klavier und Gesang vertont. (Anm. d. Übers.)

5 Shakespeare, Sonett 20. Die Mehrdeutigkeit, um die es geht, steckt in »she pricked thee out«; zum einen heißt das bloß »sie hat dich ausersehen (eigentlich: mit einem Kennzeichen versehen)«; da »prick« auch eine Bezeichnung für das Glied des Mannes ist, läßt diese Wendung hier aber noch eine recht drastische Deutung zu. (Anm. d. Übers.)

ganz offensichtlich ausgedrückt zu werden. Es mag Gründe des Stils dafür geben, mit einem Satz nur seine indirekte Deutung auszudrücken, aber es wäre witzlos, und vielleicht auch vom Stil her kritisierbar, sich die Mühe zu machen, einen Ausdruck zu finden, der indirekt ausdrückt, daß p – und damit auch einer Zuhörerschaft die Mühe zu machen, diese Deutung zu finden –, wenn diese Deutung kommunikativ überflüssig wäre. Ob die direkte Deutung ebenfalls ausgedrückt wird, scheint davon abzuhängen, ob diese Annahme mit anderen konversationalen Erfordernissen konfligieren würde – es kommt beispielsweise darauf an, ob sie relevant wäre, ob man dem Sprecher unterstellen könnte, daß er sie akzeptiert, und so weiter. Falls solchen Erfordernissen nicht entsprochen wurde, dann wurde die direkte Interpretation nicht ausgedrückt. Wenn ihnen entsprochen wurde, dann wurde sie ausgedrückt. Hätte man Gründe, vom Schreiber des ›Peccavi‹ anzunehmen, er glaube, irgendeinen Verstoß begangen zu haben – beispielsweise durch seine Eroberung von Sind seine Befehle mißachtet zu haben – und wäre Bezugnahme auf solch einen Verstoß für die der Zuhörerschaft unterstellten Interessen relevant, dann hätte er beide Deutungen ausgedrückt; ansonsten hätte er nur die indirekte ausgedrückt.

(b) *Dunkelheit.* Wie beute ich für die Zwecke der Kommunikation eine absichtliche und offene Verletzung der Forderung aus, ich solle Dunkelheit vermeiden? Wenn das Kooperationsprinzip in Geltung sein soll, dann muß ich offensichtlich wollen, daß mein Partner trotz der Dunkelheit meiner Äußerung versteht, was ich sage. Angenommen, A und B führen ein Gespräch in Anwesenheit eines Dritten, beispielsweise eines Kindes. A mag dann absichtlich dunkel – wiewohl nicht zu dunkel – sein, in der Hoffnung, daß B ihn versteht und der Dritte nicht. Wenn A erwartet, daß B bemerkt, daß A absichtlich dunkel ist, dann liegt es weiterhin auch noch nahe, daß A damit, daß er seinen Gesprächsbeitrag in dieser Weise macht, impliziert, daß der Inhalt der Mitteilung nicht an den Dritten weitergegeben werden soll.

(c) *Mangelnde Kürze oder Bündigkeit.* Man vergleiche die Bemerkungen:

(1) »Frl. X sang ›Home sweet home‹«.

(2) »Frl. X erzeugte eine Lautfolge, die in enger Übereinstimmung mit der Partitur von ›Home sweet home‹ stand.«

Angenommen, ein Kritiker hätte mit Bedacht (2) und nicht (1) geäußert.

(Anmerkung: Warum ist er statt des knappen und beinahe gleichbedeutenden Ausdrucks »sang« auf dieses Gefasel verfallen? Vermutlich um anzuzeigen, daß irgendein entscheidender Unterschied zwischen Frl. Xs Vortrag und solchen Sachen besteht, auf die normalerweise das Wort »singen« angewandt wird. Die nächstliegende Vermutung ist, daß mit Frl. Xs Vortrag irgendetwas ganz schrecklich im argen war. Der Kritiker weiß, daß sich diese Vermutung wahrscheinlich aufdrängt; mithin ist es das, was er impliziert.)

Bislang habe ich nur Fälle betrachtet, in denen bei einer bestimmten Gelegenheit gesagt wird, daß p, und in denen dies nur kraft spezieller Kontextmerkmale eine Implikatur mit sich bringt. In solchen Fällen – wo man nicht annehmen kann, daß p zu sagen *normalerweise* so eine Implikatur mit sich bringt – möchte ich von spezialisierten konversationalen Implikaturen sprechen. Es gibt aber auch generalisierte konversationale Implikaturen. Manchmal läßt sich von gewissen Wörtern und Wendungen sagen, ihre Verwendung in einer Äußerung bringe normalerweise (in *Abwesenheit* besonderer Umstände) die-und-die Implikatur bzw. Sorte von Implikatur mit sich. Unstrittige Beispiele sind vielleicht schwer zu finden, weil es ja allzu einfach ist, eine generalisierte konversationale Implikatur so zu behandeln, als wäre sie eine konventionale Implikatur. Ich stelle ein hoffentlich einigermaßen unstrittiges Beispiel vor.

Wer einen Satz der Form »X trifft sich heute abend mit einer Frau« verwendet, impliziert normalerweise, daß es sich bei der Frau nicht um Xs Ehefrau, Mutter, Schwester oder vielleicht sogar enge platonische Freundin handelt. Ganz ähnlich wäre mein Hörer, wenn ich zu ihm sagte »X ging gestern in ein Haus und fand drinnen eine Schildkröte«, normalerweise überrascht, wenn sich ein bißchen später herausstellte, daß es sich dabei um Xs eigenes Haus gehandelt hat. Ähnliches ließe sich unter Verwendung der Ausdrücke »ein Garten«, »ein Auto«, »ein Institut« usw. erreichen. In manchen Fällen läge allerdings keine solche Implikatur vor (»Ich habe den ganzen Morgen in einem Auto gesessen«) und manchmal eine umgekehrte Implikatur (»Ich habe letztes Jahr eine Sonnenbrille verloren«). Man hätte wohl nicht viel für einen

Philosophen übrig, der für den Ausdruck »ein X« drei Bedeutungen ansetzte: eine, in der er etwa bedeutet »etwas, das die das Wort ›X‹ definierenden Bedingungen erfüllt«; eine andere, in der er ungefähr bedeutet »ein X (im ersten Sinn), das in einer nur abgelegenen Beziehung irgendeiner Art zu einer durch den Kontext kenntlich gemachten Person steht«; und eine noch andere, in der er bedeutet »ein X (im ersten Sinn), das in einer engen Beziehung irgendeiner Art zu einer durch den Kontext kenntlich gemachten Person steht«. Eine Darstellung nach dem folgenden Schema (das natürlich in den Einzelheiten inkorrekt sein mag) wäre uns doch wohl viel lieber: Wird durch die Verwendung der Ausdrucksform »ein X« impliziert, daß der oder das X nicht zu einer bestimmbaren Person gehört und auch ansonsten nicht eng mit ihr zusammenhängt, so rührt die Implikatur daher, daß der Sprecher nicht konkret war, wo man es von ihm hätte erwarten können; deshalb wird leicht die Annahme entstehen, daß er gar nicht in der Lage ist, konkret zu sein. Dies ist eine vertraute Implikatur-Situation und läßt sich – aus dem einen oder andern Grund – als Nichterfüllung der Maxime der Quantität klassifizieren. Die einzig schwierige Frage ist: Warum sollten wir unabhängig davon, was wir über die einzelnen Äußerungskontexte wissen, unterstellen, daß eine Angabe darüber von Interesse ist, ob die Verbindung zu einer bestimmten Person bzw. einem bestimmten Gegenstand und einer weiteren – in der Äußerung erwähnten oder durch sie kenntlich gemachten – Person entfernt oder eng ist? Die Antwort muß im Umkreis des Folgenden liegen: Wenn eine Person mit Sachen oder anderen Personen interagiert, zu denen sie in enger Verbindung steht, so ist das häufig hinsichtlich der Begleitumstände und Auswirkungen etwas ganz anderes als wenn sie in Interaktionen derselben Art mit Personen oder Sachen verstrickt ist, zu denen sie in nur entfernter Verbindung steht. Wenn ich beispielsweise in *meinem* Dach ein Loch entdecke, so hat das vermutlich ganz andere Begleitumstände und Auswirkungen, als wenn ich eines bei jemand anderem im Dach entdecke. Informationen gibt man – wie Geld – häufig, ohne zu wissen, was der Empfänger damit wird anfangen wollen. Wenn jemandem von einer Interaktion berichtet wird, so wird er bei weiterer Überlegung wahrscheinlich auf weitere Fragen kommen, die der Sprecher vorab nicht im einzelnen kennen konnte. Wenn die passende Angabe (etwa über die

Art der Beziehung des Interagierenden) den Hörer mit einiger Sicherheit in die Lage versetzt, sich allerlei solche Fragen selbst zu beantworten, dann ist zu unterstellen, daß der Sprecher diese Angabe in seine Bemerkung hineinnehmen sollte; andernfalls ist es nicht zu unterstellen.

Zum Schluß können wir nun zeigen, daß konversationale Implikatur als solche gewisse Merkmale besitzen muß:

1. Wenn man eine konversationale Implikatur vermutet, muß man zumindest das Kooperationsprinzip für beachtet halten, und der Beachtung dieses Prinzips kann man sich durch Aussteigen entziehen. Mithin kann eine generalisierte konversationale Implikatur in einem Einzelfall storniert werden. Dies kann explizit geschehen – durch Hinzufügung einer Klausel, mit der gesagt oder zu verstehen gegeben wird, daß der Sprecher ausgestiegen ist. Eine generalisierte konversationale Implikatur kann aber auch kontextuell storniert werden, wenn der Äußerungsbestandteil, der gewöhnlich die Implikatur mit sich bringt, in einem Kontext verwandt wird, der klarmacht, *daß* der Sprecher aussteigt.

2. Insofern der Schluß auf das Vorliegen einer bestimmten konversationalen Implikatur neben Informationen über Kontext und Hintergrund nur Wissen darüber erfordert, was gesagt wurde (oder worauf der Sprecher mit der Äußerung konventional festgelegt ist), und insofern es für diesen Schluß keine Rolle spielt, wie der Sprecher sich ausgedrückt hat, läßt sich dasselbe nicht solchermaßen anders sagen, daß die fragliche Implikatur einfach wegfällt – es sei denn, irgendein spezielles Merkmal der ursprünglichen Fassung ist selbst (kraft einer Maxime der Modalität) für die Bestimmung der Implikatur relevant. Wenn wir das als *Unabtrennbarkeit* bezeichnen, so ist zu vermuten, daß eine generalisierte konversationale Implikatur im Gefolge einer geläufigen, unspezifischen Ausdrucksweise ein hohes Maß an Unabtrennbarkeit hat.

3. Ohne es ganz genau zu nehmen: Weil der Schluß auf das Vorliegen einer konversationalen Implikatur bereits vorhandene Kenntnis der konventionalen Rolle desjenigen Ausdrucks der Äußerung voraussetzt, der die Implikatur nach sich zieht, wird ein konversationales Implikat nicht in die ursprüngliche Angabe der konventionalen Rolle des Ausdrucks gehören. Obwohl es für etwas, das sozusagen als konversationale Implikatur zur Welt

kommt, nicht unbedingt ausgeschlossen ist, konventionalisiert zu werden, bedürfte es doch besonderer Rechtfertigung, um in einem gegebenen Fall anzunehmen, daß es sich so verhält. Konversationale Implikate gehören – zumindest anfangs – nicht zur Bedeutung der Ausdrücke, an deren Verwendung sie geknüpft sind.

4. Die Wahrheit des Gesagten bedingt nicht die Wahrheit des konversationalen Implikats (das Gesagte mag wahr sein – das Implizierte falsch); der Träger der Implikatur ist daher nicht das Gesagte, sondern nur das Sagen des Gesagten, bzw. das »Es-mal-so-Sagen«.

5. Hinter eine konversationale Implikatur zu kommen, heißt, auf das zu kommen, was zur Aufrechterhaltung der Annahme, daß das Kooperationsprinzip beachtet ist, unterstellt werden muß. Mehrere verschiedene Einzelerklärungen können möglich sein; deren Liste mag offen sein. In solchen Fällen wird das konversationale Implikat daher eine Disjunktion solcher Erklärungen sein, und wenn deren Liste offen ist, so wird das Implikat gerade die Art von Unbestimmtheit haben, die viele wirkliche Implikate offenbar in der Tat besitzen.

Isabel C. Hungerland
Kontext-Implikation*

In dieser Arbeit weise ich die induktive Auffassung des Paradigmas der Kontext-Implikation – *p* zu behaupten impliziere zu glauben, daß *p* – zurück und schlage stattdessen ein Erklärungs-Modell vor, wonach derjenige, der eine Behauptung aufstellt, in deren Kontext impliziert, was immer man daraus folgern darf, vorausgesetzt die Art und Weise seines Behauptens ist normal. Indem ich dieses Modell entwickle, zeige ich, wie Kontext-Implikation von drei deutlich voneinander unterschiedenen Dingen abhängt: von einem Kontext des Behauptens; von Vorannahmen über das, was als normal gilt; von Regeln für den richtigen Gebrauch von Ausdrücken.

Der Begriff der Kontext-Implikation ist in neueren Schriften über Ethik in den Vordergrund getreten. Nowell-Smith macht ihn zu seinem Handwerkszeug, um die Irrtümer hergebrachter Ansichten herauszustellen; Paul Edwards stützt sich stark darauf, um seine eigene, emotionslose Version einer ethischen Theorie der Emotionen auszuarbeiten. Was aber Kontext-Implikation sei, bleibt dunkel (ich hoffe zu zeigen, daß das noch zurückhaltend ausgedrückt ist). Natürlich kennen wir alle die Formel »Indem man *p* behauptet, impliziert man im betreffenden Kontext *q*«. Dieser Sonderfall einer Implikation wird – bezeichnenderweise – eher Handelnden oder ihren Handlungen zugesprochen als Behauptungen oder Aussagen. Wir wissen auch, daß die Beziehung zwischen *p* und *nicht p* in einer Kontext-Implikation derart ist, daß *p und nicht p* kein Widerspruch ist, daß aber »p und nicht p« zu behaupten heißt, eine absonderliche oder absurde Behauptung aufzustellen.

Das Standardbeispiel solcher Absonderlichkeit stammt aus G. E. Moores Arbeiten zum Thema: »Er ist ausgegangen, aber ich glaube es nicht«. Jemand der in einem Kontext des Behauptens sagt: »Er ist ausgegangen«, impliziert demnach, daß er selbst glaube, daß die fragliche Person ausgegangen sei. Die Kontext-Implikation wird dabei weder vom Behauptenden ausdrücklich versichert, noch

* Dieser Text ist die beträchtlich veränderte und erweiterte Fassung eines Vortrags, den ich im April 1959 vor dem Philosophischen Kolloquium der University of California in Berkeley hielt. Außerordentlich hilfreich sind mir bei der Überarbeitung die Bemerkungen von Benson Mates, David Rynin, David Shwayder, Hermann Tennessen und Sidney Zink gewesen.

folgt sie aus irgendetwas von dem, was der Behauptende versichert.

Diese Eigenarten sind deutlich genug, um zur Unterscheidung der Kontext-Implikation von der logischen Folgerung zu dienen. Doch ermangelt der Begriff noch seiner Umschreibung. Wird er uns dabei helfen, eine Reihe von Fällen und Beispielen zu zitieren? Neuere philosophische Schriften geben uns eine Fülle davon an die Hand. Wenn wir diese Fallbeispiele untersuchen, wird allerdings klar, daß es dringend nötig ist, sie irgendwie einzuteilen. Sehen wir sie uns an.

Neben Moores Paradigma stellt man üblicherweise Strawsons Beispiele für implizit vorausgesetzte Behauptungen. »Zu sagen ›Der König von Frankreich ist klug‹ heißt (in einer gewissen Bedeutung von ›implizieren‹) implizieren, daß es einen König von Frankreich gibt.«[1] Das Verhältnis der Voraussetzung oder Präsupposition, das zwischen Sätzen der Form »Der So-und-so ist ein P (oder kein P)« und »Es gibt einen So-und-so« besteht, hängt – nach Strawson – von Regeln oder Konventionen für den Gebrauch von Ausdrücken ab, die sich auf einen einzigen Gegenstand beziehen – wie »der So-und-so«. Diese Regeln gehören zu einer Menge von Konventionen der Referenz, die für jede natürliche Sprache wesentlich sind. Gehen wir von diesen vergleichsweise abstrakten logischen Fragen in unserer Beispielreihe weiter zu Konventionen, die zum Teil mit Ethik zu tun haben. Wenn ich sage »Ich weiß, daß es so ist«, impliziere ich, daß ich darauf vertraue, daß es so ist, oder daß ich sicher bin. Ähnlich impliziere ich, daß ich die volle Absicht habe, etwas Bestimmtes zu tun, wenn ich sage »Ich verspreche, das zu tun«. »Es ist genauso verboten zu sagen ›Ich weiß, daß es so ist, aber ich kann auch unrecht haben‹, wie es verboten ist zu sagen ›Ich verspreche daß ich das tun werde, aber es kann sein, daß ich's nicht schaffe‹.«[2] Eine letzte Gruppe von Beispielen hat weniger mit Ethik zu tun als mit Gepflogenheiten und ähnlichen Dingen wie z. B. kein Langweiler zu sein. Nach Nowell-Smith ist die wichtigste Regel der Kontext-Implikation: »Was jemand sagt, können dessen Zuhörer so auffassen,

1 P. F. Strawson, *On Referring*, wieder abgedruckt in: Antony Flew (Hrsg.), *Essays in Conceptual Analysis*, Toronto/New York 1956, S. 54.

2 J. L. Austin, *Other Minds*, wieder abgedruckt in: Antony Flew (Hrsg.), *Logic and Language*, Oxford 1953, S. 142 f.

als ob es für sie von Belang sei«.[3] Diese Regel soll freilich auch die am häufigsten gebrochene sein: »Es gibt mehr Langweiler als Lügner oder Drauf-los-Redner«. Angewandt auf ethische Fragen führt die Regel zum Ergebnis, »einen Rat zu geben impliziert zu glauben, daß der Rat für das Problem des Zuhörenden von Belang ist«. Die Regel zeigt demnach – so Nowell-Smith –, daß ein Ratschlag von vornherein praktisch ist. Er zieht den Schluß: »Diese Regel ist daher mehr als eine Regel des guten Benehmens, oder besser: Sie zeigt, wie in Dingen der normalen Sprache Regeln des guten Benehmens in logische Regeln übergehen.«

Was ist das für eine Reihe von Regeln (oder ›Konventionen‹, wenn das ein einnehmenderes Wort ist)? Die ganze Skala von der Natur der Behauptungen und den Regeln der Referenz bis zur Regel »Sei kein Langweiler und schweif nicht vom Thema ab!« – die ganze Skala von dem, was unabhängig von einzelnen Sprachen und Kulturen ist, bis zu dem, was daran gebunden ist. Deshalb ist eine Formel wie die folgende, die man über diesen ganzen Bereich ausdehnen kann, zu vage und doppeldeutig, um brauchbar zu sein. »Das Wort ›impliziert‹ wird so gebraucht, daß jemand impliziert, der Zustand Y bestehe, wenn er X tut, sofern es eine Konvention gibt, X in der Situation Y zu tun.«[4] Diese Formel unterscheidet zwar die Kontext-Implikation von der logischen Folgerung, aber der Begriff ›Konvention‹ umfaßt doch Dinge, die wir auseinanderhalten sollten.

Es gibt noch zwei weitere Darlegungen der Kontext-Implikation, die zu prüfen aufschlußreich ist. Diejenige von Paul Edwards ist präzise und unzweideutig, aber zweifellos unbefriedigend. Die von Nowell-Smith ist verworren, und wo sie klar ist, ist sie unvollständig, dafür aber voller Hinweise auf plausiblere Vorstellungen. Beide Philosophen haben sich allerdings davon leiten lassen, Feststellungen über den Gebrauch von »gut« und »schön« zu treffen, die gleichermaßen offenkundig falsch sind. Beide beginnen ihre Darlegungen auch mit dem Paradigma »Zu sagen ›Er ist ausgegangen‹ impliziert im Kontext, daß man glaubt, er sei ausgegangen.« Aber dann folgt Edwards[5] (der statt »impliziert« lie-

3 P. H. Nowell-Smith, *Ethics*, Melbourne/London/Baltimore 1954, S. 82 f.
4 J. O. Urmson, *Parenthetical Verbs*, wieder abgedruckt in: A. Flew (s. Anm. 1), S. 196.
5 Paul Edwards, *The Logic of Moral Discourse*, Glencoe 1953, S. 21 ff.

ber sagt »drückt aus«) weiter Moore in der falschen Interpretation der Kontext-Implikation als einem Fall der Beziehung zwischen induktiver Evidenz und deduktivem Schluß.[6] So sagt Edwards, eine Äußerung drücke irgend etwas aus, auf das man schließen könne, wenn man Erwägungen anstellt über den Sprecher und die Grundlage seiner Äußerung. Er stellt klar, daß er die fragliche Folgerung für induktiv hält, und spricht von *Wahrscheinlichkeit* hinsichtlich dessen, was man weiß, wenn man die einschlägigen Faktoren im Kontext einer Äußerung in Betracht zieht.

Die induktive Auffassung ist unbefriedigend aus mehreren Gründen. Erstens ist sie kontra-intuitiv. »Er ist ausgegangen, aber ich glaube es nicht« scheint in einer Weise verwirrend zu sein, die nichts mit der Ausnahme von einer wohlbegründeten Verallgemeinerung zu tun hat. Nehmen wir an, in einer gegebenen Sprachgemeinschaft wird ein gewisser Ausdruck »N« (z. B. »Er ist ein Narr«) viel häufiger geäußert, wenn der Sprecher die Haltung A (z. B. Abscheu gegen denjenigen, den man »Narr« nennt) einnimmt, als wenn er die Haltung A nicht einnimmt. Wäre »N, aber ich nehme nicht die Haltung A ein« dann eine logische Absonderlichkeit in dieser Gemeinschaft? Keineswegs. Eine der regelgemäßen Gebrauchsweisen von »aber« ist es, die Beschreibung einer Sprecherhaltung einzuleiten, die man vernünftigerweise nicht erwarten würde aufgrund dessen, was in einem gewissen Kontext gesagt worden ist. (Ich leugne nicht, daß es eine völlig zutreffende induktive Bedeutung von »impliziert« geben mag; ich bestreite nur, daß induktive Bedeutung das ist, worum es in unserem Paradigma geht.)

An dieser Stelle sollte darauf hingewiesen werden, daß die Absurdität der hypothetischen Handlung unseres Paradigmas von der Annahme abhängt, daß die Wörter des Satzes »Er ist ausgegangen, aber ich glaube es nicht« nach allgemeinem Standard gebraucht sind (d. h. nach Regeln, wie wir sie in unseren Wörterbüchern und Grammatiken finden), und daß keine besonderen oder gar abseitigen Umstände die Kommunikation bedingen. Es gibt eine ganze Anzahl von Abarten, die Wörter dieses Satzes zu verwenden, für die jeweils die Absurdität verschwindet; z. B. könnte

6 Vgl. G. E. Moore, *Russells Theory of Descriptions*, in: ders., *The Philosophy of Bertrand Russell*, in: P. A. Schilpp (Hrsg.), *The Library of Living Philosophers*, Evanston/Chicago 1944, S. 204.

man »Ich glaube es nicht« im Austausch für »Es fällt mir schwer, es zu glauben, dennoch glaube ich es« gebrauchen. Und es gibt eine ganze Reihe von Umständen der Kommunikation, unter denen es nicht absurd wäre, den Satz zu verwenden; z. B. könnte der zweite Teilsatz beiseite gesprochen sein. Wenn man »Er ist ausgegangen, aber ich glaube es nicht« als Paradigma logischer Absonderlichkeit anbietet, sagt man damit also nicht, daß jeder Fall einer Äußerung dieses Satzes ein Fall einer logisch absonderlichen oder absurden Handlung wäre. Und wenn man »Er ist ausgegangen und er ist nicht ausgegangen« als Beispiel eines formalen Widerspruchs angibt, so sagt man damit – ganz analog – keineswegs, daß jede Äußerung des Satzes ein Widerspruch in sich wäre. Unser normales Reden enthält gar nicht so selten Sätze der Form *p und nicht p*, und wir verwenden und akzeptieren sie in sinnvoller Weise, auch wenn sie vom Standard abweichen wie z. B. »Es ist und es ist nicht«.

Ein zweiter Grund, die induktive Auffassung der Kontext-Implikation zurückzuweisen, ist, daß sie auf etwas fußt, was leicht eine falsche Verallgemeinerung sein kann: nämlich daß die Leute im allgemeinen glauben, was sie sagen. Ich jedenfalls möchte lieber nicht ohne weitere Nachforschungen die Feststellung für wahr halten, daß in unserer Zivilisation deutlich seltener gelogen als die Wahrheit gesprochen wird, ja nicht einmal, daß es überhaupt seltener der Fall ist.

Schließlich wäre es einfach verrückt, die Häufigkeit des Lügens feststellen zu wollen, ohne die Situationen einzuteilen in solche, in denen jemand mit gutem Grund lügt, und andere, in denen es nicht so starke Gründe zu lügen gibt, u.s.w. Zweifellos würde die Häufigkeit des Lügens je nach Art der Situationen (außer in pathologischen Fällen) stark variieren. Nach induktiver Auffassung müßte dementsprechend auch das, was eine Kontext-Implikation ist, variieren. Aber diese Konsequenz stimmt mit keiner der Darstellungen der Kontext-Implikation überein.

Wiewohl die induktive Auffassung falsch ist, gibt es doch Tatsachen, die sie verführerisch aussehen lassen. Jede angemessene Explikation der Kontext-Implikation muß diese Tatsachen berücksichtigen. Wir wollen einen kurzen Blick darauf werfen.

Wir ziehen oft Schlüsse über Haltungen und Bewußtseinszustände sprechender Personen, insbesondere darüber, ob jemand glaubt oder nicht glaubt, was er sagt. Wir reden in diesem Zusammenhang von starker oder schwacher ›Evidenz‹ für unsere Schlüsse und wir nennen sie ›wahrscheinlich‹, ›unwahrscheinlich‹ oder ›gewiß‹. Diese Schlüsse werden mit Recht als induktiv angesehen. Es mag – wie beim Gebrauch des Lügen-Detektors – eine Menge Theorie und eine Menge experimenteller Evidenz hinter unseren Schlüssen stecken. Oder wir mögen, wie es im Alltagsleben so geht, ›ziemlich sicher‹ sein, daß jemand lügt, ohne daß wir klar im einzelnen den Grund für unsere Konklusion darlegen könnten. »Etwas im Ausdruck seiner Augen und im Ton seiner Stimme machte mich ziemlich sicher, daß er nicht glaubte, was er sagte.« Zu gegebener Zeit werde ich auf diese Tatsachen zurückkommen. An dieser Stelle aber möchte ich zeigen, wie die klare, aber verfehlte Darstellung der Kontext-Implikation (bzw. des »Ausdrükkens«), die Edwards bietet, ihn dazu bringt, etwas augenscheinlich Falsches über unseren Gebrauch bewertender Ausdrücke vorzubringen.

Edwards meint, ebenso wie eine nicht-bewertende Behauptung einen Glauben ausdrückt (impliziert), so drücke (impliziere) auch eine bewertende Behauptung oder ein Werturteil eine Haltung aus. Nun ist aber eine Haltung (im Unterschied zum Mögen, Vorziehen, Wollen u.s.w.) bestimmt durch die folgenden drei Komponenten: »(1) durch ein Gefühl oder eine Neigung, einer bestimmten Menge von Objekten gegenüber in bestimmter Weise zu handeln; (2) durch eine Disposition, andere zu ermuntern, in der gleichen Weise zu fühlen und zu handeln; (3) durch eine Neigung, erfreut zu sein, wenn andere ebenso fühlen und handeln.«[7] Dann – so Edwards – sollen die Wertbegriffe »schön« und »gut« *in allen Fällen* (vermutlich in *allen* Fällen ihres ernsthaften Gebrauchs) eine positive Haltung des Sprechers gegenüber dem bewerteten Gegenstand ausdrücken. Aber diese Verallgemeinerung seelischer Dispositionen von Sprechern ist mit Sicherheit sehr zweifelhaft! Ich kenne eine Menge Leute, die (um dieselbe Art von Beispielen zu verwenden wie Edwards in seiner Darlegung, was »Haltung« sei) Free Jazz als gute Art von Jazz bewerten, ohne daß sie die geringste Neigung haben, extra hinzugehen, oder ohne besonders starke Gefühle dafür oder dagegen zu haben noch die geringste Neigung, andere zu ermuntern, Free Jazz anzuhören, zu

7 P. Edwards (s. Anm. 5), S. 29.

mögen, als gut einzuschätzen. Mit einem Wort, es ist nicht *immer* wahrscheinlich, daß jemand, der in einem Kontext des Bewertens Sätze der Form *X ist gut* äußert, auch die seelischen Dispositionen hat, die Edwards Definition von »Haltung« aufzählt. Oder anders gesagt: Es ist offensichtlich falsch, daß einen Satz der Form *X ist gut* zu äußern es in *jedem* Fall evident machen würde, daß der Sprecher die fraglichen Dispositionen hätte.

Nowell-Smiths Darstellung der Kontext-Implikation geht die Klarheit von Edwards ab. »Ich werde sagen«, schreibt Nowell-Smith, »daß eine Behauptung *p* in ihrem Kontext *q* impliziert, wenn jeder, der die normalen sprachlichen Konventionen kennt, von *p* auf *q* schließen dürfte *innerhalb des Kontextes, in dem sie beide vorkommen.* Logische Implikationen sind eine Teilmenge von Kontext-Implikationen, denn wir dürfen von *p* auf *q* schließen in jedem beliebigen Kontext, wenn *p* logisch *q* impliziert.«[8] Wenn *p* in einem bestimmten Kontext *q* impliziert, dann ist es kein formaler Widerspruch, *p* zu behaupten und *q* zu bestreiten, sondern es ist eine »logische Absonderlichkeit«; als Beispiel hierfür wird uns angeboten: »Es regnet gerade, aber ich glaube es nicht«.

Leider bricht Nowell-Smith diese grobe, aber vielversprechende Darstellung ab, indem er erklärt, die Regeln der Kontext-Implikation seien nicht – wie die Regeln logischer Implikation – »streng«. »Sie können sämtlich durchbrochen werden, ohne zu Widerspruch oder Absurdität zu führen.«[9] Als Regel 1 gibt er an: »Wenn jemand einen Satz gebraucht, um eine Behauptung aufzustellen, so besteht die Kontext-Implikation, daß der Behauptende glaubt, was er sagt, sei wahr.« Lügen und Theaterspielen seien demnach Beispiele des Durchbrechens dieser »oft durchbrochenen« Regel. Theaterspielen ist allerdings kein Kontext des Behauptens[10] – beim Theaterspielen gebrauchen wir Sätze nicht, um Behauptungen aufzustellen; folglich ist die Regel nicht durchbrochen, weil sie gar nicht anzuwenden ist. Und wie »bricht« ein Lügner die Regel? Ist er nicht gerade von ihr abhängig, um uns überhaupt täuschen zu können?

8 Nowell-Smith (s. Anm. 3), S. 80 f.

9 Ebd.

10 Hier und i. f. kürze ich »Kontext des Aufstellens von Behauptungen« ab mit »Kontext des Behauptens« oder einfach »Behauptungs-Kontext«.

Es verwundert nicht, daß Nowell-Smith eine Anzahl falscher Schlüsse aus seiner verworrenen Darstellung der Kontext-Implikation ableitet. Ich möchte nur einen davon erwähnen. Er erklärt, jemand der im Kontext einer Wahl lieber sagt »Das ist gut« als »Das mag ich«, impliziere in diesem Kontext, daß der betreffende Gegenstand mit gewissen allgemein geltenden Maßstäben übereinstimme.[11] Diese Behauptung ist augenscheinlich falsch. Wenn ich Maßstäbe anwende, die keine allgemeine Geltung genießen, so wird man mich dazu auffordern, meine Maßstäbe darzulegen, wenn ich mich wirklich mit Leuten verständigen wolle, die meine Maßstäbe nicht kennen. Aber keine Regel der Logik, des Benehmens oder des Eigentums fordert mich auf, statt »Das ist gut« zu sagen »Das mag ich«. Ich kenne in der Tat nicht wenige Leute, für die es eine Erniedrigung wäre zu entdecken, daß sie allgemein geltende Maßstäbe anwenden, wenn sie etwas als »gut« bezeichnen.

Wir haben somit gesehen, daß eine Darstellung der Kontext-Implikation in Begriffen induktiver Evidenz nicht gelingen kann, und daß Nowell-Smiths Vorstellungen der »häufig durchbrochenen« Regeln der Implikation zu verworren ist, um von Nutzen zu sein. Wo sollen wir dann nach einer Erklärung für die Implikations-Beziehung zwischen »*p* sagen« und »*p* glauben« suchen? Oder – was auf dasselbe hinausläuft – nach einer Erklärung für die logische Absonderlichkeit von »*p* und ich glaube nicht, daß *p*«? Es ist klar, daß es irgendein Band gibt zwischen unserem Begriff des Behauptens und unserem Begriff des Glaubens als einer propositionalen Einstellung. Können wir eine Folgerungs-Beziehung zwischen einer Behauptung über eine Behauptung und einer Behauptung über einen Glauben entdecken? Es gibt zwei sich leicht unterscheidende Darstellungen in dieser Richtung. Keine davon ist aber detailliert genug, um die Frage zu beantworten, die wir gestellt haben, und keine befriedigt recht, so wie sie ist. Dennoch wird es sich auszahlen, sie anzuschauen.

C. K. Grant baut seine Erklärung der logischen Absurdität von Behauptungen wie »Es regnet gerade, aber ich glaube es nicht« auf dem auf, was er »eine a-priori-Wahrheit« nennt, »die sich von der logischen Grammatik von ›behaupten‹, ›feststellen‹ und damit verwandten Verben ableitet«.[12] Diese Wahrheit lautet: Aus »X

11 Nowell-Smith (s. Anm. 3), S. 179.

12 C. K. Grant, *Pragmatic Implication*, in: Philosophy 33 (1958), S. 303-324.

behauptet *p*« (oder »X stellt fest, daß *p*«) folgt »X glaubt oder gibt vor zu glauben, daß *p*«. Teilweise enthüllt sich diese logische Grammatik »dadurch, daß es logisch unmöglich ist, vorzugeben daß man behaupte, obwohl man vorgeben kann daß man glaube«.

Genau wie *a priori* sind aber diese angeblichen »Wahrheiten«? »Vorgeben, daß man behaupte« klingt sicher recht eigenartig, aber doch nicht unerhört (könnte nicht ein Schauspieler »vorgeben zu behaupten«?). Grants »Wahrheit« bietet allerdings eine Interpretation des Paradigmas der Kontext-Implikation, die *prima facie* plausibel ist. Seine Darstellung macht darauf aufmerksam, daß Behaupten eine der konventionellen Formen ist, in denen wir das, was wir glauben, uns mitteilen oder vorgeben, uns mitzuteilen. Wenn wir etwas behaupten, kann man demnach über uns sagen, wir machen den Eindruck, erheben den Anspruch, versichern zu glauben, was wir sagen. »Den Eindruck machen, daß ... (dadurch daß man X tut)« ist eine der Bedeutungen von »implizieren«. Diese Interpretation liefert eine Erklärung sowohl für die logische Absonderlichkeit der Behauptung »*p*, aber ich glaube nicht, daß *p*« und für das Versagen der induktiven Interpretation. Wenn jemand eine Handlung X vollzöge und damit den Anschein erweckte, daß ..., und dann in Abrede stellte, wovon der Anschein erweckt ist, so wäre der Vollzug der Handlung absurd oder witzlos; und wenn man erkennt, daß eine Handlung einen bestimmten Eindruck macht oder etwas zu erkennen gibt, macht man keine induktiven Folgerungen.

So plausibel diese Interpretation der Kontext-Implikation als »den Anschein erwecken daß« auch ist, so kann sie doch die mit der Kontext-Implikation verquickten Folgerungen nicht befriedigend erklären. Warum sollten wir »schließen dürfen« oder »annehmen dürfen« oder warum sollte »die Vermutung bestehen«, daß wahr sei, wovon eine Handlung oder ein Handelnder den Anschein erweckt? Dennoch werden diese Redeweisen regelmäßig gebraucht, wenn von den mit der Kontext-Implikation verbundenen Folgerungen die Rede ist.

Demnach geht Grants Darstellung nicht weit genug; aber wir tun gut daran, an dieser Stelle zu bemerken, daß die von ihm vorgeschlagene »Wahrheit« übereinstimmt mit unserem Gebrauch von »Behauptung« oder »Feststellung«, wenn wir zum Lügner sagen,

»Du hast absichtlich eine falsche Behauptung aufgestellt«, oder »Du hast absichtlich etwas Falsches behauptet«. (Die Rechtssprache zeigt den gleichen Gebrauch von »Behauptung«, wenn von Meineid die Rede ist.)
Allerdings scheinen wir dazu zu neigen zu sagen, der Lügner habe keine eigentliche Behauptung aufgestellt oder nicht wirklich behauptet, was er vielleicht nur zu behaupten vorgegeben hat. Lewy weist auf diese Tendenz hin in seiner Diskussion der Bedingungen, die einige Philosophen für das Behaupten für notwendig erachtet haben. »Daß A entweder *p* glauben oder *p* wissen sollte, als notwendige Bedingung anzusehen ist falsch; denn man kann sicherlich *p* behaupten und damit lügen. ... Wir könnten überhaupt nicht lügen, ohne das eine oder andere zu behaupten. Andererseits ist es – denke ich – entschuldbar, der Versuchung nachzugeben, diese Bedingung als notwendig hinzustellen. Denn wir neigen doch dazu zu sagen, A habe *p* nicht wirklich behauptet, wenn A gelogen hat.«[13]
Freilich liegt eine gewisse Inkonsistenz in unserem Reden über Lügner, wenn wir das Wort »wirklich« in unseren Feststellungen über die Behauptungen des Lügners als »wirklich« im Gegensatz zu »fälschlich«, »vorgeblich« auffassen. Denn wo »wirklich S« im Gegensatz zu »scheinbar« steht, ist die Behauptung »X ist nicht wirklich S« (abgesehen von einigen Komplikationen, die wir hier übergehn können) gleichbedeutend damit, daß wir dem Gegenstand X den beschreibenden Begriff S absprechen. Wenn wir aber beschreiben, worin das Lügen des Lügners besteht, so sagen wir, er habe in der Absicht zu täuschen eine falsche Behauptung aufgestellt. Wir bestehen also darauf, das Lügen unter den beschreibenden Begriff »eine Behauptung aufstellen« zu subsumieren.
Es gibt zwei mehr oder weniger offensichtliche Erklärungen dafür, daß es sich nur um scheinbare Inkonsistenz handelt. (Eine weitere »Erklärung« dieser Inkonsistenz wäre natürlich, daß unsere Redeweise eben inkonsistent *ist*.) Ich glaube, keine der beiden Erklärungen ist falsch; aber – wie ich ebenfalls glaube – sind sie doch beide unangemessen dafür, die in Frage stehende sprachliche Erscheinung vollständig aufzuklären. (An dieser Stelle möchte ich daran erinnern, daß es möglicherweise nicht nur *einen*, sondern

13 C. Lewy, *Some Notes on Assertion*, wieder abgedruckt in: Margaret MacDonald (Hrsg.), *Philosophy and Analysis*, New York 1954, S. 120-124.

mehrere starke Gründe für einen bestimmten Sprachgebrauch gibt.)

Die erste dieser Erklärungen pflegt »wirklich« in »der Lügner macht keine wirkliche Behauptung« zu einem übertragenen Attribut zu machen, vergleichbar demjenigen einer Metonymie oder Prolepsis. Einer der Bestandteile im Behauptungs-Akt des Lügners ist nur vorgeblich, ist nicht wirklich: nämlich sein Glaube. Vorgeblicher Glaube ist durchaus verträglich mit dem Aufstellen einer Behauptung, aber – durch eine Art rhetorischer Figur – wird der uneigentliche Charakter dieses Glaubens auf den ganzen Akt übertragen.

Eine zweite Erklärung pflegt das in Frage stehende »wirklich« so aufzufassen, daß es die Unterscheidung zwischen einem logisch primären und einem logisch sekundären Gebrauch sprachlicher Ausdrücke markiert (und nicht die Unterscheidung zwischen fälschlich und nicht-fälschlich). Wenn von zwei Gebrauchsweisen eines sprachlichen Ausdrucks die eine primär ist, können wir uns nicht der anderen bedienen, ohne mit der primären vertraut zu sein (solange wir wissen, was wir sagen). Wir können sekundäre Gebrauchsweisen auch nicht beschreiben, ohne uns wenigstens implizit auf die primäre zu beziehen. So wird z. B. »gut« in der Bedeutung »was die Leute alles gut heißen« logisch sekundär zu einem anderen Gebrauch von »gut« verwendet. (Es sei angemerkt, daß derartige Beispiele nichts mit Verstellung irgendwelcher Art zu tun haben.) Beispiele anderer Art, aber derselben allgemeinen Kategorie: die vom Schauspieler auf der Bühne deklamierte Behauptung »Etwas ist faul im Staat Dänemark!« ist logisch sekundär zu ihrer behauptenden Verwendung; der lügenhafte Gebrauch eines Satzes in Behauptungs-Form ist logisch sekundär zum wahrhaften Gebrauch. Hinter diesen beiden Beispielen steckt natürlich jedesmal Verstellung; aber wie das vorige Beispiel zeigt, macht uns das logische Verhältnis der zwei Gebrauchsweisen und nicht die Verstellung geneigt, bisweilen den logisch primären Gebrauch den »wirklichen« oder »normalen« zu nennen.

Diese Erklärung ist nicht unmittelbar von Belang hinsichtlich der Natur der Kontext-Implikation. Es gibt keinen Grund, warum wir »folgern dürfen« oder »annehmen dürfen« oder »vermuten« sollten (dies die üblichen Ausdrücke, um von den mit der Kontext-Implikation verquickten Folgerungen zu reden), daß jemand der

»p« sagt, »p« logisch primär gebraucht. Es kann natürlich auch sein, daß die Aufklärung der scheinbaren Inkonsistenz gar nichts zur Erkenntnis der Kontext-Implikation beiträgt. Doch denke ich, daß es eine plausible Erklärung der scheinbaren Inkonsistenz gibt, die auch die Natur der Kontext-Implikation erhellt. Ein Schlüssel zu dieser Erklärung ist in der folgenden Bemerkung Strawsons verborgen:

»Wenn jemand in einem normalen Behauptungs-Kontext ›p‹ sagt, ... so dürfen seine Zuhörer annehmen, er glaube, daß *p* ... *Das ist eine Tautologie.*«[14] Leider ist uns vorenthalten, was für eine Tautologie das sei. Fraglos kann die Behauptung aber nicht als Beispielfall logischer Wahrheit ausgegeben werden. Strawson fügt seinen kryptischen Bemerkungen noch hinzu: »Wenn jemand unter solchen Umständen ›p‹ sagt, ohne *p* zu glauben, gibt es mindestens zwei Möglichkeiten: es kann sein, daß er die Sprache nicht korrekt gebraucht; oder er kann uns täuschen wollen. Wir können..., wenn wir das vorziehen, das zweite als Sonderfall des ersten rechnen.« (Dieser Vorzug wäre, sprachlich gesehen, freilich absonderlich – aber das soll jetzt keine Rolle spielen.) Ich möchte erst einmal deutlich machen, daß folgende grobe Formalisierung von Strawsons beiden Bemerkungen – obwohl in diesem Zusammenhang vorgeschlagen – nicht hinreichend ist:

1. Aus »X sagt in normalem Behauptungs-Kontext ›p‹« folgt »X glaubt, daß *p*«.
2. Aus »X sagt in normalem Behauptungs-Kontext ›p‹ und X glaubt nicht, daß *p*« folgt »Entweder gebraucht X die Sprache nicht korrekt, oder X hat die Absicht zu täuschen«.

Das erste Glied der 2. Folgerung ist – nach 1. – ein Widerspruch, und aus einem Widerspruch kann man folgern, was immer man will.

Hier möchte ich eine weitere Exegese zugunsten unserer Explikation unterlassen. Ob Strawson oder Grant an die Explikation gedacht haben, die ich jetzt geben will, weiß ich nicht. Jedenfalls gehe ich ganz wie sie davon aus, daß hinter dem Paradox »Er ist ausgegangen, aber ich glaube es nicht« eine Verbindung zwischen dem Begriff des Behauptens und dem Begriff des Glaubens versteckt ist.

14 P. F. Strawson, *A Reply to Mr. Sellars*, in: Philosophical Review 63 (1954), S. 224.

Ein paar Überlegungen zur Methode mögen hier angebracht sein. In der folgenden Explikation werde ich gelegentlich über diesen oder jenen Sprachgebrauch in der normalen Sprache reden. Dabei will ich mich bemühen, was ich zu sagen habe, in überprüfbarer oder überprüfter Form darzubieten. Ich werde auch versuchen, die im normalen Deutsch oder ähnlichen Sprachen gegebenen und verwurzelten Begriffe als die Grenzen meiner oder sonst jemandes Welt anzusehen. Die deskriptive Aufgabe der Philosophie ist an das Studium natürlicher Sprachen gebunden; aber so wichtig diese Aufgabe ist, sollte sie doch nicht so aufgefaßt werden, als ob sie die alten philosophischen Aufgaben des Systematisierens, des Reformierens und des Spekulierens zu ersetzen hätte. Die wohlverstandene Aufgabe des Beschreibens besteht vielmehr darin, die eher abstoßenden Momente der Philosophie zu destruieren – krankhafte Neuerungen, verrückte Systeme, obskure Spekulation. Wir wollen also annehmen, daß was z. B. mindestens einige der deutschen Idealisten über Freiheit geschrieben haben, die Philosophie in ihrer unattraktivsten Form repräsentiert; und daß das Studium der normalen Verwendungsweise von »frei« uns lehren kann, daß »›Freiheit‹ kein Name für ein Charakteristikum von Handlungen (ist), sondern der Name einer Dimension, in der Handlungen beurteilt werden«.[15] Aber ein Großteil der philosophischen Diskussion über Freiheit kann plausibel gemacht werden als Versuch, eben diese Dimension zu beurteilen. Sollte diese Dimension überhaupt zum alten Eisen geworfen werden, oder sollte man sie irgendwie radikal ändern? (Tatsächlich hat sie ihre Gestalt – seit Freud – radikal geändert.) Wenn Philosophen solche Fragen ignorieren, werden sie sich auf eine sehr begrenzte sprachliche Archäologie beschränkt finden, die wohl so faszinierend wie nützlich ist, aber eben nicht alles, was die Philosophie kann und soll.

Noch eine letzte methodische Überlegung: Wenn ich den normalen Sprachgebrauch betrachte, beziehe ich mich des öfteren auf ein Prinzip, das ich hier »das Prinzip der Beachtung der Kommunikations-Umstände« taufen will. Zu diesen Umständen zähle ich die

15 J. L. Austin, *A Plea for Excuses*, in: Aristotelian Society Papers 1956/7, S. 6; deutsche Übersetzung: J. L. A., *Ein Plädoyer für Entschuldigungen*, in: G. Meggle (Hrsg.), *Analytische Handlungstheorie Bd. 1: Handlungsbeschreibungen*, Frankfurt 1977, S. 14.

Absichten und Ziele von Sprechern und Hörern sowie alle anderen nicht rein physischen Umstände, die auf die Kommunikation einwirken. Austins Formel für das Ausgehen von der Basis der normalen Sprache – nämlich zu »untersuchen, was wir sagen würden, wenn ...« – ist völlig am Platz in dem Zusammenhang, in dem sie erscheint.[16] Die Umstände der Kommunikation, auf die die Formel zielt, sind in diesem Zusammenhang klar und deutlich nur diejenigen des Sich-selbst-Entschuldigens (und nicht des Jemand-anderen-Entschuldigens). Unter diesen Umständen kann ich sehr wohl wissen, ob ich sagen würde »Ich tat X zufällig« oder »Ich tat X aus Versehen«, wenn jemand genauer beschreiben will, wie ich dazu kam, X zu tun. (In der Tat wurden die Begriffe Zufall und Versehen ja für den fraglichen Kontext gebildet.) Aber wenn wir Austins Formel (»was würden wir sagen, wenn«) von ihrem Zusammenhang ablösen und sie anwenden, ohne die Umstände der Kommunikation zu bedenken, so könnten wir fehlerhafterweise unterstellen (um ein Beispiel Strawsons zu nehmen), wir würden uns unter *allen* Umständen der Kommunikation weigern, Behauptungen wie »Das So-und-so ist P« einen Wahrheitswert zuzuschreiben, wenn »Es gibt ein So-und-so« falsch ist. Oder wir könnten den Umstand vernachlässigen oder vergessen, daß wir in der normalen Sprache »glaubt« teils intensional verwenden (d. h. der Begriff dessen, was jemand glaubt, ist an den Sinn der Worte gebunden, die er zum Ausdruck seines Glaubens gebraucht), teils extensional (d. h. der Begriff des Glaubens weist diese Rückbindung nicht auf). Und wir könnten ignorieren, daß diese unterschiedlichen Gebrauchsweisen nicht inkonsistent sind, sondern anzeigen, wie subtil die normale Sprache in ihren Redeweisen ihren Umständen angepaßt ist. Es gibt z. B. Umstände, unter denen ich *nicht* sagen würde, mein Gärtner – ein nicht-gebildeter Mensch aus dem Süden – »glaubt, die *Nandina Domestica* sollte an eine andere Stelle«, und es gibt Umstände, unter denen ich es durchaus sagen würde. Die ersteren wären jene, unter denen ich meinem Zuhörer zwar zu verstehen geben könnte, daß mein Gärtner den lateinischen Namen versteht und verwendet, es aber aus irgendeinem Grund wichtig wäre, es doch nicht zu verstehen zu geben. Die letzteren wären die, unter denen die Verwendung des lateinischen Namens sicherstellen würde, daß für den Zuhörer eindeutig

16 Austin (s. Anm. 15), S. 7 (dt. Ausg. S. 16).

die fragliche Pflanze bezeichnet ist, oder daß er nicht auf eine falsche Vorstellung vom Gärtner käme, oder daß das keine Rolle spielen würde. Mates bietet ein schönes Beispiel extensionaler Verwendung von »glaubt«: »Dieser leichtgläubige Geschworene glaubt doch tatsächlich, daß der Mörder nichts mit dem Verbrechen zu tun hatte.«[17] »Leichtgläubig« und »tatsächlich« sollen hier falsche Vorstellungen unterdrücken, während der Gebrauch von »Mörder« unmißverständlich und wirkungsvoll die Leichtgläubigkeit rhetorisch unterstreicht. Freilich ist es leicht genug, sich Umstände vorzustellen, unter denen es so angemessen wie wirkungsvoll wäre, im selben Satz »glaubt« intensional zu verwenden. Der Geschworene könnte z. B. gesagt haben: »Die wirkliche Ursache des Verbrechens ist das soziale Milieu des Mörders – er war das hilflose Opfer einer unglücklichen Kindheit und hatte eigentlich nichts mit dem Verbrechen zu tun.« Und der Sprecher unseres obigen Satzes könnte seine Meinung über die Sorte von Leuten, die solches Zeug sagen, vermitteln wollen. Vielleicht sollte ich hinzufügen, daß ich nicht unterstelle, zweifache Verwendungsweisen in der normalen Sprache würden *immer* eher subtile Anpassung an die Umstände der Kommunikation anzeigen als schlicht und einfach Mangel an Klarheit und Konsistenz. Der Grad von Durcheinander in der normalen Sprache hängt vom Grad des Durcheinanders im Kopf des normalen Menschen ab, und der ist beträchtlich. Mir kommt es eher darauf an, daß zweifache Verwendungsweise nicht *immer* auf einen Defekt weist.

Die Umstände der Kommunikation – das möchte ich festhalten – betreffen nicht nur, *was wir sagen würden, wenn* ... Wir können sie auch thematisieren in unserer Rede über unsere Rede: »die Absicht zu lügen« ist Teil der Bestimmung des Lügens.

Es ist an der Zeit, eine vorläufige Skizze meines Erklärungsvorschlags für die Kontext-Implikation zu geben. Aus Gründen, die sich erst ergeben werden, will ich nicht versuchen, die Explikation zu formalisieren, d. h. in Form von Folgerungen zwischen den verschiedenen Behauptungen anzugeben.[18] Stattdessen werde ich

17 Benson Mates, *Comments on the Foregoing*, in: Inquiry 1 (1958), S. 240.

18 Strawsons zwei Bemerkungen über Kontext-Implikation ließen sich auch ohne die oben festgestellten paradoxen Konsequenzen formalisieren, nämlich so: 1. Aus »X sagt in einem *normalen* Behauptungs-Kontext ›p‹« folgt »X glaubt, daß *p*«. 2. Aus »X sagt in einem Behauptungs-Kontext ›p‹, und glaubt nicht,

informell bestimmte Gebrauchsweisen von »normal«, »wirklich«, »behaupten«, »sagen« und »glauben« erläutern. Diese sind so aufeinander bezogen, daß sie – auf unsere Rede über das Lügen angewendet – sie konsistent machen würden und eine Antwort gäben auf einige Rätsel der Kontext-Implikation. Ich werde mich auf diese miteinander verknüpften Gebrauchsweisen aus folgenden Gründen als »explikatorische« oder »Modell«-Gebrauchsweisen (oder auch kurz »das Modell«) beziehen: Ich glaube, sie haben gewisse Ähnlichkeit mit der Art und Weise, wie manche Leute über diese Dinge zu reden pflegen. (Ich werde noch darauf hinweisen, wie man dergleichen empirisch überprüfen kann.) Aber eine wechselseitige Übereinstimmung würde vom Interesse abhängen, das derjenige, der diese Dinge bedenken will, für Systematik und Konsistenz aufbringt.

Es ist wichtig festzuhalten, daß besonders im Fall von »normal« und »richtiger Sprachgebrauch« die Begriffe, die erläutert werden sollen, aufgenommen werden, wie sie in der normalen Sprache vorkommen – und nicht wie auf der philosophischen Meta-Ebene. Behauptungen 2. Ordnung (Behauptungen über Behauptungen) sind im Modell enthalten, aber nur *innerhalb* der Grenzen der normalen Sprache. Das Modell besteht aus folgenden untereinander verbundenen Verwendungsweisen:

1. In einem Kontext des Behauptens (d. h. unter Bedingungen, die die Kriterien für solche Kontexte erfüllen) »p« sagen heißt – was denjenigen Sinn von »sagen« angeht, der von Belang ist – behaupten, daß *p*. (Ich werde bisweilen statt »behaupten, daß *p*« die Redeweise »die Behauptung *p* aufstellen« gebrauchen.) Ob die Kriterien für einen Behauptungs-Kontext erfüllt sind oder nicht, ist – wie ich zeigen werde – eine empirisch festzustellende Angelegenheit: entweder durch einfaches Hinsehen (Prüfen) oder durch ein deduktives Verfahren.
2. »Wirklich« in »Wer lügt, macht keine wirkliche Behauptung« ist austauschbar mit »normal« in der ganz gewöhnlichen wertenden Verwendung dieser Wörter, in der sie nicht das Gegen-

daß *p*« folgt »Entweder gebraucht X die Sprache nicht korrekt, oder X beabsichtigt zu täuschen«. Man könnte die erste Folgerung als eine Explikation ansehen, die ein Kriterium für den wertenden Gebrauch von »normal« in der Anwendung auf Behauptungs-Kontexte angibt; die zweite würde zwei Bedingungen für Nicht-Normalität in solchen Kontexten klar machen.

teil von »unecht« bedeuten und auch nicht das Gleiche wie »üblich«.

Ein Akt des Behauptens wird nur dann als »normal« bewertet, wenn der Sprecher glaubt, was er sagt. (Dieselbe Forderung gilt für die Bezeichnung eines Behauptungs-Kontexts als »normal«.) Die beiden folgenden Bedingungen müssen erfüllt sein, wenn jemand glaubt, was er sagt: Er muß die Absicht haben, die Wahrheit zu sagen (d. h. er darf nicht die Absicht haben zu täuschen); und er muß die Sprache korrekt gebrauchen.[19] (Diese zwei Bedingungen fungieren dann mindestens als Teilmenge der Kriterien, um den Behauptungs-Akt als »normal« zu bewerten.) Demnach ist der Behauptungs-Akt nicht normal, wenn jemand in einem Behauptungs-Kontext sagt, was er nicht glaubt, und dann gibt es (mindestens) die zwei Möglichkeiten: daß er entweder beabsichtigt zu täuschen (zu lügen) oder aber die Sprache nicht richtig gebraucht.

Die zwei Bedingungen, die damit verknüpft sind, daß einer glaubt was er sagt, gehören deutlich in die Kategorie der *Umstände der Kommunikation*. Ist eine der beiden nicht erfüllt, so ist das im Widerstreit mit dem wesentlichen Sinn von Kommunikation: Mitteilen von Glauben und Denken. Darüberhinaus wird der Sprecher als dafür verantwortlich betrachtet, daß er beide Bedingungen erfüllt – mehr vielleicht dafür, nicht zu lügen als die Sprache korrekt zu gebrauchen.

Diese zwei Umstände machen den Inhalt (oder einen Teil des Inhalts) dessen aus, was ich die »Vorannahmen der Normalität« im Akt des Behauptens nennen will. Diese Annahmen sind – so möchte ich festhalten – in folgender Hinsicht dem angelsächsischen Rechtsprinzip vergleichbar, daß jemand solange für unschuldig zu halten ist, bis er als schuldig überführt ist. Dieses Prinzip ist nicht als Induktion eingerichtet – es kann nicht dararat aufgefaßt werden, daß ein einer Straftat Angeklagter mit höherer Wahrscheinlichkeit unschuldig als schuldig wäre. Dennoch ist das Prinzip nicht unabhängig von induktiv festgestellten Häufigkeiten. Eine drastische Verschiebung – vielleicht durch neue Metho-

19 Die allgemeine Formel für Kontext-Implikationen – »jemand der ›p‹ sagt, impliziert, er glaube, daß *p*« – gilt nicht, wenn »p« kein Satz ist, mit dem man etwas behaupten kann; z. B. wenn »p« der Satz »Mach die Tür zu!« ist.

den der Aufklärung von Verbrechen – in der Relation Beklagte/ Verurteilte könnte möglicherweise zu einer Änderung des Prinzips, ja zu seiner völligen Preisgabe führen. Außerdem ist das Prinzip eng verknüpft mit ethischen Erwägungen wie der Fairneß, dem Beschuldigten den Vorteil des Zweifels zu gewähren. Schließlich ist das Prinzip an unsere Kultur gebunden, wenn auch nicht in irgendeinem gewöhnlichen Sinn – willkürlich, launenhaft oder ungerechtfertigterweise. Die Voranahmen der Normalität des Behauptungs-Aktes könnte man – so hoffe ich zu zeigen – angemessenerweise ein »Prinzip« der Kommunikation in unserer Kultur nennen: Die »Unschuld« des Sprechers ist, solange das Gegenteil nicht evident ist, als gegeben anzunehmen im kooperativen Bemühen des Gesprächs.

Nun könnte man sowohl die Voranahme der Normalität als auch die Kriterien für Behauptungs-Kontexte in einem sehr weiten Sinn als »Konventionen« bezeichnen. Aber beides sind deutlich unterschiedene Arten von Dingen, und das eine wie das andere ist wiederum unterschieden von einem dritten Faktor innerhalb der Erscheinung der Kontext-Implikation: Den sprachlichen Regeln (»Konventionen« in einem weniger weiten Sinn), die den korrekten Gebrauch angeben, den der Sprecher von den Ausdrükken zu machen hat. Wenn jemand »p« sagt, dann gibt es Regeln, die die korrekte Verwendung von »p« bestimmen, und Regeln für die Bestandteile von »p«.

Ich werde das Paradigma der Kontext-Implikation (»p« sagen heißt, im Kontext zu implizieren, daß man glaubt, daß *p*) als folgendermaßen von diesen drei Faktoren abhängig erläutern: 1. *Gegebenheit eines Behauptungs-Kontexts.* Die Frage, ob jemand glaubt, was er sagt, stellt sich in einem Nicht-Behauptungs-Kontext überhaupt nicht. 2. *Voranahmen der Normalität.* Innerhalb eines Behauptungs-Kontexts gilt die Implikation nur, wenn die Voranahmen Prinzipien der Kommunikation sind. 3. *Die Regeln für den korrekten Gebrauch eines Ausdrucks.* Wenn die Voranahmen der Normalität für einen Behauptungs-Kontext gegeben sind, dann wird durch die Regel des korrekten Gebrauchs von »p« bestimmt, ob impliziert ist, daß jemand *p* glaubt, wenn er »p« sagt. (Ist z. B. »p« korrekt gebraucht, wenn es als Frage und nicht als Behauptung geäußert werden soll?) Weiter gilt: Wenn »p« korrekt als Behauptungs-Satz verwendet ist, dann bestimmen die

Regeln für den richtigen Gebrauch der Bestandteile von »p«, wovon der Sprecher impliziert, daß er es glaube.
Dieses eben angegebene Modell läßt sich wie folgt zusammenfassen: Ein Sprecher, der eine Behauptung aufstellt, impliziert in deren Kontext all das, was man aufgrund der Voranahmen, daß der Akt seines Behauptens normal war, daraus mit Recht folgern darf.
Alles im folgenden zum Behaupten Dargelegte sollte so aufgefaßt werden, daß es – mit den entsprechenden Änderungen – auch für die Bereiche des Fragens, Befehlens, Empfehlens u.s.w. gilt. Außerdem möchte ich darauf aufmerksam machen, daß bei Strawson und anderen »Kontext« sowohl die Situation als auch das Gebaren des Sprechers umfaßt; ich werde diese beiden Faktoren teils zusammen, teils getrennt betrachten.[20]
Ich nehme an, die folgende Reihenfolge der Erläuterung unseres Modells ist angebracht: Zuerst werde ich die Kriterien für Behauptungs-Kontexte betrachten, dann den Begriff »etwas sagen«, zuletzt den Gebrauch von »wirklich« und »normal« in Verbindung mit Behauptungs-Akten.
Gibt es eine einfache und zugleich abgeschlossene Menge von Kriterien für Situationen, Gebaren oder Sprechweisen des Behauptens? Als erstes ist zu bemerken, daß die Philosophen zu diesem Thema nur negative Hinweise geben oder aber durch Beispiele anzeigen, was ein Behauptungs-Kontext ist. So sei eine Behauptungs-Situation nicht das gleiche wie Theaterspielen, das Mikrophon testen, Geschichtenerzählen, Aussprache üben u.s.w.; Gebaren des Behauptens bestehe nicht in Daumendrücken, Winken, einen ironischen Ton annehmen u.s.w. Bequemerweise wird dieses »u.s.w.« niemals weiter erläutert – nehmen *wir* uns also noch ein paar weitere Punkte vor. Zur Liste der Situationen, in denen keine Behauptungen aufgestellt werden, könnten wir noch die gemischten oder nicht eindeutigen Fälle des Party-Geplauders, des Liebes-Gesprächs und der Stunde beim Psychoanalytiker hinzufügen. Zu Verhaltens- oder Sprechweisen dieser Art gehören individuelle Idiosynkrasien, die sich in deklarativen Aussagen kundtun. (Ich kenne z. B. zwei erwachsene Leute, die bei bestimmter Gelegenheit sich in Kinder verwandeln, die noch nicht zwischen Tatsachen und

20 Es gibt natürlich auch Situationen (wie z. B. das Theaterspielen), wo eine Unterscheidung von Situation und Verhalten müßig wäre.

Einbildungen unterscheiden können, zwischen ernsthaften Zukunftsplänen und Wunschträumen. Nur ihre Bekannten, die mit der Eigenheit dieser beiden vertraut sind, können in solchen Augenblicken der Regression erkennen, daß damit keine Behauptungen und kein entsprechendes Gebaren verbunden sind.)

Daß wir gewöhnlich nur negative Hinweise bekommen, was ein Kontext des Behauptens sei, hat – denke ich – seinen guten Grund. Sobald wir einmal – kollektiv oder individuell – das Stadium hinter uns gelassen haben, in dem nicht zwischen ernsthaftem und spielerischem, zwischen wörtlichem und nicht-wörtlichem Sprachgebrauch deutlich unterschieden wird, ist das Behaupten der logisch primäre Sprachgebrauch. Man kann natürlich die Binsenwahrheit aussprechen, Kontexte des Behauptens sind diejenigen, in die Erwägungen über wahr und falsch eingehen. Aber der springende Punkt ist, daß diese Kontexte sonst weiter nichts gemein zu haben scheinen als einzig und allein, daß Wahrheit und Falschheit für sie von Belang sind. Und dementsprechend sollte das Aufzählen einer Reihe von Kontexten, in denen bekanntlich keine Behauptungen aufgestellt werden, einem gewitzten Publikum als Hinweis genügen für das, was den primären Kontext ausmacht.

Gibt es einen ebenso guten Grund, weshalb auch der Begriff eines Kontexts des Nicht-Behauptens eher durch Beispiele erhellt wird als durch Definition? Ich glaube schon. Situationen und Verhaltensweisen, in und mit denen keine Behauptungen aufgestellt werden, bilden eine heterogene Menge, in der kein gemeinsames »Wesen« zutage tritt, aus dem wir Kriterien ableiten könnten. Wenn wir diese ganze negative Menge als »spielerisch« oder »unernst« bezeichnen, müssen wir die gewöhnliche Bedeutung dieser Wörter verdrehen. Der literarische Sprachgebrauch ist ernsthaft und steht keineswegs in einfachem Kontrast zu einem behauptenden Sprachgebrauch. »Roman« ist ein engerer Begriff als »Literatur«. Ein Märchen erzählen und ein Mikrophon testen scheinen nichts gemein zu haben, außer daß sie nicht zu einem Behauptungs-Kontext gehören. Mit Ironie sprechen ist ein ganz anderes »Sprachverhalten« als beim Reden zu winken. Oder nehmen wir an, wir abstrahieren bei jemands Aussprache-Übungen, daß das Interesse des Sprechers wie der möglichen Zuhörer allein der lautlichen Seite der Wörter gilt – dieses negative Kriterium ist auf andere Beispiele dieser negativen Menge nicht anwendbar.

Ähnlich gibt es auch kein besonderes »Wesen« und demzufolge keine einheitliche Menge von Kriterien für die verschiedenen Standardbeispiele von Behauptungs-Kontexten: Zeugenaussagen vor Gericht, Diskussion der Folgen sozialer Maßnahmen, wissenschaftliche Forschung. Shakespeare zeigt uns sogar in einem Schauspiel, welch ernsthafter Gebrauch von einem Schauspiel gemacht werden kann; und im wirklichen Leben hat Mme de Staël das schöne Beispiel eines Auftritts gegeben, der in Schauspielerei und Feststellen von Behauptungen in einem bestand. Als ihr Liebhaber Benjamin Constant im Begriff war, sie wegen einer anderen Frau zu verlassen, setzte sie eine Aufführung von Racines *Andromache* an; sie selbst übernahm die Rolle der Hermione, einer genarrten Frau, und Constant die des Pyrrhus, der sie narrt. Die große Szene, in der Hermione den Pyrrhus entlarvt, scheint jedermann gefallen zu haben – dem Publikum waren die Umstände bekannt – außer natürlich Constant. Ich brauche zum Abschluß dieser Beispiele kaum anzufügen, daß die Maßstäbe für Kontexte des Behauptens zwischen den einzelnen Kulturen stark voneinander unterschieden sein können.

Unsere nächste Frage ist: Beruht unsere Unterscheidung, ob ein Kontext einer des Behauptens ist oder nicht, auf induktiver Folgerung, auf dem Abwägen von Evidenz? Meine Antwort ist: Nein, wenn auch unsere Unterscheidung nicht immer nicht-folgernd sein *muß*, nicht immer keine Sache des genauen Hinsehens zu sein braucht. Wenn ich ins Theater gehe, veranstalte ich kein induktives Verfahren, um sicher zu sein, daß was ich sehe ein Schauspiel ist und nicht z. B. ein Mord. Ich erkenne das Gebäude, in dem ich bin, als Theater und das, was vorgeht, als Schauspiel. Aber es ist nicht schwer sich Situationen vorzustellen (ein Appartement mit dünnen Wänden, dazu eine Stimme aus dem Radio), bei denen abzuwägen sein könnte, ob die Evidenz für die Entscheidung spricht, daß man die Stimme eines Mörders gehört hat oder die Stimme von jemandem, der einen Mörder spielt.

Damit komme ich jetzt zum Begriff von »etwas sagen«. Unser Sprachgebrauch von »sagen« hat einige absonderliche und interessante Merkmale. Ich werde bei ihrer Erläuterung zu vermeiden versuchen, eigenmächtig Regeln für angemessenen und korrekten Sprachgebrauch niederzulegen, und will auch nicht den Anschein erwecken, das zu tun. Ich werde nur berichten – mit der notwendigen kritischen Interpretation –, was ich bei einigermaßen sorgsamer Durchsicht von Wörterbüchern gefunden habe. Und wenn ich schreibe »wir sagen nicht ...«, dann beziehe ich mich auf die Art von Ausdrücken, die ich im Aufsatz eines Anfängers als »ungeeignet« oder »falsch« oder »absonderlich« kennzeichnen würde. Zwei Punkte sind in diesem Zusammenhang wichtig: Erstens kann nicht einmal die einfachste Frage des Sprachgebrauchs aufgrund unwissender und kritikloser Benützung von Wörterbüchern beantwortet werden. Zweitens will ich nicht wie beim Korrigieren von Erstsemester-Aufsätzen literarische Fertigkeiten lehren, wenn ich mittels des Wörterbuchs herausfinden will, ob ein Sprachgebrauch richtig und angemessen ist. Mein Ziel ist, den philosophischen Schritt weiterzugehen und aus den herausgefundenen Regeln gewisse Begriffe herauszufinden, die zu unterscheiden für unsere Untersuchung notwendig ist.

Was also finden wir bei (kritischer) Durchsicht von Wörterbüchern über den Gebrauch von »sagen« und den damit eng verbundenen Ausdrücken »äußern« und »behaupten«?

Wir »äußern« Wörter und Sätze ebenso wie Seufzer und dergleichen. In gewisser Weise kann man auch sagen: wir »äußern«, *daß* .... Aber der problemlose Sprachgebrauch ist: »sagen«, daß .... »Sagen« wir auch Wörter und Sätze? Wenn wir diese Frage bejahen aufgrund dessen, daß wir sagen können »Du hast ein unanständiges Wort gesagt!«, sollten wir daran denken, daß diese Redewendung vielleicht ein bezeichnendes Überbleibsel aus der Kindheit ist. Als wir Kinder waren, haben nicht nur menschliche Wesen etwas zu uns »gesagt«. Vielleicht haben unsere Eltern uns in dieser Vorstellung bestärkt und uns erzählt, die Kuh *sagt* »Muh« usw. Was vom Standpunkt der Erwachsenen eine metaphorische Erweiterung von »sagen« zu »äußern« ist, ist der ursprüngliche kindheitliche (und womöglich ursprüngliche für die menschliche Gattung) Umfang des Begriffs. Aber wenn man als Erwachsener sagen würde »Er sagte das Wort sehr gedehnt«, so wäre es kein gutes Deutsch; »Er sprach das Wort sehr gedehnt« oder auch »Er sprach das Wort sehr gedehnt aus« passen besser zum Kontext.

»Sagen« hat also in einer Richtung eine Grenze, die es vom bloßen »äußern« abhebt, das sich auf Laute bezieht, die die Laute von Wörtern sein können oder auch nicht. Z. B. können sowohl mein chinesischer Freund als auch ich (der ich kein Chinesisch kann) den chinesischen Satz »C« äußern (ich höre ihm zu und versuche, seine Laute zu imitieren). Aber nur mein Freund sagt »C«, wenn er die Lautkette des Satzes »C« äußert – und vielleicht sagt er sogar, *daß C.* (Übrigens kann man wohl sagen, »Er äußerte den Satz ›Du lügst‹«, nicht aber »›Du lügst‹, äußerte er«.)

Dieser Verwendung von »sagt ›P‹« gehört unser Interesse. Wenn wir ein Wörterbuch zu Rate ziehen, finden wir dem Begriff »sagen« einverleibt denjenigen von *etwas mit Worten ausdrücken.* Diese leicht altmodische Redeweise kann – ich denke, ohne Willkür – so aufgefaßt werden: »p« sagen heißt Laute als Worte verwenden, und das heißt Laute bewußt als eine Art der Rede gebrauchen. (Daß es Grenzfälle gibt, macht diese Unterscheidung nicht unbrauchbar.) Nur in metaphorischer Übertragung sagt der Papagei »Polly will ein Keks«, sagt die Kuh »Muh« und sagt das Kind, das noch nicht sprechen kann, »Mama«.

Die andere Grenze von »sagen« stellt »behaupten« dar. Man kann »sagen, daß ...« und »behaupten, daß ...«. Aber obgleich der Schauspieler *sagt,* »Etwas ist faul im Staat Dänemark«, *sagt* er damit auch, *daß* etwas faul sei im Staat Dänemark? Ich glaube, wir zögern darauf zu antworten; und dieses Zögern ist lehrreich. Man kann »behaupten, daß« für »sagte, daß« nur dort einsetzen, wo es sich um einen Kontext des Behauptens handelt; z. B. »Du hast gelogen. Du *sagtest,* daß ..., und du hast gewußt, daß es nicht so ist«. Aber die Fälle der legitimen Ersetzung von »sagen, daß« durch »behaupten, daß« sind so zahlreich, daß wir im Fall des Schauspielers zögern – doch können wir hier nicht »behauptet, daß« anstelle von »sagt, daß« verwenden.

Schließt »›p‹ sagen« (»›p‹ äußern mit der Absicht, irgendeine Art von Gespräch zu bewerkstelligen«) den korrekten Gebrauch von »p« und seinen Bestandteilen ein? Die Antwort auf diese Frage wird die Grenzen von »sagen«, wie ich es in unserem Modell gebrauche, noch verdeutlichen. Nehmen wir z. B. an, ein Student möchte seine Vorstellung ausdrücken, daß die Ontogenese die Phylogenese rekapituliert, und äußert zu dem Zweck den Satz »Die Ontologie dekapitiert die Philologie«. Hier also sind Wörter als Bestandteile eines Satzes unrichtig gebraucht. Sagt der Student damit »Die Ontologie dekapitiert die Philologie«? Ja, nach der Art und Weise, wie in unserem Modell »sagen« zu gebrauchen ist, sagt er es und sagt damit, daß die Ontologie ..., und wenn der Kontext ein Behauptungs-Kontext ist, behauptet er, daß die Ontologie ... (Ich möchte hier nicht das Prinzip der Kommunikations-Umstände übergehen; man kann sich leicht Umstände vorstellen, unter denen ich nicht »behaupten« auf die Äußerung dieses Satzes anwenden würde.)

Alles, was ich beanspruche, ist, daß erstens dieser Sprachgebrauch ein einfaches Modell darstellt, und daß zweitens dieses Modell nicht im Gegensatz zu *einigen* Weisen des normalen Sprachgebrauchs in einigen Situationen steht. Nehmen wir z. B. an, ich spreche in einer Fremdsprache und verwende unwissentlich ein Schmähwort »V«. Natürlich könnte ich mich dadurch entschuldigen, daß ich erkläre, ich meinte nicht, was ich sagte, oder daß ich nicht die Absicht hatte zu behaupten, X sei ein V, oder daß ich nicht glaubte, X sei ein V – nicht aber dadurch, daß ich die fragliche Behauptung nicht aufgestellt hatte. Wenn also ein Student den Satz »Die Ontologie dekapitiert die Philologie« äußert, und wenn ich dabei mit gutem Grund annehme, er wolle weder täuschen noch glaube er, was er behauptet hat (obwohl manche das glauben könnten), sondern vielmehr die ganz andere Behauptung über Ontogenese und Phylogenese – was habe ich dann gefolgert? Ich folgere dann, daß er die Sprache nicht korrekt gebraucht hat, und zwar nicht auf einer philosophischen Ebene nicht korrekt, sondern auf der Ebene der normalen deutschen Sprache.

Unser Beispiel hat den unrichtigen Gebrauch von Bestandteilen eines Satzes illustriert. Was wäre demgegenüber ein Beispiel für die unrichtige Verwendung eines Satzes? Wir könnten versucht sein zu sagen: Wenn alle Bestandteile eines Satzes »p« korrekt gebraucht sind, dann ist auch der Gebrauch von »p« selbst korrekt – doch ist die Vorstellung einer Regel für den Gebrauch von »p« müßig. Nur wenn wir die syntaktischen Unterschiede zwischen Satzarten – Aussagesatz, Fragesatz usw. – vor Augen haben, ist es (denke ich) natürlich, von den Gebrauchsweisen oder Funktionen der Sätze selbst zu sprechen. Betrachten wir folgendes Beispiel: Jemand, dessen Muttersprache nicht Deutsch ist und sich syntaktisch stark vom Deutschen unterscheidet, könnte bei seinen Bemühungen, Deutsch zu lernen, irgendwann einmal einen Aussagesatz in normaler Wortstellung mit einem Fragesatz verwechseln. Dieser Sprecher würde also z. B. in der Absicht zu fragen, ob

Hans ausgegangen sei, (in einem Behauptungs-Kontext) sagen »Hans ist ausgegangen«. Der Sprecher glaubt in diesem Fall nicht, was er sagt; diese Anomalie ist dann – vorausgesetzt es liegen keine weiteren Norm-Verletzungen vor – dadurch zu erklären, daß er den Satz »Hans ist ausgegangen« nicht korrekt verwendet hat.

Wir können jetzt darangehen zu prüfen, welche Rolle »normal« und »wirklich« in unserem Modell spielen. Erinnern wir uns an eine der sprachlichen Erscheinungen, die zu erklären sind. Einerseits sagten wir, jemand der lügt, behauptet daß *p*. Denn wenn der Lügner nicht etwas tut, was wir korrekterweise als behaupten beschreiben können, dann lügt er tatsächlich gar nicht. Andererseits neigten wir dazu, unsere Beschreibung der Behauptung des Lügners zu modifizieren: Sie sei kein »echter« oder »wirklicher« oder auch »normaler« Akt des Behauptens. Bisweilen sind wir auch geneigt zu sagen, Lügen sei kein »normales« Behaupten. »Normal« sollte man in dieser Formel – so scheint es – als mit »wirklich« und »eigentlich« austauschbar auffassen (in dem Sinn, in dem sie hier gebraucht werden).

Bei der Darstellung des Begriffs eines *normalen* Behauptungs-Akts möchte ich Austins Prinzip *Keine Modifikation ohne Abweichung* ausdrücklich nicht beschwören. Würden wir das Prinzip auf die Erscheinungen anwenden, die hier zu untersuchen sind, so würde es den Sprachgebrauch von »normal«, »gewöhnlich« und dergleichen Ausdrücken der normalen Sprache nur verdunkeln. Seine Anwendung würde zu dem Schluß führen – den ich für verfehlt halte –, daß wenn jemand lügt, irgendetwas mit einer Handlung schiefgegangen sein muß (in dem Sinn, daß eine Bedingung ihres Gelingens nicht erfüllt ist) und wir nicht so recht wissen, was wir sagen sollen.

Wie aber unterscheidet sich die Rolle, die »normal« in meiner Formel zukommt, von Austins Verwendung von »normal« und dergleichen in der Erläuterung, die er von seinem Prinzip gibt? Der fragliche Abschnitt lautet:

»Wenn behauptet wird, X habe A getan, so ist man versucht anzunehmen, wir seien bei bestimmten – ja vielleicht sogar bei *allen* – Ausdrücken, die das Verb modifizieren, berechtigt, entweder den betreffenden Ausdruck selbst oder dessen Gegenteil bzw. Negation in unsere Behauptung einzufügen ... Bei den meisten

Verwendungsweisen der meisten Verben (...) sind solche Annahmen völlig ungerechtfertigt... Nur wenn wir die bezeichnete Handlung auf eine *besondere* Art und Weise bzw. unter *besonderen* Umständen tun, die sich von denen unterscheiden, unter denen oder wie eine solche Handlung normalerweise getan wird (und natürlich differieren sowohl das Normale wie das Anomale je nach dem fraglichen Verb), nur dann ist ein modifizierender Ausdruck erforderlich oder auch nur in Ordnung. Ich sitze ganz normal im Stuhl (...). Hier läßt sich weder sagen, daß ich absichtlich, noch daß ich nicht absichtlich in meinem Stuhl saß...«[21]

In dieser prinzipiellen Feststellung ist »normal« philosophisch gebraucht, d. h. übertragen auf eine 2. Ebene der Verwendung des Worts. (Ich weise darauf hin, daß ich weder gegen solchen Sprachgebrauch noch gegen Austins Anwendung etwas einzuwenden habe.) Ein normaler (gewöhnlicher, natürlicher) Gang durchs Zimmer ist im Sinn Austins genau eine solche Handlung, vor deren modifizierender Beschreibung (selbstverständlich auch durch Ausdrücke wie »normal«, »gewöhnlich«, »natürlich«) ein normaler Mensch sich hüten würde.

Welche Rolle spielen diese Adjektive bzw. Adverbien in der normalen Sprache? (»Natürlich« will ich hier übergehen, weil es nur unnötige Komplikationen mit sich brächte.) Beginnen wir mit einigen bekannten Tatsachen ihres Verhaltens. »Normal« kann bisweilen gegen »gewöhnlich« ausgetauscht werden, bisweilen nicht. Wenn jemand ein paarmal so gegähnt hat, daß das jeweils gleich ganze zehn Minuten dauerte, und dann schließlich nochmals nur für eine Minute gähnte, dann könnte man vielleicht sagen: »Endlich wieder ein normales (gewöhnliches) Gähnen!« oder »Endlich gähnst du wieder normal (gewöhnlich)!« Aber wie wir alle wissen, ist der normale Mensch (das gewöhnliche Exemplar) hinfällig, was den Leib betrifft, schwach von Verstand und unwilligen Geistes – mit einem Wort: alles andere als normal. Und wie die Regel »Lage normal: Alles wie Kraut und Rüben«[21a] so schön sagt, besteht die normale (gewöhnliche, übliche) Art, die Dinge zu erledigen, in einem gewissen Beruf darin, sie zu ver-

21 Austin (s. Anm. 15), S. 15 f. (dt. Ausg. S. 25 f.).

21a Situation normal: all fouled up = »Snafu«: Ausdruck im G.I.-Slang (Anm. d. Übersetzers).

murksen, d. h. eine für ihre wirkungsvolle Durchführung relevante Norm zu verfehlen.
Wann wenden wir in der normalen Sprache (nicht in philosophischem Sprachgebrauch) die Modifikation »normal«/»normalerweise« im Sinn von »gewöhnlich« an? Austins Prinzip (Keine Modifikation ohne Abweichung) ist hier wiederum nicht anwendbar. Zu sagen, wir würden diese Modifikatoren nur anwenden, wenn etwas unklar ist, wäre selbst etwas unklar; und zu sagen, wir würden sie nur anwenden, wenn etwas Widerborstiges passiert, wäre verfehlt. Wir verwenden diese Modifikatoren, wenn es einen Grund gibt, eine Norm zu beschwören, einen Maßstab, eine Skala, an denen etwas gemessen oder bewertet werden kann. Aber das mag seinen Grund genausogut darin haben, daß alles ganz glatt geht, wie auch, daß alles daneben geht. Der Arzt kann nach der Untersuchung zu einem sagen »Alles funktioniert ganz normal«. Die Frau eines Psychiaters erzählte, ihr Mann habe ihr seinen Heiratsantrag mit folgenden Worten gemacht: »Ich liebe dich. Du handelst so normal!« All die Gelegenheiten, in denen Normen beschworen werden, brauchen selbstverständlich nichts weiter gemein zu haben.
Als nächstes wollen wir bei unserer vorläufigen Klärung den Zusammenhang ansehen, der in der normalen Sprache zwischen »normal« und »wirklich« (oder »eigentlich«) besteht, und den Unterschied im Gebrauch von »wirklich« als Gegenteil von »unecht« und »wirklich« als Gegenteil von »abnorm« oder »nicht normal« (»wirklich« austauschbar gegen »normal«) betrachten.
Beispiele sexueller Abweichung, für die »normal« und »wirklich« austauschbar sind, wären erhellend, aber voll unnötiger Komplikationen. Betrachten wir stattdessen einen Geistlichen, der es zu seiner Praxis gemacht hat, jeden Tag abwechselnd eines der Zehn Gebote zu übertreten. Ich glaube, wir wären geneigt zu sagen, er sei kein »normaler« Geistlicher (oder er sei ein »abnormer«), oder um die Ausdrucksweise zu variieren, er sei kein »wirklicher« Geistlicher. »Kein wirklicher« heißt hier offensichtlich nicht, daß er ein Schwindler wäre; von unserem systematisch die Gebote verletzenden Geistlichen zu sagen, er sei kein normaler oder wirklicher Geistlicher, erfordert, daß er Geistlicher ist. Ein Geistlicher, der kein wirklicher Geistlicher ist, weil er ein Schwindler ist, ist nicht ein besonderer oder eigenartiger Geistlicher, sondern gar kei-

ner. Der funktionelle Unterschied zwischen »nicht wirklich« (austauschbar mit »unecht«) und »nicht wirklich« (austauschbar mit »nicht normal«) ist einfach der: *X ist kein wirkliches P (im Sinne von: ein unechtes P)* stellt X außerhalb der Menge der P. (Zuweilen ist es freilich schwierig zu entscheiden, ob der Grad der Unechtheit den Ausschluß erfordert; dann sind wir unsicher, ob wir sagen sollen »X ist ein P« oder »X ist kein P«.) *X ist kein wirkliches P (im Sinne von: kein normales P)* mißt X an einer für P angemessenen Norm; diese Bewertung ist nur dann sinnvoll, wenn X tatsächlich zur Menge der P gehört, nur wenn X ein wirkliches oder echtes P ist.

Diese ganz offensichtlich sprachlichen Beobachtungen sind aus folgendem Grund wichtig: Sie halten uns davon ab, die näher bestimmte Anwendung eines Prädikats P auf einen Gegenstand X, dessen nähere Bestimmung »nicht wirklich« ist, damit zu verwechseln, daß wir dem Gegenstand X das Prädikat P ohne weitere Bestimmung vorenthalten. Jetzt können wir erkennen, daß unsere Neigung zu sagen, eine lügenhafte Behauptung sei kein wirklicher oder echter Akt des Behauptens, völlig damit übereinstimmt, daß man etwas behaupten muß, um zu lügen. »Wirklich« kann und – so möchte ich vorschlagen – sollte in diesem Kontext in dem Sinn aufgefaßt werden, daß es austauschbar ist gegen »normal«.

Eine letzte Frage noch, und wir sind in der Lage, eine Einschätzung unseres Erklärungs-Modells zu geben. In welchem Sinn kann man sagen, eine Handlung – und nicht nur eine Behauptung oder eine Aussage – *impliziere* etwas?

Ganz klar kann man jedenfalls in folgendem Sinn sagen, eine Handlung impliziere etwas: Was eine Handlung impliziert, folgt aus der Beschreibung ihres Vollzugs. So können wir »Daß Hanser heiratet, impliziert, daß er noch nicht verheiratet war« neu formulieren: Aus »Hanser heiratete« folgt »Hanser war noch nicht verheiratet«. Wie läßt sich diese Formulierung auf unser Modell anwenden? Wir haben gesehen, daß aus »X behauptet, daß *p*« *nicht* folgt »X glaubt, daß *p*«. Können wir aber nicht einen Teil des Modells als folgende Folgerung formulieren: Aus »X stellt die normale Behauptung auf, daß *p*« (oder »X behauptet in normaler Art und Weise, daß *p*«) folgt »X glaubt, daß *p*«? Es gibt mehrere Gründe, warum es nicht ratsam ist, das Modell als eine Menge von Folgerungen zu formulieren.

Erstens ist das Verhältnis zwischen wertendem Gebrauch von Begriffen und Kriterien dieses Gebrauchs philosophisch immer noch umstritten. Wenn man »gut« bewertend gebraucht (nach Urmsons Terminologie: als Einstufungs-Etikett), bedeutet »X ist gut« dann »X hat die Merkmale A, B C«, wobei A, B, C die Bewertungskriterien sein sollen? Ich neige dazu, Urmson zuzustimmen, daß das Verhältnis zwischen einem Einstufungs-Etikett und seinen Kriterien weder analytisch noch synthetisch ist, und daß diese Unterscheidung nur auf rein deskriptiven Sprachgebrauch anzuwenden ist, nicht auf Bewertungen und Einstufungen. Wie immer es sein mag, scheint es doch klüger zu sein, die Streitfrage nicht dogmatisch zu erledigen, bevor ein Urteil gegeben werden kann, sondern das Verhältnis mit einem Wort zu bezeichnen, das weniger festgelegt ist als »Folgerung«. »Logisch folgern« etc. hat in der normalen Sprache keine exakte Verwendung. Sicher kann man auch in ihr Behauptungen 2. Ordnung finden, die sich plausibel als Folgerungen auffassen lassen. Aber dank der (nützlichen) Vagheit und Zweideutigkeit von Regeln des Sprachgebrauchs in der normalen Sprache sind Folgerungs-Behauptungen in ihr nicht – wie in der Logik – präzise und ausnahmslos. So sind z. B. nicht alle Behauptungen der Form *X ist ein Junggeselle und X ist verheiratet* in der normalen Sprache als Widersprüche zu interpretieren. Jemand der sich in der Verworrenheit der Scheidungsgesetze Kaliforniens, Nevadas und Mexikos verfangen hat, könnte durchaus als noch verheirateter Junggeselle zu beschreiben sein. Je mehr ein Satz formal einer Tautologie ähnelt – wo Männer Männer sind; eine Rose ist eine Rose – desto unwahrscheinlicher ist in der normalen Sprache sein Gebrauch. Wenn wir jetzt zu den Schwierigkeiten, aus einigermaßen klaren Fällen der normalen Sprache Regeln des Folgerns zu entnehmen, noch die Schwierigkeiten hinzufügen, die unserem verwickelten Fall anhaften, dann haben wir unsere Materie nur unnötigerweise kompliziert.

Schließlich ist ein terminus technicus wie »folgt aus« auch nicht zu empfehlen, wenn das Modell in eine derartige Gestalt gebracht werden soll, daß sich auch die Vereinbarkeit mit den Gebrauchsweisen der normalen Sprache empirisch überprüfen läßt. Ein normaler Mensch, der befragt werden soll, kann eine Frage wie »folgt *q* aus *p*?« kaum verstehen, ohne wenigstens kurz in formale Logik eingeführt worden zu sein – und wenn er diesen Kurs hinter sich hat, ist er kein befragbarer unvoreingenommener Benützer der normalen Sprache mehr. Womöglich ist er dann dabei, sich philosophische Gedanken über die »wirkliche« Bedeutung von Begriffen zu machen.

Daher schlage ich vor, das fragliche Verhältnis nach folgenden Richtlinien zu formulieren: Im Kontext eines Aktes des Behauptens ist die Erfüllung derjenigen Bedingungen impliziert, die *dazu gehören,* damit der Akt als normal charakterisiert (beschrieben, bewertet) werden kann. Fragen wie diese könnten dann an jemand Unvoreingenommenen gerichtet werden: »Wenn Sie sagen, dieser Behauptungs-Akt war normal (Behauptungs-Kontext natürlich vorausgesetzt), würden Sie dann auch sagen, daß . . .?«, oder »Wenn Sie diesen Behauptungs-Akt als normal bewerten (einschätzen, beurteilen), würden Sie sich selbst dann für verpflichtet halten zu behaupten, daß . . .?«

Es sollte jetzt klar geworden sein, daß das Folgern aus einer Kontext-Implikation unterschieden ist sowohl vom induktiven Schließen wie von der Deduktion. (Tatsächlich ist es zweifelhaft, ob »folgern« überhaupt ein angemessenes Wort ist für etwas mit »Kontext-Implikation« Verbundenes.) Wenn wir aufgrund der Tatsache, daß X in einem Behauptungs-Kontext »p« sagt, annehmen, X glaube, daß *p,* dann sind wir weder dem auf der Spur, was aus dieser Behauptung oder irgendeiner anderen logisch folgt, noch schließen wir induktiv auf die Aufrichtigkeit und den korrekten Sprachgebrauch von X. Kontext-Folgerung (wenn wir das Wort denn gebrauchen wollen) ist eher eine Sache gemeinschaftlicher Annahmen, solange das Gegenteil des Angenommenen nicht evident ist, daß in einer Kommunikations-Situation Akte des Behauptens als normal gelten können.

Soweit habe ich das Erklärungs-Modell zwar nur teilweise klargemacht, aber es wird – wie ich hoffe – für eine grobe Einschätzung dessen reichen, was das Modell leistet und was nicht. Trotzdem werden noch einige Fragen über das Modell zu beantworten sein. Es ist angebracht, hier darauf hinzuweisen, welche Fragen es sind und an welcher Stelle der Argumentation ich auf sie eingehen will.

Erstens: Was genau ist die Natur logischer Absonderlichkeit? Bisher habe ich – wie alle anderen, die etwas zum Thema geschrieben haben – an die Intuition des Publikums appelliert, wenn ich eine sprachliche Handlung »logisch absonderlich« nannte. Aber die Intuition bedarf der Stütze erläuternder Darlegungen. Z. B. möchte man wissen – oder sollte wissen wollen – worin genau Ähnlichkeit und Unähnlichkeit zwischen »behaupten, daß *p*« und »negieren, was der Kontext dieses Behauptens impliziert« einerseits und der Behauptung *»p und nicht p«* andererseits bestehen. Mit dieser Frage werde ich mich am Ende dieses Abschnitts beschäftigen, wenn ich mich zum Abschluß noch einmal dem Paradigma logischer Absonderlichkeit widme (»Er ist ausgegangen, aber ich glaube es nicht«).

Zweitens habe ich meine Feststellung, die Voranahmen der Normalität seien kulturspezifisch, zu untermauern. Auch die Frage, wie diese Vorannahmen einerseits mit ethischen Erwägungen, andererseits mit empirischen Häufigkeiten in Beziehung zu setzen sind, will beantwortet sein. Außerdem ist noch ungeklärt, wie das Modell damit fertig wird, daß wir oftmals induktiv feststellen, daß jemand nicht lügt oder daß er die Sprache korrekt gebraucht. Auf diese Fragen werde ich im Zusammenhang der Beurteilung des Modells kurz eingehen.

Schließlich müssen wir uns noch fragen, welche Rolle bei der Bestimmung der Kontext-Implikation genau sprachliche Konventionen (oder Regeln des Sprachgebrauchs) spielen. Darauf bin ich bereits partiell, aber noch lange nicht angemessen eingegangen. Betrachten wir den allgemeinsten Fall: Jemand äußert einen Behauptungs-Satz in normaler Wortstellung und im Indikativ und gebraucht die Laute bewußt als Rede (»er sagt ›p‹«), womit er in diesem Kontext impliziert, daß er »p« korrekt gebraucht. Korrekt gebrauchen schließt hier nicht nur die richtige Verwendung der einzelnen Wörter ein, aus denen »p« besteht (vgl. unser Beispiel »Ontogenese«/»Ontologie«), sondern auch daß »p« nicht irrtümlich als Frage, Befehl u. ä. aufgefaßt wird. Kurz, sowohl semantische wie syntaktische Regeln (oder Konventionen) des korrekten Gebrauchs bestimmen, was wir darüber annehmen können, daß jemand glaubt, der – in einem Behauptungs-Kontext – »p« sagt. Selbst wenn die Vagheit und Zweideutigkeit von »Regel« und »Konvention« in dieser Erläuterung nicht so weit gehen wie z. B. in Urmsons Darstellung der Kontext-Implikation, so decken sie doch immer noch – vielleicht passenderweise – eine Vielzahl von Dingen. Im Anschluß an die Beurteilung des Modells werde ich anzudeuten versuchen, wie einige Elemente dieser Vielzahl bei der Bestimmung dessen fungieren, *was* ein Sprecher in einem Kontext impliziert. Zu dem Zweck wähle ich Strawsons Referenz-Regeln aus sowie seine Regel der Präsupposition von Ausdrücken wie »Der Präsident der USA ist ... Jahre alt«. Sowohl Strawson als auch seine Kritiker haben die Regel (oder Konvention) der Präsupposition von Behauptungen als eine Regel des korrekten Gebrauchs der normalen Sprache aufgefaßt. Die Kritiker haben natürlich freudig darauf hingewiesen, daß die Regel nicht für alle Situationen der normalen Sprache gilt, und Strawson hat zugegeben, daß seine Regel mehr Ausnahmen hat, als er anfangs dachte. Ich werde darlegen, daß Strawson und seine Kritiker gleichermaßen fehlgehen in ihrer Interpretation der Funktion der Regel und ihres Anwendungsbereichs.

Was kann das Erklärungs-Modell beanspruchen, was nicht? Zuallererst muß ich feststellen: Ich beanspruche keinerlei Originalität für das Modell. In einem gewissen Sinn (den ich hier nicht spezifizieren möchte) würde unsere Explikation eine Menge davon anbieten, um ziemlich das gleiche wie Strawson und viele andere über das Verhältnis zwischen Glauben und Behauptungs-Akt zu sagen. Aber ich denke, im Vergleich etwa zu Strawsons Darstellung kann das Modell doch rhetorische, philosophische und logische Vorteile für sich geltend machen. Dazu wollen wir noch einmal Strawsons Formulierung ansehen: »Wenn jemand in einem normalen Behauptungs-Kontext ›p‹ sagt, ..., so dürfen seine Zuhörer annehmen, er glaube, daß *p*.« Diese Feststellung, fügt er hinzu, »ist eine Tautologie«.

Der tautologische oder analytische Charakter der Feststellung wäre etwa folgendermaßen herauszustellen: Unter normalen Umständen »p« sagen (wobei »normal« hier einen philosophischen Sinn von »normal« meint) *heißt soviel wie* beanspruchen zu glauben, daß *p*; »p« sagen *ist* eine der Arten (vielleicht die maßgebliche), diesen Anspruch zu erheben. Und was wir mit »Anspruch erheben« meinen, ist analytisch verbunden mit »Leute annehmen lassen«. Einen Anspruch erheben heißt, seine Zuhörer annehmen lassen.

Sollte jemand angesichts dieser Darlegung fragen: »Warum aber heißt *jenes* tun soviel wie *dieses* beanspruchen?«, dann würde man ihm wahrscheinlich antworten: Wenn es eine derartige Regel

(Konvention) gibt, daß X nur unter den Umständen Y getan wird, dann beansprucht (impliziert) jemand, der X tut, daß Y besteht. Die Konvention (Regel) *ist* nur die, die Sprache korrekt zu gebrauchen. Es wäre nicht intelligent zu fragen, warum das die Regel (Konvention) des korrekten Sprachgebrauchs ist – es wäre, als ob man fragt, warum die Regeln des Schachspiels angeben, wie man (korrekt) Schach spielt.

Ich weise darauf hin, daß »die Sprache korrekt gebrauchen« sich hier nicht auf die normale grammatische und lexikalische Ebene bezieht, sondern auf die philosophische. Diese Ebene sprachlichen Operierens erklärt – denke ich –, warum Strawson nicht abgeneigt ist, Lügen unter korrekten Sprachgebrauch einzuordnen. Auf der Ebene der normalen Sprache wäre diese Einordnung äußerst abseitig; umgekehrt aber ist (grammatikalisch/lexikalisch) korrekter Sprachgebrauch ganz wesentlich für das Gelingen einer Lüge.

Der erste Vorteil, den das Modell bietet, ist rhetorischer Art. Für einige Ohren wird es eingängiger klingen als die Oxforder Formulierungen, und auf diese Ohren kommt es mir an.

Eng verbunden mit dem rhetorischen Vorzug sind gewisse philosophische. Weil das Modell in normaler Sprache ausgedrückt ist, ist es empirisch überprüfbar entweder durch einen sokratischen Fragesteller oder durch einen Fragebogen à la Arne Naess.[21b] (Das halte ich für einen philosophischen Vorteil.) Eine Kombination dieser beiden Wege der empirischen Überprüfung unseres Sprachgebrauchs wäre vorzuziehen – jede der beiden Fragequellen hat ihre Meriten und ihre Mängel. Vor dem Befragten, seinen vielleicht abseitigen Interpretationen der Fragen und seinen unzusammenhängenden Antworten ist der Fragebogen unbeweglich und stumm. Andererseits kann es dem sokratischen Fragesteller leicht passieren, daß er vom Mund des Befragten nur erntet, was er zuvor mit Beredsamkeit oder durch bloße Anmut hineingelegt hat. Kombiniert könnten beide Verfahrensweisen ihre eigenen Vorzüge erhalten und die Fehler der anderen Methode korrigieren. Ob man nur eine oder beide anwendet, sollte man doch in jedem Fall die Umstände der Kommunikation beachten.

Im Rahmen dieser Arbeit ist weder eine Überprüfung durchzuführen noch auch eine Methode dazu auszuarbeiten. Ich werde

21b Vgl. Arne Naess, *Kommunikation und Argumentation*. Eine Einführung in die angewandte Semantik, Kronberg 1975.

mich mit der Bemerkung zufriedengeben, daß der folgende Grundriß einer Umfrage schon sehen lassen wird, wie stark das Modell einer Art oder einigen Arten des Sprachgebrauchs unter normalen Leuten ähnelt. Zuerst wäre zu versuchen, auf verschiedene Gebrauchsweisen von Begriffen, die mit »impliziert« verwandt sind (z. B. »zu verstehen geben«, »erkennen lassen«, »anzeigen« usw.) zu kommen und davon diejenigen auszusondern, in denen davon die Rede ist, was eine Handlung oder was einer mit einer Handlung impliziert. Dann wäre nach dem Gebrauch von »normal« und »wirklich« zu fragen, und danach zu sehen, wie »normal« zur Bewertung solcher sprachlicher Akte verwendet wird, wie wir sie untersuchen; so wären auch die Verwendungsweisen von »sagen« und verwandten Begriffen zu studieren. In der ganzen Umfrage sollte die Wechselseitigkeit der Begriffe innerhalb eines bestimmten Universums der Rede (nämlich über Behauptungen und Glauben) beachtet sein. Empirische semantische Untersuchungen gelten immer einem Netz des Gebrauchs von Wörtern, nicht einer Reihe unabhängiger, voneinander abgeschnittener Gebrauchsweisen.

Das Modell bietet – philosophisch gesehen – auch den Vorteil, nicht im Provinzialismus stecken zu bleiben; ungefähr so, wie jemand vermeidet, zum eigenen Schaden hinterwäldlerisch zu sprechen, wenn er weiß, daß er den Akzent der Hauptstadt nicht beherrscht. Ich habe gesagt, die Voranahmen über die Normalität eines Behauptungs-Akts seien kulturspezifisch, aber nicht willkürlich, mit feststellbaren Häufigkeiten verbunden, aber nicht dadurch bestimmt, und eng verknüpft mit ethischen Erwägungen. Sie sind also nicht mit transkulturellen logischen Gesetzen zu verwechseln.

Zwei Punkte müssen wir beachten, wenn wir die Natur der Normalitäts-Voranahmen untersuchen wollen. Erstens: Um zu zeigen, daß sie tatsächlich kultur-spezifisch sind, ist es nicht notwendig zu beweisen, daß eine andere Kultur andere Voranahmen macht. Es genügt zu zeigen, daß in anderen Kulturen andere Voranahmen gemacht werden *können*. Im folgenden werde ich sowohl auf anthropologische Forschungen eingehen als auch den Leser zur Phantasie aufrufen. Aber ich zitiere diese Forschungen eher zur Demonstration von Möglichkeiten als zum Beweis von Tatsachen. Zweitens: Voranahmen über Handlungen können sich auf zweierlei Art von den bei uns geltenden unterscheiden. Es könnten entweder die Kriterien der Normalität anders sein, oder die Voorannahme könnte eine der Nicht-Normalität sein (es sollen hier nicht alle logisch möglichen Fälle durchgegangen werden). Daß es eine Kultur mit letzterer Art von Voorannahme gibt, scheint weit weniger wahrscheinlich als die erste Möglichkeit, und vielleicht ist es auch wirklich so. Allerdings ist im Vergleich zur Voorannahme des angelsächsischen Rechts die des französischen Rechts, daß der Beklagte als schuldig zu betrachten sei, schon so etwas wie eine Voorannahme der Nicht-Normalität. Die Häufigkeit der Schuldig-Gesprochenen unter den Beklagten dürfte – glaube ich – auch in Frankreich nicht bedeutend abweichen von derjenigen in Ländern, deren Rechtsordnung zunächst nicht die Schuld des Beklagten unterstellt; und es spricht auch nichts dafür, daß in Frankreich ungesetzliche Handlungen als »normal« gewertet würden.

Was immer es mit diesem Unterschied zwischen angelsächsischem und französischem Recht auf sich hat, mit der Möglichkeit inhaltlicher Verschiedenheiten zwischen den Voorannahmen der Normalität in verschiedenen Kulturen sind wir alle vertraut. Dazu möchte ich zuerst den Fall einer Kultur vorführen, in der Lügen als normal, in Ordnung, richtig zu gelten scheint. Es ist die Kultur der Rundi (in ihrer Sprache Kirundi heißen sie Barundi (Pl.) und Murundi (Sg.), ihr Land Urundi); Ethel Albert hat ihre Ethik, Logik und Rhetorik erforscht und schreibt über ihre Einstellung zum Lügen:

»Man verleumdet die Rundi nicht, wenn man sagt, sie neigen zum Lügen. Sie selbst sprechen mit Stolz davon. Ein interessanter Teil ihrer Lebensauffassung ist, wie sie die Notwendigkeit zu lügen als Selbst-Schutz erklären.«[22]

»Lügen ... ist eine grundlegende Fertigkeit in ihrer Kultur, und weh dem, dem sie abgeht ... In gewissem Grad wird erfolgreiches Lügen als eine Kunst für sich angesehen, aber hauptsächlich schätzt man es wegen seiner nützlichen Folgen ... Der Schlüsselbegriff zur Analyse der Rede in Kirundi ist *ubgenge* ... Der kleinste gemeinsame Nenner von *ubgenge* ist Gewandtheit, ... und in diesem

22 So Ethel Albert in einem Vortrag, den sie im seinerzeitigen Belgisch-Kongo (heute Zaire) gehalten hat; veröffentlicht in den Cahiers des études africaines der Ecole Pratique des Hautes Etudes, Paris 1959.

Sinn bedeutet es dann Intelligenz, Scharfsinn, die Fähigkeit zu täuschen – das vor allem.«[23]

»Weil man von jedem einzelnen erwartet, daß er seine eigene Stellung verteidigt, ist in einer Gerichtsverhandlung alles erlaubt: Man darf lügen, ... sich selbst widersprechen, um die Richter zu verwirren ... Hier herrscht die Beredsamkeit, und niemand hat etwas dagegen. Aber ... der Richter oder Älteste ist zum Anhören da, gerade weil sein interesseloses Urteil erwünscht ist. Denn man unterstellt, daß die streitenden Parteien natürlich beide lügen werden.«[24]

Diese anthropologischen Beobachtungen dürften genügen, um die Möglichkeit einer Kultur vor Augen zu führen, in der (in der Absicht zu täuschen) zu sagen, was man nicht glaubt, als normale, passende, richtige sprachliche Handlung für die meisten Leute gilt und in der der sprachlichen Handlung Normalität unterstellt wird. Wenn wir das als gegeben ansehen, dann ist das Modell kultur-spezifisch hinsichtlich einer seiner Normalitäts-Bedingungen. Ich füge eilends hinzu, weder unsere Begriffe des Normalen noch unsere Vorannahmen der Normalität sind als willkürlich oder launenhaft oder minder im Vergleich zu anderen kulturellen Begriffen und Vorannahmen erwiesen, wenn man gezeigt hat, daß sie nicht transkulturell sind. Ich weiß nicht, was so viele Leute in ihrer Urteilskraft schwächt, wenn sie dahinterkommen, daß einige ihrer Vorstellungen kultur-spezifisch sind. Vielleicht spüren sie nur die Anstrengung der geistigen Verrenkung, die es braucht, um die kulturelle Gebundenheit wahrzunehmen. Jedenfalls gibt es gute Gründe, unsere Normalitäts-Kriterien denen der Rundi vorzuziehen. Auf die Frage, wie die das Lügen so hoch einschätzenden Rundi denn zurecht kämen, meinte Frau Albert nur, nicht sehr gut ...

Was unsere Vorannahme angeht, daß wer auch immer spricht, korrekt spricht, so läßt sich unschwer eine Kultur vorstellen, in der diese Vorannahme nicht gemacht wird. Korrektheit mag auch viel eher unter dem Eindruck ihres häufigen Vorkommens angenommen werden als z. B., daß der Sprecher nicht die Absicht hat zu täuschen. Darüberhinaus ist unsere Verantwortung, korrekt zu

23 Ethel Albert, *Values, Beliefs, and Conduct: A Study of Urundi*, Kap. XIV (a): Logic and Rhetoric.

24 Ebd.

sprechen, weder so groß noch so deutlich moralisch wie die Verantwortung, die Wahrheit zu sagen. Dennoch sind wir verantwortlich, mit unserer Rede die Zuhörenden nicht irrezuführen, sondern zu informieren (wobei es Fehler gibt, die kein Mißverständnis nach sich ziehen, und andere, die minimal sein mögen und dennoch den Sinn verkehren). Die Voranname, jemand spreche korrekt, ist sozusagen ein Sonderfall davon, dem Anderen im Zweifelsfall den Vorteil zu gewähren, sich entgegenkommend zu verhalten und Schuldlosigkeit zu vermuten, solange nicht das Gegenteil erwiesen ist.

Jetzt können wir auch eine kurze Antwort darauf geben, wann und wie wir induktiv feststellen, daß jemand glaubt, was er sagt. Wenn irgendetwas vorgekommen ist, was auf die eine oder andere Weise evidentermaßen gegen unsere Vorannahmen spricht, versuchen wir aufzudecken (wenn wir uns sinnvoll verhalten) und zu erschließen, ob die Evidenz *für* die Vorannahmen diejenige *dagegen* überwiegt. Z. B.: »Obwohl der Mann aussah, als ob er etwas verhehle, und die Geschichte, die er erzählte, kaum zu glauben war, hat der Test mit dem Lügen-Detektor (oder irgendeine andere Nachforschung) doch gezeigt, daß er (wahrscheinlich oder gewiß) die Wahrheit gesagt hat.« In diesem Zusammenhang kommt es darauf an, daß der induktiv erhärtete Glaube an die Wahrheitsliebe des Sprechers (oder an die Korrektheit seines Sprachgebrauchs) so verschieden von den Vorannahmen der Normalität ist, wie der Glaube an die gerichtlich festgestellte Schuldlosigkeit sich unterscheidet von der anfänglichen Vorannahme, der Beklagte sei schuldlos.

Einen letzten Vorteil des Modells möchte ich in philosophischer Hinsicht noch reklamieren: Es läßt deutlicher als andere Darstellungen zutage treten, wie sprachliche Regeln (Konventionen) in die Erscheinungen der Kontext-Implikation eingehen. Um diesen Anspruch zu stützen, möchte ich Strawsons Theorie der Präsupposition durchgehen.

Strawson definiert »S setzt S′ voraus« folgendermaßen: »Die Wahrheit von S′ ist eine notwendige Bedingung der Wahrheit oder Falschheit der Behauptung, daß S.«[25] (Daß Frankreich heute keine Monarchie ist, liefert die berühmteste Illustration für das Verhält-

25 Strawson in: Philosophical Review 63 (1954), S. 216.

nis der Präsupposition zwischen zwei Behauptungen; doch läßt es sich genauso gut durch das Verhältnis von *Alle meine Kinder schlafen fest* und *Ich habe Kinder* illustrieren.) Auf drei Dinge sollte bei Strawsons Definition von Anfang an aufmerksam gemacht werden:

Erstens ist »notwendige Bedingung« und »Wahrheit oder Falschheit der Behauptung, daß...« nicht in der Art der logischen Wahrheits-Funktion zu interpretieren. David Rynin hat gezeigt, daß in dieser Interpretation aus der Definition paradoxerweise folgt, daß alle vorausgesetzten Behauptungen wahr wären; Rynins Nachweis geht so: Es sollen gelten $S \supset S'$ und $\neg S \supset S'$; es gilt aber auch $S \vee \neg S$; daraus folgt: S'. Anders gesagt: $(\neg S' \supset \neg (S \vee \neg S)) \supset S'$ ist analytisch wahr in einem System zweiwertiger Aussagenlogik.

Zweitens ist das Verhältnis, das Strawson definiert, *nicht* das der Kontext-Implikation. (Manche Schriften zum Thema verwischen den Unterschied.) Man kann die Differenz so verdeutlichen: Wenn S voraussetzt, daß S', dann impliziert jemand, der S behauptet, im Kontext dieser Behauptung, daß er glaubt, daß S'. (Nach unserem Erklärungs-Modell gilt: Wenn S voraussetzt S', dann gehört zur Kennzeichnung der Behauptung von S *als normaler Akt des Behauptens* auch die Feststellung, daß der Behauptende auch glaubt, daß S'.) Daher impliziere ich im Kontext meiner Behauptung »Alle meine Kinder schlafen fest«, auch, daß ich glaube, Kinder zu haben.

Drittens stellt die Definition keinerlei Bezug her zum Glauben oder den Absichten von Sprechern oder Zuhörern noch zu irgendwelchen Umständen der Kommunikation. Dennoch hat die Definition (so Strawson) »... ziemlich offensichtlich zur Folge, daß – wenn S voraussetzt, daß S' – es nicht korrekt (oder betrügerisch – die Fälle sind allerdings zu unterscheiden) wäre, wenn jemand S behaupten (oder bestreiten) würde, ohne zu glauben oder als gegeben anzusehen, daß S'.«[26] In Strawsons Diskussion des Themas erscheint noch eine weitere Formulierung der Regel, wie S korrekt zu gebrauchen sei, wenn S voraussetzt, daß S'. Diese Regel ergibt sich aus dem Verhältnis zwischen der Behauptung von S und der Behauptung, daß die Behauptung von S wahr oder falsch sei; sie

26 Ebd.

läßt sich so formulieren: Wenn S voraussetzt, daß S', dann ist es nicht korrekt, S einen Wahrheitswert (wahr oder falsch) zuzusprechen, wenn der Sprecher nicht glaubt, daß S'.

Auf diese Weise scheint dann im Verhältnis der Präsupposition unausdrücklich eine Regel enthalten zu sein, die in die Erscheinung der Kontext-Implikation als eine Regel (oder Konvention) des korrekten Sprachgebrauchs eingeht. Was für eine Art von Regel ist das?

Man mag einwenden, ob wir hier nicht dabei sind, den Begriff des korrekten Sprachgebrauchs (und demzufolge den Begriff der sprachlichen Regel) über die Ebene der normalen Sprache hinaus auszudehnen. Die Beispiele für unrichtigen Sprachgebrauch, die wir bisher gesehen haben, zeigen Verstöße gegen die Regeln des Deutschen, einer gegebenen natürlichen Sprache. Aber eine Regel, die man aus dem Verhältnis einer Behauptung zu ihren Voraussetzungen entnehmen könnte, scheint eher zu den Regeln der Logik zu gehören als zu den Regeln des Deutschen oder verwandter Sprachen. Und die Regeln der Logik befassen sich mit der Geltung von Begründungen in allen Sprachen, in denen argumentiert werden kann, nicht mit dem korrekten Gebrauch sprachlicher Ausdrücke in einer gegebenen Sprache.

Um auf diesen Einwand einzugehen werde ich nicht versuchen, den Begriff der Regel zu erhellen – diese Aufgabe liegt nicht in der Reichweite dieser Arbeit. Die Bemerkung muß genügen, daß sich durch überaus vielfältige sprachliche Formen ausdrücken läßt, was wir »Regeln« nennen. Wenn man mich z. B. fragte: »Wie ist das Rauchen im Hörsaal-Gebäude während des Examens geregelt?«, so könnte ich antwortetn: »Studenten rauchen (werden) während des Examens nicht (rauchen)«, oder »Studenten sollten während des Examens nicht rauchen«, oder »Während des Examens nicht rauchen« oder »Das Rauchen ist während des Examens nicht gestattet«. »Behauptungen« und »Regeln« sind in der normalen Rede keine Gegensätze, noch sind Regeln immer oder auch nur häufig als Imperative formuliert. Die unterschiedlichen Ausdrucksformen dessen, was wir »dieselbe Regel« nennen, hängen vermutlich zum Teil von unterschiedlichen Umständen der Kommunikation ab.

Es würde mich auch zu weit vom Hauptweg meiner Darlegungen wegführen, wenn ich das Verhältnis zwischen Regeln einer natürlichen Sprache und Regeln der Logik in Einzelheiten behandeln würde. Doch die folgenden Punkte dieses Verhältnisses sind für meine Argumentation wesentlich. Eine Formel wie $p \wedge (p \supset q) \supset q$ (wahrheits-funktional zu interpretieren) kann man als Ausdruck eines logischen »Gesetzes« bezeichnen, das die Regel einer logischen Folgerung ergibt (aus $p \wedge (p \supset q)$ folgt q) oder – anders gesagt – eine Regel des gültigen Schließens (der Schluß von $p \wedge (p \supset q)$ auf q ist gültig). Wenn wir in normaler Redeweise von logischen Regeln sprechen, haben wir meist (wenn nicht immer) solche Regeln des gültigen Schließens vor Augen. (Logische Systeme freilich entwickeln andere Arten von Regeln, nämlich Regeln der Bildung wohlgeformter Ausdrücke.) Nun enthalten Formeln wie $p \wedge (p \supset q) \supset q$ nur logische Konstanten sowie die Variablen p,q, für die Sätze *jeder beliebigen* Sprache eingesetzt werden können, die (a) als Aussagen mit Wahrheitswert fungieren können und (b) so verwendet werden, daß die so entstandenen Aussagen genau einen der beiden Wahrheitswerte (wahr/falsch) haben. Damit hat die Formel einen sehr großen Anwendungsbereich, innerhalb dessen sie keine Ausnahme zuläßt; denn die Formel wird in der Tat als »Gesetz« bezeichnet, weil sie für jede mögliche Kombination von Wahrheitswerten der Variablen p,q selbst stets den Wahrheitswert »wahr« annimmt. Dieselbe Eigenschaft dieser Formel wird auch damit ausgedrückt, daß man sagt, die Formel sei analytisch oder sie gebe eine Regel des logischen Folgerns an. Gleichgültig, worüber wir sprechen oder in welcher Sprache wir sprechen, gilt die Formel immer, vorausgesetzt die Bedingungen der Anwendung des Systems sind erfüllt.

In mancher Hinsicht ganz anders als solche logischen Regeln sind Regeln des Folgerns und Schließens wie diese: Aus »X ist Junggeselle« folgt »X ist unverheiratet«, aus »X ist ein Mann« folgt »X ist ein Lebewesen«. In der gegebenen Formulierung sind diese Regeln solche der Folgerung zwischen Behauptungssätzen der deutschen Sprache, und sie sind bestimmt als Sätze der Rede über gewisse Themen rechtlicher bzw. biologischer Natur. Sätze dieser Art können – wir haben es oben gesehen – Ausnahmen haben. Folgerungen zwischen Sätzen in normaler Sprache hängen von den Gebrauchsregeln der Wörter ab, aus denen die Sätze bestehen, und solche Regeln sind oft nicht festgelegt oder präzise, so z. B. die von »Junggeselle« und »verheiratet«. Andererseits können

Folgerungsregeln im Deutschen implizit allgemein sein (wenn auch vielleicht von begrenzter Allgemeinheit). Auch im Französischen, Englischen und allen anderen Sprachen, die Wörter haben, die exakte Übersetzungen von »Junggeselle« und »verheiratet« sind, gibt es Folgerungsregeln, die der Regel »aus ›X ist ein Junggeselle‹ folgt ›X ist nicht verheiratet‹« entsprechen. (Die implizite Allgemeinheit spiegelt sich darin wider, daß wir die fragliche Folgerungsregel behaupten können, ohne die Zugehörigkeit zu einer bestimmten natürlichen Sprache zu berücksichtigen: »Aus der Behauptung, jemand sei ein Junggeselle, folgt die Behauptung, daß er nicht verheiratet ist«.)

Was ich soeben über Formeln der Aussagen-Logik – also aus nicht weiter zergliederten Behauptungs-Sätzen *p,q* bestehende Formeln – dargelegt habe, gilt *mutatis mutandis* auch für logische Formeln, die auf Behauptungen anderer Art anzuwenden sind, wie z. B. der Formen $f(x) \supset g(x)$; $x \varepsilon F$; $F \subset G$. Die Anwendungsbedingungen dieses Systems gehen über jene der Aussagen-Logik hinaus, deren einzige Variable Satz-Variable sind. Die abstrakten Ausdrücke müssen sich konsistent so interpretieren lassen, daß sie die logischen Formen von Behauptungs-Sätzen in irgendeiner Sprache ergeben. (So wird »$x \varepsilon F$« üblicherweise interpretiert durch »x ist ein Element der Menge F«. Der Begriff der Element/Menge-Relation ist – nebenbei bemerkt – nicht kultur-spezifisch, sondern wesentlich für die Sprache der Wissenschaft und der Mathematik.) Wenn diese Bedingungen erfüllt sind, sind Formeln wie »$(x \varepsilon A \wedge A \subset B) \supset x \varepsilon B$« logische Gesetze. In diesem Fall wäre die Interpretation in Begriffen einer logischen Folgerung: »aus ›x ist Element der Menge A‹ und ›die Menge A ist in der Menge B enthalten‹ folgt ›x ist Element der Menge B‹«.

Wieder anders als die Regeln des logischen Folgerns und auch als die Folgerungs-Regeln einer natürlichen Sprache sind die grammatischen Regeln einer natürlichen Sprache. Sie haben selbstverständlich nicht gültiges Schließen oder Folgern zum Inhalt und sind daher auch in keiner Hinsicht Regeln des gültigen oder korrekten Begründens oder Ableitens. In gewisser Weise ähneln sie den Bildungsregeln eines logischen Systems (Regeln die die zulässigen Kombinationen von Ausdrücken innerhalb eines Systems bestimmen), denn Grammatiker klassifizieren die gegebenen sprachlichen Ausdrücke in verschiedene Typen je nach ihrer Funktion und bestimmen dann, was ein korrekt geformter Satz in der betreffenden Sprache ist und was nicht. Aber im allgemeinen tun Grammatiker nicht nur das – sie sprechen auch davon, was in einem bestimmten sprachlichen Kontext bisweilen oder gewöhnlich »passend« ist, und sie stellen sogar Regeln auf, zu denen sie feststehende Ausnahmen mitteilen und andeuten, daß es noch zahlreiche weitere außer den von ihnen aufgezählten gibt. Außerdem können die grammatischen Regeln einer natürlichen Sprache von impliziter oder potentieller Allgemeinheit sein, deren Geltungsbereich wiederum sehr begrenzt oder auch sehr ausgedehnt sein kann. So haben z. B. viele (aber keineswegs alle) Regeln der deutschen Grammatik englische und französische Entsprechungen.

Nun kann man fragen, ob es denn nicht irgendwelche Regeln (oder definierende Feststellungen, aus denen sich Regeln ableiten lassen) z. B. der deutschen Grammatik gibt, zu denen es in jeder Grammatik einer natürlichen Sprache Entsprechungen geben muß, insofern sie eine Sprache ist. Und wenn dem so ist, sollten wir dann nicht sorgfältig unterscheiden zwischen dem, was man die »Konventionen der deutschen Sprache« nennen könnte, und den Regeln einer jeden normalen, natürlichen Sprache, gleich ob Deutsch, Englisch oder Kirundi? Eine solche *prima facie* universelle Regel der deutschen Grammatik dürfte etwa die Regel sein, daß jeder Satz ein Verb haben muß. Schauen wir uns die Art von Definitionen und Feststellungen an, von denen diese Regel abgeleitet wird; ich zitiere dazu aus einer Grammatik aus dem vorigen Jahrhundert:

»Ein *Satz* ist eine Zusammenstellung und Aneinanderreihung von Wörtern, derart, daß sie einen vollständigen Sinn ergeben. Unter ›vollständigem Sinn‹ ist zu verstehen, daß sie *etwas über etwas aussagen.* Es ist deshalb klar, daß jeder normale Satz im wesentlichen aus zwei Teilen bestehen muß:

1. *Derjenige Teil, der anzeigt, worüber wir sprechen.* Wir nennen ihn das *Subjekt.*
2. *Derjenige Teil, der ausgesagt wird über das, wovon wir sprechen.* Ihn nennen wir das *Prädikat.*

... Es ist die wesentliche Funktion eines Substantivs (eines Nomens oder eines Pronomens) einen Gegenstand anzuzeigen, über den wir sprechen. Es ist die wesentliche Funktion eines Verbs, anzuzeigen was prädiziert wird hinsichtlich dessen, wovon wir sprechen.«[27]

Wenn wir diesen Abschnitt kritisch betrachten, sehen wir, daß es (mindestens) zwei sehr verschiedene mögliche Interpretationen der Regel gibt, daß jeder Satz ein Verb haben muß. Beim ersten Lesen wird die Regel zu der ziemlich vagen Binsenwahrheit, daß man, um etwas über die Welt zu sagen, etwas über etwas sagen muß. (Ich nenne das eine »Binsenwahrheit« im Unterschied zu den Tautologien und analytischen Formeln der präzisen logischen Wahrheiten.) Diese Binsenwahrheit ist vielleicht vage genug, um auf fast jede natürliche Sprache anwendbar zu sein; und sie weist auf Erfordernisse hin, die für diese flexible Anwendbarkeit nicht weniger wichtig sind. Aber beim zweiten Lesen kommt in den Blick, daß die Regel für Sätze und davon zu unterscheidende Wörter gilt, und daß die Wörter als Nomina und Verben zu klassifizieren sind usw. In dieser Interpretation ist die Regel jetzt aber sowohl präziser als auch begrenzter anwendbar. Denn nicht alle Sprachen eignen sich – wie die Sprachwissenschaft herausgefunden hat – zur Subjekt-Prädikat-Kategorisierung (oder auch Nomen-Verbum-Kategorisierung). Außerdem hat die Regel, in präziser Form gefaßt, sogar im Deutschen Ausnahmen: In gewissen Kontexten wird man schon den Ausdruck »Ein Kaninchen« als Satz betrachten. Auch die Unterscheidung zwischen Wort und Satz in der deutschen oder englischen Grammatik kann mit einleuchtenden Gründen angefochten werden, wenn wir die gesprochene Sprache betrachten. »Lesen Sie das Schlußkapitel des *Ulysses*«, haben mir junge Schriftsteller geraten, »und hören Sie einmal hin, wie die Leute am Telefon reden. Sie werden merken, daß die Unterteilung des Gesprochenen in Wörter und Sätze willkürliche Verrenkungen macht.« Ich habe beides getan, mit dieser Anweisung im Kopf, und ich bin geneigt zuzugeben, daß diese Schriftsteller nicht völlig unrecht haben. Englisch oder Deutsch oder eine andere Sprache können gewiß so gesprochen werden, daß das Sprechen zu strömen scheint wie ein Fluß – ohne Einschnitte oder Abschnitte.

Aus diesen Beobachtungen an der Sprache und an Sprachen können wir, denke ich, folgende Schlüsse ziehen: Bestimmte (nicht alle!) Regeln der Grammatik einer natürlichen Sprache legen

27 C. P. Mason, *English Grammar*, London 1887, S. 141 f.

einige extrem weite, nicht exakt zu spezifizierende Erfordernisse nahe (lassen sie vermuten, weisen darauf – ein vager Begriff ist hier vonnöten), die sie als natürliche Sprache zu haben scheint. Diese Erfordernisse können durch eine große Vielfalt von Formen sprachlicher Konventionen erfüllt sein, wie verschiedene Sprachen und Sprachfamilien erkennen lassen. Demzufolge drohen unseren theoretischen Bemühungen zweierlei Gefahren. Einerseits können Philosophen mit eingefleischtem Hang zur Verallgemeinerung sich dazu verleiten lassen, eine einigermaßen präzise, aber in der Anwendung begrenzte Regel der Grammatik ihrer Muttersprache mit der weitläufigen Anwendbarkeit auszustatten, die allein die vagen Anforderungen haben. Andererseits können Sprachforscher mit Neigung zu szientistischer Exaktheit Philosophen, die aufs Allgemeine gehen wollen, scharf zurechtweisen, »daß es nicht die Sprache, sondern allein Sprachen« gebe, – und dabei die weitläufigen aber lehrreichen Ähnlichkeiten der Funktionen übersehen, die in der Vielfalt der sprachlichen Mittel zutage treten.[28]

All diese Einsichten sind fruchtbar zu machen in Bezug auf Strawsons Theorie der Präsupposition, d. h. seine Darstellung dieses Verhältnisses und der Regel, die aus seiner Darstellung hervorgeht. In der nun folgenden Erörterung werde ich mich kurz und bündig auf den Fall der Präsupposition von Behauptungen der Form *Das S ist P* beschränken; in diesem Fall ist die Theorie in ihrer Anwendung auf solche Sprachen beschränkt, die eine Subjekt-Prädikat-Struktur aufweisen und die über Ausdrücke verfügen, die dem bestimmten Artikel im Deutschen entsprechen. (Wie ich begründen werde, ist die Theorie allgemein – d. h. auch auf andere Sprachen als die spezifizierten – nur in der vagen Fassung der Binsenwahrheit anwendbar.) Ich möchte zeigen, daß im fraglichen Fall die Theorie der Präsupposition aus zwei logisch voneinander unabhängigen Teilen besteht. Der erste Teil behandelt die Funktion des bestimmten Artikels »der,die,das« (und anderer Partikel, die sich auf einzelne Gegenstände beziehen) und kann durch jede einschlägige Grammatik bestätigt werden. Dagegen behandelt der zweite Teil die Präsupposition von Behauptungen der Form *Das S ist P* und ist somit zwar naturgemäß Sproß einer Grammatik der deutschen Sprache, jedoch kein notwendiger. Er

28 P. F. Strawson, *Introduction to Logical Theory*, London/New York 1952, S. 225 f. – Ich bin in meinen Schlüssen etwas davon abgewichen.

gibt Antwort auf eine Frage, die aus der deutschen Grammatik heraus zu stellen ist und auf die mehr als eine plausible Antwort gegeben werden kann. Mit einem Wort, Strawsons Theorie ist ein logisches Erklärungs-Modell. Man kann nicht wenig dafür ins Feld führen, aber man kann ihr nicht zugute halten, daß ein normaler Mensch immer oder auch nur meistens diesem Modell folgt – denn er operiert überhaupt nicht mit logischen Modellen. Ich werde abschließend zu zeigen versuchen, worauf das logische Modell anzuwenden ist, und daß Strawson und seine Kritiker demzufolge den Anwendungsbereich einer sprachlichen Regel mit einer Ausnahme, die zu dieser Regel gehört, durcheinandergebracht haben. Ebenso wichtig wie für sprachliche Regeln ist diese Unterscheidung für ethische Regeln, für die sie allerdings eindrucksvoller in Erscheinung tritt. Wir sind uns alle dessen bewußt, daß ein hingebungsvoller Hedonist, der schlafwandelnd sich und anderen Leid zufügen würde, durch sein nächtliches Benehmen keine Ausnahme von seiner Regel der Lust-Maximierung machen würde. Die Regel ist, wie wir wissen, nur auf Situationen anzuwenden, in denen Begriffe wie Wahl, Überlegung, Absicht usw. angebracht wären. Um etwas als Ausnahme einer Regel auffassen zu können (in der normalen Bedeutung von »Ausnahme«), muß es eine Erscheinung innerhalb des Gebiets der Regel sein. Ich werde mich in der ganzen folgenden Erörterung auf jene strittigen Punkte konzentrieren, die den Begriff des korrekten Sprachgebrauchs betreffen und daher für die Explikation der Kontext-Implikation einschlägig sind.

Der erste Teil von Strawsons Theorie besteht für unseren Fall in einer Darstellung von Regeln der Referenz von Ausdrücken im Unterschied zu Regeln des beschreibenden (zuschreibenden, beilegenden) Gebrauchs sprachlicher Ausdrücke. Ich kann mir nur schwer vorstellen, daß irgendjemand Strawsons drei Hauptpunkten hierbei nicht zustimmen würde. Deren erster ist, daß »auf etwas Bezug nehmen (indem man von einer dafür konventionellen Form Gebrauch macht) nicht darin besteht, zu sagen daß man auf etwas Bezug nehme«.[29] Wenn ich mehrere Kinder habe und sage: »Mein Kind schläft«, so könnte man – wenn nicht der Kontext die Referenz eindeutig macht – mich gewiß fragen: »Von welchem deiner Kinder sprichst du denn?« Ich würde vermutlich als

29 Strawson (s. Anm. 1), S. 37.

Antwort *sagen:* »Ich spreche von ...«, und würde damit auf das betreffende Kind, nicht aber auf mein vorangegangenes Bezugnehmen Bezug nehmen. Der zweite Hauptpunkt ist: »Die korrekte Anwendung eines Ausdrucks in seinem Bezug auf ein bestimmtes Ding erfordert, daß das Ding in einem gewissen Verhältnis zum Sprecher und zum Kontext seiner Äußerung stehen sollte.«[30] So gibt die Regel für den korrekten Bezug von »ich« das Verhältnis des Sprechenden zu sich selbst an. Regeln für den korrekten Gebrauch beschreibender (zuschreibender, beilegender) Ausdrücke geben dagegen weder ein Verhältnis zum Sprecher noch zum Kontext der Äußerung an. Etwas korrekt als »Tier« oder »Gemüse« oder »Stein« zu beschreiben erfordert einfach, daß das Ding die besonderen Merkmale hat, die den jeweiligen Begriff ausmachen.

Der dritte Hauptpunkt ist ein wichtiger Unterschied zwischen den beiden Regelarten. Ohne über die Gepflogenheiten deutscher Grammatiken hinauszugehen, könnte man diesen Unterschied so fassen: Die korrekte Referenz einer Äußerung ist *nicht in dem Sinn* Teil der Äußerung, wie eine korrekte Beschreibung (Zuschreibung, Attribution) Teil dessen ist, was mit der Äußerung behauptet wird.[31] Wenn ich z. B. behaupte *Dieser ist schwarz und jener ist weiß,* dann ist der Umstand, daß *dieser* näher bei mir ist als *jener,* nicht Teil der Aussage, nicht Teil dessen, was ich über die beiden Gegenstände behaupte. Sondern ich sage (behaupte, prädiziere) von den zwei Gegenständen, daß der eine die Bedingungen des korrekten zuschreibenden Gebrauchs von »schwarz«, der andere die Bedingungen des korrekten zuschreibenden Gebrauchs von »weiß« erfüllt. Wir können hinzufügen, daß nach unserem Erklärungs-Modell ein Sprecher, der einen Ausdruck der Referenz gebraucht, im Kontext impliziert, daß er glaubt, daß die Bedingungen seiner korrekten Anwendung erfüllt sind.

Alle drei Hauptpunkte werden in herkömmlichen Grammatiken einigermaßen klargemacht. Die alte Grammatik, die ich oben schon zitiert habe, erklärt die Verwendung von »der,die,das« ganz zutreffend so:

»Demonstrativa ... weisen auf das, worüber wir sprechen, indem sie ein *Verhältnis* zwischen diesem und uns selbst oder anderen

30 Ebd. S. 42.
31 Ebd. S. 43.

Personen oder Dingen anzeigen. Diese Klasse umfaßt: 1. Den bestimmten Artikel *der,die,das* ... Der bestimmte Artikel wird gebraucht, um unter allen Dingen, die durch ein Substantiv bezeichnet werden, dasjenige oder diejenigen auszuzeichnen, über das oder die wir gerade sprechen ... Er leistet das, indem er (1) unsere Aufmerksamkeit auf frühere Erwähnungen desselben Dings lenkt ... (4) *Der,die,das* zeigt auch das besondere Ding an, mit dem wir in einer offensichtlichen Verbindung stehen ... Der bestimmte Artikel leistet für Gegenstände in der Sphäre unseres vorstellenden Begreifens, was das Demonstrativum *dieses* für wahrnehmbare Gegenstände innerhalb unseres Gesichtskreises leistet.
Dieses und *jenes* sind als *Wirklichkeits-Demonstrativa* zu gebrauchen (um damit auf die Dinge selbst zu weisen); dann weist *dieses* auf das, was ›in meiner Nähe‹ ist, und *jenes* auf das, was ›in einiger Entfernung von mir‹ ist ...«[32]
Von dieser Darstellung aus ist es sicherlich klar, daß die Funktion von Ausdrücken der Form »Das S« darin besteht, auf etwas hinzuweisen oder Bezug zu nehmen, das in einem bestimmten Verhältnis zum Kontext der Äußerung steht und auch bestimmte Merkmale hat. Daraus folgt auch, daß beim Bezug-nehmen die Referenz fehl geht, wenn es kein S gibt, auf das ich bei dieser Gelegenheit Bezug nehmen könnte – gewissermaßen zeigt dann der Zeigestab auf nichts. (Es soll nicht vergessen werden, daß der korrekte Gebrauch eines Ausdrucks wie »Das S« nicht erfordert, daß es in der Welt nur ein einziges S geben dürfte; vielmehr soll es nur genau ein S geben, auf das ich im gegebenen Kontext Bezug nehme, z. B. genau ein schwarzes Pferd in dem bestimmten Feld, oder einen und nur einen Tisch in diesem Zimmer.) Es ist nicht gerechtfertigt, wenn manche Philosophen »auf etwas Bezug nehmen« zu »erfolgreich auf etwas Bezug nehmen« verengen; hier kann es zu folgender Formulierung führen, die die negative Form der einschlägigen Sprachregel verfehlt: »›Das S‹ ist unrichtig gebraucht, wenn es nichts gibt, worauf es Bezug nimmt.« Diese Regelung des korrekten/unrichtigen Gebrauchs von Referenz-Ausdrücken müßte Shakespeare der Sprachwidrigkeit zeihen, weil er Macbeth sagen läßt: »Ist das ein Dolch, was ich vor mir erblicke?« Die Formulierung ist auch der üblichen Auffassung dessen entgegen, was ich tue, wenn ich von *der Tochter von Frau Maier* spreche und ent-

32 Mason (s. Anm. 27), S. 40; 47; 53.

weder fälschlich glaube, sie hätte nur eine einzige Tochter, oder absichtlich jemanden bezüglich der Nachkommen von Frau Maier täuschen will. Im ersten Fall würde man sagen, ich hätte bezüglich der Tatsachen etwas Falsches behauptet, und nicht, ich hätte einen sprachlichen Fehler gemacht; im zweiten Fall hätte ich eine Regel des korrekten Sprachgebrauchs ausgenützt, um täuschen zu können.

Diese mehr oder weniger grammatischen Fragen führen weiter auf eine, auf die die Grammatiker keine Antwort bieten. Die Frage stellt sich so: Wenn wir in einem Gespräch über Gegenstände in unserer Umgebung reden, nehmen wir Bezug auf Dinge, um etwas über diese in unsere Rede einbezogenen Dinge zu sagen, zu behaupten, zu bewerten, zu befehlen, zu fragen usw. Nehmen wir nun an, ein dabei gebrauchter Ausdruck »Das S« hat gar keinen Bezugs-Gegenstand; was ist dann von den Behauptungen, Werturteilen, Befehlen, Fragen usw. zu sagen? Sind die Behauptungen wahr oder falsch, sind die Befehle gerechtfertigt oder nicht, sind die Fragen angebracht oder nicht, die Lobpreisungen passend oder nicht?

Ich will mich auf die Betrachtung des Falls der Behauptungen beschränken; eine damit verbundene Frage der Terminologie muß ich noch kurz aufschieben. Wenn wir also unter den angegebenen Bedingungen auf eine solche Behauptung hin zurückgeben, es sei damit weder eine wahre noch eine falsche Behauptung aufgestellt, sollten wir da nicht hinzufügen, daß überhaupt keine Behauptung damit aufgestellt sei, daß in diesem Fall ein Aussagesatz, der durchaus eine Bedeutung hat, nicht zu gebrauchen ist, um damit etwas zu behaupten?

Der zweite Teil von Strawsons Theorie der Präsupposition besteht darin, auf die oben gestellte Hauptfrage (nur) *eine* Antwort zu geben; nämlich auf die Frage, was wir von einer Behauptung »Das S ist P« oder »Das S ist nicht P« halten sollen, wenn »Das S« gar keinen Gegenstand der Referenz hat. Dazu will ich zunächst aufzeigen, warum Grammatiker keine Antwort auf diese Frage geben können, und dann darlegen, warum es mehr als eine einleuchtende Antwort gibt.

Unsere Frage ist verknüpft mit den strittigen Punkten, was aus Behauptungen der Form *Das S ist P* folgt, was die logische Grundlage der Zuteilung von Wahrheitswerten zu Behauptungen diverser Formen ist und worin die Gültigkeit bestimmter Argumentationstypen besteht. Wenn man auf die Frage z. B. antwortet »Wenn ›Das S‹ gar nicht auf etwas Bezug nimmt, sind sowohl *Das S ist P* als auch *Das S ist nicht P* falsch«, dann können diese Formen nicht mehr als Gegensätze gelten. Diese Antwort hat bekanntlich Bertrand Russell in seiner »Theorie der Beschreibungen« gegeben, in der er Behauptungen wie *Das S ist P* so analysiert, daß aus *Das S ist P* logisch folge *Es gibt ein und nur ein S*. Demnach bindet uns eine Beantwortung der Frage an eine systematische Theorie bestimmter logischer Übergänge – und das ist ein Metier außerhalb des Gebiets des Grammatikers.

Die Grammatik einer natürlichen Sprache (gleich ob der deutschen oder englischen usw.) kann uns daher keine Antwort auf unsere Frage diktieren. Da solche Grammatiken auch nicht sakrosankt sind, können wir die Plausibilität unserer Antworten auch nicht allein aufgrund ihrer »natürlichen Entfaltung« aus gewissen grammatischen Analysen heraus beurteilen. Russells Antwort z. B. weist die grammatische Subjekt-Prädikat-Analyse von Behauptungen wie *Das S ist P* zurück und stellt sie unter die Kategorie der singulären Existenz-Behauptung: $\mathsf{V}x(f(x))$. Tatsächlich gibt es keinen Grund, warum man – besonders wenn man mathematisch an der Form *Das S ist P* interessiert ist – an die grammatische Analyse als besten Schlüssel zum logischen Gehalt von Behauptungen gebunden sein soll. Umgekehrt sind – wenn man an der Art und Weise des alltäglichen Überlegens in einer normalen Sprache interessiert ist – die grammatische Darstellung der Funktion der Wortarten sowie Analysen von Satzarten einschlägig für den Gang der Untersuchung.

Wir wollen uns damit dem zweiten Teil von Strawsons Theorie zuwenden, die unsere Frage also eingleisig beantwortet. Aus Behauptungen der Form *Das S ist P* (oder *Das S ist nicht P*) folgt nicht irgendetwas, sondern sie setzen singuläre Existenzbehauptungen der Form *Es gibt ein und nur ein S (auf das hier Bezug genommen ist)* voraus. Nach Strawsons Definition der Präsupposition (oder Voraussetzung) sind Behauptungen wie *Das S ist P*, in denen von »Das S« Gebrauch gemacht wird, weder wahr noch falsch, wenn »Das S« nicht auf etwas Bezug nimmt. Die Regel für den korrekten Sprachgebrauch lautet im Fall der Präsupposition: Es ist nicht korrekt, wenn jemand Behauptungen der Form *»Das S* *ist P* aufstellt oder zurückweist (oder ihnen einen Wahrheitswert zuteilt), ohne zu glauben, daß es ein und nur ein S gibt, auf das er Bezug nimmt (oder ohne zu glauben, daß eine Behauptung der Form *Es gibt ein und nur ein S* wahr ist).

Es liegt weit außerhalb des Rahmens dieser Arbeit, die Vorzüge von Strawsons Antwort auf unsere Frage gegenüber der Antwort Russells einer Betrachtung zu unterziehen. Wichtig für die Zwecke dieser Arbeit ist es aber, darauf hinzuweisen, daß keine der beiden Antworten durch Überprüfung des normalen Sprachgebrauchs bestätigt oder widerlegt werden kann. Denn ein normaler Mensch ist entweder darauf bedacht, mit dem was er mitteilen will, in nicht allzu entstellender Form Gehör zu finden (eine gewisse Differenz zu seiner eigentlichen »Botschaft« ist ohne Belang); oder er kann seine Zuhörer ernsthaft irreführen und täuschen wollen. Beide Zwecke lassen sich vollständig erreichen, ohne daß man sich ein konsistentes System der Verwendung sprachlicher Ausdrücke aneignen müßte. Daß man überdies in der normalen Sprache nicht präzise unterscheidet zwischen »folgt aus« und »setzt voraus« und auch »falsch« sehr allgemein einsetzt, um eine Vielfalt sprachlicher Mißgriffe zu kennzeichnen, das läßt einen Großteil des normalen Sprach-Verhaltens wie ein Argument für Russells Analyse erscheinen. Aber jede Analyse von *Das S ist P* ist nicht als empirische Verallgemeinerung dessen, wie die Leute »wahr« und »falsch« auf Behauptungen anwenden, angemessen zu beurteilen, sondern als Erklärungsmodell, das Teil einer breiteren systematischen Erklärung einer Anzahl sprachlicher und logischer Erscheinungen ist. So sollte man Strawsons Theorie der Präsupposition nach ihrer Kraft beurteilen, das Verhältnis zwischen bestimmten Regeln der Grammatik einer natürlichen Sprache und folgenden Erscheinungen zu erhellen: Häufig (aber nicht immer) behandeln wir die Singular-Formen *Das S ist P* und *Das S ist nicht P* als einander widersprechend und fassen *Das S ist nicht P* als gleichbedeutend mit *Das S ist P ist falsch* auf (diese Beziehungen geben kein Argument für Russells Analyse her); häufig (aber nicht immer) weigern wir uns, *Das S ist P* (oder *ist nicht P*) als wahr oder falsch anzusehen, wenn »Das S« sich auf nichts bezieht. So gesehen hat Strawsons Theorie viel für sich. Sie gibt eine gute Erklärung für bestimmte Denkweisen und Begründungen, für bestimmte Äquivalenzen in normaler Sprache (im Deutschen und ähnlichen Sprachen), und sie ist eine natürliche und einleuchtende Entfaltung der Grammatik der Referenz-Ausdrücke (des Deutschen und ähnlicher Sprachen).

Es dürfte jetzt klar geworden sein, warum es verhängnisvoll ist, das Verhältnis der Präsupposition in einer natürlichen Sprache als Verhältnis von Wahrheits-Funktionen aufzufassen. Die Satz-Variablen *p,q* haben – der Übereinkunft gemäß – stets den Wert wahr oder den Wert falsch. D. h. nichts zählt für das System der wahrheitsfunktionellen Interpretation als Behauptung, wenn es nicht entweder wahr oder falsch ist. Daher fällt eine Behauptung S aus der Menge der Formeln des Systems heraus, wenn die von S vorausgesetzte Behauptung S′ falsch ist. Denn in diesem Fall kann S überhaupt keinen Wahrheitswert haben. Das ist etwas ganz anderes, als wenn die Formel »S oder nicht S« in einer dreiwertigen Logik nicht gilt und den dritten Wahrheitswert hat. Gleichgültig mit wie vielen Wahrheitswerten wir operieren, S hat in dem hier gegebenen Fall keinen davon.

Dadurch ergibt sich eine interessante Frage. Sollten wir in diesem eigenartigen Fall, wo S keinen Wahrheitswert hat, überhaupt fortfahren, S eine »Behauptung« zu nennen? Strawson sagt dazu anscheinend »ja« in manchen Kontexten und »nein« in anderen, und sowohl um eine affirmierende wie um eine negierende Antwort ist eine Aura von Paradoxie.[33] Das mag seinen Grund darin haben, daß wir offensichtlich dazu neigen, S auch im fraglichen Fall als Behauptung zu bezeichnen, wenn wir an den Akt des Behauptens denken, und abgeneigt sind, S weiterhin eine Behauptung zu nennen, wenn wir vom Akt des Behauptens abstrahieren und nur an das denken, was behauptet wird.

Diese terminologische Schwierigkeit weist auf Schlüsse, die wir aus unserer Diskussion der Frage ziehen können, wie die Präsupposition zu definieren sei und welche Regeln eines korrekten Sprachgebrauchs demnach zu befolgen seien. Definition wie Regeln drehen sich um eine Bedingung, die erfüllt sein muß, damit eine Behauptung im Argumentieren von Bedeutung sein kann, da-

33 In *A Reply to Mr. Sellars* spricht Strawson durch die Bank von »Behauptungen«, denen ein Wahrheitswert fehle. Dagegen schreibt er in seiner *Introduction to Logical Theory* (S. 185): »Ein Satz, mit dem man eine Behauptung aufstellen kann, muß nicht in jeder Verwendung, zu jeder Zeit und an jedem Ort, eine wahre oder falsche Behauptung zum Ergebnis haben. Es genügt, daß Umstände beschrieben oder vorgestellt werden können, unter denen die Verwendung des Satzes eine wahre oder falsche Behauptung zum Ergebnis hätte.«

mit sie als Baustein einer logischen Argumentation fungieren kann. (Eine grobe Paraphrase der Definition von »S setzt S′ voraus« könnte lauten: »Daß S′ wahr ist, ist eine notwendige Voraussetzung dafür, daß S als Bestandteil einer Argumentation behandelt werden kann«.) Demnach fällt die allgemeine Regel für den Gebrauch einer Behauptung S, die eine Behauptung S′ voraussetzt, aus der Menge der Regeln logischer Systeme heraus; angemessenerweise haben wir sie als eine »Regel korrekten Sprachgebrauchs« zu bezeichnen.

Vielleicht ist es wahr (wenn auch vage), wenn wir sagen, in allen normalen Sprachen macht man, indem man Überlegungen anstellt oder argumentiert, gewisse Voraussetzungen; und alle normalen Sprachen (von minimalem Komplexitäts-Grad) weisen *einige* Regeln der Referenz und *einige* Regeln der Folgerung auf. Aber es ist stark zu bezweifeln, daß die Regel, nach der Behauptungen wie *Der König von Frankreich ist kahl* Wahrheitswerte zugeteilt werden, in allen Sprachen Entsprechungen hat, oder daß auch nur dem Voraussetzungsverhältnis zwischen verschiedenen Behauptungen in allen normalen Sprachen irgendwelche Versionen korrespondieren. Die weitreichende Allgemeinheit und Ausnahmslosigkeit von Regeln in Systemen formaler Logik verdankt sich gerade dem, daß sie von der normalen Rede abstrahieren. Regeln, die aus der Grammatik unserer Sprache (und verwandter Sprachen) entfaltet sind – wie die Regel über den Gebrauch von »Das S« –, lassen uns mehr Einsichten gewinnen, als das Systemen formaler Logik jemals möglich ist. Wir sollten aber sehr darauf achten, derartige Parallelen nicht so aufzufassen, als ob sie unmittelbar eine allen Sprachen gemeinsame Struktur skizzieren würden, so etwas wie »die Struktur der normalen Sprache«. Ob es etwas derartiges überhaupt gibt oder nicht (es könnte ja sein), kann nur nach umfangreichen Untersuchungen vieler verschiedener Familien natürlicher Sprachen entschieden werden.

Wir sind jetzt in der Lage, Ausnahmen der Regel zu betrachten, die man aus dem Verhältnis der Präsupposition gewinnen kann. Erinnern wir uns an den Inhalt dieser Regel: Wenn S voraussetzt, daß S′, dann ist es nicht korrekt, wenn jemand S behauptet oder bestreitet (oder S den Wahrheitswert »wahr« oder »falsch« zuteilt), ohne zu glauben, daß S′ (oder ohne S′ den Wahrheitswert »wahr« zuzuteilen). Leider haben nun sowohl Strawson als auch seine Kritiker folgenden Fall als Ausnahme von dieser Regel aufgefaßt: Jemand erklärt mir, »Der Mieter nebenan hat mir die doppelte Summe dafür angeboten« – obwohl er weiß, daß es nebenan gar keinen Mieter gibt. Wenn wir entdecken, daß diese Person uns zu täuschen versucht hat, bezeichnen wir sie natürlich als »Lügner« und sagen, die Behauptung sei »falsch«. Wir sagen nicht: »Ich sehe, Sie versuchen mich zu täuschen, aber dennoch lügen Sie nicht, denn was Sie behaupten, ist nach einer Regel der normalen Sprache weder wahr noch falsch, andererseits muß man absichtlich eine falsche Behauptung aufstellen, wenn man lügen will.« Ist dieser Fall, daß ein Sprecher S behauptet und der Zuhörer daraufhin S den Wahrheitswert »falsch« zuteilt, denn eine Ausnahme im üblichen Sinn?[34] Wir haben bereits gesehen, daß grammatische Regeln – wie z. B. die Regel für den Gebrauch von S – nicht so zu interpretieren sind, daß die Verwendungsweise von Ausdrücken, mittels der uns jemand gerne täuschen möchte, unrichtig wäre. Anders gesagt: Solche Regeln sind nur anzuwenden auf (formuliert für) normale Behauptungs-Akte (oder normale Behauptungs-Kontexte). Der Fall, daß der Behauptende zu täuschen beabsichtigt, liegt außerhalb des Anwendungsbereichs dieser Korrektheits-Regeln. Hätten wir aber etwas anderes erwarten oder vernünftigerweise fordern können? Der Täuschungsversuch in unserem Beispiel *könnte nicht gemacht werden*, wenn es keine allgemein anerkannte Regel gäbe, die in jedem normalen Behauptungs-Akt beachtet wird. Denn nur weil eine Behauptung der Form *Das S ist P* normalerweise weder aufgestellt noch bestritten wird, ohne daß der Behauptende glaubt, daß eine Behauptung der Form *Es gibt ein und nur ein S* wahr ist, kann der Lügner überhaupt jemanden täuschen. Er spekuliert auf unsere Voorannahmen der Normalität. Zudem ist die normale Sprache den Unterschieden, die in der Praxis wichtig sind, wunderbar angepaßt und ist sicher nicht inkonsistent, wenn sie uns – denjenigen, die ein anderer gerne täuschen möchte – eine besondere Regel an die Hand gibt, daß wir auch in diesem nicht-normalen Kontext etwas als »wahr« oder »falsch« bewerten können. Wenn uns jemand zu täu-

34 Ich habe bereits auf den Unterschied zwischen »behaupten, daß S« und »behaupten, daß S wahr (oder falsch) ist« hingewiesen. Obwohl diese Unterscheidung für manche Kontexte wichtig ist, faßt Strawson die fragliche Regel anscheinend so auf, daß sie beide Fälle gleichermaßen betrifft.

schen versucht, müssen wir eine Möglichkeit haben, ihm seine Lügen zuzuerkennen.
Weil hier unnötig möchte ich den Fall beiseite lassen, wie wir einer Behauptung der Form *Das S ist P* einen Wahrheitswert zuteilen, wenn kein S existiert und der Behauptende keinen Täuschungsversuch macht, sondern ihm ein Fehler in der Formulierung von S unterlaufen ist. Interessant ist freilich, daß Strawson auch diesen zweiten Fall eines nicht-normalen Behauptungs-Akts als eine Ausnahme von seiner Regel auffaßt. (Sein Beispiel ist, daß jemand in einem Behauptungs-Kontext sagt: »Das Abgeordneten-Haus der Vereinigten Staaten besteht aus Repräsentanten zweier größerer Parteien.« Wir könnten – sagt Strawson – die Behauptung »wahr« nennen.[35] Als dritte Art von »Ausnahme« läßt er den Fall zu, daß ein Ausdruck, der auf einen einzigen Gegenstand Bezug nimmt, den es aber nicht gibt, als grammatisches Prädikat fungiert und nicht als grammatisches Subjekt. Eine präzise Formulierung der Regel würde auch diesen Fall deutlich außerhalb ihres Anwendungsbereichs ansiedeln.) Die Verwechslung von Anwendungsbereich und Ausnahme führt Strawson und auch seine Kritiker dazu, daß sie das Thema diskutieren, als ob seine Theorie eine empirische Verallgemeinerung wäre, die man als wahr oder falsch, als verläßlich oder nicht verläßlich erwiese durch die Zahl der beigebrachten Ausnahmen. Was sind das für Ausnahmen?
Wir haben gesehen, daß Strawsons ganze Theorie als ein logisches Erklärungs-Modell aufzufassen ist und nicht als empirische Verallgemeinerung, und daß die Regel, nach der die Wahrheitswerte zugeteilt werden, nur auf normale Akte des Behauptens anzuwenden ist. Doch selbst innerhalb dieses Bereichs ist es sehr unwahrscheinlich, daß Strawsons Regel in allen Situationen und unter allen Umständen der Kommunikation beachtet würde. Unsere alltägliche Redeweise hat unzählige Variationen und Varianten, die sich unterscheiden durch die Situation, die Gegenstand der Rede ist, wie durch die Umstände der Kommunikation. Der Logiker der normalen Sprache – wenn er den Titel »Logiker« verdienen soll – abstrahiert notgedrungen von den zahllosen Variationen in unserem Gebrauch sprachlicher Ausdrücke. Darin unterscheidet er sich nicht vom Logiker der exakten Wissenschaften, der notgedrungen

35 Strawson (s. Anm. 14), S. 227.

von den Variationen im Sprachverhalten der Physiker und Mathematiker abstrahiert.
Strawsons Theorie ist eine gute Erklärung für das, was man angemessen »Standardfälle« innerhalb normaler Behauptungs-Kontexte nennen könnte, und seine Regel ist in diesen Fällen auch befolgt. Der Standardfall, für den sich logische Regeln formulieren lassen, ist zum Teil – aber nicht völlig – bestimmt durch Gesichtspunkte der Häufigkeit. Das ist die Art von Fällen, die häufig genug vorkommen, daß es sich lohnt, eine Regel zu formulieren. (Z. B. haben wir während unseres ganzen lebenslangen Sprachgebrauchs reichlich oft Gelegenheit (uns) zu fragen, ob es ein So-und-so gebe. Und solange wir keine Antwort auf die Frage (gefunden oder bekommen) haben, stellen wir lieber keine Behauptungen der Form *Das So-und-so ist P* oder *ist nicht P* auf.) Aber der Standardfall ist auch in verschiedener Hinsicht einfach und klar genug aufgebaut, um einigermaßen einheitliches Sprachverhalten hervorzurufen. Einer der Aspekte einfacher und klarer Struktur des Standardfalls ist natürlich derjenige der Umstände der Kommunikation. Mit Recht können wir erwarten, daß Strawsons Regel befolgt ist, wenn ihre Mißachtung unsere »Botschaft« ernsthaft entstellen oder unsere Zuhörer irreführen würde. Wenn z. B. jemand zu einem kinderlosen Paar sagen würde: »Wie seltsam, daß Sie beide schwarzhaarig sind und Ihr Kind rothaarig!«, dann würden die Angesprochenen sicher nicht (außer zum Spaß) antworten »Unser Kind ist nicht rothaarig!« oder »Es ist falsch zu sagen, unser Kind sei rothaarig«; aber sie könnten sagen »Falsch – wir haben gar keine Kinder!« Hierbei ist ein Wahrheitswert zugeteilt in einer Art und Weise, die eine Ausnahme von regelgemäßer Zuteilung eines Wahrheitswerts darstellt, wodurch aber eine Mitteilung gemacht wird, um eine Irreführung des Sprechers der ersten Behauptung zu verhindern.
Die folgende Ausnahme, die mir begegnet ist, ist eine gute Illustration eines Nicht-Standardfalls. In den Vereinigten Staaten passiert es ziemlich oft, daß das Telefon läutet und dann eine Stimme ungefähr so anfängt: »Hier ist der ... Umfrage-Dienst. Haben Sie Ihr Fernsehgerät gerade eingeschaltet?« (Die erste unangenehme Variante in diesem Genre liegt in der speziellen Form der Frage. Sie kann lauten »Haben Sie das Fernsehgerät ...?« oder »Haben Sie gerade ein Fernsehgerät ...?« oder »Sieht je-

mand bei Ihnen im Haus gerade fern?«.) Ich habe keine respektable Statistik darüber zusammengestellt, was diejenigen geantwortet haben, die kein Fernsehgerät besitzen; ich habe aber fünf intelligente und gebildete Individuen befragt, die mit Bedacht sich präzise auszudrücken pflegen und die kein Fernsehgerät besitzen. Es kam folgendes heraus: Nur eine Person (die Philosophie studiert hatte) hielt es für irreführend, »Nein« zur Antwort zu geben. Die anderen (die alle nicht Philosophie studiert hatten) hielten die Antwort »Nein« nicht für irreführend, »weil es wahr ist – wenn ich kein Fernsehgerät besitze, dann kann ich es auch nicht gerade eingeschaltet haben.« (Es könnte den Anschein haben, daß dieser Fall als Ausnahme von Strawsons 3. Art nicht in den Bereich der Regel fällt, weil der Ausdruck, der sich auf einen einzigen Gegenstand bezieht, den es aber nicht gibt, als Teil des grammatischen Prädikats vorkommt, nicht als das grammatische Subjekt. Aber die vier Personen waren genauso geneigt, »Nein« zu antworten auf die Formulierung »Ist Ihr Fernsehgerät gerade eingeschaltet?« Einer der vier antwortete entweder mit »Nein« oder mit »Ich habe kein Fernsehgerät« je nach dem, wie beschäftigt er gerade war, als das Telefon läutete. Alle fünf stimmten nur darin überein, daß die Antwort »Ich habe kein Fernsehgerät« Näheres zu erkennen gab als die Antwort »Nein«; keiner hat übrigens jemals geantwortet: »Ja«.

Dieser Fall ist dadurch noch komplizierter, daß der Fragesteller nicht klar macht, ob der Umfrage-Dienst herausfinden will, ob die Befragten ein Fernsehgerät besitzen – gibt es dafür dreierlei Antworten? (Ich argwöhnte – konnte es aber nicht klären –, daß den Befragten die negative Antwort als richtig erschien, weil sie glaubten, das Hauptinteresse des Fragestellers gehe darauf, ob sie zu bestimmten Stunden fernzusehen oder nicht fernzusehen pflegten, und nicht darauf, warum sie fernzusehen pflegten oder auch nicht.) Auch Faktoren des Gefühls tragen zur Komplizierung bei. Die meisten von uns ärgern sich über störende Anrufe von Umfrage-Agenturen, viele von uns machen einem Fremden gegenüber nicht gerne Mitteilung über sich selbst usw. Daher ist das Beispiel nicht gut geeignet als Standardfall zur Formulierung logischer Regeln; Regeln sind – gleich ob ethische oder logische – nur von Nutzen, wenn sie nach Fällen des Handelns oder Redens formuliert werden, die als Standard gelten können.

Was ich über Standardfälle sage, trifft natürlich auch für das Erklärungs-Modell zu. Nicht unfroh gestehe ich zu, daß die folgende Reihe von Antworten auf eine Sequenz fortschreitender Fragen nicht unter allen Umständen der Kommunikation logisch absonderlich oder absurd zu sein braucht. »Hast du die Behauptung aufgestellt, daß *p*?« – »Ja«. »Hast du dabei den korrekten Sprachgebrauch eingehalten?« – »Ja«. »Hast du damit gelogen?« – »Nein«. »Hast du dabei geglaubt, daß *p*?« – »Nein«, oder »Ich weiß es nicht«. Wir würden vielleicht dazu neigen, die zweite Antwort auf die letzte Frage zu geben, wenn wir nicht ganz sicher wären, ob wir etwas Bestimmtes glaubten, und wenn der Fragesteller es besonders auf den Grad unserer Überzeugtheit abgesehen hätte. Mit der Zweigleisigkeit, daß man entweder glaubt daß *p* oder nicht glaubt daß *p*, kann man in der normalen Rede nicht immer dienen.

Wir haben damit gesehen, wie nach dem Modell zur Explikation der Kontext-Implikation »setzt voraus, daß« und »impliziert im Kontext, daß« zusammenhängen, und wie der korrekte Sprachgebrauch in das eingeht, was jemand im Kontext impliziert, wenn er Ausdrücke wie »Das S ist P« oder »Das S ist nicht P« in einem Behauptungs-Kontext gebraucht. Unsere Untersuchung hat auch einiges von der Vielfalt sprachlicher Erscheinungen ans Licht treten lassen, die alle als korrekter Sprachgebrauch zu begreifen sind.

Eine Frage bleibt noch aufzugreifen, die ich bis zum Schluß meiner Studie aufgeschoben habe: Worin besteht das Wesen logischer Absonderlichkeit? Logische Absonderlichkeit ist sozusagen die Negation der Kontext-Implikation. Was aber heißt, eine Kontext-Implikation »negieren«, und wie unterscheidet sich ein logisch absonderlicher Behauptungs-Akt von einem Widerspruch?

Fangen wir mit dem Widerspruch an und betrachten die zwei Sätze »Herr Hanser ist ausgegangen« und »Herr Hanser ist nicht ausgegangen«. Es ist klar – Strawson hat darauf hingewiesen –, daß die zwei *Sätze* einander nicht widersprechen, denn sie könnten zu verschiedener Zeit an verschiedenen Orten gesagt werden, und »Herr Hanser« könnte sich auf verschiedene Personen beziehen. Aber den Satz »Herr Hanser ist ausgegangen und Herr Hanser ist nicht ausgegangen« kann man angemessenerweise als »paradox« bezeichnen, denn wenn man ihn in Standard-Verwendungsweise gebraucht, kann man damit nur eine Behauptung aufstellen, die sich selbst widerspricht. Die Standard-Interpretation von »und« (Vereinigungs-Behauptung) schließt Unterschiede des Raums und der Zeit zwischen den beiden vereinigten Behauptungen ebenso aus wie Verschiedenheit der Sprecher der beiden Behauptungen, und das zweimalige Vorkommen von »Herr Hanser« schließt Zweideutigkeit der Referenz aus. Auch »ist ausgegangen« hat in einer Standard-Interpretation in jeder der beiden Teil-Behauptungen die gleiche Bedeutung. (Ich habe schon oben angemerkt, daß man sich ohne weiteres Nicht-Standard-Auffassungen des Satzes in solcher Verwendung unter solchen Umständen vorstellen kann, daß die daraus resultierende Behauptung sich nicht selbst widerspräche, sondern konsistent wäre.)

Wenn somit die Standard-Interpretation des Satzes gegeben ist, dann bringt jede Verwendung des Satzes in einem Behauptungs-Kontext zweierlei mit sich: Erstens den Vollzug einer sprachlichen Handlung, die wirkungslos oder absurd ist. Denn der Behauptende nimmt im einen Teil seiner sprachlichen Handlung wieder zurück, was er im anderen vorgetragen hat. Er behauptet und widerruft in einem Atemzug. Daher widerlegt er sich durch seine sprachliche Handlung selbst. Zweitens wird – im üblichen Sinn des Worts – nichts behauptet, wenn wir »Behauptung« nicht nach der *Handlungs*seite betrachten, sondern nach dem Inhalt, nach dem, *was behauptet wird*. In der Logik wird mit Recht von Sprechern und Handlungen (des Behauptens) abstrahiert und nur von dem gehandelt, was behauptet wird, was wahr oder falsch ist.[36] Im Interesse einer systematischen Behandlung dieser Abstraktion (vom sprachlichen Handeln und dem Handelnden) werden in der Logik – wieder mit Recht – Kontradiktionen als Grenzfälle von Behauptungen aufgefaßt. Eine Kontradiktion $p \wedge \neg p$ gilt als eine Behauptung, die in keiner Interpretation von p wahr sein kann oder die immer falsch sein muß. Sie ist die Umkehrung oder Nega-

36 Notwendigerweise mußten die Logiker, um Systeme formaler Logik entwickeln zu können, von allen Bedingungen des sprachlichen Äußerns und Handelns absehen. Infolge dieser unumgänglichen Abstraktion beschäftigt die formale Logik sich nur mit solchen Sätzen, die man von Behauptungen nicht zu unterscheiden braucht, weil sie in jeder Verwendung (gleich durch wen zu welcher Zeit an welchem Ort) eine wahre Behauptung zum Ergebnis haben, sofern sie überhaupt geeignet sind, eine wahre Behauptung auszudrücken.

tion des anderen Grenzfalls einer Behauptung: $p \supset p$, die niemals falsch werden kann und stets wahr ist.

In der Erscheinung der Kontext-Implikation gibt es nun nichts, was der Absonderlichkeit oder Paradoxie der kontradiktorischen Behauptung entspräche. Denn wenn wir den Inhalt einer Behauptung vom Akt des Behauptens im Paradigma der Kontext-Implikation abtrennen, ergibt sich eine konsistente Behauptung. Wenn Herr Maier in einem Behauptungs-Kontext sagt: »Hanser ist ausgegangen, aber ich glaube es nicht!«, sind demnach (im Sinn der Logik) zwei Behauptungen aufgestellt worden, nämlich: *Hanser ist ausgegangen* und *Maier glaubt nicht, daß Hanser ausgegangen ist.*[37] Diese zwei Behauptungen sind offensichtlich konsistent. Daß unserem Paradigma somit keine formale Kontradiktion eignet, läßt uns dann ganz natürlicherweise dem Behauptungs-Akt die Qualität einer Kontext-Implikation zusprechen.

Wenn wir uns jetzt wieder dem Akt zuwenden und dem Satz als darin gebrauchtem, zeigt sich doch eine gewisse Ähnlichkeit zum *Akt* einer kontradiktorischen Behauptung. Der Satz »Er ist ausgegangen, aber ich glaube es nicht« ist unter Vorannahme der Normalität des Aktes und in normaler Interpretation ein logisch absonderlicher Satz. Der Akt, mit dem dieser Satz in bestimmtem Kontext behauptet würde, wäre in unserer Kultur ein Akt, der den Hörer annehmen läßt, daß der Sprecher glaubt, was er sagt. Wenn der Sprecher dabei aber die Implikation wieder zurücknimmt und den Hörer wissen läßt, daß seine Annahme ungerechtfertigt ist, dann widerlegt sich der Behauptungs-Akt selbst und ist so wirkungslos wie absurd. Die Absurdität ist aber in diesem Fall kultur-spezifisch, während die Absurdität einer kontradiktorischen Behauptung es nicht ist. Stellen wir uns einen Rundi in einem gerichtlichen Verfahren vor: In einer Situation, in der – wie wir gesehen haben – Lügen als gegeben hingenommen wird; lassen wir ihn also sagen »Er ging aus«, und dann hinzufügen »Ich glaube es nicht«. Man könnte die Bemerkung vielleicht als unwirksam auffassen, aber eher, weil sie überflüssig erschiene, als daß sie zurücknähme, was behauptet worden war. Im Gegensatz

37 Vom Standpunkt des Logikers wie des Juristen behauptet der Satz »Ich wurde in Kalifornien geboren« dasselbe wie der Satz »Frau Hungerland wurde in Kalifornien geboren«. Es bestehen aber Unterschiede zwischen beiden Sätzen, die in der Sprachphilosophie noch nicht befriedend dargestellt worden sind.

dazu ist die Behauptung »Er ist ausgegangen und er ist nicht ausgegangen« (wenn keine Zweideutigkeit anzunehmen ist) in jeder Kultur oder Sprache eine absurde oder wirkungslose Handlung.

Resultat

In diesem Aufsatz habe ich die induktive Auffassung des Paradigmas der Kontext-Implikation (»p« sagen heißt implizieren zu glauben, daß *p*) zurückgewiesen und stattdessen ein Erklärungs-Modell vorgeschlagen, nach dem derjenige, der eine Behauptung aufstellt, damit in deren Kontext impliziert, was immer man aus seiner Behauptung schließen darf aufgrund der Voarannahme, daß sein Behauptungs-Akt normal ist. Während ich dieses Modell entwickelte, zeigte sich, daß und wie Kontext-Implikation von dreierlei abhängt: 1. *von einem Behauptungs-Kontext.* Um etwas zu implizieren muß der Sprecher etwas in einem Behauptungs-Kontext äußern (sagen). In einem Kontext des Nicht-Behauptens (z. B. beim Theaterspielen) »p« zu sagen heißt nicht zu implizieren, man glaube, daß *p*. 2. *von Voarannahmen der Normalität.* Innerhalb eines Behauptungs-Kontexts wird nur dann durch Behaupten etwas impliziert, wenn bestimmte Voarannahmen über die Normalität des Behauptungs-Akts gemacht werden. Diese Voarannahmen werden nicht induktiv inkraft gesetzt – sie fungieren als Prinzipien der Kommunikation. Ein Behauptungs-Akt ist nur dann als »normal« zu bewerten (»normal« in dem Sinn, den es in der nomalen Sprache hat), wenn der Sprecher glaubt, was er sagt. Damit Glauben und Sagen übereinstimmen, müssen diese zwei Bedingungen erfüllt sein: Der Sprecher muß die Absicht haben, die Wahrheit zu sagen (darf nicht die Absicht zu täuschen haben); der Sprecher muß die Sprache korrekt gebrauchen. Diese zwei Bedingungen machen (mindestens teilweise) den Inhalt der Voarannahmen der Normalität aus. 3. *von Regeln für den korrekten Gebrauch eines Ausdrucks.* Wenn ein Kontext des Behauptens sowie Voarannahmen der Normalität gegeben sind, dann bestimmen die Regeln der korrekten Verwendung von »p« und seiner Bestandteile, ob, wenn jemand »p« sagt, ein Glaube impliziert ist, und wenn dem so ist, welcher Glaube. Wenn z. B. »p« ein Befehl ist, impliziert es keinen Glauben; wenn »p« die Form *Das S ist P* hat, dann bestimmen die Regeln des korrekten Gebrauchs von Ausdrücken wie »Das S«, welchen Glauben die Äußerung von »p« impliziert.

In der Erörterung der Vorannahmen der Normalität und der Regeln für den korrekten Gebrauch von Ausdrücken habe ich versucht auseinanderzuhalten, was kultur- und sprach-spezifisch ist und was kultur- und sprach-unabhängig.

Zum Schluß möchte ich darauf hinweisen, daß es noch andere Arten von Kontext-Implikation zu geben scheint (weniger grundlegende als unser Paradigma), die noch weitere Vorannahmen über die Normalität des Behauptungs-Akts hinaus erfordern. So ist z. B. erklärt worden: »... wann auch immer wir in einem Standard-Kontext eine Behauptung aufstellen, ist impliziert, daß sie beansprucht, vernünftig zu sein ...«[38] (D. h. der Sprecher impliziert, daß er glaubt, daß evidentermaßen etwas für seine Behauptung spricht.) Zu ihrer Erklärung bedarf diese Implikation der Vorannahme einer bestimmten Art von Rationalität. Wieder eine andere Art von Rationalität scheint man annehmen zu müssen für einen Ratgeber, gemäß der Regel »›sollte‹ impliziert ›kann‹«. Und noch einmal eine andere Art von Rationalität scheint angenommen zu sein, wenn ich sage »Ich weiß, es ist so« und damit meine Zuversicht impliziere, daß es so sei.[39] Aber Vorannahmen der Rationalität sind ein neues Thema, wenn auch ein dem hier behandelten ähnliches.

38 Urmson (s. Anm. 4), S. 201.

39 Aus »ich weiß ...« folgt (im relevanten Sinn) »es ist mir völlig evident ...«, jedoch nicht »ich bin überzeugt (zuversichtlich) ...«. Neurotischerweise mag jemand sich zwar bewußt sein, daß es völlig evident ist, daß seine Frau (ihr Mann) treu ist, oder daß er (sie) nicht Krebs hat, und doch unfähig sein zu sagen »ich bin überzeugt (zuversichtlich) ...«.

David Gordon / George Lakoff
Konversationspostulate

1. Einleitung

In der Umgangssprache verwenden wir sehr oft einen bestimmten Satz und übermitteln damit die Bedeutung eines anderen Satzes. Wenn der Duke of Bordello zu seinem Butler sagt »Es ist kalt hier«, gibt er vermutlich einen Befehl, das Fenster zu schließen. Das heißt aber nicht, daß »Es ist kalt hier« dasselbe bedeutet wie »Schließen Sie das Fenster«. Es heißt nur, daß man unter bestimmten Umständen etwas sagen und damit etwas anderes kommunizieren kann. Wir würden über diesen Fall sagen wollen, daß »Es ist kalt hier« seine übliche wörtliche Bedeutung hat. In einer derartigen Situation ist es ein Ausdruck des Unbehagens, geäußert von einer Person in entsprechender Stellung gegenüber einer anderen Person, deren Aufgabe es unter anderem ist, Unannehmlichkeiten soweit wie möglich von ihrem Auftraggeber fernzuhalten. Wenn in einem Kontext das erwähnte Unbehagen am offensichtlichsten dadurch beseitigt werden kann, daß das Fenster geschlossen wird, dann ist das, was kommuniziert wird, eine Aufforderung, das Fenster zu schließen.

H. P. Grice hat gezeigt, daß Fälle, in denen etwas Sagen zur Folge hat, daß etwas anderes kommuniziert wird, Beispielfälle für bestimmte allgemeine Prinzipien der Konversation sind.[1] Unser Ziel in dieser Arbeit ist zweierlei: (i) einen Weg aufzuzeigen, wie Konversationsprinzipien formalisiert und in die Theorie der generativen Semantik inkorporiert werden können; und (ii) zu zeigen, daß es grammatische Regeln gibt – Regeln, die die Distribution der Morpheme in einem Satz regieren –, die von solchen Prinzipien abhängen. Unser Verfahren, damit zu beginnen, derartige Beobachtungen in eine Grammatiktheorie zu inkorporieren und mit ihrer Hilfe grammatische Regeln zu formulieren, basiert auf den Begriffen der natürlichen Logik und der transderivationellen Regeln.[2] Die natürliche Logik charakterisiert die Klasse der Fol-

1 Siehe Grice, *Logik und Konversation*, dieser Band.
2 Siehe Lakoff, 1970.

gerungen eines Satzes. Wenn die logische Struktur *L* eines Satzes gegeben ist, werden wir die Folgerungen von *L* (die Axiome und Bedeutungspostulate der natürlichen Logik vorausgesetzt) ›E(L)‹ nennen.

(1) L ||– E(L) ›Aus L folgt jedes Element von E(L)‹

Wir werden Konversationsprinzipien als Postulate formulieren, die sich in der selben Form aufstellen lassen wie Bedeutungspostulate und sie ›Konversationspostulate‹ nennen. Die Menge der Konversationspostulate werden wir CP nennen. Da die Anwendung von Konversationspostulaten vom Kontext abhängt, werden wir eine Klasse von Kontexten, CON_i, als endliche konsistente Menge von logischen Strukturen repräsentieren müssen. CON_i soll diejenigen Kontexte charakterisieren, in denen jede logische Struktur in CON_i wahr ist. In einer gegebenen Klasse von Kontexten CON_i wird aus einem Satz mit der logischen Struktur L im allgemeinen mehr folgen, als einfach E(L) und, sobald Konversationspostulate berücksichtigt werden, sogar noch mehr. D. h., aus $CON_i \cup CP \cup \{L\}$ folgt viel mehr als E(L). Wenn z. B. der eingangs beschriebene Kontext (eigentlich eine Klasse von Kontexten) und das dort intuitiv aufgestellte Konversationspostulat vorausgesetzt werden, folgt aus »Es ist kalt hier« »Öffnen Sie das Fenster«. Wir können also den Begriff »konversationelle Implikation in einer Klasse von Kontexten CON_i« wie folgt charakterisieren.

(2) L impliziert konversationell P in CON_i gdw.
$CON_i \cup CP \cup \{L\}$ ||– P
(Aus L folgt im Kontext CON_i, wenn die Konversationspostulate CP gegeben sind, P.)

L stehe für die »primäre oder wörtliche Bedeutung« und *P* für die »konversationell implizierte oder übermittelte Bedeutung«.

2. *Einige Konversationspostulate*

A. Aufrichtigkeitsbedingungen

Sehen wir uns zu Beginn einige der Prinzipien an, die die Aufrichtigkeit von Bitten regieren.[3]

3 »$\supset$« steht für die materiale Implikation.

(1) a. $SINCERE(a,REQUEST(a,b,Q)) \supset WANT(a,Q)$
b. $SINCERE(a,REQUEST(a,b,Q)) \supset ASSUME(a,CAN(b,Q))$
c. $SINCERE(a,REQUEST(a,b,Q)) \supset ASSUME(a,WILLING(b,Q))$
d. $SINCERE(a,REQUEST(a,b,Q)) \supset ASSUME(a, \neg Q)$
wobei Q die Form hat FUT(DO(b,R)) [b wird Akt R tun]

Wenn also a aufrichtig b bittet, daß b R tut, dann will a, daß b R tut, nimmt a an, daß b R tun kann, nimmt a an, daß b bereit sein würde, R zu tun und nimmt a an, daß b R nicht tun wird, wenn er nicht darum gebeten wird. Wir gehen davon aus, daß (1) eine Menge von Bedeutungspostulaten ist, die u. a. den Begriff der Aufrichtigkeit charakterisieren, in diesem Fall, was Aufrichtigkeit bei Bitten bedeutet.[4] Interessant an diesen Bedeutungspostulaten ist, daß sie eine Menge von Konversationspostulaten determinieren, und zwar sowohl für das Englische als auch für zahlreiche andere Sprachen.[5] Betrachten wir zuerst die folgenden Sätze:

(2) a. *I want you to take out the garbage.*
Ich möchte, daß du den Müll rausbringst.
b. *Can you take out the garbage?*
Kannst du den Müll rausbringen?
c. *Would you be willing to take out the garbage?*
Wärst du bereit, den Müll rauszubringen?
d. *Will you take out the garbage?*
Wirst du den Müll rausbringen?

Jeder dieser Sätze kann eine Bitte ausdrücken, den Müll rauszubringen. Vergleichen wir nun (2) mit (3), wo wir es mit ähnlichen Sätzen zu tun haben, die eine solche Bitte nicht ausdrücken.

(3) a. *I suppose you're going to take out the garbage.*
Ich nehme an, du bringst gleich den Müll raus.
b. *Must you take out the garbage?*
Mußt du den Müll rausbringen?
c. *Are you likely to take out the garbage?*
Wirst du wohl den Müll rausbringen?

4 Jede Zeile von (1) soll ein Theorem sein, das aus einem einzigen Bedeutungspostulat folgt, das genau-dann-wenn-Begungen für aufrichtige Bitten angibt.

5 Wir wissen nicht, ob die unten diskutierten Konversationspostulate universell sind. Wir haben allerdings mit zahlreichen Sprechern stark divergierender Sprachen Überprüfungen vorgenommen und jeder von ihnen findet, daß direkte Übersetzungen der Sätze von (2) in seiner Sprache Bitten ausdrücken können. Wir wären gar nicht überrascht, sollte sich herausstellen, daß diese Postulate Universalien sind.

d. *Ought you to take out the garbage?*
Solltest du den Müll rausbringen?

Wie können wir die Tatsache erklären, daß die Sätze von (2) eine Bitte ausdrücken, den Müll rauszubringen, die Sätze von (3) jedoch nicht? Man beachte, daß es eine systematische Relation zwischen den Sätzen von (2) und den Postulaten von (1) gibt. (2a) ist die Behauptung von WANT ((a,Q), wobei a = *I* (ich) und b = *you* (du). (2b), (2c) und (2d) sind die Fragen zu CAN (b,Q), WILLING (b,Q) und ¬ Q.[6] Im ersten Fall ist a, der Sprecher, das Subjekt von WANT. Wir nennen (1a) eine Sprecher-Aufrichtigkeitsbedingung. In den anderen Fällen ist b das Subjekt des Satzes, der angibt, was vom Sprecher angenommen wird. Wir nennen dies die Hörer-Aufrichtigkeitsbedingungen. Wir sehen also, daß gilt:

(4) Man kann eine Bitte dadurch übermitteln, daß man (i) eine Sprecher-Aufrichtigkeitsbedingung behauptet oder (ii) nach einer Hörer-Aufrichtigkeitsbedingung frägt.

Das heißt, daß (4) die folgenden Konversationspostulate charakterisiert:[6a]

6 Wir nehmen an, daß einem negativen Satz eine positive Frage korrespondiert. Aufschlußreich ist, daß eine negative Bitte in keiner Weise durch eine auf die Zukunft bezogene Frage ausgedrückt werden kann. Man kann also »Bring den Müll nicht raus« nicht durch »Willst du nicht den Müll rausbringen?« oder »Wirst du den Müll rausbringen?« ausdrücken. Warum dies so ist, wissen wir nicht. Wie dem auch sei, die Tatsache, daß eine positive Frage mit einer negativen Bedingung korrespondiert, kann – wie R. Lakoff beobachtet hat – zur Erklärung eines bisher rätselhaften Phänomens herangezogen werden. Angenommen, ich will durch Verwendung des Postulates (5b) eine negative Bitte übermitteln, etwa »Mach nicht diesen Lärm«. Das Ergebnis ist das unbeholfene »Kannst du diesen Lärm nicht machen?«. Setzt man jedoch voraus, daß die modale Äquivalenz $\Diamond\neg = \neg\Box$ gilt und daß das dem »kannst« entsprechende $\Box$ »must« ist, dann folgt, daß wir die oben erwähnte negative Bitte durch die positive Frage »Mußt du diesen Lärm machen?« ausdrücken können.
Wie ersichtlich sein sollte, behelfen wir uns bei der Repräsentation von »assumes that ¬ Q otherwise« durch »ASSUME (a, ¬ Q)«, indem wir »otherwise« weglassen. Wir hoffen, eines Tages ohne diese Vereinfachung zurechtzukommen, doch im Augenblick ist eine bessere Lösung nicht möglich.

6a Wir sagen sogar zusätzliche Konversationspostulate voraus:

(i) a. SAY(a,b,ASSUME(a,CAN(b,Q))) $\supset$ REQUEST(a,b,Q)
b. SAY(a,b,ASSUME(a,WILLING(b,Q))) $\supset$ REQUEST(a,b,Q)
c. SAY(a,b,ASSUME(a, ¬ Q)) $\supset$ REQUEST(a,b,Q)

(5) a. SAY(a,b,WANT(a,Q))* $\supset$ REQUEST(a,b,Q)
b. ASK(a,b,CAN(b,Q))* $\supset$ REQUEST(a,b,Q)
c. ASK(a,b,WILLING(b,Q))* $\supset$ REQUEST(a,b,Q)
d. ASK(a,b,Q)* $\supset$ REQUEST(a,b,Q)
wobei Q die Form hat FUT(DO(b,R)) [b wird Akt R tun] (die Sternchen werden unten diskutiert).

Wie man sieht, weist jedes Postulat in (5) sowohl rechts als auch links vom Pfeil ein performatives Verb auf. Vermittels solcher Postulate können wir aus einem Sprechakt auf einen anderen Sprechakt schließen.
Streng genommen ist (5) [ohne Sternchen] in einer wichtigen Hinsicht nicht adäquat. Sätze wie »Kannst du den Müll rausbringen?« sind je nach Kontext ambig: Entweder handelt es sich um eine echte Frage, eine Bitte um Information darüber, ob du in der Lage bist, den Müll rauszubringen, oder um eine Bitte, das doch zu tun. Ein solcher Satz kann allerdings nur eine Bitte ausdrücken, wenn der Hörer annimmt, daß der Sprecher nicht beabsichtigt, die Frage zu übermitteln. Die konversationell implizierte Bedeutung (die Bitte) kann in diesem Fall nur übermittelt werden, wenn der Satz nicht in seiner wörtlichen Bedeutung (als Frage) verstanden werden soll und wenn das auch der Hörer annimmt. Wir zeigen dies in unserer Notation dadurch an, daß wir dem illokutionären Gehalt ein Sternchen nachstellen.

(6) V_p(a,b,S)* = V_p(a,b,S) AND $\neg$ INTEND(a,CONVEY(a,b,V_p(a,b,S))) AND ASSUME(b, $\neg$ INTEND(a,CONVEY(a,b,V_p(a,b,S))))
(wobei V_p ein performatives Prädikat ist)

(ia) und (ib) führen tatsächlich zu einem halbkorrekten Resultat.

(ii) a. *I assume you can take out the garbage.*
Ich nehme an, daß du den Müll rausbringen kannst.
b. *I assume you'd be willing to take out the garbage.*
Ich nehme an, du wirst den Müll hinausbringen wollen.

(iia) und (iib) sind Bitten, aber wie alle Feststellungen von Hörer-Bedingungen drücken sie autoritäre (bzw. recht schnoddrige) Bitten aus.
Wir wissen nicht, wie wir das formal erklären sollen.
(iic) ist in unseren Dialekten falsch, aber in anderen korrekt.

(iic) *I assume you won't take out the garbage.*
Ich nehme an, du wirst den Müll nicht rausbringen.

Für uns kann (iic) keine Bitte sein, es gibt aber Sprecher, für die es eine Bitte ausdrückt. Wir wissen nicht, warum eine solche Variante existiert; es gibt sie aber.

Die obige Analyse hat für die Analyse der logischen Form von Fragen interessante Konsequenzen. Es ist (von Postal, G. Lakoff, Ross und anderen) vorgeschlagen worden, für die logische Form von Fragen REQUEST (a,b,TELL) b,a,S)) statt ASK(a,b,S) anzusetzen, mit anderen Worten, »I request that you tell me...« (Ich bitte dich, mir zu sagen...) anstelle von »I ask you...« (Ich frage dich...). Dieser Vorschlag wird, was nicht überrascht, durch die oben gegebene Analyse gestützt. Man vergleiche (7) mit (2):

(7) a. *I want you to tell me whether Harry left.*[7]
Ich möchte, daß du mir sagst, ob Harry gegangen ist.
b. *Can you tell me where the bus stops?*
Kannst du mir sagen, wo der Bus hält?
c. *Would you be willing to tell me why you left your wife?*
Wärst du bereit mir zu sagen, warum du deine Frau verlassen hast?
d. *Will you tell me how to adjust the TV?*
Willst du mir sagen, wie man den Fernseher einstellt?

Jeder Satz in (7) drückt eine Frage aus. Werden Fragen gemäß dem obigen Vorschlag als ein Typ von Bitten analysiert, folgt dies automatisch.
Gegenwärtig ist nicht bekannt, inwieweit genau sich die oben gegebene Analyse von Fragen auf andere Performative erstreckt – klar ist nur, daß das irgendwie gilt. Sehen wir uns z. B. die folgenden Sprecher-Aufrichtigkeitsbedingungen an:[7a]

7 Eine gebräuchlichere Ausdrucksweise dafür ist »I want to know whether Harry left« (Ich möchte wissen, ob Harry gegangen ist). Dies ist eine automatische Konsequenz der Bedeutung von »tell«. Jede adäquate natürliche Logik wird ein Theorem haben, daß TELL(a,b,whether S) $\supset$ CAUSE(a,KNOW(b, whether S)). Da CAUSE(a,S) $\supset$ S ein Bedeutungspostulat ist, folgt, daß TELL (a,b,whether S) $\supset$ KNOW(b,whether S) ein Theorem ist. Weil SINCERE(a, REQUEST(a,b,TELL(b,a,whether Q))) $\supset$ WANT (a,TELL(b,a,whether Q)) ein Theorem sein wird, folgt, daß SINCERE(a,REQUEST(a,b,TELL(b,a,whether Q))) $\supset$ WANT(a,KNOW(a,whether Q)) ebenfalls ein Theorem sein wird. Durch (4) folgt, daß SAY(a,b,WANT(a,KNOW(a,whether Q)))* $\supset$ REQUEST(a,b, TELL(b,a,whether Q)).
Aus diesem Grund drückt »I want to know whether Harry left« (Ich möchte wissen, ob Harry gegangen ist) eine Bitte um Information aus.
7a Für weitere Beispiele siehe die folgenden Hörer-Aufrichtigkeitsbedingungen:
(i) a. SINCERE(a,OFFER(a,b,Q)) $\supset$ ASSUME(a,WANT(b,Q))
b. SINCERE(a,THREATEN(a,b,Q)) $\supset$ ASSUME(a, $\neg$ WANT(b,Q))

(8) a. SINCERE(a,REQUEST(a,b,Q)) $\supset$ WANT(a,Q)
b. SINCERE(a,SAY(a,b,Q)) $\supset$ BELIEVE(a,Q)
c. SINCERE(a,PROMISE(a,b,Q)) $\supset$ INTEND(a,Q)

(8a) und (8c) besagen, daß jemand, wenn er etwas aufrichtig sagt, es auch glaubt; wenn jemand aufrichtig verspricht, etwas zu tun, dann beabsichtigt er auch, es zu tun. Wie im Fall von Fragen kann man Feststellungen und Versprechen dadurch übermitteln, daß man die entsprechenden Sprecher-Aufrichtigkeitsbedingungen behauptet.

(9) a. *I want you to shut the door.*
Ich möchte, daß du die Tür zumachst.
b. *I believe it's time to go home.*[8]
Ich glaube, es ist Zeit heimzugehen.
c. *I intend to pay you back.*[9]
Ich beabsichtige, es dir zurückzuzahlen.

(ia) besagt, daß man, wenn man jemandem etwas aufrichtig anbietet, annimmt, daß er es möchte. (ib) besagt, daß man, wenn man jemandem ernsthaft mit etwas droht, annimmt, daß er es nicht möchte. Wie im Falle der Bitten kann man Angebote und Drohungen durch Fragen nach den entsprechenden Hörer-Aufrichtigkeitsbedingungen übermitteln.
Besonders interessant ist in diesem Fall, daß die korrespondierende positive Frage – der Inhalt der Annahme ist negativ – die Drohung ausdrückt, so daß sie dieselbe syntaktische Form hat wie ein Angebot.
(ii) *Do you want me to leave now?*
Möchtest du, daß ich jetzt gehe?
(ii) kann entweder als Drohung oder als Angebot verwendet werden und ist in vielen Kontexten ambig. In normalen Situationen der realen Welt nicht-ambig sind die Beispiele:
(iii) a. *Do you want some cake?* [Angebot]
Möchtest du etwas Kuchen?
b. *Do you want your candy store to burne down, Mr. Schwartz?* [Drohung]
Möchten Sie, daß Ihr Süßwarenladen abbrennt, Mr. Schwartz?
Dies deutet darauf hin, daß wir die folgende Menge von Konversationspostulaten haben:
(iv) a. ASK(a,b,WANT(b,Q))* $\supset$ OFFER(a,b,Q)
b. ASK(a,b,WANT(b,Q))* $\supset$ THREATEN(a,b,Q)
Welches Postulat in welchen Kontexten zur Anwendung kommt, wird von den in den jeweiligen Kontexten gemachten Annahmen abhängen.
8 (9b) drückt eine Feststellung aus, jedoch mit weniger Überzeugungskraft als eine direkte Feststellung. Wir wissen nicht, ob dies ein Defekt im Postulat von (b) ist oder aus anderen unabhängig motivierten Postulaten folgt.
9 In (9c) scheint ein dialektaler Anklang vorzuliegen. Für einige Sprecher ist (9c) ein Versprechen, für andere dagegen nicht.

(9b) kann eine Feststellung des Komplementes von *believe* sein, (9c) kann ein Versprechen sein. Dies führt uns zu der folgenden Menge von Postulaten:

(10) a. SAY(a,b,WANT(a,Q))* $\supset$ REQUEST(a,b,Q)
b. SAY(a,b,BELIEVE(a,Q))* $\supset$ SAY(a,b,Q)
c. SAY(a,b,INTEND(a,Q))* $\supset$ PROMISE(a,b,Q)

Diese Postulate werden aus (8) vorhergesagt durch (4(i)), siehe oben, oder vielmehr eine Erweiterung von (4(i)) zur Erfassung von Sprechakten, die keine Bitten sind. (8) liefert eine formale Erklärung für die von Austin gemachte Beobachtung, daß Sätze wie diejenigen in (11) niemals aufrichtig geäußert werden können.

(11) a. *Please close the window, thogh I don't want you to.*
Schließe bitte das Fenster, aber ich will nicht, daß du das tust.
b. *Harry is sleeping with Sheila, but I don't believe it.*
Harry schläft gerade mit Sheila, aber ich glaube es nicht.
c. *I promise to pay you back, but I don't intend to.*
Ich verspreche, es dir zurückzuzahlen, aber ich habe nicht die Absicht.

B. Vernünftigkeitsbedingungen

Zusätzlich zur Frage, wann ein Sprechakt aufrichtig ist, müssen wir auch die Frage stellen, wann er vernünftig ist, da er, wenn er nicht vernünftig ist, normalerweise für bestimmte Typen von Einwänden offen ist. Wir wollen damit anfangen, die Gründe zu charakterisieren, aus denen heraus gegen einen Sprechakt Einwände erhoben werden können, da Einwände eine große und wichtige Klasse von Antworten auf Sprechakte konstituieren. Im allgemeinen gibt es zu jeder Aufrichtigkeitsbedingung für einen Sprechakt eine entsprechende Vernünftigkeitsbedingung, nämlich die, daß der Sprecher einen Grund dafür hat, die Aufrichtigkeitsbedingung einzuhalten.

(1) REASONABLE(a,V_p(a,b,Q)) $\supset$ (Vr)REASON(r,a, [sincerity condition])

Nehmen wir z. B. die oben angeführten Aufrichtigkeitsbedingungen,

(2) a. SINCERE(a,REQUEST(a,b,Q)) $\supset$ WANT(a,Q)
b. SINCERE(a,REQUEST(a,b,Q)) $\supset$ ASSUME(a,CAN(a,Q))
c. SINCERE(a,REQUEST(a,b,Q)) $\supset$ ASSUME(a,WILLING(b,Q))
d. SINCERE(a,REQUEST(a,b,Q)) $\supset$ ASSUME(a, $\neg$ Q)
e. SINCERE(a,SAY(a,b,Q)) $\supset$ BELIEVE(a,Q)
f. SINCERE(a,PROMISE(a,b,Q)) $\supset$ INTEND(a,Q)

dann ergeben sich, wenn das Schema von (1) vorausgesetzt wird, die folgenden Vernünftigkeitsbedingungen:

(3) a. REASONABLE(a,REQUEST(a,b,Q)) $\supset$ (Vr)REASON (r,a,WANT(a,Q))
b. REASONABLE(a,REQUEST(a,b,Q)) $\supset$ (Vr)REASON (r,a,ASSUME (a,CAN(b,Q)))
c. REASONABLE(a,REQUEST(a,b,Q)) $\supset$ (Vr)REASON (r,a,ASSUME (a,WILLING(b,Q)))
d. REASONABLE(a,REQUEST(a,b,Q)) $\supset$ (Vr)REASON (r,a,ASSUME(a, $\neg$ Q))
e. REASONABLE(a,SAY(a,b,Q)) $\supset$ (Vr)REASON (r,a,BELIEVE(a,Q))
f. REASONABLE(a,PROMISE(a,b,Q)) $\supset$ (Vr)REASON (r,a,INTEND(a,Q))

In anderen Worten:

(4) a. Eine Bitte ist nur vernünftig, wenn der Sprecher einen Grund hat zu wollen, daß die erwünschte Handlung ausgeführt wird.
b. Eine Bitte ist nur vernünftig, wenn der Sprecher Grund hat anzunehmen, daß der Hörer sie ausführen kann.
c. Eine Bitte ist nur vernünftig, wenn der Sprecher Grund hat anzunehmen, daß der Hörer bereit wäre, sie auszuführen.
d. Eine Bitte ist nur vernünftig, wenn der Sprecher einen Grund hat anzunehmen, daß sie sonst nicht ausgeführt würde.
e. Eine Feststellung ist nur vernünftig, wenn der Sprecher Grund hat, sie zu glauben.
f. Ein Versprechen ist nur vernünftig, wenn der Sprecher einen Grund hat für die Absicht, es zu halten.

Diese Bedingungen charakterisieren einige Typen von Einwänden gegenüber Sprechakten. In (5) werden Beispiele angeführt, in denen nach den Gründen gefragt wird.

(5) a. Warum willst du, daß ich das tue?
b. Warum glaubst du, daß ich das tun kann?
c. Warum glaubst du, daß ich bereit wäre, das zu tun?
d. Warum glaubst du, ich würde das sonst nicht tun?
e. Warum glaubst du das?
f. Warum hast du die Absicht, das zu tun?

Andere Einwände ergeben sich durch Infragestellen der Vernünftigkeitsbedingungen.

(6) a. Du willst nicht wirklich, daß ich das tue -- es ist gegen deine eigenen Interessen.
b. Ich kann das nicht tun -- ich hab mich am Arm verletzt.
c. Ich wäre niemals bereit, das zu tun -- es ist gegen meine religiöse Überzeugung.
d. Ich hätte das sowieso getan.
e. Es gibt überhaupt keinen Grund, das zu glauben.
f. Du hast keinerlei Grund, das zu beabsichtigen -- warum versprichst du es?

Die Grundidee ist: Wer bezüglich einer der Vernünftigkeitsbedingungen Zweifel anmeldet, zweifelt an der Vernünftigkeit des Aktes selbst. In Abschnitt 3 werden wir das allgemeine Problem behandeln, wie man dadurch, daß man nach einem Grund fragt, einen negativen Vorschlag machen kann.
Außer den durch Prinzip (1) vorhergesagten gibt es natürlich eine Reihe weiterer Vernünftigkeitsbedingungen. So ist es z. B. unvernünftig, jemanden zu bitten etwas zu tun, wenn es gar nicht getan zu werden braucht. Daher die Einwände »Muß es getan werden?« und »Es ist bereits getan«. Zweifelsohne gibt es viele andere solche Bedingungen.

C. Einige andere Beispiele

Grice hat sich recht ausführlich zum von ihm so genannten Kooperations-Prinzip geäußert, und er führt verschiedene Konversationsprinzipien an, die für normale Rede-Situationen gelten, in denen die Teilnehmer kooperieren. In solchen Situationen, so hat Grice beobachtet, wird angenommen, daß man soviel sagt, wie für die Interessen des jeweiligen Hörers für relevant gehalten wird.

Nehmen wir z. B. an, auf einer Party gehen alle Gäste frühzeitig und der Gastgeber gerät darüber außer Fassung. Frägt nun jemand, was passiert ist, dann wäre es unkooperativ zu antworten »Einer der Gäste ist früh gegangen«, wenn es auch, genau genommen, wahr wäre. Oder angenommen, jemand ist Zeuge eines Mordes und wird gefragt, was passiert ist; es wäre unkooperativ zu antworten »Jemand hat versucht, Harry umzulegen«. Nicht, daß der Betreffende irgend etwas Falsches gesagt hätte: Wenn einer einen anderen umbringt, dann hat er sicherlich versucht, ihn umzubringen. Doch es würde der irreführende Eindruck entstehen, daß der Versuch nicht erfolgreich war.
Wir wollen eine erste Formalisierung dieses Konversationsprinzips versuchen.

(1) $[\mathrm{REP(a,b,SAY(a,b,Q))\ AND\ COOP(a,b,SAY(a,b,Q))\ AND\ AS(a,}$ $\mathrm{P} \supset \mathrm{Q})] \supset [\neg\, \mathrm{TRUE(KNOW(A,P))\ OR\ AS(a,} \neg\, \mathrm{REL(b,P))\ OR}$ $\mathrm{AS(a,SAY(a,b,Q))} \supset \mathrm{CONV(a,b,P)}]$

Wenn a b eine Antwort gibt (reply), indem er Q sagt (say) und wenn a mit b kooperiert (cooperate), indem er Q sagt und wenn a annimmt, daß P Q impliziert, dann ist entweder nicht der Fall, daß a P kennt (know), oder a nimmt an, daß P nicht relevant ist (relevant) oder a nimmt an, daß er b, indem er Q zu b sagt, P übermittelt (convey). (1) hängt natürlich vom Begriff der Relevanz ab. Wann ist z. B. eine Antwort relevant für eine Frage? (1) hängt auch vom Begriff einer Antwort ab. Was zählt im allgemeinen als eine Antwort? Beide Begriffe sind noch genauer zu untersuchen. Aber wenn wir einmal ein präzises Verständnis davon haben, was eine Antwort und eine relevante Antwort konstituiert, dann wird (1) eine brauchbare erste Annäherung an ein gültiges Konversationspostulat darstellen.
Nehmen wir ein anderes Beispiel. Angenommen, ich gehe auf der Straße auf einen Bekannten zu und sage zu ihm (2).

(2) Ihre Frau ist treu.

Höchstwahrscheinlich wird er mit dieser Äußerung zunächst mal gar nichts anzufangen wissen bzw. sich einfach über mich ärgern. Warum, ist sonnenklar. In einer Konversationssituation, in der man keinen Small-talk macht, d. h. in Situationen, in denen Feststellungen informieren sollen, wird man normalerweise nichts sagen, was die Person, mit der man spricht, vermutlich weiß oder für selbstverständlich hält.[10] Es ist Bestandteil dessen, was es heißt, jemanden zu informieren beabsichtigen.

(3) SAY(a,b,Q)$^{+}\supset$ INTEND(a,CAUSE(a,COME ABOUT(KNOW (b,Q))))
wobei ›+‹ ein Hilfsmittel ist, um Small-talk und andere Konversationssituationen auszuschließen, in denen man nicht die Absicht hat zu informieren.

Nimmt man das Bedeutungspostulat für CAUSE als gegeben,

(4) CAUSE(a,S) $\supset$ S

dann folgt aus (3), daß

(5) SAY(a,b,Q)$^{+}\supset$ INTEND(a,COME ABOUT(KNOW(b,Q)))
(6) sollte aus der Bedeutung von INTEND folgen (wenn dies formal auch nicht detailliert untersucht worden ist).

(6) INTEND(a,COME ABOUT(R)) $\supset$ ASSUME(a, $\neg$ R)

Aus (3), (4), (5) und (6) sollte (7) folgen.

(7) SAY(a,b,Q)$^{+}\supset$ ASSUME(a, $\neg$ KNOW(b,Q))

Wenn ich also zu einem Bekannten (2) sage, nehme ich an, daß er nicht weiß, ob seine Frau ihm treu ist. Dies könnte bei ihm natürlich, wie gesagt, zunächst einmal blankes Unverständnis oder einfach eine ärgerliche Reaktion auslösen.
Wie (2) zeigt, kann man etwas sagen, was in einem gegebenen Kontext eine harmlose primäre Bedeutung hat, dessen konversationell implizierte Bedeutung jedoch alles andere als harmlos ist. Ein weiterer Fall dieser Art ist von Searle angeführt worden.[11]

10 Außer Small-talk gibt es noch andere Situationen, in denen Feststellungen nicht informieren sollen. Wenn man z. B. jemandem ein Argument klar machen will, stellt man normalerweise Prämissen fest, von denen man von vornherein weiß, daß sie bereits bekannt sind: »Der Papst ist ein Katholik, nicht wahr? Warum sollte er also Passah feiern?«
11 Siehe Searle, 1969.

Gewöhnlich wird in Logikkursen zu Anfang gelehrt, daß Sätze von der Form *P oder nicht P* Tautologien sind und folglich nichts ausdrücken. Sätze wie der folgende können jedoch, wie Searle hervorhebt, durchaus einiges implizieren.

(8) Entweder ist Senator Quirk ein Kommunist oder nicht.

Wenn man eine Disjunktion feststellt, nimmt man im allgemeinen an, daß beide Disjunktionsglieder möglich sind.

(9) SAY(a,b,P OR Q) ⊃ [ASSUME(a,POSSIBLE(P)) AND ASSUME (a,POSSIBLE(Q))]

Wenn jemand (8) sagt, dann nimmt er an, daß es möglich ist, daß Senator Quirk ein Kommunist ist. In Amerika stellt einer, der (8) sagt, die Loyalität von Senator Quirk in Frage, weil es schlecht ist, ein Kommunist zu sein und weil ein Senator über alle Zweifel erhaben sein sollte. Es ist recht interessant, daß (10) denselben Effekt hat.

(10) Entweder ist Senator Quirk ein aufrechter Amerikaner oder nicht.

Hier nimmt der Sprecher an, daß es möglich ist, daß Senator Quirk kein aufrechter Amerikaner ist und stellt somit wiederum seine Loyalität in Frage.

3. Die Rolle der Konversationspostulate in der Grammatik

A. Warum-Fragen

Betrachten wir eine Frage wie (1).

(1) *Why are you painting your house purple?*
Warum streichst du denn dein Haus knallrot?

Dies kann eine normale Frage sein. Der Sprecher sieht, wie jemand sein Haus knallrot anstreicht und fragt, warum. Andererseits kann er als Vorschlag verstanden werden, er soll sein Haus nicht knallrot streichen. Wir können also als passende Antworten etwa (2a) oder (2b) erwarten.

(2) a. Ich hab' nicht viel Geld und es gab knallrote Farbe im Sonderangebot.
b. Paßt knallrot nicht?

Uns interessiert diejenige Lesart, derzufolge dies keine normale Frage ist. Wie können wir diese Lesart im Hinblick auf den Kontext erklären? Welche Konversationspostulate sind erforderlich? Als logische Form von (1) wollen wir (3) oder etwas dergleichen annehmen.

(3) REQUEST(a,b,TELL(b,a(Tr)REASON(r,b,DO(b,Q))))
wobei (Tr)REASON(r,b,DO(b,Q)) für »daß r, so daß r für b ein Grund ist, Q zu tun« steht.

Wenn jemand nach einem Grund fragt, stellt er entweder eine einfache Informationsfrage und hat nicht die Absicht, zu beurteilen, ob der angegebene Grund ein guter oder ein schlechter Grund ist; oder er frägt nach einer Rechtfertigung und hat darum die Absicht, ein Urteil darüber zu fällen, ob der angegebene Grund gut ist. (4) wird daher in jeder derartigen Situation wahr sein.

(4) INTEND(a,JUDGE(a,WHETHER(SHOULD(REASON(r,b,DO(b,Q))))))
OR ¬ INTEND(a,JUDGE(a,WHETHER(SHOULD(REASON(r,b,DO(b,Q))))))
wobei SHOULD(REASON(r,b,DO(b,Q))) für »r sollte für b ein Grund sein, Q zu tun« steht, oder in anderen Worten »r ist für b ein guter Grund Q zu tun«.

Wird angenommen, daß der Sprecher eine einfache Informationsfrage stellt und nicht die Absicht hat, ein Urteil abzugeben, dann haben wir eine normale Warum Frage. Wird jedoch angenommen, daß der Sprecher beurteilen will, ob der Grund gut ist, dann kommen andere Faktoren ins Spiel. Angenommen, b gibt a seinen Grund dafür an, warum er Q tut und angenommen, a urteilt, daß es ein schlechter Grund ist, das heißt, daß es für b kein Grund sein sollte, Q zu tun, dann ist nahezu ständig der Fall, daß a glaubt, daß b vielleicht Q besser nicht tun sollte.

(5) STANDARD-ANNAHME
[REASON(r,b,DO(b,Q)) AND JUDGE (a, ¬ SHOULD(REASON(r,b,DO(b,Q))))] $\supset$ BELIEVE(a,POSSIBLE(¬ SHOULD(DO(b,Q))))

Nehmen wir nun an, der Sprecher vollzieht einen bestimmten Sprechakt und dieser Sprechakt impliziert konversationell, daß der Sprecher glaubt, daß es möglich ist, daß der Hörer Q nicht tun sollte; dann impliziert der Sprecher damit, daß der Hörer Q nicht tun sollte. Dies ist eine Möglichkeit, eine »abgeschwächte Implikatur« zu übermitteln. Z. B. könnte der Sprecher sagen:

(6) Vielleicht solltest du dein Haus nicht knallrot streichen.

Mit der aufrichtigen Äußerung von (6) übermittelt er die Implikatur, der Adressat sollte sein Haus nicht knallrot streichen. Die allgemeine Form des entsprechenden Konversationspostulates ist (7).

(7) POSTULAT DER ABGESCHWÄCHTEN IMPLIKATUR (Softened suggestion postulate)
V_p(a,b,R) AND [V_p(a,b,R) $\supset$ BELIEVE(a,POSSIBLE(S))] $\supset$ SUGGEST(a,S)

wobei V_p für ein performatives Prädikat steht und R und S irgendwelche Propositionen sind. (8) ist ein Spezialfall von (7).

(8) V_p(a,b,R) AND [V_p(a,b,R) $\supset$ BELIEVE(a,POSSIBLE ($\neg$ SHOULD(DO(b,Q))))] $\supset$ SUGGEST(a, $\neg$ SHOULD(DO (b,Q)))

Wenn wir nun V_p(a,b,R) = (3) ansetzen und wenn wir annehmen, daß der Sprecher darüber urteilt, ob der Grund des Adressaten gut ist, dann wird durch die Äußerung von (1) folgendes übermittelt:

(9) JUDGE(a, $\neg$ SHOULD(REASON(r,b,DO(b,Q)))) $\supset$ SUGGEST (a, $\neg$ DO(b,Q))

Intuitiv besagt (9):

(10) Wenn du keinen guten Grund hast Q zu tun, dann solltest du Q nicht tun.

(1) drückt darum in einem Kontext, in dem eine normale Warum-Frage ohne Urteil ausgeschlossen ist aus:

(10') Nur wenn du einen guten Grund hast, dein Haus knallrot zu streichen, solltest du dein Haus knallrot streichen.

Wir gehen davon aus, daß die obige Analyse plausibel ist, wobei wir Detailprobleme außer acht lassen. Besonders aufschlußreich dabei ist, daß die Ambiguität von (1), d. h. die Tatsache, daß (1) zwei ganz verschiedene Bedeutungen übermitteln kann, nicht darauf zurückzuführen ist, daß (1) zwei verschiedene logische Strukturen besitzt. Die Ambiguität ist vielmehr zurückzuführen auf die übermittelte Bedeutung, sie ist abhängig vom Kontext. In einer Klasse von Kontexten wird die normale Bedeutung der Frage übermittelt. In einer anderen Klasse von Kontexten kann eine ganz andere Bedeutung übermittelt werden, wenn bestimmte Konversationspostulate vorausgesetzt werden.

Diese Art der Ambiguität, bei der hinsichtlich der logischen Struktur kein Unterschied vorliegt, stellt mehr dar, als eine sprachliche Kuriosität. Es zeigt sich, daß es grammatikalische Phänomene gibt, die solche Fälle disambiguieren können. Betrachten wir (11):

(11) *Why paint your house purple?*
Warum dein Haus knallrot streichen?

In (11) sind *you* und Tempusmarkierung getilgt. (11) hat vermutlich dieselbe oder eine ganz ähnliche logische Struktur wie (12).

(12) *Why do you paint your house purple?*
Warum streichst du dein Haus knallrot?

(12) ist aber genauso ambig wie (1). Interessanterweise ist (11) nicht ambig. (11) kann niemals eine echte Frage sein. (11) drückt immer (10″) aus.

(10″) Nur wenn du irgendeinen guten Grund hast, dein Haus knallrot zu streichen, solltest du es knallrot streichen.

Das heißt, daß die Regel, die *you* + Tempus tilgt, nur zur Anwendung kommen kann, wenn (10″) ausgedrückt wird. Wenn unsere obige Analyse korrekt ist und (10′) durch konversationelle Implikation und dann nur in bestimmten Kontexten ausgedrückt wird, dann folgt, daß die Bedingungen für die korrekte Anwendung der Tilgung von *you* + Tempus vom Kontext und von der konversationellen Implikation abhängig sind.

Eine intuitive erste Annäherung an eine solche Regel wäre:

(13) Hinsichtlich einer Klasse von Kontexten CON_i und einer Menge von Konversationspostulaten CP gilt:
WHY YOU TENSE x ⇒ WHY x, gdw. $CON_i \cup P \cup \{L\} \Vdash$ [Nur wenn du irgendeinen guten Grund hast x zu tun, solltest du x tun], wobei L die logische Struktur des Satzes ist.

Um Regeln dieser Art zu repräsentieren, kann man verschiedene Notationen erfinden, die das herausarbeiten, was in allen solchen Regeln vorkommen wird. Eine andere nichtformale, wenngleich etwas komprimierte Möglichkeit wäre:

(14) WHY YOU TENSE x ⇒ WHY x ONLY IF C ||– Nur wenn du irgendeinen guten Grund hast x zu tun, solltest du x tun.

In (14) zeigt ›C||–‹ an, daß die Regeln nur bei den Kontexten und Konversationspostulaten angewendet werden dürfen, die derart sind, daß sie zusammen mit der logischen Struktur des Satzes den rechts von ›C ||– ‹ stehenden Ausdruck zur Folge haben.

Eine solche Regel wäre natürlich transderivationell. Sobald logische Strukturen und transderivationelle Regeln detaillierter untersucht sein werden, sind weitere Formalisierungen möglich.

Wir haben wie folgt argumentiert: In Warum-Fragen wie (1) ist die Ambiguität nicht darauf zurückzuführen, daß ein und derselbe Satz verschiedene logische Strukturen hat, sondern darauf, daß der Satz in verschiedenen Kontexten geäußert werden kann. In einigen Kontexten liegt eine normale Frage-Bedeutung vor, während in anderen Kontexten bestimmte Konversationspostulate dazu führen, daß eine andere Bedeutung ausgedrückt wird, insbesondere einer Bedeutung von der Form (9). Ausgehend von einem solchen Ansatz kann man eine Regel aufstellen, die beschreibt, was in Sätzen wie (11) passiert, in denen die Tilgung zur Disambiguierung führt.

B. Einige weitere Fälle

Wenn der oben gemachte Vorschlag im wesentlichen korrekt ist, d. h. wenn er in die richtige Richtung geht, dann kann man womöglich denselben Apparat zur Erklärung anderer widerspenstiger Phänomene anwenden. Wir wollen einen Katalog ähnlich gelagerter Beispiele betrachten.

J. Sadock hat festgestellt, daß das Wort »Please« in Anfangs- und Endposition eine verschiedene Distribution aufweist.

(1) In Anfangsposition kann *please* in Sätzen verwendet werden, die im gegebenen Kontext eine Bitte übermitteln, gleichgültig welche grammatikalische Oberflächenform die Sätze haben.[12]

In Endposition kann *please* in Sätzen verwendet werden, deren logische Struktur eine direkte Bitte ausdrückt und die im gegebenen Kontext konversationell eine Bitte übermitteln.
Sehen wir uns folgende Beispiele an,

(2) a. *Please, can you open the window?*
b. *Please, will you get me a glass of water?*
c. *Please, it's cold in here.*
d. *Please, my daughter's a virgin.*
e. *Please, it's 10 o'clock.*
f. *Please, be glad that they didn't fire you.*
g. *Please, get me a drink.*

und vergleichen wir (2) mit (3):

(3) a. *Can you open a window, please?*
b. *Will you get me a glass of water, please?*
c. **It's cold in here, please.*
d. **My daughter's a virgin, please.*
e. **It's 10 o'clock, please.*
f. **Be glad that they didn't fire you, please.*
g. *Get me a drink, please.*

Alle Sätze aus (2) könnten in den entsprechenden Kontexten ohne *please* Bitten ausdrücken. Wird *please* in Anfangsstellung hinzuge-

12 Diese Bedingung muß eigentlich wesentlich mehr eingeschränkt werden. So kann *please* im allgemeinen in Bitten verwendet werden, mit denen der Sprecher etwas für sich oder einen anderen verlangt, während es nicht in Sätzen verwendet werden kann, mit denen vom Adressaten etwas verlangt wird, wozu er ohnehin bereits verpflichtet ist, z. B. »*Solltest du nicht die Türe schließen, bitte?« (Beispiel von Sadock).
Im allgemeinen passiert in übermittelten Fragen viel mehr als wir verstehen. Wie Wilbur Haas beobachtet hat, kann eine Feststellung, die eine Bitte übermittelt mit einem echten Imperativ verbunden werden: »Ich möchte zwei Hamburger und geben Sie Senf auf beide«. Doch ist dies nicht immer möglich. Wie man sich erinnern wird, kann »Es ist kalt hier« in bestimmten Kontexten »Machen Sie das Fenster zu« übermitteln. Wir können zwar in solchen Kontexten »Schließen Sie das Fenster und gehen Sie hinaus« bilden, aber nicht »Es ist kalt hier und gehen Sie hinaus«.
Steve Straight hat beobachtet, daß es manchmal möglich ist, eine Person anzusprechen und einer anderen Person eine Bitte zu übermitteln. Wenn z. B. in einer Versammlung jemand aus dem Publikum dem Redner zuruft »Meinen Sie nicht, daß die Leute hinten den Mund halten sollten?«, übermittelt er den Leuten hinten im Raum eine Bitte.

fügt, bleiben die Sätze grammatikalisch, sind aber nun bloß für solche Kontexte geeignet, in denen sie Bitten ausdrücken. Offensichtliche Bitten wie (3g) und Fragen, die wie wir oben gesehen haben, Typen von Bitten sind, wie (3a) und (3b), lassen *please* in Endstellung zu. Feststellungen, die Bitten ausdrücken, erlauben nachgestelltes *please* nicht, ebensowenig Imperative wie (3f), die nicht direkt in der logischen Struktur Bitten ausdrücken. Genauso nehmen Fragen, die nie eine Bitte um Information oder irgendeinen anderen Typ von Bitten in einem Kontext übermitteln, *please* weder in Anfangs- noch in Endstellung an.

(4) a. *Who has ever lifted a finger to help me?*
b. **Please, who has ever lifted a finger to help me?*
c. **Who has ever lifted a finger to help me, please?*

Rhetorische Fragen wie (4b) und (4c) können lediglich Feststellungen ausdrücken und daher niemals *please* annehmen.

Es sieht also so aus, als ob die Distribution des Morphems *please* zum Teil determiniert wird durch Kontext und konversationelle Implikation.

Ähnlich liegt der Fall bei *here*. Ist *here* einem Satz vorangestellt und folgt darauf eine Pause, dann liegen zwei verschiedene Verwendungsweisen vor, die beide eine konversationelle Implikation involvieren.

(5) a. *Here* mit nachfolgender Pause kann jedem Satz vorangestellt werden, der im Kontext konversationell eine Bitte impliziert und wo der Sprecher die Aufmerksamkeit des Adressaten zu gewinnen versucht.
b. *Here* mit nachfolgender Pause kann jedem Satz vorangestellt werden, der im Kontext konversationell ein Angebot des Sprechers an den Adressaten impliziert.

Nehmen wir die folgenden Beispiele, zuerst Beispiele zu (5a).

(6) a. *Here, I want a roast beef special to go.*
b. *Here, I need that wrench.*
c. *Here, can you take care of me?*
d. *Here, let me through.*

In jedem Fall versucht der Sprecher die Aufmerksamkeit des Adressaten zu gewinnen und richtet eine Bitte an ihn. In (6a) und (6c) ist die Bitte nicht direkt, sondern wird gemäß den oben angeführten Postulaten konversationell übermittelt. In jedem dieser

Fälle kann die Bitte ohne *here* ausgedrückt werden, wenn die Sätze dann auch ambig sind. *Here* disambiguiert und ist nur mit konversationell übermittelten Bitten zulässig, nicht mit wahren Feststellungen oder mit Fragen. Betrachten wir nun Beispiele zu (5b):

(7) a. *Here, pass me that wrench.*
b. *Here, that's no way to fix a flat tire.*
c. *Here, can you get me a large wrench?*
d. *Here, I know how to do that.*

Angenommen, jemand trifft eine junge Dame, die gerade versucht, einen Reifen zu wechseln und sagt einen der Sätze aus (7) zu ihr. Sie können nur als Angebote verstanden werden. Es wäre recht unpassend, (7b) oder (7d) zu sagen und dann abzuhauen. Jeder der Sätze ist ohne *here* selbstverständlich ambig und kann, je nach Kontext und konversationeller Implikation ein Angebot sein oder nicht. *Here* disambiguiert und ist mit Angeboten zulässig, nicht aber mit Feststellungen oder Fragen. Im Falle von Fragen gibt es abhängig davon, ob der Sprecher versucht, die Aufmerksamkeit des Hörers zu gewinnen oder nicht, eine Ambiguität. Ist ihm die Aufmerksamkeit des Hörers bereits sicher, dann kann ein Satz wie (7a) nur ein Angebot sein. Wenn der Sprecher allerdings ebenfalls gerade dabei ist, einen Reifen zu wechseln und die Aufmerksamkeit des Hörers nicht besitzt, dann ist (7a) natürlich ambig und entweder eine Bitte oder ein Angebot.
Ein anderer Fall involviert die Regel der Verb-Subjekt-Inversion. In den meisten Dialekten des Englischen ist die Inversion des Verbs auf die zweite Position obligatorisch in eingebetteten Fragen, aber auf Fragen, die in der Oberflächenstruktur nicht-eingebettet sind, nicht anwendbar.

(8) a. *I am asking you where Harry went.*
Ich frage dich, wo Harry hingegangen ist.
b. *Where did Harry go?*
Wo ist Harry hingegangen?

Wie wir nach der obigen Diskussion erwarten würden, können Informations-Bitten durch Feststellungen übermittelt werden, die einen Wunsch, etwas zu erfahren anzeigen.

(9) *I want to know where Harry went.*
Ich möchte wissen, wo Harry hingegangen ist.

(9) kann entweder als wörtliche Feststellung genommen werden, daß der Wunsch besteht, etwas zu erfahren; es kann aber auch in Kontexten, in denen es nicht wörtlich genommen wird, eine Bitte des Sprechers übermitteln, daß der Hörer ihm sagen soll, wohin Harry gegangen ist. Die Lesart, nach der es eine Bitte um Information ist, folgt aus den oben angegebenen Konversationspostulaten.

Obgleich die Verb-Subjekt-Inversion in Sätzen wie (9) gewöhnlich obligatorisch ist, gibt es Dialekte, in denen sowohl (10a) als auch (10b) möglich sind.

(10) a. *I want to know where Harry went.*
b. *I want to know where did Harry go.*

(10a) ist in diesen wie in den anderen Dialekten ambig und kann entweder wörtlich genommen eine Feststellung eines Wunsches sein, oder eine Bitte um Information. (10b) kann in diesen Dialekten jedoch nur eine Informations-Bitte ausdrücken. Es ist in solchen Kontexten unangemessen, in denen man einfach eine Feststellung macht, daß man etwas erfahren möchte und keine Bitte um Information äußert. Die Nichtanwendbarkeit der Verb-Subjekt-Inversion ist ein disambiguierender Faktor. Wenn die Ambiguität von (10a) jedoch nicht aus der unterschiedlichen logischen Struktur resultiert, sondern aus der Anwendung von Konversationspostulaten in entsprechenden Kontexten, dann folgt, daß die Umgebung für die Anwendung oder Nichtanwendung der Verb-Subjekt-Inversion nicht den wörtlichen Gehalt des Satzes angibt, sondern den konversationell implizierten Gehalt. Man beachte, daß in diesem Dialekt die Verb-Subjekt-Inversion obligatorisch ist, wenn, wie in Feststellungen in der Vergangenheitsform, keine Informations-Bitte übermittelt wird.

(11) a. *Yesterday I wanted to know where Harry went.*
b. **Yesterday I wanted to know where did Harry go.*

Der Unterschied zwischen diesem Dialekt und dem Standard-Dialekt läßt sich folgendermaßen ausdrücken:

(12) a. STANDARD-DIALEKT
Verb-Subjekt-Inversion ist nicht anwendbar in wörtlichen Infor-

mations-Bitten, die nicht in der Oberflächenstruktur eingebettet sind.

b. NICHTSTANDARD-DIALEKT
Verb-Subjekt-Inversion ist nicht anwendbar in (wörtlichen oder implizierten) Informations-Bitten.

Auch hier ist, wie so oft, die Nichtstandard-Regel die allgemeinere Regel.

C. Einige Probleme

Wir haben gesehen, daß es reguläre Regeln gibt – Konversationspostulate –, die festlegen, welche Bedeutung eine Äußerung übermittelt, wenn der wörtliche Gehalt der Äußerung und der Kontext, in dem sie geäußert wird, gegeben sind. Außerdem haben wir gesehen, daß es grammatische Regeln gibt – Regeln, die die Morphemdistribution determinieren –, die von der übermittelten, nicht von der wörtlichen Bedeutung der Sätze abhängig sind. Wir haben oben an einigen Beispielen versucht, damit eine primitive Analyse einiger relativ durchsichtiger Fälle zu geben. Nun wollen wir uns noch einige Probleme ansehen, mit denen wir nicht so ganz zu Rande gekommen sind, die aber doch zu dem gleichen Problembereich zu gehören scheinen, wie die bislang betrachteten Fragen. Die Frage in (1) läßt sich je nach Kontext auf verschiedene Weise interpretieren und daher verschieden beantworten.

(1) Weißt du, wer neben dir wohnt?
 a. Ja.
 b. Nein, sag es mir.
 c. Sylvia Biogenes.

Dem entsprechen die folgenden übermittelten Bedeutungen:

(2) a. Wörtlich.
 b. Wenn du nicht weißt, wer neben dir wohnt, werde ich es dir sagen.
 c. Ich bitte dich, mir zu sagen, wer neben dir wohnt.

Es ist möglich, daß es Kontexte gibt, in denen (1) wörtlich zu nehmen ist und eine Ja- oder Nein-Antwort genügt. Doch das ist sehr selten. Gewöhnlich wird entweder (2b) oder (2c) übermittelt. Wie kommt das? Die Kontexte, die die Differenzierung hervorbringen, sind offensichtlich recht klar.

(3) a. Ich mache keine Annahmen darüber, ob du weißt, wer neben dir wohnt.
b. Ich nehme an, daß du wahrscheinlich nicht weißt, wer neben dir wohnt.
c. Ich nehme an, daß du wahrscheinlich weißt, wer neben dir wohnt.

Diese Annahmen determinieren sich gegenseitig ausschließende Klassen von Kontexten. Das Problem ist, welche Konversationspostulate genau – die wörtliche Bedeutung und die Annahmen von (3) vorausgesetzt – es möglich machen, daß man die Bedeutungen von (2) übermitteln kann. Wie lassen sie sich exakt formulieren?
Ein ähnliches Problem entsteht in (2).

(2) a. *I don't know whether the frying pan goes in the closet.*
Ich weiß nicht, ob die Pfanne in den Schrank paßt.
b. *Either the frying pan goes in the closet or not.*
Entweder die Pfanne paßt in den Schrank oder nicht.

Wenn ich gerade das Geschirr abtrockne und zu meiner Frau (2a) sage, kann ich die Frage von (3) übermitteln.

(3) *Does the frying pan go in the closet or not?*
Paßt die Pfanne in den Schrank oder nicht?

Mit (2b) kann diese Frage, zumindest mit normaler Betonung, jedoch nicht übermittelt werden. Warum nicht? Und warum kann in einer solchen Situation (2a) dazu verwendet werden (3) zu übermitteln? Wiederum stellt sich die Frage, welches die richtigen Postulate sind und wie sie genau formuliert werden können.
Auf ein besonders interessantes Problem sind wir durch R. Lakoff aufmerksam geworden. Sehen wir uns die folgenden Beispiele an:

(4) a. *May I offer you some of this brandy?* [Angebot]
Darf ich dir etwas von diesem Brandy geben?
b. *Must I offer you some of this brandy?* [kein Angebot]
Muß ich dir etwas von diesem Brandy geben?

(5) a. *I may offer you some of this brandy.* [kein Angebot]
Ich darf dir etwas von diesem Brandy geben.
b. *I must offer you some of this brandy.* [Angebot]
Ich muß dir etwas von diesem Brandy geben.

(4a) ist ein Angebot, (4b) aber nicht. Offensichtlich ist die Angebot-Lesart nur möglich, wenn mit dem *may* die Erlaubnis und nicht die Möglichkeit angesprochen wird. Warum wird, wie in (4a), mit der Frage um Erlaubnis, ein Angebot zu machen, das Angebot ausgedrückt? Warum ist das bei einer Frage mit *must*, wie in (4b), nicht der Fall? In (5) kehrt sich die Situation um. Warum drückt, wie in (5b), eine Feststellung einer Verpflichtung, ein Angebot zu machen, dieses Angebot aus? Nebenbei bemerkt, drückt das *may* in (5a), wie in Feststellungen in der 1. Pers. immer der Fall, nur die Möglichkeit, nicht die Erlaubnis aus; (5a) ist in dieser Hinsicht also nicht die Entsprechung zu (4a), so daß sich die Frage, warum (5a) kein Angebot ausdrückt, nicht erhebt.

Wie zu erwarten, tritt dieses Phänomen nicht bloß bei Angeboten auf, sondern ebenso bei anderen Sprechakten. Es ist ein ziemlich allgemeines Phänomen.

(6) a. *May I tell you that I love you?* [Liebeserklärung]
Darf ich dir sagen, daß ich dich liebe?
b. *May I ask you how you got in here?* [Frage]
Darf ich fragen, wie du hier hereingekommen bist?
c. *May I warn you that my pet wombat is dangerous?* [Warnung]
Darf ich dich darauf aufmerksam machen, daß meine Beutelmaus gefährlich ist?
d. *May I suggest that you accept the nomination?* [Vermutung]
Darf ich annehmen, daß sie die Wahl annehmen werden?
e. *May I apologize for dripping ice cream on your dress?* [Entschuldigung]
Darf ich mich dafür entschuldigen, daß ich dir Eiskrem aufs Kleid gekleckert habe?

(7) a. *I may tell you that I love you.* [keine Beschreibung von Gefühlen]
b. *I may ask you how you got in here.* [keine Frage]
c. *I may warn you that my pet wombat is dangerous.* [keine normale Warnung]
d. *I may suggest that you accept the nomination.* [kein Vorschlag]
e. *I may apologize for dripping ice cream on your dress.* [keine Entschuldigung]

So ganz allgemein ist dieses Phänomen allerdings nicht:

(8) *May I accuse you of murder?* [keine Beschuldigung]
(9) a. *May I ask you to move your car?* [Bitte]
b. *May I tell you to move your car?* [keine Bitte]

Woran liegt es, daß in einigen aber nicht in allen Fällen eine Frage um die Erlaubnis, eine performative Äußerung zu machen, diese

performative Äußerung übermittelt? Und warum ist es manchmal möglich, daß eine Feststellung einer Verpflichtung zu einer performativen Äußerung (wie in (5b)) diese performative Äußerung übermittelt, die entsprechende Frage das aber nicht tut?
In jedem dieser Fälle wird, vermutlich kraft eines noch nicht formulierten Konversationspostulates, ein eingebettetes Performativ übermittelt. Natürlich gibt es zahlreiche weitere Fälle, in denen Performative übermittelt werden, z. B.:

(10) a. *I am obligated to warn you that unless you pay up, your wife will be returned to you.* [Warnung]
b. *I'm supposed to tell you that Billy won't be home until six.* [Feststellung]
c. *I regret that I must ask you to leave.* [Bitte]

Solche Beispiele lassen die eher allgemeine Frage auftauchen, welche Konversationsprinzipien die Übermittlung eingebetteter Performative zulassen. Selbstverständlich ist es möglich, für jedes oben angeführte Beispiel ein ad hoc-Postulat aufzustellen, um es zu erfassen. Doch die eigentliche Frage ist: Welches sind die korrekten Generalisierungen? Aus welchem unabhängig motivierten Prinzip *folgt*, daß (10a) ein Angebot ist, aber (10b) kein Versprechen?

4. *Schlußbemerkungen*

Unser Vorschlag ist ein sehr geringfügiger Zusatz zur Theorie der generativen Semantik, er sollte aber die Behandlung einer recht umfangreichen Reihe sprachlicher Phänomene möglich machen, die sich einer formalen Beschreibung bisher entzogen haben. Wie gezeigt wurde, erfordert die Grammatiktheorie eine natürliche Logik und eine Menge von transderivationellen Regeln. Die natürliche Logik charakterisiert den Begriff der Folgerung. Insbesondere charakterisiert sie Folgerungen eines Satzes, wenn eine Klasse von Kontexten gegeben ist, die durch eine endliche konsistente Menge von logischen Strukturen charakterisiert ist. Wir haben den Begriff der Folgerung zu einer Klasse von Kontexten in Relation gebracht und Konversationspostulate hinzugefügt, um konversationelle Implikaturen zu erhalten, die für eine Klasse von Kontexten relevant sind. Der Begriff der Folgerung ist der gleiche; der Begriff der Klasse von Kontexten ist der gleiche, und der Begriff der logischen Struktur ist der gleiche. Einzig neu ist die Hinzufügung von Konversationspostulaten, die mithilfe gewöhnlicher logischer Strukturen formuliert werden. Die Theorie der Grammatik erfordert hinsichtlich der Grammatikregeln bereits transderivationelle Regeln. Transderivationelle Regeln charakterisieren, was in einer Ableitung geschieht, auf der Basis dessen, was in einer oder mehreren, damit in Relation stehenden Ableitungen der Fall ist. Transderivationelle Regeln können, werden sie so aufgefaßt, eine kleine Anzahl von möglichen Relationen zwischen Ableitungen angeben. Betrachten wir z. B. die Ableitungen D^a und D^b.

(1) D^a: S^a, ..., L^a
D^b: S^b, ..., L^b (wobei S^a die Oberflächenstruktur und L^a die logische Struktur ist)

Unter den zahlreichen Relationen zwischen den Ableitungen D^a und D^b sind bisher in transderivationellen Regeln erfaßt worden:

(2) Aus L^a folgt L^b
L^a ist äquivalent mit L^b
L^a präsupponiert L^b
L^a drückt aus, daß auch L^b
$t(S^a) = t(S^b)$, wobei $t(S^i)$ die terminale Kette der Oberflächenstruktur S^i u. a. ist

Wir schlagen vor, zu diesen in transderivationellen Regeln bereits verwendeten Relationen eine zusätzliche Relation hinzuzufügen, nämlich

(3) L^a impliziert konversationell L^b

Unsere These lautet: Wenn man Konversationspostulate hinzunimmt und den transderivationellen Regeln die Relation der konversationellen Implikation hinzufügt, wird es letzlich möglich sein, die Reihe der oben diskutierten Phänomene adäquat zu behandeln, allerdings hängt das von der weiteren Entwicklung der natürlichen Logik und der transderivationellen Grammatik ab.
Da über die natürliche Logik nicht sehr viel bekannt ist, sind alle in dieser Arbeit vorgeschlagenen logischen Strukturen Annäherungen. Mit anderen Worten: Wie alle in syntaktischen Diskussionen gezeichneten Bäume sind unsere logischen Strukturen Hilfskonstruktionen, das beste, was wir im Moment erarbeiten können,

aber sicherlich noch veränderbar. Und wie alle in syntaktischen Diskussionen angegebenen Regeln der Grammatik, sind auch die von uns vorgeschlagenen Postulate bestenfalls Annäherungen. Als solche sind sie aber hinreichend präzise, um einen prädiktiven Wert zu haben und widerlegbar zu sein. Wie Grammatikregeln kommen sie rekursiv zur Anwendung und leisten so extensive Voraussagen, von denen sich zeigen läßt, ob sie falsch sind. In der Tat wären wir überrascht, wenn die in dieser Arbeit vorgeschlagenen tentativen Postulate sich nicht recht bald als in vieler Hinsicht inadäquat erweisen würden.

Bibliographie

J. L. Austin, *How to do things with words*, Oxford, 1972; dtsch. *Zur Theorie der Sprechakte*, Stuttgart, 1972.

D. Bolinger, *The imperative in English*, in: *To Honor Roman Jacobson*, Mouton, 1967.

G. Green, *WH imperatives*, unveröffentl., 1970.

G. Lakoff, *Some thoughts on transderivational constraints*, University of Michigan mimeo, 1970.

R. Lakoff, *If's, and's and but's about conjunction*, in: Fillmore/Langendoen, *Studies in Linguistic Semantics*, 1971.

R. Lakoff, *Questionable Answers and Answerable Questions*, in: *Papers in Linguistics in Honor of Henry and Renee Kahane*, Linguistic Research Inc.

J. Sadock, *WH imperatives*, in: *Studies presented to Robert B. Lees by his students*, Linguistic Research Inc. 1970.

J. R. Searle, *Speech Acts*, Cambridge, 1970; dtsch. *Sprechakte*, Frankfurt, 1971.

S. Schiffer, *Meaning*, Oxford, 1972.

S. G. O'Hair
Implikationen und Bedeutung[1]

1. Einleitung

Es gibt zahlreiche Fälle, in denen Äußerungen, die ein bestimmtes Wort enthalten, häufig bzw. gewöhnlich eine bestimmte Implikation involvieren. Gehört diese zu dem betreffenden Wort? Zum Beispiel würde

(1) Ich will versuchen das Auto anzulasssen

in der Regel implizieren, daß das Anlassen des Autos Schwierigkeiten machen bzw. schiefgehen kann. Involviert daher der Begriff des Versuchens die Vorstellung von Schwierigkeiten oder möglichen Fehlschlägen? Ist es *nicht* der Fall, daß, wann immer wir x (zumindest absichtlich) tun, wir damit x zu tun versuchen? Oder, um ein anderes Beispiel zu geben: Wenn jemand wahrheitsgemäß äußern kann:

(2) Ich weiß, daß p

so wird er normalerweise eben nicht die Äußerung

(3) Ich glaube, daß p

machen. Genauso wird jemand, der weiß, daß er wahrheitsgemäß

(4) A weiß, daß p

äußern kann, normalerweise nicht

(5) A glaubt, daß p

äußern. (3) (bzw. die Äußerung von (3)) impliziert tatsächlich allgemein,[2] daß der Sprecher *nicht* weiß, daß p; und (5) (bzw. die Äußerung von (5)) hat die Tendenz

1 Dies ist eine überarbeitete Version eines 1963 in Oxford gehaltenen Vortrags. Ich habe von kritischen Anmerkungen A. J. Ayers, B. Medlins und J. Passmores profitiert, sowie von Diskussionen mit H. P. Grice, dessen Aufsatz *The Causal Theory of Perception*, Proceedings of the Aristotelian Society, Ergänzungsband 25, 1961, S. 121-152, den Ausgangspunkt für meine Untersuchung der hier diskutierten Fragen bildete.

2 Es gibt natürlich Ausnahmen. So können, um zwei Beispiele von John Passmore anzuführen, manche Leute, etwa Eisenbahnschaffner, gewohnheitsmäßig »glauben« verwenden, wo andere »wissen« verwenden würden; umgekehrt wird man in manchen Situationen lieber »glauben« verwenden, um jeden Eindruck einer ›Insider-Information‹ zu vermeiden, z. B.: »Er wird ins Kabinett berufen, glaube ich«. Ohne Zweifel gibt es weitere Ausnahmen.

(6) ›A weiß nicht, daß p‹

zu implizieren. Welche Verknüpfung besteht also zwischen Implikation und Bedeutung? Müssen wir sagen, daß aus Wissen nicht, wie üblicherweise angenommen, Glauben (logisch) folgt, ja daß Wissen mit Glauben nicht konsistent ist? Im vorliegenden Aufsatz vertrete ich in Anlehnung an Grice die These, daß derartige Implikationen eine solche Bedeutung *nicht* zu haben brauchen, und behandle dann einige Punkte des Griceschen Ansatzes ausführlicher.

Bezüglich *wissen* und *glauben* sind noch einige Vorbemerkungen angebracht, die jedoch auch allgemeinere Gültigkeit besitzen.

Manchmal wird angenommen, die oben genannten Implikationen hingen wesentlich von dem besonderen Verbum *glauben* ab. Das trifft nicht zu: Entsprechendes gilt gleichermaßen für *denken, vermuten, annehmen* und selbstverständlich für alle Verben, die mit *glauben* so gut wie synonym sind.

Auf die Annahme, aus Wissen könne nicht Glauben folgen, scheint es trotzdem eine kurze Antwort zu geben, nämlich: Die in (der Äußerung von) (5) beinhaltete Implikation kann ›getilgt‹ werden, ohne daß der Satz absurd wird.[3] Es ist nämlich nicht absurd,

(7) A glaubt, daß p, und *weiß* vielleicht auch, daß p[4]

zu äußern. Dies scheint dafür zu sprechen, daß es zumindest eine Bedeutung von *glauben* gibt, in der (5) mit (4) konsistent ist und in der vermutlich (3) mit (2) konsistent ist.

Die Antwort ist wahrscheinlich dennoch zu kurz. Es bleibt der mögliche Einwand, daß *glauben* in (7) in einem anderen Sinn verwendet wird als in (3) und in (5). Des weiteren ließe sich vermutlich vorbringen, daß die für (7) ermittelte Bedeutung (die sicherlich, sollte es zwei geben, die weniger gebräuchliche ist) abgeleitet ist, während die grundlegende Bedeutung in (3) und (5) zu finden ist. Wie könnte diesen Einwänden begegnet werden? Der einzige einigermaßen schlüssige Weg besteht darin, zu erklären, warum

3 Der Ausdruck ›getilgt‹ wird von H. P. Grice in seiner Diskussion der Implikation in *The Causal Theory of Perception* verwendet.

4 Vgl. R. M. Chisholm, *Perceiving*, S. 17. Ein Beispiel dafür wäre: Jemand erzählt mir, daß er Schmidt an einem bestimmten Ort gesehen hat. Ich zweifle nicht an seiner Aufrichtigkeit, weiß jedoch nicht, ob er *weiß*, daß er Schmidt dort gesehen hat. In diesen Umständen scheint es mir möglich, ohne Absurdität zu sagen »Sicherlich *glaubt* er, daß er Schmidt dort gesehen hat und vielleicht *weiß* er es sogar«.

Sätze wie (3) und (5), wenn man die in (7) ermittelte Bedeutung von *glauben* voraussetzt, die oben genannten Implikationen haben sollten.

2. *Skizze und ein erster Versuch*

Die Skizze einer solchen Explikation sowie auch ein erster Versuch, sie im Detail auszuführen, sind bereits von Grice vorgelegt worden. Wir müssen, so Grice, uns zuerst fragen, ob die Implikationen aufgrund irgendeines besonderen Merkmals von *wissen, glauben, denken* usw. übertragen werden oder aufgrund eines allgemeinen Prinzips der Sprache. Ist letzteres der Fall, dann gibt es keinen Grund für die Annahme, daß die Implikationen in die Bedeutung von *wissen, glauben, denken* usw. eingebaut sind.
Grice, der mehrere Fälle diskutiert, die seiner Meinung nach mit dem vorliegenden Fall vergleichbar sein sollen, neigt zu der Auffassung, daß ein allgemeines Prinzip dafür verantwortlich ist. Einer dieser Fälle ist eine normalerweise mit der Äußerung
(8) Es sieht rot aus
übertragene Implikation, nämlich die, daß der Sprecher weiß oder glaubt, daß der betreffende Gegenstand nicht rot ist, *oder* daß jemand anderer bezweifelt hat, ob er rot ist, *oder* daß jemand anderer bestritten hat, daß er rot ist, *oder* daß die Situation derart ist, daß zwar keine Zweifel und Anfechtungen tatsächlich vorgebracht worden sind, jemand aber, wenn er sich die Frage stellen müßte, ob der Gegenstand tatsächlich rot ist, zu eben solchen Zweifeln neigen könnte.[5]

Ein weiterer Fall ist die mit der Äußerung
(9) Meine Frau ist entweder in der Küche oder im Schlafzimmer
normalerweise gemachte Implikation, nämlich, daß der Sprecher nicht weiß, in welchem Raum sich seine Frau aufhält. Grice behauptet nun, ein einziges allgemeines Prinzip der Sprache könne die Implikationen erklären, die in diesen beiden sowie den oben genannten und möglicherweise auch in anderen Fällen vorliegen. Als sehr grobe Formulierung dieses Prinzips schlägt er vor:

5 A. a. O. S. 124.

(A) Man sollte nur dann eine schwächere Behauptung machen statt einer stärkeren, wenn man einen guten Grund dafür hat.[6]

Dieses Prinzip würde für (3), (5), (8) und (9) gelten; es ist aber zu stark. Betrachten wir z. B. den Satz

(10) Es ist gelb

Man wird, glaube ich, zulassen müssen, daß jemand (10) äußern kann, auch ohne einen guten Grund dafür zu haben, nicht noch spezifischer zu sein, und ohne damit zu implizieren, daß er nicht weiß, welchen Farbton (z. B. ocker) der betreffende Gegenstand genau hat. Es gibt natürlich Fälle, in denen diese Implikation tatsächlich übermittelt wird. Ohne Zweifel etwa dann, wenn der Sprecher gerade um eine exakte Farbangabe gebeten worden ist. Doch würde der Sprecher in diesem Fall nicht bloß keinen guten Grund haben, weniger spezifisch zu sein, als er könnte: Er hätte einen guten Grund, spezifischer zu sein, als er es war.[7] Mit diesem Beispiel wird auch klar, daß Strawsons Berufung auf die Ökonomie der Sprache kein Argument für (A) ist, denn

6 A. a. O. S. 132; vgl. dazu auch S. 140. Er fährt fort, »Dies ist sicher nicht eine adäquate Formulierung, doch wird sie für meinen gegenwärtigen Zweck vielleicht gut genug sein« (S. 132). Vgl. auch P. F. Strawson, *Introduction to Logical Theory*, S. 179. Strawson stellt als »›pragmatische‹ Überlegung« bzw. »allgemeine Regel sprachlichen Verhaltens«, auf die er durch Grice aufmerksam wurde, die Regel auf, »daß man nicht die (logisch) schwächere Behauptung aufstellt, wenn man wahrheitsgemäß (und mit gleicher oder größerer sprachlicher Ökonomie) die stärkere aufstellen könnte«.

Grice sagt nicht, was er mit »schwächer« und »stärker« meint, und es ist nicht ganz klar, was diese Ausdrücke bedeuten. Ein natürlicher Vorschlag wäre: X ist stärker als X' gdw. X (logisch) X' impliziert, aber nicht von diesem impliziert wird. Damit scheinen alle Beispiele außer (8) erfaßt zu sein. (8) wird nicht erfaßt, weil »Es ist rot« gewiß nicht durch (8) impliziert wird, dieses seinerseits aber auch nicht impliziert. Ob es eine Bedeutung von ›schwächer‹ und ›stärker‹ gibt, die sowohl für (8) als auch für die anderen Beispiele zutrifft, und wenn ja, welche es ist, können wir hier auf sich beruhen lassen – und zwar schon deshalb, weil ich Grices Vorschlag so anwende, daß (8) nicht wesentlich involviert ist.

7 Wie B. Medlin in der Diskussion anmerkte, wird man, sollte diese Art Beispiel abgelehnt werden, mit dem Resultat konfrontiert, daß es immer eine Implikation geben wird, daß man nicht mehr sagen konnte, *was immer* man sagt; im Prinzip hat der Prozeß, spezifischer zu sein, nämlich kein Ende. Natürlich sprechen, wenn ein gewisser Punkt erreicht ist, zahlreiche gute Gründe gegen die Fortsetzung des Prozesses, doch ob dadurch die Schwierigkeit in allen Fällen ausgeräumt wird, ist nicht klar.

(11) Es ist ocker

ist ebenso kurz wie (10). Auch wenn man einfach Strawsons Bedingung ›gleich oder größer‹ zu ›größer‹ verschärft, würde das nicht ausreichen. Es trifft z. B. nicht zu, daß man mit der Äußerung

(12) Schmidt spricht eine asiatische Sprache

normalerweise oder allgemein impliziert, daß man nicht weiß, welche Sprache Schmidt spricht, selbst wenn es keinen guten Grund dafür gibt, die zusätzliche Information nicht mitzuteilen. (Obwohl es natürlich viele Kontexte gibt, in denen diese Implikation übertragen wird.) Auch mit der Äußerung

(13) Ich habe Schmidt sehr lange Zeit gekannt

wird man *normalerweise* nicht implizieren, daß man nicht sagen kann, wieviele Jahre man Schmidt nun kannte. In beiden Fällen könnte die zusätzliche Information jedoch ziemlich sicher durch die Äußerung eines Satzes, der kürzer als (12) bzw. (13) ist, übermittelt werden.

Es kann natürlich sein, daß es in derartigen Fällen einen guten Grund gibt, warum die stärkere Behauptung nicht gemacht wurde.[8] Da aber nicht klar ist, daß dem auch wirklich so sein muß, nehme ich an, daß (A) modifiziert werden muß.[9]

3. Zwei weitere Versuche

Ein Vorschlag wäre, (A) wie folgt abzuschwächen:

(B) Man sollte nicht eine schwächere Behauptung machen statt einer stärkeren, wenn es einen guten Grund dafür gibt, die stärkere zu machen.

8 Es ist nicht klar, welche derartigen guten Gründe hier relevant sind. Muß der Grund z. B. ein Grund dafür sein, *weniger spezifisch zu sein?* Oder könnte er ein Grund dafür sein, Wörter in einer ganz bestimmten Form zu verwenden, in der die schwächere Behauptung bereits enthalten ist? Wäre eine gewisse emphatische Ausdrucksweise eine Erklärung dafür, warum die oben genannte Implikation bei der Äußerung von (13) normalerweise nicht übertragen wird?

9 Man könnte sagen, die Auffassung, daß (A) von den richtigen Grundvoraussetzungen ausgeht, besitze für den Anfang genügend Plausibilität, um uns bereits ein gutes *prima facie* Argument gegen die These in die Hand zu geben, daß Implikationen der hier diskutierten Art in die Bedeutung der verschiedenen, in jedem Beispiel involvierten Begriffe eingebaut sind. Ich wäre geneigt, dies zu akzeptieren und das folgende unabhängig davon als eine Untersuchung einiger mit (A) zusammenhängender Fragen anzusehen.

Das reicht aber nicht aus, da es einen guten Grund geben könnte, die stärkere Behauptung zu machen, aber einen noch besseren für die schwächere.[10] Ein Beispiel: Der Premierminister hat angekündigt, daß es bald einen spürbaren Steuernachlaß geben wird. In einem zufällig kurz danach gegebenen Fernsehinterview wird an einen Sprecher des Finanzministeriums die Frage gerichtet, wann und um wieviel die Steuern sinken werden. Er antwortet

(14) Es wird bald einen spürbaren Steuernachlaß geben

In diesen Umständen, glaube ich, würde der Sprecher durch die Äußerung von (14) nicht implizieren, daß er die Antwort auf die Frage nicht weiß. (Obwohl es natürlich sein kann, daß er sie nicht weiß.) Daß Fragesteller und Steuerzahler daran interessiert sind, die Antwort so bald wie möglich zu erfahren, liefert zwar einen guten Grund dafür, sie zu erteilen, doch sprechen andere Gründe mit größerem Gewicht dagegen, z. B. derjenige, daß die Antwort von einem Regierungsmitglied zu einem von der Regierung festgesetzten Zeitpunkt verkündet werden sollte. Es scheint daher notwendig, (B) abzuschwächen zu

(C) Man sollte nicht eine schwächere Behauptung machen statt einer stärkeren, wenn es gute Gründe für die stärkere gibt, die schwerer wiegen als irgendwelche guten Gründe, stattdessen die schwächere Behauptung zu machen.[11]

(C) läuft, soviel steht fest, nicht Gefahr, zu stark zu sein. Aber ist es stark genug?

Zumindest läßt sich zeigen, meine ich, daß es viele Fälle gibt, auf die (C) anwendbar ist. Betrachten wir z. B. den folgenden: Ein Arzt fragt seine Sprechstundenhilfe, wieviele Termine sie für den Nachmittag notiert hat. Diese Frage stellt er jeden Tag und die Angestellte weiß, daß er die Namen der Patienten und den jeweiligen Zeitpunkt wissen möchte. Vor diesem Hintergrund wird man sicherlich zugeben, daß sie mit der Antwort

(15) Um drei kommt jemand

10 Es gibt allerdings eine Auffassung, derzufolge etwas in einem bestimmten Fall kein guter Grund ist, wenn etwas anderes in diesem Fall überwiegt. Wird diese Auffassung vorgezogen, kann der Leser das zu (C) führende Argument übergehen.

11 In einem gewissen Sinn ist (C) trivial. Doch spielt das keine Rolle; nicht trivial ist dagegen die Frage, ob (C) bestimmten Implikationen zugrundeliegt und sie erklärt. Die Verwendung von ›sollte nicht‹ wird weiter unten, Abschn. 7, erklärt.

impliziert, daß sie zumindest im Augenblick nicht in der Lage ist anzugeben, wer um drei kommt. Würde sie (15) andererseits als Antwort auf die Bitte eines anderen Patienten um einen 3-Uhr-Termin geben, würde diese Implikation nicht übertragen. Der Unterschied zwischen den beiden Fällen wird durch (C) erfaßt, da es hier um das Vorliegen oder Fehlen guter Gründe für die stärkere Behauptung geht.

Dieser Fall liegt ähnlich wie (10) (»Es ist gelb«). Wenn der Hörer zu erkennen gegeben hat, daß er den genauen Farbton des betreffenden Gegenstandes wissen wollte, würde der Sprecher (unter sonst gleichen Bedingungen) implizieren, daß er diesen Farbton nicht kennt. Gleiches gilt entsprechend für (12) (»Schmidt spricht eine asiatische Sprache«) und für (13) (»Ich habe Schmidt sehr lange Zeit gekannt«).

Zu (8) (»Es sieht rot aus«), (3) und (5) (»Ich glaube, daß p« und »A glaubt, daß p«) besteht ein Unterschied. Denn in diesen Fällen werden die jeweiligen Implikationen *normalerweise* oder *allgemein* übertragen. Dieser Unterschied ist jedoch mit (C) völlig verträglich. Nur ein Augenarzt oder Psychologe ist vermutlich bloß daran interessiert, wie etwas für den Sprecher aussieht. *Wir* sind (normalerweise oder allgemein) viel mehr daran interessiert, wie es *ist*. Daher sollte uns der Sprecher (unter sonst gleichen Bedingungen) auch sagen, wie es ist. Genausowenig sind wir nur daran interessiert, ob jemand eine bestimmte Überzeugung hat oder nicht. Interessant sind für uns die Fragen: Hat er recht? bzw.: Welchen Grund hat er dafür? Weiß er es?

Noch ein Beispiel zur weiteren Illustration von (C). Sehen wir uns eine Implikation an, die häufig (wenn nicht normalerweise) mit der Äußerung

(16) Ich habe fünf Mark

übertragen wird, nämlich daß ich nicht mehr als fünf Mark habe. Der Grund ist vermutlich, daß, wer an der Tatsache interessiert ist, daß ich fünf Mark habe, oft (wenn nicht normalerweise) auch daran interessiert ist, ob ich mehr als nur diesen Betrag habe.[12]

12 Am Rande sei vermerkt, daß Implikationen, die häufig aber nicht gerade *normalerweise* vorkommen, die These in Schwierigkeiten bringen, derzufolge die Implikation in die Bedeutung eingebaut ist: Wo die Implikation *normalerweise* auftritt, mag es hingehen zu sagen, daß das fragliche Wort, von abnormen Situationen abgesehen, einen ganz bestimmten Sinn besitzt; wo die Im-

Wie wir sehen, besteht in allen eben diskutierten Beispielen der gute Grund, spezifischer zu sein, darin, daß der Hörer Interesse daran hat. Somit könnten wir die extreme Allgemeinheit von (C) vermeiden und die Beispiele dennoch erfassen, wenn wir (C) durch

(D) Solange es nicht überwiegende gute Gründe für das Gegenteil gibt, sollte man nicht eine schwächere Behauptung statt einer stärkeren machen, wenn der Hörer an der zusätzlichen Information interessiert ist, die durch die stärkere Behauptung mitgeteilt würde

ersetzen. Doch (D) wird, obwohl plausibel und von weitem Anwendungsbereich, nicht alle Fälle erklären. Disjunktive Sätze wie z. B. (9) (»Meine Frau ist entweder in der Küche oder im Schlafzimmer«) tragen auch dann die Implikation, daß der Sprecher nicht weiß, welches der Disjunktionsglieder wahr ist, wenn der Sprecher weiß, daß der Hörer lediglich an der Wahrheit der Disjunktion interessiert ist. Nehmen wir z. B. an, jemand will nur wissen, ob Richards Muttersprache Deutsch ist. Auch dann würde die Äußerung von

(17) Ja, Richard ist entweder Deutscher oder Österreicher

implizieren, daß der Sprecher weder weiß, ob Richard Deutscher ist, noch ob er Österreicher ist. Welches Prinzip kommt hier zur Anwendung?

Möglicherweise trifft (D) aufgrund seiner Vagheit (was ist ein ›guter Grund‹?) auch hier zu. Das kann jedoch aus einem der anderen oben diskutierten Fälle nicht geschlossen werden und ist auch alles andere als evident. So haben wir es hier vielleicht nicht so sehr mit einem andersgearteten Grund zu tun, als mit einem anderen Prinzip.

Vermutlich ist das für disjunktive Sätze einschlägige Prinzip (bzw. der einschlägige Grund) das (der) folgende:

(E) Man sollte nicht eine Behauptung durch die Äußerung eines Satzes S machen, wenn man eine stärkere Behauptung durch die Äußerung eines Teiles von S machen könnte – solange es nicht gute Gründe dafür gibt, die schwerer wiegen als irgendwelche guten Gründe für die stärkere Behauptung.

plikation häufig, aber nicht normalerweise auftritt, ist es schon recht willkürlich zu sagen, daß das Wort oft diesen, oft jenen Sinn hat.

Wie (D) besitzt auch (E) einen weiten Anwendungsbereich. Es scheint z. B. auch immer dann zu gelten, wenngleich dann mit weniger auffälligen Konsequenzen, wenn ein Satz ein modifizierendes Wort bzw. eine solche Wendung enthält. So wird jemand mit der Äußerung von

(18) Schmidt ist im letzten Jahr nicht mit dem Zug nach London gefahren

m. E. *normalerweise* implizieren, daß er nicht imstande ist,

(19) Schmidt ist nicht mit dem Zug nach London gefahren
(20) Schmidt ist im letzten Jahr nicht nach London gefahren
(21) Schmidt ist im letzten Jahr nicht mit dem Zug gefahren
(22) Schmidt ist nicht nach London gefahren
(23) Schmidt ist nicht mit dem Zug gefahren

oder

(24) Schmidt ist im letzten Jahr nicht weggefahren[13]

zu äußern. Genauso wird man meines Erachtens mit der Äußerung von

(25) Das Haustier der Schmidts ist nicht ein schwarzer Hund

in der Regel implizieren, daß man nicht imstande ist,

(26) Das Haustier der Schmidts ist nicht ein Hund

zu äußern, selbst wenn man annimmt, daß der Hörer nicht an der zusätzlichen Information interessiert ist. (Z. B. kann die Unterhaltung so begonnen haben: »Ein schwarzer Hund ist in unserem Hof. Glaubst du, er gehört den Schmidts?«) Vielleicht gibt es Ausnahmen von (E).[14] Einige Ausnahmen gibt es vermutlich von

13 Natürlich gibt es Fälle, in denen eine oder mehrere dieser Implikationen nicht übertragen werden (können) – z. B. wenn man in einem eher formalen Kontext gefragt wird: »Ist Schmidt im letzten Jahr mit dem Zug nach London gefahren?«. Der Unterschied zwischen dem Fall (18) und dem Fall (12) (»Schmidt spricht eine asiatische Sprache«) z. B., erscheint vermutlich sehr unbedeutend. In einem gewissen Sinn ist er natürlich recht geringfügig, da es sich (wenn ich recht sehe) nur um den Unterschied handelt, der darin besteht, daß eine Implikation vorliegt, wenn nicht ein schwerer wiegender Grund für die schwächere Behauptung besteht (im Fall von (18)), und eine Implikation nicht vorliegt, wenn nicht ein schwerer wiegender Grund für die stärkere Behauptung besteht (im Fall von (12)). Nur in dem vermutlich eher seltenen Fall, daß die Gründe ganz offensichtlich zusammenkommen, divergieren die beiden Fälle. Aber dieser eher geringe Unterschied ist für die Frage, welches Prinzip oder welche Prinzipien diesen Implikationen zugrundeliegen, eben wesentlich.

14 Hinsichtlich (E) gibt es sicherlich einige problematische Fragen. Z. B. ist die Tendenz, daß eine Implikation des Nicht-Wissens (oder allgemeiner, des Nicht-Berechtigtseins, etwas zu sagen) übertragen wird, im Fall von disjunktiven

jedem Prinzip dieser Art. Das meiste, was man auf diesem Gebiet erwarten kann, ist eine leidlich exakte Formulierung dessen, was allgemein gilt. An diesen ziemlich liberalen Standards gemessen, sieht (E) recht akzeptabel aus.

5. *Vergleich der beiden Prinzipien*

Man mag es für wenig plausibel halten, daß die Implikationen, die durch Äußerung disjunktiver Sätze bzw. von Sätzen mit modifizierenden Wörtern oder Wendungen übertragen werden, durch Rekurs auf ein anderes Prinzip (oder sogar einen anderen guten Grund) erklärt werden sollen, als dasjenige Prinzip, auf das sich die Erklärung der weiter oben diskutierten Implikationen sützt. Zwischen den beiden Gruppen von Implikationen besteht jedoch ein bedeutsamer Unterschied, der diesen Vorschlag wohl plausibler macht. Der Unterschied läßt sich recht einfach darstellen. Angenommen, ein Hörer ist daran interessiert zu erfahren, genau welche Nationalität eine bestimmte Person hat. Wenn in diesem Fall der Sprecher

(27) Er ist Skandinavier

oder

(28) Er ist aus Dänemark, Norwegen, Schweden oder Island

äußert, wird er, wenn keine besonderen Umstände vorliegen, implizieren, daß er nicht spezifischer sein kann. In diesem Fall scheint klar, daß (D) auf (27) oder (28) anzuwenden ist. Nehmen wir andererseits an, es ist erkennbar, daß der Hörer nur daran interessiert ist zu erfahren, ob der Betreffende aus Nord- oder aus Südeuropa stammt. Jetzt wird die eben genannte Implikation mit der Äußerung von (27) nicht übertragen. Mit der Äußerung von (28) würde sie (normalerweise) durchaus noch übertragen – (E) würde nach wie vor gelten. Im ersten Fall wird die Implikation – mit der Äußerung von (27) oder (28) – aufgrund dessen übertragen, *was gesagt wird* (und natürlich aufgrund der Umstände, in denen es gesagt wird), unabhängig davon, *wie* es gesagt wird. Im zweiten Fall wird die Implikation – mit der Äußerung von (28) –

Sätzen weitaus stärker, als etwa im Fall von (18) oder (25). Liegt das vielleicht an dem *großen* Aufwand von Wörtern im disjunktiven Fall oder gibt es einen tieferen Grund?

zumindest teilweise aufgrund dessen übertragen, was *geäußert* wird. Denn wenn dasselbe mit anderen Wörtern gesagt wird, wird die Implikation nicht übertragen. (E) betrifft also Sätze bzw. Äußerungen nicht in der gleichen Weise wie (D).

6. Noch weitere Prinzipien?

(D) und (E) haben beide, wie es scheint, einen weiten Anwendungsbereich, einige Implikationen müssen aber vielleicht mithilfe noch umfassenderer Prinzipien erklärt werden. Man vergleiche z. B.

(29) Ein Freund von mir ist im Krankenhaus

mit

(30) Einer meiner Freunde ist im Krankenhaus

Wer (29) äußert, wird in gewissen Umständen implizieren, daß er nicht weiß, wer im Krankenhaus ist; oft, ja vielleicht sogar gewöhnlich, wird er aber nichts dergleichen implizieren. Wird die Implikation übertragen, geschieht das anscheinend aufgrund von (D). Mit der Äußerung von (30) wird man aber normalerweise implizieren, daß man nicht weiß, wer im Krankenhaus ist, egal ob der Hörer an der Identität des Patienten interessiert ist oder nicht. Warum diese Implikation übertragen wird, erklärt (D) also nicht. Die Implikation wird wie bei disjunktiven Sätzen zumindest teilweise aufgrund der Wörter, die geäußert werden, übertragen, und nicht aufgrund dessen, was gesagt wird. (E) ist in diesem Fall aber nicht einschlägig, da die Identität des Patienten nicht durch die Äußerung eines Teiles von (30) mitgeteilt werden könnte. Es ist nicht klar, warum die Implikation übertragen wird. Ja es ist nicht einmal klar, ob hier überhaupt *irgendein allgemeines* Prinzip involviert ist.

7. ›Sollte nicht‹

In Anlehnung an Grice habe ich den Ausdruck ›sollte nicht‹ in (B) (Grices eigener Formulierung), (C), (D) und (E) verwendet. Aber ist er adäquat? Geht es hier wirklich um Regeln irgendeiner Art, wirklich darum, daß wir bestimmte Dinge nicht tun *sollten?* Oder geht es um Regularitäten und darum, daß wir bestimmte Dinge eben nicht *tun*? Des weiteren: Wenn gute Gründe involviert sind, welcher Art sind sie? Geht es um Fragen der Moral, der Rationalität, der Klugheit oder um etwas anderes?

Es ist, glaube ich, wichtig, hier mehrere Fragenkomplexe zu unterscheiden, vor allem aber zwei Distinktionen auseinanderzuhalten: (i) was wir tun bzw. tun sollten einerseits und woraus Implikationen entstehen andererseits; (ii) was ein Einzelner tun sollte und was wir im allgemeinen tun sollten.

Sehen wir uns (E) an. Man könnte recht plausibel vorbringen, daß es keinen echten Grund gibt, warum wir im allgemeinen (E) befolgen sollten, außer wo (durch Hörerinteresse) von uns verlangt wird, (D) zu befolgen.[15] (E) zu brechen bedeutet, mit größerer Ausführlichkeit zu sprechen, als wenn man (E) befolgt; doch obgleich dies erklären dürfte (bzw. dazu beiträgt, zu erklären), warum wir in der Regel (E) befolgen, liefert es kaum einen sehr zwingenden Grund, warum wir (E) befolgen *sollten*. Wenn wir andererseits tatsächlich in der Regel (E) befolgen und wenn Implikationen wie oben angedeutet entstehen, dann gibt es einen Grund, zu sagen, daß auch jedes gegebene Individuum (E) befolgen sollte. Denn nun wird dies von ihm erwartet; befolgt es (E) nicht, wird es seine Hörer in der Regel irreführen. (Wenn es dafür einen *Grund* gibt, spricht nichts gegen dieses Vorgehen; wenn nicht, dann sollte es unterlassen werden.)

Etwas anders liegt der Fall mit (D). Denn erstens läßt sich vorbringen: Unabhängig von durch allgemeine Praxis geschaffenen Erwartungen tut man, wenn man (D) bricht, etwas (wenn auch nicht schwerwiegend) moralisch Schlechtes oder Falsches. Wenn mein Hörer die zusätzliche Information wünscht und ich keinen Grund habe, sie ihm vorzuenthalten, ist mein Verhalten dann nicht zumindest wenig entgegenkommend? Und zweitens: Wir müssen offenbar in der Regel in Übereinstimmung mit (D) sprechen bzw. dürfen (D) nicht zu oft zu weitgehend verletzen, wenn unsere Sprache der Kommunikation dienen, ja vielleicht auch, wenn es überhaupt eine Sprache geben soll. Denn würde (D) ständig im größtmöglichen Ausmaß verletzt, dann müßten wir uns vorstellen, daß Behauptungen immer so schwach sind wie etwa »Etwas kann irgendwo sein«. Und wie könnte dann irgendetwas kommu-

15 Oder allgemeiner: außer wo wegen des einen oder anderen guten Grundes von uns verlangt wird, (C) zu befolgen.

niziert werden? Könnte es unter solchen Umständen überhaupt eine Sprache geben?[16] Es überrascht vielleicht, daß (D) so fundamental sein soll. Dann sollte man sich vor Augen halten, daß eine Verletzung von (D) einer Lüge häufig recht nahe kommt und manchmal darauf hinausläuft. Wir können also schließen, daß es zumindest zwei Gründe gibt, warum wir im allgemeinen (D) befolgen sollten, von denen einer ein schlicht moralischer Grund hinsichtlich unserer Präferenzen ist und der andere ein die Moral wie die Klugheit gleichermaßen betreffender Grund, der mit den Bedingungen zu tun hat, die für Sprache notwendig sind. Vorausgesetzt also, wir befolgen (D) in der Regel, dann gibt es für jedes gegebene Individuum noch den zusätzlichen Grund (D) zu befolgen, der auf den durch allgemeine Praxis geschaffenen Erwartungen beruht.

Wenden wir uns jetzt wieder der Frage zu, wie Implikationen entstehen. (E) scheint in gewisser Weise durch eine empirische Generalisierung über das ersetzbar zu sein, was wir gewöhnlich tun (nur wenn die üblichen Implikationen *vorausgesetzt* werden, sollten einzelne Individuen (E) befolgen). Man könnte daher zu dem Schluß kommen, daß Implikationen durch bloße Regularitäten entstehen.

Zu dieser Schlußfolgerung können auch unter (D) fallende Fälle führen. Nehmen wir z. B. an, jemand verkauft militärische Geheimnisse an den Feind und äußert in diesem Kontext den Satz: »An der Westfront wird nächsten Monat ein Angriff stattfinden«. Er kann unter diesen Umständen, wie ich meine, sehr wohl implizieren, daß er im Augenblick nicht über eine spezifischere Information über den Angriff verfügt. Die Implikation wird aber sicherlich nicht deshalb entstehen, weil er spezifischer sein sollte. Sprecher und Hörer können sich sogar darüber einig sein, daß, was der Sprecher tut, schlecht ist und, wäre er spezifischer, dies nur noch schlechter wäre. Wenn die Implikation entsteht, dann aufgrund dessen, was der Sprecher tut bzw. getan hat.

16 K. Campbell hat mich darauf hingewiesen, daß wir uns einen Stamm vorstellen können, dessen Angehörige früher einmal normal gesprochen haben, die aber jetzt in der oben geschilderten Weise sprechen. Wenn wir sagen, daß sie nach wie vor über eine Sprache verfügen, dann sicher aufgrund dessen, daß sie früher (D) in einem weitaus geringeren Ausmaß und weniger oft als jetzt durchbrochen haben.

Dieser Fall bringt uns zur nächsten Frage: Welcher Art sind die guten Gründe, die bestimmen, ob eine Implikation übertragen wird? Zumindest in erster Annäherung scheint eine notwendige Bedingung darin zu bestehen, daß der Grund für den Sprecher ausschlaggebend sein muß. *Handelt* der Sprecher im allgemeinen in Übereinstimmung mit dem Interesse seines Landes (wonach bestimmte Dinge geheim sind), so entsteht die Implikatur, daß er nichts Genaueres weiß, nicht; wenn er das nicht tut, liegt eine solche Implikation dagegen vor. Ein weiterer Fall zeigt, daß das Wissen relevant ist, das der Hörer über den Sprecher hat. Angenommen, unser (bis dahin unentdeckter) Verräter läßt gegenüber einem Untergebenen von patriotischer Gesinnung die Bemerkung fallen, daß es an der Westfront einen Angriff geben wird. Dann kann er in diesem Fall wohl *nicht* implizieren, daß er nicht mehr weiß, da der Untergebene es so verstehen wird, daß sein Vorgesetzter aus Diskretion nicht mehr sagen kann. Vielleicht muß das Wissen des Hörers außerdem *offenkundig* sein, da es im letzten Fall vermutlich überhaupt keinen Unterschied macht, wenn der Hörer insgeheim weiß, daß der Sprecher ein Verräter ist.

Aufgrund dieser Überlegungen liegt es nahe, unsere Diskussion grob wie folgt zusammenfassen:

(D′) Solange es nicht überwiegende gute (moralische) Gründe für das Gegenteil gibt, sollte man (moralisch) nicht eine schwächere Behauptung statt einer stärkeren machen, wenn der Hörer an der zusätzlichen Information interessiert ist, die durch die stärkere Behauptung mitgeteilt würde.

(D″) Sprache wäre unmöglich, wenn wir (D′) nicht bis zu einem gewissen Grad befolgten.

(D‴) Wir befolgen (D′) in der Regel.

(D⁗) Aufgrund von (D‴) impliziert eine Person S mit einer Behauptung X hinsichtlich eines Hörers H, daß sie eine stärkere Behauptung X′ nicht machen kann, *vorausgesetzt*, S kann annehmen, daß H an der durch X′ mitgeteilten zusätzlichen Information interessiert ist, und solange H nicht offenkundig weiß, daß S einen Grund hat, X′ nicht zu äußern, der für S schwerer wiegt, als H's Interesse.[17]

17 Die Komplexität dieser Bedingung geht natürlich auf den oben angeführten Fall des patriotisch gesinnten Untergebenen zurück. Ich verwende ›offenkundig wissen‹ als technischen Ausdruck, um mit Fällen dieser Art ohne weitergehende

(E′) Wir halten uns in der Regel an das Prinzip: Äußere nicht einen Satz X, wenn du eine stärkere Behauptung mit der Äußerung eines Teiles von X machen kannst, solange es nicht einen guten (moralischen?) Grund dafür gibt, der schwerer wiegt als irgendwelche guten (moralischen?) Gründe für die stärkere Behauptung.

(E″) Aufgrund von (E′) impliziert eine Person mit einer Äußerung des Satzes X bezüglich eines Hörers H, daß sie eine stärkere Behauptung die durch die Äußerung eines Teiles von X gemacht werden könnte, nicht machen kann, *solange* H *nicht* offenkundig weiß, daß S einen Grund hat, die schwächere Behauptung zu machen, der für S schwerer wiegt, als irgendwelche Gründe für die stärkere Behauptung.[17]

Wir werden jedoch kaum davon ausgehen können, daß (D″″) und (E″) mehr sind, als eine erste grobe Annäherung.

8. *Eine Anmerkung zur Methodologie*

Die obige Diskussion ist ein bloßer Versuch gewesen – und zwar nicht nur, weil der Gegenstand relativ unerforscht ist: Vielmehr fallen einige der aufgeworfenen Fragen wenigstens teilweise in den Bereich der empirischen Linguistik. Bei einer exakteren Charakterisierung als (E′) etwa dürften nicht so sehr eine weitergehende philosophische Analyse als eher empirische Untersuchungen eine Rolle spielen. Es ist (wie mir scheint) auch möglich, daß die Ergebnisse von einer Sprachgemeinschaft zur anderen variieren. Einige der übrigen Fragen sind ebenfalls an der (derzeitigen) Grenze zwischen Sprachphilosophie und Linguistik angesiedelt.

9. *Schluß*

Um zu unserer Ausgangsfrage zurückzukehren: Der Gricesche Ansatz wird, detaillierter ausgearbeitet, wahrscheinlich erklären, wie (im Fall von *wissen* und *glauben*) – selbst wenn es eine Bedeutung

Analyse zurechtzukommen. Vgl. dazu Grice, *Meaning*, 1957; dtsch. dieser Band.

dieser Verben gibt, in der Wissen mit Glauben konsistent ist – (3) und (5) gewöhnlich die oben diskutierten Implikationen haben können.[18] Um jene Implikationen zu erklären, muß daher keine Bedeutung von *glauben* und *wissen* angenommen werden, in der Glauben mit Wissen inkonsistent ist.[19] Ähnliches scheint für die übrigen angeführten Fälle zu gelten.[20]

18 Folgender Einwand wäre möglich: Das Problem bestand darin, die These, derzufolge Wissen mit Glauben zumindest verträglich ist, damit in Übereinklang zu bringen, daß (3) (›Ich glaube, daß p‹) impliziert, daß der Sprecher es nicht *weiß*, und daß (5) (›S glaubt, daß p‹) die Tendenz hat, (6) (›S weiß nicht, daß p‹) zu implizieren. Dennoch ist bisher bestenfalls erklärt worden, warum zwei schwächere Implikationen übertragen werden, nämlich die, daß der Sprecher nicht berechtigt ist (2) (›Ich weiß, daß p‹) oder (4) (›S weiß, daß p‹) zu äußern. Ich glaube, dies ist zu akzeptieren; denn wenn die schwächeren Implikationen erklärt worden sind, sollte es nicht allzu schwierig sein, die stärkeren zu erklären. Deutlich genug zeigt sich das im Fall (6), da im allgemeinen jemand, der nicht berechtigt ist, (2) zu äußern, es tatsächlich nicht weiß. Und wenn ›Ich glaube, daß p‹ impliziert, daß der Sprecher es nicht weiß, ist es wahrscheinlich nicht allzu überraschend, daß ›S glaubt, daß p‹ die Tendenz hat (und m. E. hat es nur die Tendenz), zu implizieren: ›S weiß nicht, daß p‹.

19 M. E. ist auch dafür eine Erklärung möglich, daß wir manchmal solche Bemerkungen wie (i) machen: »Er glaubt es nicht (bloß); er weiß es«. Zuerst könnten wir denken, daß (i) ähnlich wie (ii) ist: »Er ging nicht aus dem Zimmer; er rannte hinaus«. Wenn dem so ist, dann gibt es eine Bedeutung von *wissen*, in der Glauben mit Wissen inkonsistent ist. Doch die in diesem Aufsatz vorgebrachte Argumentation führt dazu, (i) ähnlich zu verstehen wie (iii) »Er ging nicht (einfach bzw. bloß) aus dem Zimmer; er schritt hinaus« und nicht wie (ii). Und vermutlich wird man zugeben, daß auch ein Schreiten ein Gehen ist.

20 An diesem Punkt könnte eingewandt werden, daß die hier untersuchten Implikationen zwar erklärt werden *können* ohne auf eine zweite Bedeutung von *wissen* oder *glauben* zu rekurrieren, daß sie aber ebenso gut durch Rekurs auf eine zweite Bedeutung dieser Verben erklärt werden könnten. Warum sollten wir unbedingt den Rekurs auf eine weitere Bedeutung vermeiden? Vielleicht liegt der springende Punkt in der entsprechend größeren Einfachheit: Wenn man die erste Bedeutung von Glauben und die darauf rekurrierenden Vorschläge zur Erklärung der Implikationen zuläßt, erübrigt es sich, eine weitere Bedeutung zu postulieren.

Richard A. Wright
Bedeutung$_{nn}$ und konversationale Implikatur

Wenn wir den Begriff der konversationalen Implikatur umfassend und angemessen erörtern wollen, stoßen wir zwangsläufig auf eine entscheidende Frage: Worin besteht die Beziehung, wenn es sie gibt, zwischen der Implikatur einer Äußerung und der Bedeutung dieser Äußerung?[1] Ich werde hier versuchen, zu dieser Frage eine mögliche Antwort zu skizzieren, die darauf gründet, was sich als Bedeutung im Sinne von Grice verstehen läßt.

Meine Arbeit konzentriert sich dabei auf Grices Aufsatz *Meaning* von 1957 (dtsch. dieser Band S. 2 ff.), weil die dort dargelegte Unterscheidung zwischen ›natürlicher‹ und ›nicht-natürlicher‹ Bedeutung in seinen späteren Aufsätzen über Bedeutung von 1968 und 1969 (dtsch. beide in diesem Band S. 16 ff. und S. 85 ff.) vorausgesetzt wird und wesentlich in sie eingeht.[2] Außerdem ändert er seine Theorie von (1957) in seinen späteren Aufsätzen nicht wesentlich; vielmehr ist er dort darauf aus, mit verschiedenen Problemen der intentionalen Analyse fertig zu werden, die einen Teil seiner ursprünglichen Theorie ausmacht.[3] In meiner Diskussion versuche ich mehreres: (1) kurz Grices Grundposition zu erläutern und zu zeigen, daß sein Begriff von ›Äußerung‹, der für ihn wesentlich ist, sowohl unüblich wie mehrdeutig ist; (2) zu begründen,

1 Das Wort ›Äußerung‹ gehört hier betont, um diese Frage von der ähnlichen (und ebenso wichtigen) Frage, die O'Hair (1969), dtsch. dieser Band, diskutiert, zu trennen: nämlich wie es mit der Beziehung zwischen der Bedeutung und der Implikatur solcher Wörter wie ›wissen‹, ›glauben‹ etc., d. h. von Verben steht, die propositionale Einstellungen ausdrücken. Ich werde hier nur die allgemeinere Frage betrachten, in dem (hoffentlich erfolgreichen) Bemühen, auf diese Weise einigen vertrackten erkenntnistheoretischen Fragen aus dem Wege zu gehen.

2 Seine Untersuchung (1968) beginnt mit der Feststellung, daß er über ›Bedeutung‹ in dem Sinne reden wolle, den »ich [früher] als einen nicht-natürlichen Sinn des Wortes bezeichnet habe . . .« (S. 1), während er in (1969) sagt, daß er »als Ausgangspunkt [für (1969)] die im Artikel *Meaning* (1957) gegebene Darlegung ›nicht-natürlicher‹ Bedeutung nehmen« wolle (dieser Band, S. 20).

3 Es gibt noch weitere Anhaltspunkte dafür, daß diese drei Arbeiten aus einem Holze geschnitzt sind; diese hat jedoch MacKay (1972) schön herausgearbeitet, so daß ich ihnen hier nicht nachgehen werde.

daß Grices Begriff der Bedeutung$_{nn}$, auch wenn er für seine Anwendbarkeit auf nicht-sprachliche Kommunikationshandlungen plädiert, nichtsdestotrotz in solchen Anwendungen unklar und unkorrekt ist; (3) zu skizzieren, wie meine Analyse und der daraufhin modifizierte Begriff von Bedeutung$_{nn}$ (a) eine Klasse von Kommunikationshandlungen kennzeichnen, die sowohl sprachliche wie nicht-sprachliche einschließt, und (b) Bedingungen nahelegen, unter denen solche Handlungen glücken; und (4) schließlich darzutun, daß konversationale Implikatur in Bedeutung$_{nn}$ in diesem revidierten Sinne gründet.

I

In einer umfassenden Perspektive läßt sich Grices Arbeit als ein Versuch ansehen aufzudecken, welche Bedingungen erfüllt sein müssen, damit man zutreffend sagen kann, eine Äußerung habe Bedeutung (bzw. eine Bedeutung).[4] Dieser allgemeineren Frage nähert er sich über die Frage, was in einer bestimmten Äußerungssituation vorliegen muß, damit der betreffenden Äußerung Bedeutung zugerechnet werden kann. Im Kern[5] kommt er dabei zu dem Ergebnis, daß eine von einem Sprecher *S* benutzte Äußerung *x* genau dann Bedeutung hat, wenn *S* diese Äußerung erstens in der Absicht benutzt, eine bestimmte Wirkung *W* in einem Adressaten[6] *H* zu erzielen, und zweitens gleichzeitig in der Absicht, daß *H*

4 Dies ist eines von drei Problemen, mit denen sich Philosophen, die Semantik treiben, üblicherweise beschäftigen. Die andern zwei lauten: Welche Bedingungen (oder Kriterien) müssen erfüllt sein, damit man sagen kann, daß zwei sprachliche Elemente (Wörter oder Sätze) dasselbe bedeuten, d. h. synonym sind? Und was heißt es zu sagen, etwas habe eine Bedeutung, und wenn wir sagen, etwas habe Bedeutung, *was* ist dann seine Bedeutung? Zu dieser zweiten Frage gibt es zwei verschiedene Ansätze. Ontologisch gewendet, fragt sie: Was für ein *Ding* ist eine Bedeutung? Ist sie eine Entität, und wenn ja, von welcher Art? Erkenntnistheoretisch gewendet, fordert die Frage dazu auf zu klären, welche Überlegungen anzustellen sind, um die Bedeutung eines sprachlichen Elementes herauszufinden – unabhängig davon, als was sich die Bedeutung, ontologisch gesehen, herausstellt.

5 Eine ebenso detaillierte wie kritische Erläuterung und Analyse von Grices Standpunkt liefert Schiffer (1972), insbesondere in Kap. I und II.

6 Wir verwenden in diesem Aufsatz durchweg den Ausdruck ›Adressat‹ und nicht ›Zuhörerschaft‹ oder ›Hörer‹, um zu vermeiden, was für Grice ein Problem ist: nämlich daß ein *Y*, wenn er nicht zur intendierten ›Zuhörerschaft‹ einer Äußerung gehört, aber trotzdem als Teil der ›Zuhörerschaft‹ diese Äuße-

seine (S') erste Absicht erkennen und die Wirkung *W* zumindest teils auf Grund dessen zeigen möge, daß er, *H*, S' Absicht, er, *H*, möge diese Wirkung zeigen, erkennt. Grice fordert vorsichtigerweise, daß die Wirkung *W* etwas sein müsse, »was in einem gewissen Sinne der Kontrolle des Hörers unterliegt« (1957, S. 385; hier S. 12); doch innerhalb dieser Grenzen kann jede kognitive oder affektive Einstellung (Disposition) oder Handlung als intendierte Wirkung fungieren.

Auch wenn Grice die Form seiner Argumentation und die Einzelheiten der Absichtserkenntnis in den späteren Aufsätzen abänderte (aufgrund ihm entgegengebrachter Kritik), die eben skizzierten Elemente bilden doch die Grundlage aller Versionen seiner Theorie. Die Formulierung ist freilich nicht so einfach, wie es scheinen könnte. Die Bedeutung, die da diskutiert und expliziert wird, ist das, was Grice ›nicht-natürliche Bedeutung‹, kurz ›Bedeutung$_{nn}$‹, nennt; und ›Bedeutung$_{nn}$‹ erläutert er, indem er verschiedene Arten von ›Äußerung‹ diskutiert. Da wir ›Bedeutung$_{nn}$‹ verstehen und erörtern wollen, müssen wir also erst Grices Verwendung von ›Äußerung‹ zu verstehen versuchen.

So, wie es von Muttersprachlern gewöhnlich verwandt wird, läßt sich das Wort ›Äußerung‹ auf sprachliche Handlungen (oder Entitäten) anwenden, und zwar *nur* auf solche sprachliche Handlungen (oder Entitäten), die als Sprechen (oder Gesprochenes) gelten. Selbst technischem Gebrauch, etwa dem der Linguisten, zufolge ist dieser Ausdruck nur auf Sprachaspekte anwendbar, die in den Bereich der Performanz (und nicht den der Kompetenz) fallen. Dies zeigt sich daran, daß (1) und (2) im Gegensatz zu (3)-(5) keine akzeptablen deutschen Sätze sind.

(1) *In seinem Buch über Afrika machte er die folgende Äußerung ...

(2) *Jede Äußerung in seinem Artikel war sorgfältig auf ihre Exaktheit hin überprüft.

rung ›hört‹, dann außerstande sein müßte zu wissen, was diese Äußerung ›bedeutet‹. Neben diesem werden auch andere Probleme, die zufällige Gesprächsteilnehmer mit sich bringen, z. B. die, die durch vom Sprecher wie vom Hörer geteiltes Wissen entstehen, dadurch vermieden, daß man in der Analyse vom ›Adressaten‹ redet, d. h. von *demjenigen,* an den der Sprecher seine Äußerung richtet. Schließlich erreicht man damit, daß es um Kommunikation geht, und vermeidet solche Fragen wie z. B. die nach der Bedeutung in Privatsprachen, desgleichen Einwände, wie sie Strawson und Ziff vorgebracht haben.

(3) Bei seiner Gerichtsverhandlung wurde jede Äußerung sorgfältig protokolliert.
(4) Mit jeder Äußerung hielt er uns in seinem Bann.
(5) Seine letzte Äußerung ging im Krach unter, den die aufspringende Falltür machte.

Grice mag jedoch dem normalen, eingeschränkten Gebrauch des Ausdrucks ›Äußerung‹ nicht folgen; vielmehr verwende er, wie er sagt, »›Äußerung‹ als einen neutralen Terminus, der auf einen jeden Kandidaten für $\text{Bedeutung}_{\text{nn}}$ anwendbar ist« (1957, S. 380, hier S. 5).

Zwei Dinge stehen der Adäquatheit einer solchen ›Definition‹ entgegen. Zum einen traten wir mit dem Anspruch an, ›$\text{Bedeutung}_{\text{nn}}$‹ mittels einer Analyse von ›Äußerung‹ zu explizieren. Auf diese Weise ›Äußerung‹ durch ›$\text{Bedeutung}_{\text{nn}}$‹ zu definieren, führt dann nur dazu, daß unsere Grundbegriffe in nichtssagender Weise durcheinander definiert sind.

Zum andern mag Grice zwar glauben, seine Beispiele reichten dazu hin, für seine Argumentation den Anwendungsbereich von ›Äußerung‹ festzulegen. Doch wenn man diese Beispiele dazu heranzieht, so merkt man, daß der Ausdruck mitnichten ›neutral‹ ist. Denn als Beispiele für ›Äußerung‹ dienen ihm solche Sachen wie, daß ein Maler ein Bild zeichnet, ein Schaffner eine Glocke läutet oder ein Polizist einem Autofahrer winkt,[7] was gewiß keine sprachlichen Handlungen oder Entitäten sind. Es sind nichtsprachliche Handlungen und Entitäten; Geräusche, Körperbewegungen und so weiter, die, obschon beim (Versuch zum) Kommunizieren verwandt, sicherlich nicht zu der Klasse der Dinge gehören, auf die man sich mit dem Wort ›Äußerung‹ üblicherweise bezieht.[8]

Das soll nicht heißen, daß es keine Kategorie von Phänomenen gebe, die Grice ›Äußerungen‹ nennen will. Der Punkt ist vielmehr, daß er, wenn er nicht klarmacht, auf was dieser Ausdruck An-

7 Alle Beispiele stammen, soweit nicht ausdrücklich Anderes vermerkt ist, von Grice selbst.

8 Die Einbeziehung von Kommunikation, d. h. der Rolle von ›Äußerungen‹ in Sprechaktsituationen nimmt Grice erst in seinen späteren Aufsätzen ausdrücklich vor, und zwar als Erwiderung auf Kritik, wie sie Strawson (1964) und Ziff (1967) vorgebracht haben. Der Verweis auf den Kommunikationsbezug von ›Äußerung‹ ist also inzwischen etwas anachronistisch, aber nichts, was Grice beanstanden könnte.

wendung finden soll, uns nicht im geringsten dazu verhilft zu begreifen, aus welchen Phänomenen diese Klasse besteht und welche Vertracktheiten der so abgegrenzten Klasse anhaften. Denn offensichtlich spricht Grice mit ›Äußerung‹ über *jede* Handlung oder Entität – sei sie sprachlich oder nicht –, die ein Handelnder (der ›Sprecher‹) als Kommunikationsmittel verwenden kann; und das ist gewiß kein ›neutraler‹ Gebrauch des Ausdrucks ›Äußerung‹. Außerdem ist dieser unübliche Gebrauch von ›Äußerung‹ in vierfacher Hinsicht ambig. Denn sowohl in sprachlichen wie in nichtsprachlichen Fällen von ›Äußerung‹ lauert die Ambiguität zwischen Handlung und Objekt (die Grice, wie er vermerkt, gelegen kommt). Wir können übers Sprechen als Handlung reden oder darüber, was beim Sprechen gesprochen wurde (die hervorgebrachten Geräusche, der Satz in Lautgestalt usw.), übers Tun als Handlung oder darüber, was beim Tun herausgekommen ist (die produzierten Geräusche, die ausgeführten Bewegungen usw.). Diese Ambiguität zu erkennen und sich auf sie einzurichten, ist für die Klarheit unserer Analyse von äußerster Wichtigkeit. Um zu Klarheit zu gelangen, muß man sowohl zwischen sprachlicher und nicht-sprachlicher Äußerung unterscheiden als auch immer, wenn Konfusion droht, anzeigen, wann man über das Äußerungsobjekt und wann über die Äußerungshandlung redet. Da wir jedoch nur über nicht-sprachliche Äußerungen reden werden, können wir einfachheitshalber vereinbaren, daß ›Äußerung‹ immer ›nichtsprachliche Äußerung‹ bedeuten soll. Wenn es um andere als nicht-sprachliche Äußerungen geht, will ich sie eigens als ›sprachliche Äußerungen‹ bezeichnen.

II

Grice bemüht zwei verschiedene Analysen, um die Unterscheidung zwischen natürlicher Bedeutung, ›Bedeutung‹, und nicht-natürlicher Bedeutung, ›Bedeutung$_{nn}$‹, zu treffen. Zuerst erarbeitet er eine Reihe sprachlicher Verallgemeinerungen,[9] die darauf basieren, wie das Wort ›mean‹ in englischen Sätzen vorkommt. Diese Analyse ist jedoch wenig hilfreich, da diese Verallgemeinerungen

9 Hier wiederholt Wright in einer Fußnote die Merkmale zur Unterscheidung von ›Bedeutung‹ und ›Bedeutung$_{nn}$‹, die Grice (1957, S. 377 f.) angibt; s. dazu in diesem Band S. 2 ff. (Anm. d. Übers.)

auf Grund von anderwärts nicht geteilten und daher nicht erhärteten sprachlichen Intuitionen gewonnen wurden.[10] Außerdem ist nicht klar, daß die Bestimmung verschiedener Arten des Gebrauchs von ›bedeuten‹ uns zu verraten vermag, worin Bedeutung besteht.

Hilfreicher ist es, wenn wir uns Beispiele anschauen, die Grice der einen oder der anderen Klasse von ›Bedeutung‹ zugeteilt hat; dies ist seine zweite Analyse, auf die ich mich konzentrieren werde. Paradigmen für ›Bedeutung‹ sind z. B. der Kopf von Johannes dem Täufer, der Salome vorgeführt wird, das Photo, das Frau X in einer eindeutigen Situation mit Herrn Y zeigt, der Polizist, der einen Wagen anhält, indem er sich ihm in den Weg stellt, und die Flecken, die zeigen, daß ein Patient die Masern hat. In manchen dieser Fälle, bei den Flecken etwa, spielt keinerlei Aktivität von seiten eines Handelnden (Sprechers) herein; bei anderen ist sie vorhanden, doch die Wünsche oder Absichten, die der Handelnde dabei haben mag, haben keinen Einfluß auf die Übermittlung der gewünschten Nachricht.[11] Diese nicht-sprachlichen Äußerungen sagen per se dem Adressaten genau, was er wissen soll – ebenso sicher, wie Rauch uns sagt, daß es brennt.[12]

10 Zum Beispiel werden die meisten das Merkmal (1) (in diesem Band S. 2) nicht akzeptieren, solange Grice nicht sagt, wie er dabei ›folgen‹ auffaßt. Das Merkmal (2) ist unannehmbar, weil die darin angegebenen Paraphrasen nur für Sprecher britischen Englischs unzulässig sind, während Sprecher amerikanischen Englischs sie sehr wohl akzeptieren können; z. B. scheint es durchaus üblich, von ›those spots mean that he has measles‹ zu ›what is meant by those spots is that he has measles‹ überzugehen. Das Merkmal (5) ist aus zwei Gründen nicht akzeptabel: (a) Der Satz »die Tatsache, daß ...« scheint doch in manchen, wenn auch nicht allen Fällen eine Paraphrase zu liefern, z. B. in dem des Glockenläutens; (b) Grice rekurriert bei seiner Erläuterung des Bedeutungsbegriffs wiederum auf diesen, nämlich wie er sagt, die Paraphrase ›die Tatsache, daß, ...‹ habe »nicht einmal annähernd dieselbe Bedeutung« wie der paraphrasierte Satz (in diesem Band S. 3). Insgesamt findet sich also wenig Übereinstimmung bezüglich dieser Verallgemeinerung, und da ihre Nützlichkeit von dieser Übereinstimmung abhängt, sollte man ihnen fürs Verstehen von ›Bedeutung$_{nn}$‹ keinen entscheidenden Wert zumessen.

11 Die Tatsache, daß die diskutierten Dinge, Äußerungen also, Bestandteile von Kommunikationshandlungen sind, erwähnt Grice (1957) nicht; in der Tat scheint er sie zu ignorieren. Doch in Anbetracht der Argumentation von Strawson (1964) und der darauf folgenden Änderungen in Grice (1968, 1969) besteht kein Grund, nicht von Kommunikationssituationen und Nachrichten zu reden.

12 Im Fall des Photos ist die Unterscheidung, auf die Grice hinauswill, ziemlich klar. Durch eine Modifikation läßt sie sich noch klarer machen: Man stelle

Paradigmatisch für ›Bedeutung$_{nn}$‹ hingegen sind eine Zeichnung, die Frau X in einer eindeutigen Situation mit Herrn Y zeigen soll, ein Polizist, der einen Wagen anhält, indem er dem Fahrer winkt, und ein Busschaffner, der, indem er dreimal läutet, anzeigt, daß der Bus besetzt ist. In jedem dieser Fälle, so erklärt uns Grice, liegt eine Äußerung mit Bedeutung$_{nn}$ vor, und zwar aufgrund von zwei Faktoren. Erstens liefert keine der Äußerungen dem

sich etwa vor, ich stoße auf dieses Photo, wisse schon, daß Herr X herzleidend ist, und starte daher einen Versuch, die Tatsache, daß man Frau X in einer eindeutigen Situation mit Herrn Y fand, von ihm fernzuhalten. Doch durch einen dummen Zufall – etwa weil ich es hinter meinem Rücken versteckt hielt, es meiner Hand entglitt, und X es so in die Hände bekam – sieht X das Bild, so daß ihm über seine Frau die Augen geöffnet werden. Meine Intention war eindeutig, daß X vom Treiben seiner Frau *nichts* erfährt, doch entgegen meinen Intentionen läßt ihn das Photo gerade wissen, was ich von ihm fernhalten wollte. Das Photo hat also eigenständig Bedeutung, ebenso wie den Flecken von allein Bedeutung zukommt. Um die Sache noch weiter ins Extrem zu treiben, könnte man sich vorstellen, daß Herr X ausgegangen ist, um von einem nahen Park Aufnahmen zu machen. Von der Ferne sieht er, wie sich ein Liebespaar eng umschlungen hält. Ihn mutet die Szene idyllisch an, so photographiert er sie. Ohne daß er es merkt (z. B. in dem Moment, in dem der Spiegel seiner Spiegelreflexkamera umklappt), schaut die Frau auf, so daß ihr Gesicht auf dem Photo abgebildet wird. Wie X dann die Abzüge entwickelt, sieht er, daß diese Frau seine Frau war. So erzählt das Photo seine Geschichte, ohne daß auch nur im geringsten irgend jemandes Intentionen wichtig würden.
Mit derartigen Überzeichnungen von Grices Beispielen soll herausgestellt werden, was Grice für *einen* wichtigen Unterschied zwischen ›Bedeutung‹ und ›Bedeutung$_{nn}$‹ hält. Beim ersteren besteht die Art und Weise, in der eine Äußerung etwas ›sagt‹, darin, ›jemanden etwas vorsätzlich und offen wissen zu lassen‹. Beim letzteren, der ›Bedeutung$_{nn}$‹, ist das nicht so. Hier muß der Sprecher den Adressaten ›dazu bringen, etwas zu denken‹, zu erschließen, wovon der Sprecher wünscht, daß der Adressat es wisse. Darum führt Grice aus, daß (im Gegensatz zum Photo) eine Zeichnung, die Frau Xs Tun dekuvriert, nicht im starken Sinne etwas sagt, sondern nur in dem Sinne, daß sie Herrn X dazu bringt, sich was zu denken; und das schafft sie auch nur, wenn Herr X vom Zeichner annimmt, daß er beabsichtigt, ihm etwas zu denken zu geben, und nicht etwa, daß er einfach ein Bild zeichnet. Das heißt, die Zeichnung kann nur dann Frau X und Herrn Y wiedergeben, wenn der Zeichner das mit seinem Bild intendiert. (1957, S. 383; hier S. 8 f.)
Natürlich müßte es, wenn das so funktionieren soll, verschiedene Sorten von natürlicher Bedeutung geben, denn die geschilderten Fälle unterscheiden sich z. B. von dem Fall der Masern. Doch derlei verschiedene Sorten scheinen Grices Argumentation nicht zuwiderzulaufen; in der Tat legt er selbst sie nahe, wenn er von »›bedeuten‹ in dem einen oder anderen natürlichen Sinne« redet (1957, S. 379; hier S. 3).

Adressaten unmittelbar die Nachricht, die der Sprecher übermitteln will, vielmehr hat der Adressat einiges zu folgern. (Diese Art, etwas zu sagen, nennt Grice »jemanden dazu bringen, etwas zu denken« – im Gegensatz zu »jemandem etwas direkt und offen sagen«, was die Art von ›Sagen‹ ist, die für ›Bedeutung‹ wichtig ist (1957, S. 382; hier S. 8).) Zweitens, und das ist noch wichtiger, hängt die Übermittlung der Nachricht von der Absicht des Sprechers, davon, daß der Adressat die Absicht des Sprechers erkennt, und von der Reaktion des Adressaten aufgrund der Absichtserkenntnis ab.

Die Tauglichkeit von ›Bedeutung$_{nn}$‹ zur Klassifizierung von Äußerungen basiert also auf seiner Analyse der Rolle, die Absichten in der bedeutungsträchtigen Situation haben. Es wurde deshalb viel Zeit damit verbracht und viel Schweiß damit vergossen (vgl. das Literaturverzeichnis), diese Rolle der Absichten zu verstehen. Insbesondere wurde die Notwendigkeit der Absichtserkenntnis einer sorgfältigen Prüfung unterzogen. Denn wenn Grice recht hätte, so müßte sich in jedem Fall, in dem nach gemeinem Verständnis Kommunikation vorliegt, das Absichtserkenntnis-Schema realisieren. Wenn jedoch das Absichtserkenntnis-Schema so komplex ist, wie es neuere Untersuchungen anzudeuten scheinen, ist schwer einzusehen, wie wir es je schaffen, miteinander zu kommunizieren. Gleichwohl erscheint es nicht vernünftig anzunehmen, daß die Absichten des Sprechers in der Kommunikationssituation überhaupt keine Rolle spielen. Die Frage ist also nicht, ob Absichten in Kommunikationssituationen eine Rolle haben, sondern, worin diese Rolle bestehen könnte. Unter Verwendung von ›Bedeutung‹ und ›Bedeutung$_{nn}$‹ läßt sich diese Frage in drei Teile aufsplittern: (1) Spielen Absichten nur für ›Bedeutung$_{nn}$‹, nicht aber für ›Bedeutung‹ eine Rolle? (2) Wenn Absichten eine Rolle für ›Bedeutung$_{nn}$‹ spielen, ist sie dann so, wie Grice sie beschreibt? Und (3) wenn nicht, färbt dann diese Abweichung auf die ursprüngliche Unterscheidung zwischen ›Bedeutung‹ und ›Bedeutung$_{nn}$‹ ab? Schauen wir uns also seine Beispiele für nichtsprachliche Äußerungen genauer an, um herauszufinden, wie sich diese Fragen beantworten lassen.

Grice scheint großen Wert auf das Beispiel zu legen, in dem es ein Photo mit einer Zeichnung zu vergleichen galt. Die Zeichnung hat, so sagt er, Bedeutung$_{nn}$, da hierbei die Absicht des Zeichners und die Absichtserkenntnis durch den Adressaten entscheidend sind. Er legt dar, daß der Zeichner die eindeutige Situation zwischen Frau X und Herrn Y nur dann abbilden kann, wenn er das abzubilden beabsichtigt. Denn die Zeichnung muß angefertigt werden, die Gestalten müssen irgendwie erkennbar sein, etc. Glaubte der Adressat, Herr X, lediglich, der Zeichner schaffe ein Kunstwerk und versuche nicht, ihm eine Nachricht zu übermitteln oder eine Schlußfolgerung aufzudrängen, so hätte er die Absicht des Zeichners nicht erkannt, und die Zeichnung übermittelte nicht die ihr zugedachte Bedeutung. Kurzum, dies ist ein Fall, der die Erfordernisse für ›Bedeutung$_{nn}$‹ genau erfüllt.

Doch den anderen Beispielen mangelt es an Übereinstimmung mit der Griceschen Analyse. Betrachten wir den Fall des Schaffners und des dreimaligen Läutens einer Glocke. Der Schaffner, so wurde uns gesagt, läute dreimal in der Absicht, daß der Adressat dadurch, daß er diese Absicht erkennt, zu der Überzeugung gelangt, daß der Bus besetzt ist. Wie unplausibel das ist, wird schon offenkundig, wenn wir beachten, daß der Schaffner dazu dreimal und nicht etwa zwei- oder ein- oder sechsmal mit der Glocke läutet. Die (mittels der Glocke vollzogene) Äußerung »bim, bim, bim« des Schaffners[13] muß standardisiert (konventionalisiert) sein, wenn der Schaffner die geringste Hoffnung haben soll, sich mit seiner Äußerung verständlich zu machen, ohne dem Gebimmel etwa eine Meldung folgen zu lassen (in welchem Falle das Läuten nicht mehr ›der Bus ist voll‹, sondern ›aufgepaßt!‹ bedeuten$_{nn}$ würde).

Der Fall des Polizisten liegt ähnlich: Hier wurde uns erzählt, der Polizist habe nichts weiter zu tun als einfach zu beabsichtigen, daß seine (mit der Hand vollzogene) Äußerung »Winken« den Adressaten übers Erkennen dieser Absicht dazu veranlasse, den Wagen anzuhalten. Dies ist mindestens so unplausibel wie der Fall des Glockenläutens. Solange der Polizist nicht eine Äußerung verwendet, die der Fahrer ohne weiteres als eine erkennt, die ›Stop!‹ (und nicht etwa ›Biege links ab!‹ oder ›Hallo!‹) bedeutet$_{nn}$, wird er

13 Hier taucht eine Schwierigkeit auf, weil Anführungszeichen normalerweise für sprachliche Äußerungen reserviert sind. Außerdem müßten wir hier nicht die sprachliche Repräsentation des Glockenläutens, sondern das Glockenläuten selbst in Anführungszeichen setzen. Da letzteres unmöglich ist, sei vereinbart, daß wir für ›Äußerungen‹ doppelte Anführungsstriche verwenden, die so zu verstehen sind, daß damit die tatsächliche ›Äußerung‹ und nicht bloß ihre Repräsentation angeführt wird.

nur geringe Hoffnung haben, den Wagen zum Halten zu bringen. Er kann nicht eine x-beliebige bekannte Äußerung verwenden; er kann auch nicht einfach daherkommen und seine Äußerungen selbst basteln. Er muß ein konventionalisiertes Handzeichen verwenden, oder zumindest eines, das einem konventionalisierten hinreichend ähnlich ist, so daß der Automobilist nicht durcheinanderkommt, ihn mißversteht etc. Die fragliche Äußerung des Schaffners bzw. des Polizisten muß so beschaffen sein, daß der Adressat eine Chance hat, sie zu erkennen und zu verstehen, was von ihm aufgrund dieser Erkenntnis erwartet wird. Doch man beachte, daß es erst einmal die Äußerung ist, die wahrgenommen wird, und *nicht* die Sprecherabsicht. Die Absichtserkenntnis ist bestenfalls sekundär. Der Fahrer hält seinen Wagen an, weil er der Äußerung »erhobene Handfläche« entnimmt, daß der Polizist genau das von ihm wünscht; und die Fahrgäste hören auf, in den Bus zu drängeln, weil sie der Äußerung des Schaffners entnehmen, daß der Schaffner genau das von ihnen wünscht; und so weiter. Kurzum, die Absicht des Sprechers, den Adressaten zu einer bestimmten Reaktion zu veranlassen, ist für die Äußerung nur insofern relevant, als die Absicht vorschreibt, welche konventionale Äußerung sein Vorhaben am ehesten befördert. Um den springenden Punkt hier zu begreifen und auch um einen weiteren Hinweis auf die kooperative (und nicht exklusive) Rolle von Absichten zu gewinnen, sei betrachtet, was passiert, wenn der Sprecher in der gegebenen Kommunikationssituation sein Ziel verfehlt. Wenn Grice recht hätte, so hieße das einfach, daß seine Absicht nicht fest genug oder nicht richtig war. Doch wenn der Sprecher es nicht schafft, seine Mitteilung an den Adressaten zu bringen, so versucht er nicht, festere oder klarere Absichten zu haben (wenn das überhaupt Sinn macht). Vielmehr wird er zu einer anderen konventionalen Äußerung greifen, die der Adressat seiner Meinung nach eher versteht; oder er wird seine Äußerung mit mehr Nachdruck, mit lauterer Stimme etc. wiederholen. Zum Beispiel befinde sich ein Polizist zum Zwecke der Verkehrsregelung auf einer Kreuzung und sei deutlich sichtbar, d. h. er erfülle alle kontextuellen Erfordernisse; er äußere nun »erhobene Handfläche« mit dem festen Wunsch, daß der Autofahrer seinen Wagen anhalten möge. Sollte das Auto nicht sichtlich langsamer werden, so mag er weiter »erhobene Handfläche« äußern und zusätzlich »piep, piep« (mit

Hilfe seiner Pfeife). Hilft auch das nicht, so mag er versuchen, seine Äußerungen energischer vorzubringen, oder auch zu einer sprachlichen Äußerung übergehen und ›Halt!‹ brüllen, bevor er glücklich Deckung sucht. Der Polizist mag nach besten Kräften intendieren, und trotzdem könnte es sein, daß der Fahrer nicht anhält. Warum? Es gibt hier eine Reihe interessanter Möglichkeiten. Einerseits könnte es durchaus sein, daß der Fahrer vorhat, die Kreuzung auf Teufel komm raus, ohne anzuhalten, zu überqueren. In diesem Fall mögen die Absichten des Polizisten klar erkannt und seine Äußerungen bestens verstanden sein; doch trotz alledem wird das intendierte Resultat ›kontraintendiert‹ und verfehlt. Andererseits könnte es sein, daß der Fahrer keine Äußerung des Polizisten so verstanden hat, daß sie ›bedeutet$_{nn}$‹ anzuhalten; er könnte stattdessen gedacht haben, sie ›bedeuteten$_{nn}$‹, daß er die Kreuzung zügigst passieren solle. Hier stellt sich die intendierte Wirkung nicht ein, weil die ›Bedeutung$_{nn}$‹ der Äußerung, die zwischen Sprecher und Adressat tritt, entweder nicht bekannt ist oder nicht verstanden wird. Dieser Fall ist besonders interessant, weil Grice hier sagen müßte, daß der Grund dafür, daß der Adressat die Absichten des Sprechers nicht erfaßt hat, darin liegt, daß der Sprecher es versäumt hat, seine Absicht deutlich zu machen. Was jedoch tatsächlich unklar war, war die nicht-sprachliche Äußerung, die verwandt wurde, um diese Absicht auszudrücken. Die Sprecherabsichten reichten nicht hin, *Verständnis* zu sichern, wie es ein befriedigender Abschluß der Kommunikationshandlung erfordert. Und das scheint darauf hinzuweisen, daß das Verstehen von seiten des Adressaten etwas mit Absichtserkenntnis zu tun hat und daher für die ›Bedeutung$_{nn}$‹ der fraglichen nicht-sprachlichen Äußerung wichtig ist.

Dies läßt sich am einfachsten so ausdrücken, daß der Sprecher erwarten muß, der Adressat verstehe seine Äußerung, damit man ihm unterstellen kann, er habe die rechte Absicht beim Gebrauch dieser Äußerung. Die auf sprachliche Äußerungen bezogene These von Donnellan (1968), daß Absichten an Erwartungen geknüpft seien, erhärtet sich so auch für nicht-sprachliche Äußerungen. »Ob«, so führt Donnellan (1968, S. 212) nämlich aus, »[der Sprecher] eine [bestimmte] Absicht bilden kann, hängt jedoch möglicherweise von seinen Erwartungen über seine Zuhörerschaft und über ihre Fähigkeit, seine Absicht zu erfassen, ab. ... Und daß

eine eingefahrene Praxis besteht, ist *normalerweise* erforderlich, damit die Sprecher die richtigen Erwartungen haben.« Ich vermute jedoch, daß Erwartungen ebenso an die Äußerung geknüpft sind wie Absichten. Wenn der Sprecher seine Absicht zum Ausdruck bringt, so muß er eine nicht-sprachliche Äußerung verwenden, von der vernünftigerweise zu erwarten ist, daß der Adressat sie als Ausdruck dieser Absicht versteht; und der Sprecher kann vernünftigerweise erwarten, verstanden zu werden, wenn er zu einer Äußerung greift, die den Konventionen einer bestimmten Gruppe zufolge als Ausdruck dieser Absicht gilt. Es ist schlecht denkbar, daß ein Sprecher eine einwandfreie Absicht (und damit die richtigen Erwartungen) hat und daß bei der Äußerung, die diese Absicht ausdrückt, dennoch die zugehörige Erwartung, verstanden zu werden, nicht angebracht ist. Der Sprecher kann nicht einfach eine Absicht hegen, es sei denn, wir hätten eine Humpty-Dumpty-Theorie der Bedeutung; doch die Bedingung, daß man hinreichende Erwartungen hat und sich mit Hilfe einer konventionalen Äußerung ausdrückt, schließt eine solche Theorie wirksam aus. Gälte diese Bedingung nicht, so könnte ein Polizist, sofern er die rechte Absicht hätte, sich auf den Kopf stellen und dann berechtigterweise jedem Autofahrer, der nicht anhält, einen Strafzettel verpassen; und der Schaffner könnte sich am Ohr kratzen und dann mit Recht ärgerlich werden, wenn die Leute weiterhin in seinen Bus drängelten. (In Bezug auf sprachliche Äußerungen gibt es da, wie Ziff und andere gezeigt haben, zahlreiche Beispiele.) Doch meiner Ansicht nach muß der Polizist die richtigen Erwartungen haben *und* eine konventionale Äußerung zur Mitteilung seiner Absicht verwenden.
Doch nicht einfach die Absicht in Verbindung mit den richtigen Erwartungen und dem Gebrauch der konventionalen Äußerung machen ›Bedeutung$_{nn}$‹ aus, die wir immer noch zu verstehen suchen; die Äußerung muß auch unter geeigneten Umständen getan werden. Wenn der Polizist in Zivil der Straße abgewandt in einer Einfahrt steht, so sind die Umstände nicht danach, daß er den Verkehr regeln könnte. Um das noch klarer zu machen: Dreimaliges Läuten ›bedeutet$_{nn}$‹ nur im Bus, daß der Bus besetzt ist; in der Oper ›bedeutet$_{nn}$‹ es, daß der Vorhang demnächst aufgeht; und bei der Feuerwehr ›bedeutet$_{nn}$‹ dreimaliges Läuten einen Generalalarm; und so weiter.

In manchen Fällen scheint sogar ein ganz spezieller Kontext vorliegen zu müssen, damit überhaupt ein Austausch zustande kommt, z. B. in dem Fall von Grice (1968), wo er dem Tabakhändler 43 Cent auf den Ladentisch legt. In diesem Fall, so führt Grice aus, ›bedeutet$_{nn}$‹ das Hinlegen der 43 Cent, daß der Tabakhändler ihm ein Päckchen seiner Lieblingsmarke geben solle, und zwar, weil der Tabakhändler an dem auf den Tresen gelegten Geld merkt, daß er, Grice, ein Päckchen seiner Lieblingsmarke haben will. »43 Cent hinlegen« ist also ebenso eine ›Äußerung‹ wie »bim, bim, bim« oder »erhobene Handfläche«. Doch die ›Äußerung‹ muß konventionalisiert sein: der Gegenüber muß wissen, was »43 Cent hinlegen« ›bedeutet$_{nn}$‹; Grice muß mit gutem Grund erwarten, daß der Tabakhändler sich der ›Äußerung‹ »43 Cent hinlegen« erinnert; er muß auch erwarten, daß der Tabakhändler noch weiß, was seine Lieblingsmarke ist; usw. Wenn Grice nicht in seinen Stammladen geht, wenn er z. B. eine andere Stadt besichtigt, so kann er nicht einfach 43 Cent hinlegen und erwarten, seine Zigaretten zu bekommen. Selbst wenn er in seinem Stammladen ist, muß der gewohnte Verkäufer da, die Marke auf Lager, der Laden geöffnet sein, usw.; andernfalls schlägt der Versuch fehl. Wesentlich ist dabei, daß alle diese kontextuellen Faktoren keine Angelegenheit des Intendierens und sicherlich auch keine sprachlichen Dinge sind, und dennoch sind sie alle für den geglückten Vollzug der Kommunikationshandlung entscheidend.
Die Annahme, daß die Äußerung für die Absichtserkenntnis von grundlegender Bedeutung ist, wird noch plausibler durch die Tatsache, daß ein Sprecher, der sich mit seiner einen Äußerung nicht verstanden fühlt, dann möglicherweise zu einer anderen Äußerung Zuflucht nimmt, der er eher zutraut, als Zeichen der Absicht, die er hat, verstanden zu werden. Merkwürdigerweise wird der Sprecher in den meisten Fällen, in denen seine nicht-sprachliche Äußerung nicht ankommt, zu einer sprachlichen Äußerung überwechseln. Der Polizist brüllt ›Stop!‹; der Schaffner ruft ›Dieser Bus ist besetzt‹ oder ›Nicht drängeln!‹ oder ›Kein Platz mehr!‹ usw. Dies gilt insbesondere für den Zeichner, falls er mit seiner Darstellung scheitert; dann muß er auf normale Erzählweisen zurückgreifen, d. h. die Zeichnung erläutern, sagen, was er mit seiner gezeichneten Äußerung auszudrücken versuchte. Aber vielleicht ist solch ein Übergang von nicht-sprachlichen zu sprachlichen Äuße-

rungen verständlich angesichts der Tatsache, daß es gewöhnlich jeweils nur eine sehr begrenzte Anzahl angemessener nicht-sprachlicher Äußerungen gibt; der Schaffner hat nur eine, »bim, bim, bim«, der Polizist zwei, nämlich »erhobene Handfläche« und »piep, piep«. Mannigfaltigkeit und gleichzeitige Eindeutigkeit an Ausdruck wie bei sprachlichen Äußerungen gibt es eben bei nicht-sprachlichen Äußerungen nicht.

Interesssanterweise ist jedoch zu beobachten, daß bei manchen Fehlschlägen neue Äußerungen auch nicht weiterhelfen. Wenn der Polizist in der Einfahrt steht, so nutzen andere Äußerungen nicht das Geringste. Wenn Grice auf Reisen ist, so kann er, um zum Ziel zu kommen, nur eine sprachliche Äußerung verwenden, z. B. ›Geben Sie mir bitte ein Päckchen von der Marke *X*!‹. Desgleichen, wenn im alten Laden ein neuer Verkäufer ist. Aber wenn der Laden noch nicht geöffnet hat, wenn die Marke *X* ausgegangen oder teurer geworden ist, dann verhilft auch keine andere Äußerung zum gewünschten Resultat.

Des weiteren scheinen die intentionsgeladeneren Fälle wie der mit der Zeichnung weniger vom Kontext und von den Erwartungen abzuhängen. Gewiß, auch für die Zeichnung oder das Vorführen der Zeichnung muß ein angemessener Kontext gegeben sein (z. B. keine Ausstellung), der Zeichner muß zumindest halbkonventionale Darstellungsmittel verwenden (z. B. keine kubistischen), und von seiner Darstellung muß er begründet annehmen, daß Herr X imstande ist, sie zu verstehen oder zu interpretieren. Aber die Rolle der Intention des Zeichners ist aufgewertet, da es so etwas wie eine Standardzeichnung zur Erzählung der fraglichen Geschichte nicht gibt – jede Zeichnung ist in gewissem Sinne einzigartig (bei einem Photo muß das nicht so sein). Der Zeichner bleibt von einer Reihe von Äußerungskonventionen gänzlich verschont, und er hat eine Freiheit, seine Äußerung nach Belieben zu gestalten, wie sie der Schaffner und insbesondere der Polizist nicht haben. Doch auch hier ist es so, daß ein Mißlingen der von ihm gewählten Äußerung seine Situation zu der des Schaffners und des Polizisten degradiert. Er muß dann zu anderen, konventionaleren Ausdrucksmitteln Zuflucht nehmen, und das sind in der Regel sprachliche Äußerungen sehr direkter Natur. Solange es so weit nicht ist, verwendet er seine Zeichnung, die er so macht, daß er Herrn X dazu bringen kann zu denken, was er denken soll, nämlich aus der Zeichnung besagte eindeutige Situation von Frau X mit Herrn Y zu folgern.

Die Sache mit der Folgerung im Fall der Zeichnung bringt uns wieder zu der früher notierten Griceschen Unterscheidung zurück, daß für ›Bedeutung‹ direktes Sagen wesentlich sei, während bei ›Bedeutung_{nn}‹ der Sprecher versuche, den Adressaten dazu zu bringen, etwas zu denken, anstatt es ihm direkt zu sagen. An dieser Unterscheidung zeigt sich nun die Schwierigkeit, daß *jede* Verwendung einer konventionalen Äußerung ein Fall von direktem Sagen zu sein scheint; weil die Äußerung ›Bedeutung_{nn}‹ hat, sagt sie dem Adressaten direkt, was der Sprecher ihn wissen lassen will. Es ist freilich zu beachten, daß dies in verschiedenem Grade geschehen kann, so daß es plausibel sein dürfte anzunehmen, daß die Unterscheidung zwischen ›direkt sagen‹ und ›jemanden dazu bringen, etwas zu denken‹ keine scharfe Dichotomie bildet, sondern vielmehr die Grenzpunkte eines stetigen Übergangs markiert. Außerdem hängt sie mit der Unterscheidung zwischen ›natürlich‹ und ›nicht-natürlich‹ nicht in der beschriebenen Weise zusammen. Zwar scheint bei natürlicher Bedeutung in der Tat immer etwas direkt gesagt zu werden, aber auch hier gibt es offenkundig Gradabstufungen. Zum Beispiel ›bedeuten‹ Flecken Masern, aber es gibt klar definierte Flecken und noch wenig ausgeprägte Fälle, die sich etwa von Scharlach nur schwer abgrenzen lassen. Andererseits sind sicherlich nicht-sprachliche Fälle möglich, in denen ›Bedeutung_{nn}‹ und trotzdem direktes Sagen vorliegt, etwa wenn der Polizist »erhobene Handfläche« äußert. Von hier aus durchlaufen die nicht-sprachlichen Fälle freilich das ganze Spektrum bis hin zum ›jemand dazu bringen, etwas zu denken‹. Je fester eine Äußerung konventional festgelegt ist, desto direkter sagt sie etwas – in der Regel wenigstens. Die Unterscheidung zwischen ›direkt sagen‹ und ›jemanden dazu bringen, etwas zu denken‹ liefert also keineswegs die Unterscheidung zwischen ›Bedeutung‹ und ›Bedeutung_{nn}‹.

Was damit hier (wie auch anderswo) aufgezeigt wurde – nämlich daß Absichten lediglich eine kooperative Rolle für ›Bedeutung_{nn}‹ haben, sowie daß ›Bedeutung‹ und ›Bedeutung_{nn}‹ sich nicht durch ›direkt sagen‹ und ›jemanden dazu bringen, etwas zu denken‹ voneinander abgrenzen lassen –, scheint darauf hinzuweisen, daß die Unterscheidung zwischen ›Bedeutung‹ und ›Bedeutung_{nn}‹

nicht länger haltbar ist. Dem wäre auch so, wenn wir daran festhielten, die Unterscheidung in Grices Sinne vorzunehmen. Wenn wir sie jedoch anders festlegen, so scheint mit ihr alles in Ordnung zu sein. Es ist die Unterscheidung zwischen Masernflecken und Glockenläuten; zwischen etwas, das etwas natürlich anzeigt, unabhängig davon und oft entgegen dem, was jemand damit tun mag, und etwas, das allein auf Grund von dem, was jemand damit tut, etwas anzeigt.[14] Außerdem ist es zumindest teilweise eine Unterscheidung, die auf der Rolle basiert, die jemandes Absichten in seinen Kommunikationsaktivitäten spielen. Wo es um ›Bedeutung‹ geht, sind Absichten nicht gegenwärtig; bei ›Bedeutung‹ liegt daher keine Kommunikation vor. Wo es um ›Bedeutung_{nn}‹ geht, sind Absichten indes gegenwärtig oder wenigstens relevant; daher liegt bei ›Bedeutung_{nn}‹ (zumindest versuchte) Kommunikation vor.

Wir haben damit etwas ganz Einfaches festgestellt, nämlich daß es noch andere Umstände in einer Kommunikationssituation gibt, die dafür wichtig sind zu verstehen, welche Nachricht übermittelt worden ist und welche Absichten der Sprecher dabei hatte. Diese Absichten spielen aber nach dieser Auffassung nur eine kooperative Rolle; sie moderieren, was der Sprecher in einer bestimmten Kommunikationssituation tut; sie weisen verschiedene Alternativen, sich zu ›äußern‹; usw. Auch der Adressat hat in einer Kommunikationssituation mit Absichten zu tun. Er muß eine konventionalisierte Äußerung als eine erkennen, die normalerweise zur Übermittlung einer Nachricht verwandt wird, welche eine bestimmte Sprecherabsicht anzeigt; d. h. seine Aufgabe besteht in der Absichtserkenntnis. Nur läuft die Absichtserkenntnis eben nicht so, wie von Grice beschrieben, sie ist vielmehr eine Angelegenheit der Konventionen, der Erwartungen und des Kontextes.

III

Auch wenn ich bisher nur nicht-sprachliche Äußerungen diskutiert habe, wie wir es hier an früherer Stelle ausgemacht hatten, es dürfte mittlerweile doch klar sein, daß vieles von dem, was ich an nicht-sprachlichen Äußerungen beobachtete, auch auf sprachliche

14 Auf eine so gezogene Unterscheidung passen der Signalbegriff von Wilson (1970) und der Symbolbegriff von Pierce (1955).

Äußerungen zutrifft. Diese eklatante Gemeinsamkeit wird noch deutlicher, wenn wir uns kurz einiges von dem anschauen, was andere Autoren über sprachliche Äußerungen gesagt haben und es mit dem vergleichen, was wir über nicht-sprachliche Äußerungen gesagt haben:

Searle (1965) führte aus, daß beim Gebrauch sprachlicher Äußerungen Absichten ebenso wie Konventionen eine Rolle spielen; des weiteren, daß die Absichtserkenntnis durch den Gebrauch von Äußerungen herbeigeführt wird, die mit der beabsichtigten Wirkung assoziiert sind. Dies ist genau, was ich in Bezug auf den Gebrauch nicht-sprachlicher Äußerungen zu sagen versuchte. Man kann einfach eine beabsichtigte Wirkung nicht erkennen, wenn die dazu verwandte Äußerung diese Absicht nicht normalerweise ausdrückt.

Donnellans Bemerkung bezüglich der Erwartungen (s. S. 381) war ursprünglich eigentlich auf sprachliche Äußerungen gemünzt; wir haben bloß gezeigt, daß sie auch für nicht-sprachliche Äußerungen gilt, und hinzugesetzt, daß sich die Erwartungen ebenso wie die Absicht auf das Verstandenwerden der Äußerung beziehen.

Lewis (1969/dtsch. 1975) legt dar, daß bei einer Sprache (die er ein Signalsystem nennt) zur Kommunikation eine Koordination zwischen Sprecher und Adressat erforderlich ist. Meine Analyse hat gezeigt, daß eine solche Koordination auch bei nicht-sprachlichen Äußerungen nötig ist, wenngleich aus anderen Gründen, als Lewis annimmt; ich behaupte, daß die Koordination durch Verwenden und Erkennen konventionalisierter nicht-sprachlicher Äußerungen zustande kommt und nicht, wie Lewis meint, auf Grund eines gemeinsamen Eventualplanes.

Strawson (1971) führt aus, daß sprachliche Äußerungsakte (›illokutionäre Akte‹ oder ›Sprechakte‹) in ein Kontinuum einzuordnen sind, das von solchen, die ›wesentlich konventional‹ sind, bis zu solchen, die ›nicht wesentlich konventional‹ sind, reicht. Wir haben Ähnliches in Bezug auf nicht-sprachliche Äußerungsakte festgestellt und außerdem gezeigt, daß Konventionalität sich unmittelbar darauf beziehen läßt, wie sehr ein Sprecher mit einer bestimmten nicht-sprachlichen Äußerung jemandem etwas direkt sagt oder ihn bloß dazu bringt, etwas zu denken. Darüberhinaus sagt Strawson, daß in wesentlich konventionalen Fällen Verständnis (›Aufnahme‹) Erfolg garantiert, *außer* eine Regel ist verletzt, während in wesentlich nicht-konventionalen Fällen eine Äußerung verstanden werden kann, ohne daß die Absicht dahinter entdeckt oder verstanden worden wäre (sie ist dann, wie er sagt, ›blockiert‹ worden). Auch dies läßt sich ohne weiteres auf die von uns betrachteten nicht-sprachlichen Äußerungen übertragen. Im Fall der Zeichnung etwa, der wesentlich nicht-konventional ist, könnte Herr X einfach nicht darauf kommen, was er denken soll, obwohl er die Zeichnung versteht, weiß, daß sie ein Liebespaar darstellt, usw. Der Autofahrer hingegen, der das wesentlich konventionale »erhobene Handfläche« erkennt, wird anhalten, es sei denn, er bricht absichtlich eine für diese konventionale Äußerung geltende Regel, indem er dem Befehl nicht Folge leistet.

Interessanter noch als diese Vergleiche ist der mit Austins Theorie der *Fehlschläge*. Diese Theorie, die er in Kapitel II von *How to Do Things with Words* (1962) formuliert und dort in Kapitel III diskutiert, besteht in einer Klassifikation von Regeln, die anzeigt, was falsch gelaufen ist, wenn ein Sprechakt (der Gebrauch einer sprachlichen Äußerung) mißlungen oder, um seinen Ausdruck zu verwenden, ›nicht geglückt‹ ist. Seine Regeln sind zum Teil im wesentlichen diese:

(A.1) Für den Sprechakt muß eine akzeptierte Konvention mit spezifischen, konventionalen Wirkungen bestehen.

(A.2) Es müssen geeignete Umstände vorliegen.

(B.1,2) Der Vorgang (die Äußerung) muß ordnungsgemäß und vollständig durchgeführt sein.

(Γ.1,2) Wenn der Vorgang ein bestimmtes weiteres Verhalten nötig macht, so müssen die Beteiligten die angemessenen Absichten, Gedanken, Gefühle etc. bezüglich dieses Verhaltens haben und auch tatsächlich dieses Verhalten zeigen.

Im weiteren erarbeitet und beschreibt er dann verschiedene Fälle von Fehlschlägen und verwendet viel Mühe darauf, sie danach zu kategorisieren, in welcher Hinsicht sie den Gesamterfordernissen eines Sprechaktes nicht genügen.

Betrachten wir, um einzusehen, wie das auch im Fall nicht-sprachlicher Äußerungen funktioniert, wiederum den Fall des Polizisten, der mit seiner Äußerung nicht ankommt (der Wagen hält nicht). Wenn er die Äußerung »erhobene Faust« verwandt hätte, so ließe sich der Fehlschlag als unter (A.1) fallend erklären: dafür gibt es keine akzeptierte Konvention. Wenn er in der Einfahrt stünde, so trüge (A.2) dem Mißerfolg zumindest teilweise Rechnung: die Umstände sind unpassend. Und so weiter. Und falls sich jemand die Zeit nehmen sollte, meine anderen Beispiele für Mißerfolge zu überprüfen, so wird ihn bestimmt überraschen, wie vollständig die von Austins Theorie der Fehlschläge gelieferte Erklärung ist.

Man mag einwerfen, daß es unangebracht sei, hier nun Austins Bedingung für das Glücken von Sprechakten zu diskutieren, da er sich doch hauptsächlich mit den sogenannten ›performativen‹ Äußerungen beschäftige. Dies ist freilich kein Problem, da sich bei nicht-sprachlichen Äußerungen ein Analogon zu den Performativen finden läßt. Indem man z. B. bei einem Bridgespiel ›Re‹ sagt, rekontriert man das Spiel; und indem man bei einer Auktion seine numerierte Karte hebt, überbietet man das letzte Gebot. Indem man ›Los!‹ sagt, startet man ein Rennen, aber das geht auch, indem man »peng« äußert (mit Hilfe einer Startpistole). Es gibt also Handlungen, die wenn schon nicht direkte Analoga zu performativen sprachlichen Äußerungen, so doch ihnen im Charakter jedenfalls so ähnlich sind, daß wir zumindest für den Moment diese Sache mit den Glückensbedingungen ruhen lassen können. In der Tat erwähnt Austin selbst (1962, S. 120; 1972, S. 134) die Möglichkeit, daß eine nicht-sprachliche Handlung die illokutionäre Rolle einer Äußerung übernimmt. Meiner Analyse zufolge hätte da Austin schlicht untertrieben, denn es scheint eine ziemlich reichhaltige Palette nicht-sprachlicher Handlungen zu geben, die mit sprachlichen Akten auf Grund identischer illokutionärer Rollen in schöner Übereinstimmung stehen.

Es findet sich also ein nicht-sprachliches Analogon zum sprachlichen ›illokutionären Akt‹ oder ›Sprechakt‹, das wir, um in der Fachterminologie zu bleiben, einen ›nicht-sprachlichen Sprechakt‹ nennen könnten. Solch eine Bezeichnung klingt widersprüchlich und ist es vielleicht auch. Aber die Widersprüchlichkeit weist auf etwas Wichtiges hin: nämlich darauf, daß nicht-sprachliche und sprachliche Äußerungen zusammen eine Klasse von Handlungen bilden, die man ›Kommunikationsakte‹ nennen könnte, wobei ›Sprechakt‹ und ›nicht-sprachlicher Sprechakt‹ die Klassennamen für die beiden Teile der Gesamtklasse wären. Außerdem sind, auch wenn dies in einer so wenig gründlichen Untersuchung wie dieser nicht so deutlich herauskommt, die Ähnlichkeiten zwischen

diesen beiden Arten von Handlungen weder gering noch unbedeutend. Meine kurze Untersuchung hat erst ein wenig an der Oberfläche dieser Ähnlichkeit gekratzt und läßt so durchblicken, daß wir von sehr vielem, was ›Bedeutung$_{nn}$‹ ausmacht, noch sehr wenig wissen. Immerhin deuten die angesprochenen Punkte an, was alles getan werden müßte: Die ›Sprache‹ nicht-sprachlicher Sprechakte bedarf vollständiger Aufklärung, was eventuell die Entwicklung von ›Regeln‹ einschließt, ähnlich den syntaktischen und semantischen Regeln, die Linguisten gegenwärtig für die natürliche Sprache entwickeln; kontextuelle und epistemische Abhängigkeiten legen nahe, daß auch solche Dinge zu berücksichtigen sind, die Stalnaker (1970) mit ›Pragmatik‹ kennzeichnet: Präsuppositionen, gemeinsames Wissen von Sprecher und Adressat, Wissen um mögliche Welten etc. Kurzum, wir müssen nicht-sprachliche Äußerungen mit derselben Gründlichkeit untersuchen, mit der wir bereits sprachliche Äußerungen untersuchen. Ist dies bewerkstelligt, müssen wir die Ergebnisse vergleichen, aus beiden Analysen die Gemeinsamkeiten herausdestillieren und auf dieser Grundlage anfangen, eine Theorie der Kommunikationsakte zu formulieren. All dies ist ein langfristiges Projekt, zu dem dieser Aufsatz nur einen ersten Anfang beisteuern soll.
Wenn wir also davon ausgehen, daß es eine Unterscheidung zwischen ›Bedeutung‹ und ›Bedeutung$_{nn}$‹ gibt (auch wenn es vielleicht nicht die ist, die Grice ursprünglich vorschwebte) und daß der Sinn von ›Bedeutung$_{nn}$‹, der sich hier herauskristallisiert hat, so weitgespannte Implikationen hat wie eben skizziert, welchen Fortschritt haben wir dann in Bezug auf den Begriff der konversationalen Implikatur gemacht? Wenden wir uns zum Schluß dieser Frage zu.

IV

Auf den ersten Blick schaut es so aus, als passe meine Arbeit nicht mit dem Griceschen Begriff der konversationalen Implikatur zusammen. Denn dieser Begriff war, wie in Grices Aufsätzen *The Causal Theory of Perception* (1965) und *Logic and Conversation* (1975) (dtsch. dieser Band) dargelegt, ausdrücklich auf sprachliche Akte (oder Sprechakte) abgestellt, während meine Analyse ebenso ausdrücklich sich auf nicht-sprachliche Handlungen bezog. Außerdem erwähnt Grice in keinem dieser beiden Aufsätze irgendwo den Begriff der ›Bedeutung$_{nn}$‹. Wie läßt sich diese augenscheinliche Unstimmigkeit ausräumen?

Tatsächlich ist es so, daß sich nicht-sprachliche Handlungen, wie ich sie diskutiert habe, sehr schön in eine (geeignet modifizierte) Theorie der konversationalen Implikatur einfügen. Außerdem verhilft uns das Verständnis von ›Bedeutung$_{nn}$‹, das wir in dieser Diskussion gewonnen haben, dazu, klarer zu sehen, welche Überlegungen für ein Verständnis konversationaler Implikatur relevant und welche Aspekte konversationaler Implikatur nicht Teil tatsächlichen Diskurses sind. Das läuft in etwa so:

Konversationale Implikatur heißt im Prinzip, daß eine ›Äußerung‹ im Sinne des Geäußerten eine Sache bedeuten und trotzdem im Sinne des zu Verstehenden eine ganz andere Sache implizieren (oder bedeuten) kann. Konversationale Implikatur heißt etwas meinen, ohne es zu sagen. Wenn der Herzog zu seinem Butler sagt: ›Es ist kalt hier‹, so meint er: ›Kümmere dich um die Temperatur hier‹, auch wenn dies gewiß nicht das ist, was ›es ist kalt hier‹ tatsächlich bedeutet.[15] Oder man betrachte Grices Beispiel einer anscheinend unangebrachten Bemerkung (vergleichbar einer anscheinend unkorrekten Äußerung des Polizisten, etwa »nach rechts weisende Hand«, in einer Situation, die augenscheinlich »erhobene Handfläche« erfordert), die in ihrer Unangebrachtheit eine verborgene, unterschwellige Implikatur (Bedeutung) nahelegt.[16] Grices Beispiel ist das eines Tutors, der auf die Frage nach der philosophischen Begabung eines seiner Studenten hin entgegnet: »Jones hat eine schöne Handschrift, und sein Englisch ist korrekt.« (1965, S. 448)

Diese zwei Aufsätze (insbesondere der in diesen Band aufgenommene) sind also Versuche, die pragmatischen Regeln konventionalen (normalen, gewöhnlichen) Sprachgebrauchs zu verstehen und zu kodifizieren; damit ein Adressat, der sich mit einem unkonventionellen Sprachgebrauch, wie eben beschrieben, konfrontiert sieht, in der Lage ist, diesen Gebrauch zu ›dekodieren‹: d. h. unter Ver-

15 Dieses Beispiel stammt im wesentlichen von Gordon und Lakoff, hier S. 327 ff.

16 In (1975), dtsch. dieser Band, verwendet Grice den Ausdruck ›implizieren‹; aber zu Beginn gesteht er ein, daß ›bedeuten‹ oder ›nahelegen‹ genauso gut passen und daß er ›implizieren‹ nur als ›Kunstbegriff‹ verwende.

wendung der Konversationsregeln (ähnlich der Verwendung von Schlußregeln in einem deduktiven System) eine korrekte Folgerungskette zu durchlaufen und so die korrekte (wenn auch versteckte) Bedeutung der fraglichen sprachlichen Äußerung auszurechnen. Wenn der Adressat nicht zu einem sinnvollen Ergebnis zu gelangen vermag, so hat er entweder bei der ›Deduktion‹ einen Fehler gemacht, oder die Äußerung war unangebracht, verquer, nicht zur Sache gehörig oder dergleichen. Ein solches System aufzustellen, stößt auf viele Schwierigkeiten: Als erstes gilt es zu bestimmen, was vom Gesamtgeschehen für das Verständnis des Diskurses relevant ist; dann gilt es zu bestimmen, was sich aus einzelnen Fällen abstrahieren läßt, damit sich die gesuchten Regeln oder Verallgemeinerungen formulieren lassen; weiter gilt es zu bestimmen, wie diese Regeln gelernt werden, wie sie funktionieren, was letztlich ihre Inhalte sind, usw. Denn entscheidend für konversationale Implikatur ist, daß wir erkennen, wann eine konventionale sprachliche Äußerung nicht-konventional, d. h. unangemessen vorkommt; andernfalls vermögen wir nicht, die Regeln anzuwenden und zu bestimmen, was die versteckte Bedeutung oder Implikatur der Äußerung ist. Solange wir nicht die Unangemessenheit einer Äußerung feststellen können, werden wir auch nicht in der Lage dazu sein zu bestimmen, wann konversationale Implikaturen vorliegen; aber um unangemessene Äußerungen als solche zu erkennen, müssen wir es verstehen, angemessene Äußerungen als solche zu erkennen. Hier wird mein modifizierter Zugang zu ›Bedeutung$_{nn}$‹ wichtig. Denn ich habe zumindest teilweise gezeigt, daß ›Bedeutung$_{nn}$‹ auf Glückensbedingungen für Kommunikationsakte basiert, seien sie nun sprachlich oder nicht. Wenn die Bestimmung konversationaler Implikaturen voraussetzt, daß wir wissen, wann eine Äußerung angemessen ist und wann nicht, so benötigen wir zu dieser Bestimmung diese Sorte von Bedingungen. Und wenn wir die Absichtserkenntnis, wie sie Grice ursprünglich beschrieb, als eine Sorte von Glückensbedingung ansehen, so ist nicht unwahrscheinlich, daß meine Analyse von ›Bedeutung$_{nn}$‹ in etwa das ist, was Grice ausführen wollte. Außerdem ist die detaillierte Analyse der Bedingungen für den *korrekten* Gebrauch sprachlicher Äußerungen und ihres Bezuges zur konversationalen Implikatur sicherlich eine Anstrengung in der gleichen Richtung. Ich tue also nicht etwas anderes als Grice, vielmehr versuche ich, seine Arbeit über Bedeutung mit seiner Arbeit über konversationale Implikatur in Beziehung zu setzen.

Wir benötigen freilich eine entschieden detailliertere Analyse von ›Bedeutung$_{nn}$‹; denn wenn konversationale Implikatur versteckte oder implizierte Bedeutung ist, so geht es dabei um ›Bedeutung$_{nn}$‹ und nicht um ›Bedeutung‹. Eine solche Analyse wird notwendigerweise eine ausgedehnte Untersuchung von Absichten einschließen, denn, wie wir entgegen der Argumentation von Lewis (1969) sahen, bilden Konventionen nicht das einzige Element von ›Bedeutung$_{nn}$‹. Gleichzeitig bedarf Lewis' Arbeit über Konventionen ernsthafter Beachtung, wenn wir die von Searle (1965) dargelegte Beziehung zwischen Intentionen und Konventionen verstehen wollen. Ohne eine solche Analyse werden wir die Beziehungen zwischen Sprechern, Äußerungen und der Welt und damit auch Kommunikation und ihre Implikationen nicht begreifen können. Zudem müssen wir für unsere formalen Sprachuntersuchungen (Syntax und Semantik) wissen, welche Bestandteile einer Äußerungssituation intentional und welche konventional sind. Denn die letzteren sind es, die die Linguisten formalisieren und bewerten müssen, um die Syntax und die Semantik einer Sprache zu bestimmen. Gleichzeitig gilt es den Einfluß pragmatischer Elemente auf diese Syntax und Semantik, so weit vorhanden, zu verstehen, insbesondere dann, wenn sie entscheidende Faktoren sind (wie neuere semantische Forschung anzudeuten scheint).

Kurzum, die Arbeit hat erst angefangen. Die vorangegangene Diskussion hat hoffentlich dazu beigetragen, viele der Faktoren aufzuzeigen, die erfaßt sein müssen, bevor wir bestimmen können, wann eine konventionale Äußerung normal, korrekt und angemessen verwandt wird. Ebenso bedarf es einer gründlichen Analyse nicht-sprachlicher Äußerungen, und zwar aus zwei Gründen heraus: (1) Diese Äußerungen sind integraler Bestandteil unserer normalen, alltäglichen Kommunikationsaktivitäten und daher für eine Kommunikationstheorie von Interesse; und (2) müßte uns angesichts der offensichtlichen Ähnlichkeiten zwischen sprachlichen und nicht-sprachlichen Äußerungsakten die Analyse der einen Einsichten über die anderen vermitteln. Und da nicht-sprachliche Äußerungen weniger komplex und der Untersuchung eher zugänglich zu sein scheinen (im Vergleich zur Untersuchung sprachlicher Akte, die nicht nur Syntax, Semantik und Pragmatik, sondern auch

Morphologie, Orthographie, Phonologie etc. umspannt), wäre ihre Analyse dem Verständnis sprachlicher Äußerungen nur zuträglich. Das heißt, durch die Analyse nicht-sprachlicher Handlungen sollten wir uns ein klareres Bild von diversen Eigenschaften sprachlicher Akte machen können, was sich dann z. B. bei solchen Dingen wie der konversationalen Implikatur auszahlt.

Ich sollte jedoch anmerken, daß man in Anbetracht der ungeheuren Menge an zu leistender Arbeit nicht unbedingt in Pessimismus desbezüglich verfallen muß, ob man je zu einem Verständnis der konversationalen Implikatur (oder irgendeines anderen Aspektes des Sprachgebrauchs) kommt. Ich wollte nicht sagen, daß man die Diskussion solcher Dinge verschieben solle, bis wir en detail alle Tatsachen des normalen, nicht-implizierenden Sprachgebrauchs kennen. Vielmehr wollte ich nur daran erinnern, daß sich jede Analyse konversationaler Implikatur bescheiden muß angesichts dessen, daß unser Verständnis der Eigenschaften und Funktionsweisen unserer Sprache beschränkt ist; unsere Ergebnisse stehen also zur Disposition, bis wir einmal über einigermaßen gesichertes Wissen um die relevanten Tatsachen verfügen.

Bibliographie

Austin, J. L. (1962/1972), *How to Do Things with Words*, Oxford, 1962; deutsche Bearbeitung von E. v. Savigny, *Zur Theorie der Sprechakte*, Stuttgart, 1972.

Donnellan, K. (1968), *Putting Humpty Dumpty Together Again*, The Philosophical Review, 76, 203-215.

Gordon, D./Lakoff, G. (1971), *Conversational Postulates;* dtsch. *Konversationspostulate*, dieser Band.

Grice, H. P. (1957), *Meaning;* dtsch. *Intendieren, Meinen, Bedeuten*, dieser Band.

Grice, H. P. (1965), *The Causal Theory of Perception*, in: R. Swartz, *Perceiving, Sensing and Knowing*, New York.

Grice, H. P. (1968), *Utterer's Meaning, Sentence-Meaning, and Word-Meaning;* dtsch. *Sprecher-Bedeutung, Satz-Bedeutung und Wort-Bedeutung*, dieser Band.

Grice, H. P. (1969), *Utterer's Meaning and Intentions;* dtsch. *Sprecherbedeutung und Intentionen*, dieser Band.

Grice, H. P. (1975), *Logic and Conversation;* dtsch. *Logik und Konversation,* dieser Band.

Hare, R. M. (1967), *Some Alleged Differences Between Imperatives and Indicatives,* Mind, 76, S. 309-326. [über Grice (1965)]

Kashop, P. (1971), *Imperative Inference,* Mind, 80. [über Hare (1967) und Grice (1965)]

Lewis, D. K. (1969), *Convention,* Cambridge, Mass.; dtsch. *Konventionen,* Berlin–New York, 1976.

MacKay, A. F. (1972), *Professor Grice's Theory of Meaning,* Mind, 81, S. 57-66.

O'Hair, S. G. (1969), *Implications and Meaning;* dtsch. *Implikationen und Bedeutung,* dieser Band.

Patton, T. E., D. Stampe (1969), *The Rudiments of Meaning; on Ziff on Grice,* Foundations of Language 5, S. 2-16.

Pierce, C. S. (1955), *Logic as Semiotic; the Theory of Signs,* in: J. Buchler (ed.), *Philosophical Writings of Pierce,* New York, S. 98-119.

Schiffer, S. R. (1972), *Meaning,* London.

Searle, J. (1965), *What Is a Speech Act,* in: M. Black (ed.), *Philosophy in America,* Ithaca, S. 221-239.

Stalnaker, R. C. (1970), *Pragmatics,* Synthese 32, 272-289.

Strawson, P. F. (1964), *Intention and Convention in Speech Acts,* The Philosophical Review, 73, S. 439-460; dtsch. in: P. F. Strawson, *Logik und Linguistik,* München, 1974, S. 56-82.

Welker, D. D. (1970), *Linguistic Nominalism;* dtsch. *Sprach-Nominalismus,* in diesem Band.

Wilson, N. L. (1970), *Grice on Meaning: The Ultimate Counter-example,* Nous, 4, S. 295-304.

Ziff, P. (1967), *On H. P. Grice's Account of Meaning,* Analysis, 28, S. 1-8.

L. Jonathan Cohen
Die logischen Partikel der natürlichen Sprache

(Bemerkungen zu einer Hypothese von Grice)

Im ersten Teil seiner 1968 in Harvard gehaltenen William James Vorlesungen hat H. P. Grice auf eine höchst interessante Hypothese über die gewöhnlichen logischen Partikel der natürlichen Sprache wie »nicht«, »und«, »wenn; dann« und »oder« aufmerksam gemacht.[1] Ich will sie im folgenden als die *Konversationalistische Hypothese* bezeichnen. Ihre Behauptung ist, daß sich diese Partikel in ihrer Bedeutung bzw. in ihrer sprachlichen Funktion von den formal-logischen Symbolen »$\neg$«, »$\wedge$«, »$\supset$« und »$\vee$« in ihrer Standardinterpretation durch zwei-wertige Wahrheits-Tafeln nicht unterscheiden, und daß, wo diese Partikel der natürlichen Sprache doch von der Wahrheits-Funktionalität abzuweichen scheinen, dieser Anschein auf die unterschiedlichen Vorerwartungen zurückgeht, mit denen Äußerungen natürlicher Sprachen in der Regel verstanden werden. Grice argumentiert letztlich zugunsten dieser Hypothese, obwohl er zugibt, daß er auf einen speziellen Einwand über keine Antwort verfügt. Ich werde in der vorliegenden Arbeit die Auffassung vertreten, daß der von Grice selbst erwähnte Einwand zwar kein wirklich schwerwiegender ist, daß es aber doch gute Gründe gibt, der Konversationalistischen Hypothese eine alternative Theorie, die ich als die *Semantische Hypothese* bezeichnen möchte, vorzuziehen. Diese besagt, daß sich viele Vorkommnisse dieser Partikel in ihrer Bedeutung von ihren formal-logischen Entsprechungen unterscheiden, daß es aber auch viele Vorkommnisse geben kann, in denen das nicht so ist – und

1 Ich weiß nicht, ob Grice die in den genannten Vorlesungen vorgetragenen Ideen auch heute noch vertritt, und ich will auch gewiß nicht implizieren, daß er das tut. Ich hoffe jedenfalls, daß er die Tatsache, daß ich mit der hier vorgelegten Diskussion seiner Ideen nicht den Zeitpunkt ihrer gedruckten Veröffentlichung abgewartet habe, als Tribut gegenüber dem Interesse versteht, das ich diesen Ideen zuschreibe. Ich war sehr darauf bedacht, den Gehalt der Griceschen Vorlesungen, so wie sie mir berichtet wurden, nicht falsch darzustellen. Sollte es aber doch einige Details geben, bezüglich welcher ich mich irre, so dürften sie doch dem von mir vorgetragenen Hauptargument nichts anhaben können.

daß sich beide Arten von Vorkommnissen am besten im Rahmen einer adäquaten semantischen Theorie für natürliche Sprachen und ohne Rekurs auf eine Theorie konversationeller Vorerwartungen erklären lassen.
Grice zufolge sollen auch solche Ausdrücke wie »alle«, »einige« und »der/die/das« von der von ihm favorisierten Hypothese erfaßt werden. Bezüglich dieser Ausdrücke hat er jedoch keine Argumente vorgebracht. Dementsprechend werde auch ich mich auf Bemerkungen beschränken, die die Ebene der Aussagenlogik betreffen. Die Problematik prädikatenlogischer Entsprechungen in natürlichen Sprachen ist zwar interessant, kann jedoch einer anderen Gelegenheit vorbehalten bleiben.
Gewiß, Philosophen haben mitunter fälschlicherweise der Bedeutung eines Wortes bzw. der Analyse eines Begriffes Merkmale zugeschrieben, die korrekter als Bedingungen für die Angemessenheit gewisser das betreffende Wort bzw. den betreffenden Begriff involvierender Äußerungen betrachtet würden. Zum Beispiel war ihnen aufgefallen, daß die Diskussion der Frage, ob eine Handlung freiwillig ist oder nicht, insofern diese Diskussion bezüglich von Handlung geführt wird, an denen absolut nichts auszusetzen ist, etwas Seltsames an sich hat; und dann haben sie eben diese Seltsamkeit auf die Bedeutung des Wortes »freiwillig« selbst zurückgeführt, anstatt auf die Bedingungen, unter denen es überhaupt sinnvoll ist darauf hinzuweisen, daß eine (freiwillige) Handlung eben freiwillig ist. Gewiß gibt es eine ganze Reihe philosophischer Irrtümer, die sich in dieser Weise durch eine entsprechende Berücksichtigung der Vorannahmen normaler Konversation korrigieren lassen. Es ist aber auch möglich, daß das Pendel zu weit in die andere Richtung ausschlägt. Was besser als ein Merkmal der sprachlichen Bedeutung aufgefaßt wird, wird dann den konversationellen Vorannahmen zugeschrieben. Eben dies tut die Konversationalistische Hypothese, wie ich zeigen möchte, mit den logischen Partikeln natürlicher Sprachen.
Man kann leicht sehen, warum die Konversationalistische Hypothese so attraktiv ist. Wenn es zwischen »nicht«, »und«, »wenn, dann« und »oder« auf der einen Seite und ihren gewöhnlichen formal-logischen Entsprechungen auf der anderen Seite gewisse Bedeutungsunterschiede gibt, so kompliziert sich damit die Aufgabe einer Darstellung der Logik der natürlichen Sprache. Ist diese

Darstellung im Rahmen einer formalen Theorie vorzunehmen, so stehen zwei Alternativen offen.

Der einen Alternative zufolge ist ein passendes nicht-wahrheitsfunktionals System mit Zeitoperatoren, intensionalen Konditionalen etc. zu konstruieren. Ein solches System erreicht seine Beschreibungsadäquatheit bezüglich eines bestimmten Sprachbereichs aber bestenfalls dadurch, daß die begriffliche Ökonomie preisgegeben und auf eine leichtere Handhabbarkeit des Systems zu Beweiszwecken verzichtet wird. Im allgemeinen ist es aber so, daß ein solches System von sich aus neue, subtilere Abweichungen gegenüber der natürlichen Sprache mit sich bringt.

Der anderen Alternative zufolge wird die formale Theorie als eine Rekonstruktion, nicht als eine bloße Beschreibung oder Replikation der natürlichen Sprache vorgestellt. Abweichungen gegenüber dieser werden als für logische Zwecke unerheblich hinwegerklärt. So lassen sich zum Beispiel, wenn »wenn, dann« stets im Sinne des wahrheitsfunktionalen »$\supset$« rekonstruiert wird, intuitiv gültige deduktive Schlußschemata auch für Konditionalsätze formulieren, wie z. B. der Modus Ponens, und kein von wahren Prämissen zu einer falschen Konklusion führender Schluß wird als gültig ausgezeichnet. Dann führt das System aber auch zu Schlüssen, die in der natürlichen Sprache keine Entsprechung haben, wie z. B. der Schluß von »q« auf »$p \supset q$«.

Will man beide Alternativen vermeiden, um so dem Dilemma ganz zu entkommen, so hat man eben die Suche nach einer formalen Repräsentation ganz aufzugeben und sich mit informellen Beschreibungen des gewöhnlichen Sprachgebrauchs zufriedenzugeben. Damit opfert man aber die Präzision und die ganzen Erkenntnismöglichkeiten, die sich aus formalen Systematisierungen gewinnen lassen. Kein Wunder also, daß die Konversationalistische Hypothese so attraktiv zu sein scheint: Diese ganzen Schwierigkeiten tauchen ja nur deshalb auf, weil wir annehmen, daß sich »nicht«, »und« etc. in ihrer Bedeutung gewöhnlich von ihren üblichen formal-logischen Entsprechungen unterscheiden. Gäbe es einen Weg, diese Annahme gefahrlos aufzugeben, so würden uns die klassischen wahrheitsfunktionalen Systeme von Frege und Russell mit einer exakten und ökonomischen Repräsentation der fundamentalen Merkmale der Logik der natürlichen Sprache versehen.

So naheliegend nun die Konversationalistische Hypothese auch immer zu sein scheint, es gibt leider gute Gründe, sie zugunsten der Semantischen Hypothese zurückzuweisen. Ich werde jede der vier Hauptpartikeln der Reihe nach diskutieren.

1. Nicht

Der gewöhnlichen zwei-wertigen Wahrheits-Tafel-Definition von »$\neg$« zufolge ist »$\neg$ p« falsch, wenn »p« wahr ist. Nun gibt es in zahlreichen Sprachen gewisse Dialekte bzw. idiomatische Wendungen, in denen sich die entsprechende Partikel der natürlichen Sprache nicht so verhält. In mehreren Londoner Dialekten ist z. B.

(1) You won't get no beer here

lediglich eine emphatische Ausdrucksweise für

(2) You'll get no beer here

keineswegs dessen Verneinung. D. h., in diesen Dialekten ist (1) wahr und nicht falsch, wenn (2) wahr ist. Ähnliche emphatische Verwendungen der Negations-Partikel gibt es auch in anderen Sprachen.[2]

Wie ließe sich die Konversationalistische Hypothese gegen solche *prima facie* Gegenbeispiele verteidigen? Eine mögliche Erwiderung wäre, wenn man sagte, daß diese Hypothese nicht als eine Theorie über natürliche Sprachen im allgemeinen, sondern nur über gewisse Dialekte gewisser natürlicher Sprachen, z. B. das Standardenglisch, aufzufassen ist. Nun ist es aber nicht nur so, daß Grice selbst die von ihm diskutierte These offensichtlich nicht in diesem Sinne verstanden haben wollte; eine solche Erwiderung würde auch die mit der Hypothese aufgestellte Behauptung erheblich abschwächen. Die Behauptung ist dann nur noch, daß einige natürliche Sprachen bzw. Dialekte im Grunde wahrheitsfunktional sind, und nicht mehr, daß es alle sind. Die Hypothese erhebt dann nicht mehr den Anspruch, eine allgemeine Wahrheit über die Logik der natürlichen Sprache auszudrücken, beschreibt vielmehr

2 Vgl. Euripides, *Andromache*, Zeile 986: οὐκ ἔστιν οὐδὲν κρεῖσσον οἰκοίου φίλου – was *wörtlich* so viel heißt wie: »Es gibt nicht nichts besseres als . . .«, aber, im normalen Deutsch formuliert, soviel bedeutet wie »Es gibt nichts besseres als . . .«.

nur noch eine gewisse Ideonsynkrasie des Vokabulars, die angeblich in gewissen Sprachen vorliegt, in anderen nicht.

Eine weitere Erwiderung bestünde in der Behauptung, daß die Konversationalistische Hypothese so zu verstehen ist, daß sie nicht über die Negationspartikel »nicht« und ihre Entsprechungen in anderen Sprachen geht, sondern vielmehr über die Wendung »es ist nicht der Fall, daß« und deren Entsprechungen. Es kann durchaus sein, daß diese Wendungen in der Tat mit der üblichen Wahrheits-Tafel-Definition der formallogischen Konstante »$\neg$« übereinstimmen. Auch in diesem Sinne dürfte aber Grice seine Hypothese wiederum *nicht* interpretiert wissen wollen. Zudem würde auch hier die aufgestellte Behauptung wesentlich abgeschwächt. Die Hypothese wäre dann nur für gewisse Wendungen einschlägig, in denen »nicht« vorkommt, nicht aber für dieses Wort im allgemeinen.

Vielleicht würde so eine dritte mögliche Erwiderung vorgebracht, nämlich die, daß die scheinbare Äquivalenz von (1) und (2) keine Äquivalenz der Satzbedeutungen ist, sondern eine Äquivalenz in der Rolle der jeweiligen Äußerungen, die ihrerseits aus der Rolle der konversationellen Vorannahmen für die mit diesen Sätzen gemachten Behauptungen resultiert. Nun hat Grice die These vertreten, daß von den in einer Redesituation Beteiligten ceteris paribus erwartet wird, daß sie ein allgemeines Prinzip beachten, das sich in etwa so formulieren läßt. »Mache deinen Gesprächsbeitrag so, wie es von dem akzeptierten Zweck oder der akzeptierten Richtung des Gesprächs, an dem du teilnimmst, gerade verlangt wird.« Mit diesem allgemeinen Prinzip mehr oder weniger übereinstimmende Resultate ergeben sich Grice zufolge, wenn man sich an bestimmte spezifischere Maximen hält, wie z. B.: »Mache deinen Beitrag so informativ wie nötig«, »Sage nichts, was du für falsch hältst«, »Sage nichts, wofür dir angemessene Gründe fehlen«, »Sei relevant«, »Vermeide Unklarheiten, Mehrdeutigkeiten und unnötige Weitschweifigkeit«, und »Halte dich an eine gewisse Reihenfolge«. Es ist daher vorstellbar, daß sich in jedem Fall, in dem jemand in dem einen oder anderen Dialekt eine doppelte Negation wie in (1) unter Verwendung einer einfachen Negation wie in (2) äußert, er im Sinne eines ironischen Redens verstanden werden sollte. D. h., wir werden die Annahme zu machen haben, daß er die Maxime »Sage nichts, was du für falsch hältst« befolgt, und hätten dann aus der offenkundigen Falschheit des von ihm Gesagten, so man dieses wörtlich versteht, darauf zu schließen, daß es sich um einen Fall von Ironie handeln muß. Es liegt hier, wie Grice dafür auch sagt,[3] eine Implikatur der Ironie vor: D. h., man muß Ironie unterstellen, um die Annahme aufrecht halten zu können, daß das Kooperationsprinzip und die Maximen befolgt werden. Wäre dem nun wirklich so, so hätte die Negationspartikel in (1) weiterhin ihre gewöhnliche, mit der Wahrheits-Tafel-Definition für » $\neg$ « übereinstimmende Bedeutung, und die Äquivalenz zwischen (1) und (2) wäre keine Äquivalenz zwischen den Satzbedeutungen, sondern die Art von Äquivalenz, die zwischen einer ironischen Äußerung von »Das ist mir ein feiner Freund« und einer nicht-ironischen Äußerung von »Das ist ganz übel, was er da gemacht hat« besteht.

Aber die Berufung auf Ironie klappt hier nicht. Zum einen entspricht sie nicht den Tatsachen. Sie unterstellt eine ganz unglaublich weite Verbreitung einer bestimmten ironischen Redeform. Sie impliziert die Verwendung von Ironie in sehr vielen Situationen, in denen der Hörer keinen Grund für die Annahme hat, daß das Gesagte in seiner wörtlichen Bedeutung falsch ist, und daher auch keinen adäquaten Grund für die Annahme, daß er ironisch spricht. Die Berufung auf Ironie ist, zweitens, erst recht unplausibel, wenn die emphatische doppelte Negation in einem Teilsatz, etwa in dem Vordersatz eines Konditionalsatzes, oder in indirekter Rede vorkommt. Man vergleiche z. B.

If I won't get no beer here, I'll have a cider instead

bzw.

They've tried to fix it so you won't get no beer here

Ist hier aber keine Ironie im Spiel, dann ist in der Tat nur schwer zu sehen, wie sonst konversationelle Unterstellungen zur Äquivalenz der Äußerung (1) mit der Äußerung (2) führen könnten, wenn »nicht« rein wahrheitsfunktional ist. Es scheint vielmehr doch so zu sein, daß diese Äquivalenz von einer Äquivalenz der Satzbedeutungen von (1) und (2) herrührt.

3 Zum Begriff der Implikatur vgl. Grice, *The Causal Theory of Perception*, Proceedings of the Aristotelian Society, Ergänzungsband 35, 1961, S. 121-152.

2. Und

Nun könnte man vielleicht der Auffassung sein, daß zumindest Grices eigener Dialekt so ist, daß in ihm »nicht« stets in Übereinstimmung mit der Wahrheits-Tafel-Definition von »$\neg$« fungiert, und nicht nur einer anderen Negation einen emphatischen Akzent verleiht. Aber wie steht es mit »und«? Sehen wir uns einige der relevanten Daten an.

Zwei Tatsachen dürften unbestreitbar sein: Zum einen behauptet man mit der Äußerung von zwei durch »und« verknüpften Sätzen mehr als nur die Wahrheit beider Sätze. Zum Beispiel gibt es einen wichtigen Unterschied zwischen dem, was tout court durch eine Äußerung des Satzes

(3) Die Republik wurde ausgerufen und der alte König starb an einem Schlaganfall

impliziert wird, und dem, was tout court durch eine Äußerung des Satzes

(4) Der alte König starb an einem Schlaganfall und die Republik wurde ausgerufen

impliziert wird. Durch eine Äußerung von (3) wird gerade die umgekehrte Ereignisreihenfolge impliziert wie durch eine Äußerung von (4). Zum anderen impliziert aber die Behauptung von zwei durch »und« verknüpften Sätzen nicht mehr als die Wahrheit beider Sätze, wie in

(5) Der alte König starb an einem Schlaganfall und die Republik wurde ausgerufen – aber ich weiß nicht, welches dieser Ereignisse vorher stattfand, und ich will auch nicht so verstanden werden, als würde ich die Existenz einer solchen zeitlichen Verbindung nahelegen wollen

In diesen letzteren Fällen wird jede durch die Äußerung eventuell übermittelte zusätzliche Information irgendwie storniert oder getilgt. (Vgl. auch die offenkundige Wahrheitsfunktionalität von »Es ist der Fall, daß ..., und es ist der Fall, daß ...«.)

Obgleich diese beiden Fakten nicht zu bestreiten sind, ihre Interpretation ist doch höchst kontrovers.

Der von Grice favorisierten Konversationalistischen Hypothese zufolge ist die Bedeutung bzw. die sprachliche Funktion von »und« selbst in (3) und (4) genau die gleiche wie die der wahrheitsfunktionalen Konstante »$\wedge$«, und die durch Äußerungen von

(3) und (4) übermittelte Implikatur einer zeitlichen Aufeinanderfolge leitet sich aus der Annahme ab, daß wir die Maxime »Halte dich an eine gewisse Reihenfolge« befolgen. Es kann sein, daß diese Annahme zurückgewiesen wird, wie etwa in (5), und dann keine Reihenfolge bzw. kein Zusammenhang impliziert ist. Wird diese Annahme aber nicht eigens zurückgewiesen, so ist sie stets am Werk – wie eben in den isolierten Äußerungen von (3) und (4).

Der Semantischen Hypothese zufolge ist hingegen die Bedeutung bzw. sprachliche Funktion von »und«, als einer satzverknüpfenden Partikel reicher als die der wahrheitsfunktionalen Konstante »$\wedge$«. Zusätzlich zum Ausdruck der Konjunktion zweier Wahrheiten zeigt »und« an, daß die zweite aufzuführende Wahrheit von derselben Art ist, oder zu derselben Reihe gehört, oder von einer Art ist, die ihrerseits zu derselben Menge von miteinander verbundenen Arten gehört, oder etc. etc., wie die als erstes Konjunkt aufzuführende Wahrheit. So also kommt es zu einer Implikation einer zeitlichen Abfolge in Fällen wie (3) oder (4), oder zu einer Implikation eines Zusammenhangs in Fällen wie

(6) Tom hat eine Schreibmaschine und tippt alle Briefe selbst

Dieses zusätzliche Merkmal in der Bedeutung von »und« und deren Äquivalenten in anderen Sprachen kann aber in gewissen Kontexten, wie in (5), storniert oder getilgt werden. D. h., getilgt wird der Semantischen Hypothese zufolge ein Merkmal, das zu den Merkmalen gehört, die in einem jeden adäquaten Lexikoneintrag für diese Partikel aufgeführt sein sollten, während der Konversationalistischen Hypothese zufolge eine im menschlichen Diskurs generell gemachte Vorannahme getilgt wird – eine Vorannahme, von der es nicht am Platz wäre, würde man sie bei der Beschreibung einzelner natürlicher Sprachen aufführen.

Wie sollen wir nun zwischen diesen zwei ganz verschiedenen Theorien über die korrekte Interpretation von Äußerungen wählen, mit denen Sätze wie (3), (4) oder (5) behauptet werden?

Zunächst ist zu beachten, daß keine der beiden Theorien gegenüber der anderen im Vorteil ist, was lexikographische Einfachheit betrifft. Zuweilen scheint Grice nahelegen zu wollen, daß jeder Opponent der Konversationalistischen Hypothese bezüglich »und«, »wenn, dann«, etc. bereit sein muß, mindestens zwei Lexikonbedeutungen für solche logischen Partikel zu akzeptieren – eine stärkere Bedeutung, die nicht rein wahrheitsfunktional ist, und eine schwächere, die es ist. Eine solche Vermutung wäre freilich inkorrekt. Die Semantische Hypothese entspricht genausogut wie die Konversationalistische Hypothese der ausgezeichneten Griceschen Empfehlung, nicht mehr Bedeutungen anzusetzen als unbedingt nötig. Beide Hypothesen weisen »und« als einem Wort der natürlichen Sprache nur eine Lexikonbedeutung zu. Während jedoch die eine Theorie dem Wort eine schwächere Bedeutung zuschreibt und diese Analyse durch Rekurs auf eine tilgbare konversationelle Implikatur des Einhaltens einer gewissen Ordnung ergänzt, schreibt die andere Theorie dem Wort eine stärkere Bedeutung zu und läßt dafür zu, daß ein gewisses Merkmal dieser Bedeutung im Verlauf des Prozesses der Zusammensetzung der Bedeutung zusammengesetzter Sätze aus den Bedeutungen der Konstituenten dieser Sätze getilgt wird.

Des weiteren divergieren die beiden Theorien zwar bezüglich der Natur der bei Behauptungen von (5) anzusetzenden Tilgung; es ist aber doch so, daß jeder Tilgungstyp sicherlich auch in gewissen anderen, relativ unstrittigen Fällen realisiert wird. Wird zum Beispiel Prof. X nach seiner Meinung über die Fähigkeiten von Prof. Y gefragt und gibt zur Antwort

(7) Er ist ein sehr fähiger Radfahrer

so impliziert er damit, ohne daß dies zu der Bedeutung seines Satzes gehörte, daß Prof. Y, was akademische Dinge angeht, nicht ganz so fähig ist. Diese Implikatur würde aber getilgt, wenn Prof. X seiner Bemerkung hinzufügte:

(8) Aber ich will damit nicht sagen, daß er in seinen Arbeiten nicht auch sehr fähig ist

Andererseits impliziert die Feststellung

Das ist eine Blüte

bereits kraft der Bedeutung des Wortes »Blüte«, daß das betreffende Ding einen Teil einer Pflanze darstellt oder darstellte. Und diese Implikation würde getilgt, wenn man dem Wort »Blüte« das Wort »Plastik« voranstellte. In dieser Hinsicht sind sich solche Wendungen wie »Steinlöwe«, »sauber gemalte Hand«, »stummes Zwiegespräch« etc. allesamt ziemlich ähnlich: In einem jeden Fall wird ein Teil der normalen Bedeutung des Stammhauptwortes durch die jeweilige Beifügung getilgt.[4] Es ist nicht nötig, daß in

4 Man vergleiche auch »Er hat sie, ohne daß er es wollte, schwer gekränkt« oder »Das Mädchen auf dem Schutzumschlag ist nackt«. Zum Verhältnis solcher

einem Lexikon sowohl eine starke Bedeutung von »Blüte« aufgeführt wird, nach welcher wir zum Beispiel davon reden, daß Blüten größer werden etc., als auch eine schwache Bedeutung, wonach wir auch von »Plastikblüten«, »Blüten von Kunstblumen« etc. reden. Und ebenso braucht auch die Semantische Hypothese für »und« keine zwei Bedeutungen anzusetzen. Man kann also, anders ausgedrückt, davon ausgehen, daß die Konversationalistische Hypothese die Interpretation von (5) dem Paradigma (7) + (8) angleicht, die Semantische Hypothese dagegen dem Paradigma von »Das ist eine Plastikblüte«.

Gibt es irgendeinen Grund, die eine Form von Angleichung der anderen vorzuziehen? Ein marginaler Vorteil scheint insofern für die Konversationalistische Hypothese zu sprechen, als dieser zufolge solche Wendungen wie »Ich will damit aber nicht sagen, daß ...« den gleichen Typ einer Tilgung sowohl in (5) als auch in (7) + (8) bewirken. Nun beruht jedoch dieses Argument darauf, daß ähnliche Ausdrücke ähnliche Funktionen besitzen, und insofern läßt sich dem ein gleich starkes Argument für die Semantische Hypothese abgewinnen. Die Partikel »aber« besitzt in Sätzen wie

Tilgungen gegenüber anderen semantischen Kompositionsprozessen vgl. L. J. Cohen und Avishai Margalit, *The Role of Inductive Reasoning in the Interpretation of Metaphor*, Synthese, 21, 1970, S. 469 ff. Es ergibt sich, daß für die Menge der für eine spezielle Bedeutung charakteristischen distinktiven Merkmale ohnehin eine Rangfolge relativer Wichtigkeit anzunehmen ist. Normalerweise sind die weniger wichtigen Merkmale die, die im wörtlichen Gebrauch der Tilgung ausgesetzt sind: So tilgt zum Beispiel das Präfix »Plastik-« den in der Bedeutung von »Blüte« implizit enthaltenen Begriff des Wachstums, aber nicht das Merkmal der äußeren Erscheinungsform. Wird eines der wichtigeren semantischen Merkmale getilgt, so sehen wir den entsprechenden Gebrauch in der Regel als metaphorisch an – z. B. in »Ein Kind ist eine zerbrechliche Blüte«. Entsprechend ist es gerade der wahrheitsfunktionale Kern der Bedeutung logischer Partikeln, der nicht tilgbar ist: Wir schreiben solchen Wörtern nie einen metaphorischen Gebrauch zu.

Natürlich könnte hier eingewandt werden, daß jedem Wort für ein repräsentierbares Ding oder Ereignis x eine zweite lexikalische Bedeutung »Repräsentation von x« zugewiesen werden sollte. Wer in diesem Rahmen bereit ist, weitere lexikalische Bedeutungen zuzulassen, hätte aber wohl kaum das Recht, den Wörtern »und«, »wenn, dann«, »oder« etc. außer ihrer starken (konnexiven) Bedeutung auch noch eine schwächere (rein wahrheitsfunktionale) Bedeutung vorzuenthalten. Der Entscheidung, ob für »und« ein oder zwei lexikalische Bedeutungen anzusetzen sind, wird vermutlich eine analoge Entscheidung in der Diskursanalyse im Hinblick auf die Semantik von Satzverknüpfungen zu entsprechen haben.

Tom hat eine Schreibmaschine, schreibt aber alle seine Briefe lieber mit der Hand

offensichtlich eine adversative und nicht nur eine konjunktive Funktion. Analog scheint daher die Annahme vernünftig, daß die Partikel »und« auch eine konnexive und nicht nur eine konjunktive Funktion in (6) hat. Unsere Tendenz, »und« in dieser Hinsicht als dem »aber« ähnlich zu behandeln, (insofern beide danach nicht nur konjunktive Bedeutung haben) verstärkt sich noch, wenn wir uns solche Fälle wie

Tom hob einen Stein auf und warf ihn wieder von sich, verfehlte aber den Baum, und traf ein Fenster, aber das Fenster zerbrach nicht, und Toms Vater war nicht böse

ansehen, wo Verknüpfung mit Opposition zu alternieren scheint. Es scheint schon ein wenig weit hergeholt, anzunehmen, daß die mit dem Äußern eines solchen Satzes durch »und« übermittelte Verknüpfung eine Folge konversationeller Maximen darstellt, während die durch die Äußerung von »aber« übermittelte Opposition eine Folge sprachlicher Funktion ist. Nun, auch wenn diese Annahme etwas weit hergeholt ist, sehr schwer einzusehen ist sie nicht, sicher nicht schwieriger als die Annahme, daß Wendungen wie »Ich will damit nicht sagen, daß ...« ganz unterschiedliche Arten von Tilgungen in (5) bzw. (7) + (8) bewirken. Somit scheint dieser Argumentationsgang weder für die eine noch für die andere Hypothese schlüssig zu sein.

Es gibt aber zumindest einen Typ von »und«-Vorkommnissen, der von der Konversationalistischen Hypothese wohl kaum mehr erfaßt werden dürfte. Ich meine den Fall, wo »und« im Vordersatz eines Konditionalsatzes vorkommt und die Wahrheit der mithilfe dieses Konditionalsatzes gemachten Behauptung von der genauen Abfolge der durch dieses Vorkommnis von »und« nahegelegten Ereignisabfolge abhängt. Betrachten wir z. B.

(9) Wenn der alte König an einem Schlaganfall gestorben ist und die Republik ausgerufen worden ist, dann wird Tom völlig zufrieden sein

wobei es durchaus sein kann, daß Tom überhaupt nicht zufrieden ist, wenn zuerst die Republik ausgerufen wird und dann erst der alte König an einem Schlaganfall stirbt.[5] Natürlich stünde es

5 In modifizierter Form habe ich dieses Beispiel entlehnt aus meiner Arbeit *The Diversity of Meaning*, 1966[2], S. 271.

Grice offen, seine Theorie der Implikaturen so zu erweitern bzw. zu modifizieren, daß man mit der Behauptung eines Konditionalsatzes wie (9) normalerweise implizieren würde, daß die Wahrheit des ganzen Konditionalsatzes zum Teil von einer Bedingung der zeitlichen Abfolge abhängt, die kraft konversationeller Vorannahmen mit der Äußerung des Vordersatzes übermittelt wird. Dies dürfte aber kaum mit der von der Konversationalistischen Hypothese aufgestellten Behauptung konsistent sein, wonach »wenn, dann« genau die gleiche wahrheitsfunktionale Bedeutung hat wie das formallogische Standardverknüpfungszeichen »$\supset$«. Denn wenn die Wahrheit von (9) als ganzes nur eine Funktion der Wahrheitswerte des Vorder- und des Nachsatzes ist, und wenn »und« rein wahrheitsfunktional ist, so daß der Wahrheitswert des Vordersatzes von (9) nur eine Funktion der Wahrheitswerte seiner konjunktiv verknüpften Konstituenten ist, so folgt, daß die Wahrheit von (9) in keiner Weise von irgendeiner Bedingung der zeitlichen Abfolge abhängt, die vermittels konversationeller Vorannahmen durch die Äußerung des Vordersatzes übermittelt wird. D. h. die Wahrheitsfunktionalität von »und« könnte in solchen Fällen wie (9) nur um den Preis einer Aufgabe der Wahrheitsfunktionalität von »wenn, dann« aufrechterhalten werden (sowie dadurch, daß in die Theorie der Implikaturen eine Reihe weiterer komplexer Bestimmungen aufgenommen würde). Insofern daher die These der Wahrheitsfunktionalität von »und« die Konversationalistische Hypothese stützen soll, ist die Verteidigung eben dieser These witzlos: Die Konversationalistische Hypothese scheint sich so gar nicht verteidigen zu lassen.

Vielleicht wird man nun stattdessen die These vertreten wollen, daß die Äußerung von (9) impliziert, daß die im Vordersatz enthaltene Reihenfolge der verknüpften Teilsätze für die Relevanz eines Teils der indirekten Evidenzen für (9) wesentlich ist. (Wobei mit »indirekten Evidenzen« für einen Konditionalsatz Evidenzen gemeint sind, die sich von den Wahrheitswerten des Vorder- und Nachsatzes des Konditionalsatzes unterscheiden.) Dies würde aber auf die These hinauslaufen, daß eine Behauptung von (9) die Existenz weiterer Evidenzen für die Wahrheit von (9) impliziert als nach einer rein wahrheitsfunktionalen Theorie der Bedeutung von »und« notwendig ist. Es wäre so, als würde man sagen, daß die Wahrheitsfunktionalität von »wenn, dann« nur um den Preis einer Aufgabe der Wahrheitsfunktionalität von »und« aufrechterhalten werden kann. Wiederum ist die Konversationalistische Hypothese zu verwerfen.

3. Wenn, dann

Grice vertrat in seinen Vorlesungen die Auffassung, daß es Fälle gibt, in denen »wenn, dann« ganz offensichtlich in seiner sprachlichen Funktion von dem formallogischen Standardverknüpfungszeichen »$\supset$« abweicht, andere Fälle, in denen diese Partikel von ihrer formalen Entsprechung zwar abzuweichen scheint, sich aber zeigen läßt, daß dem in Wirklichkeit nicht so ist, und wieder andere Fälle, in denen sie abzuweichen scheint, in denen er aber keine Möglichkeit sieht, wie sich zeigen läßt, daß dem nicht so ist. Betrachten wir diese Fälle der Reihe nach; und sehen wir diese Fälle als Daten an, die es bei einer rationalen Entscheidung zwischen der Konversationalistischen und der Semantischen Hypothese zu berücksichtigen gilt. Halten wir uns dabei stets vor Augen, daß der Griceschen Auffassung zufolge, d. h. nach der Konversationalistischen Hypothese, die Behauptung eines »wenn, dann«-Satzes zwar wahrheitsfunktional bezüglich der sprachlichen Bedeutung ist, im allgemeinen aber mit einer (tilgbaren) Implikatur verbunden ist, daß es für die Wahrheit dieses Satzes indirekte, d. h. nicht-wahrheitsfunktionale Gründe gibt. Ich nehme an, daß dies auf die Maximen zurückgeht, wonach von dem Sprecher verlangt ist, daß er Gründe hat für das, was er sagt, und ihm unnötige Weitschweifigkeit untersagt ist. Ist z. B. sein einziger Grund für »Wenn p, dann q« die durch »q« ausgedrückte Tatsache, so täte er besser daran, einfach »q« zu sagen. Andererseits gilt, daß ein Wörterbucheintrag für die Partikel »wenn, dann« die Angabe enthalten sollte, daß sie eine Verbindung zwischen Vorder- und Nachsatz anzeigen, und zwar zusätzlich zu ihrer rein wahrheitsfunktionalen Rolle, die Konjunktion der Wahrheit des Vordersatzes mit der Falschheit des Nachsatzes auszuschließen, obwohl die Hypothese durchaus damit vereinbar ist, daß sich Vorkommen dieser Partikel finden lassen, wo der Kontext den Verknüpfungsaspekt ihrer Wörterbuchbedeutung zu tilgen geeignet ist, etwa analog dem »und« in (5).
Sehen wir uns also zunächst die Fälle an, in denen »wenn, dann«

der Auffassung von Grice zufolge nicht von »$\supset$« abweicht. Dies sind seiner Auffassung zufolge solche Fälle, in denen die angebliche Implikatur der Existenz indirekter Gründe für den Konditionalsatz durch den sprachlichen oder sonstigen Kontext getilgt wird.

Angenommen zum Beispiel, zwei Partner bei einem Bridgespiel vereinbaren zu Beginn des Spiels, daß »Fünf- Kein Trumpf« soviel bedeute wie

(10) Wenn ich einen Herzkönig habe, dann auch einen König Karo

wobei sie sich an die übliche Konvention halten, wonach fünf + kein Trumpf gegeben wird, wenn keiner höher bietet. Grices Behauptung ist, daß in einer solchen Situation (10) nicht nur offenkundig wahrheitsfunktional wäre, sondern eine Äußerung dieses Satzes auch nicht die durch eine konditionale Feststellung gewöhnlich ausgedrückte Annahme übermitteln würde, daß es auch noch andere Gründe gibt, den betreffenden Satz für wahr zu halten, als das Wissen darum, daß sein Vorder- und sein Nachsatz wahr sind. Problematisch an diesem Beispiel ist jedoch, daß der Sprecher mit dem Äußern von »Fünf- Kein Trumpf« seinen Mitspielern einen indirekten Grund für die Annahme liefert, daß (10) als eine Feststellung, in der sich »ich« auf den Sprecher selbst bezieht, wahr ist. Selbst wenn er zu seinen Mitspielern gleich (10) und nicht »Fünf- Kein Trumpf« gesagt hätte, hätte er ihnen damit einen indirekten Grund für die Annahme, daß dies wahr sei, geliefert. Eine Äußerung von (10) am Bridgetisch wäre nur dann eine Äußerung, die nicht als ein indirekter Grund für die Annahme ihrer Wahrheit zählen würde, wenn sie vom Sprecher still zu sich selbst getan würde. Aber gerade das dürfte der Sprecher wohl kaum tun. Selbst wenn wir also Grice zugestehen, daß seine indirekte-Gründe-Implikatur bei Sätzen wie (10) normalerweise getilgt wird, so ist dies doch nicht deshalb so, weil der Sprecher eines solchen Satzes seinen Hörern nicht klar genug die Existenz indirekter Gründe für die Wahrheit seiner Behauptung vermittelt, sondern vielmehr deshalb, weil er das insgesamt eben viel zu klar tut: Seine eigene Äußerung macht diese Gründe aus. Dennoch scheint eine Behauptung von (10) unter den angegebenen Umständen offenkundig wahrheitsfunktional zu sein, wenn man sie mit einer Behauptung zum Beispiel von

Wenn ich einen Herzkönig habe, bin ich froh

kontrastiert. Aber nicht, weil es hier keine Unterstellung indirekter Gründe gibt; eine solche Unterstellung liegt ja gerade vor. Vielmehr deshalb, weil es eine Unterstellung eines Zusammenhangs zwischen Vordersatz und Nachsatz gibt. Die Semantische Hypothese entspricht daher solchen Fällen vollkommen. Wir brauchen nur anzunehmen, daß der Zusammenhangsaspekt der sprachlichen Bedeutung von »wenn, dann« durch den Äußerungskontext getilgt wird. Es ist eher so, als würde man auf eine Stelle in der Ecke eines Ölgemäldes zeigen und sagen

(11) Das da ist eine Hand

Der Kontext einer solchen Äußerung von (11) würde absolut klar machen, daß man sich hier mit »Hand« auf kein Ding aus Fleisch und Blut bezieht.

Genau das gleiche gilt auch für ein anderes Beispiel von Grice – die Art von logischem Rätsel, bei dem wir die Namen einer Reihe von Personen, die sich in einem bestimmten Raum aufhalten, erfahren, sowie, welchen Beruf jeder hat und was er jetzt gerade tut, und dann noch ein paar Hinweise darauf, wie dies alles zusammenpaßt, und wir dann bestimmen müssen, welche Person welchem Beruf nachgeht und was sie jetzt gerade macht. Ein solcher Hinweis kann z. B. in dem Satz (12) enthalten sein:

(12) Wenn Herr Schneider ein Schuster ist, dann gießt Herr Müller gerade die Blumen

Die Tatsache, daß man diesen Satz als einen Hinweis formuliert, stellt aber schon für sich genommen einen völlig adäquaten indirekten Grund für die Annahme dar, daß die mit diesem Satz über die betreffende Rätselsituation getroffene Feststellung wahr ist. Zugleich ist die Natur des Rätselkontextes so, daß damit der Zusammenhangsaspekt der Bedeutung von »wenn, dann« getilgt wird, wenn die Semantische Hypothese richtig ist.

Auch wenn wir einen Fall betrachten, in dem Grice zufolge die Implikatur indirekter Gründe durch den sprachlichen Äußerungskontext explizit getilgt wird, stellt sich die Semantische Hypothese als völlig passend heraus. Angenommen, jemand sagt

(13) Ich weiß sehr wohl, wo Maier ist und was er gerade tut; aber ich will dir nicht mehr sagen, als daß er, wenn er in der Bücherei ist, gerade fest am Arbeiten ist

so scheint Grices Auffassung zu sein, daß der Sprecher mit der Äußerung von

(14) Ich weiß sehr wohl, wo Maier ist und was er gerade tut

die übliche Implikatur tilgt, wonach es indirekte Gründe für die Wahrheit des Konditionalsatzes

(15) Wenn Maier in der Bücherei ist, ist er gerade fest am Arbeiten

gibt. Was mit der Implikatur der Griceschen Theorie zufolge auch immer passieren mag, es ist gewiß wahr, daß ein Sprecher mit dem Äußern von (14) und dem gleichzeitigen Äußern von (15) indirekte Gründe für (15) erzeugen würde. Und wenn die Äußerung von (14) die Behauptung eines Zusammenhangs tilgt, wenn auch (15) geäußert wird (und ich bin mir nicht sicher, ob diese Tilgung bei einer Äußerung von (13) stets vorkommt), so kann diese Tilgung in einem jeden Fall auch in der üblichen Weise durch die Semantische Hypothese erklärt werden.

Bisher bin ich der Griceschen Auffassung gefolgt, wonach die Behauptung gewisser Konditionalsätze manchmal völlig wahrheitsfunktional bezüglich ihrer Bedeutung sein kann, wobei ich dafür argumentierte, daß die Semantische Hypothese all diese Fälle abdecken kann. In dieser Hinsicht rechne ich zu den Beispielen (10), (12) und (13) auch zwei andere Gricesche Beispiele, nämlich:

Wenn England das erste Spiel gewinnt, dann wird es auch die weiteren gewinnen, da kannst du mich beim Wort nehmen

und

Vielleicht wird er, wenn er kommt, guter Laune sein

Grice zitiert des weiteren zwei Sätze, bei denen ihm zufolge die Implikatur indirekter Gründe entweder fehlt oder getilgt ist, und wo die Behauptung des Konditionalsatzes von rein wahrheitsfunktionaler Natur sei, nämlich:

(16) Sieh zu, daß, wenn er kommt, er sein Geld kriegt

und

(17) Wenn er überrascht war, dann hat er es nicht gezeigt

Nun sprechen aber (16) und (17) noch weniger für die Konversationalistische Hypothese als (10), (12) oder (13): Weder (16) noch (17) würden nämlich normalerweise ein rein wahrheitsfunktionales Konditional involvieren. Wäre das in (16) ausgedrückte Konditional rein wahrheitsfunktional, so wäre die durch (16) ausgedrückte Anweisung als ganzes erfüllt, wenn man dafür sorgt, daß der Betreffende sein Geld auch dann kriegt, wenn er nicht kommt. Der Arbeitgeber freilich, der (16) äußert und seinem Kassier damit sagt, daß er dem Betreffenden sein Geld auszahlen soll, wenn dieser zur Arbeit kommt, dürfte wohl nicht so ganz der Auffassung sein, daß der Kassier seine Pflicht auch dann getan hat, wenn er dem Betreffenden das Geld auch dann auszahlt, wenn dieser nicht zur Arbeit kommt. Was nun (17) angeht, so ist zu fragen, warum, wenn (17) wahrheitsfunktional sein soll, man zwar (17) deshalb, weil der Nachsatz wahr ist, akzeptieren, dennoch aber sich weigern kann, auch die Wahrheit von

Wenn er nicht überrascht war, hat er auch keine Überraschung gezeigt

zu behaupten, obwohl doch der Nachsatz dieses Satzes ebenfalls wahr wäre. Der Grund ist sicherlich der, daß »wenn« in (17) die Bedeutung von »selbst wenn« hat, nicht von »wenn, dann« wie in (10), (12) oder (13). Man kann in (17) »wenn« durch »selbst wenn« ersetzen, ohne daß sich dadurch die Bedeutung des Satzes ändert; eine Bedeutungsänderung wäre hingegen bei einer solchen Ersetzung in (10), (12) oder (13) die Folge. »Selbst wenn« fungiert normalerweise nicht als Feststellung einer Bedingung, die, falls sie erfüllt ist, eine gewisse Folge erzeugt, wie dies bei gewöhnlichen Konditionalsätzen der Fall ist, sondern als Feststellung einer Bedingung, die eine gewisse Folge nicht verhindert (nicht verhindert hat bzw. nicht verhindern wird). Es scheint also, daß (17) für diese Diskussion nicht strikt relevant sein dürfte.

Wir kommen jetzt zu den Fällen, in denen der Griceschen Auffassung zufolge die Implikatur indirekter Gründe nicht getilgt ist. In diesen Fällen ist nach Grice das Konditional »wenn, dann« rein wahrheitsfunktional, und die Unterstellung nicht-wahrheitsfunktionaler Gründe für das Akzeptieren des Konditionalsatzes wird nicht durch die Bedeutung, sondern durch die von konversationellen Vorannahmen generierte Implikatur übermittelt. Ein typischer Fall wäre meines Erachtens

(18) Wenn die Regierung stürzt, wird es auf den Straßen Aufruhr geben

Nun, im Fall einfacher und normaler Konditionalsätze wie (18) scheint es zwischen der von Grice favorisierten Konversationalistischen Hypothese und der Semantischen Hypothese, der zufolge die sprachliche Standardbedeutung von »wenn« stärker ist, als sich durch einen rein wahrheitsfunktionalen Ansatz repräsentieren läßt, eben gar nichts zu wählen zu geben.

Sehen wir uns aber an, was passiert, wenn (18) in den Vordersatz eines weiteren Konditionalsatzes eingeht wie z. B. in

(19) Wenn es sowohl der Fall ist, daß es, wenn die Regierung stürzt, Aufruhr auf den Straßen geben wird, als auch, daß die Regierung nicht stürzen wird, dann werden die Ladenbesitzer froh sein

Der Konversationalistischen Hypothese zufolge würde (19) normalerweise die Implikatur übermitteln, daß es indirekte Gründe dafür gibt, daß der Vordersatz nur dann wahr ist, wenn auch der Nachsatz wahr ist. Damit aber der Vordersatz von (19) wahr ist, muß sowohl (18) wahr und der Vordersatz von (18) falsch sein. Ist also (18) der Konversationalistischen Hypothese zufolge als ein wahrheitsfunktionaler Konditionalsatz zu verstehen, so wäre das Enthaltensein von (18) im Vordersatz von (19) ganz unwesentlich. Um zu wissen, welchen Wahrheitswert der Vordersatz von (19) hat, müssen wir nur wissen, welchen Wahrheitswert der Vordersatz von (18) hat. Denn wenn der Vordersatz von (18) falsch ist, so muß dem Gesetz $\neg p \supset (p \supset q) \wedge \neg p$ zufolge der Vordersatz von (19) wahr sein. Und wenn der Vordersatz von (18) wahr ist, so muß dem Gesetz $p \supset \neg ((p \supset q) \wedge \neg p)$ zufolge der Vordersatz von (19) falsch sein. Indirekte Gründe für die Wahrheit von (19) würden daher genügen, wenn sie das Schicksal der Regierung mit den Reaktionen der Ladenbesitzer in Verbindung bringen, ohne auch nur irgendwie für die Ursachen und Wirkungen eines Aufruhrs auf den Straßen relevant zu sein. Dies ist aber ganz kontraintuitiv: Die Wahrheit des Nachsatzes wäre danach nur von einer Bedingung – dem Schicksal der Regierung – abhängig, während man mit der Behauptung von (19) doch behaupten würde, daß sie von zwei voneinander unabhängigen Bedingungen abhängt. Sind wir daher der Ansicht, daß uns die Gründe für (19) etwas über die Frage des Aufruhrs sagen müssen, dann können wir nicht akzeptieren, daß das Vorkommen von »wenn, dann« in (18) rein wahrheitsfunktional in seiner Bedeutung ist.

Vielleicht wird hier der Einwand erhoben, daß wir aufgrund der Konversationsmaxime, die unnötige Weitschweifigkeit verbietet, eben unterstellen, daß beim Äußern von (19) keine unwesentlichen

Teilsätze geäußert worden sind. Dementsprechend, so der Einwand, liegt eben eine Implikatur vor, daß der Gehalt von (18), wie auch dessen Wahrheitswert, für die Wahrheit von (19) wesentlich ist. Aber dadurch würde (19) doch nicht gänzlich wahrheitsfunktional – im Gegensatz zur Behauptung der Konversationalistischen Hypothese. Nun, vielleicht wird man daraufhin den Einwand zu der Behauptung modifizieren, daß (19) impliziert, daß der Gehalt von (18) für die Relevanz eines Teils der indirekten Gründe für (19) irgendwie wesentlich ist. Aber dies liefe auf die These hinaus, daß eine Behauptung von (19) die Existenz von mehr Gründen für ihre Wahrheit impliziert, als einer rein wahrheitsfunktionalen Erklärung der Bedeutung von (19) zufolge notwendig ist. Es ist, als würde man sagen, daß sich die Wahrheitsfunktionalität von »wenn, dann«, insofern diese Partikel als die logische Hauptpartikel in (19) fungiert, nur dadurch aufrechterhalten läßt, daß man ihre Wahrheitsfunktionalität in Hinblick auf das Vorkommen dieser Partikel in einem der Konjunktionsglieder des Vordersatzes von (19) aufgibt. Für Sätze wie (19), wie auch für solche Sätze wie (9), scheint sich die Konversationalistische Hypothese nicht verteidigen zu lassen. Nur äußerst komplizierte und entsprechend unplausible Erweiterungen der Theorie der Implikaturen könnten sie vielleicht retten.
Somit kommen wir schließlich zu den Fällen, in denen sich die Bedeutung von »wenn, dann« von dem gewöhnlichen formallogischen »$\supset$« unterscheidet und bezüglich welcher auch Grice keine Möglichkeit sieht, diesen Unterschied mithilfe seiner Theorie der Implikaturen als einen nur scheinbaren zu erweisen. Betrachten wir z. B.

(20) Es ist nicht der Fall, daß, wenn die Regierung stürzt, es auf den Straßen einen Aufruhr geben wird

Grices Auffassung zufolge muß, falls die Behauptung von (18) normalerweise eine Implikatur der Existenz indirekter Gründe für die Wahrheit eines wahrheitsfunktionalen Konditionalsatzes mit sich trägt, die Behauptung von (20) normalerweise eine Negation dieser Implikatur mit sich tragen. Dagegen ließe sich aber einwenden, daß für den Fall, daß eine Äußerung, versteht man sie im wörtlichen Sinne, nicht absurd ist, eine Negation dieser Äußerung gewöhnlich eine Negation ihrer *wörtlichen Lesart*, nicht ihrer *Implikatur*, darstellt. Wenn Sie zum Beispiel zu mir ironisch

(21) Er ist ein prächtiger Kerl
sagen und ich darauf antworte
(22) Er ist kein prächtiger Kerl
so sage ich damit notwendigerweise direkt das, was Sie nur impliziert haben. Grice selbst sieht in seinen Vorlesungen nicht, wie auf diesen Einwand zu antworten ist.

Verglichen mit einigen anderen oben erwähnten Einwänden gegen die Konversationalistische Hypothese ist dieser Einwand freilich ziemlich schwach. Tatsache ist doch, daß es zwar einige Fälle wie (21) und (22) gibt, in denen die Negation einer Äußerung nicht eine Negation ihrer Implikatur ist, daß es aber auch andere, nicht-absurde Äußerungen gibt, bei denen das so ist. Wenn ich z. B. sage
(23) *Irgendjemand* hat keine korrekte Erklärung eingesandt
so impliziere ich damit, daß ich nicht imstande bzw. nicht willens bin, die ganze Geschichte zu erzählen. Wenn ich aber (23) mit der Äußerung
(24) *Jeder* hat eine korrekte Erklärung eingesandt
negiere, so negiere ich auch die Implikatur von (23). Es hat den Anschein, daß Grice, ausgehend von dem ziemlich speziellen Fall ironischer Implikaturen wie in (21), zu voreilig generalisiert hat. Gewiß, wenn wir eine seiner Konversationsmaximen so konstruieren, daß sie besagt »Sage nichts, wofür du keine *adäquaten* Gründe hast«, dann impliziert natürlich jeder, der p sagt, daß er adäquate Gründe für p hat, und wer p negiert, der negiert auch diese Implikatur. Ohne Grice zu nahe treten zu wollen, sieht es also doch so aus, als ließe sich der fragliche Einwand leicht erledigen: Ob die Negation einer nicht-absurden Behauptung auch eine Negation ihrer Implikatur ist oder nicht, muß davon abhängen, um welche Behauptung und um welche Implikatur es dabei geht.

(20) läuft freilich der Konversationalistischen Hypothese ganz offensichtlich zuwider. Dieser Hypothese zufolge sind »nicht« und »wenn, dann« in ihrer Bedeutung wahrheitsfunktional, obschon Behauptungen von »wenn, dann«-Sätzen oft Implikaturen der Existenz indirekter Gründe übermitteln. Ist nun aber die Bedeutung von (20) so, daß damit die Wahrheit eines wahrheitsfunktionalen Konditionalsatzes negiert wird, so muß daraus logisch folgen, daß die Regierung stürzen wird, als auch, daß es keinen Aufruhr geben wird. Und da diese Folgerung ganz inakzeptabel

ist, kann (20) eben nicht die Negation eines wahrheitsfunktionalen Konditionalsatzes sein. In Grices Vorlesungen findet sich auf diesen Einwand keine brauchbare Erwiderung. Es geht nicht an, auf den Einwand hin darauf zu verweisen, daß (20) so zu konstruieren ist, daß es einen Kontra-Konditionalsatz zu (18) darstellt, nämlich

(24) Wenn die Regierung stürzt, wird es auf den Straßen keinen Aufruhr geben

da (24) mit (20) keineswegs synonym ist. Es hilft auch nichts, wenn man entgegnen würde, daß (20) die Wirkung einer Weigerung hat, (18) zu behaupten, oder einer Negation der Implikatur von (18). Denn wenn unter »Wirkung« hier nichts anderes zu verstehen ist als unter »Implikatur« oder unter »illokutionärer Rolle«, dann ist diese Erwiderung eben keine auf den vorgebrachten Einwand, bei welchem es ja um die Bedeutung geht. Und wenn unter »Wirkung« hier nichts anderes zu verstehen ist als »Bedeutung« selbst, dann wird die Konversationalistische Hypothese bezüglich der Bedeutung von »nicht« geopfert, um sie bezüglich der Bedeutung von »wenn, dann« auszuprobieren und retten zu können.

4. Oder

Analog läßt sich gegen die Konversationalistische Hypothese bezüglich »oder«-Sätzen argumentieren. Ich werde daher hier nicht weiter ins Detail gehen. Der Hypothese zufolge trägt eine solche Disjunktion normalerweise eine Implikatur des Inhalts mit sich, daß es indirekte Gründe für die Disjunktion gibt, obgleich die Implikatur in gewissen Fällen explizit getilgt werden kann, wie etwa in dem Griceschen Beispiel

(25) Der Preis ist entweder im Garten oder in der Mansarde; ich werde aber nicht sagen, wo

wo der Sprecher wissen läßt, daß er weiß, daß die Disjunktion wahr ist, weil er weiß, daß eines der Disjunktionsglieder wahr ist. Solche Fälle sind nun aber eher wie (10) und (12). Die Äußerung von (25) ist ein Ereignis, das selbst einen indirekten Grund für die Wahrheit der Disjunktion darstellt. Auch hier würde der Sprecher normalerweise den entsprechenden Satz nicht zu sich selbst sagen, den Satz nämlich

Der Preis ist entweder im Garten oder in der Mansarde; ich werde denen aber nicht sagen, wo

da es von seinem Standpunkt aus nur direkte (wahrheitsfunktionale) und keine indirekten Gründe für die Disjunktion gibt. Selbst wenn wir also Grice darin recht geben, daß seine indirekte-Gründe-Implikatur normalerweise getilgt wird, wenn es um solche Sätze wie (25) – oder (10) – geht, so liegt dies eben doch nicht daran, daß der Sprecher eines solchen Satzes seinen Hörern die Existenz indirekter Gründe für seine Behauptung nicht klar genug übermittelt, sondern gerade daran, daß er eben diese Implikatur viel zu klar übermittelt: Seine Äußerung selbst stellt diese Gründe dar. Obgleich daher eine Behauptung von (25) oder von (10) normalerweise als wahrheitsfunktional erscheint, so kann dies doch nicht darauf zurückgehen, daß keine Unterstellung indirekter Gründe im Spiel ist – denn eine solche liegt ja vor. Es muß vielmehr daran liegen, daß es keine Unterstellung irgendeiner zugrundeliegenden Tatsache oder eines Prinzips gibt, wodurch die Alternativen begrenzt werden. Der Semantischen Hypothese zufolge gilt hingegen, daß eine solche Unterstellung zwar Teil der lexikalischen Bedeutung von »oder« ist[6], in gewissen Kontexten aber getilgt wird, gerade wie man dadurch, daß man dem Wort »Blüte« das Wort »Plastik« voranstellt, die Unterstellung tilgen kann, daß es um einen Teil einer Pflanze geht. Die Semantische Hypothese kann somit Sätzen wie (25) genauso gerecht werden wie solchen Sätzen wie (10) oder (12).

Zudem lassen sich leicht »oder«-Beispiele konstruieren, die für die Konversationalistische Hypothese die gleiche Art von Schwierigkeit darstellen wie der Satz (19). Man betrachte

(26) Wenn der Preis entweder im Garten oder in der Mansarde ist, und er tatsächlich in der Mansarde ist, dann wird der Gärtner froh sein

6 Ich ziele hier nur auf die allgemeine Natur des nicht-wahrheitsfunktionalen Elements in der Bedeutung von »oder« ab. Ich lege in dieser Arbeit keine exakte lexikographische Charakterisierung von »oder« vor – ebensowenig wie für »und« oder »wenn, dann«. Gewiß will ich aber nicht die (mitunter zu hörende) These vertreten, daß ein Lexikoneintrag für »oder« als ein Bedeutungsmerkmal festhalten sollte, daß diese Wendung anzeigt, daß der Sprecher nicht weiß, welche Alternative wahr ist. Wo dies von einer Äußerung dieser Wendung tatsächlich angezeigt wird, gehört dies eher zu dem, was Grice als eine Implikatur bezeichnet, nicht zur Bedeutung.

Der wahrheitsfunktionalen Auffassung zufolge ist die Disjunktion für den Vordersatz von (26) ganz unwesentlich. Indirekte Gründe für die Wahrheit von (26) würden völlig hinreichen, wenn sie zwischen dem Sachverhalt, daß der Preis in der Mansarde ist, und den Reaktionen des Gärtners eine Beziehung herstellen, und zwar auch ohne irgendeinen Bezug darauf, wo der Preis wäre, wenn er nicht in der Mansarde wäre. Dies ist jedoch ganz kontraintuitiv, da unterstellt wird, daß die Wahrheit des Nachsatzes von (26) von nur einer Bedingung abhängig ist – nämlich davon, daß der Preis in der Mansarde ist –, während man doch mit der Behauptung von (26) auch behaupten würde, daß die Wahrheit des Nachsatzes von zwei voneinander unabhängigen Bedingungen abhängt. Sind wir daher der Ansicht, daß uns die Gründe für (26) etwas darüber sagen müssen, wo der Preis wäre, wenn er nicht in der Mansarde wäre, dann können wir nicht akzeptieren, daß die Disjunktion in (26) in ihrer Bedeutung rein wahrheitsfunktional ist.

Hier könnte nun wieder der Einwand auftauchen, daß (9), (19) und (26) alles Spezialfälle sind, weil sie in ihren Nachsätzen geistige Einstellungen erwähnen. Es scheint jedoch nicht schwer zu sein, auch entsprechende Beispiele anderer Typen zu konstruieren, wie in Entsprechung zu (9) etwa

> Wenn eine Mark in den Schlitz geworfen und auf den roten Knopf gedrückt wird, fällt unten eine Tafel Schokolade heraus

oder für (19)

> Wenn es sowohl der Fall ist, daß, wenn der Wind bläst, die Wiege umfallen wird, als auch, daß der Wind nicht blasen wird, dann ist die Wiege nicht sicher genug festgemacht – aber der Wind wird ihr dennoch nichts anhaben

oder in Entsprechung zu (26)

> Wenn es sowohl der Fall ist, daß er entweder vom Eis runtergehen wird oder durch das Eis durchbrechen wird, als auch, daß er tatsächlich von dem Eis runtergehen wird, dann wird er sein eigenes Leben gerettet haben

Resümee: Gegenüber der Konversationalistischen Hypothese lassen sich einige Einwände vorbringen, die weitaus stärker sind als der eine Einwand, mit dem sich Grice selbst schon in seinen Vorlesungen abgemüht hatte. Im allgemeinen segelt diese Hypothese im gleichen Fahrwasser wie frühere Versuche, philosophische Rätsel durch Rekurs auf bestimmte Sprechakte einer Lösung zuzuführen: Rätsel bezüglich der Wahrheit durch Rekurs auf Sprechakte des Bekräftigens bzw. Zugestehens, Rätsel bezüglich dessen, was das Gute ist, durch Rekurs auf Sprechakte des Empfehlens oder des Befehlens.[7] Solche Theorien entlehnen ihre scheinbare Stärke der Betrachtung relativ einfacher Beispiele. Ihre Schwäche wird aber offenkundig, sobald man komplexere Sätze überprüft – insbesondere Sätze, in denen die fragliche Wendung im Vordersatz eines Konditionalsatzes vorkommt.

7 Vgl. meine Arbeit *Speech Acts*, in T. Sebeok (Ed.), *Current Trends in Linguistics*, Vol. XII.

Ralph C. S. Walker
Konversations-Implikaturen

In einem kürzlich erschienenen Aufsatz kritisiert L. J. Cohen eine Theorie über die logischen Partikel »wenn, dann«, »oder«, »und« und »nicht«, wie sie in der normalen Sprache vorkommen (Cohen; (1971); dtsch. dieser Band). Diese Theorie nennt er die Konversationalistische Hypothese und schreibt sie – freilich mit gewichtigen Vorbehalten – Grice zu. Es handelt sich um eine Anwendung des Begriffs der konversationellen Implikatur, den Grice in seinem Aufsatz *The Causal Theory of Perception* (Grice (1961)) eingeführt und in seinen William James-Vorlesungen[1] weiterentwikkelt hat. In der Theorie wird die Ansicht vertreten, daß der Sinn oder die Bedeutung dieser Partikel wahrheitsfunktional ist, und daß der Anschein, sie seien es nicht, darauf beruht, daß man konversationelle Annahmen mit ihrer Bedeutung verwechselt, wobei diese Annahmen von den Gesprächsbedingungen hervorgerufen werden, unter denen diese Wörter gebraucht werden. Diese Theorie kann jedoch nur mit sehr gewichtigen Vorbehalten Grice zugeschrieben werden; erstens, weil er die Theorie nur sehr versuchsweise zur Debatte stellt und einen Einwand gegen sie vorbringt, den er selbst für wesentlich hält; zweitens, weil sein Hauptinteresse in den Vorlesungen den indikativischen Bedingungssätzen gilt – er versucht nicht, die Wahrheitsfunktionalität des »wenn, dann« in irrealen Bedingungssätzen aufrecht zu erhalten, und behandelt die übrigen Junktoren nur nebenbei. Cohen wird von der Konversationalistischen Hypothese angezogen, glaubt aber, sie zugunsten einer anderen, die er die Semantische Hypothese nennt, zurückweisen zu müssen. Diese stützt sich nicht auf konversationelle Annahmen (oder jedenfalls nicht in derselben Weise), vielmehr hält sie daran fest, daß die fraglichen logischen Partikel einen nichtwahrheitsfunktionalen Sinn haben. Daß sie gelegentlich eine wahrheitsfunktionale Rolle spielen, wird eingestanden, jedoch da-

1 1968 an der Harvard-Universität. Von diesen Vorlesungen ist bislang nur der im vorliegenden Band enthaltene wesentliche Teil *Logik und Konversation* veröffentlicht.

mit erklärt, daß bei bestimmten Gelegenheiten der Kontext anzeigen kann, daß Elemente des Sinns eines Ausdrucks zu tilgen sind.[2]

Die Konversationalistische Hypothese und die Semantische Hypothese stimmen somit darin überein, daß sie beide (z. B.) dem »wenn, dann« der normalen Sprache einen einzigen Sinn zuschreiben. Sie unterscheiden sich darin, daß nach der Konversationalistischen Ansicht dieser Sinn der logisch schwache der materialen Implikation ist, während es nach der Semantischen Ansicht der einer stärkeren und nicht-wahrheitsfunktionalen Implikation ist. Beide Theorien erklären scheinbare Abweichungen vom Standard-Sinn durch Rückgriff auf Kontextbetrachtungen, und in jeder wird es als Vorzug angesehen, daß man auf diese Weise eine ›unnötige Vervielfältigung des Sinns‹ (Cohen [1971], dieser Band, S. 403, der hier Grice zitiert) vermeiden kann. Beiden ist daher eine dritte Theorie kontrastierend gegenüberzustellen, derzufolge solche Ausdrücke tatsächlich mehr als einen Sinn haben würden: Daß das »wenn, dann« der normalen Sprache also mehrdeutig ist und manchmal die materiale Implikation, manchmal etwas Stärkeres ausdrückt. Nach dieser dritten Ansicht sind es zwar fraglos Kontextbetrachtungen, die uns die Bestimmung des Sinns ermöglichen, mit dem die Wörter bei einer bestimmten Gelegenheit gebraucht werden; aber damit erschöpft sich auch schon ihre Rolle.

Was ich im Folgenden erörtern möchte, ist der Unterschied zwischen diesen drei Theorien, und wie man unter ihnen eine Entscheidung herbeiführen kann. Das scheint mir eine interessante Frage zu sein, nicht nur weil es gut wäre zu wissen, wie es sich in Wahrheit mit den logischen Partikeln der natürlichen Sprache verhält, sondern auch weil eine Untersuchung der Unterschiede zwischen diesen Theorien einiges Licht auf die Begriffe des Sinns und der konversationellen Implikatur zu werfen verspricht. Der letzte Begriff ist wahrscheinlich von hervorragendem Wert bei der Lösung philosophischer Streitfragen; je mehr Licht daher auf ihn fällt, desto besser.

2 Nach Cohen wie auch nach Grice muß sowohl der sprachliche Kontext eines Ausdrucks – der Kontext, der durch andere Wörter und Sätze in seiner Umgebung gebildet wird, – als auch der nicht-sprachliche Kontext einer Äußerung berücksichtigt werden.

I

Um die Unterschiede zwischen der Konversationalistischen und der Semantischen Hypothese aufzudecken, liegt es natürlich am nächsten, den Aufsatz von Cohen anzuschauen. Cohen glaubt, daß die Konversationalistische Hypothese nicht haltbar ist, und er versucht auch zu zeigen, warum. Er betrachtet der Reihe nach normalsprachliche Beispiele, in denen »nicht«, »wenn, dann« und »oder« vorkommen, und bestreitet in jedem Fall, daß das Normalverständnis dieser Beispiele mit konversationellen Mitteln aus den wahrheitsfunktionellen Behauptungen hergestellt werden könne, die nach der Konversationalistischen Ansicht ihren tatsächlichen Inhalt ausmachen. Was sind »konversationalistische Mittel«? Die Konversationalistische Hypothese stützt sich auf ein allgemeines auf Grice zurückgehendes Prinzip, dessen Beachtung von den an einem Gespräch Beteiligten normalerweise erwartet wird; es lautet (vergröbert): »Mache deinen Gesprächsbeitrag so, wie es von dem akzeptierten Zweck oder der akzeptierten Richtung des Gesprächs, an dem du teilnimmst, gerade verlangt wird« (Cohen, dieser Band, S. 399, wieder mit einem Zitat nach Grice). Wir nehmen an, daß sich ein Sprecher an dieses Prinzip hält und daß er weiß, daß wir als Hörer dies annehmen; er kann uns daher mehr mitteilen als den eng umgrenzten Sinn seiner Äußerung. Um ein von Cohen als »verhältnismäßig unstrittig« (dieser Band, S. 403) akzeptiertes Beispiel zu nehmen: Wenn ein Professor um seine Meinung über einen anderen gebeten wird und antwortet: »Er ist ein sehr fähiger Radfahrer«, dann übermittelt er dadurch – er »impliziert konversationell« – seine niedrige Einschätzung der akademischen Fähigkeiten seines Kollegen, obwohl das nicht ein Teil dessen ist, was sein Satz bedeutet. Denn wäre er in der Lage gewesen, sich wohlwollender über des anderen Fähigkeiten auf dem Gebiet zu äußern, um das es dem Fragesteller, wie man wohl annehmen kann, hauptsächlich ging, dann hätte er es nach dem Prinzip von Grice auch tun müssen – und wir können daher annehmen, daß er keine so wohlwollende Meinung über ihn hat. Wir können auch annehmen, daß er von uns erwartet, daß wir diesen Gedankengang vollziehen, und daß er uns daher seine niedrige Einschätzung über den Kollegen mitzuteilen beabsichtigt. Dabei stützt er sich auf eine Annahme und diese Annahme kann auch außer Kraft gesetzt werden. Er kann sie außer Kraft setzen, indem er hinzufügt, daß sein Kollege auch ein glänzender Universitätslehrer ist – und damit, wie Grice sagen würde, die Konversationsimplikatur, daß er es nicht ist, aufheben. Bei vielem, wenn nicht bei allem, was durch Anspielung oder Andeutung übermittelt wird, stützt man sich in dieser Weise auf das eben angeführte allgemeine Prinzip, das Grice das Kooperationsprinzip nennt, und man kann daher sagen, das Angedeutete werde konversationell impliziert. Bei Metaphern stützt man sich auf denselben Kunstgriff: Es ist aufgrund des Kontextes klar, daß der Sprecher das, was er sagt, nicht wörtlich meint, so daß wir zur Annahme einer passenderen alternativen Deutung veranlaßt werden. In jedem Fall übermittelt der Sprecher mehr als er tatsächlich sagt, indem er sich auf die Erwartung der Hörer verläßt, daß er sich an das Kooperationsprinzip hält; denn diese Erwartung führt die Hörer dazu, eine Äußerung, die dieses Prinzip dem ersten Anschein nach verletzt, wenn möglich so zu deuten, daß sie in Einklang mit dem Prinzip gelangt, und so innerhalb des Gesprächs sinnvoll wird.

Grice erwähnt auch gewisse spezifischere Konversationsmaximen wie: »Mache deinen Beitrag so informativ wie nötig«, »Sage nichts, was du für falsch hältst«, »Sage nichts, wofür dir angemessene Gründe fehlen«, »Sei relevant«, »Vermeide Unklarheiten, Mehrdeutigkeiten und unnötige Weitschweifigkeit«, und »Halte dich an eine gewisse Reihenfolge«. Diese Maximen sind jedoch vom allgemeinen Kooperationsprinzip nicht unabhängig; wenn normalerweise die Ansicht berechtigt ist, daß ein Sprecher sich an die Maximen halten wird, so wohl deshalb, weil ihre Beachtung von dem allgemeinen Prinzip gefordert wird.

Konversations-Implikaturen werden also durch die von uns allen geteilte Annahme hervorgerufen, daß sich der Sprecher an das Kooperationsprinzip hält. Grice hält es für möglich, daß eine Äußerung neben Konversations-Implikaturen auch konventionelle Implikaturen mit sich bringt, welche zwar nicht vom Kooperationsprinzip abhängen, andererseits aber auch nicht im strengen Sinne Teil des propositionalen Gehalts, des Sinns und der Referenz des Gesagten sind.[3] »p, aber q« und »p, daher q« liefern Beispiele

3 Statt vom Sinn oder propositionalen Gehalt spricht Grice von dem, was *gesagt* wird, in einem speziellen Sinn von »gesagt«.

dafür: der Kontrast oder der Zusammenhang zwischen p und q gehört nach Grice nicht zum Sinn des Gesagten, sondern wird konventionell impliziert. Gegenwärtig braucht uns jedoch der Begriff der konventionellen Implikatur nicht zu beschäftigen, ebensowenig die Möglichkeit, die Grice ebenfalls vorsieht, daß es noch weitere Typen von Implikaturen gibt. Es sind die konversationellen Implikaturen, um die es bei der Konversationalistischen Hypothese geht. Sie versucht zu erklären, warum wir Äußerungen, die die logischen Partikel enthalten, so verstehen, wie wir es tun, indem sie zwar ihren Sinn wahrheitsfunktional auffaßt, jedoch vorsieht, daß man mit ihnen sehr viel mehr konversationell implizieren kann, als man streng genommen mit ihnen sagt. Cohen vertritt die Ansicht, daß diese Hypothese sich nicht durchhalten läßt. Doch scheint mir, daß ihm der Nachweis dafür nicht gelingt, und zwar hauptsächlich weil seine Argumente voraussetzen, daß der Konversationalist ein Prinzip vertritt, das er in Wirklichkeit unmöglich anerkennen kann.

Betrachten wir zuerst das »und«. Nach der konversationalistischen Erklärung ist der Sinn von »und« immer wahrheitsfunktional, obwohl ein Sprecher gelegentlich mit einer Äußerung der Form »p und q« mehr übermitteln kann, als er es lediglich aufgrund des propositionalen Gehaltes könnte. Die Konversations-Maxime »Sei relevant« läßt uns erwarten, daß die beiden Sätze (›p‹ und ›q‹) etwas miteinander zu tun haben; derart, daß man, indem man sagt »Der König trat vor und die Rufe verstummten«, übermitteln kann, daß die beiden Ereignisse in einem Zusammenhang standen. Die allgemeine Erwartung wiederum, daß der Sprecher die Konversationsmaxime »Halte dich an eine gewisse Reihenfolge« beachtet, macht es ihm möglich, in Fällen wie »Der alte König starb an einem Schlaganfall und die Republik wurde ausgerufen« zu übermitteln, welches der beiden Ereignisse zuerst geschah.[4] Cohen jedoch meint, daß die Konversationalistische Erklärung mit Äußerungen wie der Behauptung

4 An diese Maxime könnte man sich natürlich auch durch Befolgung einer Konvention halten, die besagt, daß von zwei derart durch Satzkonjunkte erwähnten Ereignissen das spätere immer zuerst erwähnt werden sollte. Doch wäre das eine unnatürliche Reihenfolge, weshalb sie auch eine spezielle Konvention erfordern würde. Fehlt eine solche Regelung, so kann man vom Sprecher annehmen, daß er sich an die Reihenfolge hält, die für uns am natürlichsten ist (und das ist auch die Reihenfolge, von der er erwartet, daß man ihre Einhaltung von ihm

(1) Wenn der alte König an einem Schlaganfall gestorben ist und die Republik ausgerufen ist, dann wird Tom völlig zufrieden sein

in einem normalen Kontext nicht zurecht kommt. Denn hier scheint das »und« im Vordersatz nicht wahrheitsfunktional sein zu können: Die Wahrheit des Konditionalsatzes kann nämlich von der Reihenfolge der im Vordersatz angesprochenen Ereignisse abhängen. Es kann durchaus sein, wie Cohen ausführt, daß »Tom überhaupt nicht zufrieden ist, wenn zuerst die Republik ausgerufen wird und dann erst der alte König an einem Schlaganfall stirbt« (Cohen, dieser Band, S. 405).

Für den Vertreter der Konversationalistischen Hypothese gibt es darauf durchaus eine Erwiderung. Er kann von etwas ausgehen, was Cohen nicht bestreitet: es ist keineswegs *immer* der Fall, daß eine Behauptung der Form »Wenn p und q, dann r« in der normalen Sprache übermittelt, daß p und q in dieser oder in irgendeiner anderen Weise aufeinander bezogen sind. Es gibt vielmehr Umstände, unter denen sogar eine Äußerung von (1) keine derartige Beziehung nahelegt: z. B. wenn der Sprecher hinzufügt (oder wenn es vom Kontext her schon klar ist), daß der alte König der König von Preußen war, daß das zur Republik ausgerufene Land Burgund war und daß kein anderer Zusammenhang beabsichtigt war als daß diese Vorkommnisse zu den Dingen gehören, die Tom nicht mißfallen würden. Wird (1) unter mehr normalen Umständen behauptet, dann muß somit die Relevanz der zeitlichen Aufeinanderfolge vom Kontext her angezeigt werden; und diese wird nach der konversationalistischen Ansicht eben aufgrund der Annahme mitgeteilt, daß das Kooperationsprinzip befolgt wird. Cohen beansprucht nicht, irgend einen entscheidenden Einwand gegen diesen Teil der konversationalistischen These zu haben, welcher besagt, daß man mit der Äußerung von »Der alte König ist an einem Schlaganfall gestorben und die Republik ist ausgerufen worden« unter einigermaßen normalen Umständen konversationell impliziert, daß der Tod des alten Königs zuerst geschah (Cohen, dieser Band, S. 401 ff.). Und ist dies zugestanden, so dürfte es höchst natürlich erscheinen, daß dieselbe Annahme bezüg-

erwartet). Vorausgesetzt natürlich, es gibt einen Grund für die Annahme, daß er die Reihenfolge *kennt*, andernfalls wird die Situation keine Implikaturen entstehen lassen.

lich der zeitlichen Reihenfolge auch auf den Fall zutrifft, in dem der Satz nicht allein steht, sondern als Vordersatz eines Bedingungssatzes fungiert; so natürlich, daß die Annahme außer acht zu lassen und die Reihenfolge der Sätze umzukehren äußerst irreführend wäre und das Kooperationsprinzip verletzen würde, da den Zwecken des Gesprächsaustauschs damit schlecht gedient wäre. Es gibt keinen Grund, warum der Vordersatz eines Bedingungssatzes keine eigenen Implikaturen haben sollte oder jedenfalls zu den Implikaturen des ganzen Bedingungssatzes nicht beitragen sollte. Und man kann wohl kaum bestreiten, daß im normalen Gesprächskontext von (1) die Reihenfolge der Ereignisse für die Zwecke des Gesprächsaustausches genauso wichtig ist, wie wenn »Der alte König ist an einem Schlaganfall gestorben und die Republik ist ausgerufen worden« für sich allein behauptet wird.

Cohen erkennt durchaus, daß der Konversationalist einen solchen Gegenzug machen könnte. Er erwidert jedoch, daß dieser damit einräume, daß das »wenn, dann« in (1) nicht wahrheitsfunktional konstruiert werden kann. Denn der Wahrheitswert des Bedingungssatzes würde dadurch nicht nur von den Wahrheitswerten des Vorder- und Nachsatzes abhängig gemacht, sondern von etwas Zusätzlichem: der Reihenfolge der im Vordersatz erwähnten Ereignisse (Cohen, dieser Band, S. 406). An diesem Punkt stehen dem Konversationalisten zwei Strategien offen. Er könnte darauf bestehen, daß trotz allem Anschein zwar nicht die Akzeptabilität, aber doch der Wahrheitswert von (1) derselbe sein muß wie der von

(2) Wenn die Republik ausgerufen ist und der alte König an einem Schlaganfall gestorben ist, dann wird Tom völlig zufrieden sein.

Der Wahrheitswert des ganzen Bedingungssatzes hängt dann ausschließlich von den Wahrheitswerten der in ihn eingehenden Teilsätze ab, obwohl (2) offenkundig ernstlich irreführend und unangemessen sein wird, wohingegen (1) angemessen ist. Schlägt er diesen Weg ein, dann schneidet er sich von den normalen Alltagszuschreibungen von Wahrheit und Falschheit ab, die man ohne besondere Nebenabsichten vornimmt. Stattdessen könnte er diesen Schritt vermeiden und einräumen, daß die Reihenfolge der Ereignisse einen Unterschied für den Wahrheitswert macht, jedoch hinzufügen, daß dieses Zugeständnis seiner These nicht zu widersprechen braucht.

Es mag als offenkundig erscheinen, daß der Konversationalist diese zweite Strategie nicht einschlagen kann. Schließlich versucht er doch die These aufrecht zu erhalten, daß das »und« und »wenn« wahrheitsfunktional sind. Wie können sie aber wahrheitsfunktional sein, wenn nicht dort, wo sie als Hauptkonnektive in komplexen Äußerungen vorkommen, die Wahrheitswerte dieser Äußerungen vollständig von den Wahrheitswerten ihrer Gliedsätze bestimmt werden? Doch dieser Einwand trifft nicht. Die Hypothese lautet, daß der *Sinn* dieser Ausdrücke wahrheitsfunktional ist, nicht jedoch das, was mit ihrer Hilfe bei einer bestimmten Gelegenheit übermittelt wird. Von letzterem kann ohne weiteres eingeräumt werden, daß es nicht wahrheitsfunktional ist. Was somit die Hypothese erfordert, ist, daß die Wahrheitswerte der komplexen Äußerungen von den Wahrheitswerten der Teilsätze vollständig bestimmt *würden, wenn* von den Konversationsbedingungen abgesehen werden könnte: *Wenn* wir es also allein mit dem propositionalen Gehalt, dem Sinn und der Referenz zu tun hätten. Cohen setzt es anscheinend als selbstverständlich voraus, daß der Wahrheitswert einer Äußerung völlig von ihrem Sinn und ihrer Referenz bestimmt sein muß, und in keiner Weise von den konversationellen Bedingungen, unter denen sie geäußert wird, abhängen kann. Sein Argument gegen die Konversationalistische Hypothese hängt somit von der Annahme ab, daß Züge wie diese zweite Strategie seinem Opponenten nicht offen stehen. Aber wenn der Konversationalist diese Partikel wahrheitsfunktional nennt, dann will er damit doch nicht behaupten, daß das, was man normalerweise in der Alltagsrede als den Wahrheitswert einer komplexen Äußerung auffaßt, wahrheitsfunktional durch die Wahrheitswerte bestimmt wird, die man gewöhnlich und ohne Künstlichkeit den Konstituentensätzen zuweist. Würde er das behaupten, so wäre die Konversationalistische Hypothese viel zu abenteuerlich, um eine ausführliche Behandlung, wie sie ihr Cohen zuteil werden läßt, zu erfordern. Denn es ist doch ganz offensichtlich *falsch*, wenigstens nach jedem normalen Sprachgebrauch, daß die Königin, falls ich jetzt aufhöre, diesen Aufsatz weiterzuschreiben, abdanken wird, obwohl es nach einer eng verstandenen wahrheitsfunktionalen Auffassung wahr wäre. Vielmehr behauptet der Konversationalist ganz im Gegensatz dazu, daß »und«, »wenn, dann« usw. eben nicht in dieser Weise in der Alltagssprache funktionieren, und er bietet einen Grund dafür an, warum sie es nicht tun – einen Grund, der besagt, daß sie einen wahrheitsfunktionalen *Sinn* haben, auf dem die konversationellen Bedingungen ihrerseits erst operieren.

Damit läßt er sich darauf ein, vom Wahrheitswert einer Äußerung zu sprechen, den diese haben würde, falls man allein ihren Sinn und ihre Referenz betrachten würde und die konversationellen Bedingungen beiseite ließe. Philosophen haben es zuweilen praktisch gefunden, dies als den Wahrheitswert aufzufassen, den die Äußerung wirklich hat, und so faktisch die erste oben erwähnte Strategie einzuschlagen. Das schadet nichts, solange man erkennt, daß die hier aus technischen Gründen vorgenommenen Wahrheitswertzuschreibungen die Tendenz haben, wesentlich von denen abzuweichen, die die Leute normalerweise und ohne Reflexion vornehmen. Man muß nicht der Meinung sein, daß in den Fällen, in denen sie differieren, eine der beiden Seiten einen unrichtigen Gebrauch von »wahr« und »falsch« macht oder daß ein jeweils verschiedener Sinn dieser Worte im Spiel ist. Man muß vielmehr erkennen, daß Zuschreibungen von Wahrheit und Falschheit selber kontextabhängig sind und für verschiedene Zwecke gemacht werden können. Wie Austin ausführt, hängt die Antwort auf die Frage, ob der Satz »Frankreich ist sechseckig« wahr ist, von den Zwecken ab, die man verfolgt: »Für einen General höchster Rangstufe reicht es, nicht jedoch für einen Geographen« (Austin (1962), S. 142). »Es ist wahr (falsch), das p« hat seine eigenen Implikaturen und kann in einem Kontext mehr oder weniger angemessen sein, genauso wie »p« oder »Nicht-p«. Normalerweise sind unsere Interessen so, daß die Reihenfolge der Teilsätze im Vordersatz entscheidend ist für unser Verständnis, was mit einer Bemerkung wie (1) übermittelt wird, und infolgedessen sind wir nicht bereit, (1) falsch zu nennen, wenn zuerst die Republik ausgerufen wurde und Tom alles andere als erfreut ist.

In welchem Grade wir bereit sind, bei der Beurteilung des Wahrheitswertes dessen, was einer sagt, neben dem Sinn und der Referenz seiner Bemerkung das zu berücksichtigen, was er konversationell übermittelt, ist keine Frage, auf die es eine scharfe Antwort gibt; es wird sehr viel vom Kontext abhängen. Zweifellos gibt es

Grenzen, die wir nicht überschreiten werden. Die Aussage des Professors, sein Kollege sei ein fähiger Radfahrer, werden wir nicht als *falsch* beurteilen, mag sie auch noch so sehr mit der Absicht gemacht worden sein, eine falsche Ansicht über seine übrigen Fähigkeiten herbeizuführen, vorausgesetzt nur, er kann tatsächlich hinreichend gut radfahren. Das ist so, weil es wahrscheinlich erscheint, daß der Professor diese Form für seine Worte gewählt hat, um zu versuchen, seine Botschaft an den Mann zu bringen, ohne auf sie festgelegt werden zu können: Unsere Neigung, Wahrheit von dem abhängen zu lassen, was impliziert wird, variiert mit der Wahrscheinlichkeit, daß sich der Sprecher darauf festlegen lassen will. Es gibt hier jedoch eine Schattenzone. Sagt man etwas Falsches, wenn man Frege den Vater der modernen Logik nennt, oder wenn man General Amins Hände als blutbefleckt beschreibt? Oder wenn man jemandem, der den Gebrauch von Napalm damit verteidigt, daß Krieg Krieg sei, erwidert »Das braucht er aber nicht zu sein«? Was wir sagen, wird davon abhängen, welche Exaktheit der Kontext erfordert, wie prosaisch er ist. In solchen Fällen halten wir es für natürlich, die mehr prosaische Antwort dadurch anzudeuten, daß wir sagen, daß es natürlich nicht im *wörtlichen Sinne* wahr ist, daß die Logik einen Vater hat oder daß sich der General seit seinem letzten Mord nicht mehr gewaschen hat. Und es ist dieser Begriff der wörtlichen Wahrheit, der, ausgedehnt so weit es geht, von denen verwendet wird, die alles außer Sinn und Referenz aus der Bestimmung des Wahrheitswertes ausschließen wollen. Unsere Intuitionen über Wahrheit im wörtlichen Sinne sind häufig unklar, was nicht erstaunlich ist, da es sich um einen Begriff handelt, den wir normalerweise nicht viel benutzen. Aber es ist ein Begriff von beträchtlichem Nutzen für die Theorie der Bedeutung. Von einer Theorie, die darauf aus ist, den Sätzen einer Sprache Wahrheitsbedingungen zuzuweisen, wird man wohl erwarten, daß sie Bedingungen für Wahrheit im wörtlichen Sinne zuweist. Was freilich hier von Belang ist, ist, daß die Konversationelle Hypothese nicht auf die Ansicht festgelegt ist, daß das, was wir gewöhnlich und in natürlicher Weise als den Wahrheitswert einer Äußerung auffassen, ausschließlich von ihrem Sinn und ihrer Referenz abhängt. Anderenfalls wäre es eine zu unplausible Theorie, um einer Betrachtung wert zu sein.

Cohens alternative Semantische Hypothese behauptet bezüglich des »und«:

> Zusätzlich zum Ausdruck der Konjunktion zweier Wahrheiten zeigt [es] an, daß die zweite aufzuführende Wahrheit von derselben Art ist, oder zu derselben Reihe gehört, oder von einer Art ist, die ihrerseits zu derselben Menge von miteinander verbundenen Arten gehört, oder etc. etc., wie die als erstes Konjunkt aufzuführende Wahrheit. (Cohen, dieser Band, S. 402.)

In Fällen, in denen das »und« nicht seine volle Bedeutung hat, etwa wenn klar gemacht wurde, daß ein solcher Zusammenhang nicht beabsichtigt ist, ist es nach der Semantischen Hypothese der Kontext, der gewisse Elemente der vollen lexikalischen Bedeutung *tilgt*: genauso wie (um ein Beispiel zu nehmen, von dem Cohen, vielleicht zu Unrecht, hofft, daß es einigermaßen unstrittig ist) ein Kontext, in dem von Kunstblumen die Rede ist, dazu dient, aus der vollen Bedeutung von »Blume« diejenigen Elemente zu tilgen, nach denen es unmöglich ist, daß Blumen aus Plastik bestehen (Cohen, dieser Band, S. 403).

Das »wenn, dann« wird nach Cohens Hypothese ähnlich behandelt; nach ihr gilt, daß

> ein Wörterbucheintrag für die Partikel ›wenn ... dann‹ die Angabe enthalten sollte, daß sie eine Verbindung zwischen Vorder- und Nachsatz anzeigen, und zwar zusätzlich zu ihrer rein wahrheitsfunktionalen Rolle, die Konjunktion der Wahrheit des Vordersatzes mit der Falschheit des Nachsatzes auszuschließen, obwohl die Hypothese durchaus damit vereinbar ist, daß sich Vorkommen dieser Partikel finden lassen, wo der Kontext den Verknüpfungsaspekt ihrer Wörterbuchbedeutung zu tilgen geeignet ist ... (Cohen, dieser Band, S. 407).

Sicherlich ist es gewöhnlich der Fall, daß eine Äußerung eines Bedingungssatzes eine Art von Implikation einer Verknüpfung zwischen Vorder- und Nachsatz übermittelt, und aus diesem Grund ist die Konversationalistische Hypothese für das »wenn« intuitiv weniger einleuchtend als für das »und«, bei welchem die Implikation keineswegs so regelmäßig ist. Bei der Berücksichtigung dieses Sachverhalts zeigt sich ein wichtiger Unterschied zwischen der Behandlung, die Grice für das »wenn« anbietet, und der konversationalistischen Erklärung des »und«, nämlich, daß im Falle des »wenn« die konversationelle Implikatur *verallgemeinert* ist: Die

Wahl gerade dieser Form der Worte, gerade dieser Weise, den propositionalen Gehalt auszudrücken, und nicht irgend einer anderen, läßt schon von sich selbst her die Implikatur entstehen, eine Implikation, die daher *normalerweise* gilt, wenn diese Form der Worte verwendet wird – wobei Kontextmerkmale sie bei Gelegenheit freilich tilgen können. Für das »und« würde das, wie ich glaube, nicht behauptet werden. Aber der Vorschlag von Grice lautet zumindest im Falle indikativischer Bedingungssätze, daß der Sprecher durch seine Wahl der Worte »wenn, dann« (oder nur »wenn« zusammen mit der Form des Konditionals) normalerweise übermittelt, daß er nicht-wahrheitsfunktionale Gründe hat, die materiale Implikation zu akzeptieren. Er verläßt sich nicht etwa darauf, daß seine Zuhörer mit der Praxis vertraut sind, die Worte zur Übermittlung dieses Sachverhalts zu verwenden, sondern nur darauf, daß unter normalen Umständen seine Wahl dieser besonderen Ausdrucksweise diese Annahme entstehen läßt. Wären seine Gründe (für die Behauptung des Bedingungssatzes) einfach nur, daß er weiß, daß der Vordersatz falsch oder der Nachsatz wahr ist, so wäre es rätselhaft, weshalb er eine so umständliche und ausweichende Form wählen sollte, um diese Information auszudrükken. Außer unter sehr speziellen Umständen wäre seine Äußerung irreführend oder bestenfalls weniger informativ als sie es sein könnte, und würde daher das Kooperationsprinzip verletzen. Also berechtigt uns seine Wortwahl, zusammen mit der Annahme, daß keine derartige Verletzung des Kooperationsprinzips beabsichtigt sein kann, zu dem Schluß, daß er für seine Behauptung andere Gründe hat als diese. Und weil ein Sprecher sich darauf verlassen kann, daß seine Hörer diesen Gedankengang vollziehen werden, kann er die Äußerung benutzen, um ihnen zu übermitteln, daß er solche anderen, nicht-wahrheitsfunktionalen Gründe hat. Überdies legt die Form des Konditionals »Wenn p, dann q« anstelle eines wahrheitsfunktionalen Äquivalents wie »Entweder Nicht-p oder q« nahe, daß es die Möglichkeit eines Arguments von p auf q ist, woran der Sprecher interessiert ist: Die Form des Konditionals ist besonders gut für Zwecke des Schließens geeignet. Es ist praktisch und natürlich, über eine solche Form zu verfügen, eben weil wir den Schluß nach modus ponens für natürlicher halten als den nach modus tollendo ponens. Und das liefert einen weiteren Grund dafür, weshalb es konversationell unpassend wäre, »Wenn p, dann q« zu benutzen, wenn man schlicht wüßte, daß p falsch oder q wahr ist, oder allgemein, wenn die Möglichkeit, von p auf q zu schließen, nicht zu den gerade verfolgten Zwecken gehörte. (Mackie (1973), S. 76f.)

Cohen meint, daß das, was durch »Wenn, dann« übermittelt wird, eher der Zusammenhang von Vorder- und Nachsatz ist als die Existenz einer Begründung, die über das hinausgeht, was für einen wahrheitsfunktionalen Bedingungssatz erforderlich wäre. Wegen der Unschärfe in den Begriffen des Zusammenhangs und der Verfügbarkeit einer Begründung ist mir nicht klar, ob hier wirklich ein strittiger Punkt vorliegt. Falls er vorliegt und zugunsten von Cohen zu lösen ist, würde man immer noch erwarten, daß eine konversationalistische Erklärung, die der eben gegebenen ziemlich nahekäme, plausibel sein würde. Gewöhnlich ist man nicht einfach nur an materialen Implikationen interessiert, sondern an Vorder- und Nachsätzen, die einen inneren Zusammenhang aufweisen, und das Kooperationsprinzip fordert von einem Gesprächsbeitrag, daß er für die Zwecke des Gesprächs von Belang ist. Ähnlich könnte, falls der strittige Punkt zugunsten der anderen Position entschieden werden sollte, die Semantische Hypothese von Cohen leicht in passender Weise verbessert werden. Zwar sieht die konversationalistische Erklärung jetzt wegen der Verwendung des Begriffs der verallgemeinerten konversationellen Implikatur ein wenig mehr wie die semantische Erklärung aus, aber der entscheidende Unterschied bleibt – das, was diese dem Sinn zuschreibt, ergibt sich nach jener aus dem Sinn unter Zuhilfenahme des Kooperationsprinzips. Obwohl die verwendeten Worte helfen, die Implikatur herzustellen, so sind es doch immer noch die Umstände der besonderen Äußerungssituation, die nach der konversationalistischen Ansicht in Betracht zu ziehen sind. Wenn Grice die Implikatur verallgemeinert nennt, so will er damit diesen Sachverhalt keinesfalls abstreiten, sondern lediglich klarmachen, daß die Wortwahl des Sprechers zu dem gehört, was wichtig sein kann.

Wie beim »und« glaubt Cohen, daß zwar seine eigene Theorie alles bereitstellt, was nötig ist, daß aber die Konversationalistische Hypothese zusammenbricht. Und wie beim »und« glaubt er, daß die wirkliche Schwierigkeit für diese sich zeigt, wenn das Satzkonnektiv subordiniert vorkommt, nämlich innerhalb des Vordersatzes eines anderen Bedingungssatzes. Sein Argument ist hier genauso aufgebaut wie zuvor. Er gibt das Beispiel:

(3) Wenn es sowohl der Fall ist, daß es, wenn die Regierung stürzt, Aufruhr auf den Straßen geben wird, als auch, daß die Regierung nicht stürzen wird, dann werden die Ladenbesitzer froh sein.

Die Schwierigkeit ist hier, daß der Konversationalist zwar erklären kann, warum die Wahrheit des Nachsatzes von (3) als *abhängig* von der Wahrheit des Vordersatzes aufgefaßt wird, daß er jedoch (nach Cohen) auch gezwungen ist, die Wahrheit des Vordersatzes vollständig davon bestimmt sein zu lassen, ob die Regierung stürzen wird oder nicht. Stürzt die Regierung nicht, und wird der Vordersatz von (3) wahrheitsfunktional aufgefaßt, dann muß er wahr sein; denn das eingebettete Konditional wird dann einen falschen Vordersatz haben. Stürzt die Regierung jedoch nicht, dann muß der Vordersatz von (3) falsch sein, da eines seiner Konjunkte falsch ist. (Cohen, dieser Band, S. 412.)

Wir können abermals erwidern, daß der Sinn des eingebetteten Konditionals »Falls die Regierung stürzt, wird es Aufruhr auf den Straßen geben«, behauptet man es für sich allein, wahrheitsfunktional ist, daß jedoch das, was von ihm übermittelt wird, überhaupt nicht wahrheitsfunktional ist. Soll es in analogen Kontexttypen, wenn es als Vordersatz eines komplexeren Bedingungssatzes erscheint, lediglich seinen wahrheitsfunktionalen Sinn übermitteln, dann wäre es verwirrend und irreführend, nicht darauf hinzuweisen, und würde somit das Kooperationsprinzip verletzen. Und wenn Cohen sagt, daß man damit (3) zu etwas macht, das »nicht gänzlich wahrheitsfunktional ist – im Gegensatz zur Behauptung der Konversationalistischen Hypothese« (dieser Band, S. 413), können wir darauf verweisen, daß er erneut annimmt, daß der Konversationalist Wahrheit allein von Sinn und Referenz abhängen läßt. Aber der Konversationalist ist sich vollkommen darüber im klaren, daß konversationelle Faktoren den Wahrheitswert zu bestimmen helfen, den wir in natürlicher Weise und intuitiv einem Konditional zuweisen, ob es nun für sich allein steht oder innerhalb eines Nebensatzes. Es ist lediglich der Sinn des Satzkonnektivs, den er für wahrheitsfunktional hält.

Mackie (1973) lehnt in seiner Diskussion von Grice die konversationalistische Erklärung des »wenn, dann« ebenfalls ab, freilich aus anderen Gründen. Er meint, daß sie nicht in einleuchtender Weise auf irreale Bedingungssätze und auf »selbst wenn«-Aussagen ausgedehnt werden könne, und in keiner Weise auf bedingte Fragen und Aufforderungen. Man würde jedoch gerne, wenn möglich, eine einheitliche Erklärung der Bedeutung des »wenn« geben, die alle diese Verwendungsweisen umfaßt. Ich sehe die Zweifel von Mackie über den Irrealis und über »selbst wenn«-Aussagen nicht ganz ein, denn er umreißt für sie eine höchst vielversprechende konversationalistische Behandlung, die er dann aber wieder fallen läßt. Es ist jedoch die Unfähigkeit, mit bedingten Aufforderungen und Fragen zurecht zu kommen, die er für den entscheidenden Einwand hält.

Befehle wie »Sorgen Sie dafür, daß wir uns verteidigen können, wenn die Franzosen angreifen«, bereiten einer wahrheitsfunktionalen Erklärung des »wenn« keine großen Schwierigkeiten; auch nicht Fragen wie »Wird die Handgranate schön knallen, wenn ich sie werfe?« Denn hier steht das Konditional völlig innerhalb dessen, was in Frage gestellt oder befohlen wird – innerhalb dessen, was Hare das *Phrastische* (»phrastic«, Hare (1952), Kap. 2) nennt.[5] Und obwohl das Phrastische nicht behauptet wird, sondern statt dessen befohlen oder in Frage gestellt wird, können wir ihm und den in ihm subordinierten Teilsätzen in einsichtiger Weise Wahrheitswerte zuweisen, denn es selbst und seine Nebensätze sind durchaus behauptungsfähig. Es gibt also kein einleuchtendes Hindernis für eine wahrheitsfunktionale Erklärung des »wenn« oder irgend eines anderen Satzkonnektivs, das in derartigen Beispielen vorkommen kann. Gegen den Einwand, daß der Befehl darauf abzielt, unsere Verteidigungsfähigkeit in Abhängigkeit von einem französischen Angriff sicherzustellen, und nicht lediglich darauf, eine materiale Implikation wahrzumachen, kann der Konversationalist in der gewohnten Weise erwidern: Daß der Sprecher gerade diese Worte gewählt hat, ruft die Implikatur eines inneren Zusammenhangs zwischen Vorder- und Nachsatz hervor. Die Worte legen eine Nähe zum Behauptungsfall und den

5 Vgl. auch Hare (1971), S. 89-93, und *passim*. Sinn-und-Referenz, oder propositionaler Gehalt (wie ich diese unzuverlässigen Termini verwende), umfaßt natürlich mehr als das Phrastische und kann damit nicht identifiziert werden, denn es gehört zum *Sinn* von »Wird die Granate schön knallen?«, daß es eine Frage ist.

dort zu erwartenden Implikaturen nahe; in einem typischen Äußerungskontext würde derjenige indikativische Satz, der den Sachverhalt beschreibt, um dessen Verwirklichung es dem Befehl geht, eben eine derartige Implikatur mit sich bringen. Und wir können das Grice'sche Argument auch direkt auf den imperativischen Fall anwenden, nämlich, daß der Sprecher, sollte er nur die materiale Implikation im Sinne haben, sich natürlicher hätte ausdrücken können. Entsprechende Überlegungen gelten für die anderen Satzkonnektive.

Aber es sind nicht diese Fälle, bei denen Mackie eine Schwierigkeit sieht, es sind Fälle, wo der Befehl oder die Frage selbst in einem Bedingungsverhältnis zum Vordersatz erscheint. Er gibt als Beispiele: »Wenn es regnet, bleib zuhause« und »Was wird er tun, wenn es regnet?« (Mackie (1973), S. 79). Hier kann das Konnektiv nicht einfach als innerhalb des Phrastischen vorkommend gedacht werden, denn was darauf folgt (bzw. was ihm vorangeht), ist ein Befehl bzw. eine Frage und eben nichts Phrastisches. Das schafft nun in der Tat eine Schwierigkeit für die wahrheitsfunktionale Erklärung des »wenn«, denn für Befehle oder Fragen Wahrheitswerte anzunehmen scheint nicht plausibel zu sein. Andererseits scheint es auch keine unüberwindliche Schwierigkeit zu sein.

Doch selbst abgesehen von Plausibilitätsfragen sieht der Ausweg, Fragen und Befehlen in einem technischen und unnatürlichen Sinne Wahrheitswerte zuzuweisen, nicht vielversprechend aus. Das Natürlichste wäre, ihnen den Wahrheitswert des in ihnen enthaltenen Phrastischen zu geben, aber das würde nicht genügen; die Schwierigkeit ergibt sich bei Beispielen, in welchen im Nachsatz mehr als das Phrastische zu berücksichtigen ist. Die Alternative, als den fraglichen Wahrheitswert den der Aussage zu nehmen, daß ein derartiger Befehl oder eine solche Frage *vorliegt*, oder daß ein derartiger Befehl in Kraft ist, setzt sich dem Einwand aus, daß das nicht das zu sein scheint, was wir (mit den fraglichen Sätzen) sagen. Dieser Vorschlag tut sein Bestes, um zu vergessen, daß das Geben von Befehlen und das Stellen von Fragen Sprechakte sind. Hat man jedoch einmal erkannt, daß sie Sprechakte sind, dann steht man vor der Frage: Wie soll es eher möglich sein, einen Sprechakt auf bedingte Weise auszuführen, als sich auf bedingte Weise auf den Kopf zu stellen? Ein Sprechakt kann natürlich bedingte Auswirkungen haben, aber das ist etwas anderes. Damit legt sich ein ganz anderer Weg nahe, mit Beispielen wie denen von Mackie zu verfahren, nämlich zu sagen, daß es sich in Wirklichkeit gar nicht um bedingte Fragen oder Befehle handelt, da es so etwas nicht geben kann.

Das läuft auf den Versuch hinaus, jeden scheinbaren Fall einer bedingten Frage als etwas aufzufassen, was in Wirklichkeit nach der Wahrheit eines Bedingungssatzes fragt, und jeden scheinbar bedingten Befehl als einen Befehl, einen Bedingungssatz wahr zu machen. Wir sind an Bereichsfestlegungen der eben abgewiesenen Art dermaßen gewöhnt, daß die Abweisung schon als Ergebnis reiner Konfusion erscheint, so sehr sogar, daß Rescher dafür den Terminus »Mally's Perplex« (Mallys Verwirrung) geprägt hat, nach Mally, der sich ihrer schuldig machte (Rescher (1966), S. 40 Anm.). Aber es liegt hier keineswegs so offensichtlich eine Konfusion vor. Es entspricht unserer Intuition, daß »Wenn es regnet, bleib zuhause« als Ganzes ein Befehl ist, und »Was wird er tun, wenn er kommt?« als Ganzes eine Frage. Der übliche Einwand lautet, daß, falls der Vordersatz des Konditionals unerfüllt ist, kein Befehl gegeben bzw. keine Frage gestellt worden ist. Und das scheint vergleichsweise überzeugend bei Imperativen der Form »Wenn du x tun willst, dann tu y« sowie bei Fragen wie »Falls Sie vor dem 6. April 1799 geboren sein sollten, erhalten Sie eine Pension?« Aber selbst darauf ist unsere intuitive Reaktion wahrscheinlich eher, daß der Befehl oder die Frage uns nicht betrifft als daß überhaupt nichts gefragt oder befohlen wurde. Und in jedem Fall sind solche Beispiele nicht entscheidend, insbesondere nicht gegenüber einem Konversationalisten. Er kann sagen, daß auf der Basis des Sinns eine positive Antwort auf diese Frage streng genommen durchaus korrekt wäre, wenn auch unter den Umständen höchst irreführend. Genau dasselbe würde er von einer positiven Antwort auf »Stimmt es, daß, falls es 1973 weibliche Fellows des Magdalen-College gäbe, diese alle blond wären?«,[6] sagen, obwohl hier ausdrücklich die Wahrheit eines Konditionals in Frage gestellt ist. Ebenso könnte er der Meinung sein, daß ich den Befehl »Wenn du früh aufstehen willst, kauf dir einen Wecker« auch dann im wörtlichen Sinne erfüllen würde, wenn ich gar nichts tue (meine Präferenzen sind nun mal so), und dabei

6 Es gab 1973 keine weiblichen Fellows des Magdalen College.

doch zugeben, daß es konversationell aus dem Rahmen fiele, von meinem Verhalten die *Beschreibung* zu geben, daß ich dem Imperativ durch Weiterschlafen nachkomme, genauso wie er es als unangemessen ansehen würde – wenn auch im strengen und technischen Sinne als korrekt – die präventive Zerstörung Frankreichs als einen Weg zu beschreiben, dem Befehl »Sorgen Sie dafür, daß wir uns verteidigen können, wenn die Franzosen angreifen« zu gehorchen.

Als Vorschlag für die Behandlung scheinbarer Vorkommen bedingter Fragen und Befehle in der normalen Sprache, reicht diese Andeutung, wie ich meine. Jedenfalls verdient sie, ernsthaft in Betracht gezogen zu werden. Nun ist aber Dummett ((1973), S. 339 und 341 ff.) dafür eingetreten, daß der Vorstellung echter bedingter Befehle oder Fragen mehr Raum zukommt als eben eingestanden, wobei er nicht etwa die Ansicht vertritt, daß Sprechakte des Befehlens oder Fragens in bedingter Art und Weise vollzogen würden, sondern daß das Vorkommen eines Imperativs oder eines Fragesatzes als Nachsatz eines Konditionals anzeigen *könnte*, daß der komplexe Satz in typischer Weise zum Vollzug einer neuen und logisch komplexen Art von Sprechakt verwendet wird, nämlich dem »Bedingt-Befehlen« (»conditional-commanding«) bzw. dem »Bedingt-Fragen« (»conditional-asking«). Dieses Bedingt-Befehlen würde zweckdienlich sein, wenn es z. B. unsere Praxis wäre, sowohl Gehorsam gegenüber einem Befehl zu belohnen als auch Ungehorsam zu bestrafen, wenn wir hingegen keines von beiden zu tun geneigt wären, sollte sich der Vordersatz des Konditionals als falsch herausstellen.

Soweit es sich hierbei um eine Behauptung darüber handelt, was geschehen könnte, und nicht darüber, was in der normalen Sprache tatsächlich geschieht,[7] kann der Konversationalist erwidern, daß es ihm nur um die tatsächlichen Verwendungen der Konnektive geht. Doch obwohl man mit Recht behaupten kann, daß Bedingt-Befehlen und Bedingt-Fragen Sprechakte sind, die wir nicht vollziehen, so vollziehen wir doch andere Sprechakte, die Beziehungen miteinander eingehen, die man ziemlich zwanglos logisch nennen und mit Partikeln symbolisieren kann, an denen der Konversationalist ein Interesse hat, wobei man freilich diese Partikel auf

7 Dummett meint, daß wir echte bedingte Ja/Nein-Fragen verwenden, daß wir jedoch keine echten bedingten Befehle geben.

etwas anwendet, dem keine Wahrheitswerte zugeschrieben werden können. Das eine Erlaubnis ausdrückende »darf« etwa zeigt an, daß kein Imperativ vorliegt, obwohl einzuräumen ist, daß wir so etwas normalerweise nicht durch »nicht« in Verbindung mit einem Imperativ (und passenden Bereichskennzeichnungen) ausdrücken. Andererseits verwenden wir durchaus normal das »und« zur Verknüpfung von Sprechakten. Wie Dummett ((1973), S. 337) ausführt, verwenden wir es so im Falle in Konjunktion stehender Fragen wie »Ist sie weggegangen und hat sie alle Teelöffel gestohlen?«, worauf zwei Antworten erforderlich sind, da zwei Fragen gestellt sind.

Der Konversationalist kann darauf erwidern, daß »und« zwar in solchen Fällen einen speziellen Sinn hat, etwa wie wenn man zwischen zwei nichtverbalen Akten »und« sagt, um zu zeigen, daß sie zusammen zu denken sind. Aber er könnte sagen, daß hier eine natürliche Erweiterung des wahrheitsfunktionalen Gebrauchs vorliege, und daß dasselbe von ähnlichen Verwendungen der anderen Partikel gelte oder gelten würde. Es ist eine natürliche Erweiterung wegen der klaren Analogie zwischen den logischen Beziehungen, die zwischen Propositionen bestehen können, und den Beziehungen, die Sprechakte miteinander eingehen können, einer so klaren Analogie, daß es natürlich erscheint, auch die zuletzt genannten Beziehungen logisch zu nennen. Dennoch, so kann er sagen, *ist* es eine Erweiterung des Sinnes von »und«, eine Erweiterung, auf die die Konversationalistische Hypothese keine Anwendung findet. Aber nichts von Gewicht geht verloren, wenn die Ansprüche dieser Hypothese so eingeschränkt werden, daß dieser erweiterte Gebrauch als besondere Ausnahme erscheint.

Alternativ dazu könnte er jedoch versuchsweise vorschlagen, selbst hier den Sinn von »und« wahrheitsfunktional zu belassen. Das würde bedeuten, daß der wörtlichen Bedeutung von »Ist sie gegangen und hat sie alle Teelöffel gestohlen?« etwas Seltsames, etwas kategorial Absurdes anhaftet, eine Unangemessenheit, die einen Bruch des Kooperationsprinzips darstellen würde, es sei denn, daß der Sprecher etwas anderes als den Sinn seiner Worte mitteilen wollte. Und da es zwischen den logischen Beziehungen unter Propositionen und den logischen oder quasi-logischen Beziehungen, in denen Sprechakte untereinander stehen können, eine so klare Analogie gibt, wäre es da nicht natürlich, zu schließen, daß

der Sprecher wohl diese Analogie ausnützt, etwa wie im Falle einer Metapher, und daß er konversationell einen Zusammenhang, nicht zwischen zwei Propositionen, sondern zwischen zwei Akten impliziert?
Ich meine also, daß es Mackie nicht gelungen ist, die Inadäquatheit der Konversationalistischen Hypothese damit zu erweisen, daß sie bedingte Fragen und Befehle oder analoge Phänomene nicht behandeln kann. Was seine Behauptung angeht, daß sie mit irrealen Bedingungssätzen oder »selbst wenn«-Aussagen nicht zurecht komme, so können wir uns kürzer fassen, weil Mackie selbst uns, wie gesagt, den Anfang einer Erklärung im Sinne der Hypothese liefert. Jede materiale Implikation mit falschem Vordersatz ist wahr, normalerweise unterscheiden wir jedoch wahre und falsche irreale Bedingungssätze, und die Hypothese hat zu erklären, wie wir das tun können. Nun, wenn sich ein Sprecher die Mühe macht, einen bestimmten irrealen Bedingungssatz und nicht einen anderen zu behaupten, kann von seinen Hörern natürlich erwartet werden, daß sie nach einer Erklärung Ausschau halten, denn indem er eine so offensichtliche Wahrheit äußert, verletzt er das Kooperationsprinzip – in einem normalen Gespräch wäre seine Bemerkung, versteht man sie wörtlich, ohne Sinn und Zweck. Daraus ergibt sich, wie Mackie sagt:

> Da das zweite Konjunkt in ›Nicht-P und wenn P, dann Q‹ nach dieser Annahme überflüssig wäre, wird seine Verwendung (oder die von etwas Bedeutungsgleichem) konversationell implizieren, daß mit den Worten ›Wenn P, dann Q‹ darüber hinaus, daß sie durch nicht-P wahr gemacht werden, eine besondere Absicht verfolgt wird, und daß es daher einen Zusammenhang zwischen P und Q gibt, der die Konjunktion von P mit nicht-Q ausschließen würde, selbst wenn dieser nicht einfach durch die Falschheit von ›P‹ ausgeschlossen wäre. (Mackie (1973), S. 78)

Wir können hinzufügen, daß diese Implikatur durch die Wahl der »Wenn, dann«-Form durch den Sprecher sehr verstärkt wird, eine Form, die bei indikativischen Bedingungssätzen mit einer verallgemeinerten Implikatur eines Zusammenhangs (oder von etwas Ähnlichem) verbunden ist und die für Zwecke des Schließens besonders geeignet ist. Mackie wendet gegen diese Erklärung von irrealen Bedingungssätzen ein, daß sie »fantastisch bis zur Unplausibilität« sei, da man genau so gut annehmen könne, daß eine

Äußerung von »Das Baby hat einen Kopf« konversationell implizieren wird, daß das Baby zwei Köpfe hat. Denn der Sprecher »könnte es wohl kaum ein Baby nennen, wenn es nicht mindestens einen Kopf hätte« (Mackie (1973), S. 78).

Läßt man einmal Zweifel zum letzten Punkt beiseite, so ist die Äußerung des Sprechers hier wieder ohne jeden konversationellen Sinn und Zweck (außer in sehr ungewöhnlichen Umständen), weil sie so trivial wahr ist. Doch der Unterschied ist, daß diese Bemerkung in einer Weise verwirrend ist, wie es ein irrealer Bedingungssatz nicht ist. Ohne weitere Kontextinformation – die hilfreich sein kann, aber natürlich nicht muß – weiß man einfach nicht, worauf der Sprecher im Beispiel von Mackie hinauswill, und deshalb bringt er es auch nicht fertig, irgend etwas konversationell zu implizieren. Im Falle von irrealen Bedingungssätzen ist es jedoch nicht so: Die Wahl der »wenn, dann«-Form, mit deren Gebrauch wir von anderen Kontexten her vertraut sind, sowie natürlich im Normalfall das Vorliegen von einem p und einem q, die für diese Art von innerem Zusammenhang offensichtlich in Frage kommen, sind klare Hinweise darauf, was der Sprecher übermitteln will.

Schließlich zum »selbst wenn«. Dem Konversationalisten zuliebe schlägt Mackie als Sinn für »Selbst wenn p, q« vor: »Und gleichermaßen, $p \supset q$«. Sofern sich »und gleichermaßen« vom normalen »und« unterscheidet, dürfte Grice es wohl vorziehen, den Unterschied mit einer konventionellen Implikatur statt durch verschiedenen Sinn zu berücksichtigen; doch lassen wir das beiseite. In einem Kontext, wo sich zwanglos nicht-$p \supset q$ annehmen läßt, dürfte eine Äußerung von »Und gleichermaßen, $p \supset q$« wohl nahelegen, daß es dies (nicht-$p \supset q$) ist, womit »$p \supset q$« verbunden werden soll: Und so kann es benutzt werden, um »$(\neg p \supset q) \wedge (p \supset q)$« zu übermitteln – im Verbund wohl mit weiteren Implikaturen, die dies seinerseits haben mag – »wobei das zweite Konjunkt behauptet, das erste lediglich nahegelegt wird«. Zu dieser seiner Erklärung sagt Mackie: »Das ist alles ein wenig gewaltsam, aber es ist möglich« ((1973), S. 79). Es ist in der Tat möglich. Doch wäre es ohnehin nicht schlimm, wenn sich eine konversationalistische Erklärung für das »selbst wenn« nicht finden ließe, da man annehmen kann, daß »selbst« (»even«) seine eigenen Implikaturen hat, die etwaigen Schwierigkeiten Rechnung tragen dürften.

So viel also zum »wenn«. Die Konversationalistische Hypothese

erklärt scheinbar nicht-wahrheitsfunktionale Verwendungen von »oder« in ähnlicher Weise. Erneut schlägt Grice vor, daß mit der Verwendung des Wortes eine generalisierte konversationelle Implikatur verbunden ist. Wenn jemand sagt »Entweder Amin wird bald gestürzt oder die Israelis werden sich aus Ruanda zurückziehen«, so impliziert er in Abwesenheit spezieller Umstände konversationell, daß er nicht-wahrheitsfunktionale Gründe für seine Behauptung hat, oder wenigstens, daß es zwischen den Disjunkten einen Zusammenhang gibt. Hätte er als Grund für seine Behauptung stattdessen das Wissen gehabt, daß (wenigstens) eines der Disjunkte wahr ist, so hätte er das Kooperationsprinzip verletzt, da er von der für uns als belangvoll anzusehenden Information weniger als für ihn möglich geliefert hätte. (Das gilt nur für normale Umstände; so würde keine Verletzung vorzuliegen brauchen, wenn er ein freischaffender Geheimagent wäre, der uns präzisere Informationen höher in Rechnung stellen würde.) Grice fügt hinzu, daß, wie das »wenn, dann« seine natürliche Bestimmung im Gebrauch beim Schließen zu haben scheint, so das »oder« beim Beantworten von W-Fragen (Wer ...? Wo ...? usw.), auf welche die beste Antwort die am meisten spezifische ist, die wir geben können.
Cohens Strategie ist dieselbe wie zuvor. Nach seiner Semantischen Hypothese ist das Element, das nach Grice konversationell übermittelt wird, in den Sinn von »oder« eingebaut, wobei er freilich zuläßt, daß es erforderlichenfalls vom Kontext getilgt werden kann. Sein Einwand gegen die konversationalistische Erklärung ergibt sich wiederum aus der Betrachtung bedingter Behauptungen, in denen das Konnektiv innerhalb des Vordersatzes vorkommt. Er gibt folgendes Beispiel:

(4) Wenn der Preis entweder im Garten oder in der Mansarde ist, und er ist in der Mansarde, wird der Gärtner froh sein (Cohen, dieser Band, S. 416).

Wiederum gilt: Würde der Vordersatz rein wahrheitsfunktional aufgefaßt, so wäre die Disjunktion streng genommen ohne Belang, denn der Wahrheitswert des ganzen Vordersatzes wäre durch den Wahrheitswert von »der Preis ist in der Mansarde« eindeutig bestimmt. Der Konversationalist kann darauf wie zuvor erwidern, daß man den Sinn von (4) wahrheitsfunktional auffassen kann, ohne damit zugleich annehmen zu müssen, daß das, was man normalerweise und natürlich als den Wahrheitswert des Satzes ansieht, allein durch seinen Sinn (und seine Referenz) bestimmt wird.

In jedem dieser Fälle, beim »und«, beim »wenn« und beim »oder« vertritt Cohen das Argument, daß die Konversationalistische Hypothese scheitere, weil sie nur einfache Fälle in Betracht ziehe, Fälle jedoch, bei denen das jeweilige Konnektiv innerhalb des Vorsatzes eines Konditionals vorkomme, außer acht lasse. In seinem letzten Abschnitt zieht er explizit die Parallele zu Sprechaktanalysen des Wahren, des Guten usw., gegen die eingewandt wurde, daß derartige Erklärungen mit gewissen Vorkommen der entsprechenden Terme in nicht-behaupteten Teilsätzen nicht zurechtkommen.

> Solche Theorien entlehnen ihre scheinbare Stärke der Betrachtung relativ einfacher Beispiele. Ihre Schwäche wird aber offenkundig, sobald man komplexere Sätze überprüft – insbesondere Sätze, in denen die fragliche Wendung im Vordersatz eines Konditionalsatzes vorkommt. (Cohen, dieser Band, S. 418.)

Nun ist dieser Einwand gegen Sprechaktanalysen von Begriffen wie Wahrheit und das Gute durchaus nicht ohne weiteres unüberwindlich (vgl. Hare [1970]; Dummett [1973], S. 351 ff.). Aber was hier mehr ins Gewicht fällt, ist, daß die Parallele nicht sehr nahe ist. Die Schwierigkeit im Falle der Sprechaktanalysen entsteht deshalb, weil der Sprecher den jeweils relevanten Akt – Empfehlen, Bestätigen oder was sonst auch immer – in einem Nebensatz, wie etwa dem Vordersatz eines Konditionals, nicht vollziehen kann. Für die Konversationalistische Hypothese gibt es jedoch kein vergleichbares Problem. Nach ihr kann ein Sprecher mit einer besonderen Äußerung bei Gelegenheit mehr übermitteln, als in der Bedeutung seiner Äußerung streng genommen enthalten ist, indem er sich auf die allgemeine Anerkennung des Griceschen Kooperationsprinzips verläßt. Sie bezieht sich daher auf Äußerungen unabhängig davon, ob diese selbständige Sprechakte darstellen oder nicht. Eine Äußerung eines Nebensatzes, wie etwa des Vordersatzes eines Konditionals, ist immer noch eine Äußerung und kann daher mehr übermitteln, als sie wörtlich bedeutet. Sie kann z. B. eine weitere Bedingung übermitteln, von der der Nachsatz abhängig gedacht werden soll.

Auch die Bemerkungen Cohens zum »nicht« sollten erwähnt werden, obwohl er kein großes Gewicht auf sie legt. Eine wahrheitsfunktionale Erklärung des Sinnes von »nicht« scheint ja in der Tat sehr einleuchtend zu sein, und man kann sich schwer vorstellen, welche alternative Erklärung Cohens Semantische Hypothese geben könnte. Er versucht nicht, es uns zu erklären, und beschränkt seine Bemerkungen auf die Frage, ob der Konversationalist mit der doppelten Verneinung im Cockney – »You won't get no beer here« (»Sie werden hier kein Bier nicht kriegen«) – und ihren Gegenstücken in verschiedenen anderen Sprachen. Denn wenn der Sinn der Verneinungspartikel wahrheitsfunktional ist, müßte sich eine doppelte Verneinung aufheben (Cohen, dieser Band, S. 398 f.). Er führt aus, daß es nicht sehr einleuchtend wäre, diese Fälle als Beispiele von Ironie zu behandeln. Doch hier sollte der Konversationalist, wie Cohen zum Teil sieht, überhaupt keine Implikaturen ins Spiel bringen. Was nämlich das Cockney betrifft, so ist es nicht das Wort »not« (»nicht«), von dem man sagen sollte, daß es mit der wahrheitsfunktionalen Negation sinngleich ist, sondern welches sprachliche Mittel auch immer in diesem Dialekt die Verneinungsfunktion hat, für die im Standard-Englischen »not« dient. Bezöge sich die These lediglich auf dieses Wort des Standard-Englischen, so wäre sie von sehr beschränkter Bedeutung. Aber das ist nicht der Fall, sie bezieht sich auf dieses Wort und seine Gegenstücke in anderen natürlichen Sprachen. Und das Gegenstück von »not« im Cockney ist nicht »not« (oder jedenfalls nicht ohne weiteres).

Es mag sein, daß jemand, der die Praxis nicht kennt, die Verneinungspartikel emphatisch zu gebrauchen, doch verstehen könnte, was mit »You won't get no beer here« gemeint ist, indem er einen Gedankengang vollzieht, den wir nach der Darstellung des Konversationalisten im Unterbewußtsein vollziehen, wenn wir mit einer scheinbaren Verletzung des Kooperationsprinzips konfrontiert werden. Denn es kann vom Kontext her klar sein, daß kein Bier zu haben ist, als auch, daß der Sprecher nicht versucht, witzig oder ironisch zu sein. Daher ist die wahrscheinlichste Deutung der Bemerkung, daß mit ihr gemeint ist, »Sie werden hier kein Bier mehr bekommen«. In diesem Fall wäre es jedoch falsch zu sagen, der Cockney-Sprecher impliziere hier irgendetwas konversationell, denn seine Erwartung, daß der Hörer erfassen wird, was zu ihm gesagt wurde, gründet sich nicht darauf, daß er diesem zu-

traut, das Kooperationsprinzip zufriedenstellend anzuwenden, sondern vielmehr auf dem (falschen) Glauben, daß dieser mit der konventionellen Bedeutung des Satzes im Cockney vertraut ist.
Sehr viel wichtiger sind einige weitere Bemerkungen Cohens zur Negation und zum »wenn, dann« (Cohen, dieser Band, S. 414 f.). Grice glaubt, daß die Konversationalistische Hypothese auf eine ernsthafte Schwierigkeit stößt, eine Schwierigkeit, für die er keinen Ausweg weiß, nämlich verneinte Bedingungssätze. In einem Fall wie »Es ist nicht der Fall, daß Mr. Wilson, falls die Liberalen die nächste Wahl gewinnen, zurücktreten wird« scheint nicht die materiale Implikation verneint zu werden, sondern vielmehr das, was nach der Hypothese von dem Bedingungssatz konversationell impliziert wird. Der Sprecher sagt damit nicht, daß die Liberalen gewinnen werden und daß Mr. Wilson nicht zurücktreten wird, vielmehr verneint er einen Zusammenhang zwischen diesen Dingen. Grice meint, daß sich die Verneinung eindeutig auf den Sinn, statt auf die konversationellen Implikaturen beziehen sollte. Cohen dagegen sieht darin, anders als Grice, eher einen schwachen Einwand gegen die Konversationalistische Hypothese. Es gibt, sagt er, eine Fülle von Fällen, in denen die Verneinung einer Behauptung auch eine Verneinung dessen ist, was sie impliziert. Ob sie das in einem Einzelfall ist, »muß von der Art der Behauptung und der Art der Implikatur abhängen«. Es ist in der Tat ziemlich offensichtlich, daß ich, wenn ich eine Behauptung verneine (und der Kontext derselbe bleibt), damit die Implikaturen aufhebe, die sich aus der Behauptung ergaben. Und meine neue negative Behauptung kann ihre eigenen Implikaturen mit sich bringen, die mit diesen im Konflikt stehen.
Grice ist sich darüber im klaren. Seine eigene Illustration lautet »Sie ist nicht die Sahne in meinem Kaffee«, was wegen der Abwegigkeit der wörtlichen Bedeutung in den meisten Kontexten – z. B. außerhalb eines griechischen Mythos unserer Zeit – als Verneinung dessen zu deuten ist, was durch »Sie ist die Sahne in meinem Kaffee« impliziert würde. Aber er betrachtet damit die Schwierigkeit nicht als gelöst. Wenn ich ihn richtig verstehe (was durchaus nicht sein muß), meint er, daß zwar hier der Sinn sowohl als auch die Implikaturen verneint werden; denn die Tatsache, daß die negierte Äußerung, wörtlich verstanden, das Kooperationsprinzip verletzen würde, führt zu neuen Implikaturen, sol-

chen nämlich, die diejenigen negieren, welche die nichtnegierte Äußerung im selben Kontext haben würde. Bei negierten Bedingungssätzen hingegen ist das nicht so. Zum einen wird der hypothetisch angenommene Sinn hier, so scheint es, überhaupt nicht negiert. Würde der Sprecher ihn andererseits negieren und damit etwas behaupten, was auf »Die Liberalen werden gewinnen und Mr. Wilson wird nicht zurücktreten« hinausläuft, wäre das in den meisten Kontexten weder konversationell seltsam noch nichtssagend und würde somit nicht zu den nötigen Implikaturen führen.
Mit der Konversationalistischen Hypothese legt man sich zweifellos auf die Ansicht fest, daß der Sinn von »Es ist nicht der Fall, daß, wenn p, dann q« derselbe ist wie der von »p und nicht-q«. Auch Cohen macht daraus einen Einwand gegen sie (Cohen, dieser Band, S. 415). Aber es ist ein Einwand, der in etwa seinen vorigen Einwänden ähnelt. »Die Liberalen werden gewinnen und Mr. Wilson wird nicht zurücktreten« kann falsch sein, wenn man den negierten Bedingungssatz als wahr bezeichnen würde. Doch wir haben schon gesehen, daß es unrichtig ist anzunehmen, Implikaturen trügen zu unseren gewöhnlichen Wahrheitswertzuschreibungen nichts bei. Der Konversationalist wird die Ansicht vertreten, daß der Sinn des negierten Konditionals durch »Die Liberalen werden gewinnen und Mr. Wilson wird nicht zurücktreten« gegeben ist, daß man jedoch dies durchaus als falsch ansehen kann und trotzdem das negierte Konditional benutzen kann, um etwas zu übermitteln, was man für wahr hält. Würde dem Konversationalisten nicht zugestanden, den Wahrheitswert einer Äußerung von demjenigen Wahrheitswert zu unterscheiden, den sie bei isolierter Betrachtung ihres propositionalen Gehalts haben würde, so würde seine Hypothese von vorneherein scheitern, da er dann »Wenn ich jetzt aufhöre, diesen Aufsatz weiterzuschreiben, wird Amin Kenya erobern« als wahr zulassen müßte, obwohl es offensichtlich falsch ist (es sei denn, man wirft die Intuition über Bord und führt einen technischen Begriff der wörtlichen Wahrheit ein). Es ist wohl auch kein Einwand gegen den Konversationalisten, wenn man sagt, daß man sich des Sinns eines negierten Konditionals nicht *bewußt* ist, wenn man es äußert, sonst wäre die Konversationalistische Hypothese wieder von vorneherein zum Scheitern verurteilt – denn wenn man einen nichtnegierten Bedingungssatz äußert, ist man sich auch im allgemeinen nicht bewußt, daß

»wenn« einen wahrheitsfunktionalen Sinn hat. Ebensowenig ist es ein Einwand, daß ich mich durch das negierte Konditional nicht als festgelegt auf »Die Liberalen werden die nächste Wahl gewinnen« ansehe oder die Hypothese ist wieder von vorneherein ausgeschlossen, denn ich glaube ja auch nicht, mich mit »Ich höre jetzt nicht auf, diesen Aufsatz weiterzuschreiben« auf »Wenn ich jetzt aufhöre, diesen Aufsatz weiterzuschreiben, wird Amin Kenya erobern« festzulegen.

Es bleibt der Einwand, daß die für das negierte Konditional angenommene Implikatur mit konversationellen Mitteln nicht erzeugt werden kann. Diese Hürde scheint jedoch überwindbar zu sein. Unter Bedingungen, unter denen ich etwas von der Form »Es ist nicht der Fall, daß, wenn p, dann q«, behaupte, wäre es vielfach abwegig, »p und nicht-q« zu behaupten, und meine Zuhörer wissen das auch. Sie könnten etwa wissen, daß ich nicht in der Lage bin zu sagen, ob p und ob q der Fall ist. Oder der anerkannte Zweck des Gesprächs macht es hinreichend klar, daß der Zusammenhang zwischen p und q, falls er vorliegt, von Interesse ist. Selbst wenn das nicht der Fall ist, richtet sich das Interesse des Hörers sehr oft weniger auf p als auf den Wahrheitswert von q, und wenn ich weiß, daß q falsch ist, muß ich das auch ohne Umschweife sagen. Wichtiger noch, selbst wenn keiner dieser Umstände vorliegt, bleibt es doch wahr, daß wir im allgemeinen »$\neg(p \supset q)$« erheblich weniger klar finden als »$p \wedge \neg q$«, um dieselbe Information zu übermitteln. Daher verstößt man gegen das Kooperationsprinzip, wenn man im normalen Gesprächskontext mutwillig die normalsprachliche Version der umständlicheren Formulierung benutzt, ohne damit etwas anzuzeigen. Benutze ich sie, so wird mein Gebrauch der Negation das bejahende »Wenn p, dann q«, das ich negiere, ins Bewußtsein rufen; und wenn eine Äußerung von »Wenn p, dann q« im selben Kontext eine konversationelle Implikatur mit sich brächte, kann man dann nicht vernünftigerweise annehmen, daß ich eben darauf hinweisen will, genauer, daß ich sie verneinen will?

II

Daß die Konversationalistische Hypothese gegenüber diesen Einwänden bestehen zu können scheint, zeigt noch nicht, daß sie richtig ist, noch auch, daß mit der Semantischen Hypothese von Cohen etwas nicht stimmt oder mit der alternativen Theorie, die in einer Weise zur Vervielfältigung der Bedeutungen der logischen Partikel bereit ist, die weder Grice noch Cohen dulden würden. Bis jetzt haben wir noch keine Methode, um zu unterscheiden, was durch eine Äußerung aufgrund ihres Sinnes übermittelt wird, und was gegebenenfalls konversationelle Implikaturen sind. Um entscheiden zu können, welche dieser Hypothesen richtig ist, werden wir den Begriff der konversationellen Implikatur und den Begriff des Sinnes näher prüfen müssen.

Eine konversationelle Implikatur wird durch die Verwendung einer speziellen Äußerung in einem speziellen Kontext erzeugt; und allgemein ist eine Äußerung Träger einer konversationellen Implikatur, weil sie der Sprecher (oder Schreiber oder ...) so intendiert. Es gibt freilich Fälle, in denen eine Äußerung den Zuhörern einen Wink oder eine Nuance übermittelt, ohne daß das beabsichtigt war – ebenso wie sie einen Sinn übermitteln kann, den der Sprecher nicht intendierte, etwa weil er sich mit seinen Worten vertan hat. Man könnte also die Klasse der konversationellen Implikaturen nicht nur die von den Sprechern als solche intendierten umfassen lassen, sondern auch diejenigen, welche Äußerungsvorkommnisse in Kontexten mit sich bringen, in welchen die Zuhörer in natürlicher Weise annehmen würden, daß sie als solche indentiert sind. Doch diese letzten Fälle sind in einem Sinne sekundär, denn die Implikaturen entstehen nur durch ein Mißverständnis; was sie entstehen läßt, sind die Hörererwartungen bezüglich dessen, was der Sprecher *intendieren* muß. So brauche ich mit der rühmenden Hervorhebung von jemandes Radfahrkünsten nicht im geringsten die Absicht zu verfolgen, seine sonstigen Fähigkeiten herabzusetzen, dennoch könnte es unter den gegebenen Umständen für meine Zuhörer naheliegen, mich so zu verstehen, – eben indem sie von der (in diesem Fall fehlgehenden) Überlegung ausgehen, daß das Kooperationsprinzip mich von meiner Äußerung abgehalten hätte, wenn ich nicht diese zusätzliche Information hätte übermitteln wollen.

Die Intention eines Sprechers, etwas durch eine konversationelle Implikatur zu übermitteln, muß das sein, was Grice eine M-Intention nennt (Grice (1969)), ebenso wie seine Intention, etwas aufgrund des allgemein akzeptierten Sinnes seiner Worte zu übermitteln. Beides ist Teil dessen, was er mit seiner Äußerung *meint (»means«)*, in einem weiten und intuitiven Sinne von »meint«. Es macht einige Schwierigkeiten, eine genaue Analyse dieses weiten Sinnes von »meint« zu liefern, und damit völlig zu klären, was es heißt, daß ein Sprecher die M-Intention hat, etwas zu übermitteln. Grob gesprochen ist dazu erforderlich, daß der Sprecher intendiert, im Hörer eine bestimmte Wirkung hervorzurufen (häufig die Annahme oder, wie Grice es nennt, die Aktivierung – das Ins-Bewußtsein-Bringen – eines Glaubens, (1969), dieser Band, S. 43; ferner, daß er zusätzlich intendiert, daß diese Wirkung zumindest teilweise hervorgerufen wird durch des Hörers Erkenntnis seiner Intention, sie hervorzurufen. Überdies muß er intendieren, daß der Hörer diese zweite Intention höherer Ordnung erkennt; und daß er die dritte, eben erwähnte Intention von noch höherer Ordnung erkennt; und so fort. Der Sprecher muß also intendieren, daß seine Intentionen vor seinen Zuhörern »völlig offen« (»wholly overt«) liegen (Grice [1969], dieser Band; Strawson [1964], S. 454; Schiffer [1972], Kap. 2).[8] Um völlig richtig zu sein, be-

8 Schiffer nimmt eine Reihe von Modifikationen vor, deren wichtigste sein Versuch ist, mit dieser Iteration der Intentionen durch Verwendung des Begriffs »wechselseitiges Wissen*« (»mutual knowledge*«), wie er es nennt, fertig zu werden – es ist mehr oder weniger dasselbe wie das »gemeinsame Wissen« (»common knowledge«) von Lewis (siehe unten, Anm. 15). Zwei Leute »wissen wechselseitig*«, daß p, genau dann wenn jeder weiß, daß p, jeder weiß, daß der andere das weiß, jeder weiß, daß der andere weiß, daß er es weiß, usw. usw. Schiffer fordert noch versuchsweise, daß der Sprecher sowohl intendiert, daß es zwischen Sprecher und Hörer »wechselseitiges Wissen*« ist, daß der Sprecher die Wirkung im Hörer aufgrund von Intentionserkenntnis hervorzurufen intendiert, als auch, daß er dieses »wechselseitige Wissen*« herbeizuführen intendiert. Das ist geschickt, aber zu stark, wie Schiffer erkennt: Ein Sprecher, der nicht weiß, wer, wenn überhaupt jemand, ihm zuhören wird, intendiert nicht, bei sich und dem unbekannten Hörer einen Zustand wechselseitigen Wissens herbeizuführen. Vielmehr ist seine Intention, daß jeder, der ihn hört, seine Intentionen erkennen soll; und Schiffer modifiziert denn auch seine Erklärung in dieser Richtung ((1972), S. 74 ff.). Mir ist jedoch nicht klar, inwiefern der Begriff des wechselseitigen Wissens* in diesem Zusammenhang noch irgendeine Funktion erfüllt. Der Sprecher, S, muß zwar intendieren, daß jeder, der ihn hört, erkennen soll, was seine Intentionen sind, aber es ist nicht notwendig, daß S einen Zustand herbeizuführen intendiert, in welchem er selbst irgend etwas darüber weiß oder auch nur glaubt, was irgend jemand, der ihn hört, wissen mag. Doch daß dies erforderlich ist, ergibt sich aus der verbesserten Erklärung von Schiffer (S. 75 f.). Es könnte ihn ja jemand hören, der ihn nicht versteht, und es ist nicht Teil der M-Intention von S, in sich selbst den Glauben herbeizuführen, daß das nicht der

dürfte es noch eines Zusatzes, doch ist es für unsere gegenwärtigen Zwecke nicht nötig, darauf einzugehen. Wir wollen annehmen, daß der Zusatz gemacht wurde, und wollen einfach sagen, daß konversationelle Implikaturen zu dem gehören, dessen Übermittlung Sprecher M-intendieren.

Wir können somit vielleicht sagen, daß ein Sprecher, S, mit einem Äußerungsvorkommen, U, nur dann konversationell φ impliziert, wenn S U äußert und damit M-intendiert, seinen Zuhörern φ zu übermitteln aufgrund der Erwartung der Zuhörer, daß er sich sowohl an das Kooperationsprinzip hält als auch erwartet, daß man von ihm annimmt, daß er sich daran hält. Oder – um die Sache ein wenig anders zu fassen – S impliziert mit U nur dann konversationell φ, wenn S mit der Äußerung U M-intendiert, seinen Zuhörern φ zu übermitteln, und intendiert, daß diese Intention zum Teil deshalb erkannt wird, weil die Zuhörer von S erwarten, daß er sich an das Kooperationsprinzip hält, und weil die Zuhörer auch erwarten, daß S diese ihre Erwartung antizipiert und entsprechend handelt. Es ist natürlich einzuräumen, daß es unwahrscheinlich ist, daß sich S der genauen Form seiner Intentionen bewußt ist; ebensowenig werden sich seine Zuhörer dessen bewußt sein, daß ihre Erwartungen in dieser Weise charakterisiert werden können. Aber viele unserer Erwartungen und Intentionen sind derart, daß wir sie uns nicht bewußt formulieren oder das auch nur könnten, vor allem nicht die komplexen, die mit linguistischen Regeln und Praktiken verbunden sind. Daß wir solche Intentionen und Erwartungen haben, zeigt sich in dem, was wir tun, nicht darin, was wir in unserem Innern wahrnehmen.

Mit der gegebenen Bestimmung haben wir nur eine notwendige Bedingung für die Wahrheit von »S impliziert konversationell φ«. Nicht alles, was mit einer M-Intention unter Zuhilfenahme des

Fall sein wird. Selbst wenn S sich an eine bestimmte Person wendet, braucht er nicht zu intendieren, sich selbst *glauben* zu machen, daß diese Person seine Intentionen erkennen wird; wenn S nur Englisch sprechen kann und einen bulgarischen Polizeibeamten anspricht, kann er sich durchaus im klaren sein, daß diese Intentionserkenntnis unwahrscheinlich ist. Also geht es S nicht darum, irgend etwas herbeizuführen, was man selbst in einem weiten Sinne einen Zustand wechselseitigen Wissens* nennen könnte; seine Intentionen richten sich nur darauf, was sein Hörer erkennen soll, nicht jedoch darauf, was er selbst wissen sollte. Damit scheinen wir wieder dort angelangt zu sein, wo wir vor Einführung der Idee des wechselseitigen Wissens* schon waren.

Kooperationsprinzips übermittelt wird, ist als konversationelle Implikatur aufzufassen. Zum einen stützen wir uns in Fällen gewöhnlicher Mehrdeutigkeit auf dieses Prinzip, um den jeweils intendierten Sinn zu bestimmen. Wenn ich etwa sage: »Die Bank ist moosbewachsen« kann ich mich normalerweise darauf verlassen, daß der akzeptierte Gesprächszweck die Mehrdeutigkeit meiner Bemerkung aufhebt (z. B. könnten wir gerade über die Gebäude an einer Straße reden). Hier wird der intendierte Sinn meiner Bemerkung allein aufgrund der vorgängigen Annahme übermittelt, daß ich dem Kooperationsprinzip gehorche. Man würde jedoch nicht sagen, daß der intendierte Sinn konversationell impliziert wurde. Um dem Rechnung zu tragen, können wir festlegen, daß ein Äußerungsvorkommen, das Träger einer konversationellen Implikatur ist, dies teilweise aufgrund des Sinnes ist. Denn die Implikatur ihrerseits kann den Sinn nicht erst bestimmen, da der Sinn schon verstanden sein muß. Somit erhalten wir: S impliziert mit U konversationell φ genau dann, wenn S, indem er U äußert, M-intendiert, seinen Zuhörern φ zu übermitteln, und bezüglich dieser Intention weiter intendiert, daß sie teilweise erkannt wird aufgrund der Erkenntnis des Sinnes von U durch die Zuhörer (zusammen mit deren Erwartung, daß S den Sinn von U ebenfalls kennt), teilweise aber auch, weil die Zuhörer erwarten, daß sich S an das Kooperationsprinzip hält, und erwarten, daß S diese Erwartung antizipiert und entsprechend handelt. Durch diese Festlegung ist die Möglichkeit ausgeschlossen, daß eine Äußerung, die einen Sinn entbehrt, Träger einer konversationellen Implikatur ist, doch braucht das kein Nachteil zu sein.

Eine weitere Einschränkung scheint erforderlich zu sein, um gewisse allgemein übliche Fälle von Referenz behandeln zu können. Das Kooperationsprinzip hilft häufig bei der Festlegung dessen, worauf der Sprecher jeweils referiert, wenn er einen Eigennamen oder eine definite Deskription verwendet, weil es mehr als einen Träger des Namens oder mehr als einen Gegenstand gibt, der das Prädikat erfüllt, aus dem die Deskription gebildet ist. Das Kooperationsprinzip ermöglicht dem Sprecher zu übermitteln, daß der Tom, über den er gerade redet, der Tom ist, den wir eben verlassen haben, und daß er mit »die Kerze auf der Anrichte« diejenige meint, die wir beide sehen können und nicht etwa irgendeine Kerze auf einer Anrichte in Timbuktu. In solchen Fällen, wo das, worauf referiert wurde, ein Träger des Namens ist oder das relevante Prädikat erfüllt, würden wir normalerweise annehmen, daß die erfolgreiche Referenz darüber entscheidet, was »im strengen und wörtlichen Sinne gesagt« wurde; ich werde also hier definitorisch festlegen, daß der Sprecher nicht konversationell impliziert, worauf er in solchen Fällen referiert. Etwas anderes ist es natürlich, wenn er die M-Intention hat, auf etwas zu referieren, was nicht Träger des verwendeten Namens ist oder die Deskription nicht erfüllt, wie etwa wenn er mit »Alexander der Große« auf einen unzuständigen Subalternen referiert oder mit »die Großmutter Europas« auf Königin Victoria.

Mit dieser Einschränkung also könnte etwas, was in der oben angedeuteten Richtung liegt, sowohl hinreichend als auch notwendig für das Vorliegen einer konversationellen Implikatur sein, jedenfalls wenn man es ausdehnt, um diejenigen sekundären Fälle abzudecken, bei denen man sagen könnte, daß ein Äußerungsvorkommnis Träger einer Implikatur ist, obwohl das vom Sprecher nicht M-intendiert war. Aber es ist nicht unmittelbar klar, wie uns das bei der Entscheidung helfen soll, ob die Konversationalistische Hypothese richtig ist. Die Konversationalistische Hypothese mag zeigen können, daß unser normales Verständnis der logischen Partikel durch konversationelle Implikaturen übermittelt werden *könnte*, falls ihr Sinn wahrheitsfunktional wäre, aber daraus folgt nicht, daß das *tatsächlich* geschieht. Es kann immer noch sein, daß ihr Sinn nicht wahrheitsfunktional ist. Da das Scheitern der Argumente gegen die Hypothese nicht zeigt, daß sie richtig ist, sieht die Feststellung, ob sie es ist oder nicht, allmählich etwas schwierig aus. Den Sprecher selbst als Instanz anzurufen, wäre nicht sehr befriedigend, da er wahrscheinlich keine klare Vorstellung darüber hat, was zum Sinn seiner Äußerung gehört und was er durch konversationelle Mittel übermittelt.

Wir könnten diese Schwierigkeit dadurch umgehen, daß wir darauf bestehen, daß immer wenn es *möglich* ist, die Tatsache, daß φ mitgeteilt wurde, damit zu erklären, daß es konversationell übermittelt wurde und nicht Teil des Sinnes der Äußerung ist, es auch so erklärt werden *sollte*. Mit anderen Worten, wir könnten die Empfehlung, Bedeutungen nicht ohne Not zu vervielfältigen, sehr ernst nehmen und daran festhalten, daß eine angemessene Erklärung der Kommunikation dem Sinn und den Sinnunterschieden eine möglichst kleine Rolle zuweisen würde, eine möglichst große Rolle dagegen dem Kooperationsprinzip. Doch so anziehend diese Empfehlung sein mag, sie führt zu unerwünschten Konsequenzen. Denn es erscheint durchaus möglich, daß sich für ein Wort ein neuer *Sinn* entwickelt als Folge der Wirkung des Kooperationsprinzips: Eine konversationelle Implikatur verfestigt sich so zur Standardbedeutung. Daß so etwas geschieht, wird von Grice anerkannt. Es ist zumindest strittig, wann ein Ausdruck wie »grass roots« (Graswurzeln, Basis) als Metapher so abgenutzt ist, daß die Leute sogar die alte Bedeutung vergessen können. Aber der Übergang von einer verfestigten Metapher zu einer, die das noch nicht ist, ist graduell, und jemand, dem eine verfestigte Metapher nicht geläufig ist, mag das, was mit ihr übermittelt wird, aufgrund seines Verständnisses des alten Sinns erschließen sowie der Annahme, daß sich der Sprecher an das Kooperationsprinzip hält. Dasselbe kann bei Fällen von Ironie eintreten; so hat in Ost-Deutschland das Wort »Heldentat«, angewandt auf amerikanische Aktionen in Süd-Ost-Asien, einen neuen Sinn erhalten und bedeutet nicht mehr ›heldenhafte Tat‹. Des weiteren ließe sich die Auffassung vertreten, daß wir dann, wenn wir unsere ganzen Intuitionen über den Sinn ignorieren und die Idee von der minimalen Funktion der Sinne tatsächlich ernst nehmen, schließlich bei einer Theorie landen, die *jeder* Äußerung denselben Sinn zuweist und jeden Unterschied konversationell erklärt – wobei das Hauptgewicht auf die Idee der konventionellen Implikatur gelegt wird und etwa gesagt wird, daß »Es ist fast Schlafenszeit« zwar eigentlich »Heil dem geweihten Pilz« *bedeute*, daß jedoch die Wahl gerade dieser Worte bei dieser Gelegenheit im Verein mit anderen Kontextmerkmalen dem Hörer, der vom Sprecher eine passende, aufrichtige und hilfreiche Ausdrucksweise erwartet, anzeigt, was die tatsächliche Botschaft ist.[9]

Der Fall der Metapher legt nahe, daß wir uns wohl keine sehr scharfe Unterscheidung zwischen dem Sinn einer Äußerung und dem, was sie konversationell impliziert, erhoffen sollten. Doch scheint es einen sehr gewichtigen Unterschied zwischen den beiden zu geben. Der Sinn kommt etwas als einem Vorkommnis eines Äußerungstyps zu – als einem Element einer Klasse von Zeichen-

9 Diese Konsequenz wurde von David Bostock in einem Gespräch angedeutet.

vorkommen mit einer gemeinsamen physischen Gestalt. Konversationelle Implikaturen dagegen werden durch die Umstände erzeugt, unter denen diese besondere Äußerung vorkommt, und es kann sein, daß kein anderes Vorkommen desselben Äußerungstyps jemals in einem Gespräch mit genau denselben anerkannten Zielen oder unter genau denselben Bedingungen vorkommt. Für ein *Test*verfahren zur Entscheidung, ob eine gegebene Implikation konversationell ist oder allein auf den Sinn zurückgeht, ist dieser Unterschied jedoch nicht sehr hilfreich. Denn es wird nicht ausreichen, wenn man sagt, man könne den Test durchführen, indem man feststellt, ob andere Äußerungen desselben Typs dieselbe Implikation haben. Eine Äußerung könnte ja das einzige Vorkommen ihres Typs sein, das je mit diesem *Sinn* produziert wurde, oder sogar das einzige Vorkommen ihres Typs, das überhaupt jemals produziert wurde. Wir können sie dann immer noch ein Vorkommen eines Typs nennen und von einem Sinn sprechen, der ihr als solcher zukommt. Und obwohl es auf der anderen Seite geschehen mag, daß sich eine einzelne konversationelle Implikatur nur einmal mit einer Äußerung eines gegebenen Typs verbindet, kann es auch geschehen, daß sie sich häufig oder sogar normalerweise mit solchen Äußerungen verbindet, denn es kann sein, daß die für die Erzeugung der Implikatur passenden Gesprächsbedingungen häufig oder normalerweise gegeben sind. Das wird ja bei Wörtern wie »wenn ... dann ...« von der Konversationalistischen Hypothese durchaus vertreten.

Man könnte es für möglich halten, einen Test unter Berufung auf den Wahrheitsbegriff zu konzipieren, mit der Begründung, daß Wahrheitswerte durch den Sinn und nicht durch konversationelle Implikaturen bestimmt würden. Doch wir haben schon gesehen, daß diese Ansicht nicht haltbar ist. Wir können uns zwar für die Redeweise entscheiden, daß der Wahrheitswert einer Äußerung »im wörtlichen Sinne« durch ihren Sinn und ihre Referenz allein festgelegt werde, aber dann werden unsere gewöhnlichen Intuitionen über Wahrheit und Falschheit uns nicht als Wegweiser zum Wahrheitswert einer Äußerung »im wörtlichen Sinne« in dieser technischen Verwendung führen können.[10]

10 Es ist denkbar, daß der Konversationalist seine Position mit einer Korrespondenztheorie der Wahrheit zu untermauern versuchen könnte: Er könnte argumentieren, daß eine empirische Aussage eigentlich nur dann als wahr oder

Grice stellt zwei andere Kriterien zur Debatte, um über das Vorliegen einer konversationellen Implikatur zu entscheiden: Ist die Implikation annullierbar? Sowie: Ist sie nichtabtrennbar? Das erste der beiden Kriterien ist das wichtigere. Nach ihm kann ein Sprecher, wenn eine Äußerung in einem bestimmten Kontext mit einer konversationellen Implikatur verbunden ist, immer einen anderen Kontext finden oder herstellen, in dem er ein Vorkommen desselben Äußerungstyps mit demselben Sinn und derselben Referenz verwenden kann, jedoch ohne die Implikatur. Eine Weise, solch einen Kontext herzustellen, besteht einfach darin, einen ausdrücklichen Widerruf der Implikatur hinzuzufügen, die andernfalls entstehen würde. Das reicht im allgemeinen, um die Annahme zu entkräften, daß der Sprecher sich beim Hervorbringen seiner Äußerung in Übereinstimmung mit dem Kooperationsprinzip ansieht, eben die Annahme, die die fragliche Implikatur entstehen lassen würde. Stattdessen kann er sich vergewissern, daß der Kontext, in dem die Äußerung gerade gemacht wird, so ist, daß trotz Weiterbestehens der genannten Annahme nicht mehr vermutet werden muß, daß er wohl eine unausgesprochene Information zu übermitteln versucht. Erwidert etwa jemand – um das schon bekannte Beispiel zu nehmen, – auf die Frage nach den akademischen Fähigkeiten eines Kollegen »McFiggis ist ein tüchtiger Radfahrer«, so impliziert er damit, daß dieser beruflich nicht das Erforderliche leistet. Doch man kann denselben Satz mit demselben Sinn und derselben Referenz auch ohne diese Implikatur verwenden, indem man entweder hinzufügt »aber ich möchte damit nicht unterstellen, daß er nicht gut in seinem Beruf ist«,

falsch eingestuft werden könne, wenn es eine mit ihr korrespondierende Tatsache gibt oder geben könnte, und daß die einzigen für »Wenn es sonnig ist, werden sie Kricket spielen« in Frage kommenden *Tatsachen* die Tatsachen sind, die sich darauf beziehen, ob das Wetter sonnig ist und ob sie Kricket spielen. Es gibt, könnte er sagen, keinen Raum für eine weitere Tatsache in der Welt, die Tatsache etwa, daß sie, *wenn* es sonnig ist, Kricket spielen werden (mit nicht-materialer Deutung des »wenn«), vielleicht weil nicht-materiale Bedingungssätze »nur mögliche« Situationen zu beschreiben scheinen, und »einfache Wahrheit, Wahrheit im strengen Sinn, nur Beschreibungen dessen, was wirklich ist, zukommen kann« (Mackie (1973), S. 106). Aber es ist nicht im mindesten klar, was jemand zu einer derartigen Einschränkung der Tatsachen berechtigt, es sei denn die vorgängige Überzeugung, daß »Wenn p, dann q« nur insofern als wahr (oder falsch) eingestuft werden kann, als es ein materiales Konditional ausdrückt.

oder aber den Satz im Laufe eines Gesprächs über das Radfahren äußert.

Grice vertritt nicht die Ansicht, daß sein Annullierbarkeits-Test uns eine hinreichende Bedingung für das Vorliegen einer konversationellen Implikatur liefert. Denn selbst wenn eine Implikatur zum Sinn einer Äußerung gehört, hält er es für möglich, Kontexte zu finden, in welchen die Äußerung etwas freier gebraucht wird und die Implikatur nicht mit sich bringt. So mag es zum Sinn von »Es ist jetzt hellgrün« gehören, daß das fragliche Ding jetzt tatsächlich hellgrün ist und es nicht nur zu sein scheint. Doch kann mit dem Satz bei etwas freierer Verwendung auch die schwächere Behauptung gemacht werden, wenn den Gesprächspartnern klar ist, was gemeint ist. Überdies kann, immer wenn wir den Annullierbarkeitstest anzuwenden versuchen, jemand, der zur Vervielfältigung von Bedeutungen bereit ist, die Ansicht vertreten, daß die ursprüngliche Äußerung – diejenige, welche die Implikatur mit sich bringen sollte – von der ausdrucksgleichen, aber der Implikatur ledigen Äußerung *sinn*-verschieden sei; denn er kann sagen, daß der Sprecher durch den Zusatz »aber ich will damit nicht unterstellen ...« oder durch eine sonstige Veränderung der Äußerungsumstände einen Kontext geschaffen hat, in dem es natürlich ist, einen Sinn zu erwarten, der vom vorher erwarteten verschieden ist.

Annullierbarkeit kann also bestenfalls nur eine notwendige Bedingung für das Vorliegen einer konversationellen Implikatur sein. Und Grice vertritt tatsächlich die These, daß jede konversationelle Implikatur annullierbar ist. Das folgt in der Tat aus der Bestimmung dessen, was eine konversationelle Implikatur ist; denn sie wird kontextuell mit Hilfe des Kooperationsprinzips übermittelt, und es muß daher zumindest logisch möglich sein, daß es Kontexte gibt, in denen sie nicht mehr übermittelt wird; und sei es nur, weil es möglich sein muß, daß ein Sprecher gelegentlich klarmacht, daß er einfach nicht sein Bestes tut, um die Zwecke des Gesprächsaustauschs zu fördern – daß er absichtlich irrelevant, unnötig ausweichend, oder gewunden und dunkel im Ausdruck ist. Aber damit haben wir noch lange kein Kriterium, das wir in der Praxis verwenden können. Würde die Forderung, daß eine konversationelle Implikatur annullierbar sein muß, darauf hinauslaufen, daß sich eine *natürliche* Klasse von Umständen finden lassen muß, unter denen man die Äußerung machen könnte, ohne die Implikatur zu übermitteln oder das Kooperations-Prinzip zu verletzen, dann wäre uns damit in der Tat ein Test gegeben, den viele vermeintliche konversationelle Implikaturen nicht bestehen würden. Es ist z. B. nicht ersichtlich, daß es irgendeine natürliche Situation gibt, in der man konversationell sinnvoll sagen kann: »Wenn es geregnet hätte, hätten sie nicht Kricket gespielt, doch will ich damit nicht andeuten, daß es irgend eine Art von Zusammenhang zwischen Vorder- und Nachsatz gibt.« Aber das ist nicht das, was gefordert wird. Keine derartige Forderung ließe sich aus der Überlegung ableiten, daß solche Implikaturen kontextuell durch das Kooperationsprinzip erzeugt werden, obwohl sich Grice gelegentlich so ausdrückt, als ob es so wäre (z. B. (1969a) S. 131). Alles, was erforderlich ist, ist lediglich, daß zwischen der Annullierungsklausel »doch will ich damit nicht andeuten, daß ...« und dem, was ihr vorangeht, keine *Unvereinbarkeit* besteht, was etwa der Fall wäre, wenn das Annullierte ein Teil des Sinns wäre. (Eine Unvereinbarkeit, die einem Widerspruch nahekommt, denn wenn aus p q folgt, dann ist »p, aber nicht q« ein Widerspruch, und obwohl »p, aber ich möchte damit nicht andeuten, daß q« dann zwar nicht im strengen Sinne widersprüchlich ist, so ist es doch nicht weit davon entfernt.) Eine Implikatur kann konsistent annulliert werden, und wenn »p, aber nicht q« konsistent ist, dann wird es einen logisch *möglichen* Kontext geben, in dem es als annehmbarer und sinnvoller Gesprächsbeitrag vorgebracht werden kann, selbst wenn wir keinen derartigen Kontext natürlich finden sollten. Denn unter den logisch möglichen Kontexten können solche sein, in denen die Sprecher Interessen und Ziele haben, die von den unsrigen völlig verschieden sind, sowie völlig verschiedene Vorstellungen über Akzeptabilität und Zweckmäßigkeit. Über kurz oder lang wird uns also der Annullierbarkeits-Test schlicht mit der Frage zurücklassen: »Ist ›p, aber nicht q‹ konsistent?«; falls ja, wird die Implikatur q annullierbar sein.[11]

Annullierbarkeit liefert uns also leider kein brauchbares Kriterium für konversationelle Implikaturen. Sie bringt uns auch keinen Schritt weiter, denn wir wußten ja schon, daß dann, wenn p

11 Strenggenommen ist das nicht ganz richtig, weil p selbst widersprüchlich sein könnte; wir sollten also besser fragen, ob der Zusatz »nicht-q« irgendein neues Element von Inkonsistenz hinzufügt.

konversationell q impliziert, »p, aber nicht q« konsistent sein wird. Das ist zwar einer der theoretischen Unterschiede zwischen konversationellen Implikaturen und logischen Folgerungen, aber für die Unterscheidung konkreter Einzelfälle haben wir damit nichts gewonnen. Um hier weiter zu kommen, müßten wir in der Lage sein, Äußerungen auf ihre Konsistenz hin zu überprüfen, die ihre logische Struktur nicht schon an der Oberfläche zu erkennen geben. Grice scheint sich hier weitgehend auf die Intuition zu verlassen, und sie liefert uns in gewissen Fällen auch einigermaßen eindeutige Entscheidungen. Sie sagt uns etwa, daß »Es scheint mir, daß ich etwas Rotes sehe – nicht, daß ich damit irgendeinen Zweifel an der Sache ausdrücken will« frei von jeder Unvereinbarkeit ist. Sie ist schon viel weniger verläßlich im Falle von: »Wenn p, dann q – aber ich will damit nicht irgendeinen Zusammenhang zwischen ihnen (p und q) nahelegen«; und im allgemeinen ist sie gerade in jenen Fällen als Wegweiserin unbrauchbar, in denen wir Hilfe brauchen – jene Fälle nämlich, wo wir im Zweifel sind, ob eine Implikation eine konversationelle Implikation ist oder nicht. Es wäre ohnehin besser, sich nicht allzu sehr auf die Intuition zu verlassen.

Wie steht es nun mit dem Nichtabtrennbarkeits-Kriterium? Zumindest für unsere Zwecke erweist es sich ebenfalls als enttäuschend. Grice glaubt weder, daß sie eine notwendige, noch auch, daß sie eine hinreichende Bedingung für das Vorliegen einer konversationellen Implikatur darstellt. Die Annullierbarkeitsbedingung besagt letztlich, daß, falls eine Äußerung von p konversationell q impliziert, es möglich sein muß, in einem Kontext p ohne diese Implikatur zu äußern. Hingegen wird jetzt gefordert, daß, sofern die Implikatur auf dem beruht, was wörtlich gesagt wird (dem Sinn und der Referenz) und nicht auf der Art und Weise, wie es gesagt wird, es nicht möglich sein wird, irgend eine alternative Ausdrucksweise für denselben Sachverhalt in *eben diesem Kontext* zu finden, ohne daß die Implikatur wieder erzeugt wird.

12 Der Nichtabtrennbarkeits-Test ist eigentlich dafür gedacht, konversationelle von konventionellen Implikaturen zu trennen, nicht dafür, zwischen konversationellen Implikaturen und logischen Folgerungen zu unterscheiden; ich möchte auch nicht den Anschein erwecken, daß Grice selbst den Test für diesen letzten Zweck für geeignet hält. (Ich erwähne das nur, weil eine flüchtige Lektüre der Arbeit von Grice zu dieser irrigen Meinung führen könnte.)

Wir könnten natürlich, sei es verbal oder anders, den Kontext verändern und die Implikatur so annullieren; der Nichtabtrennbarkeits-»Test« läuft darauf hinaus, daß, falls die Art und Weise, wie p ausgedrückt wird, *nicht* für die Implikatur verantwortlich ist, diese vom Kontext im Verein mit der Bedeutung von p (das, was p mit jeder anderen synonymen Äußerung gemeinsam hätte) erzeugt wird. Aber es ist klar, daß dies uns nicht den Test liefert, den wir suchen. In jedem strittigen Fall ist es ja von vorneherein unklar, wieviel zur Bedeutung von p zu rechnen ist, und wenn q aus p folgt, so folgt es, wie Grice selbst ausführt, auch aus allem, was mit p synonym ist, so daß also Folgerungen genauso nichtabtrennbar sind wie konversationelle Implikaturen.
Diese Vorschläge führen also nicht über das hinaus, was wir ohnehin schon wissen. Dies war, annähernd und mit einer wichtigen Einschränkung formuliert: Ein Sprecher S impliziert mit einer Äußerung U genau dann konversationell φ, wenn er U mit der M-Intention äußert, dadurch seinen Zuhörern φ zu übermitteln, und gleichzeitig intendiert, daß diese M-Intention von den Zuhörern zum Teil aufgrund ihrer Erkenntnis des konventionellen Sinnes von U erkannt wird, zum Teil aber auch aufgrund der Erwartung der Zuhörer, daß S (i) sich an das Kooperationsprinzip hält, (ii) voraussieht, daß sie (i) erwarten, und dementsprechend handelt. Die Einschränkung war, daß wir in solchen Fällen nicht von konversationellen Implikaturen reden werden, in welchen S durch kontextuelle Mittel übermittelt, auf welchen Träger eines Namens oder auf welchen der Gegenstände, die den prädikativen Teil einer definiten Deskription erfüllen, er Bezug nimmt. Zweifellos sind noch weitere Einschränkungen zu machen. Doch wenn wir nicht schon irgendwie bestimmen können, was der Sinn einer Äußerung ist, wird uns nichts davon die Entscheidung ermöglichen, ob etwas, was durch sie übermittelt wird, eine konversationelle Implikatur ist oder nicht.

III

Wie man feststellen kann, ob die Konversationalistische Hypothese wahr ist, haben wir, bis jetzt wenigstens, noch nicht herausgefunden. Läßt sich leichter entscheiden, ob die Semantische Hypothese richtig ist? Die Semantische Hypothese scheint sich in zwei Hinsichten zu unterscheiden. Erstens natürlich: Während die Konversationalistische Hypothese so wenig wie möglich in den Sinn eines Ausdrucks einbaut und den Kontext den Rest dessen, was übermittelt wird, erzeugen läßt, baut die Semantische Hypothese so viel wie möglich in den Sinn ein und läßt den Kontext einer speziellen Äußerung je nach Bedarf unerwünschte Sinnelemente tilgen. Zweitens beschränkt die Semantische Hypothese in der Formulierung Cohens in keiner Weise Rückgriffe auf den Kontext, die diesem Zweck dienen. Die Konversationalistische Hypothese ist hier präziser und fordert von diesen Rückgriffen, daß sie sich am Kooperationsprinzip ausrichten – einem Prinzip, auf dessen Beachtung beim Gespräch wir in der Tat einen klaren Anspruch haben.

Ich glaube nicht, daß dieser *zweite* Unterschied von besonderem Gewicht ist. Denn auch das Kooperationsprinzip beschränkt nicht die *Typen* von Kontexten, auf die man zurückgreifen kann; es kann ja jeder Kontexttyp bei der Bestimmung dessen helfen, was der allseits akzeptierte Zweck eines Gesprächs ist und was man von einem Sprecher erwarten kann, um ihn zu erreichen. Sie erklärt nur, wie sich der Kontext darauf auswirkt, was eine Äußerung übermittelt, ohne die Annahme zu erfordern, daß man eine Fülle besonderer Regeln lernen muß für die Wege, auf welchen der Kontext das, was mitgeteilt wird, beeinflussen kann. Cohen scheint es offen zu lassen, ob seine Hypothese eine Fülle besonderer Regeln dieser Art erfordert – zusätzliche, gleichzeitig mit der Bedeutung von Wörtern und Sätzen erlernbaren Regeln über die Bedingungen, unter denen Elemente des vollen Sinns getilgt werden – oder ob diese Aufgabe von einer allgemeinen Regel wie dem Kooperationsprinzip übernommen werden kann, die man praktisch automatisch lernt, wenn man lernt, wie man sich unterhält. Wären bei der Semantischen Ansicht besondere Regeln vonnöten, so könnte man vernünftigerweise die Konversationalistische Hypothese, unter sonst gleichen Bedingungen, aus Gründen der Einfachheit vorziehen. In Wirklichkeit sind aber besondere Regeln nicht erforderlich, die Semantische Hypothese kann ja selbst das Kooperationsprinzip heranziehen.[13] Unter der Annahme, daß es

13 »Semantische Hypothese« ist eigentlich kein passender Name, denn die Theorie stützt sich genauso auf den Kontext wie die Theorie von Grice, wenn auch an einer anderen Stelle.

zur Bedeutung von »Der König trat vor und die Rufe verstummten« gehört, daß zwischen den beiden Ereignissen ein Zusammenhang besteht, enthält der Satz »Der König trat vor und die Rufe verstummten, aber zwischen den beiden Ereignissen besteht kein Zusammenhang« ja eigentlich einen Selbst-Widerspruch, und zwar ganz offenkundig. Äußert nun jemand einen solchen offenkundigen Selbst-Widerspruch, dann legt das Kooperationsprinzip den Schluß nahe, daß er es nicht so gemeint haben kann, wie er es gesagt hat, etwa wie bei »Florenz ist heute (auch) nicht (mehr) Florenz« oder »Ich bin nicht ich selbst«. Wird, wie in diesen letzten Beispielen, der gesamte Sinn des Gesagten annulliert, muß man auf den Kontext schauen, um zu sehen, was gemeint sein kann. Wird hingegen nur ein Teil davon annulliert, so wird man natürlich annehmen, daß das, was übermittelt werden soll, einfach der verbleibende Rest des Sinns ist. Falls ein Sinnelement nicht in dieser ausdrücklichen Weise, sondern durch den Kontext annulliert wird, so wird das analog daher kommen, daß den intendierten Zuhörern aufgrund des Kontextes klar ist, daß das vom Sprecher Gesagte wörtlich verstanden falsch wäre – oder jedenfalls völlig grundlos, oder sonstwie konversationell anfechtbar. So könnte, entsprechend einem Beispiel von Grice, das Cohen zitiert (Cohen, dieser Band, S. 408), eine Bridge-Konvention eingeführt werden, nach der »Fünf ohne Trumpf« (abgesehen von der normalen Verpflichtung, fünf ohne Trümpfe zu machen) bedeuten soll: »Wenn ich den Herz-König habe, habe ich auch einen König Karo.« Dieser Bedingungssatz scheint, wenn er bei der Erklärung der Konvention geäußert wird, wahrheitsfunktional zu sein. Denn in diesem Kontext wäre die Annahme ziemlich abwegig, daß der Sprecher über einen Zusammenhang zwischen den Inhalten von Vorder- und Nachsatz spricht. Wir können übrigens in derselben Weise – d. h. ohne besondere pragmatische Regeln heranzuziehen – mit der Art von Fällen verfahren, für die Cohen eine »semantische« Erklärung intuitiv am meisten einleuchtend findet: Wenn jemand sagt »Das ist eine Plastikblume«, oder auf einen Bildausschnitt deutend »Das ist eine Hand« (Cohen, dieser Band, S. 403). Im vorherigen Fall macht der sprachliche, in diesem Fall der nicht-sprachliche Kontext der Äußerung klar, daß das Gesagte, wörtlich verstanden, eklatant falsch wäre; also versteht man den Sprecher so, daß er diejenigen Sinnelemente tilgt, nach denen eine

Hand nicht Teil eines Bildes oder eine Blume nicht aus Plastik gemacht sein kann.

Die Konversationalistische Hypothese wäre widerlegt, wenn man zeigen könnte, wie es Cohen und Mackie versucht haben, daß es *unmöglich* ist, unser normales Verständnis der logischen Partikel der natürlichen Sprache in der von der Hypothese vorgeschlagenen Weise zu erklären. Nun, wenn die Semantische Hypothese *besondere* Kontext-Regeln bei der Tilgung von Elementen des gebräuchlichen Sinns zulassen würde, so wäre es sehr schwer vorstellbar, wie sie möglicherweise zu widerlegen wäre, bevor diese Regeln angegeben sind – schwer auch wäre sie von dem zu unterscheiden, was man die Dritte Hypothese nennen könnte, die nämlich, nach der der Kontext nicht dazu dient, einen einzelnen Sinn für »wenn« etc. einzuschränken, sondern dazu, den intendierten Sinn aus mehreren verwandten Sinnmöglichkeiten auszuwählen.[14] Sollte aber die Semantische Hypothese lediglich das Kooperationsprinzip anwenden, und damit die Tilgung von Elementen des vollen Sinns eines Ausdrucks nur zulassen, wenn der Sprecher *konversationell impliziert*, daß sie außer acht zu lassen sind, dann wäre sie durch den Nachweis widerlegbar, daß das Kooperationsprinzip die erforderlichen Tilgungen nicht bewirken kann. Was einen eifrigen Verteidiger der Dritten Hypothese von dieser abbringen könnte, ist ebenfalls nicht klar, denn es scheint, daß die einzigen Überlegungen, die man hier machen kann, solche der Ökonomie sind, und es ist nicht klar, wie diese zu beurteilen sind. Die Vertreter der Konversationalistischen und der Semantischen Hypothese halten viel von einer Einschränkung der Rolle des Sinns und einer vermehrten Heranziehung des Kontextes, wobei sie die Anzahl der Konversations-Implikaturen vermehren. Und obwohl sie intuitiv recht zu haben scheinen, in dieser Weise, wenn möglich, Einsparungen vorzunehmen, so könnte man doch dagegen halten, daß nur ein seltsames Vorurteil uns dazu bringen könnte, lieber die Rolle des Sinnes einzuschränken, statt diese seltsamen Wesenheiten, die Konversations-Implikaturen, so klein wie möglich zu halten.

Jede der drei Hypothesen scheint, *auf den ersten Blick* zumindest, erklären zu können, was wir mit den logischen Partikeln wie

14 Diese Dritte Hypothese könnte man eigentlich mit mehr Recht »semantisch« nennen als die von Cohen.

»und«, »wenn, dann« etc. übermitteln. Tatsächlich gibt es noch mehr als nur diese drei. Was ich die Dritte Hypothese genannt habe, besitzt eine Reihe möglicher Spielarten. Man könnte z. B. die Ansicht vertreten, daß das »Wenn, dann« *zwei* Sinnmöglichkeiten hat, einen wahrheitsfunktionalen Sinn und einen in sehr hohem Maße nicht-wahrheitsfunktionalen Sinn, Verwendungen, die ersichtlich von den entsprechenden konversationell erklärten abweichen. Oder man könnte vertreten, daß es drei Sinnmöglichkeiten hat, und so fort. Wenn die Konversationalistische oder die Semantische Theorie, oder beide, die beobachtbaren Tatsachen über das, was wir M-intentional übermitteln, erklären können, dann scheint die Dritte Hypothese (zumindest in einigen ihrer Spielarten) darin nicht nachzustehen: Denn wo auch immer die beiden behaupten, daß etwas konversationell unter Rückgriff auf ein kontextuelles Prinzip mitgeteilt wird, kann sie behaupten, daß eben dasselbe Prinzip zeige, welche der verschiedenen Sinnmöglichkeiten des Ausdrucks unter den jeweiligen Umständen intendiert war.

Dennoch sind die Hypothesen verschiedene Theorien; also muß wohl eine von ihnen richtig sein. Ihre Unterschiede sind nicht lediglich verbal; denn obschon jede von ihnen mit den logischen Partikeln zurecht zu kommen scheint, gibt es doch andere Fälle, für welche eine Hypothese aus nur einer der drei Arten eindeutig richtig wäre, die anderen aber falsch. Es gibt Sinnunterschiede, die man durch keinerlei konversationelle oder kontextuelle Mittel erklären kann, wie z. B. die beiden verschiedenen Verwendungen des Wortes »Bank«. Es gibt Fälle, die man mit einer Hypothese der konversationalistischen Art behandeln kann, für welche aber der Ansatz einer Sinnvielfalt eindeutig falsch zu sein scheint und für die keine entsprechende semantische Hypothese ausreichen würde. So kann die Implikatur von »McFiggis ist ein fähiger Radfahrer« nicht dadurch erklärt werden, daß man »unfähiger Universitätslehrer« in »fähiger Radfahrer« enthalten sein läßt und die Möglichkeit seiner kontextuellen Tilgung vorsieht. Ähnlich läßt sich die unter Hindeuten auf den Teil eines Gemäldes gemachte Äußerung »Das ist eine Hand« von einer Hypothese des semantischen Typs behandeln, nicht jedoch konversationell dadurch erklären, daß man alle gebräuchlicheren Verwendungen aus einem äußerst eng gehaltenen Sinn von »Hand« ableitet, nach welchem auch eine gemalte Hand noch eine Hand im wörtlichen Sinne ist.

Der Unterschied zwischen den Hypothesen liegt in der Rolle, die sie dem Sinn zuweisen. Doch ein Appell an unsere normalen Intuitionen über den Sinn ist kein zufriedenstellender Weg, zwischen ihnen zu entscheiden, zumindest solange nicht klarer ist, worauf wir unsere Intuitionen beziehen sollen; und intuitiv ist eben nicht klar, was zum Sinn von »wenn« gehört, und was nicht. Der »Annullierbarkeits-Test« bietet sich zwar an, unsere anfänglichen Intuitionen über den Sinn mit einer weiteren Menge von Intuitionen darüber aufzupolstern, ob »p, aber nicht q« widersprüchlich ist, doch das hilft auch nicht weiter, da es in den schwierigen Fällen eben nicht auf der Hand liegt, was widersprüchlich ist und was nicht. Ebensowenig ist uns, wie wir gesehen haben, mit der Berufung auf den Unterschied zwischen dem, was »im wörtlichen Sinne wahr« ist und was nicht, geholfen. Normalerweise sehen wir eine Aussage als wahr an, wenn die übermittelte Botschaft richtig ist, und wir haben keine verläßlicheren Intuitionen über ihre »wörtliche« Wahrheit als darüber, was ihren Sinn und ihre Referenz ausmacht und so ihren »wörtlichen« Wahrheitswert bestimmt. Wir haben auch gesehen, daß wir die Sache nicht durch Berufung auf Sparsamkeitsgesichtspunkte entscheiden können, solange man nicht begründen kann, warum wir eine Vervielfältigung der Konversations-Implikaturen einer Vervielfältigung der Bedeutungen vorziehen sollen (oder umgekehrt). Darüberhinaus würde die Forderung, möglichst wenig Bedeutungen zu postulieren und so viel wie möglich durch Rückgriff auf das Kooperationsprinzip zu erklären, streng genommen unserer Intuition zuwiderlaufen, daß eine Konversations-Implikatur sich allmählich zum Sinn eines Ausdrucks verfestigen kann – etwa bei einer Metapher wie »grass roots«.

Verschiedene weitere Vorschläge können gemacht werden. Einige davon werfen zwar Licht auf das, was wir mit »Sinn« *meinen*, doch leider ohne uns zu zeigen, wie man innerhalb grober Grenzen entscheidet, was zum Sinn gehört und was nicht. Es wäre z. B. sicherlich nicht hilfreich zu sagen, innerhalb des Bereichs dessen, was M-intendiert ist, sei der Sinn das, wovon man annimmt, daß der Hörer es versteht und nicht aus dem Kontext erschließt. Denn er soll ja alles, was M-intendiert ist, erfassen, und das Problem der

Trennung dessen, was er ›strikt‹ verstehen können soll, von dem, was er aus dem Kontext erschließt, ist genau das Problem, von dem wir ausgegangen sind. Ebensowenig ist es hilfreich, wenn man sagt, der Sinn einer Äußerung sei das, was sie unabhängig vom Kontext übermittelt, denn es ist nicht klar, was »Kontext« alles einschließen soll. Wir haben auch gesehen, daß der Kontext häufig benötigt wird, um zu bestimmen, welche einer Reihe von Sinnmöglichkeiten intendiert ist. Es würde auch nicht viel praktische Hilfe bieten, wenn man sagt, der Sinn einer Äußerung sei dasjenige an ihr, was man lernen muß, um die Sprache zu lernen, zu der sie gehört. Denn hier versteht man »Kennen der Sprache« als Kennen der Bedeutungen der Ausdrücke dieser Sprache. In jedem strittigen Fall werden die Disputanten sich darüber uneinig sein, was für das Verstehen der Sprache erforderlich ist, etwa, ob jemand Englisch versteht oder nicht, wenn er meint, daß in einem normalen Kontext »Wenn du dieses Streichholz reibst, wird es sich entzünden« nichts Stärkeres übermittelt als eine materiale Implikation.

Dieser letzte Vorschlag erinnert uns natürlich daran, daß Sinn primär eine Eigenschaft von Äußerungstypen ist. Wir haben gesehen, daß diese Tatsache allein nicht zu entscheiden hilft, ob »wenn, dann« einen Sinn hat, oder zwei oder mehrere, oder was sie sein mögen. Aber der Sinn einer Äußerung scheint mehr eine Sache der Konvention zu sein als ihre Konversations-Implikaturen. Denn was man aufgrund ihres Sinns übermittelt, übermittelt man, weil der jeweilige Zuhörer den Typ erkennt, zu dem die Äußerung gehört, und weil er die passende Konvention kennt und so den intendierten Sinn erkennt. Und man könnte meinen, daß eine nähere Prüfung der Art von Konvention, die hier im Spiel ist, uns in Richtung auf eine Entscheidung zwischen den drei Hypothesen weiterhelfen würde. Doch leider scheinen die praktischen Schwierigkeiten auch nach dieser Prüfung weiter zu bestehen.

Hält man den Sinn eines Ausdrucks für konventionell, so meint man damit offenkundig nicht, daß die Sprecher der Sprache darüber eine explizite Übereinkunft getroffen haben. Vielmehr meint man damit zumindest, daß unter ihnen die gemeinsame Praxis herrscht, einen besonderen Ausdruck in einer besonderen Weise zu verwenden. Doch wenn wir sagen, es herrsche eine gemeinsame Praxis, so meinen wir damit nicht, daß sie jemals diesen Ausdruck in dieser Weise *tatsächlich* gebrauchen müssen. Es kann sein, daß sie ihn überhaupt nie benutzen. Es gibt eine Fülle komplexer Ausdrücke, die einen Sinn besitzen und die niemand jemals verwendet. Was man meint, wenn man den Gebrauch derartiger Ausdrücke eine den Sprechern der Sprache gemeinsame Praxis nennt, ist, daß sie diese in dieser Weise verwenden *würden*, wenn sie sie überhaupt verwendeten. Freilich ist selbst das nicht ganz richtig; unter den komplexen Äußerungstypen, die nie verwendet werden, gibt es zweifellos viele, die mehrdeutig sind, und für solche Ausdrücke gibt es mögliche Welten, in denen sie verwendet werden, jedoch nur in einer ihrer Bedeutungen. Beim Erlernen einer Sprache lernen wir Regeln, die es uns ermöglichen, die Bedeutungen neuer Äußerungstypen aus den Bedeutungen von Ausdrücken aufzubauen, die uns schon vertraut sind. Diese Regeln werden selbst regelmäßig von den Sprachbenutzern befolgt, und das macht sie erst zu Regeln. Und dies ist es auch, was dazu berechtigt, vom Gebrauch eines komplexen Ausdrucks, der nie tatsächlich hervorgebracht wird, als »gemeinsamer Praxis« zu sprechen: Es wird ihm dieser Gebrauch durch die Wirkung von Regeln zugewiesen, die selber regelmäßig praktiziert werden.

Aber es reicht nicht, daß ein Ausdruck regelmäßig in einer bestimmten Weise gebraucht wird, oder daß sein Gebrauch durch Regeln ableitbar ist, die regelmäßig befolgt werden. Es muß gemeinsames Wissen[15] unter den Sprachbenutzern sein, daß er so gebraucht wird, oder es müssen zumindest die Regeln, aus denen sein Gebrauch ableitbar ist, allgemein bekannt sein: D. h. die Sprachbenutzer müssen voneinander deren Befolgung erwarten, erwarten, daß man von ihnen deren Befolgung erwartet, und so fort. Natürlich brauchen sie solche Regeln nicht ausdrücken zu können,

15 Etwa im Lewisschen Sinne. Lewis' Konzeption des gemeinsamen Wissens (common knowledge) läuft im wesentlichen auf dasselbe hinaus wie Schiffers wechselseitiges Wissen (mutual knowledge*): Hinter beidem steht die Intuition, nach der jeder weiß, daß die anderen wissen, weiß, daß die anderen wissen, daß er weiß, usw. Nach der Lewisschen Definition des gemeinsamen Wissen ((1969/1975), S. 56/57) ist es jedoch wesentlich, daß ein Sachverhalt besteht, der dadurch eine *Basis* für das gemeinsame Wissen bereitstellt, daß er allen Beteiligten anzeigt, was gemeinsam gewußt wird, und daß sie alle Grund haben, es zu glauben. Ich ziehe es vor, diese Forderung, wenn möglich, nicht aufzunehmen, um auch einen Fall als gemeinsames Wissen zuzulassen, in dem die Leute schlicht diese Dinge voneinander wissen – vielleicht aufgrund von Intuition oder überhaupt ohne irgendwelche Gründe.

denn ihre Formulierung ist notorisch schwierig; vielmehr müssen sie sie nicht nur befolgen, sondern auch eigene oder fremde Verstöße gegen sie erkennen und zu vermeiden suchen. Außerdem muß die gemeinsame Praxis deshalb bestehen, *weil* es gemeinsames Wissen ist, daß sie besteht; ein Sprecher gebraucht einen Ausdruck in einer bestimmten Weise, weil er erwartet, daß seine Hörer von ihm erwarten, daß er ihn so gebraucht. Es ist die Tatsache, daß man sich regelmäßig an die Praxis hält, die es für jede einzelne Person wünschenswert macht, sich selbst an sie zu halten.

Wir können das kurz so ausdrücken, daß wir, wenn wir den Sinn eines Ausdrucks konventionell nennen, damit zumindest meinen, daß, ihn so zu verwenden, gemeinsame Praxis unter den Sprachbenutzern ist, daß es gemeinsames Wissen ist, daß dies gemeinsame Praxis ist, und daß es gemeinsame Praxis ist, weil es gemeinsames Wissen ist.[16] Aber nun erhebt sich die Frage, ob dann Konversations-Implikaturen nicht gleichermaßen konventionell sind. Denn es ist eine gemeinsame und allgemein anerkannte Praxis, beim Machen von Äußerungen das Kooperationsprinzip zu befolgen, sowie sich auf die daraus sich ergebende Erwartung der Hörer zu stützen, daß man mehr übermittelt als man tatsächlich sagt. Dieses Prinzip erzeugt die mit einer Äußerung verbundenen Konversations-Implikaturen, genauso wie andere sprachliche Regeln den Sinn komplexer Äußerungstypen erzeugen. Dieser Sinn heißt konventionell, weil die ihn erzeugenden Regeln es sind. Wenn also das Kooperationsprinzip selbst konventionell ist, dann müßte es gleichfalls angemessen sein, den Gebrauch von »Er ist ein fähiger Radfahrer« so zu beschreiben, daß damit jemandes akademische Fähigkeiten herabgesetzt werden. Nun könnte man sagen, daß es zwar gemeinsame und allgemein anerkannte Praxis ist, das Kooperationsprinzip zu befolgen, wenn man ein Gespräch führt, daß aber die Befolgung dieses Prinzips dennoch nicht wirklich konventionell ist, da die Sprecher es nicht deshalb befolgen, *weil* sie erwarten, daß ihre Hörer von ihnen seine Befolgung erwarten, denn es ist zwar gemeinsames Wissen unter den Sprechern, daß man sich allgemein an das Prinzip hält, aber man hält sich nicht *wegen* dieses gemeinsamen Wissens daran. Man hält sich vielmehr

16 Das ist natürlich sehr grob. Zum Näheren vgl. D. K. Lewis (1969/1975) vor allem S. 78/79, sowie die Modifikation von J. Bennett (1973), dtsch. dieser Band.

daran, weil es keine Alternative dazu gibt. Und dies liefert die Basis für unser gemeinsames Wissen, daß jeder von uns es befolgt und von anderen dasselbe erwartet. Aber das scheint mir nicht richtig zu sein. Es gibt Alternativen.

Eine Alternative wäre es, überhaupt nicht zu reden. Daß wir überhaupt eine Sprache haben, um miteinander zu kommunizieren, ist eine Sache der Konvention, etwas, das auch anders sein könnte. Laute oder andere Zeichen mit der Intention hervorzubringen, in einem Hörer propositionale Einstellungen (propositional attitudes) hervorzurufen, ist eine gemeinsame und allgemein anerkannte Praxis, und zwar eine Praxis, an die wir uns halten, weil wir wissen, daß andere sich daran halten, daß sie erwarten, daß wir uns daran halten, daß sie erwarten, daß wir von ihnen dasselbe erwarten, und so fort. Es wäre zwecklos, sich die Mühe des Redens zu machen, wenn allgemein ein Politik des Schweigens befolgt würde und von einem auch erwartet würde. Und das ist möglich; unter Leuten mit einer Vorliebe für Einsamkeit könnte die Konvention gelten, daß niemand mit jemand auch nur zu kommunizieren versucht. Doch könnte man die These vertreten, daß in unserer Befolgung des Kooperationsprinzips und in unserem Erkennen der durch dieses Prinzip hervorgerufenen Implikaturen kein weiteres konventionelles Element involviert ist; wobei sich für diese These anführen ließe, daß ein Akzeptieren dieses Prinzips eine notwendige Bedingung dafür ist, überhaupt etwas sagen zu können. Die Konventionalität des Kooperationsprinzips und der auf seiner Basis entstehenden Implikaturen wäre somit von anderer Ordnung als die der Wortbedeutungen, die besondere, von Sprache zu Sprache variierende Konventionen erfordern. Aber das scheint immer noch falsch zu sein. Wir mögen es schwer vorstellbar finden, an einem Gespräch teilzunehmen, ohne die Verpflichtung zu fühlen »Mache deinen Gesprächsbeitrag so, wie es von dem akzeptierten Zweck oder der akzeptierten Richtung des Gesprächs, an dem du teilnimmst, gerade verlangt wird«, aber es ist kein ersichtlicher Widerspruch in der Annahme von Leuten enthalten, die miteinander reden können, jedoch eine solche Verpflichtung nicht fühlen. Zweifellos könnte man von ihren Gesprächen nicht sagen, daß sie irgend einen akzeptierten Zweck oder überhaupt eine Richtung haben (individuelle Bemerkungen freilich möglicherweise schon), sie würden einfach in einer

Reihe zusammenhangloser Bemerkungen bestehen, die Sprecher und Hörer nicht zusammenzuknüpfen versuchen. Unter diesen Umständen könnte man vielleicht sagen, daß diesen Leuten der Begriff des Gesprächs fehlt; und man könnte auch denken, daß sie sehr stumpfsinnig sein müssen oder sehr eingeschränkt in dem, was sie mit ihrer Sprache tun können, und unfähig zu sehen, wieviel mehr sie erreichen könnten, wenn sie sich wie wir in Übereinstimmung mit dem Kooperationsprinzip unterreden würden. Aber wir haben keinen Grund zu bestreiten, daß sie reden können. Sie besitzen eine Sprache, mit deren Hilfe sie das, was sie glauben, und andere propositionale Einstellungen einander mitteilen können. Außerdem reicht die bloße Anerkennung durch eine Sprechergemeinschaft, daß man das Kooperationsprinzip befolgen sollte, allein nicht aus, um sicherzustellen, daß offenkundige Verletzungen des Prinzips als Auslöser von Konversations-Implikaturen angesehen werden. Denn in einer Gesellschaft sehr wörtlich eingestellter Menschen könnte die Ansicht herrschen, daß Gesprächsbeiträge, die nicht klar und direkt zum Kontext passen, als unangebracht zu übergehen sind. In einer solchen Gemeinschaft würde niemand etwas gewinnen, wenn er versuchte, über das von ihm Gesagte hinaus etwas anzudeuten, oder andere so zu verstehen. M.a.W. es könnte selbst unter Leuten, die anerkennen, daß man sich an das Kooperationsprinzip halten sollte, eine alternative *Konvention* gelten, die nämlich, daß Hintergründigkeiten aus dem Spiel zu lassen sind, daß Sprecher nicht mehr meinen als sie sagen, und daß unpassende Bemerkungen als unangebracht und als Verletzungen des Kooperationsprinzips zu verurteilen sind.[17] Na-

17 Um eine Praxis, die konversationelle Implikaturen entstehen läßt, als konventionell in meinem Sinne zu erweisen, ist es streng genommen nicht *notwendig*, daß man zeigt, daß sie Alternativen hat, die selber Konventionen sein würden. Es reicht, daß sie überhaupt Alternativen hat – z. B., daß es in dem fraglichen Bereich auch überhaupt keine gemeinsame Praxis geben könnte. Was wichtig ist, ist, daß die Praxis befolgt wird aufgrund der allgemeinen Erwartung, daß sie befolgt wird. Lewis jedoch stuft eine Praxis nur dann als Konvention ein, wenn sie Alternativen hat, die ihrerseits Konventionen sind. Ich schließe also unter Konventionen auch gewisse Arten von Praxis ein, die Lewis »Sozialverträge« (»social contracts«) und nicht Konventionen nennt (allerdings nicht diejenigen, in denen es die höchste Präferenz des Handelnden ist, daß sich die anderen an die Praxis halten, er jedoch nicht). (Vgl. D. Lewis (1969/1975), S. 93 f./93 ff.)
Doch das ist nur ein terminologischer Punkt. Ein Unterschied von mehr Ge-

türlich können wir einräumen, daß es für die meisten Zwecke besser ist, eine solch prosaische und phantasielose Konvention nicht zu haben, obwohl Mathematiker, Juristen und Wissenschaftler unter gewissen Umständen vielleicht nahe daran sind, eine solche Regelung anzunehmen. Aber es stellt doch eine Alternative dar zur Praxis, nach Winken und versteckten Andeutungen Ausschau zu halten, zur Praxis, die uns das Erkennen und Anwenden von Konversations-Implikaturen ermöglicht. Und wenn diese Praxis Alternativen hat, die Leute angenommen haben könnten, ohne deshalb irgend weniger zum Sprachgebrauch oder sogar zum gegenseitigen Gesprächsaustausch fähig zu sein, dann kann die Basis unserer Erwartung, daß andere ihr und nicht einer alternativen Praxis folgen, nicht so sehr verschieden von der Basis unserer Erwartung sein, daß sie das Wort »Ziege« verwenden werden, wenn sie ›Ziege‹ meinen: es muß etwas sein, was wir dadurch lernen, daß wir sehen, wie die Leute um uns herum Sprache verwenden, denn wir könnten uns in einer Gesellschaft befinden, die anders verfährt.

Ich gebe zu, daß wir dazu neigen, *unsere* Praxis, nach versteckten Andeutungen zu suchen, für sehr *natürlich* zu halten; zweifellos natürlicher für uns als etwa die Alternative, jeden Fall, in dem jemand nicht genau das wörtlich Passende sagt, als einen direkten Verstoß gegen das Kooperationsprinzip zu behandeln – und wesentlich natürlicher als die Praxis, ein Wort nur dann zu äußern, wenn man genau das damit Ausgedrückte meint. Wir gehen in der Regel davon aus, daß jeder, mit dem wir es zu tun haben, welche

wicht ist es, daß es nach Lewis gemeinsames Wissen sein muß, daß Alternativen zur Verfügung stehen ((1969/1975), S. 73 ff./74 ff.). Nun, ich gebe zu, daß es möglicherweise nicht gemeinsames Wissen unter den meisten Leuten ist, daß es zu unserer Verwendung des Kooperationsprinzips Alternativen gibt. Doch braucht es gleichfalls in bestimmten Gruppen nicht gemeinsames Wissen zu sein, daß es zu den von ihnen verwendeten grammatischen Regeln Alternativen gibt – oder sogar zu den Regeln, die ihren Wörtern Bedeutungen zuweisen, denn sie brauchen nicht zu erkennen, daß andere Sprachen als ihre eigene möglich sind. Mir liegt an einem Sinn von »Konvention«, der ihre sprachlichen Regeln trotzdem als konventionell gelten läßt; und es ist in diesem (ziemlich natürlichen) Sinn des Wortes, daß ich unsere Verwendung des Kooperationsprinzips gleichermaßen konventionell nennen möchte. Wichtig ist, daß die an der Praxis Beteiligten so handeln, wie sie es tun, *weil* es unter ihnen gemeinsames Wissen ist, daß sie so handeln; damit ist durchaus vereinbar, daß es ihnen niemals einzufallen braucht, daß sie es auch anders machen könnten als sie es tun.

Sprache er auch immer sprechen mag, mit der Praxis vertraut ist, mithilfe von Konversationsimplikaturen zu kommunizieren. Gesetzes-Kontexte oder solche von eher technischer Art, in denen die alternative Wörtlichkeitskonvention befolgt zu werden scheint, müssen denn auch eigens hergestellt werden. Wenn nun eine Praxis von menschlichen Wesen natürlich gefunden wird, oder doch natürlicher als jede verfügbare Alternative, dann ist es zweckmäßig, sie von jeder rein künstlichen Konvention zu unterscheiden, denn die Basis für die Erwartung, daß andere sich an sie halten, daß sie von einem selbst Gleiches erwarten, etc. braucht nun lediglich das Wissen oder das Gefühl zu sein, daß sie natürlich ist. Doch leider kann diese Unterscheidung nicht benutzt werden, um irgend einen besonders fundamentalen Unterschied zwischen den Implikaturen und dem Sinn einer Äußerung zu kennzeichnen. Denn es mag sich zwar herausstellen, daß die Praxis, die zu Implikaturen führt, für uns in gewissem Sinne natürlicher ist als jede sprachliche Regel für die Sinnzuweisung; aber das ist alles andere als offenkundig und wurde oft bestritten. Und sollten wir finden, daß es ebenso natürlich für menschliche Wesen ist, das Wort βεκός zu verwenden, wenn sie ›Brot‹ meinen, oder in ihren Grammatiken von zyklischen Transformationsregeln Gebrauch zu machen, so würden wir immer noch vom Sinn des Wortes βεκός sprechen und auch weiterhin die fraglichen grammatischen Regeln als bestimmend für den Sinn ansehen. Es könnte einen Menschen geben oder eine Rasse von Menschen, die eine angeborene vollständige Kenntnis der phrygischen Sprache besitzen, und denen alle einschlägigen sprachlichen Regeln vollkommen natürlich erscheinen; aber das Problem, Sinn von Implikatur zu unterscheiden, würde für sie dasselbe sein wie für uns. (Es ist natürlich von geringem Gewicht, ob wir ihre sprachlichen Regeln Konventionen nennen und sagen, daß sie finden, daß ihnen bestimmte Konventionen auf natürliche Weise erwachsen, oder ob wir »Konvention« so definieren, daß dies ausgeschlossen ist,[18] obwohl mir der erste Weg besser zu sein scheint, da die anderen Merkmale von Konventionen vorhanden

18 Nach der Definition von Lewis wäre dies nur dann keine Konvention, wenn sie sich nicht vorstellen könnten, daß auch andere, weniger natürliche Arten des Redens möglich sind. Bei Schiffer ist dieser Fall ausgeschlossen, denn er läßt nicht zu, daß das mit einer Konvention verbundene gemeinsame Wissen sich auf die Annahme stützt, daß jeder die natürlichste Praxis wählt – Schiffer (1972), S. 130, 150.

sind. Sie würden sich von rein künstlichen Konventionen nur darin unterscheiden, daß nicht durch Übereinkunft oder Präzedenzfälle herausgefunden werden müßte, was die Regeln sind.)
Wir können uns also nicht auf eine etwaige Natürlichkeit, das Kooperationsprinzip, wie wir, zur Erzeugung von Implikaturen zu verwenden, berufen, um uns irgendeinen wesentlichen Artunterschied zwischen dieser Praxis und den Regeln zu liefern, die Ausdrücken ihren Sinn zuweisen, oder um uns eine besonders angemessene Begründung zu verschaffen, diese Praxis nicht konventionell zu nennen. Es scheint also, daß wir keinen Unterschied hinsichtlich der Konventionalität zwischen Implikaturen und Sinn ausnützen können, um einen praktischen Test für zweifelhafte Fälle zu erhalten.
Wenn das Kooperationsprinzip zur Erzeugung einer Implikatur verwendet wird, ist der Kontext, in dem es angewandt wird, sowie die Implikatur, zu der es führt, sehr oft von einer neuen und unbekannten Art. Doch, wie wir gesehen haben, wird dadurch das Prinzip selbst oder die Praxis, es zur Erzeugung von Implikaturen zu verwenden, keineswegs weniger konventionell, und es ist eine Folge dieser Dinge, daß gerade unter diesen Umständen die und die Implikatur zustande kommt. Ganz ähnlich können diejenigen Konventionen, die den Sinn komplexer semantischer Einheiten (wie von Sätzen) festlegen, falls die Bedeutungen ihrer Konstituenten gegeben sind, den Sinn eines ganz neuen und unvertrauten Satzes bestimmen. Was uns Konversations-Implikaturen für nicht konventionell, oder für nicht so konventionell wie Bedeutungen halten läßt, ist wohl die Tatsache, daß es keine bestimmte Grenze dafür gibt, für welche Konversations-Implikaturen Vorkommen eines einzelnen Äußerungstyps verwendet werden können, da es keine bestimmte Grenze für die Vielfalt von Kontexten gibt, die vorkommen können oder geschaffen werden können.[19] Aber wie wir gesehen haben, hilft uns das nichts, um im Einzelfall festzustellen, ob etwas konversationell impliziert wird oder nicht. Es scheint, daß wir an Brauchbarem zur Unterscheidung von Konversations-Implikaturen nur vorbringen können,

19 Es ist diese Offenheit bezüglich dessen, was man mit einem gegebenen Äußerungstyp in verschiedenen Kontexten übermitteln kann, die kontextuelle Konventionen wie das Kooperationsprinzip im allgemeinen von denjenigen Konventionen unterscheidet, die den Sinn festlegen.

daß sie nicht von weiteren Sonderkonventionen für Einzelstücke der Sprache abhängen, auch nicht von allgemeineren Konventionen über die Abhängigkeit der Bedeutung von Komplexen von den Bedeutungen ihrer Konstituenten, sondern von Kontext-Konventionen, die den Gebrauch des Kooperationsprinzips betreffen. Der Sinn einer Äußerung ist sicher einer der Faktoren, die ihre Konversations-Implikaturen entstehen lassen, aber was übermittelt wird, geht über den Sinn hinaus; und daß es über den Sinn hinausgeht, heißt letztlich, daß es keine von dieser Kooperations-Konvention verschiedene Konvention gibt, die mit dem Äußerungstyp die aktuelle Botschaft verbindet, welche dieses konkrete Vorkommen des Äußerungstyps nach den M-Intentionen übermitteln soll. Wir haben gesehen, daß das Kooperationsprinzip nicht nur dazu dienen kann, Konversations-Implikaturen zu erzeugen, sondern auch dazu, festzustellen, welche der Bedeutungen einer mehrdeutigen Äußerung intendiert ist; der Unterschied ist, daß im letzten Fall andere gesonderte Konventionen existieren, die dem Äußerungstyp die fragliche Lesart zuweisen, und der Kontext spielt lediglich eine Rolle bei der Feststellung, welche der Lesarten im gegebenen Fall angemessen ist. Was wir uns also im jeweiligen Einzelfall fragen müssen, ist, ob der Sprecher sich auf das Vorhandensein einer solchen gesonderten Konvention stützt oder einfach nur auf die üblichen Sinnkonventionen im Verein mit dem Kooperationsprinzip. Wenn er etwas konversationell impliziert, dann intendiert er, daß die Basis für das gemeinsame Wissen, daß seine Äußerung dies übermitteln soll, nicht irgend eine mit dem Äußerungstyp verbundene Sonderregel ist, sondern die gemeinsame Erwartung, daß das Kooperationsprinzip trotz gegenteiligen Anscheins befolgt wird. Der Prozeß der allmählichen Verhärtung einer Implikatur zu einem neuen Sinn, etwa wenn sich eine Metapher verfestigt, ist somit der Prozeß, in dem sich für das Wort eine spezielle neue Konvention entwickelt, deren sich Sprecher und Hörer beim Kommunizieren bedienen können, ohne sich weiterhin auf den Mechanismus der Implikatur verlassen zu müssen.

Dies rechtfertigt nun in der Tat einen – wie man es nennen könnte – Appell an die Intuition, in den extremeren Fällen entscheiden zu helfen, ob etwas aufgrund einer Konversations-Implikatur übermittelt wird oder nicht. Denn als Sprachbenutzer können wir uns ja selbst befragen, ob wir uns bei einem Wort auf eine spezielle neue Konvention stützen, oder lediglich auf die alten Sinnkonventionen und das Kooperationsprinzip. Und wir können dabei zu einer ziemlich eindeutigen Antwort gelangen.[20] Die Annahme, daß »fähiger Radfahrer« den neuen Sinn ›unfähiger Universitätslehrer‹ erhalten hat, ist völlig unplausibel, nicht etwa, weil eine derartige Hypothese nicht erklären würde, wie die Phrase gebraucht wird, sondern weil uns klar ist, daß wir keine spezielle in dieser Richtung wirkende Regel haben. Genausowenig leuchtet die Annahme ein, daß ein Rundfunksprecher, der über die ›grass roots‹ (Graswurzeln, Basis) der Labour Party spricht, nur den ursprünglichen Sinn dieser Worte in Verbindung mit dem Kooperationsprinzip anwendet. Man muß sich fragen, welche Gründe man für die Erwartung hat, daß man verstanden wird: Verläßt man sich dabei auf eine allgemeine Vertrautheit mit der Anwendung des Kooperationsprinzips, das Konversations-Implikaturen erzeugt?

Daraus wird deutlich, was an der oben erwähnten äußerst radikalen Annahme falsch ist, daß alle unsere Wörter nur einen einzigen Sinn haben und daß alles, was wir darüber hinaus mit ihnen übermitteln mögen, konversationell übermittelt wird. Die Annahme kommt uns deshalb höchst unplausibel vor, weil wir uns bewußt sind, daß wir uns beim Kommunizieren nicht in dem übermäßig hohen Grade auf das Kooperationsprinzip verlassen, wie sie es erfordern würde. Es mag vorstellbar sein, daß es Leute gibt, deren Äußerungen alle denselben Sinn haben, obwohl sie von Situation zu Situation andere Worte benutzen, um diesen Sinn auszudrücken, und sich darauf verlassen, daß dieser Unterschied in der Art des Ausdrucks genug Implikaturen hervorruft, um eine stattliche Anzahl von Botschaften zu übermitteln. Konversations-Implikaturen können sicherlich durch die Wortwahl des Sprechers erzeugt werden, etwa nach Art der Griceschen Erklärung für das

20 Nicht daß unsere Überzeugungen zu dieser Frage unfehlbar sind, natürlich nicht. Ich kann der Meinung sein, mich auf eine bestimmte Konvention zu stützen, während ich es in Wahrheit nicht tue; in einem solchen Fall würde die Entdeckung, daß es die betreffende Konvention nicht gibt, meine Praxis nicht beeinflussen. Doch im Normalfall würde ich, falls ich mich bei einer Äußerung auf eine bestimmte Konvention zu stützen meine, nicht gerade diese Äußerung (oder doch nicht in dieser Weise) machen, wenn ich nicht von dem Bestehen einer solchen Konvention überzeugt wäre; und hier ist mein Glaube, daß ich mich auf diese Konvention stütze, korrekt.

»wenn, dann«. Der Unterschied zwischen einer solchen »verallgemeinerten Konversations-Implikatur« und einer speziellen Konvention für den Gebrauch von Wortformen besteht darin, daß die von Sprecher und Hörer geteilte Erwartung über den Gebrauch der Ausdrücke in den beiden Fällen verschieden begründet ist. Die Implikatur ist konversationell und nicht Teil des Sinns, solange sie sich in der uns nunmehr vertrauten Weise auf das Kooperationsprinzip verlassen; sie hört auf, eine Konversations-Implikatur zu sein, wenn Sprecher und Hörer ihre Erwartungen stattdessen auf das gemeinsame Wissen von den Konventionen stützen, die den jeweils verwendeten Äußerungstyp regeln. Aber obwohl es diesen theoretischen Unterschied zwischen den beiden Fällen gibt, und obwohl sie zuweilen auseinander gehalten werden können, ist es in der Praxis nicht immer leicht oder auch nur möglich, sie auseinander zu halten, denn die Basis unserer gemeinsamen Erwartung braucht uns nicht offen vor Augen zu liegen. Und wenn es Leute wie die eben vorgestelllten gibt, so würde sich wahrscheinlich erweisen, daß sie allmählich verschiedenen Wortformen verschiedene Bedeutungen zuordnen und so das Maß verringern, in dem sie sich auf das Kooperationsprinzip stützen, und zwar vielleicht ohne es zu merken.

Wir wissen also zuweilen durchaus, was die Basis unserer gemeinsamen Erwartung ist, doch nicht immer und eben nicht in den problematischen Fällen. Sie sind ja gerade deshalb problematisch, weil sie sich nicht in dieser einfachen Weise auflösen lassen. Sie fallen in einen Bereich, in dem wir als Sprecher und Hörer keine sehr klare Vorstellung davon haben, welche Konventionen wir verwenden. Wir bekommen keine eindeutige Antwort, wenn wir uns fragen, ob eine Äußerung von »Wenn die Sonne scheint, werden sie Kricket spielen« aufgrund einer speziellen Konvention einen Zusammenhang zwischen Vorder- und Nachsatz übermittelt, oder ob dieser Zusammenhang konversationell übermittelt wird. Für normale Zwecke ist das freilich völlig unwichtig; wichtig ist nur, daß die Botschaft ankommt, und dafür ist es erforderlich, daß der Sprecher und seine Zuhörer gemeinsam wissen, was er mit seiner Äußerung zu übermitteln intendiert – wie dieses gemeinsame Wissen jedoch zustande kommt, welche Konventionen dabei tatsächlich im Spiel sind, ist gleichgültig. Was überrascht, ist nicht, daß es Fälle gibt, in denen wir nicht wissen, welche Konventionen wir benutzen, sondern daß es irgendwelche Fälle geben soll, in denen wir das wissen. Schließlich haben normale Sprecher und Hörer keinen sehr subtilen Begriff von Konvention und linguistischer Regel; selbst Sprachwissenschaftler sind sich keineswegs im klaren darüber, auf welche Konventionen sie sich stützen, um zu kommunizieren.

Alles, was wir wissen müssen, ist, wie wir verstanden werden. Die Begriffe der Konvention und linguistischen Regel werden ins Spiel gebracht, um zu erklären, wie wir das wissen können. Außer unserer sprachlichen Praxis und den Intuitionen, die wir tatsächlich über die Gründe unserer Erwartung, daß wir verstanden werden, haben, gibt es *nichts weiter*, das die Anwendung dieser Begriffe festlegt. Es sollte nicht vergessen werden, daß wir keine zusätzliche Fundierung erreichen, indem wir uns darauf berufen, was die Leute zunächst und unmittelbar zu verstehen glauben, wenn sie einen Ausdruck hören, oder darauf, ob sie sich bewußt sind, in irgend einer Weise auf das Kooperations-Prinzip zurückzugreifen. Denn ein solcher Rückgriff kann ohne Nachdenken erfolgen (und wird es im Normalfall auch). Wenn, wie Mackie sagt ((1973, S. 80), Sprecher des Englischen das »if« im allgemeinen nicht mit der Bedeutung von ›$\supset$‹ verbinden, dann kann das vielleicht nur daran liegen, daß sie es in natürlicher Weise mit den Gesprächs-Kontexten verknüpfen, in denen es normalerweise vorkommt, und in denen sie es unter automatischer und unbewußter Anwendung des Kooperations-Prinzips nicht-wahrheitsfunktional deuten. Wovon wir ausgehen können, ist also nur unser Sprachgebrauch und dasjenige Wissen, das wir möglicherweise über die Konventionen besitzen, auf die wir uns stützen. Und wenn in einem gegebenen Fall Überlegungen mit dieser Basis es unbestimmt lassen, welche von zwei oder mehr Erklärungen angemessen ist, dann *kann* die Sache eben *nicht* entschieden werden. Keine weiteren Evidenzen können angeführt werden, kein Gedankengang gefunden werden, der die Frage entscheidet. Das scheint für die logischen Partikel zu gelten und auch für andere Beispiele, die uns ähnliche Schwierigkeiten machen: Auf die Frage, ob es für das »wenn ..., dann ...« eine spezielle Sinn-Konvention gibt oder nicht, nach der zwischen Vorder- und Nachsatz ein inhaltlicher Zusammenhang besteht, gibt es keine eindeutige Antwort. Man kommt mit jeder der beiden Theorien aus, ja sogar mit jeder der drei Hypothesen oder ihren Varianten. Denn selbst im Falle einer positiven Antwort auf die genannte Frage müßte man immer noch zwischen der Semantischen Hypothese und der Dritten Hypothese wählen, wobei die Kernfrage wiederum ist, wieviel durch Rückgriff auf Sinnunterschiede und wieviel durch Heranziehung des Kontextes zu erklären ist.

IV

Die Wahl unter alternativen Theorien ist eine ästhetische Angelegenheit. Für manche mag ihr Geschmack den gegenwärtigen Streitpunkt zugunsten eines Ansatzes mit möglichst wenigen Bedeutungen entscheiden, für manche zugunsten eines solchen mit möglichst seltener Bemühung des Kooperationsprinzips. Wieder andere mögen die Überlegung ins Spiel bringen wollen, welcher Ansatz besser zu einer allgemeineren Theorie über den Charakter der Sprache paßt – Betrachtungen, die sehr wohl zu einer engen Verbindung zwischen dem Sinn einer Äußerung und ihrer logischen Form führen könnten. Die Leibnizsche Idee, daß der propositionale Gehalt, der Sinn und die Referenz dessen, was wir sagen, in einer formalisierten Sprache ausgedrückt werden kann, für die alle legitimen Folgerungsschritte durch syntaktische Angaben genau festgelegt sind, hat etwas sehr Anziehendes an sich. Glaubt jemand unabhängige Gründe für die Ansicht zu haben, daß diese formalisierte Sprache rein wahrheitsfunktional sein muß, so wird er natürlich die Konversationalistische Hypothese annehmen. Für jemanden, der glaubt, daß diese Sprache z. B. Modaloperatoren zulassen muß und deshalb nicht rein wahrheitsfunktional sein kann, wird die Konversationalistische Hypothese unangemessen sein. Doch keine Überlegung, auf die wir bisher gestoßen sind, stützt positiv die eine oder andere dieser Ansichten über die logische Form der natürlichen Sprache. Es gibt natürlich allgemeine Argumente zugunsten der wahrheitsfunktionalen Position; sie laufen normalerweise darauf hinaus, daß die Vorstellung von einer Sprache, deren logische Form nicht extensional ist, unverständlich – oder zumindest zutiefst verworren – ist. Doch die Beurteilung solcher Argumente würde uns zu weit abführen. Die Überlegung andererseits, die dazu führte, daß es in Fällen wie beim »wenn, dann« möglicherweise keine eindeutig richtige Antwort auf die Frage gibt, was zum Sinn gehört, legt nahe, daß es auf die Frage, was zur logischen Form des Gesagten gehört, möglicherweise ebenfalls keine eindeutig richtige Antwort gibt. Denn kann man die logische Form einer Äußerung anders bestimmen als durch eine Entscheidung darüber, was ihr Sinn ist? Ja, *unterscheidet* sich die Bestimmung der logischen Form überhaupt von der Bestimmung des Sinns? Um ihre logische Form aufzudecken, müssen wir untersuchen, welche Rolle die Äußerung in logischen Folgerungen spielt – was ihre logischen Beziehungen sind; doch, welche *logischen* Beziehungen sie eingeht, ist durch ihren Sinn festgelegt. Vertreten wir die Ansicht, daß der Sinn von »Wenn p, dann q« wahrheitsfunktional ist, so werden wir sagen, daß es aus »Nicht-p« folgt, vertreten wir diese Ansicht nicht, so werden wir das bestreiten. Nehmen wir stattdessen den Standpunkt der Semantischen Hypothese ein, so werden wir sagen, daß aus »Wenn p, dann q« etwas wie »Es gibt einen Zusammenhang zwischen p und q« folgt, was wir im anderen Fall nicht zugeben würden. Die Meinungsverschiedenheit geht natürlich nicht darum, was die Leute normalerweise unter »Wenn p, dann q« verstehen oder daraus folgern, sondern darum, wieviel von dem, was sie verstehen, zum Sinn gehört, und welche ihrer Folgerungen durch die logische Form legitimiert werden. Wenn also der Augenschein unterbestimmt sein läßt, was zum Sinn von »Wenn ..., dann ...« zu rechnen ist, so läßt er auch unterbestimmt, was als die logische Form von Bedingungssätzen in der normalen Sprache anzusehen ist.

Nicht, daß das bedauerlich oder überraschend ist. Was es nahelegt, ist lediglich, daß wir nicht nach einer einzigen logischen Form für »Wenn die Sonne scheint, werden sie Kricket spielen« und nach einer einzigen formalisierten Sprache suchen sollten, in der die Schritte, die wir als logisch gültig behandeln wollen, systematisch zum Ausdruck kommen, sondern daß wir stattdessen erkennen sollten, daß Fragen nach dem propositionalen Gehalt und der logischen Form je nach unseren Zwecksetzungen verschieden beantwortet werden können. Zuweilen, etwa in mathematischen Kontexten, wird unseren Interessen am besten dadurch gedient, daß wir den Sinn der logischen Partikel wahrheitsfunktional auffassen. Für andere Zwecke mag es eher befriedigen, die Logik der natürlichen Sprache so darzustellen, als ob sie die strikte Implikation verwendet, oder möglicherweise so, als ob sie die Eigenschaften eines Systems wie das von Anderson und Belnap oder das von Geach und v. Wright hat. Doch es sollte wohl keine dieser Alternativen als *richtiger* angesehen werden als eine andere, lediglich als *mehr oder weniger nützlich* für bestimmte Zwecke.

Was oben gesagt wurde, erfordert noch eine leichte Modifikation. Ich habe bisher Sinn nur mit Konversations-Implikatur kontrastiert und das außer acht gelassen, was Grice konventionelle Implikatur nennt. Er sagt wenig über konventionelle Implikaturen, doch wird man jetzt vielleicht eher sehen, welche Rolle sie spielen können. Es könnte durchaus sein, daß zwei Worte wie »und« und »aber« oder »Hund« und »Köter« sich hinsichtlich dessen, was sie übermitteln, in einer Weise unterscheiden, die durch eine Berufung auf das Kooperationsprinzip nicht plausibel erklärt werden kann; möglicherweise würde man aber dennoch die Ansicht vertreten wollen, daß sie sich hinsichtlich der Rolle, die sie bei der Rechtfertigung von Schlüssen spielen, überhaupt nicht unterscheiden. In diesem Fall wäre es natürlich, wenn man sagen würde, sie haben denselben Sinn, weil sie dieselbe logische Rolle spielen. Dann gäbe es aber einen Unterschied zwischen ihnen, der nicht konversationell zu erklären wäre, sondern auf einem Unterschied in den spezifischen semantischen Konventionen beruhen würde, denen sie unterliegen. Nach meiner früheren Redeweise würde jeder derartige Unterschied als Sinnunterschied zu erklären sein. Wenn es jedoch, um die enge Verbindung zwischen Sinn und logischer Form zwangloser herzustellen, praktisch ist, mit einem engeren Begriff von Sinn zu arbeiten, dann könnten wir sagen, daß wir hier nicht einen Sinnunterschied haben, sondern einen Unterschied in dem, was konventionell impliziert wird. (Wie weit dies der Griceschen Erklärung der konventionellen Implikaturen nahekommt, weiß ich nicht.)

Jedenfalls scheint es, daß wir weder die Konversationalistische Hypothese noch ihre Rivalinnen als eindeutig richtig oder falsch ansehen sollten. Sicherlich wäre mehr nötig, um endgültig sicher zu stellen, daß die Konversationalistische Hypothese den im Bereich der natürlichen Sprache vorfindlichen linguistischen Tatsachen gerecht werden kann, obwohl es sehr danach auszusehen scheint, daß sie es kann; dasselbe gilt für die Semantische Hypothese von Cohen. Eine Spielart dessen, was ich die Dritte Hypothese genannt habe, wird unvermeidlich mit den Tatsachen des *Gebrauchs* übereinstimmen, vorausgesetzt, die Hypothese selbst kann klar formuliert werden; freilich auf Kosten der Annahme, daß wir uns auf eine der Intuition widerstreitend große Anzahl von speziellen Konventionen verlassen. Was aber für die logischen Partikel voraussichtlich zu gelten scheint, wird auch für andere Fälle gelten, vielleicht auch für andere Fälle von beträchtlicher philosophischer Bedeutung.

Die Konversations-Implikatur verspricht als Begriffsbildung in einem weiten Bereich philosophischer Gebiete sehr fruchtbar zu sein. In manchen Fällen liefert sie zweifellos die richtige Erklärung für das, was übermittelt wird, wie etwa im Radfahrer-Beispiel. Keine Erklärung, wie wir kommunizieren, kann an der Konversations-Implikatur vorbeigehen; das Kooperationsprinzip eröffnet uns einen Weg, ohne Einschränkung in neuen Kontexten neue Botschaften zu übermitteln, und keine Vervielfältigung der Bedeutungen könnte dem Rechnung tragen. Doch gibt es andere Fälle von philosophischem Interesse, wo es scheint, daß dem linguistischen Augenschein und dem, was wir intuitiv über die von uns vorausgesetzten Konventionen wissen, durch eine Theorie, die etwas zum Sinn eines Ausdrucks zählt, ebensogut Genüge getan werden kann wie von einer anderen Theorie, die dasselbe als konversationell impliziert ansieht. Es ist natürlich schwer, wenn nicht unmöglich, ein unstrittiges Beispiel dafür zu finden, aber vielleicht liefern die bestimmten Kennzeichnungen einen möglichen Kandidaten: Hier sieht es eine Theorie als Teil des Sinnes von »der F« an, daß ein und nur ein F existieren soll, eine andere Theorie hingegen wird das nicht als zum Sinn gehörig betrachten, sondern als etwas, das in sehr vielen Situationen durch Äußerungen von »der F« konversationell impliziert wird. Man kann die Intuition zu Rate ziehen, doch gibt sie hier, wie bei den logischen Partikeln, keine klare Antwort; also sollte die Sache vielleicht auch hier als unentscheidbar angesehen werden. Wir müssen natürlich eine gründliche Untersuchung durchführen, bevor wir in irgend einem Einzelfall zu solch einem Schluß berechtigt sind. Denn wir haben zu zeigen, daß die alternativen Theorien den Tatsachen unserer sprachlichen Praxis Rechnung tragen können, und haben unsere intuitiven Ansichten darüber zu beurteilen, auf welche Konventionen wir uns beim Kommunizieren stützen, Ansichten, die normalerweise nicht deutlich oder klar umrissen sind, da wir am erfolgreichen Kommunizieren mehr interessiert sind als am Charakter der Regeln, die uns dazu befähigen, Ansichten jedoch, die der Plausibilität von ansonsten annehmbaren Theorien zumindest gewisse Grenzen setzen.

Bibliographie

Austin, J. L. (1962), *How to Do Things with Words*, Oxford, 1962; deutsche Bearbeitung von E. v. Savigny, *Zur Theorie der Sprechakte*, Stuttgart, 1972.

Bennett, J. (1973), *The Meaning-Nominalist Strategy;* dtsch. *Die Strategie des Bedeutungs-Nominalismus*, dieser Band.

Cohen, L. J. (1971), *Some Remarks on Grice's Views about the Logical Particles of Natural Language;* dtsch. *Die logischen Partikel der natürlichen Sprache*, dieser Band.

Dummett, M. A. E. (1973), *Frege: Philosophy of Language*, London.

Grice, H. P. (1961), *The Causal Theory of Perception*, Proceedings of the Aristotelian Society, Ergänzungsband 1961.

Grice, H. P. (1969a), *Vacuous Names*, in: Davidson/Hintikka (Hrsg.), *Words and Objections: Essays in the Work of W. V. Quine*, Dordrecht, 1969.

Grice, H. P. (1969b), *Utterer's Meaning and Intentions;* dtsch. *Sprecher-Bedeutung und Intentionen*, dieser Band.

Grice, H. P. (1975), *Logic and Conversation;* dtsch. *Logik und Konversation*, dieser Band.

Hare, R. M. (1952), *The Language of Morals*, Oxford, 1952; dtsch. *Die Sprache der Moral*, Frankfurt, 1972.

Hare, R. M. (1970), *Meaning and Speech Acts*, The Philosophical Review, 1970.

Hare, R. M. (1971), *Practical Inferences*, London.

Lewis, D. (1969), *Convention*, Cambridge, Mass.; dtsch. *Konventionen*, Berlin–New York, 1975.

Mackie, J. L. (1973), *Truth, Probability, and Paradox*, Oxford.

Rescher, N. (1966), *The Logic of Commands*, London.

Schiffer, S. R. (1972), *Meaning*, London.

Strawson, P. F. (1964), *Intention and Convention in Speech Acts*, The Philosophical Review, 73, S. 439-460; dtsch. in: P. F. Strawson, *Logik und Linguistik*, München, 1974, S. 56-82.

Anhang

Georg Meggle
Kommunikation, Bedeutung und Implikatur
Eine Skizze*

Ansatz

Der Idee der *realistischen* (bzw. korrelations- oder abbildtheoretischen) *Semantik* zufolge, deren Tradition bis in die Antike (vgl. Platons *Kratylos*) zurückreicht und deren Ansatz im Rahmen der formalen Logiken präzisiert ist, bestehen die *Bedeutungen von Zeichen* in ihrer Zuordnung zu gewissen *Entitäten* (Dingen, Mengen von Dingen, Mengen von Mengen und dergleichen mehr), der von Peirce, Morris, Quine und vor allem von Wittgenstein vertretenen Idee einer *pragmatischen Semantik* zufolge hingegen in diversen Arten des *Zeichengebrauchs*. Die letztere, bisher nur in ersten Ansätzen näher charakterisierte Idee wird im Rahmen allgemeiner *handlungstheoretischer* Unterscheidungen nunmehr genauer bestimmt. Ausgehend von der Auffassung, daß Sprache primär kommunikativen Zwecken dient, ist der dabei verfolgte Ansatz dieser: (I) Zuerst ist ein kommunikatives Handeln mit Hilfe handlungstheoretischer Termini allgemein zu bestimmen, das heißt so, daß Begriffe einer intersubjektiven (regulären/konventionalen/sprachlichen) Bedeutung noch nicht vorausgesetzt werden; (II) und dann sind eben diese Bedeutungsbegriffe mit Hilfe der in (I) explizierten Begriffe des kommunikativen Handelns zu explizieren.

* Diese Skizze enthält die Quintessenz der in *Grundbegriffe der Kommunikation*, Berlin, 1994² (für Teil I) und *Handlungstheoretische Semantik*, Berlin, 1994 (für Teil II) entwickelten Vorschläge. Die eingeführten Präzisierungen für die Teile I und II sowie die ersten Entwurfsideen von Teil III gehen in wesentlichen Teilen zurück auf ein bereits in den Jahren 1980-82 an der Universität Regensburg durchgeführtes DFG-Projekt *Handlungstheoretische Semantik* unter der Leitung von Franz von Kutschera. Die Teile I und II dieser Skizze decken sich mit meinem Beitrag *Intention, Kommunikation, Bedeutung – Eine Skizze* in dem vom Forum für Philosophie herausgegebenen Band *Intentionalität und Verstehen*, Frankfurt, 1990. Für die Erlaubnis zu diesem (nun um den Teil III ergänzten) Wiederabdruck danke ich dem Forum für Philosophie (insbes. Wolfgang R. Köhler als dem zuständigen Bandbetreuer) ganz herzlich.

1 Allgemeine Kommunikationstheorie

1.1 Der Kerngedanke

Ein kommunikatives Handeln ist ein Handeln, das aus der Sicht des kommunikativ Handelnden (S) erfolgreich ist gdw. es vom Adressaten (H) verstanden wird.[1]

Gesucht ist: eine nicht-zirkuläre Explikation, die eben diesem Kern (als unserem ersten *Adäquatheits-Kriterium* (AK-I)) voll und ganz Rechnung trägt. Dazu ist zu unterscheiden:

- kommunikatives Handeln im weiteren Sinne (Kommunikationsversuch)
- Verstehen einer kommunikativen Handlung
- kommunikatives Handeln im engeren Sinne (erfolgreiches kommunikatives Handeln)

1.2 Die ganze Basis: Tun/Glauben/Wollen

Kommunikative Handlungen sind Spezialfälle intentionaler Handlungen, genauer: spezielle Fälle eines Handelns *mit* einer bestimmten Absicht. Letzteres ist also zuerst zu erklären.

Wir schreiben[2]:

T(X,f) für: X *tut* (zum Zeitpunkt t) die Handlung f
G(X,A) für: X *glaubt* (zu t), daß A
P(X,A) für: X *will* (zu t), daß A

Dabei sollen G und P jeweils im Sinne eines *starken* und zudem *rationalen* Glaubens bzw. Wollens (also insbesondere im Sinne fester Überzeugungen bzw. starker *P*räferenzen) gelesen werden. Auf den obigen drei handlungstheoretischen Zentralbegriffen ist das ganze nachfolgende Begriffsgerüst aufgebaut; und entsprechend stark sind natürlich die mit den folgenden Bestimmungen verbundenen *Idealisierungen.*

Außer T beziehen sich also auch G und P auf den Zeitpunkt t, zu dem X f tut. Ein Tun, Glauben oder Wollen zu t' geben wir entsprechend durch T', G' bzw. P' wieder. Zudem schreiben wir auch kurz:

W(X,A) für: X *weiß* (zu t), daß A,

wobei hier ein *Wissen* schlicht als eine richtige Überzeugung betrachtet werden darf. Wir setzen also: $W(X,A := G(X,a) \wedge A$. Und da wir auch von einem *Erkennen* werden reden müssen: Selbiges heißt nichts anderes als: Es kommt zu einem Wissen, das vorher nicht gegeben war.

1.3 Intention/Ziel/Zweck

Daß jemand etwas *mit* einer bestimmten Absicht tut, läßt sich nun so erklären[3]:

D1: $I(X,f,A) := T(X,f) \wedge P(X,A) \wedge G(X,A) \equiv T(X,f))$
X beabsichtigt damit, daß er (zu t) f tut, zu erreichen, daß A gdw. (i) X (zu t) f tut, (ii) X (zu t) will, daß A, und (iii) X (zu t) glaubt, daß A dann und nur dann eintritt, wenn er (zu t) f tut.

Den betreffenden Sachverhalt A kann man auch *Ziel* bzw. (intendierten) *Zweck* des f-Tuns von X nennen. Und da X selbst sein f-Tun als so etwas wie ein *Mittel* zur Erreichung dieses Zwecks ansehen mag, wird ein Handeln im Sinne von I(X,f,A) gelegentlich auch als ein *instrumentelles Handeln* bezeichnet.

Daß eine solche Handlung *erfolgreich* (und kein *bloßer Versuch* geblieben) ist, heißt: Es gilt I(X,f,A) – und X hat mit seiner darin enthaltenen Überzeugung recht, das heißt, es gilt tatsächlich, daß A in der von X erwarteten Weise zustande kommt, nämlich erst und gerade dadurch, daß er selbst f tut.

Ein (freilich sehr starker) Intentionalitätsbegriff läßt sich für Handlungen also per Abstraktion sehr leicht so einführen: f-Tun von X ist eine intentionale Handlung – kurz: I(X,f) – gdw. es irgendeinen Sachverhalt A gibt derart, daß I(X,f,A), das heißt gdw. X mit seinem f-Tun irgendein Ziel verfolgt.

1.4 Intention/subjektiver Sinn/Verstehen

Mit Max Weber kann man sagen: Man versteht eine Handlung, wenn man ihren *subjektiven Sinn* kennt, das heißt den Sinn, den der Handelnde selbst mit ihr verbindet. Dieser subjektive Sinn ist bei I(X,f,A) – wobei A wieder für die Gesamtheit der mit I(X,f) verknüpften Ziele stehe – nichts anderes als I(X,f,A) selbst. Wir verstehen also eine (intentionale) Handlung von X gdw. wir wissen, mit welcher (Gesamt-)Absicht X die betreffende Handlung tut bzw. getan hat. Mit anderen Worten: Y *versteht* I(X,f) := W(Y,I(X,f,A)) für alle Ziele A von I(X,f). Kennt Y von den von X mit seinem Tun verfolgten Zielen nur einige, aber nicht alle, so wird man nur von einem (bloß) *partikulären Verstehen* reden können.

Verstehen ist also ein *Wissen*, impliziert daher seinerseits Richtigkeit. Ein falsches Verstehen ist demnach eine begriffliche Unmöglichkeit; anders gesagt: von ›richtig verstehen‹ zu reden, ist schon doppelt gemoppelt.

Wie ein Wissen von einem bloßen Zu-wissen-Glauben generell streng zu unterscheiden ist, so auch ein *Verstehen* von einem (eventuell bloßen) *Zu-verstehen-Glauben*. Diese letztere Unterscheidung wird in den meisten Verstehens-Diskussionen schlicht übersehen, was auch daran liegen mag, daß man dem gewöhnlichen Sprachgebrauch zufolge tatsächlich auch schon bei einem Zu-verstehen-Glauben von einem »Verstehen« reden darf; letzteres wäre aber doch genauer als ein *Verstehen-als* (bzw. als ein etwas so-und-so bzw. in dem-und-dem Sinne Verstehen) aufzufassen – und dies heißt nur: *Glauben*, daß etwas so-und-so bzw. das-und-das ist; von Richtigkeit ist hier nicht mehr die Rede. Daß Y eine Handlung ›falsch‹ (im Sinne von *miß*-)versteht, heißt dementsprechend also nichts anderes als: Y glaubt, daß die Handlung so-und-so zu verstehen ist (daß sich mit ihr die-und-die Absichten verbinden), liegt mit diesem Glauben aber schlicht schief.

1.5 Verstehen und Rationalität

Der eben erklärte Verstehensbegriff ist die Spezifizierung eines sehr viel umfassenderen: Man *versteht* eine Handlung gdw. man weiß, daß und aus welchen Gründen es für den Handelnden *rational* ist/war, die betreffende Handlung zu tun. Was es heißt, daß eine Handlung (bzw. Entscheidung) rational ist, wird in der Entscheidungstheorie für die unterschiedlichen Typen von Entscheidungssituationen erklärt. Einem *intentionalen Handeln* in dem starken Sinne von D1 entsprechen Entscheidungen des einfachsten Typs: nämlich *Entscheidungen unter Sicherheit*. Und nach dem für diese Situation einschlägigen Rationalitätskriterium sind I(X,f,A)-Handlungen stets rational. Die Rationalitätsgründe liegen in der Absicht selbst: nach P(X,A) ist A für X ein optimales Resultat; und G(X,A≡T(X,f)) besagt, daß f-Tun aus X' Sicht mit Sicherheit zu einem solchen Ergebnis führt, f-nicht-Tun hingegen mit Sicherheit nicht.

Notabene: Diese Einbettung von I(X,f,A) in Entscheidungssituationen unter Sicherheit ist natürlich einer der Gründe, I(X,f,A) genauso (stark) zu bestimmen, wie oben geschehen.

Man beachte: *Rational* heißt hier (wie in der Entscheidungstheorie generell) stets nur: rational aus der Sicht des Handelnden selbst. Es geht also, um bei unserem Spezialfall I(X,f,A) zu bleiben, nur um *subjektive* Zweck-Rationalität. Ist die in I(X,f,A) involvierte Überzeugung von X richtig, das heißt gilt außer G(X,A≡T(X,f)) auch tatsächlich A≡T(X,f), so ist die betreffende f-Handlung, wiederum mit Max Weber gesprochen, auch *objektiv* richtig-rational. (›Richtig‹ bemißt sich dann freilich immer noch nur an dem, was X will, nicht daran, was wir wollen bzw. an seiner Stelle wollen würden.) Nun besagt aber der Umstand, daß X von etwas überzeugt ist, nichts anderes, als daß X überzeugt ist, daß seine Überzeugung richtig ist. Und so gilt: Eine Handlung ist subjektiv rational gdw. der Handelnde glaubt, daß sie (auch) objektiv rational ist – wobei dieser Glaube natürlich nicht richtig zu sein braucht.

1.6 Was nicht (notwendig) zum Verstehen gehört

(i) Bei dem eben erklärten Verstehensbegriff geht es ausschließlich um das Verstehen einer *konkreten* (das heißt: von einer bestimmten Person zu einem bestimmten Zeitpunkt vollzogenen) *Handlung*; es geht ausschließlich um die Kenntnis der Absichten, die die Person X *zu dem Zeitpunkt*, zu dem sie f tut, mit diesem Tun verbindet. Ob X selbst oder ob auch andere Leute irgendwann mit einem f-Tun die gleichen Absichten verbinden, darüber ist mit der Behauptung, man habe *dieses* f-Tun von X verstanden, überhaupt nichts gesagt.

(ii) Daß man weiß, welche Ziele X mit seinem Tun verfolgt (und dieses Tun daher versteht), heißt nicht, daß man auch weiß, wie es

kommt, daß X die Ziele hat, die er hat. Es kann also durchaus sein, daß wir eine konkrete Handlung von X verstehen, uns aber dennoch unbegreiflich ist, wie X zu seinen entsprechenden Überzeugungen bzw. Präferenzen kommen konnte.
(iii) Und schließlich ist mit der Behauptung, man habe eine Handlung verstanden, auch noch kein Deut darüber gesagt, wie man selber zu den Überzeugungen gekommen ist, die man haben muß, damit man versteht.
Andererseits ist natürlich klar, daß es manchmal (aber auch nicht immer) sehr viel leichter zu einem Verstehen kommt, wenn man weiß, daß der Betreffende bzw. alle oder doch die meisten von der Gruppe, zu der er gehört, mit Handlungen dieser *Art* immer bzw. zumindest in der Regel eben derartige Absichten verfolgen; oder wenn man weiß, daß X diese oder jene weiterreichenden Ziele verfolgt und schon von daher jetzt insbesondere auch A wollen wird; oder wenn man weiß, daß X seinerseits weiß, daß es jetzt, da er will, daß A, tatsächlich objektiv rational wäre, wenn er jetzt f tun würde; etc. etc. Wichtig ist hier nur: All dies mag ein Verstehen erleichtern; *notwendig* dafür ist es *nicht*.
Soviel zum intentionalen bzw. instrumentellen Handeln und dessen Verstehen. Und nun zum kommunikativen Handeln als dessen Spezialfall.

1.7 Aufforderungs- und Informationshandlungen

Wir unterscheiden im folgenden zwischen zwei Haupttypen kommunikativen Handelns: Aufforderungshandlungen und Informationshandlungen. Dabei sei schon gleich hier betont: Nicht alle Äußerungen von der (sprachlichen) *Form* einer Aufforderung/Behauptung sind Aufforderungs- bzw. Informationshandlungen!
Wir schreiben:
KV(S,H,f,r) für: f-Tun von S (zu t) ist ein an H gerichteter *K*ommunikations-*V*ersuch des Inhalts, daß H (S zufolge) (zu t') Die Handlung r tun soll.
KV(S,H,f,p) für: f-Tun von S (zu t) ist ein an H gerichteter Kommunikationsversuch des Inhalts, daß p.
Mit Aufforderungshandlungen versucht man zu erreichen, daß

der Adressat das tut, wozu man ihn auffordert; und Informationshandlungen zielen darauf ab, daß der Adressat zu dem Glauben kommt, daß etwas Bestimmtes der Fall ist. Kurz: Ein kommunikatives Handeln ist, spezifiziert für die beiden Haupttypen, so zu erklären, daß auf jeden Fall gilt:

T.1: $KV(S,H,f,r) \supset I(S,f,T'(H,r))$

T.1a: $KV(S,H,f,p) \supset I(S,f,G'(H,p))$

1.8 Präzisierung von (AK-I)

Der *Kern* unseres intuitiven Verständnisses von Kommunikation (im Sinne eines kommunikativen Handelns), das heißt unser Kriterium für die Adäquatheit einer jeden brauchbaren Bestimmung der(des)selben, war (seit 1.1) und bleibt dieser:

(AK-I) Ein an den H gerichtetes kommunikatives Handeln ist ein Handeln, das aus der Sicht von S erfolgreich ist bzw. sein wird gdw. es von H. verstanden wird.

Für Aufforderungshandlungen können wir dieses Kriterium nunmehr so präzisieren:

(AK-I.1) $KV(S,H,f,r) \equiv I(S,f,T'(H,r)) \wedge G(S,T'(H,r) \equiv W'(H,KV(S,H,f,r)))$

KV(S,H,f,r) gdw. (i) S mit f-Tun zu erreichen beabsichtigt, daß H r tut, und (ii) S glaubt, daß H r genau dann tun wird, wenn H den an ihn gerichteten Kommunikationsversuch (auch als einen solchen) versteht.

T'(H,r) heiße *das primäre Kommunikationsziel* von KV(S,H,f,r) und dementsprechend I(S,f,T'(H,r)) *die primäre kommunikative Absicht.*

Erfolgreich ist KV(S,H,f,r) gdw. T'(H,r) in der von S erwarteten Weise – nach (ii) also erst und gerade über das Verstandenwerden von KV(S,H,f,r) durch H – eintritt. *Notwendig* für einen Erfolg von KV(S,H,f,r) ist also insbesondere zweierlei: Daß H tatsächlich tut, was er tun soll. Und, daß H den Kommunikationsversuch auch (als einen solchen) versteht. Dieser letzten notwendigen Bedingung entspricht die folgende *Reflexivitäts-Bedingung der Kommunikation*:

(RB) $KV(S,H,f,r) \supset I(S,f,W'(H,KV(S,H,f,r)))$

Jeder Kommunikationsversuch zielt darauf ab, von seinem Adressaten (als solcher) verstanden zu werden.

Und wegen (RB) gilt denn auch:

(RB′) $KV(S,H,f,r) \supset A_{[S,f]} \vdash KV(S,H,f,r) \supset I(S,f,W'(H,A_{[S,f]}))$

Jeder Kommunikationsversuch zielt darauf ab, daß der Adressat erkennt, daß die Sprecherhandlung die für einen solchen Versuch notwendigen Bedingungen tatsächlich erfüllt.

1.9 Die absolute Offenheit von Kommunikation

Aus der Reflexivität von Kommunikation folgt nun direkt auch schon deren, wie ich es nennen möchte, *absolute Offenheit*: Für KV(S,H,f,r) ist nicht nur wie in T.1 oben schon erwähnt) notwendig, daß (1) I(S,f,T′(H,r)), sondern wegen (RB′)) auch (2) I(S,f,G′(H,(1)); ebenso also (3) I(S,f,G′(H,(2)) usw. Bei KV(S,H,f,r) beabsichtigt S nicht nur, daß H r tut; er will dem H auch in einer absolut offenen Weise zu verstehen (das heißt: zu erkennen) geben, daß er diese Absicht hat. Ist die Absicht I(S,f,T′(H,r)) in dieser (rekursiv leicht definierbaren) Weise eine absolut offene, so schreiben wir dafür im folgenden auch kurz: I*(S,f,T′(H,r)). Das eben Gesagte nur mit anderen ›Worten‹:

(RB*) $KV(S,H,f,r) \supset I^*(S,f,T'(H,r))$

Entsprechendes gilt natürlich auch für Informationshandlungen; man ersetze dazu in den obigen Sätzen lediglich T′(H,r) durch G′(H,p).

1.10 Kommunikatives Handeln: Explikation

Unser Adäquatheitskriterium ist nachweislich erfüllt, wenn wir ein kommunikatives Handeln im weiteren Sinne (für Aufforderungshandlungen) genauso erklären:

D2: $KV(S,H,f,r) := I(S,f,T'(H,r)) \wedge G(S,T'(H,r) \equiv W'(H,I^*(S,f,T'(H,r))))$

– gdw. (i) S mit f-Tun zu erreichen beabsichtigt, daß H r tut, und (ii) S glaubt, daß H r genau dann tun wird, wenn H erkennt, daß diese Absicht eine absolut offene ist.

Und dazu natürlich dann völlig analog:

D2*: $KV(S,H,f,p) := I(S,f,G'(H,p)) \wedge G(S,G'(H,p) \equiv W'(H,I^*(S,f,G'(H,p))))$

Natürlich lassen sich jetzt, per Abstraktion von den jeweiligen primären kommunikativen Zielen (und dem Bezug auf den jeweiligen Adressaten), ganz leicht auch wieder allgemeinere Begriffe des kommunikativen Handelns bestimmen.

D2.1: $KV_a(S,f) := \bigvee Hr(KV(S,H,f,r))$
f-Tun von S (zu t) ist eine Aufforderungshandlung im weiteren Sinne.

D2.1': $KV_i(S,f) := \bigvee Hp(KV(S,H,f,p))$
f-Tun von S ist eine Informationshandlung im weiteren Sinne

– wobei wegen

T.2: $KV(S,H,f,r) \supset KV(S,H,f,KV(S,H,f,p))$

denn auch gilt:

T.3: $KV_a(S,f) \supset KV_i(S,f)$
Jede Aufforderungshandlung ist *auch* eine Informationshandlung.

Die Umkehrung gilt hingegen nicht; weshalb denn (nach diesem Ansatz) KV_i der gegenüber KV_a *allgemeinere* Begriff ist. Der Einfachheit wegen gehe ich im folgenden von eben diesem allgemeineren Fall aus. (Die entsprechenden KV_a-Spezialisierungen ergäben sich jeweils von selbst.) Und da wir nur noch Informationshandlungen betrachten, können wir ab jetzt den Index i auch ruhig weglassen: $KV(S,f) := KV_i(S,f)$.

1.11 Eine kommunikative Handlung verstehen

Eine (unser bisheriges implizites Verständnis in eine explizite Definition transformierende) Erklärung des *Verstehens einer kommunikativen* Handlung spezifiziert nun lediglich das für das *Verstehen einer instrumentellen Handlung* (aus 1.4 oben) ohnehin schon Bekannte:

Man kann sagen: Man versteht eine kommunikative Handlung, wenn man ihren *kommunikativen Sinn* kennt, das heißt, da der (an dieser Stelle noch allein maßgebende) kommunikative Sinn ein spezieller Fall eines *subjektiven Sinnes* ist, wenn man ›die‹ Kommunikationsabsicht (die Gesamtheit der kommunikativen Absichten) kennt, die der Handelnde selbst mit seiner Handlung verbindet. Dieser kommunikative Sinn ist bei KV(S,H,f,p) – wobei p wieder für den gesamten Inhalt der betreffenden Informationshandlung stehe – nichts anderes als KV(S,H,f,p) selbst. Mit anderen Worten:

D3: Y *versteht* KV(S,f) := W(Y,KV(S,H,f,p)) für alle p von KV(S,H,f,p)

Und nun sind natürlich die schon erwähnten Unterscheidungen (verstehen/verstehen-als/zu verstehen glauben etc.) auch für diesen Verstehensbegriff erneut voll und ganz einschlägig.

Der kommunikative Sinn (das heißt KV(S,H,f,p) selbst) wird, da es sich ja ganz klar um einen auf das Sprecher-Subjekt relativen (und auch *nur* in diesem Sinne: subjektiven) Sinn handelt, mitunter auch als *Sprecher-Bedeutung* bezeichnet. Den kommunikativen Sinn, den der Hörer dem Sprecher zuschreibt (zu Recht oder nicht), könnte man daher auch als die *Hörer-Bedeutung* (der betreffenden Handlung von S) bezeichnen. Versteht H den Kommunikationsversuch von S, dann fallen Sprecher- und Hörer-Bedeutung zusammen, sonst nicht. Im ersteren Fall können wir dann auch von einer *gemeinsamen kommunikativen Bedeutung* der betreffenden Handlung für S und H reden. Und natürlich erwartet bei einem Kommunikationsversuch der Sprecher stets, daß die Hörer-Bedeutung genau die Sprecher-Bedeutung – letztere also auch eine gemeinsame Bedeutung – sein wird. Schließlich ist damit ja nichts anderes gesagt als: Der Sprecher erwartet, vom Hörer verstanden zu werden.

1.12 Verstehens- vs. Erfolgserwartung

Eben diese *Verstehens-Erwartung* will ich, da sie auch in dem Teil II der Intentionalistischen Semantik noch eine wichtige Rolle zu spielen hat, noch deutlicher zum Ausdruck bringen. In jedem Kommunikationsversuch der Art KV(S,H,f,p) steckt:

(VE) G(S'(H,T(S,f))⊃W'(H,KV(S,H,f,p)))
S erwartet, daß H (das f-Tun von S als) S' Kommunikationsversuch verstehen wird.

Und da eine andere Erwartung im folgenden noch genauso wichtig sein wird, will ich auch ihr gleich einen eigenen *Namen* geben.

In jedem Kommunikationsversuch (der gleichen Art) ist auch die folgende *Erfolgs-Erwartung* enthalten. [= 2. Bedingung in (AK-I.1)]

(EE) G(S,G'(H,p)≡ W'(H,KV(S,H,f,p)))

S erwartet, daß H (erst aufgrund seines Verstehens des an iHn gerichteten KVs des Inhalts, daß p, tatsächlich glauben wird, daß p.

1.13 Das Gricesche Grundmodell: inadäquat

Bei Grice (1957) wird ein kommunikatives Handeln (bzw., wie es dort – was zu immensen Verwirrungen führte – heißt: ein Meinen) lediglich durch die beiden folgenden Bedingungen definiert:

(GGM) (1) I(S,f,G'(H,p)) ∧

(3) G(S,G'(H,p)≡ W'(H,(1)))

Dieser Vorschlag ist in zweifacher Hinsicht inadäquat. Zum einen sind die (GGM)-Bedingungen viel *zu schwach*: Zum Beispiel ist die Verstehens-Erwartung (EV) in ihnen noch nicht enthalten; und S zielt (diesen Bedingungen zufolge) auch gar nicht darauf ab, verstanden zu werden. Zum anderen ist (GGM), wie ein Vergleich zwischen der Erfolgs-Erwartung (EE) und der Bedingung (3) zeigt, aber auch viel *zu stark*: Nach (3) glaubt S, sein primäres Kommunikationsziel (das heißt G'(H,p)) schon damit zu erreichen, daß H erkennt, daß S dieses Ziel hat; nach (EE) hingegen glaubt S, daß erst die Erkenntnis von H, daß S iHn *auf kommunikativem Wege* (das heißt insbesondere: *mit absoluter Offenheit*) zum Glauben, daß p, bringen will, hinreichend ist, um zu erreichen, daß H tatsächlich p glaubt. Und inzwischen sollte klar sein, daß gerade dies einen himmelweiten Unterschied macht.

Kurz: Aus beiden Gründen genügt (GGM) unserem kommunikativen Kerngedanken, dem Adäquatheitskriterium (AK-I), zweifellos *nicht*.

1.14 Was nicht (notwendig) zum Kommunikationsverstehen gehört

Wer einen Kommunikationsversuch versteht, weiß natürlich ›mehr‹, als wer lediglich ein einfaches (im Sinnne von: nicht-kommunikatives) instrumentelles Handeln versteht: Er kennt nicht nur ein bestimmtes (nämlich: das primäre Kommunikations-)Ziel des Handelnden; er weiß auch, daß der Handelnde dieses Ziel auf eine ganz bestimmte Art und Weise erreichen zu können glaubt: nämlich per Kommunikation (durch absolut offenes Zu-Erkennen-geben, was er will).

Dennoch: Die in 1.6 gemachten Ausführungen darüber, was nicht (notwendig) zum Verstehen eines instrumentellen Handelns gehört, gelten ebenso auch für das Verstehen eines kommunikativen Handelns. Auch letzteres impliziert nichts darüber, ob mit der betreffenden Handlung von S von ihm oder anderen auch sonst die gleichen Kommunikationsabsichten verbunden sind; nichts darüber, (ob wir wissen) warum S die (primäre) Kommunikationsabsicht hat, die er hat; und auch nichts darüber, wie wir selbst zu den Überzeugungen gekommen sind, die wir haben müssen, damit von einem Kommunikationsverstehen auch nur die Rede sein kann. [Und jetzt lese man einfach noch mal den vorletzten Absatz von 1.6 oben, S. 490].

Spezielle Probleme

Nun kann es freilich sein (und meist ist es ja auch so), daß mit einem Kommunikationsversuch (z. B. der Art KV(S,H,f,p)) sich außer den Kommunikationsabsichten (im engeren Sinne: das sind die Absichten, die S schon [per definitionem] haben muß, damit sein Tun von der Art KV(S,H,f,p) ist) auch noch weitere Absichten verbinden, wobei letztere von H mitunter gerade nicht erkannt werden sollen. Dies macht es erforderlich, zwischen dem Verstehen des Kommunikationsversuchs und dem Verstehen der mit diesem Kommunikationsversuch vollzogenen (eventuell noch sehr viele weitere Ziele umfassenden) instrumentellen Handlung zu unterscheiden. Und hier ist strikt zu beachten: Obgleich T.4 gilt,

T.4 $KV(S,f) \supset I(S,f)$

Jedes kommunikative Handeln ist auch ein intentionales, gilt deshalb noch lange *nicht*:

Y versteht KV(S,f)⊃Y versteht I(S,f)

Nur das Umgekehrte ist, falls I(S,f) überhaupt ein KV(S,f) ist, richtig: Wer alle Ziele kennt, die S mit einer Handlung, die auch eine kommunikative ist, verfolgt, der kennt damit eo ipso auch die mit dieser Handlung verfolgten Kommunikationsziele.

II INTENTIONALISTISCHE SEMANTIK

II.1 Ab jetzt: Handlungsweisen

Alle in I oben erklärten Begriffe sind ausschließlich für *konkrete Handlungen* (als Vorkommnisse von Handlungstypen) definiert. Insbesondere ging es bislang ausschließlich um Bestimmungen (spezieller Fälle) des *subjektiven Sinns* einer konkreten Handlung. Im folgenden dagegen geht es um *Handlungstypen* bzw. Handlungsweisen und deren *intersubjektive Bedeutung*. Die intentionalistische Semantik ist also zunächst einmal eine *Semantik für Handlungsweisen*: Die primären Bedeutungsträger sind in in ihr Handlungen, nicht – wie in den realistischen Semantiken – Ausdrücke.

Wir unterscheiden:

	Handlung	Produkt
Typ	Handlungsweise	Handlungsprodukt-Form
Vorkommnis	konkrete Handlung	konkretes Handlungsprodukt

bzw. bei sprachlichen Handlungen:

	Äußerungshandlung	Äußerungsprodukt
Typ	Äußerungsform	Ausdruck
Vorkommnis	Äußerung (Sprechtakt)	konkreter Ausdruck

11.2 Intersubjektive Bedeutung (Adäquatheiten-Kriterium AK-II)

Zu bestimmen ist, was es heißen soll, daß eine Handlungsweise f in einer Gruppe $\mathcal{P}$ in Situationen der Art Σ Bedeutung hat. Genauer: was es heißt, daß sie die-und-die Bedeutung hat. Wie schon diese Redeweise zeigt, ist dazu vorher eben dieses Explikandum selbst genauer zu charakterisieren.

Üblich (für KV_i-Handlungsweisen) ist:

(i) f-Tun bedeutet in $\mathcal{P}$ in Σ-Situationen (soviel wie): »p ist der Fall« [wobei diese Anführungszeichen sehr wichtig sind].

Alternative:

(ii) f-Tun bedeutet in $\mathcal{P}$ in Σ-Situationen, daß man (als f-Tuender) zu verstehen gibt, daß p der Fall ist.

(ii) zeigt schon den Weg zur Explikation selbst; und daher ist mir (ii) lieber. Dafür im folgenden kurz: $B(\mathcal{P},\Sigma,f,p)$.

Von intersubjektiven Bedeutungen, das heißt von Bedeutungen in einer Gruppe, kann man nun aber nur dann reden, wenn diese Bedeutungen in der betreffenden Gruppe auch bekannt sind. Mit anderen Worten, wir müssen fordern:

(AK-II) $B(\mathcal{P},\Sigma, f,p) \supset \bigwedge x(x\varepsilon\mathcal{P} \supset W(x,B(\mathcal{P},\Sigma,f,p)))$

Und dies führt direkt zu

(AK-II*) $B(\mathcal{P},\Sigma,f,p) \supset GW(\mathcal{P},B(\mathcal{P},\Sigma,f,p))$
– nur dann, wenn es in $\mathcal{P}$ Gemeinsames Wissen ist, daß $B(\mathcal{P},\Sigma,f,p)$

– wobei dieser letztere Ausdruck freilich noch der Erklärung bedarf. Ich gebe sie in zwei Schritten. Erster Schritt: Wenn (1) alle Mitglieder von $\mathcal{P}$ glauben, daß A, (2) alle aus $\mathcal{P}$ glauben, daß (1), (3) alle aus $\mathcal{P}$ glauben, daß (2), usw. – so sage ich dafür kurz: Es ist *G*emeinsamer *G*laube in $\mathcal{P}$, daß A. Symbolisch: $GG(\mathcal{P},A)$. Zweiter Schritt: $GW(\mathcal{P},A) := GG(\mathcal{P},A) \wedge A$. [In direkter Analogie zu $W(X,A) := G(X,a) \wedge A$]

Unsere Aufgabe ist also wieder die gleiche wie in 1 oben. Gesucht ist: Eine nicht-zirkuläre Explikation, die unser Adäquatheits-Kriterium [(AK-II*)] erfüllt.

11.3 Reguläre kommunikative Bedeutung

Desweiteren kann man von *der Bedeutung* einer Handlungsweise nur dann reden, wenn diese (in der betreffenden Gruppe in den betreffenden Situationen) *immer* (bzw. meistens/hinreichend oft) mit *derselben Bedeutung* verwendet wird. Stehe nun

S(X,s) für: X ist in s in der *S*precherrolle

H(Y,s) für: Y ist in s in der *H*örerrolle

so heißt das:

D4: $B_o(\mathcal{P},\Sigma,f,p) := \bigwedge sXY(s\varepsilon\Sigma \wedge X\varepsilon\mathcal{P} \wedge Y\varepsilon\mathcal{P} \wedge S(X,s) \wedge H(Y,s) \supset (T(X,f) \supset KV(X,Y,f,p)))$

– gdw. (in $\mathcal{P}$ und den jeweiligen Σ-Situationen) mit einem f-Tun jeweils (absolut offen) zu verstehen gegeben wird, daß p der Fall sei.

11.4 Intersubjektive kommunikative Bedeutung: Explikation

Definieren wir nun

D5: $B(\mathcal{P},\Sigma,f,p) := GW(\mathcal{P},B_o(\mathcal{P},\Sigma,f,p))$

so ist (AK-II*) – wiederum nachweislich [siehe Handlungstheoretische Semantik] – erfüllt.

11.5 Intersubjektive Bedeutung und Verstehens-Erwartung

Allein von B_o ausgehend, könnte man für die Forderung (Ak-II*) auch so argumentieren:

In *jeder* Σ-Situation, in der S f tut, hat S die uns ja schon von 1.12 her bekannte *Verstehens-Erwartung*, das heißt die Erwartung, daß

[VE] $G'(H,T(S,f)) \supset W'(H,KV(S,H,f,p))$

Nun wird sich diese Glaubensregularität und damit auch B_o selbst aber nur halten, wenn dieser Glaube selbst in den meisten (in hinreichend vielen) derartigen Situationen auch richtig ist. Soll letzteres kein Zufall sein, ist der Bestand der Regularität nicht anders als durch die Bekanntheit von B_o in $\mathcal{P}$ zu erklären. Akzeptiert man (AK-II), so notwendigerweise aber auch (AK-II*).

Welche Gründe S in einem konkreten Fall für seine Verstehenserwartung hat (bzw. welche Gründe wir haben, ihm eben diese Erwartung – als notwendige Bedingung für KV – zuzuschreiben) und wann diese Gründe gute Gründe sind, darüber war in Teil I gar nichts gesagt worden. Aber natürlich ist klar, welcher der derartigen Gründe der beste wäre: S' (bzw. unsere) Kenntnis von B($\mathcal{P}$,Σ,f,p).

II.6 Gemeinsame Strategie

Des weiteren wird in jeder Σ-Situation nach B_o beim jeweiligen Sprecher aber auch die *E*rfolgs-*E*rwartung gegeben sein, wonach:

[EE] $G'(H,p) \equiv W'(H,KV(S,H,f,p))$

Und auch diese Glaubensregularität wird sich nur dann halten, wenn [EE] oft genug richtig ist. Das wird aber nur dann möglich sein, wenn H eben oft genug annehmen wird, daß S die sogenannten *kommunikativen Normalbedingungen*

(NE.1)	$KV(S,H,f,p) \supset G(S,p)$	Aufrichtigkeit	} $KV(S,H,f,p) \supset p$
(NB.2)	$G(S,p) \supset p$	Kompetenz	

erfüllt, S also i*H*n weder täuschen will noch *S*ich selbst täuscht. Und auch diese Erwartungsregularität auf seiten Hs wird sich nur dann halten, wenn bei S diese Bedingungen eben wiederum oft genug tatsächlich erfüllt sind.

Kurz: S und H müssen, damit die in B($\mathcal{P}$,Σ,f,p) involvierten Regularitäten stabil bleiben, oft genug ihren wechselseitigen Erwartungsregularitäten tatsächlich entsprechen. Dies besagt aber nichts anderes als: Sie müssen oft genug einer *gemeinsamen Strategie* folgen. Also zum Beispiel (natürlich wieder stark idealisiert) der, in der Rolle des Sprechers der S-Strategie und in der Rolle des Hörers der H-Strategie zu folgen:

S-Strategie:	$T(S,f) \equiv p$	} $G'(H,p) \supset p$
H-Strategie:	$G'(H,p) \equiv T(S,f)$	

11.7 Gemeinsame Interessen und somit konventionale Bedeutung

Eine gemeinsame Befolgung gemeinsamer Strategien wird hinwieder im allgemeinen nur dann gewährleistet sein, wenn hinter diesem gemeinsamen Handeln auch eine *gemeinsame Interessenlage* steht; bei unseren KV_i-Handlungsweisen also etwa die, daß *beide* (S und H) wollen, daß H (in den betreffenden Σ-Situationen) genau dann glaubt, daß p, wenn p auch tatsächlich der Fall ist, das heißt, wenn beide wollen, daß $G'(H,p) \equiv p$.

Verdankt sich die Stabilität einer regulären Befolgung einer gemeinsamen Strategie einer solchen gemeinsamen Interessenlage, heißt die betreffende Regularität eine *Konvention* (vgl. Lewis). Eine regulär befolgte S/H-Strategie kann man dann auch als eine *Signalkonvention* bezeichnen. Ist die in $B(\mathcal{P},\Sigma,f,p)$ involvierte kommunikative Regularität eine Signalkonvention, so ist diese Bedeutung selbst eine konventionale.

11.8 Vollständige Ausdrücke

Besteht zwischen Handlungsprodukt-Formen und den Bedeutungen der entsprechenden Produkt-Handlungsweisen ein systematischer Zusammenhang, so stellen die betreffenden Handlungsprodukt-Formen *Ausdrücke* dar; und dann können die Bedeutungen dieser Ausdrücke mit den jeweiligen Bedeutungen der ihnen entsprechenden Produkt-Handlungsweisen identifiziert werden. Ist f zum Beispiel die Handlungsweise »x-Äußern«, so darf man also statt $B(\mathcal{P},\Sigma,f,p)$ jetzt auch $B(\mathcal{P},\Sigma,x,p)$ verwenden.

11.9 Deskriptive Bedeutung

Ist p der Sachverhalt, dessen Bestehen mit f-Handlungen bzw. mit x-Äußerungen in Σ-Situationen per KV zu verstehen gegeben wird, so kann man p auch als die *deskriptive Bedeutung* dieser f-Handlungsweise bzw. dieses x-Ausdrucks bezeichnen. Entsprechend wäre die deskriptive Bedeutung von KV_a-Handlungsweisen als der Sachverhalt p zu bestimmen, zu dessen Realisierung mit

Äußerungen der betreffenden Form der einschlägigen Bedeutungsregularität zufolge aufgefordert wird.
Damit ist gezeigt (skizziert!), wie sich Begriffe der Bedeutungen von Handlungsweisen und Ausdrücken auf die handlungstheoretischen Zentralbegriffe des *Tuns*, des *Glaubens* und *Wollens* zurückführen lassen.

11.10 Semantik für eine Sprache

Ausdrücke waren dabei jedoch ausschließlich sogenannte *vollständige* Ausdrücke wie zum Beispiel Flaggensignale, Gesten etc., bzw. eben ›Sätze‹ als unstrukturierte Einheiten. Wie sich die Bedeutung *strukturierter* Ausdrücke aus den Bedeutungen ihrer Bestandteile (die von Sätzen also etwa aus denen von Wörtern) ergibt, war noch nicht erfaßt worden. Auch dieses Phänomen – die Domäne der realistischen Semantik – läßt sich jedoch im Rahmen der intentionalistischen Semantik behandeln.
Sei $\mathcal{L}$ eine zunächst rein syntaktisch definierte Sprache – etwa die einer Prädikatenlogik 1. Stufe – mit Indexausdrücken für Sprecher und Hörer. Erweitern wir $\mathcal{L}$ um die performativen Operatoren $\mathcal{J}$ (für Informationshandlungen) und $\mathcal{A}$ (für Aufforderungen) zu der Sprache $\mathcal{L}'$, wobei, wenn A ein Satz von $\mathcal{L}$ ist, auch $\mathcal{J}$(A) und $\mathcal{A}$(A) $\mathcal{L}'$-Sätze sind. Dann entsprechen die Konventionen für den Gebrauch von $\mathcal{J}$(A)- bzw. $\mathcal{A}$(A)-Sätzen genau den in 11.6 formulierten Schemata für die gemeinsamen Sprecher- und Hörer-Strategien. Deskriptive Bedeutungsregeln für $\mathcal{L}$ selbst lassen sich dann in drei Schritten so einführen: Als erstes wird der Bezug von *Gegenstandskonstanten* festgelegt, wobei diese – was zumindest für konkrete Dinge unproblematisch ist – als Ersatz für hinweisende Gesten aufzufassen sind. Als nächstes werden Konventionen für (Äußerungen von) *elementare(n) Sätze(n)* – und damit auch für den Gebrauch der in diesen Sätzen enthaltenen *Prädikate* eingeführt im Sinne der gemeinsamen Strategie für Informationshandlungen nach 11.6. Und schließlich führt man *logische Konventionen* ein, nach denen zum Beispiel eine Äußerung von $\mathcal{J}(\neg A)$ in einer Situation s korrekt (wahr) ist gdw. in s eine Äußerung von $\mathcal{J}$(A) inkorrekt (falsch) ist, etc. Diese logischen Konventionen geben also die Bedingungen für die Behauptbarkeit

logisch komplexer Sätze unter Rückgriff auf die Bedingungen für die Behauptbarkeit von Teilsätzen an.

Damit sind die Sätze von $\mathscr{L}$ (den Satzradikalen von $\mathscr{L}'$) für den Fall behauptender Rede semantisch definiert. Um auch den $\mathscr{A}$(A)-Sätzen von $\mathscr{L}'$ Bedeutung zu verleihen, muß dann nur noch der $\mathscr{A}$-Operator selbst interpretiert werden. Das einschlägige Bedeutungspostulat ist aber (in Analogie zu der in II.6 formulierten gemeinsamen S-H-Strategie für Informationshandlungen) unschwer zu finden. Ihm entspräche die gemeinsame Strategie für Aufforderungshandlungen:

$$\left.\begin{array}{ll}\text{S-Strategie:} & T(S,f)\equiv P(S,T'(H,r))\\ \text{H-Strategie:} & T'(H,r)\equiv T(S,f)\end{array}\right\} T'(H,r)\equiv P(S,T'(H,r))$$

In dieser Weise läßt sich die Interpretationsfunktion der (realistischen!) intensionalen Semantik (zumindest für den genannten beschränkten Bereich) handlungstheoretisch rekonstruieren und somit auch auf nicht-realistisch-semantischer Basis rechtfertigen.

II.11 Semantik vs. Pragmatik

Der realistischen und der intentionalistischen Konzeption einer Semantik korrespondieren unterschiedliche Auffassungen von den Aufgaben einer Pragmatik. Kennzeichnend für die realistische Konzeption ist die traditionelle Trennung zwischen Semantik und Pragmatik, wonach sich erstere mit den *Bedeutungen* von Ausdrücken, letztere hingegen mit der *Verwendung* der Ausdrücke und dem, was Sprecher und Hörer dabei tun, befaßt. Mit der Behandlung von Indexausdrücken, Äußerungsbedeutungen und unterschiedlichen performativen Modi finden zwar auch im Rahmen des realistischen Ansatzes pragmatische Phänomene zunehmend Beachtung – aber es handelt sich dabei stets um Anwendungen einer Bedeutungstheorie, deren (im traditionellen Sinne) rein semantischer Ausgangspunkt davon unberührt bleibt. Bei der handlungstheoretischen Semantik hingegen geht es nicht um pragmatische Untersuchungen auf der Basis der vorausgesetzten realistischen Semantik, sondern umgekehrt um den Versuch, die Semantik selbst auf der Basis einer Pragmatik zu entwickeln. Dieses prinzipiellen Unterschieds wegen erscheint es legitim, von zwei unterschiedlichen Paradigmen in der Semantik zu reden –

und somit auch von zwei Paradigmen in der Pragmatik. Dabei ist in der Konsequenz in II.10 das hier skizzierte Paradigma der handlungstheoretischen Semantik das grundlegendere.

III Theorie der pragmatischen Implikationen

In der Allgemeinen Kommunikationstheorie wird erklärt, genau wann eine Handlung eine kommunikative ist – wobei diese Erklärung noch nicht voraussetzt, daß die betreffende Handlung eine Äußerung (eines Ausdrucks) ist, die (der) bereits eine reguläre, konventionelle bzw. sprachliche Bedeutung hat. Die Erklärung dieser Bedeutungen liefert dann die Handlungstheoretische Semantik. Mit diesen beiden Theorien stehen die theoretischen Mittel zur Verfügung, die man braucht, um in ein weiteres, ebenfalls von Grice erstmals breiter angegangenes Feld etwas mehr Ordnung zu bringen, das weite Feld der sogenannten pragmatischen Implikationen (Präsuppositionen und Implikaturen).
Obgleich die Literatur zu den pragmatischen Implikationen immens ist, steht eine wirklich überzeugende Systematik in diesem Bereich immer noch aus. Insbesondere wurden die für eine solche Systematik sich anbietenden und zu großen Teilen dafür wohl auch notwendigen beiden (eben erwähnten und in I und II oben skizzierten) Hintergrundtheorien bislang nicht konsequent genug eingesetzt. Das folgende ist weniger als eine Theorien-Skizze; es ist bestenfalls ein erster skizzenhafter Versuch zu einer solchen Skizze. Diese Skizzen-Skizze dient nur dem Zweck einer Vororientierung; zur besseren Lokalisierung der pragmatischen Implikationen daher in III.1 und III.2 zunächst noch mal ein Exkurs in semantisches Gelände.

III.1 Präsuppositionen

Generell und ganz grob gesprochen sind Präsuppositionen Voraussetzungen, unter denen Sätze bzw. Äußerungen allein sinnvoll sind. Dabei ist zwischen objektiven und subjektiven Präsuppositionen zu unterscheiden: Objektive Präsuppositionen sind notwendige Bedingungen dafür, daß ein Satz bzw. eine Äußerung

gemäß gewisser Regeln bedeutungsvoll ist; subjektive Präsuppositionen sind Voraussetzungen, die der Sprecher bei seiner Äußerung macht.
Bei den objektiven Präsuppositionen ist je nach den Typen der Regeln, aus denen sich Sinnhaftigkeit bzw. Sinnlosigkeit ergibt, zwischen semantischen vs. rhetorischen Präsuppositionen zu unterscheiden. Nach dem in II.10 skizzierten Aufbau der Semantik lassen sich deskriptiv-semantische und performativ-semantische Regeln unterscheiden. Die rhetorischen Regeln wiederum gliedern sich in die kontextuellen und die konversationellen. Dies ergibt die folgende Präsuppositionen-Unterteilung:

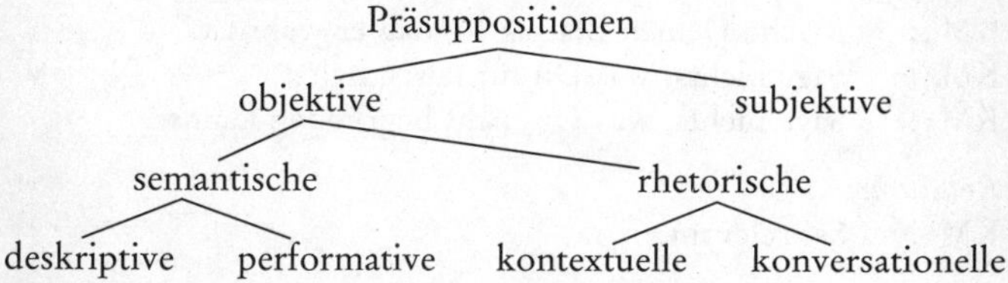

III.2 Semantische und rhetorische Regeln

Die deskriptiv semantischen Regeln sind in der Interpretationsfunktion zusammengefaßt, mit der die Sprache $\mathcal{L}$ bzw. die Satzradikale von $\mathcal{L}'$ gedeutet werden. Die performativ semantischen Regeln entsprechen den Konventionen für den Gebrauch von performative Operatoren enthaltenden Sätzen. Zu beiden Regeln s. oben II.10.
Rhetorische Regeln zerfallen in zwei Gruppen: Textregeln und Konversationsmaximen.
Die Textregeln sind Regeln für spezielle Sprachspiele, wie z.B. Argumentieren, Erzählen etc. und besagen, welche Äußerungen an einer bestimmten Stelle korrekt sind. Daß also etwa Begründungen auf Behauptungen hin am Platz sind, daß man einer Aufforderung zu einer Begründung entsprechen sollte etc. Nach diesen Regeln ist eine Äußerung an bestimmten Stellen eines bestimmten Kontextes passend oder nicht. (Genauer wäre von einem Mehr-oder-weniger-Passen zu reden.) Die Äußerung kann für sich durchaus sinnvoll sein, in einem Kontext aber sinnlos, fehl am Platz, funktionsleer.

Konversationsmaximen (KM) sind generelle, nicht auf spezielle Texttypen bezogene Regeln über das, was passend ist: Grice führt als oberste KM das *Kooperations-Prinzip KP* an:

KP: Mache Deinen Konversationsbeitrag so, daß er den Zweck der Konversation fördert.

Weitere Untermaximen, die aus CP folgen sollen, sind:

Quantität:
KM1: Mache Deinen Beitrag so informativ wie nötig.
KM2: Mache Deinen Beitrag nicht informativer als nötig.

Qualität:
KM3: Mache Deinen Beitrag so, daß er wahr ist.
KM4: Sage nichts, was Du für falsch hältst.
KM5: Sage nichts, was Du nicht begründen kannst.

Relation:
KM6: Sei relevant.

Modus:
KM7: Sei klar und deutlich.
KM8: Vermeide Unklarheit des Ausdrucks.
KM9: Vermeide Mehrdeutigkeiten.
KM10: Fasse Dich kurz.
KM11: Halte Dich an eine gewisse Reihenfolge.

Schon aus diesen Formulierungen wird deutlich, daß sich zwischen Kontextregeln und KM keine scharfen Grenzen werden ziehen lassen.

III.3 Subjektive Präsuppositionen

Voraussetzungen, die der Sprecher S bei einer Äußerung macht, sind solche, ohne die der Kommunikationsversuch (nach seiner Meinung) keinen Erfolg versprechen würde, also zwecklos und insofern sinnlos wäre. Das sind für den Kommunikationsversuch KV(S,H,f,p) nach 1.12 oben zunächst einmal die (dort formulierten) Verstehens- und Erfolgs-Erwartungen (VE) und (EE). Bei sprachlichen Äußerungen f gilt, falls die betreffende Äußerungssituation zu dem für die relevante Bedeutungsregularität einschlägigen Situationstyp Σ gehört: $B(\mathcal{P},\Sigma,f,p)$, woraus, falls S f tut, $KV(S,H,f,p)$ folgt, so daß die Bedingungen (VE) und (EE) erfüllt sind. Das heißt aber: Spezielle subjektive Präsuppositionen, die sich nicht bereits aus den objektiven ergeben, fallen bei sprachlichen Äußerungen nicht an. Man wird also im allgemeinen sagen können: Für sprachliche Äußerungen decken sich die subjektiven Präsuppositionen mit den objektiven.

III.4 Implikaturen

Objektiv impliziert ein Satz einen anderen; subjektiv impliziert ein Sprecher mit einer Äußerung etwas. Im ersten Fall sprechen wir i. f. von Implikationen (als den implizierten Sätzen bzw. Sachverhalten); im letzten Fall von Implikaturen.
Ein Satz impliziert einen anderen, wenn dessen Richtigkeit aus ihm folgt. Richtigkeit kann dabei verschiedenes heißen: Wahrheit, performative Korrektheit, rhetorische (kontextuelle bzw. konversationelle) Adäquatheit. Implikaturen sind, ganz ganz grob gesagt, nach Grice spezielle Fälle dessen, daß der Sprecher mit seiner Äußerung etwas anderes meint (zu kommunizieren versucht), als er sagt: Ein Sprecher impliziert mit einer Äußerung etwas nur dann, wenn er es dem Hörer zu kommunizieren beabsichtigt. Eine präzise Bestimmung von Implikatur-Begriffen gibt es bisher nicht. Zwar wird in Anlehnung an Grice zwischen den verschiedenen Implikaturen-Arten meist wie folgt unterschieden:

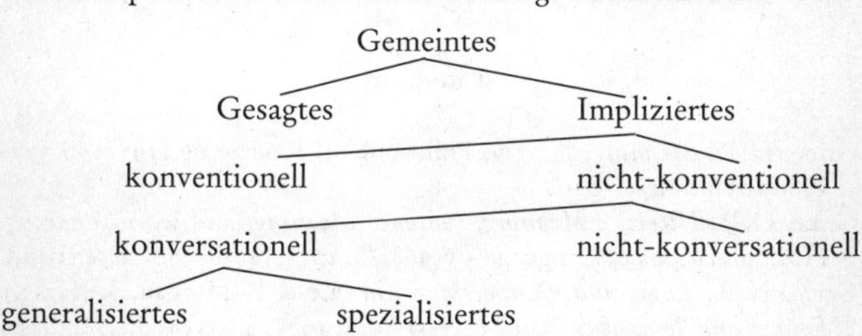

Aber all diese Unterscheidungen bedürfen erst noch der Klärung. Die sogenannte Theorie der Implikaturen ist bislang im wesentlichen ein Bündel aus interessanten Beobachtungen, diversen Distinktions-, Klassifikations- und Erklärungsansätzen. Deren Explikation vor dem Hintergrund einer Allgemeinen Kommunikationstheorie und einer Handlungstheoretischen Semantik ist jedoch eine Aufgabe, die erst noch zu leisten ist.

Anmerkungen

1 Für »S« bzw. »H« mag man auch »Sprecher« bzw. »Hörer« lesen; aber dabei sollte man sich dann stets vor Augen halten, daß Kommunikationsversuche nicht von akustischer Art zu sein brauchen. Ganz generell gesagt: Eine Handlung *jeglicher* Art kann als Kandidat für eine kommunikative in Frage kommen. ›Gar nichts tun‹, sofern das eine Handlung ist, also auch!

2 An logischen Zeichen verwenden wir: $\neg$, $\wedge$, $\vee$, $\supset$, $\equiv$ und $\bigwedge x$ bzw. $\bigvee x$ für die Negation [nicht], Konjunktion [und], Adjunktion [oder], Implikation [wenn – dann], Äquivalenz [gdw.] und All- bzw. Existenzquantifikation [Für alle x:] bzw. [Es gibt ein x, so daß:].

3 $A \dot{\equiv} B$ soll etwas (sehr viel) Stärkeres ausdrücken als $A \equiv B$, nämlich dies, daß A erst und gerade *dadurch* eintritt, daß B eintritt. Vgl. dazu die genaueren Konditionalaussagen in den *Grundbegriffen*. Wie die Erläuterungen im übernächsten Absatz zeigen, folgen A und B aus $A \dot{\equiv} B$, was bei $A \equiv B$ ja noch nicht gilt. Trotzdem werde ich im folgenden selbst auf den starken Punkt ».« aus Einfachheitsgründen auch noch verzichten.

4 Die beste mir bekannte Kurzdarstellung der Griceschen Implikaturenauffassung liefert der in der Literatur unten aufgeführte Handbuchartikel von Andreas Kemmerling.

Literatur

Grice, H. P., *Meaning*, in: The Philosophical Review 66 (1957), S. 377-388; dtsch.: dieser Band.

Grice, H. P., *Utterer's Meaning, Sentence-Meaning, and Word-Meaning*, in: Foundations of Language 5 (1968), S. 225-252; dtsch.: dieser Band.

Grice, H. P., *Logic and Conversation*, in: Cole, P./Morgan, J. (Hrsg.), *Syntax and Semantics*, Band 3, New York, 1975, S. 41-58; dtsch.: dieser Band.

Kemmerling, A., *Implikatur*, in: von Stechow, A./Wunderlich, D. (Hrsg.), *Semantik/Semantics. Ein internationales Handbuch der zeitgenössischen Forschung/An International Handbook of Contemporary Research*, Berlin 1991, S. 319-333.

von Kutschera, F., *Conventions of Language and Intentional Semantics*, in: Theoretical Linguistics 2/3 (1975), S. 255-283.
Lewis, D., *Convention*, Cambridge, Mass., 1969; dtsch.: *Konventionen*, Berlin, 1974.
Meggle, G., *Grundbegriffe der Kommunikation*, Berlin, 1981, 1994².
Meggle, G., *Handlungstheoretische Semantik*, Berlin, 1994.
Schiffer, S., *Meaning*, Oxford, 1972.

Georg Meggle/Eckard Rolf
Auswahlbibliographie

Teil A Hintergrundtheorien

Kommunikationstheorie, Semantik und Implikaturtheorie basieren dem in diesem Band repräsentierten Ansatz zufolge letztlich durchgehend auf handlungstheoretischen Termini. Deren Erklärung ist wichtigstes Ziel der allgemeinen Handlungstheorie, im Idealfall einer (insbesondere die epistemische Logik und die Präferenzlogik inkorporierenden) Handlungslogik. Zugleich sind viele der mit diesen Termini verknüpften Probleme auch zentrale Probleme einer Philosophie des Geistes.

A.1 Handlungstheorien

Zu einer thematisch geordneten Bibliographie zur Handlungstheorie s.:

Meggle, G. (Hrsg.), *Analytische Handlungstheorie*, Band 1, *Handlungsbeschreibungen*, Frankfurt, 1985².

sowie auch:

Mele, A. R., *Recent Work on Intentional Action*, American Philosophical Quarterly, 29, 1992, S. 199-217.

A.1.1 Handlungstheoretische Begriffe und Logiken

Handlungslogik

Holmström-Hintikka, G., *Action, Purpose, and Will, A Formal Theory,* Acta Philosophica Fennica, Band 50, Helsinki, 1991.
von Kutschera, F., *Grundbegriffe der Handlungslogik*, in: Lenk, H. (Hrsg.), *Handlungstheorien Interdisziplinär*, Band I, München, 1979, S. 67-106.
Pörn, I., *Action Theory and Social Science. Some Formal Models*, Dordrecht, 1977.
von Wright, G. H., *An Essay in Deontic Logic and the General Theory of Action*, Amsterdam, 1968.

Åquist, L., *A New Approach to the Logical Theory of Actions and Causality*, in: Stenlund, S. (Hrsg.), *Logical Theory and Semantic Analysis*, Dordrecht/Holland, 1974.
Åquist, L./Mullock, P., *Causing Harm, A Logico-Legal Study*, Berlin/New York, 1989.

Glaubensbegriffe und Epistemische Logik
Cohen, L. J., *An Essay on Belief and Acceptance*, Oxford, 1992.
Gärdenfors, P., *Knowledge in Flux. Modeling the Dynamics of Epistemic States*, Cambridge, Mass., 1988.
Lenzen, W., *Glauben, Wissen und Wahrscheinlichkeit. Systeme der epistemischen Logik*, Wien, 1980.
Meggle, G., *Gemeinsamer Glaube und Gemeinsames Wissen*, in: *Neue Realitäten – Herausforderung der Philosophie*, hrsg. von der Allgemeinen Gesellschaft für Philosophie, Berlin, 1993, S. 761-767.
Wuttich, K., *Glaube – Zweifel – Wissen*, Berlin, 1991.

Präferenzlogik
Moutafakis, N. J., *The Logics of Preference*, Dordrecht. 1987.
Rescher, N., *Introduction to Value Theory*, Englewood Cliffs, N. J., 1982.
von Wright, G. H., *The Logic of Preferences*, Edinburgh, 1963.

Entscheidungs- und Spieltheorie
Jeffrey, R. C., *The Logic of Decision*, Chicago/London, 1983².
Luce, R. D./Raiffa, H., *Games and Decisions*, New York, 1957.
Moser, P. K. (Hrsg.), *Rationality in Action, Contemporary Approaches*, Cambridge, 1990.

Sehr knapp dazu auch
Meggle, G., *Grundbegriffe der rationalen Handlungstheorie*, in: Meggle, G. (Hrsg.), *Analytische Handlungstheorie*, Band 1, *Handlungsbeschreibungen*, Frankfurt, 1985².

Interpersonelles Glauben, Wollen und Handeln
Bratman, M. E., *Shared Cooperative Activity, The Philosophical Review, 101, 1992, S. 327-341.*
Gilbert, M., Game Theory and Convention, Synthese, 46, 1981, S. 41-93.

Gilbert, M., *On Social Facts*, London, 1989.
Gilbert, M., *Rationality, Coordination, and Convention*, Synthese, 84, 1990, S. 1-21.
Goffman, E., *Interaktionsrituale. Über Verhalten in direkter Kommunikation*, Frankfurt, 1971.
Smith, N. V. (Hg.), *Mutual Knowledge*, London, 1982.
Searle, J. R., *Collective Intentions and Actions*, in: Cohen, P. R. u. a. (Hrsg.), *Intentions in Communication*, Cambridge, Mass., 1990, S. 401-416.
Tuomela, R., *We-Intentions*, Philosophical Studies, 53, 1988, S. 367-389.
Tuomela, R., *The Importance of Us, A Philosophical Study of Basic Social Notions*, Stanford University Press, 1994.

A.1.2 Weitere Literatur

Monographien

Anscombe, G. E. M, *Intention*, Oxford, 1957; dtsch: *Intention*, München, 1986.
Brand, M., *Intending and Acting. Toward a Naturalized Action Theory*, Cambridge, Mass., 1984.
Bratman, M. E., *Intention, Plans, and Practical Reason*, Cambridge/Mass., 1987.
Castaneda, H. N., *Thinking and Doing*, Dordrecht, 1975.
Davidson, D., *Essays on Actions and Events*, Oxford, 1980; dtsch.: *Handlung und Ereignis*, Frankfurt, 1985.
Goldman, A. I., *A Theory of Human Action*, Englewood Cliffs, N. J., 1970.
Gustafson, D. F., *Intention and Agency*, Dordrecht, 1986.
Shwayder, D. S., *The Stratification of Behaviour*, London, 1965.
von Wright, G. H., *Explanation and Understanding*, Ithaca, 1971; dtsch.: *Erklären und Verstehen*, Frankfurt, 1974.
von Wright, G. H., *Normen, Werte und Handlungen*, Frankfurt, 1994.
Tuomela, R., *A Theory of Social Action*, Dordrecht, 1984.
Wilson, G. M., *The Intentionality of Human Action*, Acta Philosophica Fennica, Band 31, 2-3, Amsterdam, 1980.

Sammelbände
Apel, K. O./Manninen, J./Tuomela, R. (Hrsg.), *Neue Versuche über Erklären und Verstehen*, Frankfurt, 1978.
Beckermann, A. (Hrsg.), *Analytische Handlungstheorie*, Band 2, *Handlungserklärungen*, Frankfurt, 1985².
Brand, M./Walton, D. (Hrsg.), *Action Theory, Dordrecht*, 1976.
Lenk, H. (Hrsg.), *Handlungstheorien Interdisziplinär*, I-IV, München, 1978 f.

A.2 Philosophie des Geistes

Monographien
Cummins, R., *Meaning and Mental Representation*, Cambridge, Mass., 1989.
Dascal, M., *Pragmatics and the Philosophy of Mind I. Thought and Language*, Amsterdam, 1983.
Dennett, D. C., *The Intentional Stance*, Cambridge, Mass., 1987.
Dretske, F., *Knowledge and the Flow of Information*, Cambridge, Mass., 1981.
Dretske, F., *Explaining Behaviour. Reasons in A World of Causes*, Cambridge, Masse., 1988.
Fodor, J. A., *The Language of Thought*, New York, 1975.
Fodor, J. A., *The Modularity of Mind. An Essay on Faculty Psychology*, Cambridge, Mass., 1983.
Fodor, J. A., *Psychosemantics. The Problem of Meaning in the Philosophy of Mind*. Cambridge, Mass., 1987.
Fodor, J. A., *A Theory of Content and Other Essays*, Cambridge, Mass., 1990.
Loar, B., *Mind and Meaning*, Cambridge, 1981.
von Kutschera, F., *Die falsche Objektivität*, Berlin, 1993.
Lycan, W. G., *Consciousness*, Cambridge, Mass., 1987.
Millikan, R. G., *Language, Thought, and Other Biological Categories. New Foundations for Realism*, Cambridge, Mass., 1984.
Pollock, J. L., *Language and Thought*, Princeton, 1982.
Putnam, H., *Representation and Reality*, Cambridge, Mass., 1988.
Recanati, F., *Direct Reference. From Language to Thought*, Oxford, 1993.
Searle, J. R., *Intentionality. An Essay in the Philosophy of Mind*, Cambridge, 1983; dtsch.: *Intentionalität. Eine Abhandlung zur Philosophie des Geistes*, Frankfurt. 1987.

Searle, J. R., *The Rediscovery of the Mind*, Cambridge, Mass., 1992.
Stich, S., *From Folk Psychology to Cognitive Science. The Case Against Belief*, Cambridge, Mass., 1986².

Sammelbände

Beakley, B./Ludlow, P. (Hrsg.), *The Philosophy of Mind. Classical Problems/Contemporary Issues*, Cambridge, Mass., 1992.
Block, N. (Hrsg.), *Readings in Philosophy of Psychology*, 2 Bände, Cambridge, Mass., 1980 & 1981.
Bieri, P. (Hrsg.), *Analytische Philosophie des Geistes*, Königstein/Ts., 1981.
Eco, U./Santambrogio, M./Violi, P. (Hrsg.), *Meaning and Mental Representations*, Bloomington, 1988.
Laughlin, B. (Hrsg.), *Dretske and His Critics*, Oxford, 1991.
Loewer, B./Rey, G. (Hrsg.), *Meaning in Mind. Fodor and his Critics*, Cambridge, Mass., 1991.
Lycan, W. G. (Hrsg.), *Mind and Cognition. A Reader*, Oxford, 1990.

Teil B Zur Thematik dieses Bandes

Grundlegend sind vor allem diverse Schriften von Grice. Sie sind (zum Teil mit Änderungen gegenüber den hier den Übersetzungen zugrundegelegten Erstveröffentlichungen) enthalten in:

Grice, P., *Studies in the Way of Words*, Cambridge, Mass., 1989; hier auch kurz: *Grice (Studies)*.
Grice, P., *Prolegomena*, in: *(Studies)*, S. 3-21.
Grice, P., *Logic and Conversation*, in: *(Studies)*, S. 22-40; deutsch: *Logik und Konversation*, in diesem Band.
Grice, P., *Further Notes on Logic and Conversation*, in: *(Studies)*, S. 41-57.
Grice, P., *Indicative Conditionals*, in: *(Studies)*, S. 58-85.
Grice, P., *Utterer's Meaning and Intentions*, The Philosophical Review, 78, 1969, S. 147-177; deutsch: *Sprecher-Bedeutung und Intentionen*, in diesem Band; leicht veränderte Version in: *(Studies)*, S. 86-116.
Grice, P., *Utterer's Meaning, Sentence Meaning, and Word Meaning*, Foundations of Language, 4, 1968, S. 1-18; deutsch: *Sprecher-Bedeutung, Satz-Bedeutung, Wort-Bedeutung*, in diesem Band; leicht veränderte Version in: *(Studies)*, S. 117-137.

Grice, P., *Some Models for Implicature*, in: *(Studies)*, S. 138-143.
Grice, P./Strawson, P. F., *In Defense of a Dogma*, in: *(Studies)*, S. 196-212.
Grice, P., *Meaning*, in: *(Studies)*, S. 213-223; deutsch: *Intendieren, Meinen, Bedeuten*, in diesem Band.
Grice, P., *Presupposition and Conversational Implicature*, in: *(Studies)*, S. 269-282.
Grice, P., *Meaning Revisited*, in: *(Studies)*, S. 283-303.
Grice, P., *Retrospective Epilogue*, in: *(Studies)*, S. 339-385.

Der Band zu Grice (mit einer Gesamtdarstellung seines Werkes und der umfassenden Bibliographie seiner veröffentlichten wie unveröffentlichten Schriften):
Grandy, E. R./Warner, T. (Hrsg.), *Philosophical Grounds of Rationality. Intentions, Categories, Ends*, Oxford, 1986; hier auch kurz: *(PGRICE)*.

Zentral sind ferner (mit Schwerpunkt auf den Themen I und II) die folgenden Monographien:
Avramides, A., *Meaning and Mind. An Examination of a Gricean Account of Language*, Cambridge, Mass., 1989.
Bennett, J., *Linguistic Behaviour*, Cambridge, 1976; dtsch.: *Sprachverhalten*, Frankfurt, 1982.
Lewis, D., *Convention: A Philosophical Study*, Cambridge, Mass., 1969; dtsch.: *Konventionen. Eine sprachphilosophische Abhandlung*, Berlin, 1975.
Martinich, A. P., *Communication and Reference*, Berlin, 1984.
Meggle, G., *Grundbegriffe der Kommunikation*, Berlin, 1981, 1994².
Meggle, G., *Handlungstheoretische Semantik*, Berlin. 1994.
Schiffer, S., *Meaning*, Oxford, 1972, 1988².

1 Handlungstheoretische Begründung der Kommunikationstheorie

Monographien
Bach, K./Harnish, R. M., *Linguistic Communication and Speech Acts*, Cambridge, Mass., 1979.
Jones, A. J., *Communication and Meaning. An Essay in Applied Modal Logic*, Dordrecht, 1983.

Meggle, G./Ulkan, M., *Antikommunikative Täuschungsabsichten. Zu Schiffers »Meaning«*, Papiere des SFB 99 »Grammatik und sprachliche Prozesss«, Nr. 111, Universität Konstanz, 1985.
Recanati, F., *Meaning and Force, The Pragmatic of Performative Utterance*, Cambridge, 1987.
Wetterström, T., *Intention and Communication. An Essay in the Phenomenology of Language*, Lund, 1977.

Sammelbände

Cohen, P.R./Morgan, J./Pollack, M.E. (Hrsg.), *Intentions in Communication*, Cambridge, Mass., 1990.

Aufsätze

Bach, K., *On Communicative Intentions. A Reply to Recanati*, Mind and Language, 2, 1987, S. 141-154.
Bennett, J., *Stimulus, Response, Meaning*, American Philosophical Quarterly, 1979, S. 55-98
Black, M., *Meaning and Intention: An Examination of Grice's Views*, New Literary History, 4, 1972-1973, S. 257-279; dtsch. dieser Band.
Boer, S. E./Pappas, G. S., *The Epistemology of Speaker-Meaning*, Australasian Journal of Philosophy, 53, 1975, S. 204-219.
Castaneda, H. N., *Reflexivität in der Kommunikation. Kommentar zu Georg Meggle*, in: Kienzle, B./Pape, H. (Hrsg.), *Dimensionen des Selbst. Selbstbewußtsein, Reflexivität und die Bedingungen von Kommunikation*, Frankfurt, 1991, S. 410-415.
Denkel, A., *Natural Meaning*, Australasian Journal of Philosophy, 70, 1992, S. 296-306.
Facione, P. A., *The Problem of Defining Utterer's Meaning*, The Southwestern Journal of Philosophy, 3, 1972, S. 75-84.
Facione, P. A., *Meaning and Intending*, American Philosophical Quarterly, 10.4., 1973, S. 277-287.
Facione, P. A., *Meaning and Communication*, The New Scholasticism, 49, 1975, S. 1-15.
Garner, R. T., *Grice and MacKay on Meaning*, Mind, 1974, S. 417-421.
Harras, G., *Wieder in der Diskussion: Intentionalität kommunikativen Handelns. Positionen und Standpunkte*, Zeitschrift für germanistische Linguistik, 10, 1982, S. 317-334.
Hyslop, A., *Grice without an Audience*, Analysis, 1977, S. 67-69.

Itkonen, E., *On Grice's, Strawson's, and Searle's Concept of Meaning*, Ajatus, 34, 1972.

Kemmerling, A., *Was Grice mit »Meinen« meint*, in: Grewendorf, G. (Hrsg.), *Sprechakttheorie und Semantik*, Frankfurt, 1979, S. 67-118.

Kemmerling, A., *How Many Things Must a Speaker Intend (Before He is Said to Have Meant)?*, Erkenntnis, 15, 1980, S. 333-341.

Kemmerling, A., *Utterer's Meaning Revisited*, in: (PGRICE), S. 131-155.

Kuroda, S.-Y., *An Explanatory Theory of Communicative Intentions*, Linguistics and Philosophy, 12, 1989, S. 655-681.

Leonard, H., *Authorship and Purpose*, Philosophy of Science, 26, 1959, S. 227-294.

Lombard, L. B./Stine, G. C., *Grice's Intentions*, Philosophical Studies, 25, 1974, S. 207-212.

MacKay, A. F., *Professor Grice's Theory of Meaning*, Mind, 1972, S. 57, 66.

Margolis, J., *Meaning, Speaker's Intentions, and Speech Acts*, Review of Metaphysics, 26, 1972/73, S. 681-695.

Martinich, A. P., *Meaning and Intention: Black Versus Grice*, Dialectica, 44, 1990, S. 79-98.

McDowell, J. H., *Meaning, Communication, and Knowledge*, Philosophical Subjects, 1980, S. 117-139.

Meggle, G., *Eine kommunikative Handlung verstehen*, in: Grewendorf, G. (Hrsg.), *Sprechakttheorie und Semantik*, Frankfurt, 1979, S. 13-66.

Meggle, G., *Moon Over Miami? (Zugleich ein Abstecher nach Tipperary)*, Papiere zur Linguistik, 21, 1979.

Meggle, G./Ulkan, M., *Kennst du das Land, wo die Zitronen blühn?*, Papiere zur Linguistik, 20, 1979, S. 75-87.

Meggle, G., *Kommunikation und Reflexivität*, in: Kienzle, B./Pape, H. (Hrsg.), *Dimensionen des Selbst. Selbstbewußtsein, Reflexivität und die Bedingungen von Kommunikation*, Frankfurt, 1991, S. 380-409.

Meggle, G./Ulkan, M., *Grices Doppelfehler. Ein Nachtrag zum Griceschen Grundmodell*, Protosoziologie, 2, 1992, S. 16-23.

Meggle, G., *Semantische, empirische und normative Aspekte eines Begriffs des kommunikativen Handelns*, in: Gähde, W./Ekkensberger, L. (Hrsg.), *Ethische Norm und empirische Hypothese*, Frankfurt, 1993, S. 197-221.

Meggle, G., *Kommunikation und Verstehen*, in: Dascal, M./Gerhardus, D./Lorenz, K./Meggle, G. (Hrsg.), *Sprachphilosophie - Philosophy of Language – La philosophie du langage*, 2. Halbband, Berlin 1994.
Mounin, G., *L'intention de Communication*, La linguistique, 18, 1982, S. 3-19.
Patton, T. E./Stampe, D. W., *The Rudiments of Meaning: On Ziff on Grice*, Foundations of Language, 5, 1969, S. 2-15.
Recanati, F., *Direct Reference. On Defining Communicative Intentions*, Mind and Language, 1, 1986, S. 213-242.
Rohs, P., *Gedanken und Bedeutungen. Zu Georg Meggles Theorie der Kommunikation*, in: Forum für Philosophie (Hrsg.), *Intentionalität und Verstehen*, Frankfurt, 1990, S. 127-152.
Strawson, P. F., *Intention and Convention in Speech Acts*, The Philosophical Review, 73, 1964; auch in: ders., *Logico-Linguistic Papers*, London, 1971; dtsch.: *Logik und Linguistik*, München, 1974.
Suppes, P., *The Primacy of Utterer's Meaning*, in: (PGRICE), S. 109-129.
Ulkan, M., *Informations- und Aufforderungshandlungen*, Protosoziologie, 4, 1993, S. 32-52.
Ulkan, M., *Kommunikative und illokutionäre Akte*, Protosoziologie, 4, 1993, S. 63-72.
Vlach, F., *Speaker's Meaning, Linguistics and Philosophy*, 4, 1981, S. 359-391.
Wilson, N. L., *Grice on Meaning: The Ultimate Counterexample*, Nous, 4, 1970, S. 295-302.
Ziff, P., *On H. P. Grice's Account of Meaning*, Analysis, 28, 1967, S. 1-8.

11 Handlungstheoretische Begründung der Semantik

Monographien

Morris, C. W., *Signs, Language, and Behaviour*, Englewood Cliffs, 1946; dtsch.: *Zeichen, Sprache und Verhalten*, hrsg. und eingeleitet von K. O. Apel, Düsseldorf, 1973.
Morris, C. W., *Pragmatische Semiotik und Handlungstheorie*, Frankfurt, 1977.
Peirce, C. S., *Schriften I und II*, Frankfurt, 1967 und 1970.

von Savigny, E., *Zum Begriff der Sprache. Konvention, Bedeutung, Zeichen*, Stuttgart, 1983.
Schiffer, S., *Remnants of Meaning*, Cambridge, Mass., 1987, 1988².
Schneider, H. J., *Pragmatik als Basis von Semantik und Syntax*, Frankfurt, 1975.
Vossenkuhl, W., *Anatomie des Sprachgebrauchs. Über die Regeln, Intentionen und Konventionen menschlicher Verständigung*, Stuttgart, 1982.

Aufsätze

Apel, K. O., *Ist Intentionalität fundamentaler als sprachliche Bedeutung? Transzendentalpragmatische Argumente gegen die Rückkehr zum semantischen Intentionalismus der Bewußtseinsphilosophie*, in: Forum für Philosophie (Hrsg.), *Intentionalität und Verstehen*, Frankfurt, 1990, S. 13-54.
Armstrong, D. M., *Meaning and Communication*, The Philosophical Review, 80, 1971, S. 427-447; dtsch. dieser Band.
Bennett, J., *The Meaning-Nominalist Strategy*, Foundations of Language, 10, 1973, S. 141-168; dtsch. dieser Band.
Bird, G. H., *Intentions and Conventions*, Logique et analyse, Nouvelle Série, 67/68, 1974, S. 495-507.
Biro, J. I., *Intentionalism in the Theory of Meaning*, The Monist, 62, 1979, S. 238-258.
Cummins, R., *Intention, Meaning, and Truth-Conditions*, Philosophical Studies, 35, 1979, S. 345-360.
Davidson, D., *Communication and Convention*, Synthese, 59, 1984, S. 19-26; dtsch.: *Kommunikation und Konvention*, in: ders., *Wahrheit und Bedeutung*, Frankfurt, 1986.
Habermas, J., *Intentionalistische Semantik*, in: ders., *Vorstudien und Ergänzungen zur Theorie des kommunikativen Handelns*, Frankfurt, 1984, S. 332-350.
Hawthorne, J., *A Note on ›Languages and Language‹*, Australasian Journal of Philosophy, 68, 1990, S. 116-118.
von Kutschera, F., *Conventions of Language and Intensional Semantics*, Theoretical Linguistics, 2-3, 1975, S. 255-283.
von Kutschera, F., *Grundzüge einer logischen Grammatik*, in: S. J. Schmidt (Hrsg.), *Pragmatik/Pragmatics 2*, München, 1976, S. 122-157.
Lewis, D., *Languages and Language*, in: Gunderson, K. (Hrsg.), *Minnesota Studies in the Philosophy of Science*, Band VII, *Lan-*

guage, Mind, and Knowledge, Minneapolis, 1975, S. 3-35; dtsch. dieser Band.
Lewis, D., *Meaning without Use, Reply to Hawthorne*, Australasian Journal of Philosophy, 70, 1992, S. 106-110.
Loar, B., *Two Theories of Meaning*, in: Evans, G./McDowell J. (Hrsg.), *Truth and Meaning. Essays in Semantics*, Oxford, 1976, S. 138-161.
Meggle, G., *Intentionalistische Semantik. Ein paar grundsätzliche Mißverständnisse und Klärungen*, in: Forum für Philosophie (Hrsg.), *Intentionalität und Verstehen*, Frankfurt, 1990, S. 88-108.
Posner, R., *Believing, Causing, Intending: The Basis for a Hierarchy of Sign Concepts*, in: Jorna, R. J./van Heuden, B./Posner, R. (Hrsg.), *Signs, Search, and Communication. Semiotic Aspects of Artificial Intelligence*, Berlin, 1993, S. 215-270.
Rolf, E., *Gibt es so etwas wie eine ›Gebrauchstheorie der Bedeutung‹?*, Münstersches Logbuch zur Linguistik, 1, 1992, S. 49-64.
Schiffer, S., *Intention-Based Semantics*, Notre Dame Journal of Formal Logic, 23, 1982, S. 119-156.
Stampe, D. W., *Toward a Grammar of Meaning*, Philosophical Review, 77, 1968, S. 137-174.
Stenius, E., *Mood and Language-Game*, Synthese, 17, 1967, S. 254-274.
Thurston, B. C., *Against Meaning-Nominalism*, in: Mind, 90, 1981, S. 184-200.
Welker, D. D., *Linguistic Nominalism*, Mind, 1970, S. 569-580; dtsch. dieser Band.
Yu, P., *On the Gricean Program about Meaning*. Linguistics and Philosophy, 3, 1979, S. 273-288.

III Theorie der Konversations-Implikaturen

Monographien

Blakemore, D., *Semantic Constraints on Relevance*, Oxford, 1987.
Gazdar, G., *Pragmatics. Implicature, Presupposition, and Logical Form*, New York, 1979.
Green, G. M., *Pragmatics and Natural Language Understanding*, Hillsdale, N. J., 1989.
Harnish, R., *Logical Form and Implicature*, in: Davis, S. (Hrsg.), *Pragmatics. A Reader*, Oxford, 1991.

Hirschberg, J., *A Theory of Scalar Implicature*, New York, 1991.
Horn, L. R., *A Natural History of Negation*, Chicago, 1989.
Levinson, S. C., *Pragmatics*, Cambridge, 1983; dtsch.: *Pragmatik*, Tübingen, 1990.
Kempson, R., *Presupposition and the Delimination of Semantics*, Cambridge, 1975.
Leech, G. N., *Principles of Pragmatics*, London, 1983.
Sperber, D./Wilson, D., *Relevance. Communication and Cognition*, Oxford, 1985.

Sammelbände
Davis, S. (Hrsg.), *Pragmatics. A Reader*, Oxford, 1991.
Syntax and Semantics, Band 11, *Presupposition*, hg. von Choon Kyu Oh/Ginneen, D. A., New York, 1979.
Werth, P. (Hrsg.), *Conversation and Discourse, Structure and Interpretation*, New York, 1981.

Aufsätze
Adams, E. W., *Grice on Indicative Conditionals*, Pacific Philosophical Quarterly, 73, 1992, S. 1-15.
Berg, J., *The Relevant Relevance*, Journal of Pragmatics, 16, 1992, S. 411-425.
Bertolet, R., *Where Do Implicatures Come From?*, Canadian Journal of Philosophy, 13, 1983, S. 183-192.
Burton-Roberts, N., *Modality and Implicature*, Linguistics and Philosophy, 7, 1984, S. 181-206.
Carston, R., *Implicature, Explicature, and Truth-theoretic Semantics*, in: Kempson, R. M. (Hrsg.), *Mental Representations. The Interface between Language and Reality*, Cambridge, 1988, S. 155-181.
Cohen, L. J., *Some Remarks on Grice's Views about the Logical Particals of Natural Languages*, in: Bar-Hillel, Y. (Hrsg.), *Pragmatics of Natural Languages*, Dordrecht, 1971, S. 50-68; dtsch. dieser Band.
Cohen, L. J., *Can the Conversationalist Hypothesis Be Defended?*, Philosophical Studies, 31, 1977, S. 81-90.
Dascal, M., *Conversational Relevance*, in: Margalit, A. (Hrsg.), *Meaning and Use*, Dordrecht, 1979, S. 153-174.
Gordon, D./Lakoff, G., *Conversational Postulates*, Papers from

the 7th Regional Meeting, Chicago Linguistic Society, 1971, S. 63-84; dtsch. dieser Band.

Holdcroft, D., *Conversational Relevance*, in: Verschueren, J./Bertocelli-Papi, M. (Hrsg.), *The Pragmatic Perspective*, Amsterdam, 1987, S. 477-496.

Horn, L. R., *Greek Grice: A Brief Survey of Proto-conversational Rules in the History of Logic*, Papers From the 9th Regional Meeting Chicago Linguistic Society, 1973, S. 205-214.

Horn, L. R., *Toward a New Taxonomy for Pragmatic Inference*, in: Schiffrin, D. (Hrsg.), *Meaning, Form, and Use in Context*, Washington, D. C., 1984, S. 11-42.

Hugly, P./Sayward, C., *A Problem about Conversational Implicature*, Linguistics and Philosophy, 3, 1979, S. 19-25.

Hungerland, I. C., *Contextual Implication*, Inquiry, 3/4, 1960, S. 211-258; dtsch. dieser Band.

Karttunen, L./Peters, S., *Conventional Implicature*, in: *Syntax and Semantics*, Band 11, *Presupposition*, hrsg. von Choon Kyu Oh/Dinneen, A., New York, 1979, S. 1-56.

Kasher, A., *Mood Implicatures: A Logical Way of Doing Generative Pragmatics*, Theoretical Linguistics, 1, 1974, S. 6-38.

Kasher, A., *Gricean Inference Reconsidered*, Philosophica, 29, 1982, S. 25-44.

Kasher, A., *Conversational Maxims and Reationality*, in: ders. (Hrsg.), *Language in Focus, Foundations, Methods, and Systems. Essays in Memory of Yehoshua Bar-Hillel*, Dordrecht, 1976, S. 197-216.

Kemmerling, A., *Implikatur*, in: von Stechow, A./Wunderlich, D. (Hrsg.), *Semantik/Semantics*. Ein internationales Handbuch der zeitgenössischen Forschung/An International Handbook of Contemporary Research, Berlin, 1991, S. 319-333.

Kempson, R., *Grammar and Conversational Principles*, in: Newmeyer, F. (Hrsg.), *Linguistics. The Cambridge Survey*, Band 2, Cambridge, 1988, S. 139-163.

Levinson, S., *Minimization and Conversational Inference*, in: Verschueren, J./Bertucelli-Papi, M. (Hrsg.), *The Pragmatic Perspective*, Amsterdam, 1987, S. 61-130.

Morgan, J. L., *Conversational Postulates Revisited*, Language, 53. 1977, S. 277-284.

Pollock, J. L., *Non-Analytic Implication*, Inquiry, 1967, S. 196-203.

Posner, R., *Bedeutung und Gebrauch der Satzverknüpfer in den natürlichen Sprachen*, in: Grewendorf, G. (Hrsg.), *Sprechakttheorie und Semantik*, Frankfurt, 1979, S. 345-387.

O'Hair, S. G., *Implications and Meaning*, Theoria, 35, 1969, S. 38-54; dtsch. in diesem Band.

Rolf, E., *How to Generalize Grice's Theory of Conversation*, Manuscrito, 12, 1989, S. 55-69.

Rolf, E., *Ist sprachliche Kommunikation rational?*, in: Stati, S./Weigand, E./Hundsnurscher, F. (Hrsg.), *Dialoganalyse III. Referate der 3. Arbeitstagung Bologna 1990*, Teil 1, Tübingen, 1991, S. 227-238.

Soames, S., *Presupposition*, in: Gabbay, D./Guenthner, F. (Hrsg.), *Handbook of Philosophical Logic*, Band IV, 1989, S. 553-616.

Stalnaker, R. C., *Presuppositions*, Journal of Philosophical Logic, 2, 1973, S. 447-457.

Vanderveken, D., *What Is an Illocutionary Force?*, in: Dascal, M. (Hrsg.), *Dialogue. An Interdisciplinary Approach*, Amsterdam, 1985, S. 181-204.

Vanderveken, D., *Non-Literal Speech Acts and Conversational Maxims*, in: Lepore, E./van Gulick, R. (Hrsg.), *John Searle and His Critics*, Oxford, 1991, S. 371-384.

Walker, R. C. S., *Conversational Implicatures*, in: Blackburn, S. (Hrsg.), *Meaning, Reference, and Necessity*, Cambridge, 1975, S. 133-181; dtsch. dieser Band.

Wierzbicka, A., *Boys will be Boys: ›Radical Semantics‹ vs. ›Radical Pragmatics‹*, Language, 63, 1987, S. 95-114.

Wilson, D./Sperber, D., *On Grice's Theory of Conversation*, in: Werth, P. (Hrsg.), *Conversation and Discourse. Structure and Interpretation*, New York, S. 155-178.

Wright, R. A., *Meaning and Conversational Implicature*, in: Cole, P./Morgan, J. (Hrsg.), *Syntax and Semantics*, Band 3, New York, 1975. S. 363-383.

Ziff. P., *What is said*, in: Davidson, D./Garman, G. (Hrsg.), *Semantics of Natural Language*, Dordrecht, 1972, S. 709-721.

Quellen- und Übersetzernachweise

H. P. Grice, *Intendieren, Meinen, Bedeuten;* Originaltitel: *Meaning,* The Philosophical Review, 66, 1957, S. 377-388; Übersetzer: G. Dürselen, G. Falkenberg, F. Liedtke, F. Peters, M. Reprich; überarbeitet von G. Meggle.

H. P. Grice, *Sprecher-Bedeutung und Intentionen;* Originaltitel: *Utterer's Meaning and Intentions,* The Philosophical Review, 78, 1969, S. 147-177; Übersetzer: G. Meggle.

M. Black, *Bedeutung und Intention;* Originaltitel: *Meaning and Intention: An Examination of Grice's Views,* New Literary History, 4, 1972-1973, S. 257-279; Übersetzer: M. Ulkan.

H. P. Grice, *Sprecher-Bedeutung, Satz-Bedeutung, Wort-Bedeutung;* Originaltitel: *Utterer's Meaning, Sentence-Meaning, and Word-Meaning,* Foundations of Language, 4, 1968, S. 1-18; Übersetzer: G. Meggle.

D. M. Armstrong, *Bedeutung und Kommunikation;* Originaltitel: *Meaning and Communication,* The Philosophical Review, 80, 1971, S. 427 bis 447; Übersetzer: G. Meggle.

D. D. Welker, *Sprach-Nominalismus;* Originaltitel: *Linguistic Nominalism,* Mind, 1970, S. 569-580; Übersetzer: M. Ulkan.

J. Bennett, *Die Strategie des Bedeutungs-Nominalismus;* Originaltitel: *The Meaning-Nominalist Strategy,* Foundations of Language, 10, 1973, S. 141-168; Übersetzer: G. Meggle.

D. Lewis, *Die Sprachen und die Sprache;* Originaltitel: *Languages and Language,* in: K. Gunderson (Hrsg.), *Minnesota Studies in the Philosophy of Science,* Vol. VII, *Language, Mind, and Knowledge,* Minneapolis, 1975, S. 3-35, © University of Minnesota, Minnesota Press, Minneapolis; Übersetzer: G. Meggle.

H. P. Grice, *Logik und Konversation;* Originaltitel: *Logic and Conversation,* in: P. Cole / J. Morgan (Hrsg.), *Syntax and Semantics,* Vol. 3, New York/San Francisco/London, 1975, S. 41-58; Übersetzer: A. Kemmerling.

I. C. Hungerland, *Kontext-Implikation;* Originaltitel: *Contextual Implication,* Inquiry, 3/4, 1960, S. 211-258; Übersetzer: S. Weidenkopf.

D. Gordon / G. Lakoff, *Konversationspostulate;* Originaltitel: *Conversational Postulates,* Papers from the Seventh Regional Meeting, Chicago Linguistic Society, 1971, S. 63-84; Übersetzer: M. Ulkan.

S. G. O'Hair, *Implikationen und Bedeutung;* Originaltitel: *Implications and Meaning,* Theoria, 35, 1969, S. 38-54; Übersetzer: M. Ulkan.

R. A. Wright, *Bedeutung$_{nn}$ und konversationale Implikatur;* Originaltitel: *Meaning$_{nn}$ and Conversational Implicature,* in: P. Cole / J. Morgan (Hrsg.), *Syntax and Semantics,* Vol. 3, New York/San Francisco/

London, 1975, S. 363-383, © Academic Press, Inc.; Übersetzer: W. Spohn.

L. J. Cohen, *Die logischen Partikel der natürlichen Sprache (Bemerkungen zu einer Hypothese von Grice)*; Originaltitel: *Some Remarks on Grice's Views about the Logical Particals of Natural Languages*, in: Y. Bar-Hillel (Hrsg.), *Pragmatics of Natural Languages*, Dordrecht, 1971, S. 50-68, © D. Reidel Publishing Company, Dordrecht/Holland; Übersetzer: G. Meggle.

R. C. S. Walker, *Konversations-Implikaturen*; Originaltitel: *Conversational Implicatures*, in: S. Blackburn (Hrsg.), *Meaning, Reference, and Necessity*, Cambridge, 1975, S. 133-181, © Cambridge University Press; Übersetzer: P. Staudacher.

203/1/8.92

203/2/8.92

suhrkamp taschenbücher wissenschaft
Wissenschaftsforschung

Bachelard: Die Bildung des wissenschaftlichen Geistes. stw 668
– Die Philosophie des Nein. stw 325
Becker: Grundlagen der Mathematik. stw 114
Böhme, G.: Alternativen der Wissenschaft. stw 334
Böhme, G./Daele/Krohn: Experimentelle Philosophie. stw 205
Böhme, G./Engelhardt (Hg.): Entfremdete Wissenschaft. stw 278
Canguilhem: Wissenschaftsgeschichte und Epistemologie. stw 286
Cicourel: Methode und Messung in der Soziologie. stw 99
Dahms: Positivismusstreit. stw 1058
Daele/Krohn/Weingart (Hg.): Geplante Forschung. stw 229
Dubiel: Wissenschaftsorganisation und politische Erfahrung. stw 258
Fleck: Entstehung und Entwicklung einer wissenschaftlichen Tatsache. stw 312
– Erfahrung und Tatsache. stw 404
Frühwald/Jauß/Koselleck u.a.: Geisteswissenschaften heute. stw 973
Galilei: Sidereus Nuncius (Nachricht von neuen Sternen). stw 337
Gould: Der Daumen des Panda. stw 789
– Der falsch vermessene Mensch. stw 583
– Wie das Zebra zu seinen Streifen kommt. stw 919
Hausen/Nowotny (Hg.): Wie männlich ist die Wissenschaft? stw 590
Helms: Die Militarisierung der Gesellschaft. stw 988
Holton: Thematische Analyse der Wissenschaft. stw 293
Jokisch (Hg.): Techniksoziologie. stw 379
Knorr-Cetina: Die Fabrikation von Erkenntnis. stw 959
Kocka (Hg.): Interdisziplinarität. stw 671
Koyré: Von der geschlossenen Welt zum unendlichen Universum. stw 320
Krohn/Küppers: Die Selbstorganisation der Wissenschaft. stw 776
Krohn/Küppers (Hg.): Emergenz. stw 984
Küppers/Lundgreen/Weingart: Umweltforschung – die gesteuerte Wissenschaft? stw 215
Kuhn: Die Entstehung des Neuen. stw 236
– Die Struktur wissenschaftlicher Revolutionen. stw 25
Maturana: *siehe Riegas/Vetter*
Mehrtens/Richter (Hg.): Naturwissenschaft, Technik und NS-Ideologie. stw 303
Mittelstraß: Die Möglichkeit von Wissenschaft. stw 62
– Wissenschaft als Lebensform. stw 376

202/1/8.92

202/2/8.92

suhrkamp taschenbücher wissenschaft
Evolutionstheorie, Ethnologie, Kulturgeschichte, Religionswissenschaft

Arbeitsgruppe Ethnologie, Wien (Hg.): Von fremden Frauen. stw 784
Assmann/Hölscher (Hg.): Kultur und Gedächtnis. stw 724
Bachofen: Das Mutterrecht. stw 135
– *siehe auch Wesel*
Bateson: Geist und Natur. stw 691
– Ökologie des Geistes. stw 571
Berg/Fuchs (Hg.): Kultur, soziale Praxis, Text. stw 1051
Bilz: Studien über Angst und Schmerz. stw 44
– Wie frei ist der Mensch? stw 17
Childe: Soziale Evolution. stw 115
Devereux: Angst und Methode in den Verhaltenswissenschaften. stw 461
– Normal und anormal. stw 395
– Träume in der griechischen Tragödie. stw 536
Dilcher/Staff (Hg.): Christentum und modernes Recht. stw 421
Dodds: Heiden und Christen in einem Zeitalter der Angst. stw 1024
Douglas: Reinheit und Gefährdung. stw 712
Dux: Die Logik der Weltbilder. stw 370
– Die Zeit in der Geschichte. stw 1025
Eder: Die Entstehung staatlich organisierter Gesellschaften. stw 332
– Die Vergesellschaftung der Natur. stw 714
Eisenstadt (Hg.): Kulturen der Achsenzeit. 2 Bde. stw 653
– Kulturen der Achsenzeit II. 3 Bde. stw 930
Eliade: Schamanismus und archaische Ekstasetechnik. stw 126
Erdheim: Die gesellschaftliche Produktion von Unbewußtheit. stw 465
– Psychoanalyse und Unbewußtheit in der Kultur. stw 654
Evans-Pritchard: Hexerei, Orakel und Magie bei den Zande. stw 721
– Theorien über primitive Religion. stw 359
Geertz: Dichte Beschreibung. stw 696
– Religiöse Entwicklungen im Islam. stw 972
Giesecke: Sinnenwandel, Sprachwandel, Kulturwandel. stw 997
Goody: Die Entwicklung von Ehe und Familie in Europa. stw 781
Goody/Watt/Gough: Entstehung und Folgen der Schriftkultur. stw 600
Gould: Der Daumen des Panda. stw 789
– Der falsch vermessene Mensch. stw 583
– Wie das Zebra zu seinen Streifen kommt. stw 919

211/1/8.92

211/2/8.92

211/3/8.92